DICIONÁRIO DA PERFORMANCE
E DO TEATRO CONTEMPORÂNEO

Supervisão editorial:	J. Guinsburg
Tradução:	J. Guinsburg
	Marcio Honorio de Godoy [verbetes das letras B, O e V]
	Adriano C.A. e Sousa [verbetes da letra C]
Preparação de texto:	Marcio Honorio de Godoy
Revisão:	Adriano C.A. e Sousa
Produção textual:	Luiz Henrique Soares e Elen Durando
Capa:	Sergio Kon
Produção:	Ricardo W. Neves
	Sergio Kon

Dicionário da
Performance
e do
Teatro Contemporâneo

PATRICE PAVIS

PERSPECTIVA

Título do original
Dictionnaire de la performance et du théâtre contemporain, by Patrice PAVIS © ARMAND COLIN, Paris, 2014, first edition.
ARMAND COLIN is a trademark of DUNOD Editeur – 11, rue Paul Bert – 92240 MALAKOFF.

CIP-Brasil. Catalogação na Publicação
Sindicato Nacional dos Editores de Livros, RJ

P365d
    Pavis, Patrice, 1947-
    Dicionario da performance e do teatro contemporâneo / Patrice Pavis ; tradução Jacó Guinsburg, Marcio Honório de Godoy, Adriano C. A. e Sousa. – 1. ed. – São Paulo: Perspectiva, 2017.
    344 p. ; 26 cm.

    Tradução de: Dictionnaire de la performance et du théâtre contemporain
    ISBN 9788527311144

    1. Teatro – Dicionários. 2. Teatro (Literatura) – Dicionários. I. Guinsburg, Jacó. II. Godoy, Marcio Honório de. III. Sousa, Adriano C. A. e. IV. Título.

17-45095   CDD: 792.03
                                                                                CDU: 792

02/10/2017   04/10/2017

1ª edição
[PPD]

Direitos reservados em língua portuguesa à
EDITORA PERSPECTIVA LTDA.
Av. Brigadeiro Luís Antônio, 3025
01401-000 São Paulo SP Brasil
Telefax: (11) 3885-8388
www.editoraperspectiva.com.br

2019

Nota da edição brasileirA

Com a presente tradução deste *Dicionário da Performance e do Teatro Contemporâneo*, de Patrice Pavis, a editora Perspectiva dá prosseguimento ao seu projeto de publicações da bibliografia especializada nas artes cênicas. Trata-se, pois, de trazer ao nosso leitor obras relevantes para o conhecimento e o debate da criação e da história, das teorias e das práticas na arte teatral, à luz de seus principais problemas e tendências. No entanto, neste livro em particular, o que se tem em vista não é a seleção e a análise de uma conceituação firmada nos modelos e na produção que se tornaram clássicos através dos séculos, e que já foram objeto do *Dicionário de Teatro*, do mesmo autor. O foco fundamental aqui volta-se para as realizações mais recentes da cena em quaisquer de seus palcos, a partir, notadamente, da segunda metade do século XX, quando a manifestação teatral deixa de ser textocêntrica na acepção tradicional, para se libertar em nome da teatralidade, da criatividade e da expressividade em todos os espaços possíveis e em incorporações das mais inusitadas, ou seja, as que se tornaram conhecidas como as do pós-moderno e do pós-dramático, sob a égide da performance artevivência.

Nesse quadro, afora os consistentes ensinamentos que o autor desse conjunto de verbetes constrói com sua reconhecida erudição, vale ressaltar a discussão crítica nos planos filosófico, antropológico, estético, social e político a que submete suas entradas. Sua postura, que não é do deslumbramento e da entrega meramente entusiástica à inovação nem da recusa ou apego a cânones estéticos preestabelecidos, procura detectar analiticamente seus valores sem estabelecê-los de forma autoritária e como concepções e essências conceituais inamovíveis. Poder-se-ia até dizer que se tem aqui, neste volume, um autêntico balanço de todo esse universo contraditório, contrastante e, por vezes, caótico, dos procedimentos, das vivências e das conquistas da arte dramatúrgica e cênica na contemporaneidade, o que inclui os seus mais extremos desdobramentos. Para tanto, apoia-se no seu próprio cabedal e numa ampla bibliografia dos mais pertinentes e audaciosos críticos e criadores da atualidade.

A tarefa de traduzi-lo, por isso mesmo, não foi das mais simples. Pois, além das dificuldades naturais que se apresentam na transposição de um leito linguístico para outro e da linguagem ainda pouco formalizada no trato dessas novas modalidades, somados a uma exposição comunicativa que vai ao coloquial e é empregada por Patrice

Pavis com os vastos recursos do francês, tornou-se necessário levar em conta e acompanhá-lo nos numerosos neologismos e anglicismos, que certamente poriam em pé os cabelos não só de Racine como até de Artaud... Isso significou, é claro, forçar o nosso idioma com adaptações, algumas vezes toscas, de termos anglo-afrancesados. Fizemo-lo com a esperança de que o leitor nos perdoará esse atrevimento, caso os textos deste dicionário lhe tragam o proveito que gostaríamos de lhe proporcionar.

J. GUINSBURG

Prefácio à edição brasileirA

A publicação desta edição brasileira de meu *Dicionário da Performance e do Teatro Contemporâneo* me causa particular prazer. Primeiro porque ela foi preparada com o máximo cuidado pela prestigiosa editora Perspectiva; depois, porque ela aparece onde o meu primeiro *Dicionário* (de teatro) veio anteriormente à luz; enfim e sobretudo porque meu livro está assim acessível aos leitores brasileiros e lusófonos, a um público, portanto, que se interessa de perto pela teoria do teatro, das artes e da cultura. Eu pude verificá-lo repetidas vezes quando de minhas viagens ao Brasil por ocasião de seminários ministrados nas universidades desse país.

O debate teórico permanece vivo, exigente e atual em terras brasileiras. Talvez – é uma hipótese pessoal – porque esse grande país se situa no cruzamento das culturas, das artes, das tradições e das práticas. O conhecimento das performances culturais de todos os tipos não é coisa nova. O trabalho dos antropólogos, dos sociólogos brasileiros ou dos pesquisadores que atuaram aí preparou os *performances studies* nos Estados Unidos e no mundo anglófono, enquanto esses estudos poderiam ter-se identificado e desenvolvido no Brasil ou na América Latina muito antes de seu irresistível surto norte-americano nos anos 1980. Diferentemente desses países onde reina forte pragmatismo econômico e cultural, os estudos teatrais, no Brasil, felizmente não foram recalcados em "proveito" dos *performances studies*. Não se trata de um ou outro, mas um com o outro. Essa sábia decisão brasileira, quer tenha sido voluntária ou não, favorecida ou tolerada pela instituição universitária, é para mim de importância capital, e verdadeiramente uma sorte, pois ela vai no sentido de meu trabalho há uma vintena de anos, cujo traço se encontrará aqui. Não negligenciando o teatro e a encenação como arte, abrindo ao mesmo tempo os estudos de nossa disciplina, sem exclusividade nem exclusão, a outras práticas espetaculares e culturais, as famosas performances culturais, nós estendemos nosso domínio ao número infinito das práticas sociais e artísticas. A *mise en scène* permanece uma arte e um sistema estético que podemos analisar como sistema autônomo, mas no qual e sobre o qual podemos depositar uma série de olhares metódicos e intuitivos. Esse sistema permanece analisável, apesar da diversidade de dispositivos e da complexidade das experiências dos artistas como espectadores.

Eis por que tenho esperança de que este livro encontre em vosso país um público aberto às mudanças sociais e ao mesmo tempo desejoso, por isso ou apesar disso, não sei, de continuar o aprofundamento teórico na tradição da dramaturgia e da encenação. Explico na introdução geral o que me guiou nesse trabalho, em particular depois do meu *Dicionário de Teatro*, cuja primeira edição remonta a 1980, e sua concepção a 1976, quando, deixando a outra América, a do extremo norte, o Canadá, e me instalando em Paris, constatei que somente a teoria semiológica e estrutural podia ajudar teóricos e práticos a colocar as bases de um pensamento sistemático e analítico. Quarenta anos mais tarde, é antes o excesso de teorias, de disciplinas, de abordagens, de atitudes, de formas híbridas em constante evolução que impressiona o espectador e o amante de arte. O que desconcerta esses últimos não é tanto a profusão e a sofisticação das novas disciplinas e abordagens quanto a dificuldade de seriar o importante e o acessório, a mudança frequente de perspectiva, o familiar e o estranho.

Ao mesmo tempo, o teatro, que hoje viaja um bocado, tem dificuldade para se habituar às constantes mudanças de perspectiva, às diferentes tradições nacionais em jogo e às simplificações induzidas pela globalização. Os anos 1980-1990 nos entregaram às vezes produtos globalizados, espetáculos intercambiáveis, simplificados, estandardizados, reduzidos a imagens espetaculares, evitando o uso da língua julgada inapta à comunicação intercultural, não fazendo mais referência às culturas locais. A teoria deve se resguardar de fazer a mesma coisa, de simplificar as problemáticas, de rejeitar explicação e compreensão sob o pretexto de que elas são prejudiciais à experiência estética individual da obra. Pois não basta declarar como "experiência estética" a recepção subjetiva do espectador; ainda é preciso descrever e julgar essa experiência, avaliar se ela rende realmente justiça à complexidade da obra.

Não se pode mais atualmente fazer economia de uma reflexão teórica sobre esse fenômeno da globalização, não somente econômica, naturalmente, mas também cultural e dramatúrgica, o que exige novos instrumentos de análise. Semelhante análise do impacto da globalização sobre as obras teatrais não se limita mais à teoria literária ou teatral. Ela recorre às ciências sociais, econômicas, tanto quanto à filosofia e à antropologia. Face a tal desafio, cumpre também encorajar a verdadeira pesquisa artística que traz à luz nossos métodos de análise.

Dada a riqueza e a diversidade das experiências espetaculares cotidianas do público brasileiro, tenho confiança de que meu leitor há de querer de fato me seguir nessas novas reflexões sobre a diversidade das performances e das obras teatrais. Gostaria de convidá-lo a construir e a desconstruir objetos estéticos e críticos com as ferramentas aqui propostas. Sua experiência é certamente individual, mas também coletiva, pois ela engaja todos os membros de um público e de uma sociedade. É com essa esperança que saúdo meus queridos leitores brasileiros, tão distantes, mas tão próximos naquilo que nos une, no coração mesmo de nosso teatro contemporâneo em vias de se fazer e já em vias de mudar.

Prefácio

Desde os anos de 1990, a natureza do teatro e a concepção que temos dele mudaram consideravelmente. A tal ponto que não estamos mais muito seguros de qual nome lhe dar, onde encontrá-lo e quais questões lhe propor. Trata-se do teatro na tradição ocidental grega: o drama e seu texto, a encenação e suas realizações, a arte da performance; ou então, uma performance cultural entre muitas outras, uma mídia tomada em uma intermidialidade, uma arte híbrida ou, ainda, um evento no espaço público?

Essa crise de identidade do teatro e dos espetáculos intimida o espectador dessa arte em veste de Arlequim. Se os expertos e os críticos, os doutores da faculdade não conseguem mais pôr-se de acordo sobre o tema de sua investigação e o objeto de seu desejo, como poderia o amador encontrar-se aí, como ousaria ele transpor a porta dos teatros, tanto mais quanto muitas vezes já não há mais porta nem edifício teatral, nem sequer uma instituição que invoque sua filiação a essa palavra arcaica?

OBJETO

Essa mutação do "teatro" (termo provisório...) é precisamente o objeto deste *Dicionário da Performance e do Teatro Contemporâneo*. Minha única esperança é que este livro não chegue nem tarde demais nem cedo demais. Tarde demais, porque o teatro atual é de tal modo volátil que ele terá desaparecido antes que se tome conhecimento dele; cedo demais, porque não se poderia ainda englobar com o olhar e com o pensamento suas infinitas metamorfoses, e seria preciso projetar-se no próximo século, supondo-se que a necessidade se faça então sentir. Como não posso esperar tanto tempo, eu me decidi a propor este ensaio, não sem uma advertência. Ninguém se espantará, de fato, com a vontade de aplicar palavras e conceitos sobre um objeto tão evanescente que parece escapar a todo discurso racional, a toda definição explicativa. No entanto, essa jocosa confusão é uma oportunidade para avaliar as metamorfoses estéticas da arte cênica e para oferecer algumas reflexões acerca das novas produções artísticas.

Eu não pretendo, entretanto, desenhar exatamente os contornos de todas essas noções teóricas, como seria o caso nos termos bem definidos da dramaturgia clássica. Quis apresentar simplesmente a situação geral das artes da cena e de alguns OPNI

(Objetos Performativos Não Identificados). Parti de um levantamento de termos críticos e teóricos frequentemente utilizados desde os anos de 1960, e mais ainda desde a virada do milênio. É, com efeito – é absolutamente necessário escolher referências históricas – após a queda do Muro de Berlim (1990) e a das torres gêmeas de Nova York (2001) que se observa uma mutação econômica, tanto quanto filosófica e estética, da atividade teatral. Desde os anos de 1980, o teatro conheceu ao menos três mutações consideráveis: o ápice e o declínio da encenação crítica e política dos clássicos; o aparecimento de um teatro de imagens que reagrupa as práticas cênicas as mais diversas e visa a uma autonomia estética; o surto e o declínio, um tão rápido quanto o outro, do teatro intercultural. Paralelamente a essa evolução do teatro ainda considerado como objeto estético e ficcional, a institucionalização, no mundo pragmático anglo-americano, dos *performances studies* e dos *cultural studies* tornou-se o fenômeno marcante dessa área cultural e linguística. Em escala internacional, o crescimento extraordinário das *cultural performances* é o fenômeno marcante desse começo de milênio, ainda que a Europa continental, e singularmente a França, não tenham tomado realmente consciência disso. É a respeito dessa virada performativa, de suas consequências sobre as produções cênicas, que o presente trabalho desejaria testemunhar. Sem, no entanto, deixar de lado as obras estéticas e artísticas da tradição continental que continuam sendo um objeto essencial desta investigação.

UM NOVO OBJETO?

Na perspectiva anglo-americana, o teatro teria se convertido em uma *performance cultural*, em uma atividade *performativa*: criam-se aí ainda, por certo, obras artísticas, mas faces inteiras da vida social tornaram-se o objeto de pesquisas mais antropológicas do que estéticas. E, com efeito, se se compreende a performatividade como aquilo que anima uma maneira de fazer, de se inscrever no espaço social, de "aplicar" o teatro a fins educativos ou políticos (como faz o *applied theater*, o teatro aplicado), vê-se, então, que a paisagem "teatral" mudou, de fato, muito desde os anos de 1990.

Ainda que se desaprove essa evolução e que a gente se julgue incapaz de dar conta dela, por causa da pletora de experiências performativas, não se poderia ignorar sua riqueza e seu impacto sobre o teatro estético e ficcional do velho continente. O teatro desde sempre foi um espelho aumentativo da evolução de sociedades e de artes, oferecendo seus serviços à sociologia dos atores sociais, à psicanálise, à semiologia, suscitando nos usuários performances de todo gênero. A recente confrontação entre a *mise en scène* e a performance, entre o estético e a antropologia, entre a arte e a sociedade, deu nascimento a obras e pensamentos dos quais não se tinha antes ideia. O presente dicionário já seria feliz se chegasse a fazer sentir esses fortes movimentos tectônicos, se desse sua contribuição para a reconstrução teatral e a refundação das teorias estéticas e políticas de nosso tempo.

O OBJETO DA INVESTIGAÇÃO E DA BUSCA

Se é relativamente fácil observar o quanto, entre 1980 e 2010, o mundo mudou radicalmente, resta interpretar o impacto de todas essas mudanças sobre a arte e as teorias. Nessa tentativa de explicação, assiste-se a uma luta de influência entre uma filosofia continental, em que se inspiram as teorias do pós-dramático ou da desconstrução, e uma filosofia pragmática da performance e da performatividade. Meu desejo seria o de abrir a perspectiva francesa (e continental) a outras tradições, essencialmente britânica, norte-americana ou australiana, dos *performance studies*, e inversamente. Esses dois modos, com efeito, têm a tendência de se ignorar, tanto em suas produções artísticas quanto em sua visada teórica para abordar as obras. Ao mesmo tempo, o processo de globalização aproxima os espetáculos, os espectadores e as maneiras de falar da encenação ou da performance. As linguagens críticas se misturam, os conceitos tornam-se ambíguos, os métodos sincréticos. Daí por que meu desejo seria também o de sair da perspectiva eurocentrista e olhar, doravante, como nossos vizinhos tão próximos da China, do Japão e da Coreia, mas também da África e da América Latina, participam desse *New Deal* da arte dos espetáculos e de sua teorização.

Meu trabalho consistiu paradoxalmente em referenciar noções particularmente turvas ou contraditórias da prática e da linguagem teatral, em substituí-las no contexto de seus diversos empregos, em retraçar suas interferências e suas trocas. Em relação ao meu *Dicionário de Teatro* (1980, 1987, 1996), os termos e as noções deste novo trabalho não têm nada de clássico; eles são, em todos os sentidos da palavra, discutíveis: arbitrários em sua utilização necessariamente aproximativa, mas também próprios à discussão. Importa-me, sobretudo, presentemente, fornecer ao leitor, por meio dessas definições, algumas pistas a partir de entradas que se prestem a semelhantes discussões. Espero, segundo a célebre distinção de Spinoza, explicar mais "a natureza das coisas" do que definir "o sentido das palavras". Desejo confrontar as ideias, as intuições, as expectativas, os pontos de vista do espectador. Não se encontrará, pois, aqui, definições estritamente normativas (salvo para alguns termos técnicos), nem teorias ou métodos considerados *a priori* superiores aos outros, nem de concepção de teatro esculpida em mármore antigo. Também gostaria de evitar o relativismo, o ceticismo e o cinismo mesmo lúdicos. Apesar da complexidade e da globalidade dos fenômenos, creio ainda ser possível uma explicação teórica, em uma disciplina do pensamento.

Ouve-se com frequência dizer que a arte e o teatro teriam renunciado à teoria, que eles a considerariam como inútil e pedante, que não se poderia doravante explicar o mundo, e menos ainda mudá-lo. O pós-moderno e o pós-dramático se fizeram os campões dessa atitude. Os visitantes dos museus e dos teatros, os professores, os estudantes e os críticos são tentados pelo niilismo e estão prontos a rejeitar toda reflexão teórica, todo método de análise ou de aprendizagem. No entanto, se examinamos o trabalho de jovens pesquisadores em sociologia, em antropologia, em economia ou em estética, ficamos impressionados pela novidade e pela qualidade de suas investigações, e nos dizemos que seria necessário agora aplicar e adaptar seus resultados aos estudos do teatro e da performance em nossa cultura "performativa". Seus estudos estarão, não cabe dúvidas, na fonte de uma mudança real na sociedade, no gerenciamento cultural e nas artes. Mas nossa reflexão sobre o teatro contemporâneo e a política cultural não é ainda muito beneficiada por todos esses trabalhos.

Caberá ao público efetuar a triagem na superprodução artística, de se orientar nesse caos terminológico e epistemológico. Como o leitor, o espectador e o visitante dos lugares de arte não ficariam confusos e como deveriam reagir? Com calma, e, se possível, com humor. Tomando as imprecisões, as contradições da terminologia como um convite para efetuar sua própria arrumação da casa, e antes de tudo seu próprio percurso através desse labirinto. É nisso que o presente trabalho desejaria auxiliá-lo: não a sair do labirinto (me preserve o céu de ter esse pensamento!), mas a utilizar a ordem alfabética e labiríntica como um meio de saltar de um problema a outro, de passar de um enclausuramento ao seguinte, de ir de iluminação em iluminação. Alegrias íntimas da pedagogia autorizada: eis o que um dicionário deveria nos proporcionar, mesmo se continuar sendo um pouco um manual. Um automanual que guarda uma parte de artesanato, de educação sentimental e conceitual, um manual que nos conduza para os outros sem manipulação, que nos revele a imbricação de problemas e a comunidade de soluções.

ESCOLHA DE TERMOS

Os termos que selecionei (cerca de duzentos, setecentos contando os sinônimos) constituem ocorrências do discurso crítico contemporâneo, mas sua escolha, ampla ou reduzida, foi efetuada em função de sua entrada nos debates atuais do teatro sob as formas as mais diversas. Esses termos são os da crítica profissional tanto quanto os da linguagem corrente dos praticantes ou dos espectadores. Em vez de retomar, menos algumas raras exceções, termos da dramaturgia clássica e moderna já levantados em meu *Dicionário de Teatro*, preferi me concentrar em noções mais ligadas à produção do teatro contemporâneo, às vezes de maneira metafórica ou com elementos da gíria teatral. O discurso crítico e teórico procura suas palavras: ele empresta tanto das artes quanto da filosofia contemporânea – o filósofo-artista tornou-se uma figura popular, nos temas como na escritura. O vocabulário abebera-se generosamente nas mídias, na antropologia, na estética e na filosofia da arte. Mas esse vocabulário da análise crítica dos espetáculos ou das performances culturais não está estabilizado. Minha primeira tarefa foi, portanto, a de construir ou de reconstituir uma linguagem crítica a partir do conhecimento das obras. Por falta de tempo e de espaço, não me foi evidentemente possível fazer a história dessas formas, nem de seguir sua gênese. As ferramentas aqui selecionadas não têm sentido a não ser que permitam melhor apreender e avaliar as obras de nossa época, as obras na acepção ampla: não somente os textos, as encenações, mas também os espetáculos e as performances de todas as espécies.

CONVENÇÕES TIPOGRÁFICAS

- Um círculo cheio(•) conduzirá o leitor para outras entradas, para uma outra problemática e para outras dificuldades, provavelmente...
- Um círculo vazado (∘) o guiará (bastante raramente) para os artigos mais "clássicos" de meu *Dicionário de Teatro*.
- Para maior conforto de leitura, as notas e as referências foram reagrupadas no fim das entradas. Daí se deduzirá facilmente a bibliografia principal com todos os detalhes necessários: conselhos de leitura, mais que bibliografia exaustiva, conselhos de consulta também, mais que pontos de vista impostos autoritariamente. Em algumas raras ocasiões, eu me permiti remeter a trabalhos pessoais mais detalhados[1].
- Alguns outros títulos são acrescentados às vezes no fim do artigo às indicações bibliográficas contidas nas notas. Muitas referências provêm de obras em inglês das quais traduzi citações. Essa predominância da pesquisa em língua inglesa reflete o surto prodigioso dos *performance studies* e dos estudos teatrais no mundo inteiro.
- Algumas entradas mais longas e pormenorizadas, concebidas sob a forma de dossiê, colocadas no ponto nevrálgico da situação atual, remetem a toda

---

[1] *Le Théâtre au croisement des cultures*, Paris: Corti, 1990 (trad. bras.: *O Teatro no Cruzamento de Culturas*, São Paulo: Perspectiva, 2015.); *Vers une théorie de la pratique théâtrale: Voix et images de la scène*, Villeneuve d'Ascq: Presses Universitaires du Septentrion, 2000; *La Mise en scène contemporaine: Origines, tendances, perspectives*, Paris: A. Colin, 2007 (trad. bras.: *A Encenação Contemporânea: Origens, Tendências, Perspectivas*, São Paulo: Perspectiva, 2013.); *Le Théâtre contemporain: Analyse de textes, de Sarraute a Vinaver*, Paris: A. Colin, 2011; *L'Analyse des spectacles: Théâtre, mime, danse, danse-théâtre, cinema*, Paris: A. Colin, 2012 (trad. bras.: *A Análise dos Espetáculos: Teatro, Mímica, Dança, Dança-Teatro, Cinema*, 2. ed., São Paulo: Perspectiva, 2015).

uma rede de termos mais específicos, mas reinseridas em um contexto geral.

- Um índice sistemático, como em meu *Dicionário de Teatro*, não me pareceu possível nem oportuno, pois, na criação contemporânea, as categorias, as disciplinas, os gêneros e os pontos de vista estão inextricavelmente embaralhados.

ITE MISSA EST – IDE, A MISSA É DITA

Seria preciso que eu pudesse agradecer a todas as pessoas que amavelmente me ajudaram no curso dos longos anos de peregrinação e de preparo deste livro. Estudantes, colegas, amigos, em numerosos países, notadamente na França, no Reino Unido, na Alemanha, nas Américas e na Coreia. Fui sempre muito bem acolhido e judiciosamente aconselhado. Demasiado numerosos para que eu possa nomear aqui todas essas pessoas, eu me volto para aquelas que me ajudaram a reler o manuscrito final, a reler minhas ideias e minhas entradas, sem renegar demasiado meus princípios de juventude: Elena Pavis, Marie-Christine Pavis, Mok Jung-Won, Danielle Merahi, Dina Mancheva. A todas, expresso minha profunda gratidão.

Tabela de entradaS

A

Afeto
Agenciamento
Antropologia Teatral
Aparecimento e Desaparecimento
Apropriação
Arte Acrobática No Espaço
Arte Bruta (*Art Brut*)
Assemblagem
Assento
Ativismo
Atmosfera
Aura
Autenticidade
Autobiografia
Autoficção
Autor
Autorreflexibilidade
Autoteatro

B

Bizarro
Body Art

C

Caminhada, Marcha
Carícia
Ciborgue
Cinestesia
Coletivo artístico
Comunidade
Conferência-Espetáculo
Consciência
Contato Improvisação
Contemporâneo
Conversa Pós-Espetáculo
Coreografia (e Encenação)
Corpo e Corporeidade
Corpo Falante
Crioulização
Cultural Performance
Curador de Exposição
Cut Up

D

Descentramento
Desconstrução
Desfiguração
Desvio
Diferança – Diferença
Dispositivo
Disseminação
Divertimento

E

Efeito de Teatro
Efeito Produzido
Efeitos Especiais
Écfrase (*Ekphrasis*)
Empatia
Encarnação
Escritor de Palco
Escritura Dramática
Escritura em Voz Alta
Escritura Performativa
Escritura Sonora
Espaçamento
Espectador
Espetáculo de Técnicas Mistas
Espetáculo Entre um Ator e um Espectador
Espetáculo Vivo
Estética
Ética
Étnico (Teatro)
Exceção Cultural
Excentricidade
Excesso
Exibição de Monstros
Exotismo
Experiência Estética

F

Fala
Festival e Festivalização
Figura
Filosofia e Novo Teatro
Fim
Flash Mob
Flor
Fronteira

G

Genética
Globalização
Glocalização
Gosto

H

Habitus
Háptico
Hibridez
História de Vida

I

Identidade
Imersão (Teatro de)
Indeterminação
Instalação
Instante Pregnante
Intensificação
Interartístico
Interatividade
Intercultural (Teatro)
Interpelação
Intersubjetividade
Intertextualidade
Intervenção
Intimidade

K
Kairós

L
Legendagem
Liminaridade
Live Art

M
Ma
Magia (Nova)
Mainstream
Materialidade
Mediação
Midialidade e Intermidialidade
Minorias (Teatro das)
Modernização
Movimento
Multicultural
Multimídia
Musicalização

N
Narractor
Neodramático
Nova Dramaturgia
Novos lugares

O
Obra de arte
Olfato
Orientalismo

P
Paisagem
Participação
Patético/Pático
Pele, Carne, Osso
Percurso
Performance
Performance Fílmica
Performance Studies
Performatividade
Performativo (Teatro)
Poesia e Teatro
Política e Teatro
Popular
Pós-Colonial
Pós-Dramático
Pós-Moderno (Teatro)
Postura
Practice as Research (Prática Como Pesquisa)
Prega, Dobra
Presentação/Representação
Processo
Programação
Proposta Artística
Propriocepção
Proximidade (Teatro de)
Proximização

R

Reciclagem
Reconstituição
Registro
Remidiação
Retórica
Retransmissão ao Vivo de um Espetáculo
Rir e Sorrir
Risco

S

Satori
Semiologia (Segundo a Semiologia)
Sensação
Sessão
Social Drama (Drama Social)
Sociodrama
Soft Power
Som no teatro
Superfície

T

Tatilidade
Teatro Aplicado
Teatro Cosmopolita
Teatro Criado em um Lugar Específico
Teatro-Dança
Teatro das Minorias
Teatro de Empresa
Teatro do Mundo
Teatro do Murro
Teatro do Real
Teatro Multilíngue
Teatro Para Turistas
Teatro Sincrético
Técnicas do Corpo
Texto
Textura
Traço
Tradição
Trajetória
Transgressão
Transmissão

V

Vanguarda
Verbo-Corpo
Visceral
Visual Studies
Visual Theatre (Teatro Visual)
Vocalidade

Z

Zapping

Afeto

Fr.: *affect*; Ingl.: *affect*; Al.: *Affekt*.

Do latim *affectus*, estado d'alma. Palavra proveniente do verbo *adficere*, pôr-se a fazer. O afeto (ou a paixão°) é uma modificação da vida afetiva sob o efeito de uma ação exercida sobre o sujeito. A afetividade é a soma das reações psíquicas desse indivíduo em confronto com o mundo. O afeto é "o substantivo comum e erudito dos sentimentos, das paixões, das emoções, dos desejos – de tudo aquilo que nos afeta agradável ou desagradavelmente. […] Um afeto é o eco em nós daquilo que o corpo faz ou sofre"[1].

1. ORIGEM FILOSÓFICA E PSICANALÍTICA DA NOÇÃO DE AFETO

O afeto tem uma rica história na tradição filosófica, sobretudo desde Descartes e Spinoza até Deleuze. Freud retomou o termo (em alemão, *Affekt*) na sua teoria psicanalítica, para designar "todo estado afetivo, penoso ou agradável, vago ou qualificado, que se apresenta sob a forma de uma descarga maciça ou como tonalidade geral"[2]. O afeto é a manifestação da energia pulsional e libidinal do indivíduo. A histeria encontra sua origem em um traumatismo que não pôde ser eliminado em uma descarga dos afetos e que ficou bloqueado (*eingeklemmt*) no indivíduo. O afeto concerne ao corpo libidinal, enquanto a emoção está ligada ao corpo biológico.

Remontando à tradição filosófica, damo-nos os meios de utilizar essa noção de afeto para o estudo da criação artística, especialmente teatral, por exemplo para o estudo do corpo do ator e do espectador. Spinoza: "Entendo por afecções aquelas do corpo pelas quais a potência de agir desse corpo aumenta ou diminui, é favorecida ou coagida, e, ao mesmo tempo, as ideias dessas afecções. *Se podemos ser a causa adequada de alguma dessas afecções, a entendo então por uma ação; as demais [entendo] como paixão*"[3].

Segundo Spinoza, há afetos passivos (tristeza, medo, humildade) e afetos ativos (força d'alma, generosidade). Os três afetos fundamentais são o desejo, a alegria, a tristeza. Na reflexão filosófica contemporânea, desde Freud e mais recentemente desde Deleuze, o afeto tornou-se uma aposta teórica crucial para a reflexão sobre o teatro contemporâneo.

2. OS AFETOS NO PROCESSO DA CRIAÇÃO ARTÍSTICA, SEGUNDO DELEUZE

Em toda sua obra, mas sobretudo em *Mille plateaux* (Mil Platôs) e em *Qu'est-ce que la philosophie?* (O Que É a Filosofia?), Deleuze apela para Spinoza, cuja filosofia ele prolonga em sua própria reflexão sobre a trindade filosófica do conceito, do percepto e do afeto, três noções que ele confronta "para fazer o movimento": "O estilo em filosofia é trabalhado no sentido desses três polos, o conceito ou novas maneiras de pensar, o percepto ou novas maneiras de ver e de entender, o afeto ou novas maneiras de sentir"[4].

Dar-se-ia o mesmo para "o estilo nas artes". As dimensões do percepto e do afeto estão intimamente ligadas: "O ser da sensação, o bloco do percepto e do afeto, aparecerá como a unidade ou a reversibilidade do senciente e do sentido, seu íntimo entrelaçamento, à maneira de mãos que se estreitam."[5] Essa dualidade se reconstitui com a visão fenomenológica. O material (do pintor, do escritor ou de todo artista) passa pela sensação; as percepções vividas passam pelo percepto, as afecções experimentadas passam pelo afeto. Os perceptos e os afetos tornam-se na obra de arte "seres autônomos e suficientes que não devem mais nada àqueles que os experimentam ou que os experimentaram" (p. 168). Quando recebemos a obra acabada, somos confrontados por blocos autônomos, que têm sua própria lógica. Nós não temos acesso diretamente às emoções, às intenções do artista, pois a obra, diz ainda Deleuze, é um composto de perceptos e afetos que "se mantém em pé por si só" (p. 164), é um "monumento", "um bloco de sensações presentes que não devem senão a si mesmas sua própria conservação" (p. 168).

Efetuar a transposição dessas ideias filosóficas ao plano da *mise en scène*, significaria ver uma encenação como um monumento mais ou menos estável e consistente, um conjunto de elementos percebidos e afetados pelo artista: ao mesmo tempo sentidos por ele e atribuídos a todos os colaboradores no espaço-tempo da representação. Cumpre sentir nessa encenação o agenciamento• coletivo dos afetos, sua coerência e sua organização, a lógica voluntária ou involuntária das surpresas, das emoções, dos choques. O artista é um mostrador, um apresentador, mas também um montador de afetos: "é de toda arte que seria preciso dizer: o artista é mostrador de afetos, inventor de afetos, criador de afetos, em relação com os perceptos ou com as visões que ele nos dá" (p. 176). Pensemos no Misantropo de Molière: lendo ou ouvindo o texto, o receptor pode imaginar em que estado de espírito e de corpo Molière podia encontrar-se ao escrever, ao interpretar esse papel, quais afetos eram os seus. Ele marca também quais afetos Molière empresta a sua personagem: cólera, sofrimento, ciúme, loucura etc. Enfim ele se pergunta quais percepções vividas Molière (e na sua sequência o encenador, o ator etc.) enforma nos perceptos que daí nos chegam. Com efeito, como Deleuze nos lembra, "o artista cria blocos de perceptos e de afetos, mas a única lei da criação, é que o composto deve manter-se em pé por si só" (p. 164). No caso da *mise en scène*, o único método para que a representação cênica se mantenha em pé totalmente por si só, é que o encenador e, em seguida, o ator e o espectador produzam um bloco em que os perceptos e os afetos estejam intimamente mesclados e inseparáveis, sendo ainda assim legíveis segundo um conceito: não necessariamente um sistema fechado e autônomo, mas um agenciamento• que faça ao mesmo tempo sentido, prazer e efeito. Mas como essa trindade do conceito-percepto-afeto nos ajuda a compreender melhor a maneira como se organiza e se percebe o teatro contemporâneo?

3. OS AFETOS NA TEORIA E NA PRÁTICA DO TEATRO CONTEMPORÂNEO

Analisar o jogo e o corpo do ator: conhecemos a dificuldade que há para analisar o jogo do ator. É preciso ocupar-se dos procedimentos técnicos do jogo ou concentrar-se nos afetos de seu corpo? Considerados na sua continuidade, o corpo, o rosto e o resto da pessoa estão submetidos a modificações imperceptíveis, tudo como "na vida". A arte do ator consiste em modular, trabalhar, estilizar, estetizar a aparência corporal, de modo a dar ao espectador a possibilidade de receber essas variações como afetos não controlados pelo ator e por sua personagem. O espectador• percebe as hesitações, as iscas de possíveis ações, o agenciamento• de minissequências.

Evitar a segmentação mecânica da representação ou do corpo do ator: cena e corpo não são mais concebidos como uma decupagem de unidades determinadas e fixas. Com efeito, os afetos não são unidades limitadas no tempo e no espaço. O afeto, como nota Brian Massumi (o tradutor e comentador de Deleuze), "é tornar-se ativo, em paralelo ao espírito e ao corpo"[6]. Diferentemente do conceito ou do percepto, que podemos situar e visualizar, o afeto "não está contido nos corpos individuais, pois ele está sempre nos processos de devir alguma outra coisa"[7]. Por certo, o afeto parece enganchado no corpo do ator como aquilo que não cessa de exprimi-lo e de traí-lo, mas na realidade não se pode apreendê-lo "em si", ele depende da outra pessoa, ele constitui uma reação a uma ação e, a esse título, volátil: "O afeto escapa ao confinamento de corpos particulares, operando sobretudo na interface do corpo e do mundo."[8] Assim, estamos muito longe das paixões repertoriadas nos manuais de retórica ou da arte do ator, como era corrente fazê-lo nos séculos XVII e XVIII europeus. A própria ideia de codificar as paixões para em seguida esperar do orador ou do ator que as combine com virtuosidade, essa ideia não sobreviveu a um teatro da palavra e da retórica da persuasão. Pois o afeto não é uma atitude ou uma emoção codificável e consciente, é uma relação entre o corpo e o mundo que o afeta, entre o consciente e o inconsciente, o visível e o invisível, o manifesto e o latente.

Estabelecer a intensidade e o fluxo dos afetos: o afeto não é (e não é mais considerado como) um efeito isolado, uma emoção codificada e repertoriada pela retórica ou por um quadro de equivalências entre estados corporais e emoções, sentimentos ou paixões. Atualmente, em um teatro pós-psicológico, a tarefa do ator e do encenador não é a de fabricar afetos que seriam decodificados automática e fielmente pelo espectador•.

O afeto é uma continuidade, seja ela psicológica ou formal na obra de arte. Sem dúvida, o afeto nos cai em cima, no sentido atual da expressão alemã de agir *im Affekt*, sob o domínio de alguma coisa de incontrolado, de uma pulsão ou de uma impulsão, até mesmo de um crime passional. Mas o afeto é tomado na continuidade do comportamento e, *a fortiori*, na continuidade formal da obra, por mais estilhaçada que ela seja. O afeto, sobretudo na obra de arte contemporânea não mimética e psicológica, está oculto, ele se ocultou no inconsciente. O ator não é obrigado a sentir esses afetos; ele não é mais obrigado a errar na estepe russa de Stanislávski ou na "Hollywood" devidamente recortada pelo Actors Studio. Ele está em condições de controlar ou de expor suas emoções; ele não tem mais de escolher entre a identificação e a distância. Uma não avança sem a outra, não é questão de uma ou outra, mas antes de uma e outra, uma na outra. O afeto, e singularmente o afeto nas artes, é uma progressão gradual, uma intensidade variável. Ele é colhido em uma empatia• afetiva, não em uma *identificação emocional* com uma personagem, mas em um *affective encounter* (encontro afetivo), lá onde os afetos vão e vêm no teatro infinito das paixões.

NOTAS

1. André Comte-Sponville, *Dictionnaire philosophique*, Paris: PUF, 2013.
2. Ver Affect, em Jean Laplanche; Jean-Bertrand Pontalis, *Vocabulaire de la psychanalyse*, Paris: PUF, 1967, p. 12.
3. Spinoza, Parte Terceira: Da Natureza e da Origem das Afecções, *Obras Completas IV: Ética e Compêndio de Gramática da Língua Hebraica*, São Paulo: Perspectiva, 2014, definição III, p. 197.
4. Gilles Deleuze, *Pourparlers*, Paris: Minuit, 1990-2003, p. 224.
5. Gilles Deleuze, Félix Guattari, *Qu'est ce que la philosophie?*, Paris: Minuit, 1991-2005, p. 179.
6. Brian Massumi, *Parable for the Virtual*, London: Duke University Press, 2002, p. 32. Citado por Dee Reynolds, p. 128, ver infra, nota 7.
7. Dee Reynolds, Kinesthetic Empathy and the Dance's Body: From Emotion to Affect, em Dee Reynolds; Matthew Reason (eds.), *Kinesthetic Empathy in Creative and Cultural Practices*, Bristol: Intellect, 2012, p. 128.
8. Ibidem, p. 131.

Agenciamento

Fr.: *agencement*; Ingl.: *disposition*; Al.: *Disposition*.

Devemos a Gilles Deleuze e a Félix Guattari a noção de agenciamento, que eles comparam à de dispositivo•, utilizada por Michel Foucault. "Minhas diferenças", indica Deleuze, "são muito secundárias: aquilo que (Foucault) chamava de dispositivo e que Félix e eu chamávamos de agenciamento, não têm as mesmas coordenadas, porque ele constituía sequências históricas originais, ao passo que nós dávamos mais importância a componentes geográficas, territorialidades e movimentos de territorialização."[1]

O dispositivo insiste na combinatória, a mecânica interna da obra, enquanto o agenciamento está ligado a um espaço de conjunto, a uma geografia. O agenciamento revela uma estrutura, uma combinatória coletiva; ele é quase sinônimo de enunciação, como esta situação (de palavras ou ações) cuja soma e consideração são indispensáveis para compreender os enunciados.

Deleuze dá uma descrição precisa do agenciamento: "A unidade real mínima, não é a palavra, nem a ideia ou o conceito, nem o significante, mas o agenciamento. É sempre um agenciamento que produz os enunciados. Os enunciados não têm como causa um assunto que atuará como tema de enunciação, a menos que não se reportem a temas como assuntos de enunciado. O enunciado é o produto de um agenciamento sempre coletivo, que põe em jogo, em nós e fora de nós, populações, multiplicidades, territórios, devires, afetos, eventos."[2]

Se retomarmos as principais noções dessa teoria do agenciamento, perceberemos que elas se aplicam diretamente à encenação como agenciamento principalmente espacial. Não há muito sentido em dissecar a representação em signos, em unidades recorrentes, como procedia a primeira semiologia; em compensação, devemos interrogar-nos acerca da maneira pela qual todos esses materiais instáveis são agenciados, em função do olhar crítico do espectador. Uma hipótese teórica modifica a face dos significantes do espetáculo: como o dispositivo, o agenciamento organiza significantes e significados. Quanto mais imersos estamos na matéria do agenciamento tanto mais distância dela tomamos e testamos novas hipóteses teóricas.

NOTAS

1. Gilles Deleuze, *Pourparlers*, Paris: Minuit, 1990-2003, p. 206.
2. Gilles Deleuze; Claire Parnet, *Dialogue*, Paris: Minuit, 1977, p. 65.

Antropologia Teatral

Fr.: *anthropologie théâtrale*; Ingl.: *Theatre anthropology*; Al.: *Theateranthropologie*.

A importância e o impacto de Jerzy Grotowski (1933-1999) no teatro do último terço do século XX são consideráveis, a ponto de terem mudado não somente o curso do teatro, mas a concepção que fazíamos dele. Além de alguns grupos que o invocam explicitamente, quais traços a antropologia teatral deixou, qual influência o teatro exerce ainda sobre a criação contemporânea, que herança reivindicar para o teatro de hoje?

1. QUAL GROTOWSKI?

Nosso conhecimento de Grotowski é irregular e incompleto. Hoje são raras as pessoas que seguiram toda a sua carreira desde os anos 1950 e 1960; numerosos são, no entanto, aqueles que continuam a se referir ao Mestre através do ensinamento de seus discípulos; bem mais numerosos ainda, e potencialmente infinitos, são aqueles que podem ter acesso a algumas gravações parciais das primeiras encenações anteriores a 1969, consultar seus escritos e suas conferências em vias de publicação. Paradoxalmente, o primeiro e mais antigo período da obra é também o melhor conhecido, o único de que cada um pode formar sua própria ideia, embora retrospectiva. É essa também a razão pela qual os amadores da encenação e os historiadores a preferem em geral aos períodos ulteriores: Parateatro (1969-1978), Teatro das Fontes (1976-1982), Drama Objetivo (1983-1986), Arte como Veículo (1986-1999)? Para avaliar corretamente a herança de Grotowski, seria preciso levar em conta a integralidade de seu percurso, centrar a reflexão sobre o impacto dessa obra na produção teatral até o presente.

2. A CRISE DA *MISE EN SCÈNE* (ENCENAÇÃO)

A crise do encenador (metteur en scène): assim chamado há quase dois séculos, monarca absoluto e "autor" do espetáculo desde uma boa centena de anos, não data da última ninhada de 1968! A retirada de Grotowski, por surpreendente e desoladora que pudesse ter sido considerada, não tinha nada de inexplicável. Essa crise conjuntava-se à crise do sujeito, à "morte do autor" (Foucault, Barthes, Lacan), nos anos 1960: entre *Les Mots et les choses* (A Palavra e as Coisas) de Foucault, os *Écrits* (Escritos) de Lacan, a *Critique et vérité* (Crítica e Verdade) de Barthes, todos publicados em 1966, e os artigos muito reveladores, impressos em 1973, como "Du Texte à l'oeuvre" (Do Texto à Obra) de Barthes e "La Dent, la paume" (O Dente, a Palma) em *Des Dispositifs pulsionnels* (Os Dispositivos Pulsionais), de Lyotard, ano que foi também, de um ponto de vista mundial e, portanto, não desprezível, o do primeiro choque petrolífero.

No caso particular de Grotowski, a crise era no fundo previsível, preparada pela transferência de todos os poderes do encenador para o ator, pois se julgava que este último era levado a "sacrificar-se" sob e para o olhar reconhecedor do espectador. Esse questionamento do sujeito central, que domina e controla a origem, a fonte e a criação da obra, esse destronamento da *mise en scène*, não fazia mais que anunciar muitas outras reviravoltas: a criação coletiva na França nos anos 1970, o *devised theatre* britânico, a união entre a dança e o teatro no *Tanztheater* alemão.

Crise da dramaturgia: a dramaturgia• do ator foi a solução inventada por Eugenio Barba para capitalizar o treino intensivo e cada vez mais criativo e personalizado de suas atrizes. O encenador desaparece virtualmente durante a longa fase de pesquisa de materiais, de improvisações e de enformação (*mise en forme*) pela atriz. Ele só intervém no fim do curso, para provocar, desbloquear ou desestabilizar o que já estava muito solidificado e arredondado.

Ao misturar, triando os materiais propostos, ele os inscreve em um dispositivo espacial segundo uma duração ritmada pela música, luz e estrutura da fábula. Nisso, Barba nada mais faz senão emprestar de seu mentor e do dramaturgo Ludwik Flaszen (do qual nunca se dirá o suficiente quanto à sua importância na formação do pensamento grotowskiano) o princípio de composição de adaptações e de encenações dos anos 1960. Essa dramaturgia, seja ela textual, cênica ou visual, ia, com efeito, de encontro à linearidade do relato, da cronologia da fábula; ela inspirará a escritura dramática fragmentária e desconstruída dos anos 1970 e 1980.

Crise da escritura dramática: poucos autores dramáticos, nesses anos 1970 e 1990, ousaram, entretanto, abandonar suas prerrogativas para se tornar "atores-dramaturgos-autores". Esse método reaparecerá regularmente, desde os anos 1990 no *devised theater* (teatro concebido em conjunto, coletivamente) em que a escritura não precede o projeto cênico, mas se elabora com ele em uma cooperação de todos os artistas (cenógrafos, atores, compositor, escritor etc.). Poder-se-ia citar Simon McBurney, Robert Lepage, Ariane Mnouchkine e alguns outros.

Crise da narratologia: não se pode não relatar (do mesmo modo que não se pode não comunicar): tal é a grande descoberta da nova narratologia e da antropologia do relato, que se desenvolveram nos anos 1980 e 1990, na sequência da narratologia clássica que descrevia as estruturas narrativas. Essa hipótese de bom senso está em contradição com a concepção das *ações*, tais como as concebia Grotowski na última fase de sua pesquisa, a de "A Arte como Veículo". Seja o que for que ele pense a respeito, o ator, ou melhor o *doer*, o "actante", conta sempre uma história que o espectador, ou, mais exatamente, a testemunha, reconstitui e conta para si própria, se quiser manter o contato com a performance e o interesse por ela. *Doers* como testemunhas efetuam, pois, sua própria montagem a partir dos elementos do relato.

Crise da formação do ator: tal é certamente desde os anos 1980 a crise mais visível e a mais profunda. Deixando de beneficiar-se de uma formação permanente mais aprofundada, como no tempo de Grotowski e de Barba dos anos 1970, o ator não tem mais nem o tempo, nem o gosto, nem mesmo a necessidade de um treinamento físico prolongado. Não há, nem jamais houve, um Método Grotowski ou um Método Barba, imitável, nem sequer transportável. Rejeitando, desde logo, não só o uso das mídias no palco, mas recusando-se a reconhecer seu impacto sobre o corpo e o imaginário de todos, a formação do ator cortou de entrada, no seu propósito, o acesso a um novo paradigma cultural. No entanto, a familiarização dos atores com todas as espécies de técnicas lúdicas e corporais extraeuropeias havia bem preparado os corpos para uma grande flexibilidade, para uma abertura às novas técnicas corporais, a uma nova corporalidade. Os estágios de atores ocidentais entre Mestres orientais inaugurados pelo próprio Grotowski, tornaram-se frequentes, às vezes banais e adaptados pelos Mestres aos desejos presumidos de seus visitantes ocidentais. A globalização baralha as cartas, a tal ponto de às vezes se esquecer com que objetivo se joga e para que mundo se dá forma aos corpos e aos espíritos.

3. MUDANÇA DE ÉPOCA, MUDANÇA DE PERSPECTIVA

O vocabulário simples dos textos grotowskianos compreende palavras que dificilmente são admitidas em nosso mundo pós-moderno e performante: essência, autenticidade, origem, sacrifício, pureza são vocábulos que hoje podem nos parecer ainda mais religiosos ou metafísicos, idealistas ou desusados do que há quarenta anos. Não há necessidade de um Derrida para desconstruí-los: esses termos se aplicam a um teatro aparentado ao ritual. Nossa época os aborda com suspeita, pois eles decorrem de uma concepção essencialista e universalista da natureza humana.

A leitura estilística que efetuamos de Grotowski e Barba é, ela mesma, histórica, seu estilo nos é mais ou menos acessível: se Barba é um escritor que fala, Grotowski é um orador que a gente transcreve quase a despeito dele, um orador ou um oráculo inspirado que custa ser relido. Barba tem confiança na literatura para construir o real, ele possui a arte da imagem e da fórmula; Grotowski, por sua vez, tem o pesadelo da palavra imprecisa, ele desconfia da literatura e, mais ainda, dos literatos.

Certas noções filosóficas são de pronto recusadas. Assim, a essência, que está na origem da reflexão essencialista sobre o ator e a comunhão teatral, parecerá a muitos, hoje em dia, como uma noção suspeita. É, no entanto, isso que Grotowski considera como o coração e a aposta de todo ser humano: "A essência me interessa porque ela nada tem de sociológica. Ela é aquilo que não recebemos dos outros, é aquilo que não vem do exterior, que não é apreendido. Por exemplo, a consciência (no sentido de *the conscience*, a 'consciência moral') é algo que pertence à essência e que é inteiramente diferente do código moral, pertencente, por sua vez, à sociedade."[1] Essa distinção entre consciência moral individual e código moral coletivo só é aceitável em uma visão religiosa ou metafísica que pressupõe uma concepção essencialista do ser humano. Pode-se compreender que esse essencialismo convenha ao Grotowski do "ator santo" ou de "A Arte como Veículo", lá onde o ator não se busca senão a partir de si próprio, sem o olhar de um espectador. Mas pode-se também pensar com Brook, por exemplo, que o teatro só ocorre e existe no "momento em que o ator e o público estão ligados"[2]. Notar-se-á que certa convergência "essencialista" (talvez em reação a um relativismo multicultural, com os perigos que este implica) se desenha igualmente no campo da teoria literária e teatral, a qual interroga um tanto abstratamente a teatralidade, a intermidialidade, a performatividade, a corporalidade, a interculturalidade etc.

O intercultural tornou-se, nas décadas de 1970 a 1990, um vasto campo de pesquisas para o jogo do ator e a *mise en scène*. Em Grotowski, ele se manifestou muito cedo como "sincretismo intercultural" (segundo a feliz expressão de Serge Ouaknine, na nota de seu falecimento[3]). E não se deu de modo diferente em Brook, na sua pesquisa também dos universais culturais, de um *human link*, um "liame humano". Nos decênios de 1980 e 1990, os do "todo cultural", a tendência tanto da teoria como da prática foi a de multiplicar os exemplos da atividade cultural, a de analisar todas as possíveis *cultural performances*•. Na versão política dessa extensão infinita das práticas culturais, o multiculturalismo não se preocupou mais do que com a coexistência pretensamente pacífica das diferentes comunidades, com suas práticas mais religiosas e étnicas do que culturais e artísticas. A reflexão e a prática inter ou multicultural jamais deixou, pois, de se afastar da visão sincrética, universalista e essencialista que era a de Grotowski desde seus primórdios. A globalização, a estandardização das práticas culturais deram origem a pesquisas sobre culturas antigas e sua essência mais difícil, mas também tanto mais importante. A erudição de Grotowski, a escolha de notáveis colaboradores o ajudaram e nos ajudaram a lutar contra um pensamento globalizante e simplificador.

A tentação do "pós", isto é, a tentação de não mais caracterizar tudo senão como pertencente ao "pós", pós-moderno• ou pós-dramático•, por exemplo, é sintomática de nossa época, fatigada ou hesitante quanto a propor novas teorias ou categorias. Ela vai de encontro à exigência de Grotowski dessa "via criativa (que) consiste em descobrir em si mesmo uma corporeidade antiga à qual se está ligado por uma forte relação ancestral. [...] As descobertas estão atrás de nós e é preciso fazer uma viagem para trás a fim de chegar a elas"[4]. Essa busca das origens, "a reminiscência, como se a pessoa se lembrasse do performer do ritual primevo" (p. 56), está nos antípodas da tendência atual em pós--modernizar ou pós-dramatizar aquilo que o ator ou o encenador conhece ou já encontrou e que ele cita ou varia à vontade.

A mudança de paradigma do "objeto teatro" contemporâneo contribui igualmente para nos afastar da pesquisa grotowskiana daquilo que constitui a essência do teatro, daquilo que faz com que ele seja distintamente teatro, daquilo que o separa da performance ou do espetáculo. Em Grotowski, esse objeto que aproxima o espectador do ator sem dúvida é o teatro, mais especificamente aquilo que denominávamos nos anos 1960 "a representação teatral", que Grotowski chamava de "teatro como presentação". Mas, com o surto do intercultural e a chegada dos *performance studies* nos anos 1970 e 1980, de acordo com a noção, muito popular nos anos 1960, de espetáculo ou de teatro total, a performance, no sentido inglês de ação espetacular, assume o lugar. Ela própria será rapidamente posta em questão e em minoria pela nova perspectiva das *cultural performances* e dos *cultural studies*, que relativizam a noção de teatro de arte ou de encenação.

De certa maneira, Grotowski segue, e até precede, essa evolução. Ele acaba por trabalhar somente sobre os rituais ou, mais precisamente, sobre os cantos escolhidos ao modo artaudiano, por sua qualidade vibratória. Enquanto as *performance studies* não cessam de estender seu domínio de estudos, a antropologia microscópica de Grotowski se interessa pelo infinitamente pequeno, pela essência das coisas: corporeidade antiga e ancestral, ritual, cor e vibração da voz. "As qualidades vibratórias desses cantos", estima Grotowski, "com as impulsões corporais que as carregam são – objetivamente – uma espécie de linguagem"[5].

Para quem permanece apegado ao teatro e à *mise en scène* considerados como objeto estético, esse alargamento constante para um objeto cultural e esse desaparecimento do objeto estético em proveito da interrogação antropológica, podem desconcertar. "O teatro ainda é, por momentos, uma arte ou já não é mais do que uma cerimônia cultural?", pergunta-se, não sem angústia, Jean-François Peyret[6].

Responder a essa questão, acompanhando a evolução de Grotowski desde sua fase clássica de encenador até a de *teacher of performer*[7], não será mais do que confirmar uma coisa bem conhecida e amiúde deplorada: sua passagem da estética à antropologia, do ficcional ao autêntico. O importante, para não recair na vã polêmica sobre o "abandono" de Grotowski é, sem dúvida, examinar agora as relações e os prolongamentos da antropologia grotowskiana nos diversos ramos e concepções da antropologia contemporânea. O surgimento do paradigma da performance e, mais recentemente, o efeito do feminismo e da linguística, dos atos de linguagem, da performatividade, mudam radicalmente o dado.

4. PROLONGAMENTOS E IMPASSES DA ANTROPOLOGIA GROTOWSKIANA

Cumpre de pronto distinguir a antropologia no sentido europeu de antropologia filosófica, a qual explora noções de natureza humana universal, e a antropologia no sentido norte-americano de antropologia cultural, que descreve e analisa as diferenças culturais e étnicas. Grotowski situa-se resolutamente na primeira antropologia, sobretudo no seu período pós-teatral, depois de 1969, mas já nas suas reflexões sobre a essência do encontro entre o ator e o espectador de teatro.

Desde o início de sua carreira de encenador, Grotowski, especialista em filosofia indiana e ioga, apelou para alguns elementos formais de culturas teatrais não europeias, reinjetando-as no jogo do ator, como princípio de composição ao invés de fazer citações. Esse uso sincrético e não ortodoxo pôde conduzir alguns (muito mal-intencionados e mediocremente informados) a ver nele um chantre do relativismo cultural e um defensor de uma antropologia cultural "orientalista". A mesma desventura sobreveio a Barba, cuja noção (e a terminologia, pouco feliz, é verdade) de antropologia teatral fazia crer que se tratava de justapor diversas tradições espetaculares, para confrontá-las em um *theatrum mundi* que acolhesse todos os tipos de espetáculo. Ora, sabe-se muito bem que, para Barba, a antropologia teatral é o estudo do comportamento cênico pré-expressivo sobre o qual diferentes gêneros, estilos de jogo, tradições são universalmente fundamentados segundo uma série de princípios da utilização do corpo[8]. Assim, Barba, mais do que Grotowski e de modo mais explícito, adota uma posição comparatista e se põe em busca de um pré-expressivo comum.

A antropologia cultural – a proveniente dos antropólogos e não dos artistas da cena – interessou-se, embora pouco, pelas diversas tradições cênicas e espetaculares do mundo inteiro, ao menos, em todo caso, de maneira comparatista. Mesmo Victor Turner não raciocina no fundo senão sobre o modelo ideal de drama, o drama social (*social drama*•), tomando de empréstimo suas categorias do teatro ocidental, sobretudo grego, e singularmente o trágico grego.

Os *performance studies*• recapturam a passos largos o tempo perdido e as ocasiões frustradas, mas eles estão, por definição, a cavalo, entre teatrologia e antropologia; ou seja, os pesquisadores são amiúde "amadores" em ao menos um desses dois domínios. No entanto, desse ponto de vista, que se tornou dominante no mundo anglo-americano, e logo no europeu, é que a obra de Grotowski deverá ser agora escrutinada nos seus mínimos pormenores e desvios. Talvez não se tenha abordado suficientemente sua obra na perspectiva dos *cultural studies* e da *critical theory*, mas unicamente como um comentário, ou melhor, um comentário crítico, de suas ideias e de sua marcha da qual ele livra de bom grado, ele próprio, a historiografia. Mas a natureza, a lógica e as razões desse encadeamento não são sistematicamente analisadas. Gostaríamos que os *performance studies* aplicassem à antropologia teatral de Grotowski e de Barba o mesmo olhar distanciado e crítico que elas dedicam a um ritual pré-colombiano ou a uma cerimônia de casamento na Guiné papuásica.

Em se tratando de uma antropologia sociopolítica, e até militante, poderia ela fornecer uma alternativa, ou ao menos um complemento crítico, às abordagens filosóficas, etnográficas e "performativas" existentes? As formas recentes de performance como as "*etno-tecno*" de um Guillermo Gómez-Peña, nos fazem esperar isso. Conciliando a visão militante do *agit-prop*, o rigor da observação etnológica, a forma lúdica e autorreflexiva de curtos esquetes críticos, esse tipo de antropologia nos reconduz à sociedade em que vivemos, nos premune da seriedade incandescente dos grandes ancestrais, dirige-se a atores e espectadores de hoje.

A essas diferentes antropologias, seria preciso adicionar a etnocenologia• de Jean-Marie Pradier, que se desfaz da marca dos *performance studies* e se inspira na etnomusicologia.

Será talvez necessário, diante dessa riqueza de abordagens antropológicas, historicizar a antropologia teatral de Grotowski, ressituá-lo no seu contexto histórico? Recolocá-lo em cada etapa (autodesignada) de seu percurso no contexto intelectual e político da época? A ruptura estética, tanto quanto política e ética, de 1968 (entre 1966-1973), constitui, por certo, o pivô da obra, mas a lei marcial e o gelo de toda criação na Polônia de 1981, tanto quanto o socialismo à francesa e o elogio do todo cultural, forneceram o quadro da evolução das concepções e das possibilidades concretas de trabalho. O fim do Teatro das Fontes marca também o início dos ISTA organizados por Barba, cujas sessões de trabalho são principalmente mais uma continuação do que uma manifestação paralela à do Mestre e amigo polonês. As teorias também fazem política: esse mesmo momento axial de 1981 assiste à passagem de uma semiótica da cultura (russa, como a de Lotman, ou leste-europeia e de inspiração marxista) para a irresistível ascensão dos *performance studies* norte-americanos. Outro marco será o ano de 1989: no plano mundial, o fim do comunismo e o surto doravante sem entrave do neoliberalismo e da globalização.

Retorno às origens? A versão final – "A arte como origem" – é também a mais completa e acabada formulação de seu pensamento. E talvez também aquilo que poderia – ou teria podido – criar um retorno às posições primeiras sobre a *mise en scène*, o teatro como espetáculo (performance), como presentação. Grotowski repete aí mais uma vez a oposição entre o teatro como encenação do início de sua carreira e a arte como veículo na sua última etapa. Ele opõe "a arte como presentação", a saber, o teatro feito para ser percebido por um espectador, e "a arte como veículo"[9], que só tem sentido para os participantes, os *doers* ou *actuants*, actantes. "Fazer a montagem na percepção é a tarefa do encenador, e é um dos mais importantes elementos de seu ofício [...]. Ao contrário, quando falo da arte como veículo, refiro-me à montagem cuja sede *não reside na percepção do espectador, porém na dos actantes*" (p. 187).

Essa nítida posição é discutível, pelo menos de um ponto de vista teórico. Não se pode, de fato, afirmar o contrário? O encenador deve produzir um espetáculo que toma seu sentido tão somente se o espectador compreende como esse encenador procedeu, não suas intenções exatas, mas o sistema de sua encenação, de sua composição cênica. E, ao invés disso, observar o *doer*, o ator em exercício, obriga a ler seu trabalho individual como montagem necessariamente orientada para um fim.

De qualquer maneira, não é artificial e insustentável separar teatro da (re)presentação e da arte como veículo, não é artificial também opor a recepção pelo espectador e a produção pelo ator. Recepção e produção não estão dialeticamente imbricadas? Nesse texto quase testamentário, Grotowski acaba por se propor a questão, por duvidar e hesitar: "É possível", pergunta-se ele, "trabalhar na mesma estrutura performativa com os dois registros: com a arte como presentação (para fazer um espetáculo público) e, ao mesmo tempo, com a arte como veículo?" (p. 197-198).

Não se pode entender aqui a crença do *teacher of performer*: se o aluno pensa no exercício como uma maneira de fazer teatro, não se arrisca ele, inquieta-se Grotowski, a procurar o espetacular e a afastar-se, assim, de sua busca, se bem que "o sentido de tudo isso corre o risco de tornar-se equivocado" (p. 198)? Essa honestidade honra o sábio de Pontedera. Ele duvida: estou "tentado a fazê-lo, eu o admito", confessa ele (p. 198). Talvez ele deseje voltar atrás no que disse sobre a construção de um espetáculo e, portanto, raciocinar de novo, vinte anos depois, enquanto encenador. Essa tentação da dialética (mais ainda do que o retorno que ele sabe ser impossível) é a de deixar por um instante a arte como veículo para pensar em um veículo performativo como arte, em outras palavras, em uma *mise en scène* como ele a concebia nos anos 1960. O sábio de Pontedera reunir-se-ia ao revoltado de Opole? Gostaríamos de pensá-lo.

NOTAS

1   Le Performer [1987], *Workcenter of Jerzy Grotowski*, brochura em inglês, italiano e francês do Workcenter, 1988, p. 54.
2   Margaret Croyden, *Conversations avec Peter Brook*, Paris: Seuil, 2007, p. 42.
3   Na notícia estampada a respeito de seu falecimento, "Grotowski pour mémoire". Disponível em: <http//dicnet.swarthmore.edu/litterature/moderne/ouaknine/grotowski.html>.
4   Le Performer, op. cit., p. 56.

5   Jerzy Grotowski, Titres et travaux, Collège de France, 1995, p. 19. Citado por Marc Fumaroli, "Grotowski ou le passeur de frontières", *Alternatives théâtrales*, n. 70-71, p. 18.
6   Programa do seu espetáculo *Traité des passions*, 1995.
7   Le Performer, op. cit., p. 53.
8   Ver a definição de Barba e Nicola Savarese: "No começo, concebia-se a antropologia como o estudo do comportamento dos seres humanos, não apenas no nível sociocultural, mas também no nível fisiológico. Assim, a antropologia teatral é o estudo do comportamento sociocultural e fisiológico em um contexto de representação." (*A Dictionary of Theatre Antropology*, London: Routledege, 1991, p. 8; *A Arte Secreta do Ator: Um Dicionário de Antropologia Teatral*, trad. bras. Patrícia Furtado de Mendonça, São Paulo: É Realizações, 2012, p. 14.)
9   Thomas Richards, *Travailler avec Grotowski sur les actions physiques*, Arles: Actes Sud, 1995, p. 185. (*Trabalhar Com Grotowski Sobre as Ações Físicas*, trad. bras. Patrícia Furtado de Mendonça, São Paulo: Perspectiva, 2014, p. 139.)

Aparecimento e Desaparecimento

Fr.: *apparition et disparition*; Ingl.: *appearance and disappearance*; Al.: *Erscheinen und Verschwinden*.

O francês distingue *apparition* (aparecimento) e *apparence* (aparência), enquanto o inglês utiliza apenas o termo *appearance* para as duas noções distintas. Essa dissimetria permite ao inglês muitos jogos (e confusões) que a teoria recente explora até se fartar. Em compensação, o francês, que não pode jogar tão facilmente com as palavras, consegue aclarar melhor os domínios de aplicação desses conceitos cruciais para o estudo do teatro.

A arte do teatro, e mais ainda a arte da performance ou da magia, consiste em fazer aparecer e desaparecer todas as espécies de coisas: pessoas humanas, objetos, materiais etc. Mal aparece e já desaparece! Todos esses vaivéns se produzem em um lugar e em um tempo dados, daí seu caráter estratégico. Mnouchkine, nos lembra David Williams, chama esse *space of appearance*[1] de "espaço de aparecimento", "para descrever seu próprio ideal de uma ágora sociopolítica dinamicamente interativa" (p. 104).

A fenomenologia, essa filosofia do aparecer, "descreve aquilo que aparece"[2]. Ela se torna uma teoria cômoda para observar os fenômenos do aparecimento no teatro. Ela observa a emergência "dos sentidos", ou da "sensação•" na performance. É de se evitar reduzir esse aparecer a uma semiologia do espetáculo, lá onde se vai perguntar unicamente o que, tanto para os artistas como para os espectadores, constitui signo e faz sentido na representação. A fenomenologia, em compensação, se interessa pela maneira como o receptor percebe a obra: quais figuras, quais formas ele aí distingue, como a figura emerge do desfigurado, a forma do informe. Essa aparição da forma, Alain Badiou a concebe como uma transfiguração, um reconhecimento: "Em arte, aquilo que não tem nenhum valor formal, transfigurado de súbito por um deslocamento imprevisível da fronteira entre aquilo que se reconhece como sendo forma, mesmo que de-formado, e aquilo que jaz no informado."[3] Esse fenômeno de aparecimento nada tem, portanto, de uma simples leitura de signos: é antes um lance de magia, de "dramaturgia", por assim dizer. O espetáculo oferecido ao público passa por esse lugar e esse momento de aparição e, no mais das vezes, encarnado pelo ator. Assim, para o cenógrafo e encenador Daniel Janneteau: "O ator é um lugar de aparecimento. Espaços que podem ser vazios, que podem se preencher. Mais do que representar as coisas, é preciso fazer de modo que elas apareçam, e de tempos em tempos isso acontece."[4]

Na realidade, esse processo de aparecimento não se produz apenas "de tempos em tempos", ele é constitutivo do ato de olhar. Os artistas o tematizam de bom grado: é o caso do cenógrafo Janneteau ou, em 2013, da coreógrafa Jefta van Dinther e do Cullberg

Ballet, em *Plateau Effect*, quando os nove dançarinos apareciam e desapareciam em todos os tipos de cortina de cena, baseando sua coreografia nesse duplo movimento.

Essa oscilação entre a aparição e a desaparição corresponde a uma outra maneira de significar. Na prática, isso se traduz pelas obras que recusam implicitamente as explicações, que não repousam mais na alternativa do verdadeiro ou do falso, da aparência e da realidade, do significante e do significado. O prazer do texto, dizia Barthes, reside na produtividade da leitura, no entre os dois, na "intermitência, como bem disse a psicanálise, que é erótica: a da pele que cintila entre duas peças (a calça e a malha), entre duas bordas (a camisa entreaberta, a luva e a manga); é este sentimento mesmo que seduz, ou ainda: a encenação de um aparecimento-desaparecimento"[5]. Esse erotismo do corpo, esse prazer do texto e da oscilação dispensa uma colocação em signos demasiado estática e obras "pré-mastigadas", sem trabalho sobre as formas tanto na sua produção como na sua recepção. A alternância do aparecimento e do desaparecimento, elevada ao título de princípio estético, recoloca a velha distinção metafísica entre a verdade e as aparências, ou mesmo a oposição de Kant entre *Schein* (aparência) e *Erscheinung* (fenômeno), portanto entre a ilusão e a realidade empírica da experiência pelos sentidos. Tanto em um caso como em outro, a aparência/aparição pergunta a si mesma sempre o que o teatro revela além das aparências e dos aparecimentos, como ele é útil para melhor apreender a nossa realidade social e política do momento.

Martin Seel. *Aesthetik des Erscheinens*. Frankfurt: Suhrkamp, 2000; *Die Macht des Erscheinens*. Frankfurt: Suhrkamp, 2007.
Richard Gough; Adrian Kear (eds.). On Appearance, *Performance Research*, v. 13, n. 4, dez. 2008.

NOTAS

1 David Williams, Writing (After) the Event: Notes on Appearance, Passage and Hope, em Judie Christie; Richard Gouph; Daniel Watt (eds.), *A Performance Cosmology*, London: Routledge, 2006, p. 104.
2 Emmanuel Lévinas, *Éthique et infini*, Paris: Fayard/Radio France, 1982, , p. 79. (Livre de Poche, 1988.)
3 Alain Badiou, *Second manifeste pour la philosophie*, Paris: Fayard, 2009; Flammarion, 2010, p. 79.
4 Daniel Janneteau, *Études théâtrales*, n. 49, 2010, p. 61.
5 Roland Barthes, *Le Plaisir du texte* [1973], em *Oeuvres complètes*, Paris: Seuil, t. 2, 1994, p. 1498-1499.

Apropriação

Fr.: *appropriation*; Ingl.: *appropriation*; Al.: *Aneignung*.

A ação de tomar ao seu próprio uso um objeto ou um lugar, ou então de se apropriar dele. Essa dupla definição geral convém muito bem às artes plásticas e ao teatro, na medida em que os artistas retomam muitas vezes por sua conta, transformando-a mais ou menos, uma obra que se torna sua.

As artes plásticas, visuais, praticam esta apropriação, juntando-lhe ou subtraindo-lhe elementos da obra original: a obra de partida (foto, pintura, escultura) torna-se um material no qual o artista se abebera e que ele transforma segundo seus desejos. A arte da apropriação veio a ser, desde os anos 1980, um gênero à parte. Essa prática se inspira em uma fotografia amiúde muito conhecida no que diz repeito ao desviar de seu sentido original, ao fazer paródia° (assim como nos desvios• da publicidade), insistir sobre um aspecto notável ou cômico (caricatura, por exemplo). A fotografia pratica, desde seus princípios, a fotomontagem. A pintura, desde Manet ou Picasso, Rauschenberg ou Warhol, presta-se muito bem a esse tipo de adaptação que consiste em "retrabalhar" uma fotografia, um quadro, uma publicidade. Esse procedimento, notadamente no que concerne a fotos ou a quadros modificados por um computador, coloca um problema legal. A jurisprudência autoriza a apropriação sob a condição de que o artista faça um *fair use* (uso justo) da obra e a retrabalhe de modo a convertê-la em uma obra que pertença doravante ao artista e que "transcenda" a obra original. A questão toda é saber apreciar esse trabalho, ficando entendido no fundo que uma obra não é jamais absolutamente original, intocável, autêntica e única. Com o computador, tudo é facilmente retocável. Os juízes devem avaliar se a obra mudou suficientemente de matéria, de mídia, de sentido.

O situacionismo, nos anos 1950 e 1960, utilizou o termo apropriação em um sentido muito mais político e polêmico: como um desvio, uma deriva. A apropriação vai então *pari passu* com a expropriação do outro, com a luta de classes, com a adaptação às novas condições políticas ou em ruptura com a doxa. Aplicada ao *teatro* e à *performance*, a apropriação é tanto a reescritura dos textos quanto a interpretação de um mesmo texto pelo conjunto dos artistas implicados na encenação e na presentação pública do espetáculo. A apropriação concerne, sobretudo, mas não exclusivamente, às obras clássicas, relidas e reinterpretadas pelos encenadores que não têm um respeito literal e sobranceiro pela literalidade das peças ou dos temas. E, de fato, toda *mise en scène* se apropria de alguma coisa do texto dramático, ela desloca e cria à sua maneira o sentido, ela parodia sempre um pouco o objeto de partida. Ela intervém na escolha dos materiais utilizados. Assim, o ator se apropria de todas as espécies de gestuais, ele deforma e recria corpos imaginários. Toda encenação se apropria dos materiais, das técnicas e dos sentidos possíveis do espetáculo para criar a sua própria obra. Na *teoria da tradução e do intercultural*, a noção de apropriação torna-se sinônima de roubo e de exploração de culturas estrangeiras, assumindo a forma do exotismo, do colonialismo, da simplificação vulgar e estereotipada dos valores da outra cultura. É verdade que as culturas--fontes enfraquecidas e empobrecidas estão à mercê das culturas-alvos ricas e consumidoras. Seria, contudo, exagerado e injusto fazer de toda recepção um roubo, uma colonização imperialista, uma mercantilização desavergonhada. Por isso é problemático estabelecer uma oposição nítida entre a adaptação, "uma relação com o texto-fonte ou um original que o determina", e a apropriação, "uma viagem decisiva que se afasta da fonte determinada para ir em direção a um produto cultural ou um domínio completamente novo"[1]. As leis da apropriação e do desvio• são muito mais flexíveis, porém muito mais vagas, e até invisíveis. Rirá melhor quem ler por último.

NOTA

1   Julie Sanders, *Adaptation and Appropriation*, London: Routledge, 2006, p. 26.

Arte Acrobática no Espaço

Fr.: *art acrobatique dans l'space*; Ingl.: *Aerial art*; Al.: *Akrobatik*.

Quando a dança, a performance e a acrobacia se combinam com as artes do circo, resultam daí espetáculos "aéreos", concebidos sobre fios, cordas, mastros, trapézios, com os quais os artistas executam figuras complexas e perigosas.

Já em 1974, Trisha Brown, com *Walking on the Wall* (Andando Sobre a Parede), equipava seus dançarinos como alpinistas para fazê--los evoluir sobre um muro. Em sua dança escalada (*Creux poplité*, 1987), os dançarinos arreados, do grupo Roc in Linchen, escalam uma falésia seguindo uma coreografia minuciosamente elaborada. Em *Blanche Neige*

(Branca de Neve, 2009) de Angelin Prelojcaj, os sete anões movem mãos e pés para ficar agarrados a um plano vertical. Kris Verdonk, em *I, II, III, IV*, suspende seus dançarinos como marionetes pelos fios e os faz rodopiar e agitar-se por meio de um programa de computador. Em *Autres pistes* (Outras Pistas, 2009), a coreógrafa Kitsou Dubois convida seus artistas circassianos a um número de trapézio e de mastro chinês. Cada vez com mais frequência o teatro gosta de misturar momentos de teatro literário a números de arte acrobática: é o caso do *Fausto* revisto pela companhia islandesa Vesturport (2010, Londres, Young Vic), que alterna o jogo em uma cena frontal com evoluções aéreas em uma rede em cima da plateia.

Em todos esses exemplos, o corpo humano se desprende por um instante da gravidade para evoluir nos ares. Ao virtuosismo, ao risco, à performance técnica, os artistas acrescentam uma arte aérea, um balé de infinita graça que não tem nenhum equivalente em terra firme.

teatro concerne a uma escritura não dominada, uma textualidade não polida, uma textura áspera, uma materialidade• assumida. O bruto não é seguramente nem o brutal, nem o brutalismo, nem o teatro do murro•.

A cenografia utiliza de bom grado objetos achados, materiais brutos. Em *Petit Pierre*, peça de Suzanne Lebeau, encenada por Maud Hufnagel (2011), a cena reproduzia o embaralhamento de objetos improvisados (*bricolés*) pelo protagonista, numa arte *naïf* feita de materiais recuperados e cuja assemblagem• constituía uma escultura móvel de uma grande precisão e poesia.

É muito mais difícil fazer do corpo humano uma matéria bruta: somente a dança japonesa Butô chegou a isso, nos seus primórdios, com Hijikata, antes de se reestetizar muito rapidamente a partir dos anos 1980, com Sankai Juku ou Maro Akaji e seu grupo Dairakudakan.

NOTAS
1 Jean Dubuffet, *L'Art brut préféré aux arts culturels*, Paris: Galerie R. Drouin, 1949; catálogo de exposição.
2 Peter Brook, *L'Espace vide*, Paris: Seuil, 1977.

Arte Bruta (Art Brut)

Esse termo de Jean Dubuffet remete a uma arte produzida por pessoas fora das normas e das estéticas oficiais. É, para ser breve, a arte dos loucos, das crianças, dos marginais, dos *naïfs* (primitivos), a arte daqueles que, "indenes de cultura", não têm nada a ver com a alta cultura. É "uma operação artística pura, bruta, reinventada na totalidade de suas fases por seu autor, a partir somente de seus próprios impulsos."[1]

O equivalente ao teatro seria um estilo bruto, *rough*, como diz Peter Brook[2]: um teatro que guarda a espontaneidade de uma improvisação ou de um psicodrama. O caráter bruto do

Assemblagem

Fr.: *assemblage*.

Esse termo das artes plásticas se aplica à colagem• e à reunião de objetos achados ou tomados de empréstimo ao meio ambiente, objetos que, por um fenômeno de desvio• estético, tomam outro sentido.

A assemblagem revela-se um conceito e uma ferramenta prática para descrever como a dramaturgia moderna e contemporânea junta às vezes materiais (arquivos, gravações de documentos audiovisuais) a fim de constituir passo a passo uma performance a partir de elementos reunidos mais ou menos sistematicamente: "aquilo que começa como uma série de fragmentos é arrumado no espetáculo: a dramaturgia é um ato de assemblagem"[1]. Essa assemblagem corresponde ao processo de escritura do espetáculo no método do *devised theatre* [...]. O texto se ensambla pedaço por pedaço em função da lógica do material e dos acasos da criação. Às vezes a escritura é concebida como assemblagem de superfícies textuais, esses *Textflächen*, do qual fala o autor austríaco Elfriede Jelinek a propósito de suas próprias peças.

Pode-se fazer corresponder todas essas formas de assemblagem, no sentido das artes plásticas, a métodos de criação para a escritura dramática ou a encenação. A assemblagem declina-se conforme os mais diversos paradigmas, assim notadamente:

Ao *ready-made* de Marcel Duchamp correspondem textos ou encenações que retomam pedaços do real, dos objetos achados (cênicos ou verbais), misturando-os a construções imaginárias muito estruturadas.

À maneira da *arte bruta* de um Jean Dubuffet, autores como Michel Vinaver ou coreógrafos como Jean Lauwers ou Alain Platel comprimem, em sua obra, pedaços não trabalhados e não refletidos, mas também não reprimidos, pedaços cuja compressão cria uma nova matéria verbal ou cênica que espanta o espectador por sua concentração e sua forma depurada, proveniente da forma impura.

Às *imagens fulgurantes* da pintura ou da poesia surrealista seguem a cena ou a escritura que nos conduzem de uma surpresa a outra, de uma imagem congelada à seguinte, sendo então a assemblagem uma cadeia metafórica ininterrupta, um fio de pérolas mais que uma matéria comprimida e recriada.

À *montagem*, a qual advém sempre segundo uma lógica subjacente que faz sentido, opõe-se a assemblagem que brilha por sua falta de organização e sua arte de incorporar os elementos mais díspares.

Ao *coro antigo*, unido e compacto, sucedeu, na cena dos clássicos como dos modernos, um uso córico de um grupo em movimento perpétuo: sua coreografia e suas mutações estão à procura de uma comunidade e de uma assembleia que se assemelham ainda muito às figuras ilegíveis da pós-modernidade.

Pois, é para a *assembleia teatral* que tanto os artistas como os espectadores desejariam nos convidar e nos incitar. Outras pesquisas, outras noções, como as de dispositivo• ou de agenciamento•, nos ajudam a pensar a organização das obras no espaço (é o caso do dispositivo segundo Foucault) e no tempo (é o caso do agenciamento como "componentes geográficos, territorialidades e movimento de desterritorialização"[2], em Deleuze e Guattari), mas somente a assemblagem nos permite imaginar uma obra tanto para montar como para desmontar, tanto para fazer como para desfazer.

NOTAS
1 Mike Pearson; Michael Shanks, *Theatre/Archeology*, London: Routledge, 2001, p. 55.
2 Deleuze refere-se às "diferenças muito secundárias" que opunham, ele e Guattari, a Foucault: "O que ele [Foucault] chamava dispositivo, e o que Félix [Guattari] e eu denominávamos agenciamento, não possuem as mesmas coordenadas, porque ele constituía sequências originais, ao passo que nós dávamos mais importância às componentes geográficas, às territorialidades e aos movimentos de desterritorialização". *Pourparlers*, Paris: Minuit, 1990-2013, p. 206.

Assento

Fr.: *assise*; Ingl.: *base*; Al.: *Grundlage*.

No teatro, nas artes do espetáculo e, *a fortiori*, nas *cultural performances*, o espectador• não permanece mais sentado em seu lugar. Poder-se-ia, portanto, espantar-se com um estudo científico sobre o assento do teatro, em que se observa um público frontalmente instalado diante de uma representação cênica. Cumpre imediatamente precisar que o assento deve ser tomado no sentido amplo e metafórico: como o público está instalado em esperas, posições físicas, mas também mentais que preparam, e até determinam, sua recepção da obra. Uma observação dos costumes "espectadoriais" é então instrutiva, sobretudo se se toma o cuidado de ultrapassar a funesta oposição entre uma posição sentada considerada como passiva e um movimento de corpos em passeio no espaço, descrito como necessariamente ativo.

Daí por que um estudo empírico, como o de Marie-Madeleine Mervant-Roux, acerca da distância física do espectador em relação à cena e sua incidência sobre sua recepção e compreensão, é muito esclarecedor. Assim, o estudo das zonas de interações, dos lugares diferenciados desde aqueles dos quais o espectador assiste ao espetáculo: 1. A zona próxima, a menos de nove metros do palco: o espectador distingue os detalhes da mímica dos atores, mas percebe mal o espaço em seu conjunto; ele vê mal os outros espectadores, mas está no campo da visão imediata dos atores; sua própria visão é impressionante, mas incompleta; 2. A zona média, entre oito e treze metros: o espectador vê a cena em seu conjunto; sua experiência é confortável, "a mais agradável, mas sem dúvida a menos potente"; 3. A zona marginal: o espectador, além de treze metros, distingue mal os rostos, concentra-se, portanto, nos movimentos de conjunto e fia-se mais na voz e no texto; corre o risco de desligar-se depressa, tem de fazer um esforço para seguir o espetáculo, torna-se um "contemplador ouvinte"[1].

Cada espectador tem suas preferências para ver e ouvir um espetáculo, do mesmo modo que antigamente o aluno sabia se lhe convinha ficar sentado na primeira fila ou no fundo da classe, próximo do aquecedor...

NOTA

1 Segundo Marie-Madeleine Mervant-Roux (éd.), *L'Assise du théâtre: Pour une étude du spectateur*, Paris: CNRS, 1998.

Ativismo

Fr.: *activisme*; Ingl.: *activism*; Al.: *Aktivismus*.

O ativismo político (ou sindicalista, ecológico etc.) é um método de ação e intervenção• pública que se situa no exterior das instituições políticas (partidos, sindicatos, grupos de pressão) e que utiliza todas as espécies de demonstrações públicas, incluindo aí o espetáculo, para formar opinião, dar a conhecer uma causa de modo original e eficaz, exigir soluções de parte dos responsáveis oficiais. Seu surgimento e desenvolvimento explicam-se pela decepção experimentada por seus militantes ante a atuação lerda e burocratizada de partidos ou de sindicatos. O ativismo não é uma ação política, ele não propõe um novo gênero de teatro político, mas, sim, outra maneira de fazer política, de intervir no espaço público. Aos militantes políticos se juntam, pois, os animadores, os artistas e os intelectuais precarizados, os trabalhadores socioculturais.

Tanto o teatro quanto as formas modernizadas do *agit-prop* encontram seu lugar no sistema local das redes, notadamente – desde os inícios do novo milênio – as redes acessíveis pela internet. Esse movimento de riposta, de contra-ataque ao poder, encontra percussão em filósofos como Baudrillard, Foucault ou Deleuze: de maneira pessimista ou cética para Baudrillard, que desconfia do *slogan* do direito à diferença, "da forma publicitária da diferença, da promoção da diferença como efeito especial e como *gadget*"; de maneira ativa e positiva para pensadores como Deleuze e Foucault, pois "em face dessa política global do poder se efetuam ripostas locais, contrafogos (no sentido de Bourdieu), defesas ativas", e se trata, pois, "de instaurar afiliações laterais, todo um sistema de redes, de bases populares"[2].

A arte e a performance ativista não possuem formas espetaculares estabelecidas: recorrem a todos os meios eficazes para captar a atenção, sobretudo os das mídias. As velhas técnicas do teatro de rua, os coros falados, cantados ou dançados, as ações espetaculares sobre monumentos (assim como *Act up*), a *flash mob•*, o teatro invisível *à la* Boal, os desfiles em memória dos desaparecidos (Mães da Plaza de Mayo em Buenos Aires): essas ações existem em todas as variantes imagináveis. A proximidade com o teatro documentário é manifesta, principalmente quando os documentos são citados em cena ou quando os peritos são convocados em cena para trazer seu testemunho autêntico, ou para juntar-se aos performers, ou tornar-se eles próprios performers em determinados momentos (assim como os espetáculos Rimini Protokoll nos anos 2000).

Certos performers procuram colaborar com artistas, ativistas, intelectuais do mundo inteiro. Sua arte é concebida para atuar diretamente sobre a sociedade com ou sem a ajuda de ativistas e pelas causas das mais diversas. Convém de fato distinguir, ao menos em um primeiro momento, entre esse objeto apesar de tudo estético que é o teatro militante, documentário, em contato permanente com o real, e as intervenções dos ativistas no espaço social, intervenções que poderão constituir em seguida, eventualmente, o objeto de um espetáculo, conquanto esse não seja de modo algum o fim primeiro da operação.

As invenções estéticas e dramatúrgicas dos ativistas são uma fonte de inspiração para um teatro engajado ou para uma performance politizada, convocados a se desenvolverem em todas as direções possíveis. As intervenções cidadãs lutam sempre contra as disfunções, elas defendem causas que os artistas retomarão e tratarão a seguir à sua maneira[3].

NOTAS

1   Jean Baudrillard, *La Gauche divine*, Paris: Grasset, 1985, p. 133.
2   Les Intellectuels et le pouvoir, *Le Nouvel Observateur*, 30 dez. 1993.
3   Sobre a questão do ativismo em arte, ver a revista *Cassandre*.

Atmosfera

Fr.: *atmosphère*; Ingl.: *atmosphere*; Al.: *Atmosphäre*.

O emprego deste termo não é tão recente quanto afirmam seus atuais teóricos[1]. Remonta ao teatro de atmosfera (*nastroyenié*) de que falavam Stanislávski e Meierhold a propósito de Anton Tchékhov. Essa noção foi frequentemente utilizada por Michael Tchékhov para descrever um ambiente dominado pela psicologia das personagens e caracterizado por uma unidade de tom bastante indefinível.

É em outras bases que a teoria (semiológica e fenomenológica) ou a estética da recepção aí encontraram cada vez mais recursos desde os anos 2000. Essa categoria da atmosfera concerne menos à produção dos espetáculos do que ao seu modo de recepção pelo espectador. Pois só o espectador está em condições de definir esse eu-não-sei-que de uma ambiência, mesmo se é de fato a encenação que tem em primeiro lugar por tarefa produzir essa atmosfera.

1. QUAIS TEORIAS PARA QUAL ATMOSFERA

A dificuldade é a de formular a teoria desse conceito vago e, para começar, entrar em acordo sobre a sua natureza, seu sentido e o meio de identificá-lo.

A *psicologia* e as *emoções* vinculadas a uma situação tensa, e até trágica, hoje não constituem mais a principal propriedade da atmosfera. Pois seria voltar ao teatro psicológico ou simbolista do fim do século XIX, a uma estética que alimenta o mistério.

A modalidade e a iluminação emocional: a do locutor e de sua atitude para com seus enunciados, seu modo de enunciação, portanto, não concernem senão aos enunciados verbais. Com efeito, essa enunciação verbal, ancorada nas entonações, e o sistema paralinguístico influem na mensagem transmitida e lhe conferem seu sentido e sua iluminação, contribuindo assim para lhe impor uma modalidade (*modality*), um estado de espírito e um humor (*mood*) particulares. Utilizando a linguística sistemática e funcional de Michael Haliday, Rachel Fensham propõe analisar a atitude dos locutores (atores no desempenho de personagens) para elucidar suas motivações: "o humor (*mood*) codifica os papéis de um locutor em face do ouvinte e eles incluem as *proposições* (*propositions*), a troca de informações como nas declarações e nos questionamentos, e as *ofertas* (*proposals*), as trocas de bens e de serviços que resultam de ofertas e de ordens (Halliday)"[2]. Essa análise linguística aplica-se, entretanto, apenas a uma crítica das trocas verbais sem prejulgar a situação dramática e cênica em que ocorrem essas trocas linguísticas.

O *espaço* é amiúde considerado como o reservatório da atmosfera. Mesmo convindo, como é o caso de Fischer-Lichte a propósito de Böhme (1995), que "as atmosferas são por certo desprovidas de lugar, mas, no entanto, esparramadas espacialmente"[3], o espaço não é o único nem mesmo o principal receptáculo da atmosfera. O som, a música, a tonalidade são igualmente importantes e não têm, por definição, limites na sua propagação.

Uma impressão global, afirma a justo título Fischer-Lichte (p. 201). Tal é, com efeito, uma marca da atmosfera: não se pode dividi-la em propriedades e significantes, do mesmo modo que não se poderia dividir a neblina para enfiá-la em diferentes caixas. Cumpre, porém, passar à etapa seguinte, e perguntar-se qual o elo ou qual é a relação que a atmosfera tece com noções, elas também globais, mas melhor ancoradas na teoria do espetáculo em seu conjunto, como a da *mise en scène* ou da dramaturgia ou da análise do espetáculo. Sem uma visão global da encenação, sem uma análise concreta da encenação, ações físicas ou simbólicas que sustentam a *mise en scène* ou, dito de outro modo, sem conhecimento daquilo que no espaço-tempo constitui a representação e sua organização formal, a determinação da atmosfera corre o risco de permanecer subjetiva e vazia. Pois, uma atmosfera é "um êxtase de coisas"[4], ela não passeia inteiramente sozinha no ar, ela se desprende de todo um conjunto estruturado e descritível. Cabe aos nossos espectadores procurar marcas tangíveis no conjunto da encenação, sem negligenciar as ferramentas mais objetivas da análise, as da *mise en scène* e as da dramaturgia.

Essa análise será tanto mais pertinente quanto mais relacionada à recepção do espectador: não apenas intelectualmente, mas também através de sua empatia• sinestésica: sua percepção do movimento dos atores, sua consciência de sensações e de percepções que ele é convidado a gerar. A empatia• psicológica não é menos importante para penetrar os segredos da atmosfera: quer ela trate da percepção de sensações, do impacto dos afetos, do reconhecimento dos efeitos pertencentes a diferentes culturas. Além disso, sentir e analisar a atmosfera obriga a repensar sem cessar suas próprias expectativas e seus pressupostos culturais. As categorias da boa ou da má atmosfera e a leitura das nuances culturais não poderiam contentar-se com um modelo universalista da atmosfera; elas nos encorajam muito mais a partir de um conhecimento de nossas identidades de todo gênero para depois melhor apreciar o modo como essas identidades culturais, étnicas, sexuais, econômicas nos influenciam em nossa decifração das atmosferas. Não se conseguirá apreender o eu-não-sei-que atmosférico sem uma reflexão sobre a percepção dos espectadores• e sobre as interações entre suas percepções e a constituição do objeto estético.

NOTAS
1. Jens Roselt, *Phänomenologie des Theaters*, München: Fink, 2008, p. 107; Gernot Böhme, *Atmosphäre: Essays zur neuen Ästhetik*, Frankfurt: Suhrkamp, 1995; Sabine Schouten, Atmosphäre, em Erika Fischer-Lichte; Doris Kolesch et al. (orgs.), *Metzler Lexikon Theatertheorie*, Stuttgart: Metzler, 2005, p. 13; Erika Fischer-Lichte, *Ästhetik des Performativen*, Frankfurt: Suhrkamp, 2004, p. 200-209.
2. Rachel Fensham, *To Watch Theater: Essays on Genre and Corporeality*, Bruxelles/New York: Peter Lang, 2009, p. 114. Fensham se refere à obra de M.A.K. Halliday, *An Introduction to Functional Grammar*, London/Baltimore: Arnold, 1994.
3. E. Fischer-Lichte, op. cit., p. 201.
4. G. Böhme, op. cit., p. 168.

Aura

Este termo de Walter Benjamin[1] (1931) se refere à autenticidade radiante da obra de arte, considerada na época anterior à de sua reprodução (e de sua reprodutibilidade) mecânica (fotografia, cinema e, hoje, novas mídias). A obra de arte vale pelo "das Hier und Jetzt des Originals" (p. 12), "o aqui e agora do original", sua existência única em um lugar particular, sua maneira única e original de aparecer. A aura da obra corresponde a seu valor autêntico, cultual: "o valor único da obra de arte 'autêntica' fundamenta-se nesse ritual que foi seu valor de uso original e primeiro"[2].

A representação teatral, que se define pela presentação em *live* (vida) de ações humanas, possui *ipso facto* uma aura, ligada à presença dos atores e ao caráter não repetitivo do acontecimento cênico. É, pois, tentador aplicar-lhe a noção de Benjamin, tanto mais quanto o público sabe muito bem que não se pode reproduzir mecanicamente o teatro sem destruí-lo e sem passar a outra coisa: captação direta em vídeo, filme, vídeomontagem, imagens para o YouTube. Em Benjamin, a perda da aura não era em si catastrófica, ela devia mesmo permitir a revolução cultural da reprodutibilidade[3]. No uso das mídias, a *mise en scène* teatral não desapareceu, ela conservou o seu encanto autêntico, mas também integrou no seu funcionamento e na sua representação cênica a possibilidade de incluir gravações de todas as espécies. O conjunto permanece, entretanto, um acontecimento produzido de forma direta, de maneira única para o público de uma noite e, portanto, quaisquer que sejam os elementos reproduzidos mecânica ou eletronicamente no interior da representação, ela mantém sua "aura de conjunto".

Crítica da aura. A noção de aura se faz, todavia, objeto de polêmicas. Contesta-se-lhe a faculdade essencialista de definir a performance como autêntica e, portanto, "superior" às múltiplas mídias. É assim que Auslander[4] censura Phelan[5] por limitar a performance àquilo que não é repetível e, por conseguinte, irregistrável. Ele próprio não hesita em afirmar que, "historicamente, o *live* é na realidade um efeito da mediatização, e não o inverso"[6]. Baudrillard faz do simulacro a única realidade na ausência de todo original que o precederia e que seria privilegiado em relação a ele.

Longe de negar a preponderância das mídias, poder-se-ia também igualmente retornar daí à posição original e ao original de Benjamin: as mídias não anulam a obra "aurática", elas contribuem apenas para reavaliar as novas condições da cultura. No tocante à encenação de teatro, ela opera uma mediação entre a obra aurática e a mídia, isto é, entre o valor cultual da aura e o valor de exposição (*Ausstellungswert*). Ela concilia, ou opõe, o princípio de autenticidade aurática e o princípio de reprodução e de repetição. Ela faz de tudo a fim de parecer única e "virgem" a cada representação, mas é também e, ao mesmo tempo, repetida de modo idêntico e aceita em seu seio mídias que guardam suas propriedades e repetitivas.

Metamorfose da aura. A questão não é, pois, de aceitar ou recusar a perda da aura no uso das mídias, mas de compreender as metamorfoses dessa aura. Como faz notar Anne Cauquelin, "a aura escorregou do conteúdo artístico da obra mantida à distância e sacralizada, para uma aura que acompanha toda manifestação de arte que assume o ar de um evento"[7]. A única coisa que conta, assinala Cauquelin, é doravante a maneira como a arte contemporânea vai se expor, o "valor de exposição" dessas artes da reprodução, capazes de multiplicar os lugares de exposição e os objetos idênticos expostos.

Aplicado à encenação, constata-se também esse deslizamento da aura: raras são as representações que, como outrora os espetáculos de Artaud, Grotowski ou Brook, desejariam ser obras únicas, não repetíveis. Raros são os espetáculos que reatam com sua dimensão cultual, ou simplesmente performativa. Em lugar dessas obras únicas e nimbadas de uma forte aura, encontramos agora eventos respeitáveis que valem por sua reprodutibilidade tanto, e até mais, do que por seu conteúdo, eventos que se definem não em si, mas em relação com o "evento perceptivo" do espectador, segundo uma subjetividade sem limites. A *mise en scène* não produz mais então obras autônomas e analisáveis, mas impressões, ideias de obras, obras "em estado gasoso"[8] (Michaud), somente perceptíveis em sua intensidade e em sua energia, em seu halo visível exclusivamente aos iniciados.

NOTAS
1 Desde 1931 em Kleine Geschichte der Photographie, *Das Kunstwerk im Zeitalter seiner technischen Reproduzierbarkeit* [1936], Frankfurt: Suhrkamp, 1963, p. 55.
2 Walter Benjamin, *Oeuvres*, Paris: Gallimard, 2000, t. 3, p. 280.
3 Anne Cauquelin, Aura, em Michela Marzano (éd.), *Dictionnaire du corps*, Paris: PUF, 2007.
4 Philip Auslander, *Liveness: Performance in a Mediatized Culture*, London: Routledge, 1999.
5 Peggy Phelan, *Unmarked: The Politics of Performance*, London: Routledge, 1993.
6 P. Auslander, op. cit., p. 51.
7 A. Cauquelin, Aura, em M. Marzano (éd.), op. cit., p. 86-88.
8 Yves Michaud, *L'Art à l'état gazeux: Essai sur le triomphe de l'esthétique*, Paris: Stock, 2003.

Autenticidade

Fr.: *authenticité*; Ingl.: *authenticity*; Al.: *Authentizität*.

Encontra-se o termo autenticidade em numerosos tipos de discursos e de domínios contemporâneos: na filosofia, de onde provém a noção; na etnologia, quando esta se interroga sobre a autenticidade de uma cultura ou de uma prática; na vida artística e, de maneira muito particular, na performance do ator e nas numerosas experiências "performativas" contemporâneas. Esse uso pletórico e amiúde indiferenciado nos convida a submeter esta noção essencial a uma reflexão crítica.

1. A AUTENTICIDADE DO SUJEITO EM FILOSOFIA

A principal preocupação do sujeito tendo em vista a autenticidade, sobretudo depois do existencialismo, não é tanto conhecer-se a si próprio quanto ser em si mesmo, ter o direito à diferença e estar em condição de dirigir a sua própria vida como ele a entende. Se, como diz Sartre[1], "o inferno são os outros", o eu no entanto não é o paraíso. Uma ética da autenticidade, desde Heidegger, Camus, Sartre ou Lévinas, convida o indivíduo a manter-se reto malgrado as provações, a não cair ou recair na alienação e na inautenticidade[2]. Esse indivíduo deve, então, entregar-se a uma "encenação do eu", a uma estratégia pela pesquisa desse eu e à salvaguarda de sua identidade.

2. A AUTENTICIDADE DO ARTISTA E DO ATOR

A essa busca do eu autêntico, o ator se entrega cotidianamente, com êxitos variados. Na concepção psicológica do jogo naturalista do ator, este último, considera-se, vai reencontrar as emoções autênticas de sua personagem. Essa estética romântica da originalidade, do gênio individual, da "construção da personagem" (Stanislávski) é ainda aquela da produção teatral e cinematográfica de massa, encorajada por uma mitologia do ofício do ator em atenção ao grande público. Ela não tem mais curso no teatro experimental e na reflexão teórica de hoje. Apenas a performance (*performance art*) e suas ações únicas não repetíveis poderão invocar para si uma ação autêntica. Mas essa autenticidade concerne à pessoa do performer, e não à da personagem ou do ator empenhando-se em querer nos persuadir de que ele é aquilo que ele representa e interpreta no jogo da atuação. Mas quem ainda acredita nisso? A construção autêntica de si ou de sua personagem é reivindicada como um dos objetivos do consumo cultural e do gozo artístico. A autenticidade de uma obra se mede também pelo grau de investimento do criador na sua obra, no investimento de seu desejo na sua criação.

Atualmente a posição do ator de tradição mimética e psicológica está em crise. Ele se compraz em mostrar sua fatura, sua construção, seus truques, em desconstruir por assim dizer sua autenticidade. Em vez de fingir certa autenticidade, ele traz à luz sua teatralidade, sua estilização, sua intensidade. A crítica, o colocar em dúvida a autenticidade, vai a par com a afirmação do caráter artificial da *mise en scène*. No fundo, o ator que se faz passar por verdadeiro e autêntico é de má-fé, pois ele não é, na realidade, senão uma construção artificial, que não engana o espectador, mesmo quando este último aprecia as qualidades de dissimulação do ator e do teatro. A autenticidade, quaisquer que sejam os gêneros, quer se trate de teatro ou de perfomance, é rejeitada como idealista e impossível, como aquilo que estraga o prazer crítico dos espectadores, aquilo que impede sua denegação°: esse ator/personagem lá, sou eu e não sou eu.

3. A AUTENTICIDADE DA OUTRA CULTURA

"Como representar o antigo?", perguntou-se um dia Roland Barthes[3]. Em uma cena de um teatro, o que mostrar de uma época e de uma cultura tão distantes como as dos gregos? Como representar a outra cultura sem falsificá-la, dando-lhe uma representação autêntica? Essa questão obseda a consciência dos antropólogos e, por ricochete, a dos atores e encenadores confrontados com uma cultura que não é a deles e que lhes parece estrangeira e longínqua. Mas pode-se ao menos se estar seguro de que a representação teatral é de fato autêntica? Não é ela, por definição, uma recriação e, supondo que se tem acesso ao objeto real, quem julgará se sua representação é justa e autêntica? A autenticidade, não será ela uma ilusão, uma construção por um sujeito em busca da verdade? Como mostra Chris Balme, "toda tentativa de congelar as formas culturais no interior de uma matriz de autenticidade acaba mui rapidamente em uma folclorização de textos culturais"[4].

Censurar um encenador por não dar uma representação autêntica de uma cultura estrangeira, é sempre mover-lhe um mau processo, é acusá-lo de não ser aquilo que ele não é: um historiador e um antropólogo. É também supor que ele não poderia pretender a autenticidade no que é dado de uma cultura, porquanto ele não pertence a essa cultura. Tal é a censura em que incorre com tanta frequência o teatro intercultural. Os artistas "estrangeiros" são censurados por falta de autenticidade, são acusados de exotismo, de orientalismo, de eurocentrismo e até de neocolonialismo. Esquece-se, assim fazendo, que a noção de autenticidade, de autor, de propriedade literária ou artística, de fidelidade na tradução, de diferença entre tradução e adaptação são noções ocidentais, importadas do Ocidente e amiúde recusadas em países como o Japão, a Coreia ou a China.

4. CRÍTICA DA AUTENTICIDADE

Portanto, seja para o filósofo, o artista, o ator ou o antropólogo, a autenticidade está submetida a uma crítica radical. Ela jamais pode ser atingida; não se pode dizer que algo é "autêntico" (ou sincero) sem incidir imediatamente em má-fé. A encenação contemporânea não se engana nisso, ela que reivindica antes a inautenticidade do jogo do ator e da representação. Daí o autor e encenador Joël Pommerat afirmar: "Não é o ser autêntico que nós procuramos / eu diria mesmo, ao contrário, que o sentido desse trabalho é o de aceitar que se mostre *a inautenticidade* e *a impureza* / Aceitar que se desvele aquilo que não é autêntico em si. / Mostrar aquilo que é falso."[5]

Mais do que a autenticidade ou a inautenticidade, dever-se-ia falar do efeito de autenticidade (como Barthes falava do efeito do real): um procedimento estilístico ou artístico que utiliza alguns pormenores julgados autênticos e suficientes para causar ilusão.

5. EXPERIÊNCIAS TEATRAIS DA AUTENTICIDADE

Se, nos anos 1960-1970, a arte performática renunciava à representação teatral em proveito da presentação cênica dos performers, era em uma última tentativa, rapidamente votada ao malogro, de testemunhar a autenticidade do teatro e do ser humano. A ideia era a de apresentar um performer que não representa e continua sendo ele mesmo, de fazer coincidir a arte e a vida, de celebrar o exclusivo momento presente e a pura presença do performer, de privilegiar a presença em relação ao sentido[6].

Quarenta anos após essas experiências, o teatro tornou-se cético e, às vezes, cínico; ele não crê mais nessas demonstrações espontâneas de presença autêntica; seu jogo representa com toda boa vontade efeitos contrastados de autenticidade e artificialidade, quer seja na representação do eu, na aparência/aparição do ator, nos efeitos cenográficos. O teatro se diverte em misturar, em alternar momentos autênticos, "realistas", e momentos falsos, distanciados. Não é raro que, em um mesmo espetáculo/performance, se alternem efeitos miméticos de autenticidade e efeitos de inautenticidade. O ator (um pouco o contador de histórias tradicional) diz alternadamente: eu desempenho um papel, eu sou eu mesmo. Nas performances de Rimini Protokoll, encontramos uma mistura de atores e de "experts": testemunhas chamadas para falar em seu próprio nome. Ao cabo de um momento, até os expertos tornam-se um pouco atores. Recentes tentativas de escritura jogam com essa ambiguidade do testemunho autobiográfico e da pura invenção. Em *Mi Vida Después*, Lola Arias relata uma ruptura amorosa sem que se possa dizer qual é a parte da autobiografia ou da ficção. O grupo francês L'Avantage du doute (assim como em *Tout ce qui nous reste de la révolution, c'est Simon*) mescla textos escritos pelos atores a partir de sua experiência pessoal e uma construção dramatúrgica que não deixa nada ao acaso. No espetáculo *SODA*, encontramos igualmente uma paródia de folhetim televisual, em que tudo é falso e fabricado, mas em que os diálogos vazios permitem reconhecer uma observação minuciosa da vida cotidiana atual (texto de N. Kerzenbaum, D. Baronet, I. Jude).

Deixamos, assim, definitivamente, o solo metafísico do verdadeiro e do falso. Os efeitos de autenticidade tornaram-se procedimentos estéticos que a cena utiliza à sua vontade, segundo as necessidades, sem querer impô-los como uma marca e uma prova de verdade ou honestidade.

NOTAS
1 Em *Entre Quatro Paredes*.
2 No sentido de Heidegger (*verfallen*), ver P. Pavis, On Falling, *Performance research*, v. 18, n. 4, 2013.
3 Roland Barthes, *Essais critiques*, Paris: Seuil, 1964; idem, *Oeuvres complètes*, t. 1, 1993, p. 1218-1223.
4 Chris Balme, *Decolonizing the Stage: Theatrical Syncretism and Post-Colonial Drama*, Oxford: Clarendon, 1999, p. 274.
5 Joël Pommerat; Joëlle Gayot, *Troubles*, Arles: Actes Sud, 2009, p. 94.
6 No sentido de Hans Ulrich Gumbrecht, *Production of Presence: What Meaning Cannot Convey*, Stanford: Stanford University Press, 2004.

Autobiografia

Fr.: *autobiographie*; Ingl.: *autobiography*; Al.: *Autobiographie*.

A escritura de um autor sobre e por ele mesmo, a escritura de si, não vai por si ao teatro. Associa-se de preferência a autobiografia ao romance, à história de vida•, em que um eu narrador conta o que um eu anterior realmente sentiu, viveu, pensou, ocultou etc. Naquilo que Philippe Lejeune denominou como pacto autobiográfico, autor, narrador e personagem coincidem em uma mesma pessoa. No teatro, seja em uma peça dialogada, um monólogo ou uma performance na qual o performer• fala diretamente de si próprio, a autobiografia é mediatizada por uma série de enunciadores: o jogo, a cena, o arranjo das diversas fontes de palavras e de situações.

É, no entanto, uma opção concebível para um autor contar sua vida dramatizando-a com vários protagonistas ou organizando ele próprio sua história de vida•, na primeira ou na terceira pessoa. Foi o que fez Daniel Soulier, em *Derrière chez moi* (2002) ou em *Après l'amour*: suas lembranças e suas confissões são concretizadas no conjunto da encenação. A autobiografia não é mais, então, somente a escritura de si próprio, é também a exibição de si mesmo.

Quando aquilo que é dito de si próprio é simultaneamente encarnado ou mostrado por um ator (um performer), fala-se de autoperformance. Nesse caso, o ator pode vir a ser um performer. Este último pretende que ele é tão somente ele próprio, que ele não representa uma personagem, mas fala diretamente de sua própria vida: ele troca a representação pela presentação• de si próprio. Para o espectador, é um prazer suplementar ver uma pessoa de verdade diante de si, e não o ator imitando uma personagem. É também um prazer observar àquilo que o performer dá passagem de si sem se dar conta, ao menos no início. Mas, desde que o performer repete sua entrega, ele se torna ator: ele se determina na medida em que seu autor (mesmo que seja ele próprio) lhe diz e lhe aconselha fazer. Em particular, ele deve saber contar histórias, ir ao essencial, reter apenas o que interessará ao espectador; dito de outro modo, ele deve saber interpretar bem sua personagem. No teatro (na cena), o ato de contar está ligado à enunciação cênica (à encenação e à arte do ator). Ele não vai ao fundo de modo diferente no relato autobiográfico, pois há sempre uma diferença entre o eu que viveu qualquer coisa (sua experiência de vida) e o eu que conta essa experiência passada. Ora, esse eu narrador inventa inevitavelmente qualquer coisa ao rememorá-la. Tanto em um caso como em outro, teatro ou romance, nós já estamos na ficção, na autoficção•.

Autoficção

Fr.: *autofiction*; Ingl.: *autofiction*; Al.: *Autofiktion*.

1. DA AUTOBIOGRAFIA À AUTOFICÇÃO

O termo "autoficção" foi criado por Serge Doubrovski na quarta capa de seu primeiro romance, *Fils* (1977). Quinze anos mais tarde, ele teve um grande acolhimento com obras de inspiração autobiográfica de autores como Camille Laurent, Philippe Forest, Chloé Delaume, Catherine Cusset, Hervé Guibert, Marie Darrieussecq no domínio do romance francês, assim como Roland Barthes (*Roland Barthes par Roland Barthes*, 1975) no da teoria. No domínio anglófono, faz-se remontar a autoficção à *The Autobiography of Alice B. Toklas*, de Gertrude Stein (1933), ou à *Up*, de Ronald Sukenick (1968).

A posição da autoficção, por contraste com a autobiografia•, é clara: o autor fala aí de fatos pessoais reais, não inventados, mas inteiramente recompostos, com outra cronologia, de episódios acrescidos, assumindo a responsabilidade por necessidades da narração e da ficção. A autobiografia "pura" é julgada impossível, pois ela tem necessidade da ficção para existir. O eu pertencente ao passado, "por assim dizer", isto é, exprimindo-se ele próprio e se expondo para os outros, só pode fazê-lo inventando um relato, caindo na ficção. O pacto autobiográfico entre o autor e o leitor é rompido incessantemente pelo retorno da ficção e da narração.

A autoficção teatral é mais rara, mas não inédita. Ela utilizaria os meios da dramatização, da transposição e da reprise de acontecimentos autobiográficos do autor, elementos reconstituídos tais quais nas ações cênicas: isto não seria impossível, porém muito custoso em termos de tempo e de paciência para o público. Em compensação, na maior parte das autoperformances, um performer, ou seja, um ator que desempenha seu próprio papel, se presenta ele próprio em lugar de representar uma personagem, com a possibilidade de desempenhar as outras personagens, como faria um contador de histórias (é o caso de Philippe Caubère em suas evocações de sua juventude no Théâtre du Soleil).

2. DA AUTOFICÇÃO À AUTOPERFORMANCE

Vale a pena comparar a tarefa do romancista autobiográfico à do performer que interpreta a sua própria vida para os espectadores. Em seu relato, o autobiógrafo parte de elementos de sua vida real, mas está muito distante deles e deve retrabalhá-los, transformá-los em um relato de ficção, plasmá-los em relato, inventar razões e circunstâncias. Na autoperformance, o performer, além do fato de ser/estar no instante presente da cena, atua sempre ao lado, na sequência e no lugar de sua personagem; ele é uma *persona*, a máscara de um outro, imaginário e estranho, ainda que seja apenas para fabricar essa pessoa que ele foi e que o espectador exige a fim de fazer uma ideia dele. O jogo cênico e a encenação como organização espaço-temporal de uma ação deslocam e mudam os elementos reais, tornando-os não apenas ficcionais (inventados ou, ao menos, modificados e inverificáveis), mas também cênicos, lúdicos, artísticos, uma vez que artificiais e belos. O performer continua sendo, ou melhor, volta então a ser sempre um pouco ator, autor e narrador. Ele volta a sê-lo enquanto se esforça para baralhar as pistas cênicas, a fim de fazer crer que ele não representa nenhum outro senão ele próprio.

Na autoficção, o romancista trafica na autobiografia, dado que ninguém crê mais em sua autenticidade. Na autoperformance, o ator transforma os elementos verídicos, eles os põem em cena e põe em cena seu eu, a fim de ser convincente para o público e produzir ilusão. Assim, o ator faz sempre autoficção, visto que ele não pode permanecer por muito tempo como performer que não representa nada. Sua faculdade de se mostrar, de representar, de produzir uma ilusão, de se prender em uma ficção, a censura do romancista autoficcional, permite-lhe "inventar sua própria escritura dessa nova percepção de si que é a nossa"[1]. Assim, toda autobiografia e toda autoperformance não são outra coisa senão uma autoficção. Nos dois casos, a identidade do eu é posta em causa: ela não é nem estável, nem indiscutível, nem claramente legível, ela está em perpétua construção. Trata-se, portanto, de proceder à desconstrução do sujeito, de colocar em dúvida sua plenitude (Lacan), de questionar sua origem (Derrida), de decretar a morte do autor (Barthes). Mais recentemente, a pós-narratologia propôs a noção de *experienciality*[2]. Isso quer dizer que nem o sujeito, nem o ator nem o espectador podem compreender o que é vivido, significado, recebido na obra autoficcional sem fazer referência à sua experiência concreta.

3. DA AUTOPERFORMANCE À *LIVE ART*• E À *BODY ART*•

Se o destino da autoperformance é tornar-se autoficção e, por conseguinte, abandonar a pretensão de dizer e mostrar a verdade, nem por isso o performer renuncia efetuar ações físicas reais, não simuladas, portanto, que demonstrem a presença autêntica do corpo vivo e presente do performer em cena. Para tanto, a *body art*• ou a *live art*• aparecem como ações realmente realizadas ("performadas") diante de um público que, ele também, não pode mais refugiar-se na ilusão e na ficção. Ferir-se em público, arriscar a vida, deformar o corpo, repetir ao infinito a mesma ação durativa, são de fato uma ação autobiográfica, para não dizer autobioativa, que prova um envolvimento real do performer. A questão é saber se a pessoa se situa ainda em um espaço artístico ou teatral, caso ela não se junte a não importa qual ação performativa que se define pelo fazer e não pela imitação do fazer.

Outras experiências que implicam a vida ou a sobrevivência do performer não têm sempre a radicalidade da *body art*•. Assim, quando elas visam transformar o espectador em participante em ações a respeito das quais não se está mais certo se elas ainda são ações simuladas pelos atores ou verdadeiras situações sociais não fictícias. Por exemplo, no teatro de imersão•, em que os espectadores são mergulhados em um meio que consegue fazê-los viver uma experiência real e não fabricada por uma encenação no palco. Ou então na *One-to-One performance* (espetáculo entre um autor e um espectador), para a qual o espectador recebido individualmente não sabe bem se está no teatro e, portanto, na mentira e no pecado, ou então na realidade, séria e sã, de sua vida de súbito posta em questão. O teatro pós-dramático• gosta de misturar, em um espetáculo, pedaços de realidade, testemunhos autênticos, gravados ou ao vivo, e histórias inventadas. Com seus expertos do cotidiano, o grupo Rimini Protokoll pôs a testemunhar especialistas de saberes ou de técnicas complexas que falam em seu próprio nome como se se dirigissem a nós em um escritório de peritos ou em um documentário televisivo. Todavia, percebe-se depressa que seus discursos são impecavelmente encenados, regidos por uma dramaturgia neoclássica muito precisa.

Esses espetáculos documentais autobiográficos arriscados pelos protagonistas mesclam alegremente coisas reais autênticas e momentos de pura ficção. Nem uma coisa nem outra, verdade ou mentira, mas uma na outra, e reciprocamente. Essa estratégia não corresponde apenas a uma vontade de desestabilizar o espectador, ela corresponde ao estado atual da teoria: essa teoria evita opor *a priori* e por essência o testemunho real verídico e a ficção falsa e enganosa. A ficção, concebida ao mesmo tempo como narração e como hipótese sobre o real, é uma maneira de contestar as identidades fixas e essencialistas, as posições nítidas e contraditórias.

Nossas identidades são, na realidade, constituídas por microrrelatos, histórias que contamos a nós próprios (*storytelling*, história de vida•).

A autoperformance não conheceu o sucesso da autoficção romanesca, mas ela acompanha seus desenvolvimentos, partilha as dificuldades. Graças à cena e ao corpo dos performers, ela coloca as mesmas questões que a ficção, mas resolve os problemas com uma radicalidade, uma nitidez e um humor com os quais os autobiógrafos não podem senão sonhar.

NOTAS
1. Serge Doubrovski, Le Dernier moi, em Claude Burgelin; Isabelle Grell; Roger-Yves Roche (éds.), *Autofiction(s): Colóquio de Cerisy*, Lyon: Presses Universitaires de Lyon, 2010, p. 393.
2. Monoka Fludernik, *Towards a "Natural" Narratology*, London: Routledge, 1996: "A evocação quase mimética da experiência da 'vida real', que recorre a quadros actanciais, está ligada estreitamente à evocação da consciência ou de um papel de narrador e ela se fundamenta sobre o esquema cognitivo da encarnação humana", p. 12-13.

Autor

Fr.: *auteur*; Ingl.: *author*; Al.: *Autor*.

O autor dramático•, o autor do espetáculo, a teoria dos autores: tantas expressões contraditórias que provam que o debate sobre o papel de *auctor* no teatro está longe de ser encerrado. Em outras línguas e contextos, sua avaliação (mais que seu sentido) irá do elogio (como é o caso na Inglaterra) à reprovação (como na França). No país de Corneille ou de Beaumarchais, que fizeram tanto pelo reconhecimento dos autores, o autor dramático é visto, desde a institucionalização da *mise en scène* no começo do século XX, com suspeita, pois se considera que a encenação, o espetáculo e a performance tornaram o autor se não supérfluo, ao menos descartável. E é verdade que certas produções esmagam o autor dramático sob uma superprodução de linguagens cênicas e de efeitos especiais que ocultam a fonte literária e o sentido de uma obra. As noções de obra, de peça ou de intenção tornaram-se todas igualmente suspeitas.

Certos críticos, como Michael Billington na Inglaterra, queixam-se dos encenadores convertidos em autores, no sentido do cinema em que, ao contrário do teatro, o autor do filme (o realizador, o diretor) se tornou nos anos de 1950, e depois com a Nouvelle Vague, a figura central do filme. O autor, segundo essas críticas, seria o *metteur en scène*, o diretor, que decide tudo sem se preocupar com a intenção do autor do texto e que impõe ao conjunto do espetáculo sua marca de fábrica.

A França permaneceu longo tempo presa ao veredicto da morte do autor (artigos de Barthes, em 1968, e de Foucault, em 1969), o que se justificava do ponto de vista de uma teoria do sujeito, a qual reequilibrava os poderes da estrutura e da escritura às custas de um autor na origem de tudo. Em Barthes, o autor "está com sua obra na mesma relação de antecedência que um pai mantém com seu filho. Muito ao contrário, o *scripteur* (autor do *script*) moderno nasce ao mesmo tempo que seu texto"[1]. "Uma vez afastado o autor, a pretensão de decifrar um texto torna-se completamente inútil. Dar um autor a um texto, é impor a esse texto um corte suspensivo, é provê-lo de um significado último, é fechar a escritura".

Toda a pesquisa das ciências humanas e da teoria literária e teatral estruturalista desenvolveu-se com esse afastamento do autor. Uma grave suspeita continua a pesar sobre o autor como controlador do texto dramático, mas também, mais recentemente, quanto ao espetáculo, sobre o encenador considerado como o autor da *mise en scène*.

Essa posição teórica da morte do autor não deixou de pesar igualmente sobre a coorte de autores dramáticos, ou daquilo que disso restou diante da onipotência dos encenadores, simbólica e institucionalmente. Os autores sentiram-se, a justo título, muito maltratados e relegados a um peso inútil pelos artistas da cena ou outros escritores do palco. Um movimento de protesto veio à luz, na França e na Europa, desde o fim dos anos 1980. No seu *Compte rendu d'Avignon*[2], Michel Vinaver soou o toque de reunir dos autores ao efetuar um balanço da edição teatral na França. A partir dessa intervenção magistral de Vinaver, o lugar e sobretudo o estatuto dos autores dramáticos começaram a mudar lentamente. Criaram-se associações de autores (os Écrivains Associés du Théâtre), festivais foram consagrados aos autores (Mülheimer Theatertage, na Alemanha, Mousson d'été na França), lugares de ensaio foram institucionalizados (Théâtre Ouvert, na França, Royal Court, na Inglaterra).

Recentemente, a teoria reexaminou o caso do autor, seu estatuto no funcionamento do texto e no da encenação foi reconsiderado, o que só poderia ter sido feito com a evolução tanto da sociedade como da prática teatral. A nova narratologia contribuiu igualmente para essa reabilitação do autor, ao demonstrar que o leitor não pode ler um texto difícil sem apelar a um mínimo de experiência pessoal e sem apresentar uma hipótese sobre uma certa intencionalidade da obra e do autor[3]. O calvário institucional e teórico do autor está em vias de chegar ao fim. Resta uma questão que o azucrina: como ser representado, e por onde começar se se faz questão de ser representado?

NOTAS
1 Roland Barthes, La Mort de l'auteur [1968], *Oeuvres complètes*, t. 2, Paris: Seuil, 1994, p. 493.
2 O subtítulo aí é: *Des Mille maux dont souffre l'édition théâtrale et des dix-sept remèdes pour l'en soulager*, Arles: Actes Sud, 1987.
3 Ver, por exemplo: Fotis Jannidis, Author, em David Herman; Manfred Jahn; Marie-Laure Ryan (eds.), *Routledge Encyclopedia of Narrative Theory*. 2. ed., London: Routledge, 2008, p. 33. Ver também aqui as entradas associadas a essa noção.

Autorreflexividade

Fr.: *autoréflexivité*; Ingl.: *autoreflexibility*; Al.: *Autoreflexivität*.

Quando um texto, dramático ou outro qualquer, quando uma encenação ou uma arte performática fazem referência a si próprios, eles são autorreflexivos (dizemos também autorreferenciais). Essa referência concerne tanto à ficção da obra (fala-se então de metaficção), à sua construção (e desconstrução•), à sua temática (alusão, teatro no teatro).

Em uma arte como o teatro, que utiliza tanto materiais e linguagens importados de todas as artes e de todas as culturas, não é de espantar que a *mise en scène* faça alusão a si própria, que indique como deve funcionar, e até se preste e incite à desconstrução• crítica. Às vezes, a estética de um encenador escolhe essa reflexão como espelho, essa metateatralidade como marca de fábrica: é o caso de Daniel Mesguich e seus célebres espelhos ou imagens em espelho de todas as espécies. A encenação dos clássicos, seu gosto pelos anacronismos, seu piscar d'olhos para a atualidade constituem exemplos engraçados de autorreflexividade, com a condição, todavia, de que tais procedimentos contribuam para esclarecer uma perspectiva sobre a arquitetura e a composição da obra. Um cenário naquilo que os norte-americanos denominam de *style* "presentacional" (por oposição a "representacional") deforma e abstrai a realidade, o que faz "refletir" o espectador e a obra à qual se refere a encenação. Segundo Lehmann, o teatro pós-dramático• é constantemente autorreflexivo, o que lhe permite fazer alusão a todas as tradições do passado, tradições das quais faz grande consumo e que ama citar. Assim, pois, a autorreflexividade, em particular a variante da metaficção, nada tem de novo: no *stasimon* do coro, e na parábase, não se dirigia Aristófanes diretamente ao público através do ator? A ressurgência da metateatralidade e da metaficção na estética pós-moderna e pós-dramática• tem, entretanto, um caráter estrutural e não anedótico ou cômico, como nos gregos ou mais tarde em Shakespeare.

Para a fenomenologia, o "corpo vivo do ator é capaz de devolver o olhar do espectador", o que se interpretará como um caso de autorreflexividade do olhar do espectador. Apesar dos signos sólidos e objetivos da representação e da constituição semiótica do espetáculo, o corpo remete a si mesmo, é um signo que devolve o olhar antes de significar o mundo. Isso deveria nos encorajar a estarmos atentos ao fenômeno da autorreflexividade.

Autoteatro

Em *Le Théâtre et le Prince: Un Système fatigué –1993-2004*, Robert Abirached[1] se refere ao autoteatro como a um teatro sem pretensão artística ou política, um teatro para amadores, para eles próprios ou para um público de amigos e de parentes. A consequência é uma tendência muitas vezes observada pelos críticos, a de um público autossatisfeito, conquistado desde o início, cúmplice, e que se considera quase como proprietário desse gênero de espetáculo. É representar para si mesmo, é estar entre si, procurar apenas a sensação imediata, o prazer pessoal.

No mundo do teatro profissional também acontece que o espetáculo seja feito mais para os próprios produtores do que para os espectadores•. Segundo o autor dramático inglês David Edgar, é este amiúde o caso na Alemanha, o que tornaria então o teatro "desconcertante, obscuro, condescendente e arrogante"[2]. Poder-se-ia apresentar muitos outros exemplos...

Às vezes, é o próprio público que é arrogante, quando pensa tudo saber ou quando é composto essencialmente de "espectadores profissionais"[3], que julgam o trabalho em função das regras do metiê em estreita comparação com aquilo que eles mesmos fariam, muito melhor, pensam eles! Quanto ao "verdadeiro" público, nem profissional nem comparsa, ele se sentirá excluído da produção. Tal é a hipótese de Marie-Madeleine Mervant-Roux: "o movimento de retirada muda dos espectadores poderia ser muito bem uma reação a essa imagem que os afeta, um discreto distanciamento, uma medida profilática pela qual o público exprimiria sua recusa de ser confundido com o 'público' (André Steiger): 'a massa inconstante e não situada de gente do teatro: praticantes, críticos, espectadores profissionais'"[4].

Encontra-se uma variante do autoteatro em um teatro autorreflexivo e autista, um teatro que, fazendo referência apenas a si mesmo e a seus procedimentos, evita reproduzir o mundo exterior e tomar partido a seu respeito. Nesse "teatro pelo teatro", não resta mais então, nos advertiu Phillippe Ivernel, senão "Dionísio cedendo lugar a um Narciso apaixonado por seu reflexo: uma flor."[5]

NOTAS
1 Arles: Actes Sud, 2005.
2 *Contemporary Theatre Review*, v. 14(4), 2004, p. 46.
3 Jean Jourdheuil, *Théâtre/Public*, n. 55, mars 1984, p. 38-39.
4 M.M. Mervant-Roux, em Thomas Hunkeler; Ariane Lüthi; Corinne Fournier Kiss (éds.), *Place au public: Les Spectateurs du théâtre contemporain*, Genève: Métis, 2008, p. 59.
5 *Actualités: La Création au TEP*, n. 30, 1994.

Bizarro

Fr.: *bizarre*; Ingl.: *bizarre*; Al.: *seltsam*.

"Mas, ainda uma vez mais, diga-me, qual bizarria...", pergunta, ao entrar, Filinto ao Misantropo (v. 3). Trata-se de dizer que esse efeito não era quase do gosto dos clássicos, tanto em seu comportamento quanto em sua estética. Pois o bizarro vai contra a norma e produz um mal-estar inexplicável.

O bizarro nunca foi admitido como uma noção praticável. A ele preferiu-se o excêntrico ou o grotesco e, mais tarde, o *unheimlich*, de Freud: o estranho e o inquietante. E, no entanto, Baudelaire notara muito bem que o belo tem necessidade de um pouco do bizarro. Eis o que aproxima o bizarro daquilo que Lehmann chama de uma poética da perturbação[1]. Para o autor de *Flores do Mal*, "o belo é sempre bizarro. Não quero dizer que ele seja voluntária, friamente bizarro, pois nesse caso seria um monstro que saiu dos trilhos da vida. Digo que o belo contém sempre um pouco de bizarria, de bizarria ingênua, não desejada, inconsciente, e que é essa bizarria que o faz ser particularmente o Belo"[2]. Para Lehmann, artistas como Heiner Müller, Robert Wilson, Peter Zadek ou Pina Bausch pertencem à estética do pós-dramático, na medida em que invocam uma estética do choque da percepção e da perturbação: a beleza das imagens deve ser, "declara Wilson, na época dos ensaios de *Hamletmaschine* (de Müller), aquilo que deve 'perturbar' suas imagens" (p. 264.). Bizarria, perturbação, choque perceptivo, tais são as grandes figuras que descrevem melhor certas encenações contemporâneas. Elas não necessitam, por isso, recorrer aos efeitos especiais como faz o cinema; basta-lhes exibir alguns efeitos bizarros.

NOTAS
1. Poetik der Störung, *Postdramatisches Theater*, Frankfurt: Suhrkamp, 1999, p. 265.
2. Charles Baudelaire, *Curiosités esthétiques*, Paris: Michel Lévy Fréres, 1868.

Body Art

A idade de ouro da *body art* (arte corporal°) remonta aos anos 1960 e 1970. Passado o efeito de surpresa e de choque, essa arte radical, de um gênero novo, alcançou rapidamente seus limites e, por vezes, enfastiou um público demasiadamente agudo, habituado ao aprimoramento de outros efeitos. Todavia, nesse começo de milênio, o impacto da *body art* sobre os outros gêneros, como o Butô, a arte da performance ou a encenação pós-dramática•, ainda é muito sensível.

1. MUTAÇÕES DA ARTE, DO CORPO E DA SOCIEDADE

Se a *body art* é menos visível como gênero e prática autônoma, é talvez por causa de um efeito de hábito: o que é possível fazer com o corpo, e fazê-lo suportar, que já não tenha sido tentado? O que há de novo que a cirurgia estética ou protética já não tenha experimentado? A arte de (mal)tratar o corpo está longe da radicalidade de uma Orlan (e suas operações faciais sucessivas, 1990-1993) ou de um Stellarc (e suas "suspensões do corpo" por diversos ganchos). Todas as funções corporais visíveis, salvo equívoco, parecem ter sido testadas no palco...

Não é, todavia, por causa dos seus excessos• que essa arte corporal conhece uma profunda mutação, mas em virtude das mudanças nas questões colocadas à sociedade e ao lugar reservado à corporeidade•. Nossa relação com o corpo muda do mesmo modo que a relação do corpo com a máquina evoluiu. De início, a arte corporal não é condenada, quando, nos anos 1960, ela apareceu como uma reação violenta à alienação do corpo na sociedade industrial capitalista.

A questão feminista da propriedade do seu próprio corpo ou da exploração do corpo feminino parece menos debatida, em todo caso na Europa e no mundo ocidental. Não porque ela foi resolvida, mas porque o debate se deslocou do domínio da diferença sexual para o plano ético e médico da integridade corporal. Ela se junta, efetivamente, à discussão sobre a integridade da pessoa, a doação de órgãos, a identidade física do ser humano quando seu corpo é cada vez mais composto de peças transplantadas, compradas a preço de ouro nos tráficos mafiosos.

Se o corpo e seus órgãos têm doravante um preço, se o corpo não é mais um santuário, porém uma zona de livre troca, a própria arte corporal ver-se-á diminuída, para não dizer intimidada, vencida em seu próprio terreno. "Desde o momento em que o homem se separa dos mitos em nome do realismo, ele não passa de pelanca", observou Romain Gary em *La Nuit sera calme* (p. 176).

Essa "pelanca" não é somente a carne para o cânone literário e cênico, ela se oferece aos olhares. Mas a obscenidade em cena não é mais o que era: certamente, as fronteiras do mostrável e do explícito recuaram, porém o *live* (ao vivo) da performance não resiste às possibilidades privadas e virtuais da internet.

A transgressão se efetua, assim, em outros níveis além daquele de uma performance *live*. A *body art* se privatiza nas atividades pessoais, que engajam o próprio corpo: tatuagens, *piercings*, escarificação, inserção de objetos diversos e variados, mas também práticas sadomasoquistas...

Aquilo que a *body art* faz incidir sobre si mesma ou sobre o outro, a transgressão• mudou de objeto e de valor. O público aceita cada vez mais ver o outro sofrer, mutilar-se e arriscar a própria vida. Experiências de torturas simuladas mostraram que o público raramente intervém para detê-las. Para a *body art*, segundo Orlan ou Stellarc, o espectador, cada vez mais isolado, exagera o seu endurecimento à dor do outro, pensa ou que "se trata de um truque", ou que é melhor deixar passar, recusar toda compaixão, e dar uma boa lição ao artista. Gómez-Peña e muitos outros performers fizeram essa experiência com o risco de suas vidas.

2. NOVAS FORMAS DE *BODY ART*

Nova concepção social e libidinal do corpo, nova arte e nova maneira de representá-la.

A atual obsessão das ciências humanas pelas identidades e sua encarnação• (*embodiment*) na pessoa humana reconduz a *body art* às questões da representação, ao passo que essa arte procurava precisamente negar a mimese para aceder ao corpo diretamente presente e apresentado. Esse retorno da representação é tratado com frequência pela arte da performance e pela fotografia. Fotógrafos-performers como Cindy Sherman, Gilbert e George utilizam a fotografia posada, a mudança de aparência para desorientar o observador quanto à sua identidade e ao seu corpo de referência. O corpo individual é recolocado em um conjunto, posto em cena e não mais ameaçado em sua integridade. As grandes cenas de Jeff Wall capturam o observador em um dispositivo• que lhe parece próximo do seu cotidiano.

A *body art* se estetizou à medida que perdia a sua radicalidade e se tornava infiel a si própria. Assim, o Butô de Sankai Juku se distanciou bastante do Ankoku Butô, o Butô das trevas, sombrio e inquietante, do seu fundador Hijikata. Quanto aos corpos de *Je suis sang* (Eu Sou Sangue), de Jan Fabre, eles também se entregaram não em sua simples crueza e nudez, mas no esplendor estetizante de uma representação pictural medieval ou barroca. A antiga *body art* militante parece ter cedido lugar a momentos puramente físicos, quase histéricos, no decorrer de um espetáculo: como, por exemplo, nos momentos de improvisações coletivas em Alain Platel (*Tous des Indiens*, *Wolf*) ou em Jan Lauwers (*La Maison des cerfs*). Sem dúvida, a arte corporal é a fonte desse tipo de encenação, mas sua metamorfose a afasta de suas origens radicais, para melhor regenerá-la.

A *body art* é bem atrasada em relação ao Acionismo vienense, à sua radicalidade ao mesmo tempo psíquica e política. A radicalidade decapante de vienenses como Mühl, Brus ou Nitsch prolonga-se no cinema de Michael Haneke (*Bennys Video*, *Caché*) ou na literatura de Elfriede Jelinek. No trabalho desses dois artistas, o corpo não é mais entregue em uma reprodução direta e catártica, mas por meio de um discurso e de uma ação política (*Schlingensieff*, por exemplo). A cada vez, a representação política, dramatúrgica e espetacular fornece a exposição direta performativa do corpo inútil. O corpo é posto fora de jogo, como o é pela medicina, pela informática, pelos efeitos especiais do *morphing* em vídeo ou em foto. Isso ainda é arte corporal? Arte, talvez, mas corporal?

C

Caminhada, Marcha

Fr.: *marche*; Ingl.: *walking*; Al.: *Wandern*.

A marcha não é mais somente uma atividade natural do ser humano, ela se tornou uma arte, não a marcha com o passo dos militares e todas as suas variantes, porém a arte de passear livremente na natureza e nas cidades. O teatro e os *performance studies*• tentaram desde cedo se apropriar desse retorno à marcha e teorizá-lo. A arte da caminhada é atualmente objeto de reflexões, de publicações, de festivais e de colóquios[1]. E será que a caminhada antecipava a démarche teatral?

1. O TEATRO EM MARCHA

A caminhada é um novo objeto de pesquisa, é um meio de observar como o caminhante, o *flâneur*, o passeador – solitário ou solidário – realizam a experiência sensível de seu ambiente, como eles descobrem o potencial estético e político da ação de caminhar com o outro ou em direção ao outro.

A descrição do périplo do caminhante, a observação da realidade exterior e interior, a progressão para um objetivo mais ou menos fixado são outras tantas chaves para compreender como nós apreendemos uma paisagem ou nos "desprendemos" dela, como nós percorremos essa paisagem na medida em que a percorremos. E é assim, talvez, que devemos abordar a performance contemporânea (e nos deixar abordar por ela): como qualquer coisa que, diante de nós, toma forma e à qual damos forma no momento em que avançamos em seu contato. Nós nos instalamos na obra e nos deixamos arrastar e, às vezes também, nos transtornar por ela.

O desejo de abandonar os teatros, suas salas obscuras e silenciosas, e a vontade de reencontrar o real não são novos: desde o início do século XX, o teatro, reatando com suas origens ocidentais gregas, reencontra o mundo exterior. É também o que a *site-specific performance* (teatro criado em um lugar específico•) experimenta, ao instalar o teatro em um dado lugar. Mas a caminhada nos leva ainda mais longe: ela nos obriga a criar, nós mesmos, um ambiente, ao acaso de nossos deslocamentos e sem ideia preconcebida. O espectador, como o teórico, abandona todo ponto final, todo hábito de observar e questionar a partir de um ponto fixo.

Numerosas caminhadas sonoras (*sonic walk*) são criadas a partir de uma gravação que cada caminhante escuta em seu ritmo no decorrer de seu percurso. Porém muitas outras fórmulas são imagináveis nessa ecologia da caminhada: experiência *site-specific* em larga escala na natureza, reconstituições de rituais dançados, todas as formas de arte relacional. Em todas essas experiências, "andar em conjunto foi um ritual, um instrumento e um reforço da sociedade civil que pode se opor à violência, ao medo e à repressão"[2].

2. A MARCHA A SEGUIR

Quem caminha e por quê? É um homem ou uma mulher? Só ou acompanhado(a)? Para onde eles vão? Segundo Deirdre Heddon e Cathy Turner, a caminhada tem sempre algo de "individualista, heroico, épico e transgressor"[3], qualquer que seja o sexo. Os homens, entretanto, gostam de mostrar-se heroicos e transgressores, e a maior parte das experiências e dos escritos sobre caminhada foi, em grande maioria, o apanágio dos homens. Ao que poder-se-ia, aparentemente, acrescentar que em nossos dias são sobretudo as mulheres que andam e escrevem sobre a sua própria experiência, em particular no domínio dos *performance studies*, onde as mulheres são nitidamente majoritárias. As duas pesquisadoras britânicas Deirdre Heddon e Cathy Turner demonstram, aliás, que as mulheres não hesitam mais, nos dias de hoje, em assumir riscos às vezes heroicos e, portanto, em transgredir os interditos masculinos. Seja o que for, o importante é constatar que cada experiência repousa sobre um projeto muito sofisticado. O feito não é mais físico, porém relacional: trata-se de se isolar um momento para melhor ir, em seguida, ao encontro dos outros, de conectar as pessoas entre si, de seguir e levar a bom termo um programa. Nesse sentido, poder-se-á legitimamente falar de uma atividade performativa destinada a transformar tanto os caminhantes quanto as pessoas encontradas. Muitas vezes a viagem é a ocasião de escrever um diário, um ensaio ou um texto de ficção, mas a "obra" está alhures: na forma que assumem a mobilidade e o encontro, na estratégia inventada e nos resultados, nas interações entre as pessoas, na relação que elas criaram para sempre. Aí reside a performance, em todos os sentidos do termo. Aí se inventa uma nova maneira de se fazer teatro passeando. Aí há de fato performance porque o caminhante participa, ele mesmo, e faz participar um pequeno público na marcha. Ele o "faz caminhar", mas não para enganá-lo, simplesmente para desorientá-lo um pouco, para percorrer um pedaço de caminho com ele.

Como se coloca para um espetáculo comum as questões usuais: qual é seu objeto? Como descrever a marcha, onde ela começa e onde ela acaba? O que fazer dos passageiros que nos acompanham por um momento, como encontrá-los quando eles se separaram de nós? Como dar conta de suas reações? Quando estamos no fim do caminho?

3. ATENÇÃO À CAMINHADA

Como vemos, a marcha é mais complicada do que nos parece: tanto para o caminhante quanto para o crítico que segue nas suas pegadas. O caminhante que reflete ou escreve acerca de seus passos é semelhante ao espectador de agora. Integrado, imerso no evento, não tendo muitas vezes decidido para onde exatamente os seus passos o conduzirão, o espectador não está mais sempre em condições de tomar distância, como fazia o espectador de teatro em um espaço frontal; nada mais está enquadrado, o sentido está aberto, a via está livre.

E, no entanto, a arte da caminhada é uma propedêutica para a arte do teatro. Ela aí prepara tanto quanto deslancha. Andar é sempre estar consciente de um espaço onde se inscrevem os outros, é saber intuitivamente onde se situam seus parceiros, próximos e afastados, assim como o ator na cena tradicional não perde jamais a noção de seu lugar no grupo e na encenação. Cada qual sabe então como e em que ritmo avança, cada qual é consciente da posição do outro, daquilo que o motiva, de onde o outro quer chegar. A paisagem para o caminhante, assim como para o espetáculo e para o espectador, está para ser criada, por uma espécie de prática dos significantes flutuantes, uma montagem de imagens, uma percepção sincrética de signos. O pesquisador, ou o leitor, realiza a experiência de que a leitura não é apenas uma experiência letrada, mas também e antes de tudo uma experiência vivida.

Resta saber que tipos de marcha e de passeios se nos oferecem. E, sobretudo, quais relações com o outro tais maneiras de caminhar permitem estabelecer. Não há grau zero da caminhada: jamais se caminha para nada, salvo talvez quando, bebê, se dá os primeiros passos... O caminhante tem sempre uma ideia atrás da cabeça, chega até a planejar sua viagem. Assim, para tomar apenas alguns exemplos depois que a gente se interroga sobre a filosofia da caminhada:

- O *passeio ao acaso* dos surrealistas: caminhar pela cidade sem um objetivo faz sair, considera-se, a démarche inconsciente que determina nossas escolhas, sempre com a esperança de um encontro imprevisto, de um objeto achado, de uma sensação de maravilhoso.
- A *flânerie*: com esse termo – uma "perambulação" – Baudelaire foi o primeiro a insistir sobre o lugar do indivíduo no e fora do mundo: "Estar fora de sua casa e, no entanto, sentir-se em toda parte em casa; ver o mundo, estar no mundo e permanecer oculto ao mundo."[4] Walter Benjamin, em seus estudos sobre o poeta francês, e em *Das Passagenwerk*[5], faz do *flâneur* um passante que gosta de vaguear pelas galerias comerciais, as passagens, sem objetivo preciso, sem desejo de compra, somente para consumir à distância.
- A *teoria da deriva* de Guy Debord e dos situacionistas é mais sistemática: percorre-se a cidade não só de bar em bar, mas principalmente derivando de um bairro para outro, escolhendo um sistema de deslocamento arbitrário, mas coerente, que não é aquele que a cidade parece querer impor e que, portanto, questiona a percepção cotidiana. O teatro se apaixona por esse processo de deriva e se interessa cada vez mais pela cidade como "lugar encontrado" para se explorar, como cenário a elaborar. Graças a essa psicogeografia[6] delirante da cidade, Debord espera desmascarar a Sociedade do Espetáculo[7].
- A *desterritorialização* é a etapa seguinte, proposta por Deleuze e Guattari em *Anti-Édipo* (1972) e em *Vers une littérature mineure* (Para uma Literatura Menor, 1975). Segundo eles, o desejo como fluxo da libido é territorializado pelas estruturas da família, da escola, da religião e do Estado. Esse desejo deve ser encorajado a "correr" em todas as direções, sem limite de território, a "máquina desejante" não conhece então mais limites e libera assim as energias criativas. A desterritorialização pode ser a de uma língua falada ou escrita por uma minoria: assim o alemão falado em Praga por alguns judeus como Franz Kafka é o que permite um uso menor e único da língua e da cultura alemã. O caminhante isolado e sem destinação final é semelhante a um artista sem território: ele deve, ele também, restringir seu domínio, inventar seu percurso, realizar uma peregrinação a um não lugar, sem finalidade geográfica ou teológica. O pedestre renunciou à sua auto(biografia) demasiado mecânica, ele avança a pé, em uma "pedi-biografia" muito mais terra

a terra. Ele é um caminhante infatigável, um dançarino, um imigrante clandestino, que passou as fronteiras a pé, um marginal saído de uma nação e de uma literatura menor. "Como se tornar o nômade e o imigrado e o cigano de sua própria língua? Kafka diz: roubar a criança no berço, dançar sobre a corda bamba."[8] Por que não tentar dançar voando? Isso poderia andar bem e dar certo!

NOTAS

1. Por exemplo: Rebecca Solnit, *Wanderlust: A History of Walking*, London: Verso, 2002; Roberta Mock (ed.), *Walking, Writing and Performance*, Bristol: Intellect, 2009; Antoine de Baecque, *La Traversée des Alpes: Essai d'histoire marchée*, Paris: Gallimard, 2014.
2. Cf. Rebecca Solnit, op. cit.
3. Deirdre Heddson; Cathy Turner, Walking Woman: Shifting the Tales and the Scales of Mobility, *Contemporary Theatre Review*, v. 22, n. 2, 2012, p. 224.
4. Charles Baudelaire, *La Peintre de la vie moderne* [1863], *Écrits esthétiques*, Paris: UGE, 1986.
5. *Das Passagen-Werk*, Frankfurt: Suhrkamp, 1982. (Trad. fran., *Paris, capitale du xxème siècle: Le Livre des passages*, Paris: Cerf, 1989; trad. bras.: *Passagens (1927-1940)*, Belo Horizonte/São Paulo: Editora da UFMG/Imprensa Oficial do Estado – SP, 2006.)
6. Will Self, *Psychogeography*, Londres: Bloomsbury, 2007.
7. Título do livro de G. Debord.
8. Gilles Deleuze; Felix Guattari [1975], *Pour une littérature mineure*, Paris: Minuit, 1996, p. 34.

Carícia

Fr.: *caresse*; Ingl.: *caress*; Al.: *Liebkosung*.

Símbolo e manifestação do amor, a carícia resvala no outro, sem procurar retê-lo, prendê-lo ou protegê-lo. Põe a nu tanto o acariciador quanto o acariciado. Segundo Emmanuel Lévinas, "a carícia é um modo de ser do sujeito, em que o sujeito em contato com outro vai além desse contato […] A carícia não sabe o que ela procura. Esse "não saber", seu desordenado fundamental, é-lhe o essencial" (*Le Temps et l'autre*, p. 82).

Uma carícia é um pouco o que o ator e a cena dão inteiramente ao espectador: eles procuram se aproximar, e até mesmo "abraçá-lo" na íntegra, mas eles não podem guiá-lo, eles se contentam em tocá-lo de modo furtivo. O espectador sente-se, portanto, acariciado, mas também fragilizado, aberto ao outro, entregue à sua mercê. Caso se recuse ao acontecimento cênico ou se retraia, mais ou menos inconscientemente, a carícia para, volta o mal-estar, a agressão, e mesmo a tortura. Nesse momento, o espectador geralmente se aproxima de si próprio e se presta à carícia vinda da cena. Deixando baixar suas defesas, seus preconceitos, ao jogar o jogo, ele se expõe e aceita que alguma coisa lhe escape, ele preserva o contato com o espetáculo. Bem além da identificação psicológica, espectador e ator praticam uma espécie de *contact improvisation*• permanente.

Ciborgue

Ingl..: *cyborg*

1. CIBORGUES AFORTUNADOS

O ciborgue (do inglês *cybernetic organism*, nome criado em 1960) é um ser híbrido entre o humano e a máquina. Esse ser misto não é uma simples extensão (uma prótese) do corpo humano, nem uma máquina fabricada pelo homem, mas uma interface, uma interação permanente entre dois sistemas prestes a se fundir em uma única e nova entidade. Mas se ao ciborgue há a promessa de um belo futuro, ele ainda tem muita lenha para queimar até estabelecer essa nova unidade, ganhar sua autonomia e dar seus voos. No entanto, esta é, segundo Donna Harraway, a situação do ser humano: "no fim do século XX, nossa época, uma época mítica, nós somos todos quimeras, híbridos de máquina e organismo; em suma, nós somos ciborgues"[1].

2. A IRRESISTÍVEL ASCENSÃO DO CIBORGUE

O ciborgue é um híbrido encarregado de ultrapassar os dualismos herdados da filosofia, notadamente cartesiana: o corpo e o espírito, mas também o eu e o outro, o homem e a mulher, a natureza e a cultura, o humano e o inumano. Ele deve sua popularidade, há meio século, à sua faculdade de sintetizar noções e elementos julgados antitéticos. O apagamento do corpo em proveito da máquina, de que testemunha diariamente a medicina, sua vontade de ultrapassar a biologia através da construção humana, da pesquisa de um ser metade humano, metade máquina, que possa jogar sobre os dois tabuleiros, tudo isso torna o ciborgue fascinante, e ao mesmo tempo perturbador.

O teatro é desde sempre atraído pelas máquinas combinadas aos corpos vivos dos atores. As marionetes imitam o movimento humano, mas o espectador permanece consciente de que elas são fabricadas e manipuladas pelo ser humano. Do mesmo modo, os robôs permanecem sob o controle dos humanos, muito embora eles os ameacem em algum momento (*R.U.R.*, de Karel Čapek, 1923). As máscaras falantes de Denis Marleau, que simulam pessoas (*Les Aveugles*, de Maeterlinck), não podem negar sua origem artificial. A dança contemporânea adora incorporar robôs dançantes (assim Bianca Li, em *Robot*, 2013), faz dançar sete pequenos robôs humanoides em um balé mecânico.

Ocorre de modo diferente com as tentativas do teatro cibernético (*Cyborg Theatre*), o qual tenta ligar o ser humano a um computador, que lhe dá ordens. O "ator" não é mais que um agente descarnado, virtualizado, um robô em um espaço virtual. Ao testar a relação entre o vivo e o artificial (o que o teatro faz por natureza), busca-se determinar se as máquinas pensam como os humanos e se os atores pensam como as máquinas. Tal é o teste de Turing: ao interrogar o homem e a máquina, um espectador pode ainda diferenciá-los?

O teatro cibernético não privilegia o humano em detrimento da máquina, ele coloca os dois em contato, os faz interagir. Segundo um dos pioneiros desse diálogo das máquinas entre si e conosco, o encenador (em rede?) Jean-François Peyret, o diálogo vai muito além do "diálogo inter-humano", ele "aumenta" o comediante: "Aumentar o comediante, equipá-lo com aparelhos é, artificializando-o, ir, no sentido de Beckett, ao limite da dissociação entre o corpo e a voz, ao limite desse processo de descarnação da palavra."[2]

3. A FASCINAÇÃO PÓS-MODERNA POR CIBORGUES

As experiências realmente cibernéticas, aquelas que fazem a máquina dialogar com os humanos, ainda são raras e mais lúdicas do que científicas. Quase sempre, o computador é utilizado como um simples estimulante para acionar uma parte do corpo contra a vontade do ator. Assim, Antúnez Roca produz uma deformação nos traços de seu rosto através de impulsos enviados pelos espectadores e controlados por um computador. Kris Verdonk prende seus performers a fios, para melhor manipulá-los com um computador e tomar conta dos movimentos do ator, ao qual é pedido para não resistir. Stellarc "transplanta" uma terceira mão ou um braço virtual, próteses eletrônicas que escapam ao sujeito e obedecem apenas a um programa informático, o que leva o teatro-ciberneticista a declarar a obsolescência do corpo humano e a anunciar sua futura substituição pela máquina.

Apesar dessas experiências espantosas, dignas de um Frankenstein informatizado, está-se ainda longe, na realidade como no teatro, de um ciborgue localizado na interface entre a máquina e um programa, longe também de um teatro cibernético que seria emancipado de ordens dadas ao corpo por seus "pilotos". Se o ator é muito "aumentado", o sujeito, o piloto, no entanto, ainda permanece nos comandos, o que paradoxalmente reforça a divisão entre o corpo e o espírito. Ao menos, percebe-se de agora em diante o descentramento• do sujeito, do ser humano e da obra: o ator não tem mais que construir um duplo psicológico de si próprio. Ele é encorajado a se construir a partir do exterior como o encenador de si mesmo, a aceitar um "des-controle" de sua subjetividade e de sua corporalidade. O ciborgue permanece um *gadget* que reata com o mito do Golem, do autômato, do aprendiz de feiticeiro, tanto quanto com criaturas que ameaçam a espécie humana. Por isso, o ciborgue é geralmente tratado pela derrisão (G. Gómez-Peña, M. Antúnez Roca): ele se revela, portanto, o duplo do sujeito, a imagem inversa do outro, a zona limiar e nebulosa entre o eu e o outro, a figura paródica de nós mesmos, disso que nos coloca "face a um parceiro que é ao mesmo tempo 'nós mesmos e um outro'"[3]. Com o desenvolvimento de programas de informática, os espectadores controlam o conteúdo do espetáculo ou da instalação em tempo real: como a *sistematurgia* de Antúnez Roca, que termina sempre criando um universo ao mesmo tempo iconoclasta e terno.

Donna Haraway. *Des singes, des cyborgs et des femmes: La Réinvention de la nature*. Paris/Arles: Jacqueline Chambon/Actes Sud, 2009.

Catherine Hayles. *My Mother Was a Computer: Digital Subjects and Literary Texts*. Chicago: University of Chicago Press, 2005.

Thierry Hoquet. *Cyborg philosophie: Penser contre les dualismes*. Paris: Seuil, 2011.

NOTAS

1 A Cyborg Manifesto, 1991, p. 150. Cf. D. Haraway, *Des singes, des cyborgs et des femmes: La Réinvention de la nature*, Paris/Arles: Jacqueline Chambon/Actes Sud, 2009.
2 *Patch*, n. 11, março de 2011.
3 Philippe Breton, Cyborg, em Michela Marzano (éd.), op. cit., p. 274.

Cinestesia

Fr.: *kinesthésie*; Ingl.: *kinesthesia*; Al.: *Kinesthetik*.

A cinestesia° é a percepção e a sensação interna do movimento e das partes do corpo, independentemente do discurso. Ela diz respeito à sensação do movimento, do espaço, da tensão do corpo do outro, da energia do ator e do espetáculo.

Como Shepherd e Wallis mostram tão bem (*Drama/Theatre/Performance*, 2004), a noção de cinestesia já é conhecida no fim do século XIX, mas sobretudo a propósito do debate filosófico sobre a relação do corpo e do espírito, ou melhor, do treinamento e da educação corporal do dançarino e do ator (Jaques Dalcroze, 1919). Só mais recentemente, com as reflexões de Polanyi (1967) e de Beckerman (1970), e posteriormente de Susan Foster (2011) e Matthew Reason (2012) que a cinestesia é encarada como resposta ao movimento e como empatia• cinestésica.

1. RETORNO ÀS ORIGENS

A esse fenômeno de cinestesia, um crítico de dança dos anos 1930 como John Martin (1933, 1936) já faz referência: ele fala de *inner mimicry* (imitação interior). Antes dele, um teórico do movimento como Jacques Dalcroze (1919) observa como "os ritmistas entram em comunhão íntima com o espetáculo ao qual assistem" (p. 141). Mais de um século depois, a cinestesia já desempenha um papel de primeiro plano para a compreensão e a percepção do movimento humano.

Paralelamente, grandes pedagogos do corpo como Alexander, Feldenkrais, Polanyi, Decroux ou Lecoq colocam o movimento e sua prática em ateliês no centro de suas preocupações. Para eles, trata-se muitas vezes de reconstruir um corpo que se tornou enfermo pela civilização e pelo trabalho alienante.

Mathias Alexander (1869-1955) propõe, ele também, uma reeducação do corpo, testando e corrigindo as atitudes posturais e musculares dos sujeitos, ensinando-lhes a se adaptar de maneira cinestésica a seu ambiente.

Mosche Feldenkrais (1904-1984) reeduca, ele também, o sentido cinestésico por um treinamento que visa restaurar os esquemas motores do indivíduo a partir de movimentos simples e visualizados.

Michael Polanyi, no seu livro *The Tacit Dimension* (1967), transpõe uma etapa importante: "ao elucidar a maneira pela qual nossos processos corporais participam de nossas percepções, iremos aclarar as raízes corporais de todos os pensamentos"[1]. Essa ideia se tornará uma das principais teses do cognitivismo.

2. APLICAÇÃO AO TEATRO

Beckerman é um dos primeiros a estabelecer a ligação dessas teorias cinestésicas com o teatro e com a análise da representação. Retomando os trabalhos de Polanyi, o teórico norte-americano indica que a percepção cinestésica do espetáculo funciona sempre, mesmo quando não se pode seguir uma história ou quando não se vê para onde a ação nos conduz. A percepção de corpos no espaço, a impressão de duração e de ritmo contribuem para a resposta cinestésica, para a participação emocional e para o evento cênico. Deve-se, pois, distinguir uma leitura semiológica e intelectual da fábula, da lógica narrativa e de uma participação cinestésica, física, direta, do evento. A análise do espetáculo precisa, portanto, imperativamente, distinguir os dois modos de recepção: o semiológico e o cinestésico, mas também o consciente e o subliminar. Graças à percepção subliminar (ou subcepção), reagimos fisicamente aos estímulos.

O mapa e a cartografia (*mapping*) ajudam o dançarino (ou o ator) a assimilar sua partitura ao trabalhar suas sensações cinestésicas como um mapa a partir do qual ele poderá, a seguir, desenvolver a partitura completa de seu papel e a imagem de seu corpo vista do exterior. Há, pois, "formação na consciência de uma espécie de mapa de circuitos de energia que faz corresponder a imagem do corpo visto do exterior com as sensações cinestésicas"[2].

Compreende-se, assim, como a cinestesia é o modelo reduzido do movimento completo e desdobrado no espaço-tempo: "A construção do mapa do corpo movimento é acompanhada de uma abstração e redução dos movimentos efetivos e de sensações motoras."

Para a dança e para os espetáculos contemporâneos não verbais, a análise cinestésica torna-se gradativamente uma parte central da análise do espetáculo. Se, como afirmam Shepherd e Wallis, "a resposta cinestésica ocorre antes da resposta semiótica" (p. 210), convém privilegiar a análise dos movimentos e das sensações que eles produzem. Quer dizer, a importância da abordagem da fenomenologia, que possui, entre outras, "por objeto o aparecimento para si do sujeito"[3]. Uma primeira evocação de um espetáculo se empenhará em avaliar e reconstituir a qualidade dos gestos e do movimento•: as categorias de Laban revelam-se muito úteis. Movimentos contínuos ou sincopados? "Naturais" ou artificiais? Efeitos de nudez desta ou daquela parte do corpo; ocultar ou pôr em evidência a sexualidade etc. Distinguem-se todas as espécies de movimentos: do corpo visível, mas também da voz. Salmodia, retórica da frase, de seu ritmo, acentos e melodia da frase são outros tantos micromovimentos que constroem o sentido e produzem uma sensação imediata no espectador.

Todas essas pesquisas sobre a cinestesia esboçam, atualmente, a questão de sua comunicação com o outro, através de uma empatia• gestual do observador com o observado: a empatia• cinestésica. Muitos trabalhos recentes são consagrados à empatia• cinestésica: desde que John Martin chamou de *inner mimicry* (imitação interior) o *tacit knowledge* (conhecimento implícito) de Polanyi, o *movement contagion* (contágio do movimento) de Susan Foster e o *rejeu* (rejogo) de Jacques Lecoq. A noção de empatia• cinestésica concerne não apenas à nossa percepção do movimento do ator ou do dançarino, mas à nossa compreensão do papel do espaço cênico no pôr em cena (*mise en scène*) e no pôr no lugar (*mise en place, blocking*) de corpos no palco em cena.

NOTAS
1 George Lakoff; Mark Johnson, *Philosophy in the Flesh: The Embodied Mind and Its Challenge to Western Thought*, New York: Basic Books, 1999, p. 15.
2 José Gil, *La Danse, naissance d'un mouvement de pensée ou le complexe de Cunningham*, Paris: Armand Colin, 1989, p. 77.
3 Philippe Cormier, Chair, em M. Marzano (éd.), op. cit., p. 179.

Coletivo Artístico

Fr.: *collectif artistique*; Ingl.: *artistic collective*; Al.: *künstlerisches Kollektiv*.

Na criação teatral contemporânea, há a tendência a ver somente o ator, isso quando não vemos só o encenador sem o ator. No entanto, em toda produção ou performance artística, não é preciso levar em conta um "coletivo artístico", "esta trama de interdependências e de confrontações tecida por um certo número de artesãos tendo em vista inventar cada vez um artista coletivo singular"[1]. Estes artistas e aqueles artesãos (pouco importa sua designação), aos quais seria preciso acrescentar os técnicos, os empregados, o pessoal administrativo etc., contribuem todos para a produção do espetáculo, sem que se possa de modo algum mensurar exatamente o impacto de cada um nem fazer a distinção entre as diferentes funções.

Distinção ainda mais delicada na medida em que não se trata mais do coletivo brechtiano, socialista, ideológico, no qual cada um contribuiria para o bem comum e para a construção de um conjunto coerente, mas sim de um coletivo estilhaçado, descompassado, intervindo em momentos e segundo estatutos diferentes: a montagem musical, a cenografia, a improvisação parcial do ator e a escritura do autor intervêm em fases bem divergentes. No entanto, a única coisa importante é o coletivo da enunciação cênica tal como se manifesta na representação concreta, a performance desde o momento em que tudo é dirigido a um outro, nomeado espectador. A arte da encenação é precisamente saber distinguir e combinar as vozes desse "artista coletivo singular". Para compreender esse coletivo artístico, convém, portanto, examinar as novas condições e métodos de trabalho: as repetições, a assemblagem• e a gestão global de componentes do espetáculo. Daí a extrema dificuldade do estudo genético• da produção de um espetáculo, mesmo quando o observador tenha participado de todas as etapas da criação. Para reduzir a massa do coletivo, muitos jovens criadores se voltam para a performance e inventam formas mais leves, mais originais, mais manuseáveis.

NOTA
1 Enzo Cormann em Luc Boltanski et al., *L'Assemblée théâtrale* (*Travaux de l'association Sans cible 1*), Paris: L'Amandier, 2002, p. 118.

Comunidade

Fr.: *communauté*; Ingl.: *community*; Al.: *Gemeinschaft*.

1. A COMUNIDADE EM SOCIOLOGIA

Uma comunidade se define pelo que seus membros têm em comum, pela identidade e valores que eles partilham. R. Williams e George Yúdice a descrevem como "um conjunto existente de relações, implicando uma conexão – como o parentesco, a herança cultural, os valores e seus objetivos partilhados – sentida como mais 'orgânica' e 'natural', e, portanto, mais fortes e mais profundos do que uma associação de indivíduos, como o mercado ou o Estado"[1]. Quer seja real ou "imaginada" (Benedict Anderson[2]), a comunidade só existe graças à vontade e à imaginação de um grupo humano, ela sempre tem alguma coisa de uma ficção, possui a fragilidade, mas também a força de atração. Ela se estabelece nos quadros mais variados: familiar, religioso, econômico, urbano ou camponês etc. Se a noção de comunidade está hoje em dia em crise, é porque descamba rapidamente em direção ao comunitarismo, quando comunidades culturais, ou religiosas, ou étnicas se fecham sobre si próprias, em uma espécie de neotribalismo, impondo a seus membros ou, por proselitismo, aos outros, leis contrárias aos princípios éticos ou sociais da comunidade democrática e liberal da sociedade dominante.

2. A COMUNIDADE TEATRAL

Não saberíamos aplicar mecanicamente a noção de comunidade ao teatro, mas essa noção se encontra a justo título no centro da discussão teórica. Ela nos ajuda a pensar o estado e o porvir do teatro.

Não há comunidade teatral no sentido de um grupo definido de produtores e de receptores de acontecimentos cênicos. A comunidade de criadores não tem nada de homogênea, ela é até mesmo totalmente pulverizada, releva estatutos muito diversos, não afirma nenhuma solidariedade entre categorias profissionais, indo de proletários "intermitentes" às vedetes do espetáculo. Os públicos são igualmente diversificados e heterogêneos: não há um grupo "generalista" que se interessaria pelo conjunto de produções bastante variadas, mas, melhor ainda, grupos de espectadores• especializados que se apaixonam por um gênero e acompanham sua evolução. É apenas em sociedades tradicionais, principalmente na Ásia ou na América latina, que sobrevivem comunidades étnicas com fortes tradições musicais, folclóricas ou espetaculares. A tendência na Europa ou nos Estados Unidos é muito mais de um nivelamento pós-moderno que não exige mais uma comunidade homogênea, mas procede com ações pontuais.

Para reagir a essa uniformização, especialização e comercialização do teatro, o *community theatre* (teatro comunidade) se esforça em reunir um grupo não profissional (nos Estados Unidos) ou pertencente a uma comunidade local (na Grã-Bretanha) para tratar de um assunto relacionado com o grupo, ao fazer apelo ao conjunto da comunidade de uma vila, de uma cidade ou de um bairro, o trabalho preparatório podendo durar dois anos. Ao ampliar a equipe de realização tanto quanto o público, o *community theatre* visa sensibilizar as pessoas comuns para questões da sociedade e para o lugar da arte na vida cotidiana. Às vezes, como no caso da *community play* (peça comunidade) do grupo Colway Theatre Trust, de Ann Jelicoe, solicita-se a um autor conhecido e a um encenador profissional para criar um espetáculo com numerosos amadores recrutados na comunidade local. O benefício não é apenas artístico, mas social e psicológico: "As peças de comunidade geram sempre uma nova energia e contribuem com sangue novo. Numerosos participantes fazem menção a uma tomada de consciência social e a uma gentileza claramente aumentada."[3] Um importante trabalho de sensibilização e de conscientização política é efetuado no seio de comunidades indígenas; assim é na América Latina (México, Peru, por exemplo).

Na França, fala-se bastante de teatro de proximidade•, o que não é a mesma coisa que um teatro de comunidade. Proximidade• quer dizer, portanto, um teatro acessível, aberto a todos os públicos, um ateliê ou uma escola de jogo de atuação mais que um teatro "no duro". Trata-se de ir ao encontro do público, de lhe fazer vir para mais do que uma visita rápida ou uma aventura de uma tarde.

Assim, o teatro e a produção comum de espetáculos ancorados na comunidade de forma alguma significam, muito ao contrário, uma deriva em direção do comunitarismo, perigo real de sociedades laicas e democráticas, como o sublinha Amselle: "A fragmentação de grupos sociais sob a forma de comunidades é a manifestação mais visível senão do enfraquecimento do Estado, ao menos da transformação de um Estado-nação dotado de classes sociais em um Estado comunitário."[4] O teatro, esse lugar nostálgico do vínculo social, tem talvez conservado a virtude de não se deixar facilmente arregimentar pelas exigências religiosas ou culturais de comunidades isoladas e extremistas.

3. COMUNIDADE, ASSEMBLEIA, REDE

A questão é saber se o teatro no Ocidente ainda é capaz de reunir uma comunidade, ou ainda se ele não é mais que uma assembleia sem identidade forte, uma assembleia no sentido grego e político: uma massa de indivíduos reunidos em um mesmo lugar por um motivo comum. O público é sempre uma assembleia de pessoas reunidas por x razões, mas não necessariamente uma comunidade. O termo assembleia se aplica mais a uma cerimônia, um ritual, do que a uma obra estética. A inclusão do teatro ocidental na nebulosa das *cultural performances* (performances culturais) explica a serventia da noção de assembleia, a qual se distingue daquelas de público ou de sociedade, noções muito vagas, e daquela de "comunidade", que afirma desde o início uma totalidade substancial e una.

No fundo, tudo depende da função que os artistas e os políticos atribuem à comunidade. Rancière se mostra cético perante a assim chamada comunidade teatral: "o teatro é uma assembleia, onde a gente do povo toma consciência de sua situação e discute seus interesses, diz Brecht depois de Piscator. Ele é, afirma Artaud, o ritual de purificação onde uma coletividade é colocada em posse de suas energias próprias"[5]. Torna-se cada vez mais difícil definir o que as pessoas em assembleia têm em comum. Essa disseminação de perspectivas corresponde a uma disseminação de temas abordados e de maneiras de tratar deles.

No entanto, a assembleia, desde que esteja reunida pelas preocupações estéticas, éticas ou políticas comuns, tende a fazer um corpo, a formar uma massa sólida, constata Régy: "Em uma sala, cada um é condicionado pelo conjunto dos outros."[6] Outro milagre: a representação pública leva cada um a se interrogar sobre si próprio e sobre os outros. Dizia Sartre: "Um público é desde o início uma reunião. Isto é, cada espectador se pergunta ao mesmo tempo o que ele pensa da peça e o que o vizinho pensa sobre ela."[7] Nesse espaço público, cada espectador sente, portanto, a opinião da sala, avalia-lhe as reações, contribui assim para um reagrupamento, até mesmo a uma assembleia e depois, a uma comunidade de emoções e de pensamentos. Assim, o espectador toma consciência das diferenças de apreciação ou de opinião política, ele se sentirá, portanto, pouco à vontade se seus vizinhos ficarem escandalizados pelo que não o choca. Ele perceberá a divisão do público, o propósito da encenação de dividir ou de unir, ele será, portanto, sensível ao debate implícito. Então, a assembleia política se transformará em comunidade humana, tão contrastante e contraditória seja ela.

Apesar de tudo, o público tem cada vez mais tendência a funcionar em rede. A rede, antigamente a rede da aldeia, do clã ou da família, atualmente a rede das relações públicas dos teatros ou as redes sociais eletrônicas como Facebook, Twitter, Xing ou Viadeo, reúne virtualmente conjuntos de espectadores antes de dispersá-los, para em seguida reagrupá-los na realidade concreta das salas.

4. RENOVAÇÃO DA REFLEXÃO SOBRE A COMUNIDADE

De modo paradoxal, é no momento em que a comunidade está em crise, em que não é senão um tecido esfarrapado, transmitido e ao mesmo tempo destruído pelas redes de todos os tipos, que a reflexão filosófica pende para a assembleia e a comunidade teatral: "Hoje, o teatro é o lugar onde se continua a colocar a questão: como produzir comunidade, esta comunidade que é sempre uma ficção?"[8] A gente do teatro, especialistas em ficção, quer sejam autor, ator ou encenador têm precisamente a missão, ou, em todo caso, a faculdade de reconstituir o tecido comum. Estão conscientes de trabalhar para estabelecer esse laço teatral, para não produzir simplesmente um belo objeto estranho, mas para antecipar o efeito que ele produzirá na comunidade de espectadores. O autor dramático Enzo Cormann se coloca antes de tudo a questão de escrever, não para produzir um consenso estéril, nem para desorientar seus futuros espectadores com pistas falsas: "Talvez a questão seja desde o início a de constituir a assembleia (em torno de um objeto), do que a de produzir um objeto (suscetível de provocar a assembleia). Como constituir uma assembleia que não seja nem uma grande missa consensual, nem uma justaposição de disparidades (uma multidão atomizada) [...]?" (p. 118)

Pode-se ter essa crença na comunidade teatral? Tal seria – costumam dizer-nos bastante hoje em dia e de modo razoável em todos os lugares – a sorte da comunidade teatral: ela imaginaria o desfile para a destruição da comunidade social. Ao fim programado do Estado-nação, ela oporia a força de grupos supranacionais fundados em grupamentos inéditos de artes e de públicos. À fragmentação da vida social e dos saberes, ela responderia com uma comunidade de espírito, uma concentração do público voltada para soluções globais. À especialização, à guetização de públicos, ao autoteatro•, ela oporia uma comunidade provisória, mas unida, aberta em direção a todas as artes, a uma perspectiva humanista e à pesquisa de novas pistas. Contra a tendência comunitarista de sociedades ocidentais esmigalhadas, demagógicas, política, mas superficialmente *corretas*, elas proporiam uma encenação crítica, irônica, satírica que solda o público contra "o infame" (Voltaire) e a estupidez. Mas é tão simples assim?

Há, com toda evidência, uma crise da noção de comunidade: "de início, os lugares de comunidade estão em crise e a noção de comunidade está, neste momento, completamente dilacerada, desde o macrossistema de nacionalidades, do internacional, da mundialização, todas as palavras estão aí para dizer que, no fundo, nós não sabemos em que a humanidade, por exemplo, é uma comunidade" (p. 128).

Para voltar ao teatro da comunidade, observe-se que ele conhece as mesmas dúvidas: a comunidade é "desocupada"[9], inoperante: tudo, para o filósofo como para o artista de teatro, está a reconstruir, estaria apenas para partilhar o que eles veem no mundo ou no teatro, a partilha do sensível de que fala Rancière. Não se trata mais de possuir as coisas juntas, mas ao menos de reuni-las, de construir os laços, de partilhar uma coisa em um momento. Mas se esse público é ele próprio redistribuído, espalhado entre a sala e as mídias audiovisuais, a comunidade não é mais aquela, tradicional, da assembleia teatral[10]. Um movimento de reflexão, notadamente no Reino Unido, permite esperar uma renovação do teatro de comunidade, o que significa também uma renovação de experiências teatrais.

NOTAS

1 George Yúdice, Community, em Tony Bennett et al. (eds.), *New Keywords: A Revised Vocabulary of Culture and Society*, Malden: Blackwell, 2005, p. 51.
2 Benedict Anderson, *Imagined Communities: Reflections on The Origin and Spread of Nationalism*, London: Verso, 1983.
3 A. Jellicoe, The Community Play, em Colin Chambers (ed.), *The Continuum Companion to Twentieth Century Theatre*, London: Continuum, 2002, p. 171.
4 Jean-Loup Amselle, *Vers un multiculturalisme français: L'Empire de la coutume*, Paris: Flammarion, 1996, p. 172.
5 Jacques Rancière, *Le Spectateur émancipé*, Paris: La Fabrique, 2008, p. 12.
6 Claude Régy, em Luc Boltanski et al., *L'Assemblée théâtrale*, p. 110.
7 Jean-Paul Sartre, L'Auteur, l'oeuvre et le public [1959], *Un Théâtre de situations*, Paris: Gallimard, 1973, p. 94.
8 Marie-José Mondzain em Luc Boltanski et al., *L'Assemblée théâtrale*, p. 129.
9 Jean-Luc Nancy, *La Communauté désoeuvrée*, Paris: Bourgois, 1986.
10 É isso que destaca Chris Balme em "Distributed Aesthetics": "Em um mundo onde a estética está dispersa ou distribuída, é difícil ter êxito em localizar o teatro."; em Jerzy Limon; Agnieszka Zukowska (eds.), *Theatrical Blends: Art in the Theatre, Theatre in the Arts*, Gdańsk: Slowo/Obraz Terytoria/Theatrum Gedanense Foundation, 2010, p. 146.

Conferência-Espetáculo

Fr.: *conférence-spectacle*; Ingl.: *lecture-performance*; Al.: *Vortrag als Performance*.

A ideia é fazer de uma conferência um espetáculo e de um espetáculo uma conferência. Essa recente criação híbrida de conferência-espetáculo participa da pedagogia tanto quanto da arte. A pedagogia contemporânea, voluntariamente experimental, esforça-se para tornar atraente uma exposição histórica ou teórica demasiado árida, dando-lhe exemplos concretos que o conferencista ilustra e, por que não, dramatiza. O teatro é cada vez mais frequentemente solicitado a se explicar sobre suas intenções, a dar o modo de usar de sua recepção, em suma, a fornecer um serviço pós-venda a clientes cada vez mais exigentes.

A conferência-espetáculo tornou-se um gênero reconhecido, particularmente popular, que reúne sufrágios de praticantes como de teóricos, de espectadores como de artistas.

1. A PEDAGOGIA DA ARTE

Desde sempre, o ensino toma cuidados para transmitir de maneira agradável, eficaz e estética. A conferência é considerada uma performance em todos os sentidos do termo: uma dificuldade em passar ideias complexas, uma ação que age sobre o ouvinte solicitando-lhe a atenção, um ato dramático inventado pelo sujeito. O ensino e, particularmente, a conferência pública, efetua uma pesquisa artística. Ele se serve de meios da retórica para tocar o ouvinte, persuadi-lo e até mesmo guiá-lo em direção a uma ação determinada. As hipóteses ou os resultados da pesquisa se beneficiam – para maior clareza e para serem melhor retidos – ao serem dramatizados, encarnados por personagens, colocados em diálogos quase socráticos. Diz-se, em nova pedagogia, que só se ensina bem o que ainda não se sabe muito bem, que o melhor mestre é o *mestre ignorante* (Jacques Rancière). O conferencista que sabe jogar com a incerteza ou com a surpresa está seguro de tornar seu tema apaixonante e seu auditório cativo.

Uma corrente importante dos estudos teatrais, a *practice as research*• (a prática como pesquisa), repousa sobre princípios e métodos similares: criação prática e reflexão teórica estão ligadas, tanto na fase de preparação de uma performance como na transmissão, à banca, dos resultados obtidos, de um ponto de vista empírico e teórico. O espetáculo realizado, assim como a defesa de tese, mistura alegremente prática e pesquisa. Eles expõem os resultados parodiando-os, esforçando-se ao mesmo tempo em tranquilizar a banca sobre a cientificidade do projeto, se possível, fazendo-a rir.

2. A ARTE COMO CONFERÊNCIA

A tentação é grande entre os artistas de transformar em espetáculo o que foi anunciado como conferência. Pode tratar-se de um ator, mimo ou cantor que ilustre seus propósitos com exemplos concretos. É, aliás, o princípio da *master class*, que dá carta branca a um artista para explicar, demonstrar sua arte, fazendo trabalhar estudantes e novatos. A conferência-espetáculo transmite alguns princípios de arte teatral (as atrizes de Eugenio Barba em seu solo), do mimo (Jacques Lecoq em *Tout bouge*; Yves Marc em *Faut-il croire les mimes sur parole?*). Mais recentemente, os professores, cujo ofício é de falar e de conduzir discursos públicos, pouco a pouco criaram um novo gênero, dividido entre pedagogia e arte: eles propõem animar seus discursos através de meios audiovisuais (projeções, *Powerpoint presentation*, acesso à internet a partir de seu computador). Os mais audaciosos e os nostálgicos da arte teatralizam sua performance verbal e transformam seu discurso em ações cômicas. A conferência-espetáculo anuncia e introduz os ritos da apresentação verbal, para rapidamente desviar-se em direção a uma história inventada, a ações inesperadas. A falsa conferência se transforma em um verdadeiro espetáculo, as explicações são substituídas por demonstrações de jogo. O prazer do jogo substitui a sisudez do estudo. Por sua vez, os artistas (os verdadeiros) estão amparados por essa nova forma e atuam o papel de um conferencista que passa suave e irresistivelmente aos efeitos cômicos, e terminam criando uma peça. Charles Massera (*We Are la France*; *Bienvenue dans l'espèce humaine*), Jos Houben (*L'Art du rire*), Éric Didry e Nicolas Bouchaud (*La Loi du marcheur*) começam por uma conferência bastante séria. De um ponto de vista dramatúrgico e estético, a conferência-performance revela uma grande sofisticação teórica e uma virtuosidade artística. Por certo, ela retoma a oposição clássica entre mostrar e jogar, imitar e narrar, dramático e épico. Mas as idas e vindas entre os dois princípios são constantes e ambíguas; elas estão no centro desse trabalho, do mesmo modo que se tornou central a confrontação entre teoria e prática. O conferencista é um performer virtuoso, encarregado de semear o tumulto: tarefa tão pedagógica quanto artística.

Não se confundirá a conferência-espetáculo da leitura performada com o autor-poeta lendo publicamente seus próprios textos. Os pioneiros da arte da performance nos anos 1960 misturavam certos discursos e arte, explicação e demonstração, mas a ideia de confrontar conferência e teatro é muito mais recente. Ela vem também dos artistas plásticos pesquisadores e dos coreógrafos (Jérôme Bel). Percebe-se aí sempre uma crítica da instituição artística e escolar, uma vontade de não ser somente um artista, mas um ativista, um militante político, um espectador engajado.

 Sybylle Peters. *Der Vortrag als Performance*. Bielefeld: Transcript, 2011.

Consciência

Fr.: *conscience*; Ingl.: *conscience*; Al.: *Bewusstsein*.

A consciência, a intuição, é, no sentido de *awareness* (ficar ciente), o fato de estar intimamente consciente de alguma coisa, por exemplo, no sentido de consciência cinestésica (*kinesthesic awareness*), de ter a clara consciência de seu corpo (*explicit body awareness*). Como o faz Grotowski, distingue-se a *awareness* da consciência psicológica: "*Awareness* no sentido da consciência que não está ligada à linguagem (à máquina para pensar), e sim à Presença"[1].

Segundo Lakoff e Johnson, "a consciência (*consciousness*) vai muito além da simples consciência (*awareness*) de alguma coisa, para além da simples experiência de qualidades (os sentidos qualitativos, por exemplo, da dor ou da cor), para além da consciência que vocês estão conscientes de alguma coisa, e para além das diferentes tomadas de experiência imediata fornecidas pelos diferentes centros do cérebro"[2].

Para o ator, a consciência de estar em contato com seu corpo, ou de estar consciente do espaço e dos outros no espaço, são formas de consciência corporal pessoal e interpessoal. Segundo o budismo, a noção de *Naishin* envia a um estado de consciência desenvolvido e integrado, o que Zeami nomeia como envolvimento incondicional, concentração do espírito, resolução do ator.

Quanto a nós, espectadores, "estamos conscientes de uma representação através de diversos níveis de concentração e de relaxamento no interior de nossos corpos"[3]. Graças ao corpo e ao movimento, estamos conscientes de nós mesmos e, através da experiência artística, temos uma consciência sensorial ainda mais intensa do que na realidade.

NOTAS
1 Jerzy Grotowski, De la compagnie théâtrale à l'art comme véhicule, 1933, em Thomas Richards, *Travailler avec Grotowski sur les actions physiques*, Arles: Actes Sud, 1995, p. 189. (Trad. bras.: Da Companhia Teatral à Arte Como Veículo, em T. Richards, *Trabalhar Com Grotowski Sobre as Ações Físicas*, São Paulo: Perspectiva, 2014, p. 141.)
2 George Lakoff; Mark Johnson, *Philosophy in the Flesh: The Embodied Mind and Its Challenge to Western Thought*, New York: Basic Books, 1999, p. 11.
3 Bernard Beckerman [1970], *Dynamics of Drama: Theory and Method of Analysis*, New York: Drama Books Specialists, 1979, p. 150.

Contato Improvisação

Ingl.: *contact improvisation*.

Inventado no início dos anos 1970 pelo dançarino e coreógrafo Steve Paxton, o Contato Improvisação dá a dois dançarinos improvisadores a instrução de manter, custe o que custar, um ponto de contato entre duas partes de seus corpos ao mesmo tempo que se improvisa. Em uma espécie de "diálogo ponderado em que, pela essência própria do tocar [...], uma interação sobrevém, que conduz duas pessoas a improvisar juntas como em uma conversação"[1].

Esse princípio inspirou numerosos coreógrafos, mas também performers, que partem do contato, físico ou simbólico, entre os intérpretes, para organizar sua narrativa segundo situações geradas por encontros sociais ou pessoais inesperados. Em *P.A.D.*, performance de Fabrice Mazliah e Ioannis Mandafounis, os dois performers exploram a lógica dos corpos frente a frente, contatos previstos e fortuitos, entrechoques de corpos lançados um contra o outro à maneira de bolas de bilhar.

De modo geral, o Contato Improvisação é característico de numerosas experiências de jogo, fundadas sobre o acaso e a lógica de interações entre todas as componentes da representação.

NOTA
1 *Mouvement*, n. 2, 1998, p. 31.

Contemporâneo

Fr.: *contemporain*; Ingl.: *contemporary*; Al.: *Zeitgenössisch*.

A palavra "contemporâneo", associada a teatro, escritura ou encenação, é quase sempre empregada em um sentido banal: é aquilo que se faz atualmente ou há bem pouco tempo, e mesmo, mais simplesmente, o que é inovador ou experimental[1]. Definição bastante vaga, há de se convir. E na época da globalização•, todas as sociedades, todos os grupos não seriam contemporâneos?

Quando se fala de arte ou de teatro contemporâneo, é geralmente para dizer que se trata de seus últimos desdobramentos e é também para opô-lo à arte "moderna", a qual se refere às vanguardas do início do século XX. É também um meio de evitar o debate de períodos e escolas como a oposição entre moderno e pós-moderno ou entre teatro dramático e pós-dramático•.

O contemporâneo está colocado entre passado e futuro: pode-se vê-lo como o que acaba de ultrapassar o passado e, portanto, constitui um presente espinhoso. Pode-se também imaginá-lo como o que não vai tardar a ser ultrapassado, sem que se saiba quando nem por quê. A maior parte do tempo, o teatro contemporâneo se refere a uma forma, uma estética, uma prática que provém de uma ruptura, de uma virada, de um período, de uma experiência, que não foram ainda ultrapassados ou recolocados em causa. Mas aquele que desejasse definir uma arte, uma estética contemporânea, esbarraria rapidamente na impossibilidade de estabelecer uma lista de critérios.

Na prática crítica corrente, no teatro contemporâneo, é simplesmente o que passa por moderno, até mesmo hipermoderno, o que apresenta formas e obras inovadoras ou experimentais. De certo, poderia enumerar-lhes algumas características frequentes (fragmentação, citação, *collage*, documento, participação), mas isso seria desde já tomar partido sobre a única contemporaneidade experimental, deixando de lado a massa de produções geralmente pouco inovadoras. Valeria mais, portanto, se apoiar em uma concepção temporal, não normativa ou elitista, da obra contemporânea.

Toda a dificuldade é de adotar com relação ao teatro uma atitude verdadeiramente contemporânea, no sentido moderno, seja para os textos que encenamos ou lemos, seja para os espetáculos que criamos ou analisamos. O contemporâneo é sempre o que se recusa do passado, o que se quer, portanto, ultrapassar, o que se deixa de lado para passar a outra coisa, ainda desconhecida. É também a capacidade de renovar o presente, de retornar à noção de modernidade, porque, segundo a definição de Meschonnic retomada por Claude Régy, "a modernidade é a obra que está incessantemente presente para presentes novos"[2].

O teatro é a própria cena do contemporâneo, visto que "o presente não é outro senão a parte de não vivido em todo o vivido"[3]. Sobre a cena, aquilo que desempenhamos, aquilo que percebemos, é ao mesmo tempo aquilo que procuramos mostrar ou descobrir, e aquilo que nos escapa, aquilo que não chegaremos a experienciar.

NOTAS
1 Ver o número 184 de *Théâtre Public*, dirigido por Clyde Chabot, "Théâtre contemporain: Écriture textuelle, écriture scénique" (2007).
2 Claude Régy em Luc Boltanski et al., *L'Assemblée théâtrale*, p. 137.
3 Giorgio Agamben, *Qu'est-ce que le contemporain?*, Paris: Payot & Rivages, 2008, p. 36.

Conversa Pós-Espetáculo

Fr.: *conversation d'après-spectacle*; Ingl.: *post-performance conversation*; Al.: *Gespräch nach der Vorstellung*.

Imediatamente após um espetáculo assistido com outras pessoas, o que há de mais natural, até mesmo iminente, do que desejar se reunir para falar sobre ele? Seria possível, com efeito, temer que a verbalização estrague o prazer da experiência e que, portanto, valeria mais a pena se calar. Apesar disso, na maioria das vezes, os espectadores• iniciam conversas de forma voluntária e, ao falar, os participantes dão sentido à sua experiência.

É preciso relativizar essa lei da partilha da experiência com uma reflexão sobre a diversidade de culturas e de leis implícitas daquilo que se pode dizer em particular e em público. Cada um tem ainda a intuição de que a conversa não poderia ressuscitar o espetáculo efêmero e de que ela transforma a experiência sensorial em uma verbalização que, se geralmente esclarece um aspecto do espetáculo, arrisca também obscurecê-lo, e até mesmo matá-lo.

Toda a teatrologia• é uma maneira de destacar esse desafio da explicação e da verbalização sobre a obra de arte. Para além do verbal e da explicação "científica", pode-se legitimamente buscar dar-se conta do espetáculo por outros meios além da palavra, notadamente para sensibilizar crianças ou espectadores novatos. É ao que Matthew Reason chegou: ele pediu a seus filhos para desenhar suas lembranças de um espetáculo, antes de lhes interrogar sobre seus desenhos[1].

Outras experimentações são possíveis, para todas as espécies de público. Seria pedido para se refazer, em alguns segundos, através do gesto e da dança, o que se percebeu de uma cena ou da representação em seu conjunto. A ideia não é de modo algum reinterpretar, imitar em uma pantomima o que se viu, mas de restituir o espírito e a energia do espetáculo através de um esboço coreográfico. Desenhar uma figura• geral, desenhar no ar e, se possível, utilizando todo o corpo, reencontrar alguns pontos de referência da subpartitura, que trazia o espetáculo: eis o que nos dá um rastro da experiência. Isso é também a memória que nos resta, a tomada de consciência pelos espectadores de que o espetáculo evolui e se transforma em nós, nos persegue enquanto nós pensamos seguir-lhe os rastros.

NOTA
1 Matthew Reason, Asking the Audience: Audience Research and the Experience of Theatre, *About Performance*, n. 10, 2010 (Audiencing: The Work of the Spectator in Live Performance). Ver também, do mesmo autor, *The Young Audience: Exploring and Enhancing Children's Experience of Theatre*, Stoke-on-Trent: Trentham, 2010.

Coreografia (e Encenação)

Fr.: *chorégraphie (et mise en scène)*; Ingl.: *choregraphy (and mise en scène)*; Al.: *Choregraphie (und Inszenierung)*.

A dança e o teatro, a coreografia e a encenação têm por certo tradições e estratégias diferentes, mas desde o último quartel do século XX, com a aparição da dança-teatro, tendem se não a se aproximar, ao menos a convergir.

1. CONVERGÊNCIA

Trata-se da noção de criação, de composição, de regular figuras ou elementos do espetáculo, que explica essa convergência. Coreografia e encenação – e isso não é certamente um acaso – tomam seu sentido moderno de criação por um artista por volta da mesma época, perto do fim do século XIX para a encenação, perto do início do século XX para a coreografia. Há muito tempo (desde o início do século XIX) que a palavra "coreografia" deixou de significar "sistema de escritura e de anotação do movimento". E faz mais de uma centena de anos que a encenação deixou de designar, como no século XX, a ilustração cênica do texto. Nos dois casos respectivos, não se trata de modo algum de anotar a grafia do movimento ou a passagem do texto à cena, mas de apreender como a obra, coreográfica ou teatral, foi concebida, como é construída, composta a partir de diferentes materiais, graças à cooperação de intérpretes sob a férula e segundo a perspectiva de um artista responsável, perspectiva a qual pode, de resto, mudar durante o espetáculo ou recorrer largamente ao julgamento estético do espectador.

2. INTERESSE DA DISTINÇÃO

Dada a mistura de gêneros e a diversidade de trocas interartísticas, é geralmente impossível definir o gênero do espetáculo produzido e identificar-lhe o responsável artístico: encenador ou coreógrafo? Como qualificar o espetáculo e determinar a natureza daquilo que se analisa? O importante é saber de qual ponto de vista se coloca para propor ao objeto analisado questões pertinentes. Do ponto de vista coreográfico, por exemplo, dever-se-á atentar para a qualidade e a intensidade de gestos, procurar-se-á a ligação entre o movimento objetivo e o gesto afetivo. Do ponto de vista teatral, interrogar-se-á a fábula, a ficção, as personagens, o aspecto mimético da representação. O mesmo objeto tomará, portanto, contornos diferentes.

3. A PERFORMANCE, CATEGORIA UNIVERSAL?

Atualmente, encenação e coreografia se encontram em geral sob a égide da *performance*°. O termo inglês, muito mais neutro, é útil, porque não prejulga o gênero ou o tipo de espetáculo e não diz nada mais sobre a sua textura e funcionamento, o que evita os *a priori* e as confusões.

Corpo e Corporeidade

Fr.: *corps et corporéité*; Ingl.: *body and corporality*; Al.: *Körper und Körperlichkeit*.

A maneira segundo a qual o corpo° é concebido e utilizado, suas características e propriedades específicas. O termo corporeidade (ou aquele equivalente, corporalidade) parece calcado sobre os de literalidade ou de teatralidade. Ele não se refere de modo algum necessariamente a uma origem ou a uma essência, metafísica ou teológica, do corpo humano. O corpo do ator permanece um mistério: lugar público ou jardim secreto?

Há numerosos corpos, ou melhor, numerosas maneiras de concebê-lo e de falar dele. Em todas as artes, no conjunto das ciências humanas, o corpo é uma aposta de saber e de poder. A fenomenologia nos ajuda a compreender como se encarnam no corpo humano identidades, propriedades físicas e espirituais, concretas e abstratas. A performance, a arte corporal (*body art*•) e a encenação dos últimos vinte anos coloca o corpo no centro de uma reflexão antropológica renovada pelos *performance studies*• e pela observação do corpo humano em situações e performances culturais as mais diversas. Deriva daí uma nova maneira de teorizar, de "decupar" o corpo, de distinguir as artes corporais segundo as exigências da prática e da análise da performance contemporânea.

1. QUE CORPO?

O ser humano, aponta Roland Barthes[1], possui vários corpos, dos quais se ocupam, cada um a seu modo, numerosos especialistas. No teatro, localizamos esses corpos ainda mais porque parecem concentrados e exibidos para o nosso olhar único.

O *corpo fisiológico*: inclui o corpo biológico e o corpo anatômico. O espectador não tem acesso ao segundo senão através da apresentação que aí se faz. Excetuado o mimo corporal de um Decroux ou de seus discípulos (como Claire Heggen, Yves Marc), o teatro não focaliza as leis da anatomia e do movimento.

O *corpo etnológico*: os antropólogos e os etnólogos descrevem as raças, as técnicas do corpo• (Mauss) específicas para as diferentes culturas, mesmo se as diferenças tendem a se esfumar com a globalização e o impacto das mídias sobre os comportamentos.

O *corpo religioso*: a influência de práticas e de interditos religiosos se faz sentir nos ritos e cerimônias.

O *corpo sexuado*: o sexo/gênero (o *gender*) é marcado por diferenças culturalmente codificadas. Tanto unissex quanto bastante diferenciado, o corpo sexuado atua com todas as ambiguidades. Oscila entre o implícito erótico e o explícito pornográfico[2].

O *corpo estético*: uma vez que é apresentado, até mesmo representado, por um ator auxiliado por todos os colaboradores que contribuem com a criação de sua aparência, o corpo em cena responde a critérios estéticos. A maneira segundo a qual ele está vestido, iluminado, mostrado-escondido, acompanhado de sons e de música etc., revela intervenções culturais, elas próprias retrabalhadas segundo escolhas estéticas. Sobre uma cena, o corpo está sempre "em efígie", como uma reprodução do corpo em imagem.

O *corpo deficiente*: mais ainda sobre uma cena do que na realidade, a mutilação pode chocar o espectador, obrigá-lo a rever suas ideias sobre a normalidade, o são e o patológico. Certos artistas, como Pippo Delbono, Romeo Castelluci, o Teatro do Cristal, insistem em não excluir os deficientes de nosso horizonte social ou cênico, em não diluir a deficiência na ficção e na ilusão.

O *corpo do performer*: pretende não se oferecer como espetáculo e não representar nada além dele mesmo. Mas, além das categorias logo acima, o performer deve suportar nosso olhar: nós o transformamos em um ator, até mesmo em uma personagem, ainda que seja uma personagem interpretando um performer.

2. MOVIMENTO EM DIREÇÃO À FENOMENOLOGIA

Ao encarnar simultânea ou alternadamente essas identidades corporais múltiplas, o ser humano, e *a fortiori* o ator, constroem seu corpo, ou mais precisamente, são construídos por ele. Ora "o corpo", nos diz a fenomenologia, é "*saber incorporado e exprimido* para si e para outrem"[3]. Trata-se para o analista de compreender como todas essas identidades e marcas foram incorporadas (*embodied*) pelo ator, não apenas no espaço de seu corpo, mas no tempo de sua experiência. Para a fenomenologia de Merleau-Ponty, "a fusão da alma e do corpo no ato, a sublimação da experiência biológica em existência pessoal, do mundo natural em mundo cultural, é tornada ao mesmo tempo possível e precária pela estrutura temporal de nossa experiência"[4].

Essa experiência fenomenológica implica tanto o ator como o espectador na sensação de seu próprio corpo (consciência• corporal ou *awareness*), na percepção do movimento no espaço (kinestesia), na tactilidade háptica• da visão.

3. A ANTROPOLOGIA PERFORMATIVA

Desde uns vinte anos precisa-se e se afina uma antropologia do ator. Esta beneficiou-se com uma expansão sem precedentes dos *gender* e dos *cultural studies*, assim como da teoria da performatividade•. Graças a essas disciplinas, o corpo é substituído e julgado na cultura e interculturalidade ambientes. As diferentes identidades do corpo (sexual, social, política, étnica, nacional, comunitária, profissional etc.) fornecem os principais parâmetros de sua análise. O teatro é um laboratório excepcional para observar as interações de identidades, sua neutralização, seu apagamento ou sua aparição (como em Guillermo Gómez-Peña ou Anne Bogart). Quanto à performatividade•, ela se tornou o quadro teórico para seguir a maneira segundo a qual o ator *performa*, isto é, joga, encarna e desdobra os diferentes papéis de uma pessoa na sociedade e *a fortiori* em uma representação artística.

O estudo do corpo nas práticas teatrais e performativas se distanciou de uma análise semiológica do gestual° ou de um deciframento sociológico de um *gestus*° de tipo brechtiano. Esqueceram um pouco a historicidade do corpo humano, ao passo que Baudelaire já nos advertia: "cada época tem seu porto, seu olhar e seu sorrir"[5]. A antiga análise era fundada na recuperação de signos pertinentes e índices sociocorporais. Uma vez que o corpo não se reduz a um conjunto estruturado de signos, mas que ele se afirme, ao contrário, como um produtor de intensidade e de energia sem unidades identificáveis, a análise se concentra sobre os procedimentos de intensificação• e de estilização, sobre os afetos• e seu impacto sobre o espectador.

4. UM NOVO "DECUPE" DO CORPO?

Essas mudanças metodológicas têm repercussões sobre a maneira segundo a qual nós encaramos, analisamos, em suma, "decupamos" o corpo humano.

Mas de que ponto de vista decupar? Privilegiando quais aspectos, quais partes, que unidades dele? A análise do gesto, sua decupagem em unidades mínimas como nos anos 1960, não daria grande resultado aplicada à performance de pendurar o corpo, de Stellarc, ou à operação de cirurgia estética do rosto, de Orlan. A decifração de mímicas faciais ou de gestos paraverbais segundo a ciência da comunicação verbal não teria mais quase nenhum sentido para performances tão distanciadas da psicologia e da troca verbal.

Ao contrário, o sistema de olhares, como metáfora da intersubjetividade, nos ajuda a melhor acompanhar as interações humanas. O rosto humano, esse "rosto do outro homem" (Lévinas), essa encarnação• do encontro com o outro, não tem nenhuma necessidade de uma análise científica em *kinemas*!

5. CORPO REPRESENTADO, CORPO REAL, CORPO DESFIGURADO: AS RAZÕES DO CORPO

A "inteligência do corpo", nos diz o filósofo André Simha, é, ao mesmo tempo, "a compreensão intuitiva de seu próprio corpo" e a "integração pelo próprio corpo de esquemas de ação e de movimentos que contribuem para o êxito da ação"[6]. Essa inteligência vale tanto para o espectador quanto para o ator, cujo corpo integra vários sistemas de signos e de identidades. Esse corpo se apresenta às vezes: 1. Como o corpo real de um performer, que não desempenha nenhum papel; 2. Como o corpo representado de um ator, o qual imita uma personagem; 3. Ou ainda, por fim, como um corpo desfigurado, que não é mais aquele de uma pessoa, todavia não é mais que um material, uma coisa entregue a todas as experiências (assim é o corpo do dançarino de Butô). Nos dois primeiros casos, a inteligência do corpo é o reconhecimento da razão e de "razões do corpo" (suas motivações): "o reconhecimento de *razões* do corpo (o conjunto de suas necessidades, desejos, paixões) não tem sentido senão para se inscrever em um projeto ético" (p. 208). No terceiro caso, o corpo desfigurado não pode mais se constituir em tema, seja porque a desfiguração• seria mortal, seja porque o outro (o espectador, neste caso) não chega (ou ainda não?) a se situar em uma perspectiva pós-humana, num universo em que o corpo, mesmo permanecendo matéria, contribuiria certamente para construir um objeto estético. O projeto ético vale para o homem comum, mas se aplicaria ao corpo na arte? É sempre possível mostrar corpos desfigurados, puramente materiais, ferindo nosso senso ético de integridade da pessoa humana. É, apesar disso, coisa habitual na fotografia de reportagem de guerra, nas artes plásticas e na *body art*•. A tradição humanista, mimética e moral do teatro é, portanto, muito reticente a essa desumanização, a menos justamente que esta seja uma construção ficcional e que ela contribua, através de um efeito de choque, para nos abrir os olhos sobre nosso mundo abertamente desumanizado.

6. OS LIMITES DO CORPO DO ATOR

O ator contemporâneo testa nossos limites (o que nós podemos suportar ao olhar) e os deles. Do mesmo modo, o corpo humano é em parte substituível, o ator, ele próprio, parece dispor de vários corpos, como se o corpo utilizado no momento não fosse mais que um pneu sobressalente, o essencial permanecendo o motor, isto é, o cérebro, ao menos aquele do encenador. Sabe-se que o ator de cinema não se vê mais tanto como o responsável de seu corpo e de sua imagem, visto que a câmera e o computador podem fazer o que eles quiserem e até substituí-los completamente. O ator pós-psicológico, pós-humano, não tem mais que trabalhar suas emoções mobilizando-as e produzindo-as. Atualmente, ele está encarregado de investir seu corpo, sua imagem, suas identidades (sexual, racial etc.) em função da demanda da cena ou do cinema. Seu projeto corporal não consiste apenas em ganhar quilos ou em mudar de penteado, mas em incorporar valores, marcas sociais, identidades, para encontrar o *habitus*• que lhes representa melhor.

A noção de incorporação (para: *embodiment*, no sentido de encarnação) está no centro do debate do ator e do mundo exterior (aí incluso sua personagem, se ele tiver uma). Hoje, estamos longe da concepção mistificadora do ator presumido a encarnar uma personagem. A questão é de saber se o ator incorpora seu texto e sua personagem (posição clássica, mas ingênua), ou ainda se o ator incorpora para seu texto, e em qual sentido (posição paradoxal). Este último tipo de ator não se sente obrigado a escolher entre jogar a situação ou ainda jogar o texto. Na tradição declamatória, não psicológica, do jogo, o ator, como nos lembra divertidamente François Regnault, "se sente obrigado a dizer o texto, a dizer o sentido, e o jogo vem em seguida, de modo natural, e em proporção melhor. Porque a incorporação do texto pelo ator não é mais este eu não sei qual moedor de tripas: vocês colocam um porco e sai presunto defumado, como na fábrica de Chicago; é sobretudo o ator que se incorpora ao poema – porque até nova ordem, o teatro é exatamente poesia, não é?"[7]

NOTAS
1. Roland Barthes, Encore le corps [1978], *Critique*, 1982.
2. Rebecca Schneider, *The Explicit Body in Performance*, London: Routledge, 1997.
3. André Simha, Le Corps, ultime raison, em Michel Blay (éd.), *Grand dictionnaire de philosophie*, Paris: Larousse, 2003, p. 207.
4. Maurice Merleau-Ponty, *Phénoménologie de la perception*, Paris: PUF, 1945, p. 100.
5. C. Baudelaire, *Le Peintre de la vie moderne*, *Écrits esthétiques*, Paris: UGE, 1986, p. 372.
6. A. Simha, op. cit., p. 204.
7. F. Regnault, Robert Rimbaud: Portrait de l'acteur em poete, *Théâtre Revue Programme*, n. 3, Centre Dramatique de Reims, 1979, p. 157-158.

Corpo Falante

Fr.: *corps parlant*; Ingl.: *speaking body*; Al.: *sprechender Körper*.

Esta noção não deve ser confundida com aquela de corpo eloquente, ou corpo cuja retórica é claramente legível.

Pierre Voltz denomina *corpo falante* aquilo que transporta a voz, o que está "atrás da 'voz falada' (expressão passiva, designando o produto), é preciso remontar à realidade ativa do corpo falante"[1]. O corpo falante, quer a voz seja cantada ou falada, tem consciência de seus "suportes físicos e mentais" (p. 77). Ver: Verbo-corpo•.

NOTA
1   *Théâtre/Public*, n. 142-143, jui. 1998, p. 74.

Crioulização

Fr.: *créolisation*; Ingl.: *creolization*; Al.: *Kreolisierung*.

Crioulização é em sua origem um termo da linguística. Há um processo de crioulização quando duas ou mais línguas em contato se misturam, contribuindo com numerosas mudanças lexicais, fonológicas, sintáticas e finalmente semânticas para a língua de partida, a qual torna-se pouco a pouco uma língua nova. Por extensão, o conceito de crioulização, na teoria da cultura, designa a transformação que afeta diferentes culturas em contato. A literatura, o teatro e as artes recorrem à crioulização, geralmente com uma intenção paródica e subversiva em direção à cultura do atual ou do antigo colonizador.

A noção de crioulidade vem de um estudo de escritores antilhanos (Raphaël Confiant, Patrick Chamoiseau, Jean Bernabé), cujo ensaio publicado em 1989, *Éloge de la créolité* (Elogio da Crioulidade), coloca essa noção em relação à de negritude de Aimé Césaire e Léopold Senghor. Essa referência à negritude é criticada pela nova geração, a qual reprova à antiga de se situar ainda em um binarismo essencialista herdado do colonialismo, do qual não está isenta a negritude.

Para a nova geração de escritores antilhanos, à qual se junta Edouard Glissant, a crioulização é um processo de identidades em evolução perpétua. Ela se opõe à globalização, que homogeneíza, empobrece as línguas e as culturas. Segundo Glissant, a poesia, o romance e o teatro se crioulizam desde que a escritura ou a representação teatral emprestem de diferentes culturas – notadamente da cultura indígena – por muito tempo amordaçadas pelo colonizador. A linguagem e a cultura saem daí enriquecidas, tomadas em um "todo-mundo" (Glissant) que se extrai do "caos mundo". À identidade concebida como raiz profunda, concepção que vai do classicismo à modernidade, Glissant opõe uma identidade rizomática e nômade (Deleuze). À mundialização como uniformização por baixo, ele opõe a mundialidade, que respeita a diversidade de culturas. No teatro, a diversidade é aquela do repertório, mas também aquela das práticas cênicas e performativas. A massificação da cultura induz sempre a uma estandardização de formas e de tipos de jogo.

Constata-se, na mesma ocasião, que essas pesquisas interculturais de procedimentos de crioulização estão nas antípodas da estandardização do teatro globalizado, o que confirma a ideia de Glissant segundo a qual a crioulização é uma luta contra a globalização do mundo e das linguagens e, portanto, que uma identidade não poderia ser ao mesmo tempo crioulizada e globalizada.

Cultural Performance

Fr.: *performance culturelle*; Al.: *kulturelle Aufführung*.

O termo foi forjado por Milton Singer[1], que fala de "instância de organização cultural" a propósito de cerimônias, casamentos, danças, rituais etc. A *cultural performance* tornou-se uma noção chave dos *Performance Studies*•, visto que ela engloba todos os tipos de espetáculos, mas também de representações, de atividades humanas ligadas, de unidades tendo "um espaço temporal exatamente delimitado, um começo e um fim, um programa organizado de atividade, um conjunto de performers, um público, um lugar e uma ocasião de espetáculo"[2].

Richard Bauman dá uma definição completa, na tradição de Singer, retomada por Turner e por Schechner: "Em termos antropológicos, chama-se geralmente *cultural performance* os acontecimentos previstos, limitados, programados, participatórios nos quais os símbolos e os valores de uma sociedade – como o ritual, o festival, o espetáculo, o teatro, o concerto – são encarnados e encenados diante de um público"[3]. Poderíamos acrescentar uma longa lista de outros *cultural performances*: desfiles, festas, combates, iniciações, ritos funerários, casamentos etc.

O teatro e as artes do espetáculo são, portanto, apenas uma parte bastante reduzida das *cultural performances*. Elas se distinguem pela visada estética que lhes é comum: foram inventadas para suscitar no espectador-observador um sentimento de beleza ou de feiura, de harmonia ou de desequilíbrio, de cômico ou de trágico etc. Ao contrário, um ritual, uma cerimônia não têm como ser estéticas (a visar o belo), mas a ser eficazes, isto é, a completar, performar, uma ação que não é ficcional, mas real.

A questão é saber segundo quais métodos analisar todas essas *cultural performances*. Parece fora de questão aplicar-lhes indistintamente o mesmo método de análise. A dificuldade é de mensurar sua carga social examinando-lhe como esses acontecimentos culturais e espetaculares são encarnados no corpo, nos afetos e nos "sentimentos" de performers. Shepherd e Wallis[4] indicam, de modo pertinente, a ligação da *cultural performance* com a noção de *structure of feeling* de Raymond Williams. Este último estabelece uma relação entre, de um lado, a estrutura de nossa experiência e de nossas emoções e, de outro, os objetos culturais, definidos "não como proposições ou técnicas", mas como "sentimentos encarnados, que lhes são associados"[5]. Nesse sentido, a estrutura do sentimento "é acessível aos outros não por uma discussão formal ou por uma técnica profissional, em si mesma, mas por uma experiência direta – uma forma e uma significação, um sentimento e um ritmo – na obra de arte, na peça em seu conjunto" (p. 10).

NOTAS
1. Milton Singer, *Traditional India: Struture and Change*, Philadelphia: The American Folklore Society, 1959.
2. Idem, *When a Great Nation Modernizes: an Anthropological Approach to Indian Civilization*, London: Pall Mall, 1972. Citado por Simon Shepherd; Mick Wallis, *Drama/Theatre/Performance*, London: Routledge, 2004, p. 130. Ver, dos mesmos autores, a apresentação dessa noção e dos *Performance Studies*, p. 116-133.
3. Richard Bauman, Performance, em David Herman et al. (eds.), *Routledge Encyclopedia of Narrative Theory*, p. 420.
4. S. Shepherd; M. Wallis, op. cit., p. 130-133.
5. Raymond Williams, *Drama from Ibsen to Brecht (1952-1968)*, Harmondsworth: Pelican, 1973, p. 10.

Curador de Exposição

Fr.: *commissaire d'exposition*; Ingl.: *curator*; Al.: *Kurator*.

A função de comissário de exposições (curador), emprestada das artes plásticas e da museologia, é cada vez mais utilizada e adaptada para designar o papel mutável, processual, organizador, comentador do encenador cuja função mudou consideravelmente desde os anos 1990. A partir desse momento, é muito mais importante o processo, a preparação e a reflexão preliminar do que o produto final, o acabamento, a análise descritiva. O principal é, portanto, a experiência estética do espectador, muito mais do que a consistência e a legibilidade da obra.

A tarefa do curador junta-se à do encenador. O curador não se limita à organização material da exposição: ele envolve artistas, figurantes, cenógrafos como faria um encenador de teatro ou de espetáculos. Essa convergência de funções dá o que pensar, tanto na perspectiva da evolução da museologia quanto naquela da encenação desde a virada do milênio. As diferenças entre os dois ofícios são evidentes. É preferível, portanto, insistir em suas convergências recentes.

O curador reúne obras, mas, sobretudo, ele as enquadra, faz com que entrem em um certo quadro, espacial, mas igualmente intelectual. Ao pendurar as obras de artes plásticas, escolhe o que deseja pôr em destaque, sugere um modo de interpretação. O encenador procede de maneira semelhante. Ele realiza uma montagem de elementos, de cenas, de gestos etc.: tantos momentos e quadros em que o sentido "coagula", em que as cenas, enganchadas umas às outras, alcançam toda sua significação. O curador como o encenador antecipa a maneira segundo a qual o visitante do museu ou do teatro inclui ou exclui aspectos da obra. A exposição fabrica sentido em função do futuro público. A encenação fabrica relações entre os elementos da cena, entre os atores, coloca em andamento uma dramaturgia, uma estratégia dos materiais e dos signos.

Desde os anos 1980, as exposições se aprazem em justapor artistas ou obras bem diversas, sugerindo, aos visitantes, afinidades que eles se veem coagidos a aceitar, caso queiram dar coerência à coexistência espaço-temporal que lhes é imposta. A intertextualidade, a relação interartística, o hibridismo• reinam como mestras; tornam-se às vezes um fim em si. O teatro conhece uma semelhante descompartimentação dos gêneros, dos estilos, das práticas artísticas, que lhe compõem. Os grandes museus propõem aos turistas ou aos novatos um percurso acelerado, eles se incitam em um consumo imediato, simplificado e normatizado das obras, eles dirigem os passos, os pensamentos e a consciência dos visitantes. Os teatros comerciais, as grandes fábricas de clássicos, não procedem de modo diferente: o espectador é convidado a um percurso indicado por setas, ao mesmo tempo simplista e imposto. Enquadramentos e desenquadramentos foram efetuados em seu lugar, antecipadamente. No museu como no teatro, o consumidor não tem mais quase tempo de opor a essa corrida desenfreada a menor reflexão, nem de aplicar a menor teoria explicativa que tome tempo e seja lenta: as teorias estão aí, por certo, inumeráveis, popularizadas, "explicadas às crianças", mas a reflexão de conjunto não encontra mais seu lugar, nem seu ritmo.

Cut up

Técnica de escritura inventada por Brion Gysin e William Burroughs, escritores norte-americanos dos anos 1960, que consistia em decupar um texto em fragmentos, antes de recompô-lo em um novo texto, acrescentando-lhe eventualmente alguns fragmentos e citações de textos de diversos autores. (desvio•)

Essa maneira de recompor os textos é utilizada às vezes para fazer um *assemblage* dramatúrgico ou uma montagem cênica (*zapping*•). Assim procede Olivier Cadiot em *Un Mage en été* (Um Mago no Verão, 2010): ele mixa várias línguas e reúne diversos materiais segundo um ritmo que adquire, assim, mais importância que uma eventual compreensão da peça.

Descentramento

Fr.: *décentrement*; Ingl.: *decentering*; Al.: *Dezentrierung*.

1. DESCENTRAMENTO DO TEXTO OU DA ENCENAÇÃO

Na filosofia de Derrida, o centro é uma metáfora para a origem fixa, o ponto de partida do texto: tantas noções que se trata de criticar, de desconstruir, para sugerir que o texto não tem origem fixa e que seria melhor concebê-lo como uma rede sem origem nem final, sem profundidade nem sentido oculto. Aplicado ao texto dramático, isso significa que o texto não poderia ser interpretado e representado como se o sentido original do autor tivesse sido descoberto, mas antes como uma rede de significações cuja responsabilidade incumbe ao espectador. Durante muito tempo concebeu-se o texto literário ou dramático como centrado, tendendo em sua escritura assim como em sua leitura para uma significação central. O aparecimento da *mise en scène* coincidiu com a busca de um centro que o encenador tinha por missão referenciar e depois figurar.

Mas a encenação descentra tão fácil e "naturalmente" o texto dramático ou os componentes cênicos, quanto ensaia com eles diversas opções, diferentes tomadas de posições que a cena se encarrega de testar. Achando-se assim "des-autor-izada" (desprovida de autor, de autoridade e, portanto, de altitude), o texto e, depois, na etapa seguinte, a encenação, se veem descentrados. A *mise en scène*, suposta e originalmente centrada na figura de um artista que coordena todos os signos, é descentrada quando não é mais construída em função de uma significação estável e identificável, quando perdeu toda hegemonia e toda autoridade filosófica, política e artística.

2. DESCENTRAMENTO DO ATOR

Enquanto na dramaturgia e no jogo da atuação clássicos ou naturalistas o ator deve acima de tudo esforçar-se para "recentrar-se", para encontrar uma união harmoniosa entre o corpo e o espírito, na performance contemporânea, pós-moderna ou pós-dramática•, o ator, ao contrário, não procura mais essa união, aliás impossível; ele prefere dissociar a palavra e o jogo de atuação, como que para melhor demonstrar a autonomia de cada um e sua identidade distinta. Encenadores como Anne Bogart, C. Marthaler, Elizabeth LeCompte e seus atores do Wooster Group, autores-teóricos como David Mamet (*True and False* [Verdadeiro e Falso], 1997) insistem no desengate da palavra ou do gesto com respeito à ação verbal que deve, considera-se, surgir da personagem. Trata-se bem mais do que de um simples efeito de estranhamento ou de alienação.

3. DESCENTRAMENTO DO ESPECTADOR•

Pouco a pouco, o espectador• da performance contemporânea distancia-se de sua antiga obsessão pela harmonia, pela perspectiva central, pela estrutura coerente, pelo centro estável. Ele aceita deixar-se levar por uma estética do desregramento, das margens, da liminaridade•. Sua perspectiva se inverte, à imagem da do antropólogo que adota por um momento a perspectiva do outro. Seu olhar descentrado, e mesmo invertido, conduziu por vezes certos teóricos a fazer do espectador• o principal autor do espetáculo: inversão mais do que descentramento ou desvio•.

Desconstrução

Fr.: *déconstruction*; Ingl.: *deconstruction*; Al.: *Dekonstruktion*.

Termo filosófico de Jacques Derrida (1930-2004). O sentido de um texto é aberto, contraditório, sempre relativo, jamais estável e definitivo. É preciso, portanto, procurar as ambiguidades, as contradições, sem se preocupar unicamente com as intenções do autor, o que conduz a sentidos "suplementares". A desconstrução é um processo que consiste em desfazer o sistema hegemônico do texto, por meio de leituras múltiplas e de interpretações mutantes. "Desconstruir é de alguma maneira resistir à tirania do Um, do *Logos*, da metafísica (ocidental) na própria língua em que ela se enuncia, com a ajuda do próprio material que é deslocado, que é mexido para fins de reconstruções mutantes."[1]

O termo desconstrução é, com frequência, empregado pelos críticos de teatro de maneira superficial e negativa para fustigar os supostos excessos da *mise en scène*. A noção, no entanto, é bem útil, pois o ator ou o encenador questionam necessariamente a "verdade", a origem e a construção do texto ou do espetáculo.

A desconstrução não é um estilo, um movimento literário ou teatral, pós-moderno ou outro qualquer, mas é uma técnica filosófica aplicável à criação e à análise teatrais, as dos textos assim como as das encenações.

1. CRISE DA REPRESENTAÇÃO E "DESTINERRÂNCIA"

Desconstruir é em primeiro lugar quebrar a "clausura da representação" (Derrida), é abrir o texto dramático e a encenação para uma estrutura que não os limite, mas que revele, ao contrário, sua construção. É notadamente identificar a fragmentação, as dissonâncias, o descentramento• da representação. Trata-se de discernir como o texto ou o espetáculo são ao mesmo tempo uma construção coerente e um conjunto disperso de signos não hierarquizados, pois, como reconhece Derrida, a desconstrução foi inventada no "momento em que o estruturalismo era dominante; pensou-se a desconstrução como um gesto estruturalista e antiestruturalista ao mesmo tempo"[2]. Dividido entre ordem e desordem, estrutura e evento, a desconstrução é presa de uma *destinerrância*, pois ela é "aquilo que chega", "aquilo que não se sabe se chegará à destinação etc."[3] O que resulta daí para o teatro, se as noções derridianas são utilizadas para interpretar a maneira como o texto ou a cena são produzidos e recebidos pelos criadores do espetáculo e pelos espectadores?

2. O OBJETO DA DESCONSTRUÇÃO TEATRAL

O que se pode desconstruir no teatro? Em suma, muitas coisas! Por exemplo: *os diferentes estilos de jogo de atuação, as mídias, os componentes da representação*: a desconstrução se aproxima do distanciamento°, brechtiano ou não, o qual opõe e relativiza os elementos do espetáculo. Reencontra-se aí a vontade de não fazer convergir os signos em um sistema ou em uma síntese, de não reduzir o espetáculo a um ponto de vista sistemático e central. Muitas vezes a *mise en scène* propõe a desconstrução recíproca dos diferentes estilos de jogo de atuação ou de mídias, tal qual uma re-*mediação*• às avessas (Mídias).

A dramaturgia, e especialmente a personagem: na criação pós-moderna ou pós-dramática, o ator indica como a construção ou a personagem são constituídas de traços combináveis e desmontáveis (como é o caso no *Hamlet* "desmontado" pelo Wooster Group).

O sentido, a origem, o centro, a leitura final do texto ou da encenação: trata-se de escapar de uma interpretação última, limitada, correta, incontestável, ancorada em um significado indiscutível. A desconstrução remete os artistas assim como os espectadores a possibilidades disseminadas no conjunto do texto ou da cena, pois toda interpretação é uma "desinterpretação" (Paul de Man). A desconstrução não se opõe frontalmente à modernidade (como faz a pós-modernidade com a qual é confundida com demasiada frequência). Assim como a modernidade, a desconstrução gosta mesmo de *critical self-reflection*, uma autorreflexividade crítica.

A oposição ocidental entre texto e espetáculo, espírito e corpo: essa oposição é posta em causa como simples produto de uma tradição metafísica.

3. AS TAREFAS DA DESCONSTRUÇÃO

A desconstrução se interessa por aquilo que as leituras e as interpretações de um texto ou de uma *mise en scène* deixaram até agora de lado, marginalizado ou ignorado. Ela pesquisa tudo o que pode contradizer os métodos unificadores da leitura, como o estruturalismo ou a semiologia. Ela espreita a falha que abrirá o sistema fechado ou a leitura coerente, mas empobrecedora. Ela privilegia as margens, as notas, os arrependimentos ou os erros do dramaturgo, do encenador ou do ator. Ela desconfia dos discursos explícitos do autor, do encenador ou do ator, preferindo a eles o *suplemento* de sentido que a leitura ou a *mise en scène* não deixarão de trazer.

Os ensaios, depois a encenação, constituem uma permanente construção/desconstrução do texto, do jogo do desempenho e do projeto. Eles são o campo de prova do sentido, de sua construção e desconstrução, operações instáveis por natureza, que obrigam a nunca congelar a obra interpretada. A encenação obriga a "re-autor-izar", mas também a "des-autor-izar" o texto dramático ou o conjunto do espetáculo. Ela é por aí uma permanente desconstrução aplicada. Por isso, ela propõe muitas leituras. Não há mais então leituras justas ou falsas, mas leituras fortes ou fracas, mais ou menos atuais e produtivas.

Graças à desconstrução, a teoria se revela útil, e até indispensável, para inventar uma prática do texto ou da cena, prática que nos faz descobrir, em troca, novas teorias e assim chegar a aspectos ainda não identificados desse texto ou dessa encenação.

4. CRÍTICA DA DESCONSTRUÇÃO ABSTRATA

Poder-se-ia legitimamente censurar à desconstrução aplicada ao teatro o fato de ela abstrair a encenação ou a interpretação textual do verdadeiro contexto do empreendimento teatral. Mas após a fase de relativa despolitização dos anos 1970 e 1980, durante os quais a desconstrução se desenvolveu, Derrida parece trazer-lhe, nos anos 1990, certo corretivo (por exemplo, em *Spectres de Max*, 1993; *Force de loi: Le Fondement mystique de l'autorité*, 1994; *Voyous*, 2003). Outras disciplinas (New Historicism), outros domínios (os *performance studies*), assim como gêneros de novo politizados como o teatro documentário (*verbatim*), as ações cidadãs (Schlingensief) ou as intervenções meio reais meio teatrais dos *expertos do cotidiano* do Rimini Protokoll. Em todas essas tentativas, ou na maior parte das experiências contemporâneas, o *método desconstrucionista* conserva sua força de intervenção, a ponto de desafiar as experiências pós-modernas e pós-dramáticas, delas se distanciando expressamente. Recusando a converter-se em um estilo do jogo de atuação, insistindo em permanecer um método teórico e uma prática crítica, a desconstrução se distingue dos espetáculos pós-modernos. Insistindo nas ferramentas e na reflexão filosófica, ela evita as fraquezas teóricas do pós-dramático•.

Patrice Pavis. *La Mise en scène contemporaine: Origines, tendances, perspective*, Paris: Armand Colin, 2007, p. 158-179. (trad. bras.: *A Encenação Contemporânea: Origens, Tendências, Perspectivas*. São Paulo: Perspectiva, 2013, p. 203-230.)

Richard Foreman. *Unbalancing Acts: Foundations for a Theater*. New York: Pantheon, 1992.

Michael van den Heuvel. *Performing Drama/Dramatizing Performance: Alternative Theater and the Dramatic Text*. Ann Arbor: University of Michingan Press, 1991.

Elinor Fuchs. *Death of the Character*. Bloomington: Indiana University Press, 1996.

NOTAS
1 Jacques Derrida; Elisabeth Roudinesco, *De quoi demain... Dialogue*, Paris: Fayard/Galilée, 2001, p. 12.
2 Jacques Derrida, *Points de suspension: entretiens*, Paris: Galilée, 1992, p. 225.
3 J. Derrida; E. Roudinesco, op. cit., p. 12.

Desfiguração

Fr.: *défiguration*; Ingl.: *disfiguration*; Al.: *Entstellung*.

Esse termo deve ser tomado no sentido de uma des-figuração, de uma supressão da figura• humana. No sentido clássico, desfigurar um corpo é tirar-lhe sua forma humana, é o caso do corpo ferido de Hipólito nos célebres versos da *Fedra* de Racine: "Com essa palavra, esse herói expirado / Não deixou em meus braços senão um corpo desfigurado". Essa desfiguração do herói clássico não pode ser mostrada de forma direta, ela deve obrigatoriamente fazer-se objeto de um relato. É somente na dramaturgia e na *mise en scène* do século xx que o rosto ou o corpo poderão ser expostos cruamente à vista.

Por extensão e por metáfora, falar-se-á de desfiguração do texto e da cena, modernos ou pós-modernos, quando estes perdem seu caráter figurativo, representativo, mimético, quando se despedem de seu sentido figurado, oculto, simbólico. Desfigurar um texto ou uma representação é lê-los segundo outras figuras de estilo, é passar da linguagem figurativa à linguagem concreta, reencontrar essa "linguagem concreta da cena" de que falava Artaud. Desfigurar implica ultrapassar ou negar a forma figurada, simbólica do texto ou da cena, para tomá-los *at face value*: em seu valor nominal e no sentido próprio. O ator (como o leitor-espectador) desfigura sempre o texto que interpreta: ele lhe retira seu sentido primeiro e tradicional, escolhe uma determinada leitura de preferência a uma outra, propõe a interpretação que não se esperava, que não se configurava, ou não ainda. Modificando as figuras retóricas e cênicas, ele muda a face do mundo.

Desvio

Fr.: *détournement*; Ingl.: *diverting*;
Al.: *Umwandlung*.

O desvio foi inventado pelo surrealismo, reutilizado pelos situacionistas, adotado pela arte da segunda metade do século xx. É uma maneira de subverter a norma, o sentido, a função de uma obra. Desviar é fazer um desvio, é não atacar de frente, é utilizar a força do adversário contra ele próprio, é reavaliar em seu proveito uma situação desfavorável, é mudar a face do mundo, subverter a obra ou a sociedade com a esperança de influenciá-las, e até de transformá-las.

O desvio situacionista visa escapar de uma ideologia, de uma obra acabada, "vendida" aos sentidos e às normas. Um bom desvio coloca em questão a sociedade do espetáculo, acarreta uma deriva do sentido, um transvio para alhures.

O desvio na arte consiste em dar à obra uma nova significação, contrária amiúde à norma habitual ou aos hábitos culturais. Duchamp *desvia* a Gioconda apondo-lhe um bigode. De maneira mais fina, insidiosa e política, Brecht desvia as tragédias de Shakespeare, adaptando-as às suas necessidades: ele retoma a fábula das peças, guarda o sistema de personagens, mas propõe uma leitura particular – por exemplo, a de *Hamlet*, que consiste em uma análise da ação que "o teatro pode operar tendo absolutamente em conta interesses que são de sua época"[1].

O desvio na arte contemporânea recorre a numerosas técnicas e se exerce nos mais variados domínios. A performance e o teatro se inspiram neles com frequência. A título de exemplos, os seguintes domínios e procedimentos influem notadamente no teatro:

A caricatura: o jogo paródico, exagerado do ator, as teses extremas e os dispositivos cômicos da encenação.

A fotomontagem: as supressões, compressões, interações entre imagens do texto ou da representação, especialmente em sua vertente pós-dramática• e pós-moderna.

O sampling musical e o *cut-up*•: a miscelânea, a superposição de textos sem distinção de origem, de hierarquia, muitas vezes também sem reflexão sobre o resultado e o efeito no espectador.

A recuperação: objetos achados e reciclados, espaços achados (*trouvés*), arte bruta fornecem aos espetáculos todas as espécies de materiais que os distanciam do teatro literário. No sentido figurado, a recuperação é também a ideia de que toda vanguarda, toda experiência inédita é rapidamente integrada, banalizada, normalizada pela estética *mainstream*•. Mesmo a transgressão• é logo ultrapassada e recuperada para outros fins. O teatro do absurdo, que desviava a lógica e desafiava a dramaturgia clássica, foi rapidamente recuperado por uma estética da derrisão.

A intermidialidade: as infinitas relações entre as mídias tomadas em diversos momentos, sua rápida evolução e transformação em novas mídias (remidiação•) correspondem à mesma hibridez• interartística e intercultural.

A publicidade penetra a arte contemporânea (*design*, foto, evento cultural): o teatro pena para desviar seus efeitos, pois não dispõe do mesmo orçamento e da mesma experiência empresarial. Somente a paródia e a desconstrução da ideologia publicitária conseguem encontrar uma riposta que não seja pelo mesmo golpe uma autodestruição da arte.

Hoje, o desvio, a recuperação, a subversão ou a transgressão tornaram-se a regra, e até a norma: um efeito estilístico de estranheza, um signo de reconhecimento, uma maneira de dizer "desconfiem!", de chocar ou de provocar sem verdadeiramente fazer evoluir as coisas, e ainda menos mudá-las.

NOTA
1 Bertolt Brecht. Petit Organon pour le théâtre, § 68, *Écrits sur le théâtre*, Paris: Gallimard, 2000, p. 380.

Diferança – Diferença

Fr.: *différance*; Ingl.: *deferral*; Al.: *Differenz*.

> Termo criado por Jacques Derrida. O fato de diferir, de remeter para mais tarde o estabelecimento do sentido de um texto, até que pareça que não se pode atingir um sentido original ou definitivo e, portanto, que o texto é indecidível[1].

Assim procede o autor dramático, ciente de que seu texto não está acabado nem é acabável e de que ele não adquirirá sentido (provisório) senão na leitura ou na encenação. Essa *mise en scène* é ela mesma apenas uma leitura provisória e incompleta, submetida também a uma diferença, a uma destinerrância, "a possibilidade para um gesto de não chegar à destinação, [...] a condição do movimento do desejo que de outro modo morreria de antemão"[2].

NOTAS
1 Patrice Pavis, La Déconstruction de la mise en scène postmoderne, *La Mise en scène contemporaine: Origenes, tendances, perspectives*, Paris: Armand Colin, 2010, p. 164-183. (Trad. bras.: A Desconstrução da Encenação Pós-Moderna, *A Encenação Contemporânea: Origens, Tendências, Perspectivas*, São Paulo: Perspectiva, 2013, p. 203-230.)
2 Jacques Derrida, *Sur Parole: Instantanés philosophiques*, Paris: Éditions de l'Aube, 1999, p. 53.

Dispositivo

Fr.: *dispositif*; Ingl.: *apparatus*; Al.: *Disposition*.

> Se nos autorizarmos a tomar de empréstimo o sentido, e até a imagem, do dispositivo como indicador da maneira pela qual o teatro nos controla mais do que nós o controlamos, se evocarmos uma breve história dessa noção desde os inícios de um pensamento global sobre a *mise en scène* no fim do século XIX até as experiências declaradas pós-modernas• e/ou pós-dramáticas• no último terço do século precedente e até o movimento de revolta desde os anos 2000, dar-nos-emos talvez a oportunidade de entender como essa noção vazia se encarna, se enche e depois se esvazia de novo, à imagem do que se passa com o sujeito e sua dessubjetivação.

O dispositivo é em primeiro lugar um *dispositivo cênico*. No começo do século XX, quando a encenação se torna um sistema global, um encenador cenógrafo como Adolphe Appia descrevia o dispositivo como uma "disposição geral da cena"[1]. O dispositivo é uma máquina para jogar (representar), pois "diante de um dispositivo que faz corpo com o drama, que não é um cenário anedótico, mas um instrumento de trabalho, nossa atenção fica presa" (p. 65). O termo dispositivo permaneceu o termo técnico para descrever ao mesmo tempo a forma da cena e a maneira como ela organiza o espaço segundo suas necessidades. Para os pioneiros da *mise en scène* como Appia ou Copeau, o dispositivo depende da peça representada. No programa das *Fourberies de Scapin*, de Molière, Jacques Copeau indica de fato toda a diferença entre a cenografia e o dispositivo: "Nós nos esforçamos, insiste ele, em não criar nenhum dispositivo de cena, se não for sob a pressão do próprio drama, por obediência a necessidades dramáticas profundamente sentidas."[2] Assim, o dispositivo tal como o concebia então a gente do teatro, era uma coisa concreta oriunda da ideia dramática.

O dispositivo psíquico, tal como imaginado por Freud, não se afasta verdadeiramente da metáfora teatral, visto que esta lhe serve para designar o aparelho psíquico como uma cena na qual evoluem as instâncias do consciente, inconsciente e pré-consciente. A teoria do cinema esforçou-se, por seu turno, partir ela também do dispositivo psíquico, do aparelho de base (Baudry) como de uma organização material do espectador, imóvel, colocado diante de uma tela em uma sala escura, na posição de um sujeito onisciente que percebe e compreende tudo, que se identifica com a imagem, sem estar consciente do aparelho fílmico, tornando-se assim, ele próprio, um efeito da enunciação fílmica[3].

Muitos filósofos esforçaram-se para mostrar como a arte retoma e aumenta esse dispositivo psíquico. Assim, para Lyotard, os *dispositivos pulsionais* produzem afetos, não de signos e de significações, porém de intensidades• que queimam as etapas, emprestam circuitos em que a estrutura e o signo não reinam mais, porém a disposição e a disponibilidade de fazer circular uma energia, seja ela cromática, gestual ou vocal, e sempre pulsional.

A obra de arte torna-se uma instalação que vale por seus componentes e sua organização espacial mais do que por sua essência, sua substância ou sua coerência. Segundo Daphné Le Sergent, a obra veio a ser instalação tornando-se ela mesma um dispositivo, o qual mistura o material e o conceitual: "É mais questão de um simples objeto realizado por um artista do que um agenciamento de fragmentos do real em que se atam e desatam o indivíduo, o político, o econômico e o social, tudo junto."; "Instalar se faz *in situ*, em um espaço físico com as características então exaltadas. Dispor é deixar outrem reunir junto o material e o imaterial."[4]

Se se prossegue nesse processo de abstração, de assemblagem• no sentido de um agenciamento• teórico e prático, conceitual e empírico, chega-se à *mise en scène* em seu sentido clássico (o de Appia ou de Coupeau) e, *a fortiori*, à encenação contemporânea: descentrada, "dessubjetivada", assistemática. Com isso chega-se então às teorizações dos filósofos do fim do século XX, a começar por Foucault, que parece ser um dos primeiros a invocá-las, como mostra muito bem Giorgio Agamben[5]: "o que eu tento referenciar", nos diz Foucault, "é um conjunto resolutamente heterogêneo que comporta discursos, instituições, planejamentos arquiteturais, decisões regulamentares, leis, medidas administrativas, enunciados científicos, proposições filosóficas, morais, filantrópicas: em suma, do dito tanto quanto do não dito..."[6]

Prolongando a intuição de Foucault, Agamben converte o dispositivo em um mecanismo de controle a respeito do qual lhe é fácil mostrar o quanto ele aprisiona os indivíduos, não só em prisões, mas em todas as espécies de instituições e de objetos, desde a escola, a lei, a filosofia, até o cigarro, os computadores, os telefones portáteis: "Eu chamo de dispositivo tudo o que tem de uma maneira ou de outra a capacidade de capturar, orientar, determinar, interceptar, modelar, controlar e assegurar os gestos, as condutas, as opiniões e os discursos dos seres vivos."[7] Trata-se então, para se defender desse domínio total do dispositivo sobre os indivíduos, de dessacralizar, de profanar os dispositivos e, portanto, de proceder à "restituição ao uso comum daquilo que foi apreendido e separado neles" (p. 50).

Aplicado à prática contemporânea do teatro, tanto em sua fabricação como em sua recepção, isso redunda em formar dispositivos para imediatamente dessacralizá-los: concretamente, no teatro, em reunir materiais, hipóteses de leitura, a fim de produzir uma obra por combinatória e hibridez dos elementos, antes de desconstruí-la estabelecendo os momentos em que ela se sacraliza, em que ela se simplifica e se deixa consumir demasiado facilmente.

No caso da escritura dramática contemporânea, o dispositivo é também aquilo que dá sentido ao texto-material, que não é mais concebido somente como uma quantidade desprezível de que se pode dispor à vontade, mas como uma textualidade que vai retomar ou tomar um sentido tão logo ela seja posta em tensão com um dispositivo considerado como mais do que uma encenação. Segundo o autor dramático Joseph Danan, o dispositivo da encenação tornou caduca a distinção entre a peça e o material, pois o escritor e o "criador cênico" (e, portanto, simplesmente, o encenador demiurgo) não estarão mais separados radicalmente: "Talvez isso acabe por esfumar, e até tornar caduca, a distinção entre peça de teatro e texto-material, encontrando-se este último desde então inscrito em um dispositivo, uma polifonia cênica que o dramatiza, inventando novas formas de dramaticidade de que o texto não seria mais o único detentor."[8]

O artista, assim como o espectador, é um sujeito instável, subjetivando-se e dessubjetivando-se sem cessar. Os dispositivos não poderiam dispor de si mesmos, eles estão presos nessa pulsação do sentido e do não sentido, nesse "ingovernável que é ao mesmo tempo o ponto de origem e o ponto de fuga de toda política" (Agamben, p. 50), e – gostaríamos de acrescentar – de toda estética e de toda fruição estética.

NOTAS
1 *Théâtre populaire*, n. 5, jan.-fev. 1954, p. 39.
2 Jacques Coupeau, *Mise en scène des Fourberies de Scapin*, Paris: Seuil, 1950, p. 151.
3 Jean-Louis Baudry, *L'Effet-cinéma*, Paris: Albatros, 1978.
4 Daphné Le Sergent, Question de dispositive, *Area*, n. 14, p. 32.
5 Giorgio Agamben, *Qu'est ce qu'un dispositive?*, Paris: Payot, 2007.
6 Michel Foucault, *Dits et écrits: 1954-1988*, v. III, Paris: Gallimard, 1994, p. 299, citado por G. Agamben, op. cit., p. 8-9.
7 Agamben, op. cit., p. 31.
8 Joseph Danan, *Entre théâtre et perfomance: La Question du texte*, Paris: Actes-Sud Papiers, 2013, p. 80.

Disseminação

Fr.: *dissémination*; Ingl.: *dissemination*; Al.: *Dissemination*.

Termo de Jacques Derrida (*La Dissémination*, 1972). A impossibilidade de localizar e de reificar o sentido no texto ou na obra de arte, e isto, apesar de nossa necessidade de coerência, nossa busca de um centro ou de uma origem. A significação do texto não reside em uma relação fixa entre significante e significado. Há um jogo constante dos signos entre significação e desconstrução• da significação.

Aplicado ao teatro, o conceito derridiano de disseminação estaria ligado à possibilidade de dispersar o sentido do texto dramático ou da cena em um campo aberto de materiais ou de estruturas, especialmente desierarquizando os materiais empregados. A significação não reside no centro do texto, ela está disseminada ao longo da performance•, em seu espaçamento•, sua desconstrução, quaisquer que sejam os contextos e os percursos de leitura.

Todo texto projetado no espaço-tempo da representação é disseminado. Qualquer representação é também disseminada, pois ela se abre a uma infinidade de leituras, as dos autores coletivos da encenação tanto quanto as dos espectadores. Nos dois casos, a interpretação não se faz mais comparando significantes e significados, espaço e tempo, deslocamento e retardamento, forma e conteúdo, mas avaliando o desvio entre eles, a maneira pela qual um remete ao outro e o regenera.

Certas performances ou produções (T. Kantor, C. Marthaler, F. Tanguy, E. LeCompte) rejeitam a linearidade dos encadeamentos e dispersam motivos e materiais (significantes e significados) conforme princípios dramatúrgicos que não aparecerão senão mais tarde e que são em parte da alçada da atenção e da percepção de cada espectador. O importante não é aquilo que este vê, mas como ele o vê e que lógica ele crê reconhecer na disseminação.

No sentido clássico de dispersão da obra de arte em diferentes contextos de recepção, a disseminação desemboca em um processo de constante reinterpretação. A perspectiva da disseminação de uma mídia em outras mídias (intermidialidade°) leva a interrogar-se sobre o efeito produzido pela obra• sobre os espectadores e a sociedade na acepção ampla.

Divertimento

Fr.: *divertissement*; Ingl.: *entertainment*; Al.: *Unterhaltung*.

O divertimento, a distração, o prazer, é o que se considera que o teatro, a arte performáticae o cinema, mais ainda do que as artes plásticas, proporcionam ao espectador•. É por isso que esse espectador• está pronto a pagar a fim de ser "divertido", portanto afastado por algum tempo de suas preocupações, "distraído", portanto afastado de um objetivo mais distante ou mais sério. Rir•, sorrir, distrair-se ou sonhar: eis o que o espectador procura. À subsistência cotidiana, ao sustento da máquina corporal e social, corresponderia necessariamente um divertimento "gratuito", mas indispensável aos seres humanos, alguma coisa que "se dirija a seus sentidos, e alegremente"[1], como diz Brecht, que justapõe muito bem *Unterhalt* (subsistência) e *Unterhaltung*[2] (divertimento). Mas as conturbações culturais de nossa época obrigam a reconfigurar a relação do divertimento e das artes de vanguarda• (ver: *mainstream*•).

O divertimento é também, e cada vez mais, a indústria do entretenimento (*entertainment industry*), a fabricação de massa de produtos divertidos, simples, padronizados, que proporcionam um sentimento de prazer ao público, quaisquer que sejam as camadas da população e os países. Essa fabricação, mais visível no cinema do que no teatro, baseia-se numa organização complexa e que não deixa nada ao acaso. A indústria cultural, tal como denunciada pela Escola de Frankfurt desde os anos 1930, ou teorizada pela indústria ou atividades criativas ou a indústria dos conteúdos, como se denomina atualmente, são capazes de organizar a produção de obras com garantias divertidas para a maioria. Resta descrever alguns mecanismos dessa organização. Tudo gira em torno do espectador•: as obras adulam seu gosto de rir, mas não propõem nenhuma forma demasiado nova ou demasiado enigmática. Tudo o que perturba a identificação com a personagem é evitado. Os efeitos são previsíveis, os gracejos acessíveis, os códigos simples e conhecidos. A construção dramática ou espetacular é transparente. Isso não exclui, todavia, algumas grandes características da modernidade e até da pós-modernidade, tais como a citação, com a condição de que ela seja facilmente reconhecível, o teatro no teatro ou a desconstrução, se os seus mecanismos se encarnam em personagens ou em situações que as justifiquem.

O divertimento não utiliza somente os gêneros existentes e as artes tradicionais; ele é veículo para todas as espécies de mídias, a televisão, a internet, os videogames, os telefones celulares. A noção de cultura e de distração se adapta a esses novos suportes e inventa assim novas formas de divertimento. A publicidade audiovisual pode ser divertida se se aprende a olhá-la neutralizando e ignorando a mensagem comercial para concentrar-se nos dispositivos narrativos e visuais.

Os *cultural studies* contribuíram para reabilitar produções ou gêneros populares por muito tempo negligenciados pela pesquisa e relegados ao consumo de massa. Esses estudos reavaliam a função social e estética da arte de distração massiva, demonstram sua complexidade e retraçam sua construção ideológica e antropológica. A distinção entre arte popular, divertida, vulgar, e a arte culta, refinada, distinta é de novo colocada em questão por esses *cultural studies* e pela mudança da concepção da cultura, menos ligada à cultura cultivado, a alta cultura, e mais ancorada na noção antropológica da cultura, que tende a integrar toda atividade humana criadora no campo cultural. Ao mesmo tempo essa distinção entre popular e elitista permanece forte, qual uma fronteira de gosto e de classe que separa os dois campos culturais. Como observa Pierre Bourdieu, "a negação da fruição inferior, grosseira, vulgar, venal, servil, em uma palavra natural, encerra a afirmação da superioridade daqueles que sabem satisfazer-se com prazeres sublimados, refinados, desinteressados, gratuitos, distintos"[3]. Como quer que seja, o divertimento permanece como uma das razões de ser das artes da cena, uma qualidade e um prazer dos quais nenhum artista poderia fazer economia.

 Jim Davis. *Theatre and Entertainment*. London: Palgrave, 2013.

NOTAS
1 Bertolt Brecht, Petit Organon pour le théâtre, *Écrits sur le théâtre*, Paris: Gallimard, 2000, p. 383 (§ 75).
2 Ibidem (§ 77).
3 Pierre Bourdieu, Art: Économie des biens culturels, *Encyclopédie thématique: Série Culture*, Paris: Encyclopaedia Universalis, 2004, p. 411.

Écfrase (*Ekphrasis*)

Palavra grega para descrição. *Ek*: proveniente de; *phrasis*: dizer, falar. É, portanto, uma ex-plicação, uma ex-pressão, um des-crição de um fenômeno visual.

Esta noção da retórica clássica se aplicava à apresentação de uma imagem visual por meio de palavras. Denominava-se *ekphrasis* toda descrição de um acontecimento, de uma batalha, de funerais etc. Tratava-se de descrever de maneira detalhada, de expor à vista uma situação visual, dar a ver um objeto (o escudo de Aquiles na *Ilíada*, por exemplo). Mais tarde, essa noção foi limitada à descrição de uma obra de arte, e até a um metadiscurso e a um exercício pedagógico de redação. É nesse sentido que Heiner Müller propõe, em *Bildungsbeschreibung* (Descrição de um Quadro), uma longa descrição de uma pintura, criando um relato a partir de um quadro, para os leitores ou espectadores.

A teoria da imagem e os visual studies apelam para a écfrase, pois esta é sempre uma "representação verbal da representação visual"[1]. A tendência da pesquisa atual é de criticar "a ideia de que o relato e a imagem são expressões culturais diferentes por essência". Esta é também a tendência a insistir sobre o fato de que "a narrativa e a imagem têm necessidade um do outro tanto quanto as culturas necessitam dos dois"[2]. Na intersecção do visual e do verbal, muitas mídias dependem da écfrase. Esta última faz falar a imagem, reputada, no entanto, como inefável; ela a transforma em um discurso, com palavras que se pode notar e que tranquilizam o observador convertido em leitor ou ouvinte.

Historicamente, é apenas na segunda metade do século XVIII europeu, com Diderot e Lessing, que a descrição não se apresenta mais como produto da imitação mimética do real, mas começa a raciocinar em termos de signos (cf. o *Laocoonte*, de Lessing, 1766).

O espectador de teatro ou de dança gosta, ele também, de ser tranquilizado com respeito ao sentido das imagens e sua verbalização. Ele se compraz com aquilo que a cena lhe pinta e, às vezes mais ainda, com aquilo que ela lhe descreve. Ele sente de fato também que a pintura e o discurso não podem jamais coincidir. Mas saberá que daí provém justamente o seu prazer e que seu desejo de *sa-voir* ("sa-ber") e de *ça voir*, ("ver isso") é, sem cessar, excitado e depois repelido?

Nos estudos da análise dos espetáculos e das conversas após o espetáculo, a *ekphrasis*, em sua longa tradição e em sua prática da descrição de uma obra de arte plástica, visual, poderá servir de instrumento para a análise de todos os elementos visuais da representação. Como nota Christopher Balme, "todo pesquisador de espetáculo que se ocupa de descrever e de analisar a representação realiza por definição uma écfrase: ele tenta expressar as imagens fugazes dos corpos e dos arranjos espaciais em uma linguagem escultural que, por definição, desliza para a metáfora"[3]. A descrição *ecfrástica* retorna a seu sentido e à sua prática de origem: evocar um objeto, mas também fazer partilhar da experiência emocional o leitor ou espectador• que jamais teve contato com esse objeto ou essa situação. A descrição não poderia evidentemente ser objetiva, quaisquer que sejam seus esforços. A experiência individual não é quase transmissível, apesar de toda empatia• do espectador.

Resta, entretanto, *formalizar a escritura ecfrástica* dos críticos, dos espectadores e dos teóricos: como eles evocam, pelas palavras, impressões fugazes e lembranças frágeis, além das obras plásticas, visuais, bem tangíveis? Matthew Reason, no artigo "Writing the Embodied Experience: Ekphrastic and Criative Writing as Audience Research", começou a testar esse tipo de escritura em grupos de espectadores solicitados a se entregarem a um *free flow writing*, a uma escritura à qual é dado livre curso, recorrendo à expressão poética, para fazer parte de suas lembranças e de suas impressões. Essa escritura reativa, essa escritura performativa• (*performative writing*[4]) é uma primeira e decisiva abordagem a fim de preservar um traço emocional, e até cinestésico, da experiência do espectador.

Pode-se imaginar a dificuldade de *teorizar a criatividade* da escritura, seja esta última literária ou poética, e mais ainda de estabelecer a pertinência dessa escritura com respeito ao espetáculo evocado. Zonas de indeterminação•, de ambiguidade, de inefável resistem ao deciframento. Elas são, entretanto, necessárias à leitura e ao prazer do texto. De outro lado, o encarregado da écfrase não se confronta simplesmente com uma estátua de sal ou um cartaz publicitário, mas com corpos humanos em movimento, em vida, em devir. Descrever não é apenas falar por meio de um papel, é também desenhar em cima dele, é adaptar, recriar, prolongar uma imagem enterrada para sempre. É também encontrar a força cinestésica do corpo do ator. É menos re-viver (à maneira do ator stanislavskiano) do que re-mover, re-encontrar um impulso de jogo de atuação, um gestus° ou uma trajetória• inconsciente do movimento. Enfim e, sobretudo, cumpre aceitar que o espetáculo se transforma incessantemente sob o efeito da lembrança, que todo comentário nos situa em uma intertextualidade e em uma intermidialidade° infinitas. Não se deve ficar na ilusão de que se vai acabar por reconstituir o impulso ou a emoção original. A écfrase não é amiúde senão uma paráfrase, uma cortina de fumaça, com, de tempo em tempo, alguns relâmpagos, mas, então, que relâmpagos!

Jacques Derrida. *La Verité en peinture*. Paris: Flammarion, 1978.

Murray Krieger. *Ekphrasis*: The Ilusion of Natural Sign. Baltimore: The Johns Hopkins University Press, 1992.

James Heffernan. *Museum of Words*: The Poetics of Ekphrasis from Homer to Ashbery. Chicago: Chicago University Press, 1993.

W.J. Thomas Mitchell. *Picture Theory: Essays on Verbal and Visual Representation*. Chicago: Chicago University Press, 1994.

Peter Wagner (Ed.). *Icons-Texts-Iconotexts*: Essays on Ekphrasis and Intermediary. New York: Gruyter, 1996.

Mieke Bal. Visual Narrativity. In: David Herman; Manfred Jahn; Marie-Laure Ryan

(Eds.). *Routledge Encyclopedia of Narrative Theory*. London: Routledge, 2005.

Christopher Balme. Aporias of Ekphrasis: The Performance Archive (Archiving the Performance). In: Judie Christie; Richard Gough; Daniel Watts (Eds.). *A Performance Cosmology: Testimony from the Future, Evidence of the Past*. London: Routledge, 2006.

Mario Klarer. *Ekphrasis: Bildbeschreibung bei Spenser, Sidney, Lyly and Shakespeare*. Tübingen: Niemeyer, 2001.

Matthew Reason. Writing the Embodied Experience: Ekphrastic and Criative Writing as Audience Research. *Critical Stages*, n. 6, 2012. Disponível em: <http://www.critical-stages.org/>.

Peggy Phelan. *Mourning Sex: Performing Public Memories*. London/New York: Routledge, 1997.

NOTAS

1. J. Hefferman, *Museum of Words: The Poetics of Ekphrasis from Homer to Ashbery*, p. 3; W.J.T. Mitchell, *Picture Theory: Essays on Verbal and Visual Representation*, p. 696.
2. M. Bal, Visual Narrativity, em David Herman et al. (eds.), *Routledge Encyclopedia of Narrative Theory*, p. 632.
3. C. Balme, Aporias of Ekphrasis: The Performance Archive, Archiving the Performance, em Judie Christie; Richard Gough; Daniel Watts (eds.), *A Performance Cosmology: Testimony from the Future, Evidence of the Past*, London: Routledge, p. 125.
4. Cf. Peggy Phelan, *Mourning Sex: Performing Public Memories*.

Efeito de Teatro

Fr.: *effet de théâtre*; Ingl.: *theatrical effect*; Al.: *Theatereffekt*.

O que é um efeito de teatro? É tudo aquilo que na representação teatral faz efeito, aquilo que é notado como procedimento típico do teatro. Ainda assim seria necessário estender-se sobre essa pretensa especificidade teatral. Ora, esta não é, ou não é mais, evidente por si. Espetáculo vivo? Em *live* (ao vivo)? Caráter dramático, tenso, das ações? Como quer que seja, o efeito de teatro lembra ao espectador• que ele é um espectador, que ele está assistindo a ações fictícias, que estão lhe representando alguma coisa.

Não se deveria confundir (apesar de um uso bastante impreciso dos termos no discurso crítico) o efeito de teatro, que é um dispositivo participante da feitura do teatro, e o efeito teatral, que é um termo pejorativo na linguagem corrente. O efeito teatral é tido como negativo, indo contra a realidade ou a verdade, como alguma coisa de falso, de exagerado, de empolado ou, no melhor dos casos, alguma coisa artificial ou artística.

Muitas estéticas de vanguarda no início do século XX, após o realismo e o naturalismo, invocam em seu favor a teatralidade, e até a reteatralização do teatro, e acolhem o efeito como um dispositivo eficaz e bem-vindo, como uma técnica de distanciamento, um recurso ao prazer do jogo teatral. O efeito de teatro se define por sua visibilidade por sua súbita emergência: ele é sempre notado pelo receptor como um destaque. Esse efeito de teatro é sempre suscetível de avançar mascarado, de não dar nenhum sinal visível, como que para ser ainda mais eficaz. Assim, os efeitos de tensão dramática, de suspense ou de surpresa são procedimentos• literários e narrativos que servem à ilusão teatral, quer ela seja dramática ou cênica. Como procedimento dramático, cênico ou performativo, o efeito de teatro situa-se em uma paleta muito ampla entre efeitos teatrais visíveis afixados ou lúdicos e efeitos invisíveis, mascarados, estruturais.

Efeito Produzido

Fr.: *effet produit*; Ingl.: *effect produced*; Al.: *Wirkung*.

1. ORIGEM E TRANSFORMAÇÃO DA NOÇÃO

A noção de efeito produzido, expressão que traduz o alemão *Wirkung* (o efeito, a ação sobre), foi pouco utilizada até os trabalhos da estética da recepção da Escola de Constance (Jauss[1], Iser[2]) nos anos 1970. Na tradição francesa, esse efeito produzido foi estudado exclusivamente sob o nome de efeito literário, como poder de agir sobre o leitor: não como efeito estético ou sociológico, mas como influência sobre a vida pessoal do leitor.

Segundo a escola da estética da recepção, o teatro teria sido sobretudo estudado em sua face e sua fase produtiva, levando em conta sua dramaturgia textual, mas negligenciando tanto a representação, considerada como acessória, quanto o público concreto e sua maneira de receber a *mise en scène*. O que diz essa teoria da recepção? Afirma que, nesse campo, ter-se-ia permanecido, desde os gregos até o drama burguês do século XVIII, em uma estética da representação (*Darstellungsästhetik*), ou, no melhor dos casos, em uma estética do efeito (*Wirkungsästhetik*). Hoje, cumpriria, portanto, colocar-se resolutamente no ponto de vista da recepção e fundar uma estética da recepção (*Rezeptionsästhetik*). Mas será tão simples e é possível limitar-se a levantar os efeitos produzidos sem perguntar-se qual sujeito os analisa?

Parece realmente que o efeito produzido (*Wirkung*) seja ao mesmo tempo uma questão de produção (quais efeitos preveem os artistas?) e uma questão de recepção (quais consequências esses efeitos terão sobre a leitura dos textos ou a análise dos espetáculos?). Convém, pois, abordar a obra ao mesmo tempo a partir de sua vertente produtora e a partir de sua vertente receptora. Esse equilíbrio, no entanto, não é tão fácil de manter. Assim, as obras não revelam sua dimensão política diretamente em seus efeitos, porém na maneira como o receptor se situa em relação a tais efeitos e os analisa: "A dimensão política das obras não pode ser relacionada aos seus *efeitos*, mas dependem da *relação* com a obra, do *lugar* que assume, na obra ou com respeito a ela, o leitor, o espectador, o telespectador etc. É a maneira como o receptor pode *inscrever-se* na obra que, na medida em que ela institui uma relação com outrem, é propriamente política."[3]

2. O EFEITO PRODUZIDO SOBRE O ESPECTADOR

Avaliar o efeito produzido pelo espetáculo sobre o espectador não é evidente por si. Categorias tão imprecisas como as de prazer e divertimento ou tão técnicas como as de catarse ou empatia• cinestésica não contribuem necessariamente para um aclaramento da recepção. Será preciso, aliás, começar a especificar em que consiste a recepção de uma obra de arte ou de um evento. O efeito é, muitas vezes, imprevisível e varia de um público a outro e, mesmo, de um espectador• a outro. O criador não mede exatamente o efeito que sua obra produzirá sobre um ou mais públicos em diferentes contextos etc.

A extrema variedade das obras nos obriga quase a tomar exemplos caso a caso ou, a rigor, gênero a gênero, o que desencoraja toda tentativa de teorização e de generalização. As obras de artes devem, com efeito, serem consideradas no conjunto das práticas espetaculares e das *cultural performances*. Diante da dificuldade de descrever essas obras de modo coerente e pormenorizado, é grande a tentação de metaforizar as noções de espetáculo e de espectador, de fazer disso uma metáfora neobarroca e teológica da condição humana. É um pouco daquilo que já fazia Guy Debord com *La Société du spectacle* (A Sociedade do Espetáculo)[4]; trata-se de uma reflexão filosófica similar à que chega Jacques Rancière em *Le Spectateur émancipé* (O Espectador Emancipado): "o que me interessa, pois, em primeiro lugar, e o que responde àquilo que eu chamei de 'partilha do sensível', não são 'as artes', 'a história das artes' e o modo como as artes devem fazer política, boa ou má, mas são esses modelos que atravessam as artes particulares: modelos do fazer, do ver, do olhar, do compreender, do agir…"[5]

No que se reconhece, pois, o efeito produzido sobre o espectador? Esse efeito passa por uma organização sistemática de materiais, por uma encenação que antecipa as reações do espectador: embora não se possa estabelecer de antemão como o espectador reagirá exatamente, tem-se ainda assim uma pequena ideia disso. Por isso, parece exagerado afirmar, como Sophie Proust, que "a criação é determinada pelo artista e não pela recepção" e que "levar em consideração concretamente o público só ocorre, portanto, ao fim dos ensaios"[6].

Para julgar tal fato coloquemo-nos no ponto de vista do espectador: este último precisa de alguns pontos de referência para construir uma hipótese e adiantar uma interpretação possível. Interpretação não quer dizer necessariamente compreensão, mas de um modo simples possibilidade de organizar as percepções. A organização geral das percepções, signos, ações cênicas não é outra coisa senão a dramaturgia. Pois, com efeito, o que é isso além de um efeito? O que é isso senão um efeito produzido no espectador? Isso não é somente a reação individual e subjetiva em termos de impressões, emoções, afetos e empatia cinestésica. Isso é também a interpretação das ações, a história que elas contam, o sentido ou os sentidos que delas podemos discernir. Todavia, o fato de não se poder interpretar não implica que se interprete sempre segundo aquilo que a encenação e a dramaturgia parecem sugerir. Nem mesmo que aquilo seja desejável. As obras cênicas contemporâneas são tão diversas e abertas que produzem em nós as interpretações as mais erráticas e os efeitos os mais divergentes. Nossas reações parecem quase o efeito do acaso. Dever-se-ia então persistir em fazer a teoria de um ser tão cambiante quanto o espectador?

3. A REAVALIAÇÃO DO PAPEL DO ESPECTADOR

No transcurso dos quinze primeiros anos desse milênio, muitas publicações tentaram identificar a figura espectral do espectador•. Talvez seja tempo de reavaliar seu papel, não em termos gerais ou filosóficos, mas de maneira diferenciada e historicizada. Talvez o espectador, que goza do direito democrático de apreciar um espetáculo, tenha visto seu papel afastar-se, como o da democracia, "da ideia de poder coletivo, para evocar apenas o da liberdade individual"[7]. O papel do espectador muda em cada época em função daquilo que se espera dele, quando a sociedade está em mutação, quando o teatro se renova e quando teorias explicativas correm atrás dele. Isso se traduz em uma diferenciação sempre maior das formas, dos gêneros e das experiências. Em cada caso, e a todo momento, o espectador descobre novos direitos, mas também novos deveres, cada vez mais ilegíveis. Eis alguns exemplos de tais espetáculos, entre uma infinidade:

Os espetáculos não verbais (dança, mímica, teatro sem palavras, performance cujo texto é tratado como pura matéria sonora) são cada vez mais numerosos. O espectador não pode mais servir-se da língua para reconstituir um mundo familiar ou uma história linear fundada na linguagem. As pesquisas recentes acerca da empatia cinestésica o ajudarão a sentir como ele "absorve" a linguagem gestual, o movimento, os ritmos. Essa escola do movimento e do olhar contribui para educar outro tipo de espectador.

Le parcours, aquilo que se denomina muito bem em inglês de *promenade performance*, mas também a descoberta de uma cidade seguindo as instruções por meio de um fone de ouvido e dando ao espectador "uma lufada de ar fresco". Nem sempre, aliás, pois o espectador é obrigado a renegociar sua nova trajetória fora das estruturas cênicas ou narrativas que ele julgava dominar. Falta-lhe o ar, a bem dizer, se o percurso leva a uma imersão•, conforme esse gênero novo cria para ele uma ambiência e um universo nos quais ele é convidado a mergulhar. Fazendo isso, percorrendo a realidade ou imergindo-se nela, o espectador é como que liberado por um tempo da pulsão escópica, que o força a tudo ver, ou da interpretação do mundo exterior, sugerindo-lhe que deveria tudo compreender.

Com *o teatro de rua*, o espectador continua seu circuito fora das sendas batidas do teatro "encerrado", "engaiolado", congelado na tradição de um jogo teatral ou de uma literatura. A rua revela-se um laboratório para o espectador, mas não se poderia estabelecer uma tipologia dos espectadores e de seu comportamento como se faria estudando o modo de andar dos pedestres.

Um *objeto misto, não identificável*: assim se apresentam com frequência os espetáculos contemporâneos. Eles fazem coexistir, no mesmo evento, atores ao vivo, gravações audiovisuais, uma trilha sonora, computadores com acesso à internet e objetos em uma instalação. O espectador oscila entre isolamento e comunidade•: um isolamento rapidamente preenchido por uma descarga, uma comunidade amiúde povoada de solidões.

Com todas essas mídias na, em torno, fora da cena, o espectador nem sempre está em contato *live* com o espetáculo. Ocorre que ele não vê os atores ou que não há aí atores para ele ver, porque estão ocultos à vista ou são substituídos por objetos ou gravações.

Tais espetáculos extremamente variados só podem produzir, é evidente, reações muito diversas entre os espectadores, dada a diversidade de suas expectativas e de suas atitudes. No entanto, constata-se um processo de homogeneização devido à mundialização. Em uma sociedade globalizada, em uma abertura infinita para todos os tipos de *cultural performances*, o espectador torna-se um consumidor, um *bricoleur*, um biscateiro oportunista, mais do que um confidente e um *alter ego* dos artistas. Por conseguinte, pode-se tratá-lo por todos os nomes, atribuir-lhe os papéis os mais heteróclitos, a pretexto de aumentar suas competências e seus poderes[8]. As interações entre as mil facetas do espectador e a paleta infinita dos espetáculos contemporâneos são inumeráveis e imprevisíveis. Dever-se-á, entretanto, desconfiar das derivas do espectador. Será preciso evitar, em particular, medicar o espectador, fazer dele um corpo condutor para um barômetro da empatia• cinestésica, um corpo mensurável, agitado e recarregado como uma pilha elétrica. Haverá de se velar para não o reduzir à condição de consumidor, de um cliente a satisfazer, de um cartão de crédito a debitar.

4. REDEFINIR O TEATRO OU O ESPECTADOR?

Diante da explosão das experiências teatrais e performativas, diante das metamorfoses do espectador, será necessário redefinir o teatro ou espectador, ou os dois? Será preciso ater-se à definição secular e universal do teatro: um encontro entre um ator e um espectador em tempo real e em um espaço comum? Inúmeras experiências não respondem mais, hoje em dia, a esses critérios. Mediatizações em cascata (intermidialidades°) entre os produtores assim como entre os consumidores acabam em uma incerteza sobre a origem das ações e das tarefas, em uma confusão entre o artista e o visitante.

O objeto do teatro se desvanece e aquele que veio para assistir ao espetáculo faz espetáculo de si mesmo. Ele perdeu toda identidade forte e marcante: sexual, nacional, linguística, cultural, profissional e familial. O globalizado engole tudo, passa por toda a parte, não consegue se concentrar e, portanto, se dispersa. A globalização lhe dá a ilusão de estar conectado a diversas redes, às de suas identidades, e às redes sociais, com as quais se identifica. Sem que se dê conta, seu horizonte de expectativa, seu gosto, seus deslumbramentos e seus desgostos foram moldados por essas redes. Antes, no século XX, a queixa era sobre o caráter efêmero do espetáculo que não sobrevivia ao olhar dominante do espectador; atualmente, é mais o espectador que é efêmero e inapreensível, ao passo que os objetos espetaculares podem ser baixados à vontade. O sujeito percipiente é lábil, o objeto percebido é hábil.

5. O ESPECTADOR EM FUGA

O espectador contemporâneo tem a escolha entre dois tipos de fuga: uma fuga sob a proteção da comunidade, em que ele pensa encontrar-se em uma assembleia que se torna comunitária pela graça da representação; ou uma fuga na abstração das redes, para onde seus gostos e suas escolhas o conduzem obrigatoriamente, estabelecendo a comunicação e assegurando a comercialização do espetáculo proposto, coproduzido pelos consumidores-espectadores. Nos dois tipos de fuga, o espectador se sente protegido pela comunidade ou pela rede; ele não se julga mais obrigado a compreender tudo, mas é encorajado a produzir a sua própria experiência emocional. Essa discreta injunção o reconduz aos afetos, inclusive aos afetos de catarse, piedade e terror. Ele se reúne à coorte dos artistas e dos outros espectadores, mas dessa vez, nessa nova era de um capitalismo da "crítica artista"[9], ele é responsável pelo *trabalho afetivo* (*affective labor*), "um trabalho destinado a produzir uma experiência emocional"[10], um "trabalho que produz ou manipula afetos"[11]. O trabalho e o afeto, a educação e o prazer: somos reconduzidos à poética clássica de um Horácio, mas dessa vez é o espectador que é encarregado da boa gestão dos afetos•.

NOTAS

1 Hans Robert Jauss, *Pour une esthétique de la réception*, Paris: Gallimard, 1978.
2 Wolfgang Iser, *L'Acte de lecture: Théorie de l'effet esthétique*, Bruxelles: Pierre Mardaga, 1985; Idem, *L'Appel du texte: L'Indétermination comme condition d'effet esthétique de la prose littéraire* [1970], Paris: Allia, 2012.
3 Christine Servais, Relation oeuvre/spectateur: Quels modèles pour décrier une réception active?, Colóquio de Liège, *Le Théâtre et ces publiques*, Besançon: Les Solitaires intempestifs, 2013, p. 178.
4 Paris: Bouchet-Chastel, 1967.
5 Les Scènes de l'émancipation: Entretien avec Jacques Rancière (28 mars 2012), *Théâtre/Public*, n. 208, avr.-juin 2013, p. 9.
6 Sophie Proust, *La Direction d'acteurs dans la mise en scène théâtrale contemporaine*, Vic la Gardiole: L'Entretemps, 2006, p. 103.
7 Marcel Gauchet, *La Condition historique*, Paris: Gallimard, 2003, p. 424.
8 Patrice Pavis, *L'Analyse des spectacles*, Paris: Armand Collin, 2012, p. 388-393. (Trad. bras.: *A Análise do Espetáculo*, São Paulo: Perspectiva, 2015.)
9 Segundo o termo de Luc Boltanski e Eve Chiapello, *Le Nouvel esprit du capitalisme*, Paris: Gallimard, 2011.
10 Michael Hardt; Antonio Negri, *Multitude: War and Democracy in the Age of Empire*, New York: Penguin, 2005.
11 Ibidem, p. 108.

Efeitos Especiais

Fr.: *effets spéciaux*; Ingl.: *special effects*; Al.: *Spezialeffekte*.

Esse termo provém do teatro, embora o cinema tenha se apropriado dele e haja desenvolvido muito esse tipo de efeito. O teatro sempre soube fabricar efeitos técnicos: sonoplastia, mudanças de luz e de cenografia etc. Certos encenadores gostam de recorrer aos efeitos produzidos de maneira artesanal, retomando velhas técnicas (Strehler, Mnouchkine, Brook). Produzidos e assistidos por computador, os efeitos não oferecem mais nenhuma dificuldade, perdem por vezes seu encanto antiquado distanciando-se da magia• que surpreende crianças e adultos. Mais do que um conhecimento técnico dos efeitos, a compreensão dos efeitos especiais e dos passes de mágica necessita de uma compreensão de suas funções e poderes na dramaturgia do espetáculo. Esses efeitos participam, portanto, de pleno direito, da estética da encenação, eles não permanecem simplesmente decorações acessórias, divertidas ou impressionantes.

Empatia

Fr.: *empathie*; Ingl.: *empathy*; Al.: *Einfühlung*.

Esse termo da psicologia também é utilizado na teoria do teatro, no sentido de identificação°. É a faculdade de identificar-se com outrem, de se pôr em seu lugar para sentir o que ele sente, de tomar parte em seu sofrimento. O ator identifica-se por empatia com uma personagem, mas também com uma situação dramática e uma encenação em processo de feitura. O espectador•, por seu turno, identifica-se mais ou menos à personagem encarnada ou significada pelo ator e, além dele, ao universo artístico e ao que este refere. Como para a identificação com uma pessoa, identificamo-nos com qualquer um, mas sempre enquanto um indivíduo específico: a identidade (social, sexual, cultural etc.) desempenha um papel determinante no reconhecimento do outro. Deve-se, portanto, perguntar-se sempre a partir de quais perspectivas, conscientes e inconscientes, o espectador se identifica e se prende ao ator e ao espetáculo.

Na perspectiva mais recente de uma teoria emocional e cognitiva da empatia e dos afetos•, tende-se atualmente a considerar a identificação mais como um encontro afetivo do que como uma relação entre um sujeito e um objeto. Na estética contemporânea das artes plásticas ou dos espetáculos, os artistas trabalham muito amiúde com materiais brutos e formas abstratas, com figuras não psicológicas. A identificação com personagens não é mais requerida. Ela é substituída por uma dialética entre uma estética da identificação psicológica e do formalismo abstrato. Volta-se assim aos inícios da reflexão filosófica sobre a empatia, a de Wilhelm Worringer, que opõe empatia e abstração, como a sensação estética oposta à forma abstrata[1]. Na análise de uma *mise en scène*, presta-se atenção às referências aos elementos humanos, a um referente que se reconhece. Porém, ao mesmo tempo, distinguem-se linhas de força, estruturas, figuras geométricas com as quais o teatro contemporâneo trabalha, segundo uma espécie de radiografia esquemática e abstrata da obra. É a tais estruturas, aparentemente frias e vazias, que o espectador aprendeu pouco a pouco a identificar-se.

Assim, a empatia não se dirige unicamente à psicologia dos atores e dos espectadores. Ela diz respeito à estrutura das obras de arte. Ela se aplica também ao movimento, podendo cada qual identificar um movimento e imaginar como vivê-lo, segui-lo e reconstituí-lo: é o fenômeno da empatia• cinestésica•. Dee Reynolds fala da empatia afetiva, quando o afeto se liga à empatia cinestésica: "Ligar a empatia cinestésica mais ao afeto do que à emoção, significa que ela pode ser considerada como uma intensidade encarnada que tem um impacto sobre o espectador de maneira cinestésica."[2] A empatia é uma noção chave da estética contemporânea. Vinculada ao afeto, à percepção e à reconstituição do movimento pelos espectadores individualmente, ela abre novas perspectivas para a criação e a recepção de obras.

NOTAS
1   W. Worringer [1908], *Abstraction et Einfühlung: Contribution à la psychologie du style*, Paris: Klincksiesk, 1993.

2 Dee Reynolds, Kinesthestic Empathy and the Dance's Body: From Emotion to Affect, em Dee Reynolds; Matthew Reason (eds.), *Kinesthetic Empathy in Creative and Cultural Practices*, Bristol: Intellect, 2012, p. 132.

Encarnação

Fr.: *incarnation*; Ingl.: *Embodiment*; Al.: *Verkörperung (Inkarnation)*.

O francês não consegue expressar o termo inglês *embodiment*, pois a tradução por *incarnation* – em português, "encarnação" – é por demais carregada religiosamente, enquanto *incorporation* é tanto teológico e ligeiramente arcaico como reservado à psicanálise, quando não ao serviço militar... O termo de Freud (*Einverleibung*) para *incorporation* remete a "um modo de relação com o objeto que tende a fazê-lo penetrar em si, permanecer em si mesmo, ao menos fantasmaticamente"[1]. Sem dúvida, a teologia e a psicanálise nos ajudam a imaginar esse processo de personificação, de penetração no corpo, mas elas não convêm à problemática do ator, àquilo que se poderia chamar de sua *mise en corps*, sua "incorporação". "Mediação do corpo" seria uma possível tradução de *embodiment*, indicando bem que tudo o que faz o ser humano se realiza no e pelo corpo, o qual funda assim sua relação com o mundo. É preciso, antes de tudo, evitar a maneira ingênua de dizer que o ator se encarna em um papel: maneira mística de sugerir que ele muda de corpo para entrar naquele corpo, fictício, de sua personagem.

O processo do *embodiment* é mais prosaico e mais útil à compreensão do fenômeno teatral. É a maneira pela qual o corpo humano adquire um *savoir-faire* prático, se concretiza a partir de determinismos sociais, ultrapassa sua dimensão puramente material e materializa possibilidades, potencialidades.

"Não se é simplesmente um corpo, mas, em um sentido-chave, a gente faz seu corpo."[2]

Aplicado ao teatro, poder-se-ia transpor assim a teoria feminista: o corpo do ator, do dançarino, do performer é o resultado de uma fabricação, de uma disposição de convenções e técnicas do corpo para torná-lo eficaz e expressivo, integrá-lo no conjunto do grupo e depois na representação inteira. Trata-se de colocar a peça, o texto, o discurso no corpo pensante dos atores, e não em posição de superioridade e de precedência. Tudo se encarna assim nos corpos em representação, mesmo o poder e o capital, segundo Bourdieu. O performer, notadamente o dançarino, acumulou, "capitalizou", técnicas de atuação, fez escolhas físicas, moldou certa gestualidade°, formou e deformou a corporeidade• que ele recebeu e recriou ao mesmo tempo. Não é necessário ir aos extremos da *body art•*, de agarrar, de eletrificar o próprio corpo como Stellarc, nem de operá-lo periodicamente para fazê-lo mudar de identidade, como Orlan se empenha. Basta utilizá-lo, treiná-lo, testar nele as técnicas corporais para que toda uma cultura se encarne nele. Nem corpo encarnado segundo um essencialismo biológico, nem corpo que nega toda materialidade• e toda ancoragem biológica em proveito de um construtivismo social: assim se apresenta uma concepção dialética do *embodiment*.

NOTAS
1 Roland Chemama; Bernard Vandermersch, *Dictionnaire de la psychanalyse*, Paris: Larousse, 1998, p. 191.
2 Judith Butler, Performative Acts and Gender Constitution: An Essay in Phenomenology and Feminist Theory, em Sue-Ellen Case (ed.), *Performing Feminisms: Feminist Critical Theory and Theatre*, Baltimore: The Johns Hopkins University Press, 1990, p. 272.

Escritor de Palco

Fr.: *écrivain de plateau*; Ingl.: *stage-writer*; Al.: *Bühnenschriftsteller*.

Encontra-se essa expressão desde o começo do século XXI. Tomada ao pé da letra, ela não tem muito sentido, pois emprega termos contraditórios, fazendo crer que se trata ainda de escritura criada para estar apta para a cena, para ser "cênica". Mas, na realidade, esse termo se refere a uma prática recente que desejaria que o escritor de palco fosse um "criador cênico" que substitui o encenador e é um "escritor ao máximo possível próximo do palco"[1], integrado em um dispositivo•.

O escritor de palco é coisa totalmente diversa de um escritor dramático para a cena: trata-se de um artista que trabalha a partir do palco, e não a partir de um texto que se quer "montar", e até de um projeto não verbal já "cenarizado" que se quer "realizar". Artistas como Romeo Castellucci, Robert Wilson, François Tanguy ou Joël Pommerat correspondem a tal categoria. Essa denominação é empregada por Bruno Tackels em sua série de monografias nas Éditions des Solitaires Intempestifs, consagradas a R. Castellucci, P. Delbono, R. Garcia, F. Tanguy, A. Vassíliev e mesmo A. Mnouchkine (o que neste último caso não corresponde à definição original). A prática da escritura de palco não difere fundamentalmente daquela que os britânicos em especial denominam em nossos dias *devised theater*, um teatro fabricado por muitos, sem distinção nítida entre ator, encenador, dramaturgo, cenógrafo etc., um teatro não tanto de criação coletiva• (como nos anos 1960 e 1970) quanto de colaboração interartística que recusa as especializações demasiado grandes.

NOTA
1 Joseph Danan, *Entre théâtre et performance: La Question du texte*, Arles: Actes Sud-Papiers, 2013, p. 80.

Escritura Dramática

Fr.: *écriture dramatique*; Ingl.: *dramatic writing*; Al.: *Dramatische Schrift*.

É um dos numerosos termos empregados atualmente, com todos os mal-entendidos ligados a um uso inexato ou metafórico de conceitos de escritura e de dramático.

1. JOGOS DE PALAVRAS

Escritura dramática (*dramatic writing*) procura dizer duas coisas: 1. *A escritura* remete a qualquer coisa escrita, seja qual for a língua ou o suporte, e utiliza uma língua natural, por mais retrabalhada que seja; 2. *A dramática* indica a forma do texto; esta forma está ligada ao drama, à ação tomada em sua tensão, a uma ação representada por actantes (forças atuantes), geralmente personagens.

Escritura teatral, caso se queira ver aí uma noção diferente, é a escritura que insiste no uso da cena, da representação, da encenação, sem que as três palavras sejam sinônimas. A ambiguidade vem desse *teatral*: é este o teatro clássico (então o termo é sinônimo de "dramático")? Ou então refere-se a cena, a representação?

A escritura, entre a língua e o estilo: tal é a concepção de Barthes em *Le Degré zéro de l'écriture* (O Grau Zero da Escritura, 1953). É uma maneira de se exprimir, um conjunto de dispositivos estilísticos e dramatúrgicos que concernem à maioria dos textos dramáticos.

Mas a escritura é também "a relação entre a criação e a sociedade, ela é a linguagem literária transformada pela destinação social, ela é a forma apreendida em sua intenção humana e ligada assim às grandes crises da história"[1]. A escritura dramática absurda, por exemplo, recorre a alguns temas e a algumas figuras retóricas recorrentes. A escritura pós-dramática• observa certo número de princípios que negam a representação mimética ou o uso de personagens. Ler a escritura dramática é sempre relê-la na época em que ela se desdobra.

Metaforicamente, a suposição é que os encenadores têm certo estilo que passa pela expressão cênica: *a escritura cênica*, termo forjado por Roger Planchon, que insiste na ideia de que a *mise en scène* escreve com a cena em sua totalidade e que ela constitui uma linguagem autônoma. *A escritura do palco* servida por escritores de palco• retoma, no fundo, a mesma ideia: tudo parte da cena, como espaço substitutivo da folha branca. Continua-se, assim, aliás, no quadro tradicional de um teatro ligado a um espaço limitado e criado pelo homem.

Outra terminologia, retomada por Clyde Chabot, opõe *a escritura textual* (pleonasmo) à *escritura cênica* (oximoro), segundo a mesma clivagem[2]. *Escritor/escrevente*: esta outra célebre distinção de Barthes aplica-se ao teatro. O escritor não escreve para cumprir uma tarefa, para fornecer um material direta e transitivamente adaptável. O escritor produz um texto, uma literatura dramática, que possui um valor em si. Essa literatura dramática não tem necessariamente de ser traduzida e prolongada em uma encenação. Em compensação, o escrevente já tem uma ideia das razões que o impelem a escrever, seu trabalho é utilitarista. O escrevente de teatro considera sua produção textual como um simples canevás, um cenário transitório e transitivo a serviço do encenador.

2. A ESCRITURA DRAMÁTICA HOJE EM DIA

Situação paradoxal: todo mundo – docentes, instâncias e expertos culturais – se interessa pela escritura dramática, reivindica o direito à edição de textos. Ao mesmo tempo, ninguém mais lê teatro contemporâneo, os alunos não podem escapar dos clássicos, mas dispensam muito bem ler seus contemporâneos. A escola primária e secundária tem muita dificuldade para se situar: ela instrumentaliza amiúde o teatro como terapia coletiva ou como literatura ilustrada. Mas a *mise en scène* não é nem uma expressão corporal desenfreada nem um alambique para destilar a essência dos textos.

Com frequência rejeitados pelos "escritores de palco", por medo de serem taxados de texto-centristas e de passarem por literatos, os autores dramáticos encontram-se na defensiva[3]. Fizeram-lhes crer, nota Pommerat, "que eles não eram capazes de pôr em cena [...] Fantasiou-se tal modo a respeito do escritor, do autor, do grande artista, do gênio, sacralizou-se de tal modo o poeta escritor, o texto, que se inibiu muita gente"[4]. É fato que pouquíssimos artistas possuem, como Joël Pommerat ou Simon McBurney, a arte de produzir uma encenação e de elaborar simultaneamente um texto que será, em seguida, não apenas legível porque publicado, mas, sobretudo, de um grande cuidado literário, preservando sua força e seu enigma. Ao mesmo tempo, reação contra o fim da leitura de textos e fadiga das encenações que fagocitam inteiramente os textos sem evidência de ganho, observa-se desde a virada do século uma vontade de voltar ao sentido do texto, em vez de contentar-se com os efeitos do sentido. Danielle Sallenave, que foi conselheira literária de Antoine Vitez, remonta aos anos 1970, quando Vitez montou, em 1975, *Catherine*, segundo *Les Cloches de Bâle* de Aragon: "Brilhante, espetacular, ousada, a encenação de *Catherine* mostra como se poderia chegar a entregar não mais o sentido do texto, mas apenas os efeitos dos sentidos descontinuados – ficando a cargo do espectador 'montá-los', por sua vez, de modo aleatório [...]. Nós mesmos nos tornamos mais céticos ante os 'direitos' da encenação: nós compreendemos que eles acabariam por nos dispensar de todo o 'dever' para com o texto."[5] Se podemos, por certo, fazer muitas coisas eruditas e lúdicas com os textos, cumpre ainda estar consciente das consequências desses atos.

3. IMPACTO DOS ESPETÁCULOS E DAS MÍDIAS NA ESCRITURA DRAMÁTICA

O alargamento do teatro, no sentido grego e ocidental, ao conjunto infinito de práticas espetaculares e performativas transforma a identidade literária ou simplesmente textual de todas essas práticas culturais. As palavras de um ritual, de uma conversação, de um desempenho de papel não têm a mesma função que as de uma personagem de Koltès ou de Sarah Kane. Deve-se analisá-las em função da ação realizada, e não de seu valor estético ou de seu estatuto ficcional.

O impacto das mídias e da tecnologia digital sobre nossos vieses é bem conhecido, a mutação que eles acarretam sobre os textos em geral é menos conhecida. Ela é objeto de centros de pesquisa como o Centre National des Écritures des Spectacles em Villeneuve-lès-Avignon: entender "os deslocamentos ou mutações que se operam em uma época de transição entre a cultura do impresso e os ambientes digitais". A hipótese é que "o digital é uma aposta central para o teatro, na medida em que contribui para transformar nossas tecnologias intelectuais. Ele toca na escritura, na memória e mesmo, parece, em nossos modos de pensamento"[6]. A mudança de suporte da leitura, do livro às telas de todos os gêneros, tem repercussões na maneira como nós escrevemos, lemos, mas também ouvimos e percebemos os textos no quadro de sua representação. Os encenadores sabem muito bem disso e, em vez de virar as páginas do livro como cenas ou quadros sucessivos, deixam seus espectadores "abrir janelas", multiplicando ao infinito, ou quase, as possibilidades da dramaturgia, da percepção e da recepção. Essas modificações, que são muito mais adaptações técnicas, impõem que tanto os artistas como os teóricos revejam seus modos de produção e de análise dos textos e dos espetáculos. A escritura, quer ela seja dramática, cênica ou performativa, se inscreve desde sempre em uma intermidialidade•, mas as mídias numéricas, presentes e por vir, aceleram os modos de criação e, portanto, de recepção.

4. QUAIS TENDÊNCIAS?

A produção textual é demasiado massiva e variada, demasiado diferente de um país a outro, apesar da estandardização da globalização cultural, para que se possa distinguir nela diferentes correntes. Quando muito, observa-se, visto de muito longe, algumas grandes tendências. O efeito das mídias e do digital não é desprezível na sofisticação da maneira de contar, de dispensar a linearidade do relato, de ser capaz de seguir e de embaralhar diversos fios narrativos. Paradoxalmente, o retorno da *storytelling* e do teatro de narração se explica talvez pela digitalização de nossos vieses e por nossa arte de contar histórias para sobreviver. O pós-dramático• explora, ele também, simplesmente essa faculdade e essa sofisticação da narração, essa virtuosidade da construção formal que não se sente mais obrigada a fazer o liame com a realidade política e psicológica. Todas essas experiências convergem para a vontade anunciada, não sem esforço, de confrontar escritura textual e escritura cênica ou, dito de modo simples, para uma nova concepção do texto e da escritura: "Eu considero", nos diz Pommerat, "o trabalho da encenação como um tempo da escritura por inteiro. Eu não me sinto autor-encenador, mas autor sem mais. Quando faço os atores trabalharem, continuo a escrever minha peça"[7].

Sob todas as formas possíveis, a escritura não cessa de fazer um retorno. A palavra perdeu, pois, seu sentido literal e tradicional, ela não se resolve, no entanto, a criar um novo conceito que desse conta da plasticidade da escritura cênica: a de *mise en scène* parece já impróprio para a prática atual; *mise en perf* (encenação da performance), *performise* (encenação de performance) e *mise en sensibilité* (encenação da sensibilidade) são palavras-valise sem alça[8]. Esse embaraço terminológico trai a confusão de uma teoria ocidental que não consegue se libertar do dualismo do texto e da cena, da escritura e da ação, do verbo e da encarnação[9]. Somente uma reflexão sobre a prática de alguns autores-encenadores que identificasse as etapas e as interações do trabalho teria alguma chance de nos fazer avançar, tirando-se de uma dicotomia desde sempre arcaica.

NOTAS
1 Roland Barthes, *Le Degré zéro de l'écriture* [1953], *Oeuvres complètes*, Paris: Seuil, 1993, t. 1, p. 147.
2 *Théâtre/Public*, n. 184, jan. 2007. (Théâtre contemporain: écriture textuelle, écriture scénique.)
3 Tal é a nítida impressão que se tira das entrevistas dos EAT, os Écrivains Associés du Théâtre, em *L'Auteur en première ligne: Histoire et paroles des EAT*, L'avant-scène théâtre, 2010. (Collection des quatre vents.)
4 Joël Pommerat, Vers l'autre langue, *Théâtre/Public*, n. 184, jan. 2007, p. 17.
5 Danielle Sallenave, Après Vitez, comment redonner force au texte?, *Télérama*, n. 3151, junho 2010.
6 Franc Bauchard, *Bulletin du CNES*, 2011, p. 3.
7 Pommerat, a propósito de *Au monde*.
8 Manteve-se em francês as combinações verbais realizadas pelo autor nas palavras-valise. (N. da T.)
9 Patrice Pavis, De la fidélité ou la vie difficile du couple texte/répresentation, *La Mise en scène contemporaine*, Paris: Armand Colin, 2010, p. 299-311 (Trad. bras.: Da Fidelidade: Ou o Difícil Caminho da Dupla Texto/Representação, *A Encenação Contemporânea*, São Paulo: Perspectiva, 2013, p. 383-400).

Escritura em Voz Alta

Fr.: *écriture à haute voix*; Ingl.: *writing aloud*; Al.: *Laute Schrift*.

Roland Barthes, a quem devemos esta expressão e esta definição do prazer textual, propõe nomear assim a parte corporal da voz, não sua expressividade psicológica, mas sua dimensão corporal e pulsional. A escritura em voz alta "é conduzida, não pelas inflexões dramáticas, pelas entonações malignas, pelos acentos complacentes, mas pelo grão da voz (*grain de la voix*), que é um misto erótico de timbre e de linguagem, e pode, portanto, ser, por sua vez, tal como a dicção, a matéria de uma arte: a arte de conduzir o próprio corpo (daí a importância nos teatros do Extremo Oriente)"[1].

Esta escritura em voz alta é, pois, a maneira como o corpo é exposto pelo ator, pela modulação de sua voz, por tudo aquilo que é sensível fisicamente no seu jogo de atuação. A tarefa do ator não é, portanto, a de desempenhar um papel segundo os códigos do verossímil, mas é o dar a sentir aquilo que escapa à semântica do texto e às situações psicológicas, aquilo que o corpo trai. No vocabulário de Barthes, trata-se de escritura no sentido de estilo, de aporte pessoal e físico, de corporeidade mais do que de performatividade•, a qual concerne à ação realizada e não à exposição erótica do corpo. A escritura em voz alta é a razão pela qual se vai escutar o ator ou o cantor. O ouvinte-espectador fornece o par simétrico dessa escritura: a leitura corporal de corpos de cantores-atores, o prazer auferido dos ritmos, das "fricções" de seus corpos sobre o dele, o que Barthes descreve como "o corpo anônimo do ator na minha orelha: essa grânula, essa crepitação, essa carícia, essa esfrega, esse corte: esse gozo" (p. 1529).

NOTA
1 Roland Barthes, *Le Plaisir du texte* [1973], *Oeuvres complètes*, Paris: Seuil, 1994, t. 2, p. 1528. (Trad. bras.: *O Prazer do Texto*, São Paulo: Perspectiva, p. 77.)

Escritura Performativa

Fr.: *écriture performative*; Ingl.: *performative writing*; Al.: *performatives Schreiben*.

Toda escritura é performativa, na medida em que ela se realiza e chega à existência no próprio ato de sua invenção e de sua enunciação. Isso é evidente por si para a escritura dramática ou para a escritura cênica, as quais propõem certo número de enunciados que são outras tantas sugestões para a encenação. Mas o que acontece com a crítica dramática, a conversação ou o comentário sobre um espetáculo? São eles, podem ser eles também performativos?

Tal é em todo caso a *tese da escritura performativa* que alguns críticos e teóricos propõem como método de análise e de interpretação de um espetáculo no sentido amplo (performance estética ou *cultural performance*). Sua maneira de escrever dependeria do objeto do qual ela dá conta; ela tentaria restituir no trabalho da escritura "a força afetiva do evento espetacular"[1], a descarga de afetos e a reação direta do crítico. A escritura crítica, e até teórica, seria também uma performance abalada pelo objeto de que ela dá conta, objeto que desapareceu e não pode ser mais reconstituído, salvo, talvez, justamente, pela escritura. O crítico seria um porta-voz do acontecimento cênico, um barômetro ou um sismógrafo da energia produzida pelo espetáculo, um *pipeline* para a energia libidinal da produção cênica. O ato da escritura performativa deve re-atuar no jogo do desempenho (*rejouer*) aquilo que não poderia ser dado como uma constatação ou uma descrição neutra. Em termos de linguística dos performativos, dir-se-á que é um *performativo* (que produz uma ação por sua simples enunciação) e não um *constativo* (que se limita a descrever um estado de coisas).

A crítica "performativa" assume sua *posição artística*, sua estratégia de autor, seu estilo próprio. Certos críticos consideram seu trabalho como dotado da mesma criatividade que uma obra de arte, ou que a obra por eles comentada. Ocorre também, embora muito raramente, que artistas elevam a crítica ou a teoria ao grau de obra de arte e, portanto, a consideram como igual a esta. Trata-se, é verdade, de artistas que se sentem autorizados a produzir discursos, a realizar obras muito conceituais, a refletir sobre sua criação, a ponto de interrompê-la se as circunstâncias não estiverem reunidas. Jérôme Bel, por exemplo, se vê como um artista conceitual: "Eu não faço nenhuma diferença entre as obras artísticas e os discursos. São a mesma coisa para mim."[2] Muitas vezes, hoje em dia, a obra artística é menos uma obra-coisa, material e sensual, do que uma obra processual, conceitual e discursiva.

Reencontrar o elemento desencadeador, o traço da escritura, o afeto e o envolvimento do corpo no jogo da atuação: tal parece ser a tarefa da escritura performativa. Esta última é sempre, nota Carl Lavery, um pós-escrito: "um arquivo vivo que ajuda o analista a se reinvestir com o afeto perdido de um corpo ausente"[3]. A ideia é, portanto, a "de utilizar o texto como um método de pós-escrito para revisitar, corporalmente, um evento espetacular que desapareceu" (p. 38). Reencontrar o corpo ausente não é, todavia, algo que avança por si só. Com efeito, é preciso então reconstituir a situação na qual houve um breve instante captado e encarnado pelos atores e pela cena inteira. Tarefa delicada, mas não impossível, se são dados os meios de passar por uma empatia cinestésica, noção sobre a qual trabalham atualmente numerosos pesquisadores[4].

A empatia• cinestésica permite ao espectador compreender, viver, imaginar e terminar um movimento. Poderá esta faculdade ser transmitida aos leitores que não terão assistido ao espetáculo, aos espectadores que, conquanto presentes, terão esquecido o pormenor dessa experiência física? A coisa não é fácil e poderia ser que se esteja depositando demasiadas esperanças nesta noção, ou poção, neste milagre. Pois esta empatia não é nem universal e nem sempre consciente, e sua transmissão não garante absolutamente que se restitua o objeto tal qual. Além disso, a corporalidade não é senão um aspecto da experiência teatral. Resta avaliar a significação estética, política e moral da representação, o que exige, de novo, passar pelo discurso e por uma série de mediações entre a obra e o público que a recebe.

As mediações são, entretanto, tão numerosas e tão complexas que elas cavam necessariamente um desvio entre o espetáculo e o crítico, e depois entre o crítico e o leitor. Ora, trata-se também de reconstituir essas mediações, as quais são igualmente históricas, culturais, ideológicas e socioeconômicas. Com paciência e determinação, conseguir-se-á trazê-las à luz e dar a compreender, em seguida, como elas são retrabalhadas no crisol estético, como um modelo reduzido, mas sobretudo experimental do mundo. Enfim, trata-se de estabelecer como elas infiltram e colorem a percepção cinestésica. Pois a empatia cinestésica não está apartada do mundo, ao contrário, ela o banha. Ela é, portanto, mais ou menos consciente para o espectador e para o utilizador do movimento; ela foi adquirida por repetição e treino; traz o traço de práticas culturais e sociais diferentes, que lhe dão um conjunto de identidades que podemos, por certo, retrabalhar e modificar, em determinados limites de tempo, de trabalho e de realidade social. Captando essa corporalidade e essa sociabilidade dos atores e do espetáculo, o crítico performativo deverá atentar a todos esses parâmetros, analisá-los para em seguida reuni-los em uma nota de síntese para o uso de seus futuros leitores. Por certo, ele pode também acalentar a ambição de aproximar seu leitor da experiência pessoal passada, de acompanhá-lo nessa transferência da experiência ao instante presente, mas com a condição, todavia, de conhecer ou de imaginar esse futuro leitor para o qual ele se esforça em escrever o mais exatamente possível a experiência física.

NOTAS
1 Peggy Phelan, *Unmarked: The Politics of Performance*, London: Routledge, 1993, p. 12.
2 *Performance Research*, v. 13, n. 1, mar. 2008, p. 46.
3 Carl Lavery, Is There a Text in This Performance?, *Performance Research*, v. 14, n. 1, mar. 2009, p. 39.
4 Ver, supra, em Empatia•, o livro de Reason and Reynolds, 2012.

Escritura Sonora

Fr.: *écriture sonore*; Ingl.: *sonic writing*; Al.: *sonores Schreiben*.

Termo de Daniel Deshays[1] e da teoria contemporânea da dramaturgia• do som•: a composição sonora de um espetáculo. De acordo com as pesquisas recentes sobre a dramaturgia do som (Kendrick e Roesner, Ovadija), o som no teatro não é um simples acompanhamento sonorizado do texto, é uma ação, uma performance que envolve todo o espetáculo[2]. Para Ovadija, "a dramaturgia do som, desde suas fontes na vanguarda até as práticas atuais, se desdobra segundo duas linhas inseparáveis e imbricadas – o poder gestual da voz do intérprete e as qualidades estruturais do som cênico"[3].

NOTAS
1 Daniel Deshays, *50 questions pour une écriture du son*, Paris: Klincksieck, 2006.
2 Lynne Kendrick; David Roesner (eds.), *Theatre Noise: The Sound of Performance*, Newcastle upon Tyne: Cambridge Scholars Publishing, 2011.
3 Mladen Ovadija. *Dramaturgy of Sound in the Avant-Garde and Postdramatic Theatre*, Montreal: McGill-Quen's University Press, 2013, p. 207.

Espaçamento

Fr.: *espacement*; Ingl.: *spacing*; Al.: *Abstandsbildung*.

Esse termo parece emprestado de Mallarmé ("Um espaçamento da leitura", em *Un coup de dés – Um Lance de Dados*). Derrida o cita em epígrafe em *A Escritura e a Diferença* (1967). Esta noção permite compreender como a encenação se inscreve no espaço e no tempo ao instaurar os quadros espaço-temporais. Derrida evoca (mas não definiu) a *diferença*• como "o espaçamento pelo qual os elementos se relacionam uns aos outros"[1].

Esta *diferença*, não a diferença como modificação, mas como momento de espera e de retardamento, "não é uma distinção, uma essência ou uma oposição, mas um movimento de espaçamento, um 'devir-espaço' do tempo, um 'devir-tempo' do espaço, uma referência à alteridade, a uma heterogeneidade que não é de início oposicional"[2].

A escritura dramática é espacial. Não só naquilo que ela coloca no espaço cênico ou dramático para existir, mas porque o jogo do ator assim como a *mise en scène* desenham formas espaciais graças à dicção e/ou ao desenrolar temporal. Nesse sentido, encenar é desdobrar materiais, notadamente sonoros e textuais, no espaço, seja ele o continente ou o ponto de partida para a ação irradiada pelos corpos dos atores ou das coisas. O espaçamento é um caligrama na página cênica. O ator coloca espaços, do "jogo" entre as ações. As imagens também tomam posição: elas tomam partido e investem no espaço.

Certos encenadores procedem (avançam) por quadros, estabelecendo referenciais espaçotemporais. Esses quadros são sempre sequências cronológicas, mas *patterns*, figuras assinaláveis e repetíveis. Quando Robert Wilson monta *As Fábulas de La Fontaine*, reencontramos, de uma fábula para outra, elementos que respeitam espaçamentos, agrupamentos visuais e gestuais, o que assegura uma unidade rítmica e estilística. Outros encenadores "colocam" de preferência imagens que parecem deter o tempo, ao menos por um instante, escavando então formas espaciais ligadas à temporalidade e às artes plásticas estáticas.

O espaço não é mais concebido somente como um continente, uma arquitetura fixa, mas como uma *arquitextura* aberta e móvel, coproduzida pelo olhar do observador. A encenação contemporânea é assim levada a seguir um percurso, a ligar-se e a indexar-se nos deslocamentos do público.

NOTAS
1 Jacques Derrida, *La Dissémination*, Paris: Seuil, 1972, p. 38.
2 Jacques Derrida; Elisabeth Roudinesco, *De quoi demain... Dialogue*, Paris: Fayard/Galilée, 2001, p. 43.

Espectador

Fr.: *spectateur*; Ingl.: *spectator*; Al.: *Zuschauer*.

1. DESFORRA DO ESPECTADOR

Durante muito tempo esquecido pelos artistas de vanguarda, reduzido a uma quantidade negligenciável ou a um mal necessário para a produção, o espectador havia desaparecido um pouco da reflexão teatral e artística em geral. Desde o começo dos anos 2000, ele tem sua desforra: não se fala mais senão dele nos colóquios, nos *talk shows* e nas publicações. Ele se tornou às vezes um álibi para não se encarar mais em demasia a antiga questão do público e de sua decomposição em inumeráveis grupos distintos. Ora, essa oposição entre uma concepção sociológica, empírica, do público e uma abordagem psicanalítica e/ou cognitiva do sujeito percipiente, teórica, em suma entre o espectador real, o *viewer*, o vedor, e o espectador como *sujeito* abstrato da enunciação, esta oposição é justamente o que a pesquisa deveria hoje procurar superar[1].

O espectador é uma falsa boa noção, pois não há nada mais difícil de analisar do que uma pessoa diante de uma obra de arte: como saber o que ela pensa e sente? Como abordá-la sem atemorizá-la? O que se quer saber dela? Quais identidades reagrupa? Há interesse em sua pertinência sociocultural? Cabe perguntar-se o que se lhe pode mostrar e em função de qual ética? Se o que se procura é desvendar seus segredos, quais são eles e para que fim? Todo ajuste implica uma série de questões cognitivas: como se compreende um espetáculo, como ele é recebido física, emocional e intelectualmente?

As respostas a essas questões sobre o espectador não são evidentes por si: não apenas porque recorrem a mecanismos e exigem conhecimentos por demais variados para serem dominados por uma única pessoa, mas sobretudo porque estas questões se colocam diferentemente em cada época e em todo novo contexto cultural e social. Em vez de um ponto de vista universal, global e estável, deve-se de preferência instalar uma visão histórica, relativa, circunstanciada, levando em conta tanto a variação do objeto observado como o olhar múltiplo e lábil dos espectadores.

Quaisquer referenciais históricos, válidos, eles também, somente em um contexto cultural e geográfico, no caso o contexto francês e, às vezes, europeu do pós-guerra, nos ajudam a perceber a relatividade daquilo que se pensava ser uma evidência: o espectador. Há de se ver aí igualmente uma confirmação de que é necessário propor ao mesmo tempo quadros históricos precisos, fazer a história do espectador (ou da maneira de olhar) e propor uma teoria que leve em consideração essas mudanças históricas, notadamente as da prática teatral.

2. SOBREVOO HISTÓRICO DOS ESTUDOS SOBRE O ESPECTADOR

- Anos 1950: o teatro, em especial o teatro popular, esforça-se por aproximar seus espectadores, criar uma comunhão na cultura de grandes textos postos à disposição de todos. O espectador esquece suas dificuldades socioeconômicas do momento, o teatro representa o interesse geral e a prática da cena é "generalista": ela se dirige a todos evitando fragmentar o teatro em grupos isolados e especializados.
- Anos 1960: os espectadores tornam-se ativos, até reativos, seja na arte da performance, do *happening* e dos espetáculos ligados a manifestações públicas ou políticas. Sob a influência de Brecht, o espectador é convidado a recuar em sua posição diante dos acontecimentos representados. Sob o patrocínio de Artaud, ele se projeta, ao contrário, no acontecimento único, não repetível, esperando assim escapar à "clausura da representação"[2] (Derrida a propósito de Artaud), no *event* de Cunninghan e nas *actions* de Cage. O espectador esboça sua futura carreira brilhante de "participante".
- Anos 1970: O espectador é cada vez mais bombardeado por performances pós-modernas• e pós-dramáticas•, para as quais lhe falta ferramentas de análise. Ele está desarmado diante de semelhantes espetáculos da desconstrução e, ao mesmo tempo, as encenações "brechtianas" e "dramaturgicamente corretas" dos clássicos levadas ao seu ponto de perfeição, e o dogmatismo aborrecem-no cada vez mais. A semiologia, método de leitura então dominante, mostra seus limites ante a emergência das obras ditas "pós-dramáticas". A relação teatral, metáfora do encontro do ator e do espectador, considerada a essência do teatro, segundo Grotowski ou Brook, aplica-se mal ao pós-dramático. A hora de pôr em causa o espectador como decodificador e dramaturgo soou.
- Anos 1980: O espectador passa rapidamente, quase sem transição, de um trabalho de decifração semiológico a uma deriva, e até a uma imersão• em uma cultura performativa às vezes desconhecida. Ele evolui em uma fase "culturalista" em que tudo é qualificado de cultural e tudo pode tornar-se um objeto espetacular. Esses anos assistem à renovação de métodos de pesquisa: a *Rezeptionsästhetik* alemã (Jauss, Iser) e o *Reader-response criticism* (Fish[3], Bleisch[4], Tomkins[5]) são duas teorias da leitura aplicáveis ao teatro. Os estudos empíricos do público sobre os espetáculos abundam, aprofundando ainda um pouco mais o fosso que

o separa do estudo do espectador como analista-intérprete da encenação.

- Anos 1990: Em uma época cada vez mais antiteórica e apolítica, após a virada do fim do comunismo, o espectador sente-se desorientado pelos experimentos muitas vezes formais da performance pós-moderna e pós-dramática. Esses espetáculos ambiciosos e sofisticados recorrem à sua experiência pessoal, às suas sensações•, às suas intuições e quase nada ao seu conhecimento das ciências humanas para uma reconstituição e uma exegese dos espetáculos.
- Anos 2000: o espectador tem a impressão de ser solicitado, e até cortejado, nos espetáculos interativos, em imersão ou em multimídias, mas ele renuncia cada vez mais controlar o sentido e a qualidade do que se lhe apresenta. Os filósofos que "dele se ocupam" lhe propõe uma "partilha do sensível"[6], uma "estética relacional"[7], uma comunidade como ficção necessária[8], uma experiência comunitária ou uma busca do comum, e não mais do "espaço público" ou político. Marie-Madeleine Mervant-Roux[9] vê aí uma deriva neorritualista. A isso, filósofos como Marie-José Mondzain ou Myriam Revault d'Allonnes respondem por uma promoção nuançada da comunidade ou da assembleia teatral, lugares onde supostamente o espectador encontra refúgio: "A assembleia teatral não é nem da ordem da assembleia fusional, nem da ordem de uma espera que seria atomizada porque encarada a partir da reunião momentânea de indivíduos separados."[10]

Para o estudo do espectador, parece indispensável ultrapassar a oposição de origem brechtiana entre espectador burguês passivo do teatro "dramático" e espectador crítico e ativo do teatro épico, ultrapassar tanto a oposição entre um espectador frontal, sentado, passivo e um espectador participante móvel, ativo. Do mesmo modo, a oposição entre um leitor ativo e um telespectador passivo não tem mais muito sentido.

Esse breve sobrevoo do espectador ocidental desses últimos sessenta anos basta para nos persuadir disso: o espectador não poderia ser estudado sem um conhecimento histórico e sociológico das expectativas de cada época, nem sem um estudo estético das produções teatrais e artísticas. Para fazer isso, quaisquer considerações sobre a diferença entre leitura de um texto e recepção de um espetáculo permitem comparar duas práticas ao mesmo tempo próximas cognitivamente e diferentes emocionalmente.

3. HERMENÊUTICA DO TEXTO E DO ESPETÁCULO

As diferenças de recepção entre a leitura e o espetáculo são bem conhecidas. Por isso, tornou-se inabitual constatar as similaridades. Para o estudo do leitor, a obra de Nathalie Piégay-Gross[11] nos fornece um excelente guia.

A compreensão da fábula, quer se trate de um texto ou de um espetáculo, obedece a leis cognitivas similares. A atenção do leitor difere da do espectador: o leitor faz pausas, progride no livro com seu próprio ritmo; o espectador depende das pausas preparadas na encenação. Ele não é senhor de seu ritmo de recepção. Trata-se de ler, isto é, de decifrar a encenação e sua lógica, que lhe cumpre descobrir. No caso em que ele interpreta um texto, o espectador deve tomar o cuidado de examinar como o encenador e os atores leram esse texto e o inseriram em uma representação. Não se tem, portanto, acesso ao texto em si, tal como nós o leríamos na brochura (quer ela tenha sido ou não publicada, quer nós a conhecêssemos ou não), mas a uma leitura particular, concretizada na encenação. O espectador deve estabelecer a diferença entre os dois tipos de leitura.

Nem os textos nem as encenações podem prever e, portanto, inscrever suas futuras interpretações. Adivinha-se às vezes as "intenções da obra", sua estrutura e sua estratégia, mas nunca se está seguro de levantá-las com justeza e, menos ainda, de que a chave proposta será a melhor e a única possível. Não há nada de previsível, nem de "pré-legível" em um texto a ser levado à cena ou em uma representação a ser decifrada.

O texto, assim como a representação, comporta pontos de indeterminação•, brancos, buracos e vazios, agulhagens em que a interpretação pode bifurcar e as conexões entre os fragmentos estabelecer-se. Esses "engates" se fazem tanto entre os elementos do texto, entre os signos ou entre partes do texto e da representação.

A leitura, assim como a *mise en scène* exigem do receptor uma criatividade na interpretação. Tal interpretação nada tem, pois, de automático, ela comporta riscos de erro, mas é também uma fonte de alegrias e de descobertas.

O leitor, assim como o espectador se esforçam por compreender como o texto ou o espetáculo ou os dois foram concebidos, segundo qual intenção da obra (a distinguir da intenção do autor). Não é suficiente desvendar o segredo do texto ou da encenação, cumpre-lhes reconstituir, ao menos parcial e hipoteticamente, o processo de preparação, a estratégia na pesquisa dos materiais e sua combinatória, a opção escolhida.

O texto nunca diz tudo: afora os silêncios e as ambiguidades do texto, o leitor estabelece correspondências entre as partes do discurso: "O papel do leitor consiste, portanto, em estabelecer tal ou tal combinação, em combinar tais ou tais segmentos do texto – e em deixar outros na sombra." (p. 16) O espectador efetua um trabalho comparável entre as unidades que ele recorta na representação.

A narratologia cognitiva investiga essas operações mentais que intervêm em todo relato (seja ele textual, visual ou de outro tipo). Graças à apreensão de um quadro (*frame*), o leitor instala uma situação, apreende as ações no interior de uma situação já vivida. O argumento (*script*) é maior: consiste numa história previsível a partir da lógica que nós conhecemos de antemão. A colmatagem (*gapping*) consiste em colmatar os buracos do relato, os elementos que não estão precisos e de que temos necessidade para acabar a leitura e lhe dar uma coerência suficiente. A conclusão (*ending*) é a maneira de terminar o relato, de completá-lo, para que tudo que precede tome sentido. O espaçamento• (*spacing*) (termo de Mallarmé, retomado por Derrida) organiza o espaço textual ou cênico, constrói blocos espaçotemporais, que são outros tantos quadros para as ações. Para paliar as insuficiências da análise clássica do relato e da narratologia aplicada a uma fábula pouco legível ou a uma encenação pouco figurável, a "narratologia natural" dispõe de conceitos que dão todos ao receptor um poder aumentado. A experiência pessoal (*experientiality*) é levada a contribuir para reconstituir uma situação e uma cena demasiado enigmática. Graças à *naturalização*, elementos contraditórios são recuperados, uma certa função lhes é dada. Quanto à *narrativização*, ela converte em relato, imprime uma forma narrativa a um discurso do qual não se sabe "aonde quer chegar". Operação que o teatro completa graças à encarnação das personagens.

Essas operações cognitivas se aplicam indiferentemente à leitura e à recepção de um espetáculo, sem por certo prejulgar diferenças radicais entre o visual e o textual. Elas reduzem a problemática do espectador no domínio da interpretação, o que os estudos de público não podem levar em consideração. O espectador é um hermeneuta que referencia sem dúvida alguns lugares de indeterminação, sem jamais estar seguro de que sejam os bons ou de que os outros espectadores não tenham encontrado outros. Ele se guia por aquilo que lhe parece constituir a estratégia da encenação, ou seja, sua estrutura e sua intencionalidade. Enfim, e sobretudo, a *mise en scène* organiza e constitui o olhar de seus futuros espectadores: sua visão é, para dizê-lo com Maaike Bleeker[12], encenação. Os espectadores adquirem incessantemente novas identidades.

4. A ENCENAÇÃO DA VISÃO

a. Guiar a Visão e a Recepção

O espectador atual é uma figura polimorfa. Seja ele espectador de teatro, telespectador, internauta, utilizador dos videogames, ele muda constantemente de perspectiva; seu olhar difere de um momento ao outro e à mercê das mídias que o solicitam.

Esse deslocamento não é, todavia, de ordem técnica ou fisiológica, é simbólico, ligado à maneira como a encenação atrai, desvia e manipula o olhar do espectador. O papel e a tarefa do espectador consistem em reconhecer a *mise en scène* como sistema estético, ideológico e estratégico, ao mesmo tempo para seguir o seu percurso que o encenador propõe e para decidir acerca do percurso que o espectador deseja aí efetuar.

Segundo Maaike Bleeker, o teatro é "uma prática da encenação da visão" (p. 16). Certo, essa encenação da visão é um tema frequente desses espetáculos desconstruídos ou pós-dramáticos que se baseiam na tomada de consciência do olhar do espectador na fabricação e na recepção da encenação. No entanto, trata-se aí, na realidade, da regra geral, pois o espectador participa da elaboração do sentido de maneira ativa. Ele constrói a significação da obra e ele a constrói por meio de seu próprio olhar.

b. Reencontrar a Interpretação

O estudo do espectador não deveria jamais seccionar-se da referência à obra e, portanto, da análise dessa obra, quer essa análise seja semiológica, fenomenológica, hermenêutica ou outra. A escolha de um método não é definitiva, depende do momento histórico em que a pessoa se coloca, bem como do tipo de obra que ela se propõe a analisar. Convém, portanto, examinar a constituição desse objeto que o espectador recebe – sem ao mesmo tempo esquecer evidentemente que esse objeto é em parte, em parte somente, o resultado do olhar guiado e posto em cena do espectador. Para compreender o espectador, é preciso começar por compreender qual coisa ele aprende: a própria obra, suas estruturas e as expectativas que ela suscita.

5. AS NOVAS IDENTIDADES DO ESPECTADOR

a. Mudança de Quadros

Construir seu olhar é, para o espectador, avaliar de onde ele percebe o espetáculo e, portanto, de que ponto de vista. Com todos esses espetáculos que misturam realidade e ficção, com todas essas pessoas que não representam um papel mas se apresentam como elas mesmas, falando diretamente ao público a partir de sua própria experiência, o espectador não é mais confrontado por uma personagem fictícia e por uma fábula. Ele busca a boa distância entre as testemunhas reais e os momentos de teatro. Ele é obrigado a questionar a diferença entre o autêntico e o fictício, a repensar suas categorias talhadas entre documento e invenção. Ele se vê embarcado, a despeito de si mesmo, em um espetáculo e em um evento em que real e ficção se alternam: debate, manifestação, passeio pela cidade etc. Ele não permanece, portanto, em face da representação, pronto a analisar a partir do interior os signos; ele está no espetáculo, às vezes ele é o espetáculo. Ele passa incessantemente de um quadro a outro, transpõe limiares, habitua-se a não mais buscar uma nova mensagem provocadora que o interpelaria e o obrigaria a analisar a situação dramática. O espectador não faz mais uma análise (dramatúrgica e semiológica), ele se submete a uma experiência, a um impressionismo crítico, a uma atmosfera: "Comunicar, elevar, edificar, equilibrar, dar a compreender, perturbar: esses componentes clássicos da experiência estética não têm aqui muita importância."[13] O que vale para a arte contemporânea vale igualmente para a encenação.

Por uma espécie de "presentismo" (uma fixação só no presente com exclusão do passado ou do futuro), o espectador efetua a experiência de sensações e de impressões imediatas: impossível mais tarde recordar-se do espetáculo, guardá-lo na memória, se não como uma coisa agradável, ao menos como uma sensação forte porém efêmera.

b. O Espectador e Seus Duplos

O espectador desempenha um papel tão efêmero quanto os espetáculos que lhe apraz esquecer uns após outros? E quando se torna um parceiro da criação teatral, ele ainda é ele mesmo? A lista das identidades do *Homo spectator*[14] é quase infinita: "Observador participante", à maneira dos etnólogos; "investigador", "perito" para o Rimini Protokoll ou o She She Pop, "visitante", ou melhor ainda, *flâneur*, passeante, em referência a Baudelaire e a Benjamin. A cadeia de metáforas é toda ela igualmente longa: "espectador" antes em Boal; "precipitado de uma reação química", em Herbert Blau[15]; "amador da arte sutil do *rendez-vous*)", em Ethis[16]; "espectator", em Sibony[17]; "viajante em travessia", para Wajdi Mouawad; espectatriz emancipada, "partindo para a descoberta de novas regiões artísticas", segundo Florence March[18]. Mas nenhum termo é atualmente tão popular quanto o de "testemunha". Não a testemunha de um acidente da estrada, que explica as causas e as circunstâncias do acidente, como deveria fazê-lo, segundo Brecht, o espectador crítico do teatro épico; mas o etnógrafo que observa como ele faria uma performance cultural, quando confrontado a uma cultura e a um meio estrangeiros.

c. A Comunidade

Esta atenção prestada à testemunha tanto nos estudos sobre o espectador como nas ciências humanas, da antropologia à história, revela uma profunda necessidade de reencontrar (ou de imaginar, o mais das vezes) a dimensão coletiva e comunitária do espectador. Por que então? Precisamente porque o público foi reduzido a átomos isolados, a grupos de especialistas que não se comunicam mais entre si. Ora, após os anos 1960, após o Living Theatre, Grotowski ou Barba, as pessoas do teatro aspiram a reconstruir uma comunidade, um bem comum, "uma gestão imediata, para o corpo do ator, de um espaço real partilhado com um público, portanto uma república, uma coisa pública"[19].

A assembleia ou a comunidade teatral torna-se muitas vezes a aposta da atividade teatral. Certos autores, como Enzo Cormann, vão a ponto de enxergar aí o objetivo de seu trabalho: "a questão é mais a de constituir a assembleia (em torno de um objeto), do que a de produzir um objeto (suscetível de provocar a assembleia)" (p. 118). Que a gente se valha de Bennedict Anderson e de sua "comunidade imaginada" e de Jean-Luc Nancy e de sua "comunidade ociosa"[20], a comunidade não é, segundo Marie-José Mondzain, quanto ao público na cena do teatro, uma comunidade de visão, pois, segundo a fórmula de J.-T. Desanti, "nós, não vê nada". M.-J. Mondzain retoma e completa essa fórmula: "O nós não vê nada, mas é o entre nós que vê."[21] Resta definir e constituir este entre nós. É a isso que se esforça a assembleia imaginária de críticos e de espectadores. Ocorre que a comunidade se recusa a reunir-se, que o espectador, pós-moderno ou pós-dramático, se dispersa, se dissemina, como diria Derrida. Disseminação• que não é sem risco para o teatro, pois, nos adverte Revault d'Allones, "esses pensamentos da disseminação foram pensamentos ruinosos para a questão do sentido da comunidade; passou-se de uma posição globalizante, unificadora, a seu simétrico inverso, dito de outro modo, a um pensamento da dispersão, do espalhamento, que nos impede, ele também, de apreender e de situar os problemas. E é essa a razão pela qual, hoje em dia, temos tanta dificuldade de pensar a questão do comum. Estamos encerrados em uma questão ruinosa: a do 'nós fusional' ou da 'dispersão e da disseminação'" (p. 87-88). A busca da fusão dos espectadores em uma comunidade tem qualquer coisa de irresistível no contexto contemporâneo, mas ela está também submetida a uma estrita crítica política. Rancière desconfia dela, tanto em Artaud quanto em Brecht. O teatro brechtiano é, segundo ele, "uma assembleia em que a gente do povo toma consciência de sua situação e discute seus interesses", enquanto em Artaud, o teatro é "o ritual purificador em que é dada a uma coletividade a posse de suas energias próprias"[22].

d. O Espectador no Espaço Público

O espectador de teatro foi durante muito tempo definido por sua posição no espaço: em face da cena, preso numa relação teatral baseada na copresença no espaço e no tempo de espectadores e de atores. Cabe, pois, espantar-se, observa Chris Balme, que "a pesquisa atual sobre o teatro pós-dramático, mesmo entre seus fundadores e seus advogados, continua a operar com uma concepção de espectadores e de públicos em uma relação de face a face com os atores"[23]. Com efeito, os espetáculos "pós" não confrontam mais necessariamente no mesmo *continuum* espaçotemporal esses dois grupos, os quais, às vezes, estão situados a uma grande distância um do outro e presos em temporalidades diferentes. Alguns perguntarão: "Isso ainda é teatro?" Boa pergunta.

A tradução do termo de Habermas, Öffentlichkeit, por *espace public* em francês, "espaço público" em vernáculo, ou por *public sphere* em inglês, presta-se a confusão, porque a expressão alemã designa a opinião pública, o fato de ser público, e de modo nenhum um espaço. Não é, todavia, um acaso, nem, aliás, uma coisa má, que a teoria do espectador utilize uma metáfora espacial, pois isso expõe à vista os espaços possíveis onde se situam o espectador e o objeto espetacular, ambos disseminados sem limites.

e. O Espectador, Objeto Inencontrável da Representação

Se os espectadores estão nos dias de hoje disseminados no espaço e no tempo, de um lado o encontro direto entre os atores e os espectadores não tem mais lugar, ao menos segundo as regras de outrora e, de outro, o espectador é convidado a olhar e a interpretar o espetáculo muito tempo depois da representação, a misturá-lo eventualmente a outras experiências e discursos, a se adaptar às fronteiras movediças do espetáculo e da meditação. Como bem nota Florence Marsh, "o espectador em ação faz, portanto, voar em estilhaços o quadro convencional da representação"[24].

Se no espectador a concepção disso permaneceu, conforme Balme, Mervant-Roux ou March, na definição clássica do teatro como encontro, é também, segundo este último, porque o "monstro teórico do 'espectador' (do espectador em si)" provém "do sonho elaborado por alguns em torno do teatro popular, no quadro de uma identificação geral do teatro com o espaço político clássico"[25]. Que o teatro se adapte às mudanças da ação política! O espectador em marcha, no sentido próprio, o do teatro de rua, exposto, envolvido corporalmente, tumultuado, "no coração da partitura"[26], é também o espectador que sabe ir no bom sentido, no sentido da marcha, notadamente da marcha da história. Mas o caminho é longo, semeado de emboscadas e o espectador, que partiu na busca perpétua de si mesmo, nunca está certo de chegar à meta.

NOTAS
1 Esta ideia nos é sugerida por Judith Mayne em *Cinema and Spectatorship*, London: Routledge, 1993,

p. 9: "O estudo do público na teoria do cinema sempre implicou negociações complicadas dos 'sujeitos' e dos 'vedores", a despeito das afirmações de que os dois são termos incompatíveis. Meu objetivo neste livro é avaliar essas negociações complicadas enquanto horizonte dos espectadores de teatro."
2   Jacques Derrida, Le Théâtre de la cruauté et la clôture de la représentation, *L'Écriture et la différence*, Paris: Seuil, 1967, p. 341-368. (Trad. bras.: O Teatro da Crueldade e o Fechamento da Representação, *A Escritura e a Diferença*, São Paulo: Perspectiva, 2009, p. 339-365.)
3   Stanley Fish, *Is There a Text in This Class? The Authority of Interpretive Communities*, Cambridge: Harvard University Press, 1980.
4   David Bleish, *Readings and Feelings: An Introduction to Subjective Criticism*, Urbana: NCTE, 1991.
5   Jane P. Tomkins, *Reader Response Criticism: From Formalism to Post-Structuralism*, Baltimore: The Johns Hopkins University Press, 1980.
6   Jacques Rancière, Le Partage du sensible, Paris: La Fabrique, 2000.
7   Nicolas Bourriaud, *Esthétique relationnelle*, Dijon: Les Presses du Réel, 1998.
8   Marie-José Mondzain em Luc Boltanski et al., *L'Assemblée théâtrale*, p. 129.
9   *Figurations du spectateur: Une Réflexion par l'image sur le théâtre et sur sa théorie*, Paris: L'Harmattan, 2006.
10 Marie-José Mondzain em Luc Boltanski et al., *L'Assemblée théâtrale*, p. 126.
11 Nathalie Piégay-Gros, *Le Lecteur*, Paris: Flammarion, 2002.
12 Maaike Bleeker, *Visuality in the Theater: The Locus of Looking*, Basingstoke: Palgrave Macmillan, 2008.
13 Yves Michaud, *L'Art à l'état gazeux: Essai sur le triomphe de l'esthétique*, Paris: Stock, 2003, p. 171.
14 Marie-José Mondzain, *Homo spectator*, Paris: Bayard, 2007.
15 Herbert Blau, *The Audience*, Baltimore: The Johns Hopkins University Press, 1990, p. 25.
16 Emmanuel Ethis, Le Cinema, cette art subtil du rendez-vous, *Communication et langage*, n. 154, dez. 2007.
17 Daniel Sibony, Spectateur, Spectrateur, La Position du spectateur aujourd'hui dans la société et dans le théâtre, *Du Théâtre*, n. 5, mar. 1995, p. 45-52.
18 Florence Marsh, *Relations théâtrales*, Montpellier: l'Entretemps, 2011. As designações acima são citadas por F. March em sua obra, p. 20-25.
19 *L'Assemblée théâtrale*, p. 39.
20 Jean-Luc Nancy, *La Communauté désoeuvrée* [1986], Paris: Bourgeois, 2000.
21 *L'Assemblée théâtrale*, p. 85.
22 Jacques Rancière, *Le Spectateur émancipé*, Paris: La Fabrique, 2008, p. 12.
23 Christopher Balme, Distributed Aesthetics: Performance, Media and the Public Sphere, em Jerzy Limon; Agnieska Zukowska (eds.), *Theatrical Blends*, Gdańsk/Slowo: Obraz Terytoria/Theatrum Gedanense Foundation, 2010, p. 147.
24 Florence March, *Relations théâtrales*, Vic-la-Gardiole: L'Entretemps, 2010, p. 45.
25 Marie-Madeleine Mervant-Roux, *Figurations du spectateur: Une Réflexion par l'image sur le théâtre et sur sa théorie*, Paris: L'Harmattan, 2006, p. 21.
26 Anne Gonon, *In vivo: Les Figures du spectateur des arts de la rue*, Montpellier: L'Entretemps, 2011, p. 169.

Espetáculo de Técnicas Mistas

Fr.: *spectacle aux techniques mixtes*; Ingl.: *mixed-means performance*.

Essa expressão, que é a tradução do inglês *mixed-means performance*, deve ser cuidadosamente distinguida da de multimídia•. No sentido amplo de mídias artísticas (*mixed-media*), encontramos esse gênero na pintura e nas artes plásticas do início do século XX (Picasso, Bracque), depois no movimento dos dadaístas e dos surrealistas. Ela se refere a uma assemblagem• de objetos artísticos e de meios cênicos pela vanguarda americana e europeia dos anos 1960 e 1970. Descreve uma prática das artes plásticas e cênicas que visava, naqueles anos, ultrapassar tanto a concepção do teatro como a de uma encenação centrada em um texto, para valorizar os elementos da prática cênica como os da luz, do som, das ações físicas dos atores. Como indica um dos inventores dessa noção de *mixed-means performance*, Richard Kostelanetz, "uma obra de técnicas mistas começa em geral com um conjunto som-imagem que é constantemente comunicado, em vez de recorrer às técnicas lineares da variação e do desenvolvimento que a obra se contentaria em prolongar e realizar em sua forma de partida"[1]. A forma do *mixed-means* (encontra-se também, mais recentemente, a de *mixed-media*) indica que estamos em presença de representações ao vivo e/ou vivas e de representações pela imagem do cinema, do vídeo, da imagem de síntese e de todas as espécies de projeções.

Essa forma é comum às experiências de Robert Wilson, Meredith Monk, Richard Schechner, John Cage, Michael Kirby, Laurie Anderson e muitos outros naqueles anos 1960 e 1970. Ela se prolonga até o século XXI com o teatro pós-dramático• na Europa. O emprego das mídias, as mais diversificadas e inventivas, decuplicou mais a sua força, ainda que distanciando muitas vezes as performances dos objetos e dos materiais concretos da antiga vanguarda.

NOTA
1 Richard Kostelanetz, *On Innovative Performance(s): Three decades of Recollection of Alternative Theatre*, Jefferson: McFarland, 1994, p. 230.

Espetáculo Entre um Ator e um Espectador

Fr.: *spectacle entre un acteur et un spectateur*; Ingl.: *One-to-One Performance*; Al.: *Einzelner Schauspieler-Einzelner Zuschauer Aufführung*.

O teatro parece aproximar-se sempre mais do espectador, entrar em sua intimidade, provocando-o, dirigindo-se a ele pessoal e individualmente. Quando não há mais do que um único espectador e um só performer para lhe falar e para se ocupar dele, isso ainda é teatro, ou será que voltamos à realidade, que abandonamos a cena, a ficção, a representação?

A *one-to-one performance* (performance de um para um), joga com a ambiguidade dessa relação e da transgressão• que ela implica. No interior de uma representação ou de uma performance aberta a um público não selecionado, essa experiência é geralmente programada para breves *tête-à-tête* de dois a oito minutos em média, no curso dos quais o performer se autoriza a posar de espectador de questões mais ou menos pessoais, a isolar-se do resto do grupo de artistas e do público, a fim de estabelecer uma comunicação individual. O espectador-cliente sente-se ao mesmo tempo vulnerável e lisonjeado pelo fato de que se interessem pessoalmente por ele: ele julgava gozar da imunidade do consumidor de arte, mas eis que o atacam nos fundamentos de sua interioridade!

O que exigem dele? Nada no fundo que ele não tivesse vontade de dizer ou de fazer. A única convenção, amiúde explicitamente formulada no contrato espetacular, o único interdito, é o contato físico, o toque, a passagem ao ato, a sexualidade pública. Toda promiscuidade é banida, sem o que haveria mudança de gênero e de categoria. Mas o diálogo, iniciado o mais das vezes pelo ator/atriz, é balizado, reduzido a algumas confissões ou provocações fáceis e aceitáveis, que fazem sorrir, rir, em vez de angustiar o passeante, ou de amedrontar o cliente do *showbiz*.

A experiência que o espectador• veio procurar nesse teatro de imersão• é preciosa para testar os limites da arte e do real, para colocar em discussão a fronteira do público e do privado, para definir os limites da intimidade, para tomar consciência dos códigos sociais e psicológicos que controlam a vida social. Risco• ético, psíquico, mas também político, visto que o *one-to-one* interroga sobre aquilo que somos capazes de erigir em regime social, político no sentido amplo.

Utilizando as técnicas do *speed-dating* (mas sem os riscos da relação amorosa ou do casamento), o *one-to-one* obriga o espectador a expor-se por um curto instante, a assumir riscos "razoáveis", a retirar de sua vinda ao teatro (daquilo que Karl Valentin chamava "a obrigação de assistir ao espetáculo") uma experiência pessoal divertida, valorizadora e desestabilizadora: outros tantos valores que a arte contemporânea promove e dos quais ela faz às vezes o seu cabedal de comércio, sob o pretexto da renovação das práticas artísticas. Por isso, as derivas do teatro são talvez também o que assegura sua sobrevivência e que relança o interesse de um público de consumidores que viu tudo, experimentou tudo e logo também comprou tudo.

Espetáculo Vivo

Fr.: *spectacle vivant*; Ingl.: *live performance*; Al.: *darstellende Kunst*.

Esse termo revela quão na defensiva está o teatro em face das mídias. Ele dá a entender, de forma um pouco ligeira, que se pode distinguir, com clareza, entre o teatro com atores presentes diante de nós e os espetáculos que utilizam quase exclusivamente as mídias. Ainda se assiste, por certo, a espetáculos com atores cujos corpos e vozes são percebidos sem qualquer mediação, mas isso se tornou mais a exceção do que a regra.

A noção de "vivo" é ambígua ou, ao menos, polissêmica: ela significa muitas vezes, pura e simplesmente, aquilo que não recorre às mídias. Mas o sentido de *live*• é diferente: o *live* não designa os corpos vivos, em carne e osso, porém os corpos mostrados no instante em que são percebidos pelo público – um corpo filmado em vídeo e transmitido imediatamente (ao vivo) sobre uma tela é, portanto, *live*, mesmo quando sua presença é midiatizada.

O corpo em cena é, por certo, visível, mas (habitualmente) não tangível. A encenação joga com a incerteza sobre o seu estatuto real: o ator está de fato lá ou é somente sua imagem hiper-real (cf. *Les Aveugles* [Os Cegos], encenação de Denis Marleau). Ora o ator se mostra *en vrai* (de verdade), ora ele apresenta só a sua imagem (é o caso dos mesmos dançarinos, reais e filmados, dos coreógrafos Hervieux e Montalvo).

É às vezes difícil ter uma prova visual dos corpos. Amiúde, o rosto permanece mascarado e o ator desaparece por inteiro em um bastidor ou atrás de uma divisória na cena (em Castorf ou Pollesch).

Que o teatro se diverte jogando com nossa percepção contraditória da vida e da presença, eis o que não deveria mais nos espantar. Mas talvez nos inquietar.

Estética

Fr.: *esthétique*; Ingl.: *aesthetics*; Al.: *Aesthetik*.

Grande é a dificuldade de dar a menor definição da estética teatral•, pois a própria noção de teatro é considerada como ocidental e é contestada pelos *Performance Studies*•, os quais aparecem como um território imenso, sem fim, que necessitaria de outras tantas estéticas específicas e locais. Se, por outro lado, cessamos de definir o teatro como a presença física e *live* de um ator perante um espectador•, mas como a ação de relacionar uma mídia com outras mídias e outros tipos de receptor, então as teorias e as estéticas explodem em sua qualidade assim como em sua quantidade (intermidialidade•). Esta situação explosiva pode ser uma oportunidade para a estética contemporânea.

1. O OBJETO DA ESTÉTICA

Natureza e delimitação do objeto: a principal disputa é a de saber se as diversas *cultural performances* podem dispensar, como elas afirmam amiúde, serviços da estética, ou então se o seu objeto cultural ou cultural possui uma dimensão estética ao lado de seu valor performativo. As diferenças são grandes entre, por exemplo, um desfile de moda em que o lugar, o andar dos modelos, a música e a valorização das roupas dependem da evidência do julgamento estético, e uma missa em uma igreja protestante holandesa, em que o espetacular é menos visível. No interior de uma mesma performance é quase sempre possível dividir o objeto em zonas ou em episódios nos quais a estética desempenha um papel maior ou menor. Sem falar de uma concepção ampliada da representação teatral, prolongada, por exemplo, em diversas mídias audiovisuais além daquilo que é diretamente perceptível pelo espectador instalado em um lugar outrora chamado teatro ou cena.

A fragmentação do estético: desde os anos 1990, várias disciplinas, que invocam com toda a razão seu vínculo com a estética, partilham entre si a tarefa antes reservada à estética clássica, de Baumgarten a Kant e Hegel:

1. A filosofia empreende uma reflexão sobre a arte e a performance, examinando o que os filósofos contemporâneos trazem para a produção e a recepção das obras.

2. A sociologia da arte, de Bourdieu a Heinich, estende seu império sobre as produções culturais e espetaculares. A sociologia de Bourdieu se propõe a descrever todas as instâncias que precederam a escritura de um texto ou à elaboração de uma encenação. Ela se dá o encargo de definir seu campo, esse que determina o estilo, a atitude, o modo de percepção dos artistas implicados na produção da obra e dos espectadores encarregados de recepcioná-la. Ela se esforça em descrever a posição dos atores sociais, sua disposição no campo artístico, sua avaliação dos valores, dos gostos•, dos resultados e sua tomada de posição.

3. A psicologia da arte reata com as pesquisas sobre a percepção, a identificação ou a empatia•. Ela estende seu domínio ao corpo do ator ou do dançarino com o qual o espectador entra em uma relação de empatia cinestésica.

4. A semiologia das obras não é eliminada, mas reposta em seu justo lugar ao lado da sociologia ou da estética da recepção de origem alemã e com eixo na recepção histórica dos textos.

5. Desesperando de encontrar para a arte plástica contemporânea ou o teatro dito pós-dramático• critérios estéticos objetivos e, portanto, de produzir com eles um juízo estético, em particular determinar se a obra é de arte ou de mistificação, filósofos analíticos como Danto ou Goodman propõem uma estética analítica que não procura mais definir a arte, porém estabelecer como o vedor e o contexto decidem que há arte. É o que, observa Jimenez, nos conduz a uma crítica de arte em que "a interpretação do público é válida unicamente se ela consegue coincidir ao máximo com a interpretação que o próprio artista faz de sua obra"[1]. É verdade que uma parte majoritária da crítica dramática jornalística se contenta muitas vezes em entrevistar o encenador sobre suas intenções para tentar interpretar e depois recomendar o espetáculo aos leitores ou aos ouvintes. As notas de intenção, com frequência, são infelizmente comunicadas no programa que o espectador se sente obrigado a consultar justo antes do início da representação. A semelhante método atribui-se o nome heroico, mas antiteórico, de "pós-moderno" ou de "pós-dramático". Fala-se também, não sem humor, de "pós-vanguarda"[2], para designar um movimento que não existe ou não sai do lugar, o que diz muito sobre suas reles ambições teóricas.

2. QUESTÕES EM SUSPENSO

A fragmentação da estética nada faz, em suma, senão reproduzir a de toda atual teoria global da arte, tanto a do teatro como a dos *performance studies*. Esses últimos desconfiam da teoria, mas bem que gostariam, ao mesmo tempo, de recorrer a ela para introduzir um pouco de ordem em todos os discursos contraditórios acerca da arte contemporânea. A única clivagem que permite uma localização em sobrevoo é a de uma teoria analítica, acumulativa, muito "pós", da sensibilidade (do gosto•) por oposição a uma teoria geral da arte, na tradição clássica. Com efeito, essa teoria geral encontra-se reduzida à impotência devido à pulverização das formas e à multiplicação anárquica das teorias parciais ou das filosofias ecléticas chamadas à cabeceira do teatro. Algumas questões permanecem em suspenso. Sua formulação nos ajuda, na falta de resposta clara, na tentativa de sair do labirinto:

Qual teoria implícita posso eu utilizar, na minha pesquisa sobre a produção ou sobre a recepção, quer eu seja um pesquisador ou um espectador comum? Estou eu a ponto de construir ou desconstruir meu objeto? Quais são os limites disso? Uma coreografia isolada? A obra de conjunto de um coreógrafo? Uma tradição coreográfica nacional ou um movimento histórico? Quais afetos• a obra produz em mim? São os mesmos que aqueles sentidos pelos dançarinos e pelo coreógrafo? Como se transmitem eles?

Responder a tais questões é ainda possível para a análise estética de obras clássicas e modernas, mas é muito problemática para as obras pós-modernas ou pós-dramáticas que reivindicam uma abordagem imediata do espectador e pretendem oferecer-lhe com isso o meio de uma prova direta, mais física e ligada ao evento. Essa experiência pessoal visa confrontá-lo com uma transgressão•, um excesso, um escândalo, um tratamento de choque. A estética pós-dramática não está, portanto, mais em condições de conduzir, graças à mediação• dos artistas, filósofos ou professores, a uma tomada de consciência humanística da obra e de sua função socioeducativa. Ela visa muito mais um tratamento de choque para desestabilizar o espectador•, mergulhá-lo em um universo onde será preciso reaprender a escutar, a ver e a sentir seus riscos e perigos. Uma desestabilização completa que não desemboca necessariamente,

como bem mostra Christian Ruby, em uma conclusão niilista e anti-humanística do espectador: "um espectador de arte contemporânea seria, pois, um espectador que, solicitado pela e na obra contemporânea, aprende a tomar suas distâncias consigo mesmo, mete-se a compreender uma obra com outros, à margem do que dizem dela as 'autoridades', sabe que não existe valor estético em si nem prazer estético definitivo, e se empenha em um esforço constante de compreensão de sua própria relação com as artes, de seus afetos e de seu prazer (ou dos objetos de seu prazer), multiplicando as interferências com os outros espectadores"[3].

Se pensar a relação do espectador com a estética contemporânea tornou-se muito delicado, bem se vê também que esse espectador não poderia escapar daí se quisesse se reencontrar ele próprio, sem perder de vista os outros, se desejasse partilhar com eles um trecho de caminho e um naco de sensível[4].

NOTAS
1 Marc Jiminez, *Qu'est-ce que l'esthétique?*, Paris: Gallimard, 1997, p. 411.
2 Ver a conferência organizada por Meewon Lee na Korea National University of Arts, em Seul, out. 2012, Where Does Theatre Go After the Post Avant-Garde? (Para Onde Iremos Depois da Pós-Vanguarda?)
3 Christian Ruby, *Les Résistances à l'art contemporain*, Bruxelles: Labor, 2002, p. 60-61.
4 Para retomar o título do livro de Jacques Rancière, *Le Partage du sensible: Esthétique et politique*, Paris: La Fabrique, 2000.

Ética

Fr.: *éthique*; Ingl.: *ethics*; Al.: *Ethik*.

Desde o fim dos anos 1980, isto é, desde os inícios da crise da teoria, a questão ética voltou ao primeiro plano da cena após ter deixado de desaparecer da reflexão sobre a literatura e as artes. Esse *come-back* se explica por um retorno do sujeito, do autor, da concepção humanística da literatura e da arte. Um retorno bastante bem-vindo do qual seria errado pensar que ele assinala o fim da teoria e a restauração do humanismo à antiga: ele revela, ao contrário, a necessidade de uma teorização mais global, e até globalizada, que engloba a exigência formal da teoria e da experiência concreta do receptor. O leitor, o espectador• e o observador participam doravante ativamente da constituição da obra. Convém, portanto, interrogar o efeito ético de tais receptores sobre a obra, e reciprocamente,

1. DEFINIÇÕES E CAMPO DE APLICAÇÃO

Moral e ética: não é muito fácil distinguir a ética da moral. André Comte-Sponville, entretanto, nos ajuda nisso, ao opor "a moral e a ética como o absoluto (ou pretendido como tal) e o relativo, como o universal (ou pretendido como tal) e o particular [...] Por *moral*, eu entendo o discurso normativo e imperativo que resulta da oposição do Bem e do Mal, considerados como valores absolutos ou transcendentes. Ela é feita de mandamentos e de interditos: é o conjunto de nossos deveres. [...] E entendo por ética um discurso normativo, mas não imperativo (ou sem outros imperativos senão os hipotéticos) que resulta da oposição do *bom* e do *mau*, considerados como valores imanentes e relativos. [...] Em duas palavras: a moral comanda, a ética recomenda"[1].

A ética na prática do teatro: a ética é o tema quase obrigatório de todo texto dramático ou de toda obra teatral. Mas não é esta temática ligada aos conflitos morais das personagens que deve nos interessar aqui; mas, sim, a dimensão ética de toda prática teatral e sua recepção pelos espectadores.

Como a prática contemporânea da cena e das performances de todo gênero trata os valores éticos? Ela quase não invoca mais o seu vínculo com a célebre fórmula clássica do "agradar e instruir"; ela se arrisca mais, como outrora Schiller, em exigir que o teatro seja uma "instituição moral". A exigência de uma educação para a arte não é mais reclamada senão pelos defensores da educação popular e da animação cultural e artística. A estética pós-moderna•, assim como toda a encenação pós-dramática•, desconfia muito do teatro engajado ou político, ambas não pensam que possam agir, em todo caso, direta e duradouramente sobre a realidade sociopolítica e, no entanto, as questões éticas não desapareceram da reflexão acerca do teatro: desde os anos 1990, os anos da crise depois do pós-crise da teoria, diferentes disciplinas dos estudos teatrais se interessaram cada vez mais por ela. Eis alguns exemplos dessas disciplinas e de espetáculos que lhes correspondem:

2. O LUGAR DA ÉTICA EM ALGUMAS DISCIPLINAS DOS ESTUDOS TEATRAIS

A *narratologia*, ou o estudo dos relatos, seja ela aplicada ao romance ou ao teatro, observa como os textos (ou as imagens) constroem e reconstituem efeitos dos sentidos, apelando às emoções, aos afetos• dos leitores, à sua concepção do mundo, à sua maneira de ser e ao seu sistema de valores. "Essa espécie de crítica não se contenta em tratar os pontos de vista morais tematizados explicitamente em uma obra; ela pretende retraçar *o ethos* implicado na composição inteira."[2] O *ethos*, noção tomada de Aristóteles, é a maneira de se exprimir e de se comportar de uma pessoa ou de uma personagem, sua personalidade, seu caráter, seu ponto de vista, seu modo de ser, como no caso de uma pessoa real. A leitura e a interpretação provêm do "encontro entre o *ethos* do narrador e o *ethos* do leitor ou do ouvinte", de sua "codução", segundo o termo de Booth[3]. De acordo com essa hipótese, há sempre uma negociação entre a ética representada em uma ficção e a ética dos receptores.

São os textos reputados como os mais difíceis, e até ilegíveis, como aqueles, por exemplo, de Beckett, que exigem do leitor um envolvimento mais firme, a comparação com sua experiência e sua intuição pessoais, às vezes *a contrario*, amiúde exigindo hipóteses de leituras contrárias a seus hábitos, provocando suas reações íntimas e seu senso moral[4].

A *desconstrução*•, a de Derrida, mas também tudo o que é posto em evidência de um lugar de indeterminação• ou de uma fase de indecidibilidade em um texto, conheceu também uma mudança de atitude em relação à ética da leitura. Após uma fase inicial de indecidibilidade e de diferença• de textos, a desconstrução de Derrida, por volta do fim dos anos 1980, quis ser mais responsável (capaz de responder – *response-ability*, *Ver-Antwortung*, diz Lehmann[5]), além daquilo que passou por indecidível. Derrida voltou-se então para as questões de culpabilidade, de lei e de justiça, para um pensamento ético, preocupado com o possível e com o responsável. Como bem demonstra Geoffrey Galt Harpham[6], Derrida "sistematizou o engajamento ético da desconstrução em um ensaio de 1988, *Afterword: Toward an Ethic of Discussion* (Posfácio: Para uma Ética da Discussão)[7], em que desenhou um processo normativo de leitura desconstrutiva na qual um nível ou um momento de comentário desdobrado, estabelecendo o consenso mínimo sobre os sentidos, devia ser seguido por um segundo nível ou momento produtivo, o da interpretação"[8]. Tão logo se procure um consenso mínimo acerca de um texto, entra-se em uma relação ética e política: é isso que parece ter-se produzido com a saída de uma desconstrução formal e a entrada em um pensamento de alteridade tal como Lévinas sempre a encarnou com sua metáfora do semblante humano e da responsabilidade, pois "eu sou responsável por outrem sem esperar a recíproca, ainda que deva me custar a vida"[9].

No teatro, diferentemente da literatura e das artes, a desconstrução foi pouco experimentada, exceto nos anos 1970 por encenadores radicais como Antoine Vitez, Richard Foreman ou Peter Zadek. Por quê? Talvez justamente devido a certo ceticismo frente à sua radicalidade e porque os encenadores não queriam negligenciar a dimensão ética e política das peças e dos espetáculos. Pois as releituras dos clássicos, na França ou na Alemanha, por desconstrutivas que tivessem sido, não desprezavam uma releitura ideológica e uma confrontação direta com as implicações morais da fábula. Jamais houve um corte radical com a metáfora do semblante ou com a ética do outro, segundo Lévinas.

Esse semblante do outro, do qual fala *Lévinas*, é precisamente o que me faz tomar consciência de que eu sou responsável pelo outro, fato que fundamenta universalmente toda ética. Ao mesmo tempo, o semblante, o corpo e a linguagem acolhem também as diferentes identidades do sujeito. Evitar-se-á, pois, opor como irreconciliáveis a ética do semblante, segundo Lévinas, e as identidades sociais e psíquicas dos indivíduos. Não se poderia censurar Lévinas por basear sua ética numa troca abstrata de olhares, ainda que todo semblante seja concreto, inscrito na história e na identidade sexual ou étnica. Com essa ética das identidades, encontramo-nos ante uma alternativa: um face a face filosófico à la Lévinas ou então um processo político que arrisca desfigurar, des-carar (*dévisager*) os indivíduos, multiplicando as identidades. Essa alternativa, entretanto, pode revelar-se uma contradição produtiva. Pois se há de fato uma exigência absoluta de ética pelo encontro do outro, este encontro é sempre político, isto é, relativo e particular a um grupo, a uma cultura, a uma época.

O teatro parece ter interiorizado esse encontro. Instintivamente, o espectador procura o rosto e o olhar do ator na massa cênica, em busca de identificação, de diálogo, de troca. Ele procura o outro e aspira reconhecer-se no outro. Muitas vezes, ele não encontra nenhum rosto para lhe responder; cada vez mais, como na realidade, o humano está ausente da cena, substituído por uma imagem fabricada pelas mídias, transmitida pela câmera a um espaço virtual intocável. O semblante se esconde, a relação com a realidade se vela, ninguém parece responder por nada. Tal era a situação neste fim do milênio precedente e de suas proclamações pós-modernas, pós-humanísticas e pós-dramáticas. No entanto, ainda aí a exigência ética faz uma reversão. Ela toma emprestado da desconstrução a crítica da representação e, da teoria das identidades, a possibilidade de analisar as facetas do sujeito sob todas as costuras. A autoperformance e o teatro pós-colonial• se referem a uma realidade flutuante, mas, não obstante, próxima da do funcionamento do indivíduo e da sociedade.

3. A RESPONSABILIDADE DO ESPECTADOR

O espectador é, em última análise, responsável por seu engajamento na atividade teatral. Tudo, na prática contemporânea, é feito para que ele se sinta implicado na representação: ele é tomado como testemunha, ele é "imerso" em uma situação em que se sente forçado a tomar partido e em que ele se torna parte interessada da ação: imersão e participação tornaram-se o seu cotidiano. Por conseguinte, sua responsabilidade ética está implicada: deve ele deixar que os atores se entreguem a ações violentas, e até autodestrutivas? Deve deixar-se levar (*se laisser faire*), responder às questões que o assaltam? Deve ele aceitar o risco• que o teatro lhe faz correr?

NOTAS
1 André Comte-Sponville, *Dictionnaire philosophique*, Paris: PUF, 2013, p. 366-367.
2 Liesbeth Korthals Altes, Ethical Turn, em David Herman et. al (eds.), *Routledge Encyclopedie of Narrative Theorie*, p. 143.
3 Ibidem.
4 Ver o exemplo do texto *Lessness* de Beckett, em Patrice Pavis, *Degrés*, n. 149-150, primavera 2012, p. a1-a21.
5 *Postdramatisches Theater*, Frankfurt: Verlag der Autoren, 1999, p. 251.
6 Geoffrey Galt Harpham, Ethics, em Frank Lentrichia; Thomas McLaughlin (eds.), *Critical Terms for Literary Study*, Chicago: The University of Chicago Press, 1995.
7 *Limited Inc.*, Evanston: Northwestern University Press, 1988, p. 391.
8 G.G. Harphan, Ethics, Frank Lentrichia; Thomas McLaughlin (eds.), op. cit., p. 391.
9 Emmanuel Lévinas, *Éthique et infini: Dialogue avec Philippe Nemo*, Paris: Fayard, 1982, p. 94-95.

Étnico (Teatro)

Fr.: *ethnique (théâtre)*; Ingl.: *ethnic theatre*; Al.: *ethnisches Theater*.

A expressão "teatro étnico", rara em francês, é utilizada em inglês no contexto multicultural• norte-americano e britânico para peças ou performances de minorias culturais que possuem suas próprias tradições de jogo teatral ou para quem autores ou encenadores, na maioria das vezes pertencente eles próprios a tais minorias, criaram obras novas. Exemplos: o teatro ameríndio em Québec, o teatro ídiche em Nova York, o *asian american drama* nos Estados Unidos.

A etnicidade é o que define um povo ou uma comunidade por sua nacionalidade, sua língua, sua religião, seus costumes, sua história, por sua pertinência a um quadro cultural. É isso que a distingue da raça, ela própria definida por características físicas. Na prática, a identidade étnica é amiúde confundida com a identidade racial.

As sociedades multiculturais encorajam por suas subvenções experiências étnicas que tornam a dar a esses grupos, mais ou menos ativos politicamente, uma certa visibilidade e identidade. Ironia da história: justamente nos anos 1930 nos Estados Unidos, o *teatro étnico* era uma ferramenta pedagógica, um laboratório, por contribuir para a integração dos novos imigrantes. Em toda essa época, "o teatro étnico, em que o corpo vivo do ator mostra a identidade racial que é principalmente definida como diferença física, foi o laboratório mais rápido e vivo para experimentar o multiculturalismo, esta hipótese e este ideal da América"[1].

A etnologia tornou-se, desde os anos 1960, uma disciplina capital dos estudos culturais e dos estudos teatrais. O pesquisador e, em um grau menor, o espectador comportam-se em face do espetáculo como um etnólogo confrontado com seu objeto: um objeto não mais exótico•, porém estético e antropológico, no qual o observador deve imergir a fim de compreender as normas, as regras e os efeitos da obra. Pois, a etnologia, nos especifica Philippe Descola, "não é tanto definida por um objeto particular quanto por um modo de conhecimento singular: a imersão de longa duração em uma comunidade de práticas, de um observador exterior"[2].

NOTAS
1 Choi Sung-Hee, Bond or Bondage? Multiculturalism(s) in the Asian American Drama, *The English Language and Literature Association of Korea*, 52, n. 1, 2006.
2 Philippe Descola, L'Ethnologie ouvre à tous les possibles, *Le Monde*, quarta-feira, 26 jun. 2013, p. 8.

Exceção Cultural

Fr.: *exception culturelle*; Ingl.: *cultural exception*; Al.: *kulturelle Ausnahme*.

A exceção cultural (ou como se diz mais recentemente: a diversidade cultural) consiste em excluir os serviços da cultura e do audiovisual das negociações comerciais entre os Estados Unidos e a Europa, e não as converter em mercadorias como as outras, submetidas ao mercado. Desde os acordos do GATT em 1993, os serviços culturais e audiovisuais foram excluídos das negociações comerciais. Para a cultura europeia ou francesa esta proteção é indispensável a fim de não ser varrida por uma indústria criativa, notadamente norte-americana, mas que visa apenas o grande público (*mainstream*•). Trata-se também atualmente de lutar contra os gigantes da internet, como o Google, a Amazon e o YouTube, que difundem todas as espécies de conteúdos culturais sem contrapartida financeira. Em 2013, novas negociações entre a Europa e os Estados Unidos ameaçam terminar em uma liberalização das trocas audiovisuais e culturais. Há, de resto, um conflito entre o parlamento europeu, favorável em sua maioria a uma exceção (uma diversidade) cultural, ainda que a comissão preconize "deixar o mercado se estruturar sem entravá-lo". A posição atual (2013) da França é que, para garantir a diversidade cultural, a exceção deveria estender-se ao digital e aos "novos serviços audiovisuais".

A mundialização digital, a globalização• econômica e cultural têm, de fato, um impacto direto sobre a cultura e os espetáculos ao vivo. O espetáculo ao vivo é cada vez mais dependente, por sua preparação, seu funcionamento assim como sua estética, das mídias, da internet, da produção cinematográfica e televisual. Esta proteção excepcional não impede, evidentemente, a fabricação "industrial" do *Mctheater* ou do *Megamusical*, manufaturados em uma grande capital (Londres, Nova York) e depois vendidos em franquia a teatros de outras metrópoles. Os espetáculos são recriados de modo idêntico com a mesma infraestrutura, a mesma sonorização, a mesma configuração cenográfica e a mesma *mise en scène* (jogo de atuação, ritmo). A ajuda à criação teatral não pode concorrer com essas grandes máquinas e preservar a menor criatividade artística e diversidade cultural.

Como já observava Derrida no início dos anos 1990, há uma débil margem de manobra entre, de uma parte, um protecionismo, estranho no domínio das artes e que pode conduzir à promoção de obras nacionais e, de outra, uma inundação do "mercado de produtos homogeneizantes, medíocres". É forçoso, então, sustentar a "produção de obras capazes de resistir à concorrência e de sobreviver a ela". Porém, acrescenta Derrida, "isto passa por uma transformação geral da sociedade civil, do Estado e, por exemplo, pelo cruzamento dos dois, por uma transformação geral da sociedade civil"[1].

NOTA
1 Jacques Derrida; Bernard Stiegler, *Échographies de la télévision*, Paris: Galilée-Ina, 1996, p. 55.

Excentricidade

Fr.: *excentricité*; Ingl.: *eccentricity*; Al.: *Exzentrizität*.

É o fato de estar afastado do centro, de estar em posição de descentramento•. No teatro, essa situação é frequente, e até constitutiva da relação teatral. Nela, o teatro nada faz senão reproduzir a situação do ser humano frente a seu corpo e ao universo. É assim, nos lembra Massumi relendo Spinoza, que o afeto• produz uma troca entre o corpo e o mundo, pois o afeto é "um estado de suspensão passional em que (o corpo) existe mais fora de si mesmo, mais na ação abstrata da coisa tocada e no contexto abstrato desta ação, do que no interior de si mesmo"[1].

Essa posição excêntrica do ser humano é igual e exemplarmente à do ator. Em sua *Anthropologie des Schauspielers* (Antropologia do Ator), Helmuth Plessner mostra que esse ser humano e, em primeiro lugar, o ator, está sempre à distância de si mesmo, o que se exprime bem na diferença que a língua alemã estabelece entre o que o corpo é (*Leib*) e o que o corpo tem (*Körper*)[2]. O ator, quaisquer que sejam as teorias, situa-se sempre entre interioridade (ele crê ou faz crer que ele é a personagem) e exterioridade (ele toma distâncias críticas ou irônicas para com aquilo que ele é suposto representar).

A teoria da empatia• cinestésica, tal como exposta por Dee Reynolds, confirma essa separação entre o sujeito e o objeto, em um lugar, uma *zona de indeterminação* (*zone of indeterminacy*[3]), onde se estabelece a sensação, onde o afeto está sempre em devir entre o sujeito e o mundo objetivo exterior. Identificando-se com um movimento, o indivíduo torna a jogar (*re-joue*, re-presenta) nele esse movimento e essa intensidade, o que é a condição para que ele o perceba e o compreenda, de modo a ser afetado por ele como por um movimento vindo dele mesmo. A percepção, como o teatro, é, pois, a faculdade ou a arte de se deslocar pela imaginação, de sair de si próprio e, portanto, no sentido próprio de conhecer, o "ex-tase" (*ex-tasis* ou ação de estar fora de si).

NOTAS
1 Brian Massumi, *Parables for the Virtual*, London: Duke University Press, 2002, p. 31. Citado por Dee Reynolds; Kinesthetic Empathy and the Dance's Body: From Emotion to Affect, em Dee Reynolds; Matthew Reason (eds.), *Kinesthetic Empathy in Creative and Cultural Practices*, Bristol: Intellect, 2012.
2 Helmuth Plessner, Anthropologie des Schauspielers [1953], *Gesammelte Schriften*, Frankfurt: Suhrkamp, 1980.
3 Evelyn Grosz, *Chaos, Territoy, Art: Deleuze and the Framing of the Earth*, New York: Columbia University Press, 2008, p. 72. Citado por Dee Reynolds, Kinesthetic Empathy and the Dance's Body: From Emotion to Affect, em Dee Reynolds, Matthew Reason (eds.), op. cit., p. 128.

Excesso

Fr.: *excès*; Ingl.: *excess*; Al.: *Exzess*.

O excesso é uma mola frequente da escritura dramática, do jogo de atuação e da encenação. É também um conceito filosófico útil para decifrar a estética contemporânea, especialmente a teatral.

1. O EXCESSO DRAMATÚRGICO

Em dramaturgia clássica, o excesso é a desmedida que afeta o herói trágico, quando ele age estabanadamente, sem atentar para as advertências dos deuses ou dos simples mortais (*hybris°*). Na comédia, a personagem sucumbe frequentemente logo que é afligida por uma falta dominante: é o caso do Avaro ou do Misantropo.

A escritura contemporânea brilha, ela também, muitas vezes, por seus excessos: acúmulo de invectivas em Thomas Bernhardt, longura e complexidade das frases em Koltès, neologismos em série em Valère Novarine, violência repetida de situações em Edward Bond ou Sarah Kane. A cada vez, o mesmo princípio é esticado até o limite; repetição ou exagero torna-se a norma. Renunciando à ação, à fábula ou à caracterização da personagem, essa escritura busca sua identidade nos excessos, longe das regras dramáticas clássicas harmoniosas.

2. O EXCESSO NO JOGO DE ATUAÇÃO

Quando o ator e o encenador recorrem a uma apresentação forçada, os dispositivos são sistematizados, repetidos; o estilo do jogo de atuação é sobrecarregado, artificial, não realista, "barroco"; as gags são retomadas e prolongadas (Castorf), o ritmo é desacelerado (Marthaler), e até imobilizado (Régy), as marcas estilísticas ("marcas de fábrica") são sublinhadas e reiteradas (Kriegenburg, Mesguish).

Essa exacerbação da forma é uma marca de poeticidade, uma insistência sobre a face palpável dos signos, como teria dito Roman Jakobson. Ela não exclui seu contrário: a estilização, a épura. Este já era o caso em Grotowski, e é assim que hoje em dia Barba organiza suas encenações. Em um autor encenador como Joël Pommerat, o artista se sente atraído pela "épura, a economia máxima da forma" e por "um outro aspecto nitidamente mais barroco, inscrito em um desejo de profusão, o excesso, e até o lixo"[1]. O excesso não é sempre a desordem, é muitas vezes até o contrário.

3. "EXCEDER O CONCEITO"

A literatura (assim como o teatro) tem talvez a faculdade, testada por poetas-filósofos como Artaud ou Derrida, de forçar a filosofia para além de seus limites, e até fora de seus parâmetros, de "exceder o conceito". Ela se mostra então "capaz, quando transgride o que era admitido como seus limites, de substituir a reflexão estritamente filosófica e, ao mesmo tempo, de perturbá-la suficientemente para determiná-la a aumentar a aposta"[2]. O excesso, a "parte maldita" (Bataille, 1967), é uma despesa em pura perda, que se manifesta na sexualidade liberada, no sacrifício, na festa, na representação teatral excessiva, no exagero de toda vanguarda extremista e de todo jogo de atuação que atinja um paroxismo. Que se denominem "parte maldita", "despesa improdutiva" ou "gloriosa" (Bataille) como as festas, as cerimônias e os espetáculos, o *potlatch*, o exagero barroco ou sublime, o "corpo dilatado" (Barba) ou o corpo extático, o "corpo explícito"[3] (Schneider) obsceno, o "lixo" (Pommerat), tais corpos excedem a representação teatral. Eles alcançam uma dimensão que a filosofia conceitual por si não poderia apreender sem a ajuda da imaginação ou da loucura que surge da cena. O excesso, portanto, não é mais uma simples figura de estilo, porém um dispositivo eurístico para assinalar e configurar o real na cena.

NOTAS
1. Joël Pommerat; Joëlle Gayot, *Joël Pommerat, troubles*, Arles: Actes Sud, 2009, p. 27.
2. *Dictionnaire des Littératures*, Paris: Larousse, 1986, p. 12-46.
3. Rebecca Schneider, *The Explicit Body in Perfomance*, London: Routledge, 1997.

Exibição de Monstros

Fr.: *exhibition de monsters*; Ingl.: *freak show*; Al.: *freak show*.

No século XIX, o *freak show* (exibição de monstros) era um espetáculo de circo, de feira, de museu, onde eram exibidas pessoas de verdade e do qual se esperava um efeito cômico sobre o público: anão, gigante, deficiente mental, mulher barbada etc. Em *Freaks* (*La Monstrueuse parade*, na versão francesa), um filme muito emocionante rodado em 1932, mas proibido até 1962, o cineasta Tod Browning mostrou um anão enamorado de uma trapezista no meio de um circo onde evoluíam *freaks* e não *freaks*.

A atitude em relação aos deficientes e à doença mudou, evidentemente, muito desde o século XX. Certos diretores como Romeo Castellucci, Pippo Delbono ou Jérôme Bel trabalharam com doentes ou pessoas gravemente deficientes, mas isso nunca com o intuito de zombar deles, muito ao contrário.

A fascinação por corpos fora das normas perdura. Pode também tratar-se de fazer subir à cena não atores, que sejam "expertos do cotidiano" (esses especialistas aos quais recorrem os espetáculos políticos de Rimini Protokoll ou de She She Pop e que testemunham em seu próprio nome), ou amadores que ladeiam os profissionais. O público, sempre ávido de autenticidade•, espreita o que os distingue dos "outros", o que os torna pessoas "reais" e não portadores de personagens de ficção. Porém, todo não profissional, todo amador, todo estreante posto em cena, não se converte então em uma espécie de *freak*, um monstro desconhecido que deve de início "mo(n)strar" que ele é um ator como os outros?

Exotismo

Fr.: *exotisme*; Ingl.: *exotism*; Al.: *Exotizismus*.

1. ORIGENS DO EXOTISMO

É exótico aquilo que parece estrangeiro a um observador, aquilo que se lhe afigura estranho, afastado de seu próprio universo e, apesar de tudo, familiar. Essa atitude contraditória foi sempre notada pelos observadores do exotismo. Assim, para Marc Augé, "o exotismo provinha no século XVIII ou no século XIX de um duplo sentimento na consciência ocidental: o sentimento de estranheza, de afastamento e, paralelamente, o de certa familiaridade"[1]. Por exemplo, nas *Cartas Persas*, os persas de Montesquieu fazem parte de seu espanto, ao descrever os costumes dos franceses do século XVIII nas pequenas cenas cotidianas, que supostamente deviam mostrar a ingenuidade dos estrangeiros, mas revelavam também a acuidade de um olhar muito "persa" sobre a civilização francesa. Somos sempre o exótico de um outro.

2. METAMORFOSES DO EXOTISMO

O exotismo, este "elogio do desconhecimento"[2], não tem boa reputação. Associam-lhe em geral um idealismo do bom selvagem (Rousseau, Bougainvilliers, Bernardin de Saint-Pierre, no século XVIII), um orientalismo• logo sucedido, no século XIX, pelo colonialismo e pelo imperialismo. Como um cenário de pacotilha, o exotismo se expôs na pintura (Gauguin) ou em uma literatura de viagem (Loti); no teatro, ele se infiltra na cenografia decorativa, no jogo de atuação inspirado por tradições orientais (o teatro balinês em Artaud) e no teatro intercultural. O exotismo só se interessa por outras culturas na medida em que elas são capazes de "enriquecer" a visão ocidental: "O exotismo envolve o uso de textos culturais indígenas puramente por sua atração superficial, sem se preocupar com sua semântica cultural de origem. Esses textos não querem dizer muito mais do que sua alteridade; não são mais textos no sentido semiótico, porém somente signos, significantes flutuantes da alteridade."[3]

O teatro do século XX, quando se interessa por outras culturas a fim de representá-las na cena ou na sua dramaturgia escrita (o que é em suma muito raro), tem consciência do perigo desse exotismo orientalista; ele desconfia dos estereótipos, considerando justamente que é de seu dever combatê-los. Até o teatro dito intercultural• dos anos 1970 e 1980, contrariamente a um preconceito tenaz, desconfia das representações exóticas. Com o pós-moderno e por causa da globalização, o exótico perde todo valor etnológico, ele só é bom para vender, para comercializar as culturas e as economias globalizadas.

3. REAVALIAÇÃO DO EXOTISMO

A função do exotismo varia no curso dos séculos. Constata-se uma espécie de reavaliação do exotismo, ao menos nas artes e na literatura. Já Victor Segalen, no seu livro póstumo *Essai sur l'exotisme* (1913), via no exotismo uma escola de sensibilização do outro, e até de autenticidade. Era, talvez, um pouco otimista, mas é certo que, no século XIX, "os outros não são mais tão diferentes: mais exatamente, a alteridade permanece, porém os prestígios do exotismo se esvaneceram"[4]. Quem pode, pois, orgulhar-se ainda de ser exótico, para quem e por quanto tempo? Nada mais nos parece hoje em dia exterior e, portanto, exótico. Somente os catálogos das agências de viagem persistem em tirar partido do desejo dos turistas por outros lugares, mas eles determinam finalmente suas escolhas na internet em função dos preços, das disponibilidades e da insolação do momento...

O teatro é sempre uma experiência encarnada da alteridade e, a esse título, ele é muito sensível às marcas e às variações do exotismo. Ainda aí, nota-se uma nítida diferença entre o orientalismo do começo do século XX e as encenações dos anos 1920 a 1960. Se a *mise en scène* quer ser exótica, ela deveria então, nos diz Barthes, estar em condição de "transformar fisicamente o espectador, de incomodá-lo, de fasciná-lo, de 'encantá-lo' e de não rejeitar infalivelmente o projeto dramatúrgico ao grau de acessório pitoresco"[5]. E, enfim, o período pós-moderno• não visa mais reproduzir fielmente as culturas e as épocas. Na fase de descolonização dos anos 1960, a representação da outra cultura torna-se muito mais prudente, mais "politicamente correta", como se dirá mais tarde. O exotismo é denunciado como a fachada amável do colonialismo, como uma técnica de representação ou, segundo a fórmula de Barthes, "um negro torna-se decorativo". Sob o domínio da globalização econômica, desde os anos 1970 e, mais ainda, de 1980, o exotismo torna-se uma técnica de venda para produtos estandardizados, embora adaptados aos diferentes mercados locais (glocalização•). Observa-se, por exemplo, essa evolução na maneira como a cenografia, no decurso desses anos, passa de uma figuração idealizada com alusões às classes sociais e às culturas do mundo, a uma maior abstração pós-moderna. Inclusive a escritura dramática pós-absurda e pós-beckettiana conhece a mesma evolução para uma dramaturgia supranacional, não mimética, não situada, universal nos seus dispositivos pós-modernos e pós-dramáticos•.

4. OS NOVOS HÁBITOS DO EXOTISMO TEATRAL

A generalização, e até a banalização, do exotismo afeta particularmente o mundo dos espetáculos. Hibridação, sincretismo, mestiçagem de culturas tornam-se a norma, pois o pós-modernismo encoraja a mistura das linguagens, das artes e das raças sem culpa.

Sob a cobertura do diálogo entre as culturas, da amizade entre os povos, da coexistência pacífica multicultural, a mixagem neutraliza um exotismo outrora dirigido contra uma única cultura minoritária, não reconhecida e sem poder. Por um neocolonialismo e um neoexotismo voluntários, os antigos países "exóticos" se proclamam de novo como tais, a fim de favorecer o turismo ou o comércio. Eles não possuem outros meios senão o de vender-se, ao assumir o exotismo e o primitivismo do qual o Ocidente os havia, de maneira bizarra, enfarpelado nos séculos XVIII, XIX e XX. Eles deviam, com efeito, fornecer ao público europeu ou norte-americano o tipo de coreografia, de artes plásticas ou de espetáculos que o mercado da arte internacional e o circuito de *tournées* e, consequentemente, o reconhecimento, esperavam deles.

Contra esse *diktat* da globalização•, o teatro, todavia, não é reduzido de ideias, mesmo se a luta é desigual. A ironia, o humor, a derrisão são as únicas armas restantes, embotadas amiúde pela moral da correção política. Apenas a *stand up comedy*, os humoristas, os espetáculos que manejam a aparente ingenuidade e a provocação (como Rimini Protokoll; She She Pop; Miramas; Franchement, tu) ainda são capazes de devolver a boa consciência ocidental, de zombar dos estereótipos que os espectadores manejam todos nos mais diversos graus, na sua sociedade multicultural, diaspórica ou compartimentada. Eles excelem em converter o exotismo, o racismo e o sexismo em uma paródia que faz pouco dos tabus do bem pensar; eles jogam na sua atuação com os estereótipos do momento: o *bof* (desdenhoso) francês, o turista japonês, o novo-rico chinês, o investidor do Catar.

Mas as culturas neocolonizadas e as "neoexóticas" podem contra-atacar graças a uma política de reterritorialização (caminhada, marcha•). Trata-se então de tirar a cultura, o estilo, a norma estética de seu ambiente costumeiro, situando-as de maneira irônica ou paródica no contexto, no território do público ocidental em que são obrigadas a produzir-se, parodiando e desmontando a construção da obra e, finalmente, adaptando-as a um público internacional ao gosto predeterminado pelas regras da cultura ocidental. A questão é de saber se essa reversão irônica das formas neoexóticas tem a menor chance de exprimir-se, depois de impor-se no contexto globalizado do público internacional, conservando ao mesmo tempo uma parte de sua identidade e pugnacidade. Esse conflito do exotismo e da identidade está no coração da troca intercultural e é vital para a invenção de novas formas teatrais.

NOTAS

1. Marc Augé, *Pour une anthropologie des mondes contemporains*, Paris: Aubier-Flammarion, 1994, p. 25.
2. Tzvetan Todorov, *Nous et les autres*, Paris: Seuil, 1978, p. 19.
3. Christopher B. Balme, *Decolonizing the Stage: Theatrical Syncretism and Post-Colonial Drama*, Oxford: Clarendon, 1999, p. 5.
4. Marc Augé, op. cit., p. 26.
5. Roland Barthes, Comment représenter l'antique?, *Essais critiques* [1964], *Oeuvres complètes*, t. 1, Paris: Seuil, p. 1219. Barthes fala aqui da encenação por Jean-Louis Barrault de *Oréstia*, em 1955.

Experiência Estética

Fr.: *expérience esthétique*; Ingl.: *aesthetic experience*; Al.: *ästhetische Erfharung*.

A *experiência estética* é apenas um dos tipos de experiência e de percepção. Em que consiste a experiência estética para um espectador• de teatro? Poder-se-ia aplicar-lhe a distinção de Kant entre percepção empírica e conhecimento transcendental. Mas é preciso escolher entre os dois; não constituem eles as duas faces ou os dois pilares da experiência do espectador? De um lado, o espectador da obra teatral e artística em geral é constantemente bombardeado e submergido por suas percepções concretas; de outro, ele organiza todas essas percepções graças às formas *a priori* da intuição, como o espaço e o tempo, depois graças ao sistema ainda abstrato e esquemático da encenação, que vai, porém, se precisando incessantemente à medida que se compreende o princípio de sua organização.

A experiência estética consiste na transmissão do sentido, na percepção das formas, na exibição e na instalação das palavras. Fabricar um espetáculo ou, em seguida, recebê-lo, é sempre deixar-se submergir pelas sensações que se organizam em percepções, que se estruturam em significantes e, depois, terminam por formar um sistema mais ou menos coerente.

O efeito produzido: a experiência estética do espectador é sempre uma experiência concreta. No que ela difere de uma experiência da realidade cotidiana? O espectador sabe que isso que ele percebe foi fabricado para ele, que isso é uma produção artística organizada que não pede outra coisa senão nos aparecer em sua estrutura, em sua estratégia, em sua astúcia, em sua arte de se mostrar e de desaparecer ao mesmo tempo. Essa estética produz sobre nós um efeito• (*Wirkung*), o qual atinge nossa consciência e nosso inconsciente, que nos agrada e nos desagrada, nos emociona a ponto de nos aliviar de nossas penas e de nossos conflitos ou, ao contrário, que nos deixa indiferentes. Para estudar tais efeitos, sempre soubemos procurar as ferramentas para mensurá-los e interpretar as "medidas": catarse e descarga emocional, ou melhor, distância crítica para julgar racionalmente. Mais recentemente, nos anos 1970 e 1980, a *Rezeptionsästhetik* (estética da recepção) alemã soube afinar todos os seus instrumentos e analisar de modo sistemático as diversas e possíveis recepções de uma mesma obra em momentos históricos diferentes, a fim de elucidar se a obra possui um cerne irrepreensível ou então se ela não tem outra identidade a não ser através do olhar de pessoas diferentes munidas de suas exclusivas hipóteses[1]. Nós somos expostos ao mesmo tempo a uma experiência exterior que nos vem de todos esses objetos em cena, e a uma experiência interior que retrabalha essas percepções, as adiciona a outras, as interpreta etc.

Essa *dicotomia do externo e do interno* recorta uma distinção que o alemão, com a diferença só da palavra experiência em francês ou em inglês (ou em português), faz entre *Erfahrung*, experiência do real, do conhecimento, do andamento das coisas, e *Erlebnis*, experiência vivida, íntima, pessoal, vivência.

A *Erfahrung* é a experiência técnica, acumulada; ela se concretiza em parâmetros observáveis, verificáveis, tendo sua fonte no mundo exterior. Ela nos proporciona um espaço exterior, um objeto de saber, que poderemos logo traduzir em palavras, analisar com conceitos lógicos, referir ao mundo. Aqui, a teoria se fundará em bases sólidas.

A *Erlebnis*, ao contrário, é vivida pelo sujeito como uma experiência íntima, dificilmente comunicável, que o sujeito gostaria de guardar para si sem que deva falar dela ou se explicar.

A *experiência individual*: é precisamente essa experiência individual e indizível, não partilhável, que o espectador pós-dramático• ou pós-narrativo deseja viver, sem desejo de se aperfeiçoar ou de aprender qualquer coisa ou, ainda menos, de transmitir uma mensagem. Essa fórmula corresponde bem a um teatro de imersão•, de recolhimento em si próprio, de uma *arte em estado gasoso*[2]. A experiência estética individual torna-se o objetivo em si, sem que seja útil analisar a obra. A "experiência individual do espectador": esta expressão traduz a transferência da produção, do sentido, da encenação para a exclusiva recepção, a subjetividade individual, a performance. Daí uma certa desconfiança do público ou da crítica em relação à teoria considerada como falsificadora e inútil. O elogio da experiência estética é um meio de dizer que não se pode mais analisar objetivamente, que vale mais depositar confiança nas sensações experimentadas pelo receptor. Os artistas também se tornaram por vezes céticos ou cínicos. O trabalho do encenador consiste às vezes em vender um evento "pronto para o uso", como se vendia antes um cruzeiro pelo rio Meuse ou, nos dias de hoje, uma excursão para a Disneylândia. No supermercado da cultura, no novo mercado do capitalismo, a experiência do consumo é mais importante que o produto consumido[3]. Compra-se uma experiência de vida. Em liquidação, amiúde, e com um cartão de fidelidade.

Existe no Reino Unido e nos Estados Unidos um gênero novo chamado *experiential theater* (teatro de experiência pessoal). É uma forma adaptada à dramatização de uma problemática pessoal, de uma busca de sensações fortes ou íntimas, sob a forma de ações em lugares públicos, uma forma centrada em ações estranhas que interpelam o espectador quase sem a mediação da arte e da ficção. Trata-se sempre de colocar o corpo do espectador à prova: percursos em lugares improváveis, possibilidade de dormir, de fantasiar em paz, de proporcionar a sensação de risco• ou do perigo. A utilização de pessoas deficientes em um espetáculo modifica, por exemplo, nossa experiência cinestésica, nos obriga a repensar, redirecionar nosso esquema perceptivo. O recurso ao risco faz parte da experiência: risco físico, psicológico, moral, risco de o utilizador não compreender, de ser posto a nu, de se ridicularizar e, muitas vezes, também, de se enojar. Confrontado com a violência, a feiura ou a incompreensão, o corpo do espectador sofre muito, pois o espetáculo, longe de diverti-lo ou de curá-lo, sublinha seu desconforto, sua mutilação, sua falta de apaziguamento catártico (Teatro do Murro•).

NOTAS

1 Hans-Robert Jauss [1972], *Pour une esthétique de l'expériénce esthétique*, Paris: Gallimard, 1993.

2 Para retomar o título do livro de Yves Michaud: *L'Art à l'état gazeaux: Essai sur le triomphe de l'esthétique*, Paris: Stock, 2003. Michaud defende a tese de que a obra de arte contemporânea se reduz amiúde a uma experiência subjetiva, a uma arte em estado gasoso.

3 Luc Bolanski; Eve Chiapello [1999], *Le Nouvel esprit du capitalisme*, Paris: Gallimard, 2011. Ver, igualmente, Patrick Hetzel, *Planète conso: Marketing expérientiel et nouveaux univers de consommation*, Paris: Édition d'Organisation, 2002.

Fala

Fr.: *parole*; Ingl.: *speech*; Al.: *Sprechen*.

O teatro da fala (*parole*): expressão que se emprega em contraposição à de um *teatro de conversação*, de diálogo, segundo as leis da dramaturgia clássica ou neoclássica. O teatro da fala é o teatro da voz, não da voz como portadora do sentido ou da psicologia de uma personagem, mas da voz em sua dimensão rítmica, somática, visceral•, em sua vocalidade•. Em um teatro da fala, o essencial reside na maneira de dar a entender de outro modo a linguagem: de fazer perceber, física e poeticamente, a materialidade•, o significante e não o significado.

A fala é o acontecimento da linguagem, seu processo•, sua enunciação, sua performatividade•. É o que se pode fazer com a fala, não com as palavras (*mots*) (as falas, *paroles*) para acompanhar as trocas verbais, porém com uma "escritura em voz alta", como diz Barthes: o endereçamento direto da fala ao público (e não a troca verbal de palavras)[1].

NOTA
1 Michel Liard, *Parole écrite: Parole scénique*, Nantes: Joca Seria, 2006, p. 43.

Festival e Festivalização

Fr.: *festival et festivalization*; Ingl.: *festivalization*; Al.: *Festivalisierung*.

A multiplicação dos festivais na maioria dos países é outro sintoma da globalização. Mais do que de uma festivalização, dever-se-ia falar de uma "festivalidade" aguda! Em quinze anos, o número de festivais na Europa foi multiplicado por trinta. Uma cidade como Berlim conta com mais de quatrocentos por ano! Poderíamos rejubilar-nos com esse aumento da oferta cultural e teatral, se ela não se fizesse quase sempre às custas da programação regular dos teatros. O festival, com efeito, não é somente estival, ele se estende por todas as estações do ano. Não se trata mais, como nos anos 1950, de iniciar um público em gêneros novos, mas de introduzir uma política do evento, um após outro. Viu, pegou e partiu!

A participação em festivais torna-se para certos grupos um *modo de funcionamento*. Algumas companhias jovens endividam-se pesadamente no festival *off* de Avignon, sem garantia de que seu trabalho será comprado por programadores preocupados unicamente com a rentabilidade. O trabalho preparatório dos artistas é efetuado em função do festival, que muitas vezes encomendou o show: escolha de peças ou de espetáculos para um futuro público, amiúde ao mesmo tempo noviço e internacional; redução da parte linguística e textual; legendas simplificadas; uso do inglês; mensagem simplificada; tendência ao teatro de rua, ao teatro "gestual" etc. O festival torna-se uma vitrine, um *showcase* em que os profissionais da filmagem assim como os amadores das *tournées* vão fazer suas compras. É o que, aliás, explica a atitude um pouco *blasé*, entediada, dos consumidores desses *showcases* para profissionais. Quanto aos espectadores dos festivais, eles devem efetuar incessantes escolhas a fim de encontrar seus espetáculos em meio a um grande número. Amiúde se trata na realidade de um festival em que é programado um só grande espetáculo à noite, sendo as horas do dia reservadas ao *off* ou às produções locais: pelo menos o público poderá então respirar um pouco.

Os efeitos secundários da festivalização não são negligenciáveis: a programação obedece muitas vezes a efeitos de moda, a uma universalização, uma simplificação, uma globalização de temas e de estéticas *passe-partout*, molduras, aliás rapidamente ultrapassadas. Cada grupo adapta o tema do ano a seu gosto; ele passa a borracha nas asperezas culturais demasiado específicas e "estranhas", pouco compreensíveis e inesperadas; tende a responder ao gosto do público por valores seguros, com um exotismo e uma cor local que não chocarão ninguém. O festival não tem mais nada de uma festa desenfreada, de um ritual imutável, ele se degradou em um evento efêmero e superficial.

A festivalização da cultura é um fenômeno mais inquietante do que festivo. Isso vale para a velha Europa, todavia cada vez mais também para outros continentes: segundo Jean Jourdheuil, a Europa, outrora um lugar de cultura, tornou-se um local de festivais, e a programação assemelha-se a uma grade programática de uma cadeia de televisão. A festivalização como "crise de crescimento"? Contrariamente às aparências, a pletora da oferta festivaleira é enganosa, pois são com frequência as mesmas produções, ou suas variantes, que circulam de um festival, de um país, de um teatro a outro. O Estado e as coletividades territoriais ficam tentados a se abster de uma programação anual de qualidade e coerente a longo prazo, em favor de eventos e de golpes midiáticos que não escapam aos eleitores, mas não nutrem quase os cidadãos.

Festivalização da cultura, e mesmo da vida, como se essa forte dose de teatro durante alguns raros dias devesse a seguir bastar ao público por longos meses. "Festivalite": uma indigestão entre duas penúrias crônicas, uma comunidade ilusória de alguns dias, em lugar de uma comunidade que se molda toda ao longo do ano. O público não se engana nisso, ele que zapeia alegremente de uma produção a outra, acentuando ainda um pouco mais seu pendor para a distração, em todos os sentidos do termo.

Essa precarização do público é também a dos artistas, dos técnicos e dos organizadores. A gestão do festival recorre a um pessoal intermitente, flexível e frágil. A degradação do emprego se junta à da cultura: a festivalização como sintoma da globalização cultural? Como signo da "glocalização", como organização de festivais locais, com o único objetivo de parecer global? O festival está longe de ser sempre a festa!

 Anne-Marie Autissier. *L'Europe des festivals: de Zagreb à Édimbourg, points de vue croisés*. Toulouse: Éditions de l'Attribut, 2008.

T. Hauptfleisch et al. (eds.). *Festivalising! Theatrical Event, Politic and Culture*. Amsterdam/New York: Rodopi, 2007.

Figura

Fr.: *figure*; Ingl.: *figure*; Al.: *Figur*.

Além da figura° (do latim figura: forma, configuração, efígie, maneira de ser) no sentido das figuras de estilo da retórica•, a noção de figura conhece na estética, na filosofia, nas ciências humanas e nas artes visuais um largo destino. A figura é, tanto na origem impressa na cera quanto no traçado geométrico, no desenho de uma coreografia, na disposição dos atores na cena (a marcação ou o *blocking*), a imagem onírica na sua dimensão plástica. A figura é aquilo que se ressalta da representação, aquilo que se coloca e se recorta no primeiro plano contra um plano de fundo. É também o aspecto exterior, o contorno das coisas que percebemos.

Em filosofia, a figura é um "esquema ou imagem-esquema, nem geral nem particular. Dito de outro modo, é ao mesmo tempo uma imagem geral e um conceito sensível…"[1] A noção de figura permite pensar o funcionamento ao mesmo tempo discursivo e visual do teatro. "Tudo no teatro é figura – no duplo sentido de aparência concreta e de jogo retórico –, tudo aí se faz signo."[2] A prática contemporânea da arte performática, da encenação e das artes visuais faz um uso massivo da noção de figura.

A figura, no sentido clássico, é de início uma atitude, uma silhueta percebida à distância, figurino ou efígie. É também um *habitus*•, o que Bourdieu denomina "um modo de comportamento aprendido"[3]. A figura une a atitude, no sentido concreto e no abstrato, de *stance*: a tomada de posição. Ele se revela útil para o ator e o encenador quando devem encontrar a atitude e a figura (a silhueta) da personagem, sua maneira gestual e discursiva de se exprimir e de aparecer, pois "cada época histórica e cada classe social em cada época apresenta uma atitude característica, uma atitude que é o produto de certa imagem dominante do homem no mundo"[4]. Assim, pois, a figura e a atitude reúnem as noções de *gestus*° (Brecht) e de *habitus* (Bourdieu).

1. FIGURA COREOGRÁFICA OU GINÁSTICA

Na cena, a primeira figura assinalável é a dos movimentos dos atores e dos objetos. Como foi concebida e executada por diferentes artistas, ela forma um conjunto ao mesmo tempo móvel e estável, desde que o espectador tenha apreendido seu desenho (e também o desígnio): "no sentido ginástico ou coreográfico; em suma, no sentido grego: *skéma*, não é o 'esquema'; é, de uma forma bem mais viva, o gesto do corpo apreendido em ação, e não contemplado em repouso: o corpo dos atletas, dos oradores, das estátuas: aquilo que é possível imobilizar do corpo tenso"[5]. Dança, teatro e arte performática: as figuras fornecem ao espectador um destaque em relevo das ações e dos movimentos sobre um plano de fundo mais ou menos constante.

2. FIGURA NO SENTIDO FENOMENOLÓGICO

Assim percebidas segundo seu aspecto e contorno exterior, sua silhueta, as figuras são às vezes analisadas nos termos da fenomenologia. As encenações de Robert Wilson são famosas pela inscrição em silhuetas de cantores e atores sobre o fundo de um ciclorama submetido a todas as variações possíveis de luz e de cor. A lentidão, e até a imobilidade, dos movimentos intensifica a impressão de sombra chinesa e de decupagem (é o caso de *Katia Kabanova*, Praga, 2010). De um modo mais geral, a tarefa do ator ou do performer é saber posicionar-se, à frente ou em recuo, e ajudar o espectador a focalizar um aspecto pertinente.

3. A FIGURA EM DELEUZE

Em *Francis Bacon: Lógica da Sensação*, Gilles Deleuze situa sua concepção da figura na "lei do diagrama segundo Bacon: parte-se de uma forma figurativa, um diagrama intervém para a baralhar, e daí deve sair uma forma de uma natureza totalmente diferente, denominada Figura"[6]. A figura é sempre mediatriz entre figuração concreta e abstração.

4. FIGURA E FIGURAL, FIGURAÇÃO E DESFIGURAÇÃO, FIGURATIVO

Representação visual de uma forma, a figuração é o que aparece na cena, por oposição ao discurso. Para Jean-François Lyotard (em *Discours, figure*), o figural opõe-se à figura e *a fortiori* ao discurso. O figural desconstrói o discurso e a figura, caso se reconheça nela demasiado facilmente a forma. O figural causa surpresa, é um aparecimento que não assume uma significação precisa, mas indica a urgência do desejo. Na cena teatral ou performativa, tudo o que é da ordem do textual e da imagem facilmente "traduzível" é percebido em contraste com o figural, com o que não é redutível à linguagem.

Lyotard distingue três tipos de figuras: a figura-imagem, a figura-forma, a figura-matriz (p. 277).

A *figura-imagem* é visível, tais como um movimento e uma forma perceptíveis, uma ação que se faz ver e reconhecer. Ela "se faz ver na cena onírica ou quase onírica" (ibidem). A cena parece legível ou logocêntrica.

A *figura-forma* é "aquela que sustenta o visível sem ser vista, sua nervura" (ibidem). O espectador deve fazer o esforço de descobrir liames entre elementos, de vetorizar (isto é, religar e orientar) os signos percebidos em direção de outros signos imperceptíveis ou inconscientes.

Quanto à *figura-matriz*, ela remete ao invisível e ao inconsciente, "Ela não somente não é vista, mas não é mais visível." (p. 278) A vetorização, a ação de relacionar operações comparáveis ao sonho põe em evidência o trabalho do sonho, do figural, da *mise en scène* produzida assim como percebida, das condensações e deslocamentos, dos processos primários e do recalque do desejo. Tal é a situação corrente do espectador-analista confrontado com os materiais cuja lógica inconsciente não é de entrada acessível.

Em toda figuração, há sempre uma *desfiguração*•, "toda apresentação gráfica que tenda a tornar a figura dessemelhante das aparências que ela deve supostamente 'produzir' nesse sistema"[7].

Todos esses termos não devem ser confundidos com o de *figurativo*. O *figurativo* é tanto o simbólico, a interpretação alegórica ou simbólica, como, ao contrário, aquilo que representa um objeto: fala-se então de arte figurativa, aquela que representa e figura seu objeto, por oposição a uma arte abstrata, que fornece uma imagem não realista do mundo. Essa categoria do figurativo/não figurativo é raramente aplicada ao teatro. No entanto, ela será útil ao teatro, por expressar a oposição entre *presentacional/representacional*•. O teatro figurativo imita pessoa e ações, enquanto o teatro abstrato se preocupa unicamente com as formas, sem inquietar-se com os conteúdos. Esse último caso é o de um teatro simbolista, formalista[8] e, no último terço do século XX, pós-dramático•.

5. A FIGURABILIDADE

A *figurabilidade* (tradução do termo freudiano *Darstellbarkeit*, cujo sentido literal é a possibilidade de representar ou de ser representado), é um termo expresso hoje em dia igualmente por "presentabilidade" no sentido da faculdade de tornar presente por uma imagem um objeto ausente. À maneira de Freud na *Interpretação dos Sonhos*, o analista cênico se esforça por partir das imagens e da linguagem pictórica das cenas a fim de remontar às ideias abstratas inconscientes.

Desde que a representação teatral ou a performance trabalhem a cena e as ações como materiais "para figurar", o trabalho da cena, à imagem do trabalho do sonho, é uma "tomada em consideração da representatividade". Essa fórmula complicada traduz literalmente a expressão freudiana *Rücksicht auf Darstellbarkeit* (ao pé da letra: atenção, consideração pela possibilidade de representar). Trata-se para o espectador-analista de ter em conta "visualmente" aquilo que, em face dele e diante dele, se constitui em uma representação, aquilo que faz sentido para ele.

O teatro visual, notadamente o teatro da arte performática, utiliza muito esse dispositivo de figurabilidade para mostrar, sem nomeá-los, os processos conscientes e inconscientes.

6. FIGURAS E TRAJETOS DO INCONSCIENTE

Todo esse aparelho conceitual oriundo da psicanálise é diretamente utilizável pela encenação, a qual deve ao mesmo tempo fabricar essas figuras e dá-las a "ler" ou, mais exatamente, a interpretar ou como um rébus ou (para um ocidental) como um ideograma. É a tese de Vitez a propósito daquilo que o inconsciente dos atores desenha sobre a cena: "Visto que a cena é o lugar onde se *leem* literalmente os trajetos das paixões que opõem os papéis, a notação desenhada tem quase necessariamente figura de ideograma."[9]

7. FIGURA EM VEZ DE PERSONAGEM

O mesmo processo de abstração se observa no tratamento das personagens na dramaturgia contemporânea, de Beckett a Koltès. Em vez dos caracteres psicológicos, encontramos figuras abstratas, *personae* (máscaras), *skemata* no sentido grego de gestos, atitudes e *habitus*, mas também de "figuras textuais"[10] que se repetem e organizam a dramaturgia em seu conjunto. Essas figuras são definidas e construídas pelo exterior, como silhuetas, desenhos de coloração ou de formas teatralizadas a serem preenchidas. O pintor Fernand Léger[11] encarava a pessoa humana não como uma mimese das emoções, mas como uma forma plástica, pois "se deve considerar a figura humana, não por seu valor sentimental, mas por seu valor plástico"[12].

NOTAS

1 Sylviane Agacinski, *Le Passeur du temps: Modernité et nostalgie*, Paris: Seuil, 2000, p. 107.
2 Michel Corvin, Théâtralité, *Dictionnaire encyclopédique du théâtre à travers le monde*, Paris: Bordas, 2008, p. 1339.
3 "A learned mode of behaviour", segundo Shepherd e Wallis: "A silhueta do ator é em primeiro lugar e antes de tudo o que Mauss e Bourdieu teriam denominado como *habitus*, um modo de comportamento adquirido." Simon Shepherd; Mick Wallis, *Drama/Theatre/Performance*, London/New York: Routledge, 2004, p. 193.
4 Ibidem.
5 Roland Barthes, *Fragments d'un discours amoureux* [1978], *Oeuvres complètes*, Paris: Seuil, t. 3, 1993, p. 461.
6 Publicado em 1981. Reedição, Paris: Seuil, 2002, p. 146.
7 Bernard Vouilloux, Figure, em Jacques Morizot; Roger Pouivet (éds.), *Dictionnaire d'esthétique et de philosophie de l'art*, Paris: Armand Colin, 2007, p. 200.
8 Cf. Michael Kerby, *A Formalist Theatre*, Philadelphia: University of Pennsylvania Press, 1987.
9 Antoine Vitez, *Écrits sur le théâtre*, Paris: POL, t. 4, p. 67.
10 Cf. Michel Vinaver, *Écritures dramatiques*, Arles: Actes Sud, 1997.
11 Ver também Léger, 1997, e Les Essif, *Empty Figure on an Empty Stage: The Theater of Samuel Beckett and His Generation*, Bloomington: Indiana University Press, 2001.
12 "Le Nouveau réalisme en art", conferência de 1946. Ver também: *Fonctions de la peinture*, Paris: Gallimard, 1997.

Filosofia e Novo Teatro

Fr.: *philosophie et noveau théâtre*; Ingl.: *philosophy and new theater*; Al.: *Philosophie und neues Theater*.

Cada nova encenação, cada texto dramático recém-escrito, cada experiência teatral original nos obriga a repensar o mundo, a reconstruí-lo com a imaginação. Para construir esse objeto minúsculo ou derrisório, esse mundo em miniatura ou em migalhas, devemos reduzi-lo ao nosso e, portanto, refletir (sobre) esse mundo. A filosofia não está longe. Ela está, aliás, desde sempre interessada de perto no teatro, mesmo se, com Platão, era para banir os poetas da cidade ou, com Aristóteles, para desconfiar do jogo da representação.

Há muito tempo que a filosofia não se pergunta mais se o teatro é literatura ou arte autônoma, se ele pode representar o mundo, corrigir os costumes, ou então, ainda, se o ator ou o dramaturgo é necessariamente, como afirmava Nietzsche, capaz de "assistir ele mesmo à sua própria metamorfose e agir por consequência como se tivesse entrado efetivamente em outro corpo, em outra personagem" (*Nascimento da Tragédia*, §8). Nós estamos hoje em dia muito distantes da suspeita dos pensadores gregos, dos Padres da Igreja e dos cenófobos. Longe, portanto, das grandes questões da filosofia. Mas a necessidade de filosofia permanece! Por quê?

1. A NECESSIDADE DE FILOSOFIA

É porque a filosofia nos ajuda a compreender melhor a prática contemporânea do teatro e da performance? Além de uma reflexão normativa sobre a maneira pela qual o teatro é tido como [a arte] de imitar as ações humanas ou de corrigir os costumes, constata-se a utilidade da filosofia no uso cotidiano do teatro, do ponto de vista dos criadores assim como dos espectadores. Além das grandes questões sobre a origem e a essência do teatro, após as grandes revoluções das ciências humanas dos anos 1950 a 1970, a filosofia parece ter-se fragmentado em uma longa série de teorias amiúde contraditórias e fechadas em si mesmas. A cada época, a cada momento histórico corresponde uma filosofia dominante, a qual se explicita em diversas teorias, e até metodologias.

O marxismo forneceu nos anos 1950 e 1960 uma armadura para a análise dramatúrgica das peças e dos espetáculos, análise inspirada no brechtismo.

A escola de Frankfurt (Horkheimer, Adorno, Habermas) prolonga os estudos marxistas. A recepção americana da *Critical Theory* incita a criticar a ideologia das obras, a examinar seu potencial emancipador, criticando ao mesmo tempo sem trégua seus pressupostos e a situação na qual ela é empregada. Infelizmente, as pessoas de teatro recorrem muito pouco a isso, a despeito do interesse de mostrar quanto as falsas percepções do leitor como do espectador estão ligadas a seu aprisionamento tanto cognitivo como ideológico.

O estruturalismo, nos anos 1960, depois a semiologia por volta de 1970-1980, aplicam-se muito à *mise en scène* considerada como sistema fechado e coerente.

Por oposição, e quase simultaneamente, a desconstrução de um Derrida, o pós-estruturalismo e a Teoria Crítica que daí decorrem, notadamente nos Estados Unidos, tornam-se uma boa ferramenta para descrever a performance e as práticas cênicas que às vezes assumem o nome de teatro pós-dramático• (Lehmann, *Postdramatisches Theater*).

A sociocrítica, a psicocrítica, na sequência dos trabalhos de Goldmann e Mauron, fornecem preciosos modelos de análise muito depressa abandonados.

A hermenêutica de um Gadamer ou de um Ricoeur permite suavizar as análises levando em conta as expectativas do leitor ou do espectador. A *Rezeptionstheorie* (teoria da recepção) alemã de um Jauss ou de um Iser sistematiza o horizonte de expectativa do público e estabelece a sequência de concretizações de uma mesma obra por uma série de momentos históricos ou de encenações. A fenomenologia, inspirada por Husserl ou por Merleau-Ponty, aplicada ao teatro por Bert States (*Great Reckonings in Little Rooms*, 1987) ou Stan Garner (*Bodied Spaces*, 1994), nos mostra a maneira como o espectador recebe e trata o objeto estético.

2. O DESLOCAMENTO DAS GRANDES QUESTÕES

Essas teorias continuam a evoluir e, portanto, a influenciar em graus diversos a maneira de pensar o teatro. Elas são, entretanto, muitas vezes "ultrapassadas", ou "diagonalizadas" (*survolées*, leituras apressadas), por duas tendências atuais da teorização: a performatividade• e a experiência estética•.

A teoria linguística dos performativos, aplicada à literatura e às ciências humanas, insiste na ação produzida por toda enunciação. Quer se tratem da identidade sexual (o papel sexual como ato performativo), gestual para o ator (a gestualidade submetida às mesmas técnicas corporais e estéticas) ou social (as convenções que regulam a comunicação), os performativos estruturam a vida social referenciando as ações efetuadas em todos os níveis do comportamento humano. Daí o cisma, após uma trintena de anos, entre *theatre studies* (estudos teatrais) e *performance studies*•.

A experiência estética• do espectador é tida como o objetivo último da obra de arte, o que desloca para o receptor a maior parte das teorias. É verdade que muitas obras recentes nas artes plásticas ou cênicas exigem do espectador• uma atividade e uma inventividade, para não dizer uma paciência, que a obra clássica, com suas regras estritas, não

havia tornado necessárias. Essa experiência engaja, pois, o espectador, inclusive no plano ético, visto que ele deve responder pelo impacto da obra sobre a coletividade. A teoria ou a filosofia não nos dizem, todavia, como formalizar e sistematizar esse ato receptivo. Muitas vezes a experiência da percepção é desarmada quando ela deve pôr em palavras o que o sujeito sente em afetos• e em sensações. É então tentador reduzir o texto ou a encenação a alguma coisa de inefável, de imperceptível e até de pós-dramático•: maneira de empurrar para mais tarde sua definição ou sua apreensão filosófica.

3. INVERSÃO DA PERSPECTIVA

A questão é saber se existe hoje uma filosofia, ou mesmo simplesmente uma teoria, que permita dar conta do advento do teatro pós--dramático e da ampliação do teatro ocidental para outras formas. Cumpriria nos pôr em busca de uma filosofia que nos ofereça novos modelos de inteligibilidade do objeto "(cultural) performance". Além de uma filosofia cartesiana do sujeito, ou hegeliana da dialética histórica, o modelo cognitivista de Lakoff e Johnson, em *Philosophy in the Flesh: The Embodied Mind and Its Challenge to Western Thought* (Filosofia Incarnada: A Mente Incorporada e Seus Desafios no Pensamento Ocidental), tenta ultrapassar o dualismo do corpo e do espírito; ele (o modelo) propõe um modo de pensamento que não opõe mais o sensível e o inteligível, o percepto e o conceito, a materialidade• concreta e a compreensão abstrata. A encenação, e com ela todo objeto espetacular ou performativo não identificado, instaura, precisamente, uma mediação entre a abstração da filosofia e o concreto da obra plástica ou gestual.

Pouco importa o respeito que se dedique à filosofia e a tudo o que aclara a criação teatral, é preciso, nos dias de hoje, perguntar se, inversamente, a prática teatral não nos ajuda a fazer também uma nova experiência da filosofia, se o trabalho da escritura dramática ou da cena não desemboca em alguma inesperada "iluminação" filosófica.

Sabemos que os filósofos, ao menos depois das Luzes, foram, com frequência, ao mesmo tempo literatos ou dramaturgos, praticando os dois gêneros com igual felicidade (basta pensar em Diderot, Voltaire ou Schiller). Mas a separação de corpo permanecia obrigatória, pois foi somente com os ensaístas como Blanchot ou Derrida que literatura e filosofia se interpenetraram. As pessoas do teatro foram mais tímidas, com discursos que passavam demasiado afastados ou mutuamente exclusivos. A escritura dramática de filósofos como Sartre ou Camus continua por demais escrava da mensagem a ser transmitida para que se possa falar de uma pesquisa de conteúdos filosóficos a partir de experiências dramáticas. Em compensação, com autores como Beckett ou Novarina, Handke ou Jelinek, a pesquisa literária e dramática resulta em uma reflexão sobre o sentido ou o absurdo, em uma remissão ao debate de um princípio filosófico. Um autor como Koltès, que passa erradamente por pintor da vida dos marginais, testa, em uma peça como *Dans la solitude des champs de coton* (Na Solidão dos Campos de Algodão), o princípio hegeliano da dialética, da contradição e da identidade de consciências. Ele leva a desconstrução a ponto de parodiar a *disputatio* filosófica ou teológica, empregando argumentos tão vazios quanto flamejantes no uso da teoria. Como dizer melhor a reificação, a mercantilização das relações humanas?

A performance, *a fortiori*, no sentido de *performance art* dos anos 1950 e 1960, havia assumido a tarefa de contradizer e de provocar as certezas estéticas e filosóficas (a representação, a identificação, a mimese especialmente). Mesmo sem a radicalidade de seus antecessores, muitos encenadores contemporâneos se dão como objetivo, às vezes sem que o saibam e por pura intuição, descobrir, graças à forma teatral, uma verdade ou uma hipótese filosófica. Assim, a *digital performance* lança um desafio às noções de presença, de identidade e de pessoa. Pouco importa o que relate, ela não deixa de tornar o público atento a essas noções, forçando-o a reavaliar suas certezas. Ou então a escritura dramática dita coral: ela desvia o princípio da troca dialógica, produz igualmente um efeito inesperado, pulverizando a noção de sujeito ou de locutor, abrindo o texto a ecos inumeráveis, não apenas subtextuais e psicológicos (como em Tchékhov), porém polifônicos e indecidíveis. Assim, fica colocada a questão da mobilidade do sentido, de seu espaçamento•, na acepção de Derrida. Em todos esses exemplos, reencontramos esse procedimento da desconstrução•, conforme o filósofo francês: só a prática textual ou cênica está em condições de proporcionar uma imagem desse procedimento filosófico, tão frequente e também difícil de definir quanto um *Koan* chinês.

Poder-se-á, com isso, chegar a ponto de afirmar que o teatro de pesquisa provoca sempre a filosofia, que ele a faz avançar? Seria isso, de sua parte, uma pretensão demasiado grande? Seria nesse caso necessária a hipótese do aparecimento, a partir da modernidade, de um discurso híbrido, feito de literatura, de teatro, de teoria crítica e de ensaio filosófico. Se a encenação não é somente uma regulagem do sentido, mas um "desregramento dos sentidos", ela é então um sistema provisório, flutuante, apreendido instantaneamente por um coletivo de artistas e por um coletivo de espectadores. Tentando várias "soluções", ela revela alguns princípios de sua construção e, portanto, chaves filosóficas que, em troca, hão de ajudar a abri-las. Assim, pois, a filosofia não é apenas necessária aos espectadores para integrar esses saberes heterogêneos, mas ela tem necessidade, para mover-se, da criação ficcional, da prova da encenação e da criação artística.

Entre filosofia e teatro, a disputa eterna, no entanto, nada fez senão começar.

Fim

Fr.: *fin*; Ingl.: *ending*; Al.: *Ende*.

Tudo tem um fim? Sim, e sobretudo no teatro. Desse fim nós nos lembramos sempre, e muito melhor do que dos detalhes da história. Na cena, ficam particularmente em nossa memória os últimos segundos de jogo teatral, antes de a cortina cair ou antes que o palco escureça. E nós temos sempre a esperança de que se compreendermos o fim, tudo o que precede se iluminará como por milagre. É ilusão, por certo, mas que nos encoraja a estudar o fim das peças, com o risco de generalizações abusivas, principalmente para uma pós-dramaturgia que desafia todas as regras narrativas.

A noção de fim permanece, entretanto, muito *flou*, o que explica que ela tenha sido muitas vezes substituída por instrumentos mais técnicos como *cláusula*, *desenlace*, *conclusão*, *extremidade*, *cume*, *epílogo*, termos que não são de modo algum intercambiáveis. Se continuamos a empregar a palavra "fim", é que não há outra para designar o conjunto dos problemas de composição e de encenação.

1. O IMPRECISO FIM

O termo mais técnico para designar o fim de um texto literário é o de *cláusula*, mas ele se aplica apenas ao teatro em verso, o de Racine, por exemplo, um teatro cuja forma rítmica ou métrica dos alexandrinos é particularmente trabalhada. A cláusula é, com efeito, "um fim de período particularmente cuidado, de um ponto de vista métrico, rítmico ou sintático, ou dos três ao mesmo tempo"[1]. "Disposição fixa do ritmo no fim do verso"[2], a cláusula termina a obra, conferindo-lhe uma forma estabelecida e uma grande força significante. Na poesia ou na música, a cláusula designa "uma maneira de fechar um encadeamento sonoro; isto é, uma disposição de sons (musicais e articulados) que faz passar de um dinamismo apelativo a uma continuação, a uma posição conclusiva que causa uma impressão de estabilidade e de acabamento" (Souriau, p. 405).

Se a poesia dramática, em especial a clássica, cuida sobremaneira de suas cláusulas, o teatro dramático, desde que se tornou realista, não tenta atrair a atenção para tais jogos formais, preferindo dar a ilusão de uma imitação prosaica da realidade. Nenhuma formalização permite, portanto, marcar uma cláusula. Devemos então falar, de maneira banal, do fim ou do desenlace, os quais não são sempre claramente marcáveis ou isoláveis. Pois, onde começa o fim, onde se situa o ponto de finalização, isto é, o começo do fim?

O ponto de finalização indica uma mudança que pode ser anunciadora (efeito de anúncio), final (concluindo a ação) ou suspensiva (concluindo sem concluir). Esse ponto de finalização não deve ser confundido com as seguintes quatro distinções:

O ponto de não retorno: o momento em que o conflito, notadamente trágico, não poderia voltar atrás e leva necessariamente à catástrofe.

O ponto culminante: o *clímax*, quando a atenção está em seu cúmulo e a ação situa-se em seu apogeu, justo antes da catástrofe.

A catástase: a parada da ação, em "um estado de tensão em que a ação se encontra provisoriamente imobilizada" (Souriau, p. 318). A catástase coincide com "a expectativa angustiada, o bloqueio recíproco de forças e o falso desenlace" (p. 318). Por exemplo, as últimas palavras do cliente ao *dealer* ("Então, qual arma?"), bem no fim da peça de Koltès, *Dans la solitude des champs de coton* (Na Solidão dos Campos de Algodão).

O fechamento: no sentido deste "fechamento da representação" do qual fala Derrida a propósito de Artaud[3]. Não se trata da parte final do texto, mas da ideia com que se fecha necessariamente o sistema tão logo se analisa seu funcionamento.

2. O FIM NO TEATRO: UM SISTEMA ESPECÍFICO?

Como aplicar ao teatro as *leis da narratologia*? A questão aí é saber se há para o teatro um meio específico de finalizar. O texto dramático e a representação são analisáveis como todo relato, conforme as seguintes fases obrigatórias: 1. Resumo-anúncio; 2. Orientação; 3. Complicação; 4. Resolução; 5. Fecho. O fim da peça engloba as duas últimas fases 4. e 5. É sempre possível analisar o texto e o espetáculo observando a fronteira concreta da obra, do livro ou da cena. Os limites de uma representação, ao menos na tradição ocidental, são a cortina, a escuridão do palco, as luzes da sala que se acendem, os aplausos.

Que traços específicos assinalam o fim do teatro? 1. Este fim é ou *conclusivo*, isto é, dotado de um desenlace; ou 2. *Arbitrário* e, portanto, motivado por alguma lógica provisória. Ele assume as mais diversas formas, às vezes muito marcadas, como a *extremidade* ou o *cume*; 3. A *extremidade* é, na poesia, a parte final de um verso que resume e termina sob forma vigorosa e divertida o desenvolvimento do poema; 4. O *cume* é outro exemplo de fórmula lapidar, como na epigrama ou no traço mordaz, uma fórmula que o teatro pratica sob a forma do golpe teatral ou da fórmula brilhante ("À la fin de l'envoi, je touche = No fim do envio[4], eu toco", adverte Cyrano de Bergerac): O *cume* é a arma mais fina que existe, uma lâmina acerada, o traço invisível de um dito espirituoso que, no entanto, acerta no alvo.

Na dramaturgia clássica, é relativamente fácil estudar a organização formal do fecho das peças. Em particular, o exame das formas se interessaria pelos seguintes pontos: retomada de um enunciado; tematização do enigma; lugar e identidade do epílogo; ritualização da conclusão; apoteose; fins radicais; ressonâncias; falsas conclusões; preparo e manipulação da conclusão[5]

3. O FIM NO TEATRO CONTEMPORÂNEO

A extrema diversidade das experiências teatrais e performativas contemporâneas arruína toda esperança de uma poética ou de uma dramaturgia do fim nesse tipo de obra. A razão disso é simples: essas experiências não passam primordialmente pelo texto e sua dramaturgia; elas apelam a todo o aparelho da cena e do corpo. Daí a importância de uma reflexão sobre o movimento, ainda que seja apenas para verificar no que uma teoria do movimento difere e completa a da dramaturgia das peças.

Todo movimento passa, segundo Guittet e Bara[6], por cinco pontos: o ponto de elã, o ponto de decisão, o ponto crítico, o ponto de finalização e o ponto de amortecimento. Todo relato se constrói sobre esse esquema do movimento, o qual se baseia, por sua vez, na estrutura universal do relato. Sabemos muito bem (basta interrogar o estado de nossas articulações...) que o movimento necessita de amortecimento, mas esquecemos muitas vezes que o fim de uma peça também tem, por sua vez, necessidade de amortecer o choque: o choque infligido a um espectador solitário, após a retirada dos protagonistas e antes da volta à realidade. Amortecimento que é, igualmente, o de uma dívida, no sentido da extinção gradual de um crédito, de uma soma devida. O amortecimento permite encerrar o relato antes que ele ricocheteie e reencontre o equilíbrio. Essa estrutura física do movimento e de seu amortecimento é frequente no teatro contemporâneo, visto que este último solicita a empatia cinestésica do espectador.

Quando o teatro pretende dar um apanhado documental do mundo, quando ele recorre a expertos mais do que a atores a desempenhar personagens, o espetáculo jamais estará verdadeiramente terminado, ele é apenas interrompido pelas necessidades da enquete a prosseguir. E não se poderá dizer com certeza quando ele de fato começou, visto que a cena presente não é senão um pálido reflexo da enquete preliminar, que se dá às vezes muitos anos depois dos fatos relatados. O espetáculo transborda os dois lados (passado e futuro) para a esfera pública, à qual ele remete sem trégua. Por conseguinte, o espetáculo não tem fim.

NOTAS

1 Michele Aquien, *Dictionnaire de poètique*, Paris: Le Livre de Poche, 1993, p. 83.
2 Etienne Souriau, *Vocabulaire d'esthétique*, Paris: PUF, 1990, p. 456.
3 Jacques Derrida, Le Théâtre de la cruauté et la clôture de la représentation [1996], *L'Écriture et la différence*, Paris: Seuil, 1967, p. 341-368. (Trad. bras.: O Teatro da Crueldade e o Fechamento da Representação, *A Escritura e a Diferença*, São Paulo: Perspectiva, 2009, p. 339s.)
4 Verso de encerramento e de ofertório de um poema. (N. da T.)
5 Todos esses pontos são abordados em pormenor em: Patrice Pavis, Refléxions liminaires sur la fin du théâtre, em Carole Egger (éd.), *Rideau ou la fin du théâtre*, Carnières/Morlanwelz: Lansman, 2005. O livro fornece numerosas análises.
6 Bernard Guitet; Christoph Bara, L'Art de l'acteur dans la tragédie classique, *Bouffonneries*, n. 35, 1996, p. 58-59.

Flash Mob

flash: relâmpago + *mob*: multidão; em português, não há denominação correspondente; designa um gênero contemporâneo de ação espetacular.

Um aglomerado relâmpago de pessoas, uma mobilização relâmpago: um grupo de participantes – dançarinos, cantores, atores, performers, animadores, ativistas – intervêm a um dado sinal (por celular ou internet) para dançar, cantar em lugar público, antes de desaparecer. Os passantes, testemunhas e espectadores involuntários são convidados para este espetáculo inédito, enquanto a cidade ou os grandes magazines mantêm seu ritmo.

Além das *motivações comerciais*, a *flash mob* revela a vontade e o prazer de *inscrever a arte no tecido social* urbano, por efeito da surpresa, como por um *happening•*, a fim de fazer com que transeuntes e artistas, na maioria das vezes amadores, participem, e de levar um toque de arte e um momento de poesia ao cotidiano morno de nossas cidades. Pode se tratar também de uma simples reunião, uma *freeze party*: uma reunião congelada em que os participantes se imobilizam, executam uma ação ritual mínima, tornam-se uma comunidade• efêmera no espaço público por um instante reconquistado. (Caminhada, Marcha•)

A *flash mob* não é um fenômeno social simples e novo facilitado pelas comunicações de massa; ela se torna uma obra única, *uma performance•* bem regrada, dando lugar ao humor, muitas vezes de bom menino, a um ato aleatório de gentileza (*random act of kindness*). Semelhante ação gratuita, tão inabitual na vida social cotidiana, torna-se a ocasião de uma tomada de consciência, de uma teatralização e estetização da vida por uma comunidade efêmera, "desocupada" (Jean-Luc Nancy), dispersa tão logo reunida.

As *motivações da "mob-ilização"* são diversas: o que parecia um ato de protesto, por certo mudo e ambígüo, torna-se depressa uma maneira de dar a conhecer um lugar turístico, de atrair a atenção das mídias presentes desde o início, de promover uma marca ou de encorajar um modo *fun* (divertido) de consumir sem dor. O espaço urbano comercial, que era outrora a galeria mercantil dos *flâneurs* de Walter Benjamin, reconquista a atenção globalizada de artistas, a vida torna-se um festival• permanente, os consumidores são reinvestidos no espaço social lúdico. A *flash mob* é, às vezes, uma manifestação política que reata com as técnicas do teatro de rua ou da intervenção• urbana. Ela é também, muitas vezes, o ensejo para que uma grande marca ou uma região, e até uma nação, efetue a publicidade de uma marca ou de uma cultura espetacular, publicidade ao mesmo tempo global e local (glocalização•).

A flor é uma das mais belas imagens para exprimir o inefável do ator, a intensidade e o prazer de seu encontro com o público, o momento insólito de fusão entre espetáculo e espectador.

NOTAS
1 Zeami, *La Tradition secrète du nô*, Paris: Gallimard/Unesco, 1960, p. 104.
2 Jean-François Lyotard, *Des dispositifs pulsionnels*, Paris: UGE, 1973, p. 98.
3 Peter Brook, *Conversations avec Peter Brook*, Paris: Seuil, 2007, p. 45.

Flor

Fr.: *fleur*; Ingl.: *flower*; Al.: *Blume*.

Termo de Zeami (1363-1443), autor e teórico japonês do Nô. A flor é "o sentimento do insólito tal como o experimenta o espectador"[1]. Ela é efêmera, ligada à idade do ator, em "um momento antes dos trinta anos"(p. 79). É igualmente a imagem ideal do espetáculo descrito na sua beleza transitória, misteriosa.

Essa noção, assaz inapreensível, é, no entanto, retomada pelo pensamento contemporâneo do teatro, tão logo este procura se emancipar de uma teoria semiótica dos signos da representação, como em Lyotard: "Sob o nome de flor, busca-se a intensificação• energética do dispositivo teatral."[2] O ator ou a representação não são mais então analisados como sistemas de signos, porém como "afetos de intensidade muito alta" (p. 99). A flor torna-se uma metáfora cômoda para os momentos em que "a magia do teatro se instala"[3], "em que aquilo que faz o ator e aquilo que faz o público atinjam um ponto em que a vida circula – como ato de criação – quando, do nada, alguma coisa é criada" (p. 46).

Fronteira

Fr.: *frontière*; Ingl.: *border*; Al.: *Grenze*.

A noção e o tema da fronteira desempenham, na teoria contemporânea da cultura, um papel cada vez mais acentuado. A imagem da fronteira, geográfica, social, estética, etnológica etc., nos ajuda a visualizar e a pensar o limite e a separação como mecanismos constantes da atividade teatral e cultural.

A fronteira entre a obra e o mundo não cessa de mudar. A *mise en scène* transborda a realidade social: ela não para de integrar e de citar pedaços de realidade, confunde-se amiúde com um discurso militante, ativista, político. A representação está em contato com o mundo por meio de todas as espécies de mídias que ela faz intervir quando bem lhe parece.

As fronteiras no interior da obra são flutuantes, até fugazes: fronteiras entre as artes que as constituem e que são elas próprias já muito misturadas, entre os episódios ou os fragmentos que a compõem, entre as unidades moventes e inapreensíveis que escapam à análise puramente semiológica.

As fronteiras dos gêneros literários e performativos estão baralhadas: não há mais nenhum sentido em procurar reconstituir uma tipologia deles. Convém antes redefinir constantemente as práticas, mixá-las: nós estamos em um "museu vivo interativo" (Gómez-Peña). Ora, o artista, e sobretudo o artista de teatro, não deve ter medo de olhar por cima da cerca, de se aventurar pelo território de outros artistas ou de irmãos humanos.

As fronteiras no sentido etnológico ou intercultural desaparecem a olhos vistos, ao menos se procuramos aí alguma autenticidade e pureza. A população está acostumada a essa hibridez•, mesmo se os puristas da identidade cultural não aceitam a ideia da mestiçagem. A globalização• econômica compreendeu bem o fato abolindo as fronteiras e as outras barreiras alfandegárias, a fim de que o capital circule livremente. Nada mais então, nenhuma lei nacional ou internacional, nenhuma proteção social, poupa essa população exangue pelas veias abertas tanto quanto as fronteiras que outrora poderiam protegê-la.

As identidades, sejam elas psicológicas, sociais, raciais, sexuais, profissionais ou nacionais, são franqueadas sem empecilho, em um sentido como no outro. Visto que os indivíduos são doravante construídos como um conglomerado de identidades, eles evoluem modificando simplesmente as fronteiras e desconstruindo as antigas oposições. A fronteira ou a consciência dos limites ajuda-os a tomar consciência de si mesmos, sabendo ao mesmo tempo que as fronteiras não permanecem nunca fechadas de uma vez por todas.

O encenador, mas também o animador no sentido de *facilitador*, é encarregado de passar e fazer com que outros passem as fronteiras, seja relativizando-as, seja apagando-as. Cabe-lhe a tarefa de ligar os indivíduos no interior de uma comunidade dilacerada ou derrotada e também, às vezes, de efetuar a junção entre comunidades que se ignoram por opção ou com base em um mal-entendido. Esse *facilitador* de liminaridade• tem simplesmente por hábito ligar coisas amiúde separadas.

O fronteiriço, o fronterizo do qual fala Gómez-Peña, responde à *new world order* (uma nova ordem mundial) por um *new world border* (uma nova fronteira mundial): sua arte é uma *border art*, no limite das culturas, dos sistemas políticos, das línguas, das artes, a tarefa do performer é a de "ultrapassar, ligar, interconectar, refazer e redefinir os limites da cultura"[1]. Não se trata de nada menos do que franquear e apagar as fronteiras entre arte e política, prática e teoria, artista e espectador. O papel do trânsfuga, do *trickster* (o espírito maligno), do herói picaresco, do bobo do rei e do intelectual ativista parece ser o mais seguro meio de fazer pouco de fronteiras e de não se deixar encerrar em um território ou em uma identidade que fique colada à pele a ponto de estufá-la. Seu papel é o de "desbloquear", em todos os sentidos do termo, e de situar-se sempre na fronteira das coisas.

NOTA
1 Guillermo Gómez-Peña, *The New World Border: Prophecies, Poems and Loqueras for the End of the Century*, San Francisco: City Lights, 1996, p. 12.

G

Genética

Fr.: *génétique*; Ingl.: *genetics*; Al.: *Genetik*.

A genética aplicada aos estudos teatrais é uma noção bastante recente: é o estudo dos processos de criação de um texto dramático ou de um espetáculo (raramente de uma *cultural performance*). Ela encontra sua origem no estudo dos manuscritos literários, de sua gênese como projeto ou ideia até a sua publicação. À publicação de um texto corresponderia a apresentação pública (a estreia) da obra cênica ao fim dos ensaios.

1. A GÊNESE DO SENTIDO: UMA NOVA DISCIPLINA?

Um livro-síntese, *Genèses théâtrales*, coloca de início a boa pergunta: como reconstruir o processo da gênese de uma obra? Teóricos e às vezes também encenadores respondem a essa interrogação, descrevendo sua prática. Mesmo os artistas dão-se então o tempo de consultar suas notas, de mobilizar suas lembranças, de abrir seus arquivos, seus "auto-arquivos" (Chloé Déchéry), se se trata de uma tentativa de explicação direta, "à viva voz", de sua própria maneira de proceder[1]. Mas uma outra inquietação azucrina o leitor ou o espectador: deve-se, pode-se saber como a obra foi concebida e quais eram as intenções do autor ou do encenador. E enfim: essas supostas intenções foram seguidas de efeitos?

O termo científico, "genética", ou o bíblico, "gênese" ("criação") surpreende: imagina-se uma ciência de genes ou um laboratório para manipulações genéticas; ou, então, volta-se a estar em plena exegese dos textos sagrados. Talvez não se esteja no fundo tão longe disso, em um caso como no outro.

Mais simplesmente, a genética se interessa pelo processo de fabricação do texto ou do espetáculo, pelo estudo de tudo o que precede o texto publicado ou a *mise en scène* apresentada ao público. Essa nova disciplina se inscreve ainda voluntariamente em uma longa tradição ocidental e logocêntrica, dado que examina a interação entre a escritura e o jogo teatral, e frequentemente também a passagem da escritura à representação. Assim, Almuth Grésillon concebe a genética numa interação entre escritura dramática e jogo do ator, uma interação – especifica ela – "cuja fonte se pode encontrar no dispositivo genérico do teatro: 1. Um certo espaço distinto – materialmente ou por simples convenção tácita – do espaço social ordinário; 2. Um ator portador de texto que não é um simples contador, mas se inscreve ele mesmo no espaço ficcional; 3. Uma ação dramatizada, quer se exprima ou não em um diálogo representado; um espectador• que se distingue do simples passante e aceita o pacto ficcional"[2]. Essa concepção globalmente ocidental do teatro nos dá uma boa definição e uma base sadia para encarar os diferentes objetos da enquete genética e os métodos de análise que lhe correspondem, talvez também para precisar se esses métodos se aplicam igualmente às encenações e aos outros tipos de performances espetaculares ou culturais.

2. GENÉTICA TEXTUAL E GENÉTICA TEATRAL/CULTURAL

Como seu nome indica, a genética textual, tal como Grésillon e seus colaboradores a definem, trata das diferentes versões escritas de um texto dramático, de um cenário (canevás, roteiro) ou de todo material que utiliza a linguagem escrita. Grésillon distingue o *objeto*, o *método* e a *visada* desse tipo de genética: "São objeto: os manuscritos literários, na medida em que carregam o traço de uma dinâmica, o do texto em devir. Seu *método*: pôr a nu o corpo e o curso da escritura, acompanhado de uma série de hipóteses sobre as operações escriturais. A *visada*: a literatura como um fazer, como atividade, como movimento." (p. 8) É necessário retomar essas três noções e examinar como poderemos adaptá-las a uma genética de espetáculos ou de performances culturais.

1. O *objeto* textual deixa-se, por certo, apreender com facilidade, mas as formas que ele toma de empréstimo ultrapassam o exclusivo texto dramático legível ou falado: as indicações cênicas, mas também as notas de intenção, os dossiês preparatórios, os documentos de pedido de subvenção etc.

são documentos que não se deveria negligenciar. Quanto à "dinâmica do texto em devir", como estabelecê-la e para o que ela tende? O texto não está sempre "em devir", já que é preciso lê-lo e relê-lo, e porque ele assume incessantemente novas significações? Essa dinâmica não é absoluta, ela não é função apenas de rasuras e de aperfeiçoamentos, porém da encenação que dará ao texto seu término provisório.

No caso de um objeto espetacular, como proceder? O que, nos ensaios, corresponde aos rascunhos dos textos? Atores lançados ao espaço com fragmentos de texto falado enganchado neles; atores sistematicamente solicitados a "rever sua cópia", a saber, propor outros movimentos, outros ritmos, outras interpretações de situações e ações cênicas. Atores que apreendem o espaço, desenham uma figura modificando-a sistemática e globalmente. Atores cujo trabalho preparatório é um primeiro esboço, um croqui em três dimensões. Cada etapa de ensaios ou de improvisações contribui para a solução, ela própria adotada quando o encenador decide guardá-la provisoriamente. Em retrospecto, não será quase possível, nem aliás útil, distinguir os diferentes esboços, na esperança de retraçar sua gênese. As rasuras, os erros e as contradições, tornou-se impossível reconstituí-los, reconstruir seu rasto, seu traço•. E ainda que se pudesse, o que se faria com esses traços, se não se compreender talvez como eles conduziram à representação para o público?

2. Do *método*, Grésillon não dá nenhuma indicação sobre este "pôr a nu do corpo e do curso da escritura". Pode-se imaginar que a genética toca aqui na questão da corporalidade e da performatividade• do texto dramático, mas sua teoria está longe de estar acabada.

Ao que este pôr a nu da escritura dramática poderia de fato corresponder para uma genética do espetáculo? Não se sabe muito bem como trabalham o encenador, os atores, os cenógrafos e os técnicos. Emitem-se, no melhor dos casos, hipóteses, formulam-se conjecturas sobre os processos criadores de cada um sem que jamais se esteja certo de sua validade. Como para o objeto e a visada, é preciso contentar-se em imaginar a dinâmica das escolhas: por que se apagou tal ou tal elemento e se valorizou tal outro? O que se procurava? Ao que isso nos levou? Como é que a própria representação se construiu, e segundo qual encadeamento? O encenador "coloca", clarifica, fixa os *tournants*, as "voltas" da ação cênica; o espectador (o geneticista) fará a mesma coisa, mas na ordem inversa.

3. Se a *visada* da literatura se define como "um fazer, como atividade, como movimento, *a fortiori* a *mise en scène* está sempre no movimento, na ação (na corporalidade e na performatividade). A visada é então a atividade que consiste em inventar uma prática cênica que leva o espectador para uma experiência que ele não havia antecipado. O fazer, o movimento, ambos indicam lá onde a encenação quer chegar, qual subtexto ela elabora e como o espectador decifra isso em função da experiência concreta ao mesmo tempo de sua própria vida e do espetáculo ao qual assiste. A visada junta a intenção, mas ela não é ainda consciente de si mesma, ela dirige seu olhar para o resultado final, para a meta. Ela é ainda uma *pre-shape* (Peter Brook), uma prefiguração, que toma pouco a pouco, no decorrer dos ensaios, uma forma mais nítida, um *shape*. Ainda aí, a genética do espetáculo não está em condições de reconstruir esse processo a partir de documentos tangíveis. Os traços da prefiguração se apagam à medida que toma forma a figura considerada.

A noção de visada, por útil que ela seja a fim de pensar o sentido (a direção) de uma criação, revela-se às vezes contraproducente entre os artistas não "teleológicos": não obsedados pela finalidade de seu trabalho, pelos efeitos esperados, no fundo não preocupados com uma ideia de partida que eles têm de realizar a fim de chegar a seus fins. A genética deve então modificar seus métodos e sua atitude: não mais procurar uma lógica do processo guiado para um fim definido de antemão, mas descrever de maneira formal, neutra e fria, as etapas de trabalho, manter o diário dessas descobertas fortuitas. Robert Wilson é o mestre incontestado desse método que remonta do abstrato ao concreto: "Eu me solto" – revela Wilson – "sobre as coisas um pouco abstratas, sem me preocupar demais com as questões de conteúdo ou de significação, mas de preferência como uma composição visual, quase uma abstração, depois começo a recobri-la e a preenchê-la de significação. Mas só depois!"[3]

3. INTERESSE E DIFICULDADES DA GENÉTICA PARA A PESQUISA E PARA A CRIAÇÃO

A distinção entre genética de textos e genética de espetáculos é justificada e, certamente, necessária. Os estudos e as análises de espetáculos lucrarão com a análise perspicaz dos processos de criação, sob a condição de bem definir os objetivos e as possibilidades do método genético.

A começar pela ruinosa distinção tradicional entre o textual e o cênico (o visual): o texto será estável, a cena, efêmera; o texto será analisável graças à filologia, a cena será renitente a análises precisas. A oposição ainda permanece tributária do lugar-comum segundo o qual os termos escritos resistem, enquanto as palavras e as imagens evolam-se. Na realidade, todo texto é movente, como a areia movediça: desde que a gente o leia, desde que caminhe em cima, ele nos absorve. A ação cênica é, por certo, efêmera, mas não mais do que o texto, tanto mais quanto dispomos atualmente de todas as espécies de técnicas para registrá-la e depois para "dissecá-la". A genética não é isenta da censura por privilegiar o escrito e por reduzir o evento cênico a uma descrição literária e escrita do visual e do auditivo. Mas não reside aí o único perigo que a ameaça: a genética, ciosa da objetividade, concebe os textos e as imagens materialmente, como traços materiais, restos a juntar, documentos a arquivar, e não, simbolicamente, como um trabalho simbólico sobre o sentido, como hipóteses sobre o funcionamento, enfim, como prolegômenos a uma interpretação (análise dramatúrgica ou uma análise de espetáculo), em suma, como qualquer outra coisa que não seja a genética. Porém, se a gente tomar o texto e a cena como sistemas que mudam sem cessar de sentido, dever-se-ia então aplicar-lhes teorias coerentes e explícitas, teorias ao mesmo tempo inumeráveis e pouco solicitadas nas pesquisas atuais. Grésillon está, ao que parece, consciente desse déficit da teoria no domínio da genética, daí seu programa justo, embora um pouco utópico, quando faz votos em favor de uma "comunidade científica na qual se abrirão – mas sem renegar nenhuma das aquisições metodológicas anteriores, porém situando-as e trabalhando-as de outro modo – novos canteiros de colaboração" (p. 23).

Da Genética à Análise dos Espetáculos

Uma das consequências positivas do desenvolvimento da genética e da análise dos processos de criação é, portanto, o de revisar as teorias existentes, em particular a da análise dos espetáculos. Uma das censuras endereçadas à análise dos espetáculos é a de se contentar com o resultado final, de não integrar na análise uma dimensão genética em que apareceriam os processos de preparação do espetáculo. Para Josette Féral, por exemplo, "Não se pode analisar uma obra teatral sem levar em conta o processo no qual ela está integrada. Esse processo compreende, por certo, a representação, mas também e sobretudo a obra em curso de produção, isto é, as fases anteriores à sua apresentação pública."[4] Tudo depende, evidentemente, do sentido que se dá a esse processo•: se se trata da fase preparatória, dos métodos de trabalho, todas as coisas às quais o espectador "comum" ou o crítico não têm acesso, então o processo será largamente incognoscível, pois estará justamente limitado ao "período de ensaios". Em compensação, se o processo é também e sobretudo o sistema da encenação, tal que o espectador esteja em vias de reconstruí-lo com o fito de integrar do melhor modo os signos, os materiais, as informações que ele reúne, então a consciência do processo é útil, e até indispensável. Torna-se necessário avaliar a impressão, o traço do processo, da estrutura geral até a análise do espetáculo. As escolhas da encenação, as regularidades estruturais, a textura, a composição visual abstrata da *mise en scène* formam um sistema evolutivo que se pode assimilar a esse processo de que fala Féral.

4. CRÍTICAS E PROPOSTAS

Um dos méritos da genética é suscitar, para não dizer ressuscitar, um debate metodológico, passavelmente adormecido, ainda que seja apenas demonstrando a sua necessidade, se ela quer se manter e produzir seus frutos, de recorrer a diversas teorias ou metodologias. Três entre muitas outras: a hermenêutica, a história, a fenomenologia.

A hermenêutica nos obriga a religar os fenômenos de reescritura, de retomada, de reinterpretação de uma obra clássica. A teoria da recepção nos ajuda a comparar as interpretações de uma mesma obra clássica em diferentes momentos da história. Às vezes, graças aos documentos, a gente está em condições de comparar os estilos de encenação e as interpretações. Se se considera que a série das encenações constituem outras tantas versões, rascunhos, etapas para a última versão-interpretação, a genética torna-se um estudo do devir da obra, um processo de reescritura da obra, uma revitalização de uma obra do passado. O papel da genética não é tanto o de reconstituir esse passado quanto o de restituir suas potencialidades, de refletir em que a reinterpretação e a revitalização fazem, em suma, parte da obra que se lê ou que se encena.

A historicidade nos incita a ressituar sempre a obra em seu contexto, a fim de compreender como ela está em perpétua gênese. Fenômeno que Michel Vinaver chamou de "a operação catalítica" efetuada sobre os clássicos: "Há o grande repertório universal, os clássicos, através do qual o encenador pode exprimir-se intimamente, realizar obra pessoal e atual, mediante uma operação catalítica que consiste em provocar a reação de elementos do presente por meio de substâncias antigas, ou a reativação do passado por meio de uma injeção da matéria de hoje em dia."[5]

Assim, a encenação e a genética nos auxiliam a reler o texto clássico antigo, pois devemos imaginar a série de transformações, de modernizações que nos levou até a nossa época e conduziu a novas maneiras de reencená-lo, reinterpretá-lo e redescobri-lo.

Uma terceira teoria, a da *fenomenologia*, poderia igualmente vir em socorro da genética. A encenação, com efeito, na sua fase preparatória, é um processo de aparecimento• do sentido e de significações possíveis, que evoluem no curso da história.

A genética é uma disciplina do futuro, sob a condição de não se contentar em olhar para trás, mas de abraçar toda a teoria contemporânea, segundo o projeto utópico de Grésillon, Féral ou Thomasseau[6]. O teatro e a performance contemporâneos encarregam-se de lembrar-lhe que a teatrologia não se limita ao estudo dos textos dramáticos, dos rascunhos e dos manuscritos, e que ela deve desenvolver uma metodologia de análise de ensaios que ultrapasse a descrição minuciosa, mas positivista. Se o pós-dramático• é uma fuga para frente, a genética não deve vir a ser uma fuga para trás.

NOTAS

1. Cf. A. Grésillon; M.M. Mervant-Roux; D. Budor (éds.), *Genèses théâtrales*, Paris: CNRS, 2010.
2. Almuth Grésillon, *La Mise en œuvre: Itinéraire génétique*, Paris: CNRS, 2008, p. 6.
3. Robert Wilson, Programa de *The Old Woman*, 2013.
4. Josette Féral, Pour une étude génétique de la mise en scène, *Théâtre/Public*, n. 144, nov. 1998, p. 55.
5. Michel Vinaver, L'île, *Théâtre en Europe*, n. 18, 1988.
6. Jean-Marie Thomasseau, *Le Théâtre au plus près: Pour André Veinstein*, Saint-Denis: PUV, 2005.

Globalização

Fr.: *globalisation*; Ingl.: *globalization*; Al.: *Globalisierung*.

Poder-se-ia chamar de teatro globalizado todo teatro da era da globalização[1], seja ele o resultado ou a fonte de resistência a esse movimento mundial. Mas todo teatro não é, então, mais ou menos globalizado? Em que ele se distingue do teatro "normal"? E como diferenciá-lo de seu irmão inimigo, o teatro intercultural, surgido e teorizado nos anos 1970? Cada vez mais, desde o começo dos anos 1990 e do fim do comunismo na Europa, a produção teatral vem sendo fortemente influenciada pela tendência mundial para a globalização (*mondialisation* em francês, mas o termo inglês parece mais justo). Eis o que nos incita a refletir sobre o impacto, econômico tanto quanto estético, da globalização no mundo do teatro e dos espetáculos.

1. A GLOBALIZAÇÃO

a. Breve Histórico

O teatro globalizado (se nos permitem esse neologismo) não é em si um gênero novo, trata-se antes de um tipo de produção dramática e espetacular que carrega os traços das novas condições econômicas e culturais da globalização, particularmente desde a virada do milênio.

A globalização está ligada à formação de uma sociedade mundial em função da dimensão global dos fenômenos econômicos, mas também culturais, políticos e sociais. É de consenso constatar a globalização da economia mundial, porém a hipótese de uma globalização cultural está aberta à discussão, em especial quanto a suas causas e a seus efeitos sobre a criação e a evolução das culturas e das artes. De maneira geral, define-se a globalização, com Roland Robertson, como "a compressão do mundo e a intensificação da consciência de que o mundo forma um todo"[2]. Essa mundialização das trocas comerciais remonta ao século XVI, às viagens intercontinentais e à formação progressiva das nações-estados. Ela se intensifica consideravelmente no último quartel do século XIX com o desenvolvimento das relações internacionais e do colonialismo. A fase seguinte, a da "decolagem", dos anos 1870 a 1920, coincide, em literatura e nas artes, com o movimento da modernidade e, para o teatro europeu, com a afirmação do sistema da *mise en scène*, a globalização se distingue por uma internacionalização das relações e dos conflitos entre os Estados, pela formulação dos direitos do homem e pela integração das trocas comerciais mundiais. Segundo Robertson, desde os anos 1960 e, de maneira acelerada, desde o início do novo milênio, a globalização penetra em todos os domínios da vida socioeconômica e cultural[3].

b. *Rumo a uma Cultura Unificada?*
No domínio da cultura, a tese principal é que a globalização das trocas de toda ordem leva a uma cultura unificada, na qual as diferenças culturais penam para manter-se ou mantêm-se apenas graças a uma ideologia ao mesmo tempo pós-moderna• e consumista.

A aldeia global de McLuhan não era ainda senão uma aldeia interconectada da sociedade midiatizada. A globalização, o *todo-mundo* (Edouard Glissant), a *cultura-mundo*[4] (Lipovetski), a *one-world-culture* são construções muito mais amplas e audaciosas: nós estamos "em um período de política cultural em escala do globo"[5].

De outro lado, entretanto, os fluxos culturais produzem efeitos variados e contraditórios. Com Michel Wieviorka, observar-se-á na mundialização ao mesmo tempo uma homogeneização da cultura e uma fragmentação. A mundialização é, portanto, alternadamente definida como "a homogeneização cultural, sob hegemonia americana" e como "a fragmentação cultural. Daí as lógicas de retração comunitária, de fechamento identitário, de volta das nações e das culturas para dentro de si mesmas"[6]. Dando sentido às coisas, Wieviorka indica que "há certamente uma extensão da cultura americana, mas nem por isso há monopólio. Há fragmentação (basta ver a força de crescimento dos nacionalismos no mundo inteiro), mas também circulação de identidades culturais, mundialização 'por baixo'" (p. 307).

c. *Qual Política?*
A dificuldade é dar uma explicação da globalização que não seja, desde logo, exclusivamente negativa (ou positiva), mas que descreva suas possibilidades. Não se poderia negar a dimensão política da globalização, que repousa, em grande parte, sobre fatores econômicos. O mais visível desses fatores econômicos é a passagem de economias nacionais (em estados-nações) a uma economia global. Em termos políticos, isso se traduz pela passagem da soberania nacional a um "império"[7]. Esse império, controlado pela finança e pela economia mundializada, é mais econômico do que político (ou, se se prefere, sua força econômica se traduz imediatamente em decisões políticas que lhe são favoráveis). Resulta daí uma mudança profunda de concepções do político e um recuo da política. Uma análise dos mecanismos

ideológicos do consumo nos permite observar o quanto muitas vezes uma palavra de ordem política, como a do direito à diferença, se transforma de palavra de ordem progressista, num espaço político, em puro e simples *slogan* consumista[8].

2. TEATRO INTERCULTURAL, TEATRO GLOBALIZADO

a. Assentamento Histórico da Oposição

A principal dificuldade, para bem compreender a novidade do teatro globalizado, é a de distingui-lo do teatro intercultural, ao que ele está muitas vezes e malfadadamente assimilado. Convém assinalar suas diferenças caso se queira apreender o que a globalização cultural trouxe de novo e de irreversível, nesta virada do milênio.

O intercultural como encontro produtivo de duas civilizações nas letras e nas artes existe na Europa desde os séculos XVIII e XIX. Mas só depois do fim do século XIX e até os anos 1930, é que o teatro se exercitou verdadeiramente nas trocas interculturais, notadamente através do estilo do jogo de atuação e da encenação (Artaud). O intercultural se inscreve então na modernidade pós-baudelairiana, faz experimentos com os sortilégios da encenação, tudo precisamente "inventado" e sistematizado. Quer ele queira ou não, o intercultural tem uma parte ligada ao exotismo•, e até ao colonialismo. Censuram-lhe com frequência seu eurocentrismo, inclusive na teorização que ele propõe para dar conta das experiências de Peter Brook ou de Ariane Mnouchkine nos anos 1970 e 1980. Acusam-no, não sem demagogia, de se apropriar de culturas indefesas.

O teatro globalizado varre esse tipo de crítica, visto que bem afastado desta *culture of links* de Brook, ele se define, logo de início, e sem complexo, como "um produto transcultural para públicos internacionais"[9].

b. Duas Paralelas Que se Encontram?

Para melhor observar como as duas grandes tendências, intercultural e globalizada, essas duas linhas paralelas, acabam por se encontrar, devemos desde logo descrevê-las de maneira contrastada:

A visão intercultural também pretende estar caucionada pela noção de autenticidade• da cultura, quer se trate da "cultura dos laços" de Brook ou, inversamente, da "colisão de culturas" de Bharucha[10]. Ela coloca como princípio que se deve sempre reconstituir a cultura naquilo que ela tem de único. Ao contrário, a *visão globalizada*, por exemplo, a da "cultura da escolha" de um Schechner, denuncia toda pesquisa de autenticidade ou de origem. Ela considera que não existe cultura pura, mas apenas uma mistura híbrida de elementos culturais. À suposta universalidade dos valores éticos e intelectuais do crente intercultural, o globalizado responde com a flexibilidade, com a livre-troca e a maleabilidade do mercado.

Enquanto o pensamento do teatro intercultural, o de Artaud, por exemplo, podia ainda perseguir a quimera de "regenerar um teatro europeu que havia perdido suas raízes"[11], *a obra globalizada* abandona toda pretensão de um retorno às suas origens e toda ideia de uma redenção pela arte, para se concentrar na eficácia transcultural do produto, um produto de marca, se possível, que o público é convidado a consumir pelo exclusivo prazer. A obra globalizada torna-se um produto estandardizado, uma marca registrada. Ela substitui a obra original e única por seu estilo e pela assinatura do artista, quer se trate do autor ou do encenador.

O eu do artista intercultural opõe-se ainda a um outro eu – o dos outros artistas ou dos espectadores•, mas os sujeitos globalizados, sejam eles artistas ou espectadores, se tornaram seres de múltiplas e variáveis identidades: é preciso redefini-los e redesenhá-los incessantemente em função de seus diversos pertencimentos (cultural, étnico, sociológico, político, profissional, sexual etc.).

Entre o interculturalismo e o transculturalismo a diferença é crucial. O *inter*cultural insiste na troca entre as culturas, sobre o espaço que as separa e as distingue. O *trans*cultural refere-se àquilo que as culturas possuem em comum, a seus "laços" (Brook). O *global*-cultural remete à acumulação não hierarquizada de elementos culturais, à hibridez de um gênero ou de uma prática, à simplificação e à homogeneização de características culturais.

O intercultural estava ligado à *modernidade* por volta dos séculos XIX e XX: ele funcionava ainda segundo as categorias da modernidade, com base na oposição entre o enraizamento e o desenraizamento, o familiar e o estranho, o próximo e o distante[12]. A cultura globalizada circula livremente no interior da *pós-modernidade*. Às vezes, mesmo, ela não hesita em remontar a uma pré-modernidade ainda estranha às identidades clássicas e modernas.

Essa pré-modernidade assume o nome de *intracultural* quando o artista ou o teórico buscam no interior de sua própria cultura elementos hoje em dia apagados, mas recuperáveis ao termo de pesquisas práticas ou teóricas.

As culturas não se opõem como entidades distintas, elas se situam na nebulosa do cultural, que é apenas perceptível como fragmentação e como superposição de elementos culturais. A cultura global se define precisamente por sua heterogeneidade, e até por sua hibridez.

3. GLOBALIZAÇÃO NA PRODUÇÃO E NA RECEPÇÃO

a. O Objeto da Globalização

Como observar os fenômenos de globalização no domínio do teatro? Alguns exemplos irão precisar esse apresamento da produção teatral pela globalização.

As coproduções internacionais constituem o exemplo mais eloquente do teatro globalizado. Este último se apresenta o mais das vezes como uma coprodução entre vários parceiros internacionais, quer seja por ocasião de um ou de vários festivais, ou ainda de um espetáculo suscetível de rodar em *tournée* pelos diferentes parceiros em outras estruturas que o convidem.

Um outro exemplo de produção global seria o de um *musical*, até de um *megamusical*: concebido em um lugar, geralmente uma grande capital, ele gira a seguir pelo mundo inteiro ou, então, é vendido a teatros sob a condição de ser reconstituído de maneira exata à versão de origem, notadamente pelo que é da cenografia ou da encenação[13].

Deixando de lado esse fenômeno de produção mundializada e tornada rentável como não importa qual empreendimento internacional, pretende-se sobretudo observar os efeitos da globalização em todos os níveis da atividade teatral. Dois exemplos, entre tantos outros: a escritura dramática e a *mise en scène* contemporâneas.

b. Produção e Recepção da Encenação Globalizada

O teatro globalizado muda igualmente seus *métodos de trabalho* para o preparo da produção cênica. O encenador é doravante menos solicitado como artista em constante pesquisa do que como administrador encarregado da produção ou organizador de um dispositivo. A redução do tempo de preparo do espetáculo, a supressão da função do dramaturgo, tudo isso contribui para reconduzir a *mise en scène* àquilo que ela era antes de sua promoção ao fim do século XIX: uma simples regulação técnica.

O que convém à *produção estandardizada* de uma comédia musical, não convirá a um teatro de texto ou de pesquisa que trabalhe na nuance e nas alusões culturais. Com efeito, a encenação é obrigada a inventar uma solução local, compreensível nesse exclusivo contexto. Ela renunciará facilmente aos cenários luxuosos, a uma interpretação "mediana" e facilmente decifrável. Ela busca, em compensação, a melhor maneira de contar uma história, com um jogo simples de atuação, luminoso, porém jamais redutível a uma fórmula repetível pelas mídias.

Encenação *modernista intercultural versus* produção *pós-moderna globalizada*: melhor seria reservar o termo *mise en scène* a uma representação teatral localizada no tempo e no espaço, preparada especialmente para uma situação local. Tal era, em todo caso, o sentido e a função da encenação na época do modernismo, no fim do século XIX europeu: um sistema fechado, local, destinado a um público em plena renovação, reenquadrando o conjunto do espetáculo em função de uma situação singular. A partir do momento em que o intercultural se junta ao modernismo como uma de suas variantes, e até como sua apoteose, a encenação é obrigada a se adaptar em função da cultura-fonte e da cultura-alvo, ela se esforça em fazer com que essas duas culturas se comuniquem. Então começam os aborrecimentos, pois nenhuma dessas duas culturas admite que uma outra possa compreendê-la (apreendê-la e englobá-la), e nenhuma, muito menos, confessa que não se interesse muito pela harmonização global das culturas e pela compreensão intercultural entre os povos... Os aborrecimentos redobram ou, ao contrário, se dissipam, tão logo o teatro globalizado impõe suas normas de legibilidade média e universal, propõe signos adaptáveis a outros contextos e organiza o espetáculo (não se ousa mais dizer: a encenação) de maneira sistemática, mecânica e maleável. A obra globalizada parece exprimir-se de maneira muito geral em uma espécie de esperanto estético e filosófico, adaptável a todos os contextos.

A ação de pôr-em-cena do teatro é sempre um pôr-em-jogo local: ela está ligada a circunstâncias particulares, não obedece a princípios gerais, sejam eles universais ou supranacionais. Ela tem, pois, muita dificuldade para se transformar em uma prática globalizada, reprodutível e aplicável no mundo inteiro, salvo se precisamente for reduzida a uma produção, a um funcionamento puramente técnico, eficaz, reprodutível. A globalização constitui sempre um desafio para o espectador. Ela obriga a distinguir o que é realizado por cuidado estético ou arranjado por necessidade econômica. A encenação deve levar em conta o fato de que o público viu as mesmas séries televisivas, possui as mesmas referências midiáticas etc.

c. As Formas da Globalização no Teatro
Uma nova ordem? Resta evocar quais formas a produção globalizada assume no teatro contemporâneo. Pode ser que a globalização seja tão aperfeiçoada e tão discreta que não seja quase notada. Ou que as respostas dos artistas, dos filósofos e dos políticos sejam pouco visíveis, ou pouco espetaculares e até que elas tardem a exprimir-se ou renunciem a fazê-lo. Após a queda do Muro de Berlim (fim de 1989), a nova realidade não demorou, em todos os contextos, ex-comunistas ou capitalistas de longa data, a se traduzir por um teatro privado do suporte das subvenções públicas, entregue daí por diante às leis do mercado e liberto do dever de acabar com as alienações de todas as espécies.

Neoliberalismo e pós-modernismo: segundo filósofos marxistas como Tony Negri e Michael Hardt, o pós-modernismo seria o equivalente do neoliberalismo e do capitalismo globalizado[14]. O que acontece com o teatro globalizado? A fim de ser transmitido de modo claro e ao maior número, esse teatro estandardizado propõe textos de acesso simples, facilmente dramatizáveis, amiúde clássicos, cuja encenação se limita a confirmar uma leitura habitual e não perturbadora, adaptada a todos os públicos. Na maior parte do tempo, a estratégia do *marketing* consiste em não impor uma leitura demasiado nova, dando ao mesmo tempo a ilusão de que a renovação da representação já é uma prova de sua modernidade. As alusões culturais são aconselhadas apenas se forem facilmente traduzíveis ou se fornecerem um inofensivo toque de exotismo, ou ainda se cada espectador acreditar encontrar aí uma parte de suas referências. Daí, por vezes, a impressão de uma torre de Babel...

O teatro, desde que pretenda sair do circuito puramente comercial e privado, não pode dispensar as subvenções. Somente o Estado, ao menos nos países democráticos, assegura aos artistas certa independência que o setor privado não garante. Por certo, esse Estado, pouco importa qual, não pode aceitar ser violentamente criticado, e até desmontado, mas, ao mesmo tempo, as subvenções que concede não constituem tampouco um mecanismo de compensação contra os efeitos do liberalismo e da globalização na sua vertente mercantil.

Misturas em todos os gêneros e em todos os sentidos: eis a impressão que ressalta dos espetáculos globalizados. No entanto, isso não significa necessariamente que as culturas, as artes, os teatros, as literaturas das diferentes culturas se uniformizem. Constata-se, ao contrário, em literatura e no teatro, uma resistência a esse processo de uniformização devido à globalização. As tradições nacionais continuam a pesar sobre cada gênero, elas não convergem para um *mainstream•*, uma *world literature* ou um *world theatre* como faz a *world music*.

O modelo da produção cinematográfica norte-americana não é reprodutível tal e qual pelo teatro. Por uma simples razão: não há no teatro o equivalente de uma cultura *mainstream*, de um *block-buster* exportável para toda a parte com as mesmas receitas e o mesmo sucesso[15]. O aparelho de reprodução mecânica do cinema não é transferível tal qual para um modelo teatral: as ações cênicas são em *live*, ao vivo, o sistema de enunciação é totalmente diferente. Toda nova encenação teatral segundo um filme ou segundo uma encenação *master* exportada, deve reapropriar-se de um espaço, de um jogo de ator, de nuances e de conotações das palavras assim como dos gestos. A despeito dessa incompatibilidade, certos produtores tentaram transpor *musicals* ou peças de sucesso para outros contextos linguísticos e culturais. Como mostra Mark Ravenhill com o exemplo do produtor Cameron Mackintosh, o teatro que "outrora sempre havia possuído um elemento de 'artesanato', viu-se reinventado como uma empresa industrial à la Ford. Isso permitia a seus produtos serem globalmente recriados e franqueados pelo modelo de um McTheatre"[16]. "O novo modelo de Mackintosh se desembaraçou do *star system* e criou espetáculos coreografados com uma estrita exatidão, uma forte amplificação eletrônica e utilizou um espetáculo cênico assistido por computadores."[17] Assim fixados em sua coreografia, sua sonorização, sua direção de luz e sua cenografia, *musicals* como *Les Misérables*, *Cats*, *Phantom of the Opera* podiam ser exportados e franqueados em sua *mise en scène* "original". Peças de sucesso como *An Inspector Calls*, encenação de Stephen Daldry, ou uma adaptação de um romance como *War Horse* de Michael Morpurgo podem ser reproduzidas e entregues prontas para o uso em outros teatros do mundo inteiro[18]. A ideia simples, até simplista, conquanto formidavelmente lucrativa, é a de transpor tudo, não só a infraestrutura cenográfica, musical e sonora, mas também o jogo do ator, seus deslocamentos e seus movimentos, suas emoções e seus efeitos. Nós estamos doravante em um sistema estético perfeitamente adaptado às leis do mercado teatral global segundo os mesmos procedimentos e com diferenças locais mínimas.

d. Pensamento Final Global

Há no trabalho do teatro, para o artista como para o espectador, um vaivém constante entre o próximo e o longínquo, o local e o global. No teatro, nós nos situamos sempre em um lugar concreto, estamos presos em um evento real, cercado de atores. Mas nos servimos desse lugar como um trampolim para ir rumo a um alhures, rumo a um mundo imaginário e longínquo. Isso sempre foi assim. A única diferença é que, graças às mídias como a internet, podemos, atualmente, a todo momento transmitir esse aqui e agora para o mundo inteiro. Um dia ou outro e tudo se sabe: todos os nossos pequenos segredos. Deveríamos nos rejubilar com essa entrada em contato com o mundo inteiro? No caso do teatro, essa transmissão global vai formar uma nova comunidade? Ganharemos com a troca: uma pequena comunidade espacial de alguns espectadores de uma noite em torno de uma garrafa e de uma pequena cena contra uma comunidade virtual, infinita, mas intangível?

NOTAS

1 Prefere-se em geral esse termo inglês ao francês, de mundialização, que insiste na geografia mais do que em sua estrutura de conjunto, o que nos parece justamente ser o essencial da visão global.
2 Citado por Manfred Steger, *Globalization: A Very Short Introduction*, Oxford/New York: Oxford University Press, 2009, p. 13. Ver igualmente, do mesmo, Robert Robertson, Social Theory, Cultural Relativity and the Problem of Globality, em Anthony D. King (ed.), *Culture, Globalization and World-System: Contemporary Conditions For the Representation of Identity*, Minneapolis: University of Minnesota Press, 1997, p. 75.
3 Roland Robertson, *Globalization: Social Theory and Global Culture*, London: Sage, 1992, p. 59.
4 Gilles Lipovetsky, *La Culture-monde: Reponse à une société desorientée*, Paris: O. Jacob, 2008; e *L'Occident mondialisé: Controverse sur la culture planétaire*, Paris: Grasset, 2010.
5 R. Robertson, op. cit., p. 5.
6 Michel Wieviorka, Edentates culturelles, démocratie et mondialisation, em Catherine Halpern; Jean-Claude Ruano-Borbalan (éds.), *Identité(s) l'individu le groupe la société*, Auxerre: Sciences Humaines, 2009, p. 307.
7 Cf. Antonio Negri; Michael Hardt, *Empire*, Cambridge: Harvard University Press, 2000.
8 Alain Brossat, *Le Grand dégoût culturel*, Paris: Seuil, 2008, p. 171.
9 Para retomar a fórmula do encenador Oh Tai-sok, citado por Brian Singleton, Intercultural Shakespeare From Intracultural Sources: Two Korean Performances, em Jung-soom Shim (ed.), *Glocalizing Shakespeare in Korea and Beyond*, Seoul: Dongin, 2009, p. 183.
10 Cf. Rustom Bharucha, *Theatre and the World: Performance and Politics of Culture*, London: Routledege, 1993.
11 B. Singleton, op. cit., p. 182.
12 Cf. Erika Fischer-Lichte, *The Dramatic Touch of Difference: Theatre, Own and Foreign*, Tübingen: Narr, 1990.
13 Esse fenômeno foi muito bem estudado pelo "Mctheatre" e pelo "megatheatre", por Dan Rebellato: *Theatre and Globalisation*, Basingstoke: Palgrave Macmillan, 2009, p. 39-49.
14 "O pós-modernismo é sem dúvida a lógica pela qual opera o capital global. O *marketing* possui talvez a mais clara relação com as teorias pós-modernistas e poder-se-ia mesmo dizer que as estratégias do *marketing* capitalista há muito têm sido modernistas, *avant la lettre*" (A. Negri; M. Hardt, op. cit., p. 151).
15 Frédéric Martel, *Mainstream*, Paris: Flammarion/Champs actuel, 2012. Ver igualmente: Laura Odello (ed.), *Blockbuster: Philosophie et cinéma*, Paris: Les Prairies ordinaires, 2013.
16 Mark Ravenhill, Funding, *Alphabet: A Lexikon of Theatre and Performance. Contemporary Theatre Review*, v. 23, n. 1, 2013, p. 23. Esse número especial é dedicado à memória de David Bradby.
17 Ibidem.
18 Esses exemplos são fornecidos em Mark Ravenhill, op. cit.

Glocalização

Fr.: *glocalisation*; Ingl.: *glocalization*; Al.: *Glokalisierung*.

1. O APARECIMENTO DO GLOCAL

Muitas das mudanças do teatro contemporâneo explicam-se, em boa parte, pelo peso da globalização• sobre nossa vida, pela "compressão e pela intensificação da consciência do mundo como um todo"[1]. No entanto, a atividade teatral não se reduz a essa homogeneização global nem se resolve nela. Uma grande parte de seu tempo e de sua energia é mesmo despendida para contrabalançar esse efeito de estandardização da vida social e artística. Não obstante, nessa vontade de voltar a condições locais, não são sempre os artistas que desempenham um papel decisivo, mas sim os especialistas do marketing.

Desde os anos 1980, esses últimos compreenderam que o valor de um produto aumenta se o adaptam às condições locais do mercado. Daí resultou o neologismo japonês – ou é preciso dizer: globalmente japonês? – de *glocalização*: mistura de global e local. "Numerosos críticos afirmam que a globalização não pode ser compreendida como um simples processo de homogeneização em que tudo se torna a mesma coisa (queira isso dizer europeizado, americanizado ou japonizado). Deve-se, antes, ver a globalização como um processo de negociação, de hibridação ou de glocalização."[2] Semelhante fenômeno se aplica ao teatro?

2. GLOCALIZAÇÃO TEATRAL?

Esse fenômeno de glocalização vale igualmente para o teatro: mais do que um corretivo à globalização, é uma tendência nova.

Um espetáculo concebido, mais do que preparado, nos Estúdios Disney poderá ser adaptado e produzido em diferentes países: Estados Unidos, Europa, China, Japão[3]. Fica assim fabricada uma cultura *mainstream*• global. Cada país recebe, todavia, uma versão adaptada.

Essa *glocalização teatral* consiste, quanto ao essencial, em levar em conta demandas locais do público: de que tipo de história o público tem necessidade nesse momento de sua História? O que ele compreende de sua situação? Qual detalhe vestimentário ou musical, qual sotaque, qual alusão local lhe ajudarão melhor a situar a ação? Após a abstração e a estilização de uma escritura ou de uma encenação pós-moderna• ou pós-dramática•, um retorno a uma situação mais ancorada em um dado real conhecido pelo público lhe ajudaria certamente a se reencontrar em tudo aquilo que lhe contam e que o ultrapassa um pouco.

O teatro durante muito longo tempo foi local: seu jogo deu-se no interior de um lugar, de uma língua e de um grupo humano. A ação dramática, no entanto, guardava certa abstração, ela queria ser universal para a tragédia. Havia certo equilíbrio entre o particular e o universal. Na Europa, não é senão na metade do século XVIII que o teatro começou a ancorar-se no meio social burguês, a interessar-se pelo mundo econômico, a tornar-se mais global. Com o desenvolvimento das trocas comerciais mundiais, a abertura para o mundo se fez progressivamente, mas foi preciso esperar, na Europa, o último decênio do século XIX para que os encenadores começassem a interessar-se e a integrar técnicas de representação e de tradições não europeias, para que se lançassem timidamente às experiências interculturais. E será preciso esperar o último terço do século XX para que o teatro tome consciência do mundo globalizado e utilize de bom ou mau grado algumas técnicas de comunicação global.

À escala da economia, da administração e da governança mundial, mas também do teatro universal, a glocalização é concebida como uma solução milagre da última oportunidade. E, no fundo – poder-se-ia dizer – por que não? Pois pouco importa o local, o global, o glocal, desde que se escape ao bocal, isto é, ao fechamento, ao sufocamento por falta de oxigênio. Mas como escapar ao mundo sufocante do bocal? Por que não tentar o teatro?

3. QUAIS SOLUÇÕES?

A globalização valida a cisão entre, de uma parte, um teatro de massa, comercial, orientado para o lucro, submetido às exigências econômicas, e, de outra parte, um teatro de pesquisa que não pode sobreviver sem suporte público ou privado e que é submetido ao que Nathalie Heinich denomina de "regime de singularidade". Esse regime de singularidade é "a ideia de que a vanguarda ou a arte inovadora é forçosamente melhor do que a arte que se contentaria em trabalhar 'em involução' e não em 'evolução'"[4]. O teatro se sente tradicionalmente marcado por um regime de autenticidade, no sentido da obra de arte anterior à "época de sua reprodutibilidade mecânica" (Benjamin). Valendo-se de um encenador e, portanto, de um sujeito criador autônomo e livre, esse teatro de pré- ou antiglobalização vai na contracorrente da ideologia pós-moderna, que prega de preferência o desaparecimento do sujeito criador, a liberdade de escolha do espectador•, a midiatização do evento cênico. Resulta daí um divórcio entre uma arte teatral autêntica, "aurática" (Benjamin), centrada na encenação, e uma produção teatral pós-moderna ou pós-dramática, *performativa*, que joga o jogo das mídias e da globalização, que não se interessa mais pela arte da *mise en scène*, mas pelo dispositivo•, notadamente midiático. É preciso evitar, entretanto, ver o teatro como um baluarte contra a globalização e contra a cultura de massa. O teatro também está, em graus diversos, tomado pelo processo da globalização. Quanto mais o teatro se acha voltado para a rentabilidade e a comercialização, mais estará submetido às regras da produtividade: produzir o espetáculo do modo mais economicamente possível, para um número máximo de espectadores comprando ingresso pelo preço mais alto possível.

Para o Estado ou para os *sponsors*, os patrocinadores, torna-se menos caro subvencionar uma arte globalizada e sustentada pela indústria cultural, do que sustentar pessoalmente alguns indivíduos envolvidos nas encenações confidenciais, artistas empregados como temporários do espetáculo. A crise dos temporários do espetáculo na França foi, segundo Marie-José Mondzain, "o sintoma decisivo para que o mundo das artes e dos criadores tomasse consciência do fato de que a derrocada do político podia, de início, declarar a morte da cultura. E, inversamente, que se a cultura se deixasse devorar no interior de seu próprio ministério, o ministro da cultura se tornava o órgão maior da derrocada do político"[5]. Esse colapso do político no próprio seio de um ministério da cultura, que se pode constatar em toda a parte do mundo, especialmente nos governos de direita, é de algum modo confirmado pela derrocada da cultura no seio da globalização, a qual existe justamente sobre as ruínas dos estados nacionais e políticos. Pois, nesse nível global, não há mais instância política que possa regular o liberalismo total.

A globalização não é simplesmente uma indústria cultural (mesmo se rebatizada como "indústria criativa") que controla o financiamento da cultura segundo o princípio exclusivo da rentabilidade, ela é também, na vertente ideológica e estética, uma arte globalmente média, segundo Bourdieu, um gosto pequeno-burguês. Com efeito, a economia neoliberal que conduz ao teatro globalizado não jura senão pelas leis do mercado e ela se confia ao gosto pequeno-burguês de uma arte média que apraz ao maior número, uma arte "popular" que, como prêmio, se encarrega de rebaixar a arte elitista, a do teatro de arte de outrora ou a do teatral experimental do presente.

Essa arte média seria, por exemplo na França, o teatro de *boulevard*, e na Coreia, o musical. É por certo uma escolha política a de decidir o que sustentar com prioridade: um setor de elite em dificuldade ou então a massa dos espetáculos comerciais. A desregulação e o fim das subvenções para o setor em dificuldade são conformes à ideologia liberal que desejaria que o mercado decidisse os valores, inclusive os artísticos. Assim, o teatro globalizado desempenha muitas vezes o papel de coveiro do teatro de pesquisa e do sistema de indenização dos artistas. Para ele, basta invocar as leis ineslutáveis da economia, e deixar que se instale uma cultura e uma arte média que agradem a todos e tenham o ar democrático. O turismo cultural explode, em todos os países desenvolvidos, criando museus de tudo e não importa o que. O teatro não escapa a essa museificação da cultura, a qual pretende que todos os tipos de espetáculos sejam apresentados, que sejam conservados, retomados, sendo completados por obras novas.

NOTAS
1. Roland Robertson, citado por Manfred Steger, *Globalization: A Very Short Introduction*, Oxford/New York: Oxford University Press, 2009, p. 13.
2. Lawrence Grossberg, Globalization, em Tony Bennett et al. (eds.), *New Keywords: A Revised Vocabulary of Culture and Society*, Malden: Blackwell, 2005, p. 149.
3. Frédéric Martel, *Mainstream: Enquête sur la guerre global de la culture et des médias*, Paris: Flammarion/Champs actuel, 2012, p. 66-70.
4. Cf. Nathalie Heinich, La Singularité à tout prix, *Area Revues*, n. 14, mar. 2007. (Art. Artistes. Etat.)
5. Marie-José Mondzain, Malaise dans le partage du visible, *Area revues*, n. 14, mar. 2007, p. 23. (Art. Artistes. Etat.)

Gosto

Fr.: *goût*; Ingl.: *taste*; Al.: *Geschmack*.

O sentido do gosto, na acepção própria, não intervém na prática do teatro: nenhum espetáculo não é para degustar, para consumir, para deglutir, salvo para considerar a cozinha como uma arte das papilas gustativas que tem por finalidade nutrir os clientes de alimentos dados em espetáculo... Deixa-se de lado o caso de numerosas culturas em que os espectadores• assistem a um espetáculo consumindo comida e bebidas.
A experiência sensível difere então muito da dos espetáculos ocidentais que se limitam aos sentidos da vista e da audição.

Se o gosto intervém, é no sentido figurado de avaliação, de julgamento estético, de bom ou mau gosto e, às vezes, de desgosto. E, no entanto, como observa mui pertinentemente Marie-José Mondzain, "o gosto foi a palavra, antes mesmo da época das Luzes, pela qual a estética entrou no campo do julgamento, para subtraí-lo ao mesmo tempo a toda conceitualização"[1]. Com frequência se fez o reparo de que o gosto, o olfato e, em menor medida, o tato estão a serviço de uma subjetividade não mensurável do sujeito perceptor. Há, portanto, um sentido em falar de gosto no teatro, na acepção metafórica de uma disposição estética e cultural, de um julgamento estético dos espectadores e do impacto dessas preferências gustativas sobre a recepção do espetáculo?

1. UMA SOCIOLOGIA DO GOSTO?

A sociologia do gosto parte do princípio de que tanto a sociologia como a estética• precisam ter uma ideia sobre os gostos dos utilizadores. Com efeito, não basta descrever a obra, suas estruturas, seu valor intrínseco para obter uma análise relativamente objetiva da obra e *a fortiori* da experiência estética dos contempladores. Observam-se as seguintes grandes tendências:

No caso do teatro e dos espetáculos, os quais necessitam de um juízo estético, um conhecimento das expectativas, dos gostos, uma sociologia do gosto parece impor-se, a despeito da extrema diversidade dos públicos e da diversificação dos modos de julgamento. Uma "cartografia" do gosto proporcionaria uma representação útil dos modos de recepção e das motivações.

Apesar de um nivelamento das expectativas, dos valores, a cultura performativa do público permanece eclética, acumulativa, caleidoscópica. O encenador ou o autor, que visam amiúde a um tipo de público homogêneo, global ou globalizado, frequentemente ficam surpreendidos.

A moda é efêmera, ela concerne a todos os tipos de produção, especialmente artísticos. Sua avaliação, sua lista de premiados não cessa de variar em função dos consumidores, mas também das instituições e de seu financiamento.

A despeito da variedade dos gostos, e talvez por causa dela, a época é do consenso: tudo é feito para evitar o conflito e, entre os artistas da cena comercial, é grande a tentação de procurar somente propiciar prazer ao público de consumidores.

2. A AVALIAÇÃO DO GOSTO

A sociologia do gosto não cessa de refinar seus métodos de análise e de multiplicar seus objetos de investigação. Os critérios dos juízos de gosto permanecem, todavia, muito diversos e gerais. Eles revelam, ao menos, a permanência de algumas grandes questões:

Cada espectador•, mesmo o mais refinado, crê-se autorizado a avaliar a obra de arte em virtude de critérios que ele julga indiscutíveis, mas que ele pena em enunciar e reluta em modificar.

Quem se sente habilitado a julgar? Tanto as "pessoas estranhas ao estabelecimento", como os jornalistas ou o grande público, quanto os especialistas pertencentes à instituição, ao teatro, ao mundo da arte. Nesse último caso, o parecer dos entendidos são mais julgamentos incisivos ou ucasses do que argumentos comedidos. Quando não são julgamentos sobre o valor bancário das obras.

Esse tipo de julgamento trai uma incerteza dos pontos de vista críticos sobre o teatro. Nem os amadores nem os expertos, supondo-se que eles se falem, não entrariam em acordo sobre uma visão comum, e isso apesar de todos os discursos sobre a comunidade da gente de teatro. Os critérios do bom e do mau gosto variam consideravelmente segundo a perspectiva de uma vanguarda pós-dramática• ou a do teatro de *boulevard*. *A fortiori*, se nos colocarmos na óptica dos *Cultural Performances*•, em que a dimensão estética não é central, os critérios do gosto serão ainda mais heterogêneos. Ninguém, em todo caso, pode arrogar-se o direito de decidir uma vez por todas sobre o valor de uma obra. É preciso reavaliá-la incessantemente, verificar os mecanismos de legitimação e não fossilizar os critérios de avaliação.

Mesmo se os critérios de gosto nos ajudam a nos referenciar pelo lado da recepção e em função de critérios e de perspectivas múltiplas, vê-se muito bem que uma simples sociologia do gosto está longe de explicar tudo. É preciso também saber proferir um juízo mais objetivo sobre as qualidades intrínsecas da obra. Como proceder a essa avaliação e em que critérios a basear?

3. A AVALIAÇÃO ESTÉTICA DA OBRA

Os critérios que permitem julgar as qualidades da obra estão longe de serem universais e indiscutíveis. Entretanto, concorda-se em geral sobre as qualidades de autenticidade•, de invenção formal e de novidade:

A autenticidade é antes de tudo a de uma experiência vivida pelo artista ou pelos artistas quando da concepção e da criação da obra, ocasião da qual esta última traz ainda o traço sensível. O leitor ou o espectador não podem notar o que uma figura•, uma expressão, uma situação, uma maneira de ver, uma "estrutura de sentimento"[2] custaram ao autor: não necessariamente como confissão autobiográfica, mas como lembrança penosa ou alegre. O receptor dessa "mensagem" sente muito bem se a coisa foi vivenciada ou apenas fabricada. A performance contemporânea joga muito com essas interrogações sobre a autenticidade, a energia e as identidades, sem parar de pô-las em questão.

A invenção formal reside no equilíbrio de formas, na boa gestão de materiais, no respeito aos princípios arquitetônicos, na realização do projeto considerado, na utilização da linguagem como um material retrabalhado e não como um instrumento automático. Ouvir *Dans la solitude des champs de cotton* (Na Solidão dos Campos de Algodão) de Koltès, é, por exemplo, estar consciente dos efeitos de paralelismo e de retórica escondidos sob uma linguagem ao mesmo tempo contemporânea e muito retrabalhada formalmente. Essa pesquisa formal produz em grande parte o prazer da escuta e constitui a mensagem sobre a nossa época baseada na troca e no comércio.

A novidade e a originalidade são particularmente valorizadas nos dias de hoje. A inovação real, e não os efeitos de estardalhaço, será apreciada. E isso em todos os níveis: língua, dramaturgia, escolha de materiais e apresentação cênica. A combinatória de todos esses elementos, que constituem precisamente o teatro, seja a dramaturgia ou a encenação, será então julgada em sua eficácia e sua novidade. Perguntar-nos-emos sempre se o *pós* do modernismo ou do dramático conduz verdadeiramente a uma invenção ou apenas a um efeito de moda e a uma inofensiva provocação.

NOTAS

[1] Coletivo de autores de Sans Cible, *Produire la création*, Colleville: Noys, 2007, p. 54.
[2] "Structure of feeling", conforme o termo de Raymond Williams.

H

Habitus

O *habitus* designa em medicina a aparência do corpo e o que ela revela de sua saúde. O sociólogo Pierre Bourdieu retomou essa noção para designar o corpo em sua dimensão social: atitude, postura, gestual, mímica, voz, mas também vestimentas e higiene corporal, aspecto "civilizado" (Norbert Elias). Segundo Bourdieu, os sujeitos incorporam estruturas sociais, valores, contradições, normas e, por conseguinte, toda uma ideologia e uma pertinência sociais. O *habitus* que daí resulta é uma maneira amiúde inconsciente de agir, utilizar o corpo (técnicas do corpo•), maneira em grande parte determinada pela realidade social. Se o pensamento, segundo Lakoff e Johnson[1], possui de fato uma base física, a diferença e a distinção social se inscrevem elas também no corpo. O ator mostra um corpo construído, sociologicamente codificado, cuja inscrição corporal (a incorporação ou *embodiment*) é apreendida no espaço social.

Na cena contemporânea, a noção de *habitus* é indispensável desde que se trate de explicar a forma pela qual o ator integra, no e sobre o seu corpo, índices de sua situação física e moral no mundo.

O *habitus* substitui e alarga o *gestus*•. O *gestus* brechtiano propunha uma leitura socioeconômica-política das personagens, mas esta última se tornou depressa demasiado sociologizante, caricatural das relações de exploração. O *habitus* permanece na óptica sociológica, porém dá melhor conta dos dados antropológicos na perspectiva dos *performance studies*•, assim como de uma abordagem da intensidade do movimento. Ele faz o liame entre o corpo e a ideologia, a identidade•. O *habitus* reagrupa as inclinações físicas e psíquicas, encarnadas nos corpos, ele é o "produto da incorporação das regularidades"[2]. As coreografias de Pina Bausch são um exemplo de concordância entre o *gestus* político da fábula e o *habitus* intensificado, sexualizado e encarnado do movimento. Da mesma maneira, as peças dançadas de Jan Lauwers (*La Chambre de Isabelle*) ou de Alain Platel (*Tous des Indiens, Wolf*) prolongam o momento sociopolítico em um movimento intenso do corpo social encarnado[3].

NOTAS
1 Cf. George Lakoff; Mark Johnson, *Philosophy in the Flesh: The Embodied Mind and its Challenge to Western Thought*, New York: Basic Books, 1999.

2   Pierre Bourdieu, *Raisons pratiques: Sur la théorie de l'action*, Paris: Seuil, 1994, p. 172.
3   Patrice Pavis, *Vers une théorie de la pratique théâtrale: voix et images de la scène*, Villeneuve-d'Ascq: Presses Universitaires du Septentrion, 2000, p. 77-93.

Háptico

Fr.: *haptique*; Ingl.: *haptic*; Al.: *haptisch*.

Do grego *haptein*, tocar.

1. O SENTIDO HÁPTICO

Utilizar o sentido háptico é efetuar a experiência de objetos no espaço tocando-os. Percebe-se com as mãos e, portanto, com todo o corpo. A sensação háptica é a do tocar. Qual um cego tateando no espaço, com suas mãos, seus pés e todo o seu ser, nós podemos tocar o espaço. É o que faz o ator, seu encenador e seus parceiros, quando preparam uma cena e quando procuram seus referenciais e suas marcas. Esse contato físico não difere fundamentalmente do contato do escultor com a argila que ele modela. Gilles Deleuze, em *Francis Bacon: Logique de la sensation* (Francis Bacon: Lógica da Sensação, 1981), deu à palavra "haptic" suas cartas de nobreza. Inspirando-se no filósofo Riegal, ele opõe o háptico ao óptico; segundo o filósofo austríaco, a arte evolui do háptico, da sensação vinda da pele, para o óptico, para o olho que tende a abstrair a realidade. Deleuze opõe o tátil ao óptico, os quais produzem, como uma espécie de síntese ou de oximoro e de contradição dialética, o háptico[1].

2. HÁPTICO, TÁTIL, ÓPTICO

Mesmo se não se considera que os espectadores•, na tradição ocidental, toquem os performers, sua relação na cena jamais é puramente visual, ela é também tátil: a observação dos corpos e dos objetos sobre a cena conduz a uma percepção sensível ao movimento, à matéria e à textura de tudo que lhes é apresentado. Eles sentem de maneira intensa esse contato com a realidade dos objetos e dos corpos: "nós não sentimos a tal ponto nosso corpo quando ele está em repouso; mas nós obtemos uma percepção mais clara dele quando ele se mexe e quando novas sensações são obtidas no contato com a realidade, isto é, com os objetos..."[2] Como o pintor segundo Merleau-Ponty[3] ou o escultor segundo Deleuze[4], no teatro, o olho e a mão agem de comum acordo, tanto na produção assim como na recepção. A oposição entre o óptico e o háptico marca o contraste entre o teatro de imagens, visível e vivenciado à distância, e uma representação física, tangível e baseada em um engajamento físico do gestual e da corporalidade.

3. DUPLA PERCEPÇÃO

Muitas vezes os espetáculos recorrem a esses dois regimes de percepção. Em *Voyageurs immobiles* (1995-2010), espetáculo de Philippe Genty e Mary Underwood, percebeu-se muito bem esta dualidade óptica/háptica que a escolha do som (música, ruídos, voz) ancora e confirma. Nos momentos hápticos, o espectador parece subir ao palco para se confrontar tangivelmente com os corpos, com materiais e com vozes diretas, ele participa hapticamente das ações e dos ruídos do papel amassado. Em outros momentos em que intervêm a música "planante" de Torgue e Houpin, o mesmo espectador parece alçar voo, decolar da situação concreta, submeter-se a um efeito de afastamento óptico que abre a via aos fantasmas e às imagens do inconsciente[5]. Entre terra e céu.

NOTAS
1   Gilles Deleuze, *Francis Bacon: Logique de la sensation*, Paris: De la différence, 1994, p. 103.

2 Paul Schilder, *The Image and Appearence of the Human Body*, New York: International Universities Press, 1950, p. 87.
3 Cf. *Le Visible et l'invisible*, Paris: Gallimard, 1964.
4 *Francis Bacon: Logique de la sensation*, Paris: Seuil, 2002, p. 146-147.
5 Sobre o efeito háptico no cinema, ver: Laura Marks, *The Skin of the Film: Intercultural Cinema, Embodiment and the Senses*, Durham: Duke University Press, 2000.

Hibridez

Fr.: *hybridité*; Ingl.: *hybridity*; Al.: *Hybridität*.

No sentido da biologia, a hibridez é uma mistura de raças, de espécies, no reino animal ou vegetal. Poder-se-á lamentar, com Amselle, "nossa incapacidade de pensar os fenômenos culturais de outra maneira senão do modo biológico"[1]. A metáfora biológica, com efeito, não nos é muito útil; é verdade que ela não ambiciona ir além da ideia de uma fusão de influências na linguagem (crioulização•) e nas formas. Os espetáculos pós-modernos• são amiúde qualificados de produções híbridas; no entanto, não se trata, no sentido próprio, de uma mestiçagem de raças, porém de uma mistura de elementos culturais e até de sua justaposição (multicultural•). Em que consiste essa hibridez? Desde os anos 1990, na continuidade da era do todo cultural dos anos 1980, a hibridez e a mestiçagem tornaram-se quase a norma. O ministério da Cultura francês só jura pelo direito à diferença. Nos países como os Estados Unidos, o artista ou o performer é muitas vezes, como Guillermo Gómez-Peña, um cidadão que participa de duas ou mais culturas, capaz de se defender contra a cultura dominante, assumindo sua posição exterior. Essa versão da hibridez é "transracial, plurilinguística e multicontextual. A partir da posição do desvantajoso, o híbrido expropria elementos de todos os lados para criar sistemas mais abertos e mais fluidos"[2].

Em outros contextos, a hibridez é sobretudo artística. Cada arte pode ser concebida como autônoma e específica: autônoma, segundo Adorno, se ela resiste à pressão das mídias e dos determinismos sociais; específica, segundo certos críticos de arte, como Greenberg, para quem "o domínio próprio e único de cada arte coincide com tudo o que a natureza de seu meio possui de único"[3]. Mas, para os defensores da hibridez artística, o pós-modernismo, graças a um hábil marketing de mescla de gêneros e de materiais, desemboca numa hibridez ou numa mestiçagem de artes ou de técnicas. Dominique Bacqué assinala toda a diferença da hibridez pós-moderna e da montagem modernista, como a de um Eisenstein ou de um Vértov no cinema ou de um Brecht no teatro: "Lá onde a montagem dos anos vinte era solidária com a noção de vanguarda, a mestiçagem contemporânea é pós-moderna. Quer dizer que ela intervém após o desgaste dos esquemas modernistas, quer dizer também que ela não acredita mais na possibilidade de produzir uma imagem nova, original, mas que milite, pela citação e reciclagem das imagens, em favor da reapropriação dos estilos."[4]

As coreografias de Hervieux e Montalvo caracterizam-se por tais citações híbridas: diferenças de morfologias dos dançarinos, das cores da pele, dos estilos coreográficos. Essas diferenças, entretanto, se apagam em uma coreografia que as integra[5].

NOTAS
1 Jean-Loup Amselle, *Vers un multiculturalisme français: L'Empire de la coutume*, Paris: Flammarion, 2001, p. X.
2 Guillermo Gómez-Peña, *The New World Border*, London: Routledge, 1992, p. 12.
3 Clement Greenberg, Modernist Painting, *Peinture: Cahiers théoriques*, 8/9, 1974.
4 Dominique Bacqué, *Photographie plasticienne: L'Extrême contemporain*, Paris: Du Regard, 2004, p. 233.
5 DVD dos espetáculos e comentários em *off* de Dominique Hervieux.

História de Vida

Fr.: *récit de vie*; Ingl.: *life writing (story)*;
Al.: *Lebensbericht*.

A história de vida, escrita geralmente em primeira pessoa, concentra-se na *trajetória de uma existência*, contada por um único indivíduo com certo recuo. Tal relato não é próprio do teatro ou da literatura, ele é bastante universal e foi estudado pela antropologia, pela história, pela psicologia ou pela medicina. O teatro, em especial o contemporâneo, imita, transpõe e reinventa a maneira como se conta histórias. A história de vida pode ser assegurada por uma personagem, não necessariamente pelo ator, pelo narrador ou pelo performer. (Ver autobiografia•, autoficção•)

Adiantaremos *a hipótese* de que cada cultura possui seu modo de contar: ele não é o mesmo na França, na Itália, na Inglaterra ou na Coreia, apesar das estruturas narrativas gerais comuns. Os temas, a focalização, a familiaridade ou a concepção da identidade e a definição do eu diferem grandemente de um contexto a outro. O teatro joga com essa rica diversidade; ele varia ao infinito as situações da narração, os pontos de vista sobre o mundo, a finalidade do relato e de sua escuta. O narrador, e além dele, o autor dramático ou o dramaturgo têm a esperança ou a impressão de reconstituir uma história coerente, completa, a partir de um ponto de vista ou de um eu coerente? Ou então defendem eles uma concepção pós-moderna• da identidade do eu, um eu considerado como uma instância instável, um sujeito sacudido pelas intermitências do desejo, pelas mutações da sociedade e por uma estética do fragmento e do efêmero? De tais parâmetros dependem a possibilidade e a forma da história de vida.

1. QUE TIPOS DE HISTÓRIAS DE VIDA?

Essas formas de narrativa são inumeráveis do ponto de vista da antropologia e a história do teatro parece ter experimentado todas elas. Seria necessário que se pudesse recapturar a evolução da história de vida desde sua origem antropológica (como uma estrutura inata e universal) até as formas atuais do teatro-narração (*teatro di narrazione* italiano contemporâneo, por exemplo). Passou-se assim de uma forma nascida em uma sociedade arcaica, rural, passadista, a um teatro de narração, um gênero político, adaptável, aberto às mutações econômicas e capaz de analisá-las com um olhar crítico. Entre esses dois extremos, encontra-se uma rica paleta de experiências narrativas, notadamente:

O teatro na tradição do *poema dramático*, forma que se encontra às vezes ainda entre poetas-romancistas, como Peter Handke em Über die Dörfer (Sobre as Aldeias, 1981). Nessa obra, alguns locutores compõem por meio de suas longas tiradas, que não são verdadeiramente diálogos, mini-relatos cuja soma recompõe uma sociedade aldeã do passado.

As *adaptações de obras romanescas* nas quais as personagens evocam seu destino ao fio da prosa: aqui o adaptador (o encenador, muitas vezes) escolhe no romance longos trechos narrativos retomando-os tais quais ou dramatizando-os. O romance de Lydie Salvayre, *La Compagnie des spectres* (A Companhia dos Espectros, 1997), é assim adaptado e depois encenado (por Monica Espina em 2002) em função dos relatos dos protagonistas. O mais das vezes, nas adaptações, encontramos uma mistura de relato a ser lido, de texto a ser dito e de ações a serem desempenhadas.

Em uma *escritura poético-dramático-romanesca* mais experimental, um escritor como Noelle Renaude produz massas de materiais narrativos muito retrabalhados, que não são necessariamente atribuídos a personagens precisas. Sua acumulação, sua "fermentação" e sua rítmica acabam recriando vias possíveis, por imaginar a gênese do indivíduo ou a cosmogonia de um grupo social.

Em *La Mastication des morts* (A Mastigação dos Mortos), Patrick Kermann faz falarem os mortos de um cemitério, reconstituindo a vida trivial de uma pequena comunidade.

O *retorno do relato autobiográfico* confirma-se como meio de aceder ao conhecimento da sociedade neoliberal e globalizada (assim é em Falk Richter), ou como confissão dos tormentos amorosos (como em Angélica Liddell). O relato, em Richter, é o de uma educação sentimental e política, sem que se possa distinguir sempre a perspectiva autobiográfica ou o ensaio de moral política.

2. A RENOVAÇÃO DO TEATRO-NARRATIVA

Sob sua forma radical, o teatro-narrativa° remonta a Antoine Vitez e aos tão desconstrucionistas anos 1970. Mas ele conhece, especialmente na Itália desde o começo do século XXI com o *teatro di narrazione*, uma impressionante renovação (com Ascanio Celestini e, na Sicília e na Calábria, com Emma Dante, Massimo Barilla e Salvatore Arena). Essa forma estabelece o laço com a tradição do contador popular presente em todas as sociedades humanas, tradição retomada por Dario Fo, nos anos 1960. No caso de Celestini (por exemplo, em *Rádio Clandestino*), assim como na maior parte dos numerosos solo-performances, os *narrattori* (narr-atores: narradores e atores ao mesmo tempo) reatam com a antiga tradição popular. Eles recorrem à memória cultural coletiva, graças a um trabalho etnológico de registro e gravação de canções ou contos populares. Essa pesquisa etnológica se inscreve, por sua vez, em toda uma corrente da memória cultural, tal como Stephen Greenblatt a analisou em seus trabalhos sobre a cultura da época de Shakespeare. O "narr--ator" nos mergulha em uma vida passada, em uma cultura estrangeira popular. Mas isso não bastaria: é preciso ainda que o narrador estabeleça o laço entre essa cultura e a questão de atualidade, questão política, polêmica, abordada por meio dessa forma de jogo de atuação.

O teatro de narração: uma forma arcaica cheia de futuro? Pode-se esperar, pois o teatro, em seu sufoco atual, sua falência econômica, sua desorientação moral e política, ganha trabalhando sem pesada tecnologia nem burocracia asfixiante, transportando-se facilmente de um lugar a outro e, sobretudo, como um ataque de guerrilha, batendo para em seguida camuflar-se sob outras formas, em outras experiências. Um tal teatro-narrativa adapta-se, com efeito, às necessidades do momento, renova-se sem cessar, coloca-se em questão, não tem tempo de se esclerosar em formas pesadas e em receitas fáceis. Ele parece ligado à descentralização, a das capitais para as províncias, mas também das formas pesadas para as experiências mais ligeiras e móveis. Como se o teatro de narrativa tivesse o poder, ou ao menos a esperança, de tocar grupos marginais, longe das instâncias centrais, sem por isso recair no folclore, na nostalgia dos bons velhos tempos, no bucólico e na pastoral. Teatro popular, transportável, adaptável, inclusive às mutações socioeconômicas, e imediatamente reativo.

Comparando essa forma, tão ativa desde os anos 1990, a outros tipos de experiência de teatro político, nota-se a vontade de um teatro mais ligeiro, mais incisivo, um teatro que se destacou do teatro oficial, institucional, e que tomou igualmente suas distâncias de uma vanguarda fossilizada[1].

NOTA
1   Obra geral sobre a questão: Gastón Pineau; Jean-Louis Le Grand, *Les Histoires de vie*, Paris: PUF, 2007. (Que sais-je?)

Identidade

Fr.: *identité*; Ingl.: *identity*; Al.: *Identität*.

1. A NOÇÃO DE IDENTIDADE

A identidade individual (a de uma pessoa) ou coletiva (a de um grupo social ou de uma nação) se define por sua permanência, sua continuidade e sua unidade. É isso que permite reconhecer um elemento como sendo único e idêntico a si próprio. Mas a noção de identidade não caminha sem a de diferença e a de mudança: como de fato ela se manteria, quando a realidade individual e social é plural, heterogênea, movediça e quase inapreensível?

Pelo que concerne ao sujeito individual, sua identidade é posta em questão e estamos muito longe da definição cartesiana de um eu sólido e unificado. O budismo vai a ponto de rejeitar a concepção de um eu estável, ele privilegia o fluxo da consciência, a instabilidade e a ilusão de toda identidade. Um mesmo sujeito concentra as identidades as mais diversas, sucessivamente ou ao mesmo tempo: identidades múltiplas, contraditórias, passageiras, incoerentes.

2. A IDENTIDADE DO TEATRO

Mais do que todas as outras artes, o teatro contemporâneo parece haver perdido toda identidade. Mas teria ele uma? Não há mais nada de teatro para ler, de literatura dramática, nem mesmo de teatro a representar ajuizadamente como a representação fiel de um texto. Ele se abriu para o conjunto infinito das ações e das performances humanas e extra-humanas. Não resta, pois, nada em comum a todas essas perfomances, nenhuma marca identitária inegável. Não há, pois, nenhum sentido maior em se pôr em busca, como se fazia ainda nos anos 1950, da essência do teatro (Gouhier), nem sequer, como nos anos 1960 e 1970, da teatralidade ou do *signo teatral*.

3. TIPOS DE IDENTIDADES NO TEATRO

Longe de semelhante concepção essencialista, mais vale examinar que tipos de identidades entram em jogo na fabricação e no consumo do teatro.

Identidade nacional: com o fim dos estados-nações e das literaturas e tradições nacionais, a ideia de teatro ou de repertório nacional, de cadinho cultural para uma nação antiga ou recente, perde parte de sua força e até de seu sentido. A produção teatral é amiúde multinacional e globalizada. As técnicas e os materiais, os atores e os artistas pertencem a universos provenientes dos quatro cantos do mundo. A origem linguística, temática e institucional não se pode mais retraçar, ela perde toda pertinência quanto à sua produção e recepção.

Identidade étnica: poder-se-ia, por certo, abordar as práticas performativas de diferentes etnias, mas o resultado correria o forte risco de não ir além da enumeração de formas e de práticas. O empreendimento seria útil para os etnólogos, porém decepcionante para os historiadores e teóricos do teatro. É de resto o que se contentam muitas vezes em fazer os *Perfomance Studies*•.

Identidade cultural: tornou-se quase impossível distinguir culturas específicas, dada a sua mistura. O debate sobre a identidade nacional toma um viés puramente político e polêmico.

Identidade comunitária: poucos teatros se apresentam como sendo de certa comunidade, em todo caso étnica ou religiosa. Algumas "comunidades imaginadas"[1] referir-se-ão talvez a um gênero de teatro, mas não se encontram mais quase escolas, movimentos, nem mesmo estilos característicos de uma comunidade específica.

Identidade social: a classe social é menos reconhecível em marcas identitárias. O *gestus*• brechtiano é mais raramente empregado para encarnar relações de força ou de classes sociais. Estamos em uma fase de indiferenciação das personagens (que são figuras abstratas): a multi-identificação apaga a identidade social demasiado precisa.

Identidade de gênero (relações sociais de sexo): ela é concebida e produzida como "uma obra performativa realizada, tornada obrigatória por uma sanção e um tabu sociais"[2].

Identidade profissional: além das diferenças de treinamento do ator e dos métodos de encenação, há, como bem notou Barba, uma identidade profissional "enraizada nos valores técnicos específicos, ou sobretudo nas leis e princípios, que são o fundamento de todo performer diante de um espectador• em uma situação organizada de performance"[3].

Essa multiplicação de identidades em competição substitui o conflito aberto de ideias e de ideologias nos anos 1960 a 1990. Um número maior de parâmetros ajuda a cercar melhor os fenômenos sociais e psicológicos, mas a resultante de todos esses conflitos está longe de estar claramente estabelecida, em particular, de um ponto de vista político. É talvez o que explica o endurecimento das posições políticas antagonistas. Quer se aceite sem hesitação o embaralhamento e a lista interminável das diferentes identidades como a marca de nossa época pós-moderna•, com o risco de que "a multiplicação das identidades acarrete em incomensurabilidade e desresponsabilização dos indivíduos"[4]; quer, ao contrário, a gente se enrijeça em uma atitude reacionária que só jure pela identidade nacional, ou nacionalista, e rejeite todos aqueles que não são *nacionais, franceses de raiz* e que reivindiquem outras identidades. Mas, acontece também, como nota André Bercoff, que aqueles que reivindicam para si identidades múltiplas e se fazem defensores de minorias utilizam o termo identidade (nacional) como um insulto: "Identidade: palavra obscena para o coro das virgens da diferença rainha e do minoritário rei; palavra a ser proscrita para as carpideiras do angelismo compassivo que consiste em encontrar escusas, explicações e álibis para não importa quem salmodie que a França é uma *garce à niquer* (puta para foder), ou outra amabilidade da mesma laia."[5]

Para permanecer no terreno da identidade étnica na França, observamos, com Amselle, que dois tipos de identidade podem coexistir sobre o mesmo território e em uma mesma política, como no caso da França: "No plano étnico-cultural, duas instâncias maiores se colocam: de um lado, a da nação francesa, composta por 'franceses de raiz', e que pode, pois, ser assimilada a uma etnia ou a uma raça, e, de outro, a das minorias étnicas e comunitárias que servem de realce à identidade francesa" (p. VI)?

Constata-se certa fadiga do discurso sobre as identidades, e até uma rejeição dessa problemática devido ao desaparecimento progressivo dos Estados, das fronteiras e dos marcadores de identidade.

4. A CHANCE DO TEATRO NA ÉPOCA DA IDENTIDADE GLOBALIZADA

Todas essas contradições da identidade étnica não afetam diretamente a criação teatral. A generalização da noção de identidade é antes uma coisa positiva para criar e pensar o teatro nesses tempos globalizados. O teatro, ou mais exatamente a performance sob todas as suas formas (as *cultural perfomances•*, representações culturais), tornou-se um terreno de experimentação para essas identidades em competição. A globalização, ao ampliar os tipos de identidade, permitiu, com efeito, ao teatro estender seu território a muitas outras práticas espetaculares e a aceitar outros questionamentos teóricos. Renunciando à exclusiva identidade greco-latina, o teatro europeu ultrapassou o logocentrismo da literatura dramática, mas também transpôs o obstáculo da primeira etapa na história da encenação demasiado ligada a uma visão de um diretor cênico considerado como sujeito pleno e unificado, e se abriu – alguns dirão se dissolveu – nas *cultural performances*. Destarte, o teatro tornou-se um laboratório de pesquisas interculturais• e interidentitárias. Ele testa alianças interartísticas• inesperadas: literatura/dança, música/canto/textualidade, enquete sociológica/jogo (Rimini Protokoll), militância antiglobalização/criação videográfica (Gómez-Peña).

Recusando-se a entrar no jogo das identidades nacionais, no templo da pureza étnica, o teatro e a arte performática ganham (e nos fazem ganhar) uma liberdade inesperada, impensável na realidade social e política, a liberdade de experimentar novas formas de identidade e modificar nossa relação com essas identidades.

NOTAS

1 Benedict Anderson [1983], *Imagined Communities: Reflections on the Origin and Spread of Nationalism*, London: Verso, 2006.
2 Judith Butler, Performative Acts and Gender Constitution: An Essay in Phenomenology and Feminist Theory, *Theatre Journal*, v. 40, n. 4, dec. 1988, p. 98.
3 Maria Shevtsova; Christopher Innes, *Directors/Directing: Conversations on Theatre*, Cambridge: Cambridge University Press, 2009, p. 25-26.
4 Jean-Loup Amselle, *Vers un multiculturalisme français: Le Empire de la coutume*, Paris: Flammarion, 1996, p. VI.
5 *Le Monde*, 6 maio 2010.

Imersão (Teatro de)

Fr.: *immersion (Théâtre d')*; Ingl.: *immersive theatre.*

O teatro de imersão consiste em mergulhar os espectadores, individual ou coletivamente, em um lugar, em um meio, em uma atmosfera, em uma situação que facilitará suas descobertas ou redescobertas do mundo, que lhe farão viver um momento autêntico e intenso em contraste com sua vida cotidiana paralisada pelos hábitos e banalidades. Tudo é feito para dar ao espectador• a impressão de que os atores estão se ocupando individualmente dele e que ele irá viver uma experiência que mudará sua vida ou, ao menos, seu olhar sobre a vida. Os atores se dirigem a ele por seu próprio nome, tratam-no como um indivíduo, e não como uma massa amorfa, convidam-no a uma interação, fazem-lhe perguntas pessoais e até íntimas. Assim imerso e "intimado", o espectador se encontra em um mundo real ao qual é chamado a reagir pessoalmente, oferecendo o seu corpo e o seu caso à arte teatral e à ciência teatrológica.

A imersão é mais completa do que a simples participação ou jogo interativo; ela batiza e banha o espectador em uma água emocional destinada, considera-se, a regenerá-lo. A escolha do lugar, a adaptação da experiência a uma *site-specific-performance* (espetáculo ligado a um local específico), criam a ilusão de um mundo paralelo mais interessante do que o mundo cotidiano. Muitas vezes, o passeio é virtual, acompanhado pelas diretivas de uma visita interativa a um site na internet, a um edifício, a uma cidade. A imersão não é sempre, todavia, um banho de juventude, ela visa (é o caso de *Sleep no More*, livre adaptação de *Macbeth* pelo grupo inglês que representa em Nova York, Punchdrunk) recuar os limites do que se pode fazer um espectador suportar. Provoca-se esse espectador encorajando seu voyeurismo, infligindo-lhe o espetáculo do sofrimento, real ou simulado, colocando-o diante de suas responsabilidades éticas: o que ele aceita ver, suportar, tolerar? Mas não é um pouco ingênuo pensar que o espectador crítico escapará assim à passividade, antes de voltar a sair dessa experiência como cidadão ativo e crítico? Essa imersão, em todo caso, não é de fato comparável à do etnólogo, necessariamente longa e prudente. No teatro, ela é rápida e limitada, fictícia e superficial, teleguiada e controlada pela equipe dos atores "hóspedes".

Pouco importa como, o *teatro imersivo* cristaliza numerosas questões éticas ou políticas no centro de nossa reflexão de pesquisador, artista, analista da cultura. Ele faz uma aposta sobre a capacidade da arte de mudar a vida: cada um escolhe as cenas e os lugares, ele é responsável pela "montagem" das cenas e, portanto, do relato inventado. Cristalização dos bloqueios de nossa época ou ingenuidade da reflexão política reduzida a uma veleidade de mudança? Cabe a cada um julgar isso, partindo, se possível, da análise das obras e de seus dispositivos.

Indeterminação

Fr.: *indétermination*; Ingl.: *indeterminacy*; Al.: *Unbestimmtheit*.

Lugares de indeterminação: Em todo texto e, por extensão, em toda representação ou toda encenação, pode-se lançar a hipótese de que há lugares de indeterminação. Essa hipótese provém da fenomenologia de Ingarden[1] e de sua noção de *Unbestimmtheitsstelle* (lugar de indeterminação). Nesses locais do texto, vários sentidos são possíveis, sem que se possa decidir categoricamente a seu respeito. A identificação desses lugares depende de nossa leitura global do texto ou do palco, em especial da fábula ou do relato que julgamos reconhecer.

Processo da indeterminação: A indeterminação depende, pois, da ambiguidade do relato, e reciprocamente. Ela se exprime pelas contradições entre várias interpretações do mesmo material, ou então entre os diferentes sistemas de signos da cena, que podem ser construídos em oposição entre si (assim, entre o som e a vista). Ela acaba sempre em leituras diferentes da fábula do conjunto ou dos relatos pontuais no interior da fábula ou daquilo que se dá como não narrativo. Restam sempre buracos (*gaps*) naquilo que é dito, mostrado, sugerido: momentos de indecidibilidade.

Indecidibilidade: com esta última noção, devida a Derrida, atinge-se um ponto de não retorno na interpretação, pois doravante além de não se preencher os buracos, não se conseguirá decidir por uma leitura mais do que por outra.

Passagem de fronteiras: a prática contemporânea da cena e da não cena, mais ainda do que a literatura, é, no entanto, capaz de estender suas fronteiras•, e até de decretar que ela não conhece fronteiras. A cena, com efeito, não se limita ao quadro da representação, ela se estende a outras mídias nas quais se insere, e assim ao infinito, em um encaixamento de mídias (intermidialidade°): a indecidibilidade torna-se propriamente sideral.

Assim, o texto a ser representado está contido na representação de uma noite, a qual faz parte do sistema da encenação, que não apenas uma mídia entre outras. Todos esses círculos se inscrevem no espaço público.

NOTA
1 Roman Ingarden, *Das literarische Kunstwerk*, Tübingen: Niemeyer, 1931. (Trad. fran.: *L'Oeuvre d'art littéraire*, Lausanne: L'Âge d'Homme, 1983.)

Instalação

Fr.: *installation*.

A instalação° tornou-se um modo de apresentação muito apreciado pelos criadores, não apenas pelos artistas plásticos, escultores e arquitetos, mas também pelos fotógrafos, músicos, videoartistas e cineastas, assim como pelos performers e encenadores. Objetos dispostos no espaço parecem aí instalados com uma "ideia atrás da cabeça": em função do sentido e das ações que o artista ou os artistas pensam gerar.

O que é uma instalação? Uma instalação convida o visitante-espectador-olheiro (*viewer*) a relativizar, e até questionar, a identidade teatral, sua pretensão de enfeixar o essencial, ou de concentrar-se nas circunvoluções de um texto ou nas facetas insondáveis de um corpo, a não jurar senão pela assim chamada especificidade do teatro, a presença, a *live* etc. Instalando-se em um espaço, dado ou construído, a instalação afirma que ela é visível, visitável, repetível e que possui também sua maneira ou, antes, suas maneiras, de mostrar e de fazer falar o corpo humano, de inventar mil outras maneiras de contar, de fazer explodir a noção e os quadros da representação teatral e, de um modo mais geral, artística.

A instalação interativa leva o visitante a reagir ao que ele vê, a infletir a dinâmica do objeto instalado. Telas táteis permitem que o público, amiúde muito jovem ou lúdico, tenha acesso a textos, acione mecanismos, reflita sobre acontecimentos passados (Christian Boltanski, Alain Fleischer). Em *Babel poésie* (Berlim, 2004), Jean-Pierre Balpe "sonha com um espetáculo em que o espectador seria inteiramente englobado em um texto tridimensional que dialogaria com atores"[1].

Variantes da instalação: Recentemente, a instalação se associou à arte performática, e até à *mise en scène* teatral ou ao *parcours*•. O público deambula nos dioramas, os quais "encerram" às vezes performers que surpreendem os visitantes. Em 1992, por ocasião do quinto centenário da descoberta da América, Gómez-Peña e Coco Fusco encerraram-se em uma jaula, simulando selvagens descobertos numa ilha e expostos ao público, como era de uso até o século XIX nas exposições coloniais e nos zoológicos humanos. Esse tipo de *live installation* (instalação com pessoas) utiliza "pessoas reais" (presentes no lugar): atores profissionais ou, com mais frequência, figurantes recrutados especialmente para esse projeto. Dá-se às vezes o nome de *delegated performance* (performance delegada a um grupo) quando se pede a não profissionais que representem um aspecto de sua vida e de sua identidade[2].

Instalação da palavra falada: ela acontece quando o texto e a palavra são levados a contribuir em forma de textos, de listas, sonoros ou visuais. No sentido metafórico, poder-se-ia falar que o ator dizendo um texto tem a possibilidade de valorizá-lo, distanciá-lo, pronunciá-lo acentuando sua retórica e seus dispositivos estilísticos. Às vezes, inclusive, não se trata mais de traduzir o texto em sentido da ação, da presença humana, porém de mostrá-lo, de afixá-lo, em suma, de instalá-lo como uma obra de arte visual, como a materialidade• sonora ou visual que ainda não foi traduzida em significados.

NOTAS
1. *Théâtre/Public*, n. 184, jan. 2007, p. 62.
2. Claire Bishop, *Artificial Hells: Participatory Art and the Politics of Spectatorship*, New York: Verso, 2012, p. 219-239.

Instante Pregnante

Fr.: *instant prégnant*; Ingl.: *pregnant moment*; Al.: *fruchtbarer Augenblick (prägnanter Moment)*.

Esse termo de Lessing (traduzido também por *momento fértil*) no seu ensaio sobre *Laocoonte* (1766) é precioso para a teoria contemporânea, pois prefigura os esforços atuais para conciliar o estatismo da pintura e o dinamismo do relato, por exemplo o da imagem cênica.

O instante pregnante designa um momento único em que o relato se concentra com grande intensidade em uma situação ou uma imagem. Passado, presente e futuro são condensados em uma atitude sintética intensa.

É preciso distinguir o *instante pregnante* do *Kairós*• ou do *instante decisivo* da fotografia, que Cartier-Bresson via como o momento em que o fotógrafo deve disparar o botão. "O instante pregnante é fundamentalmente distinto do instante decisivo, pois o primeiro é um *clímax*, isto é, um momento de forte intensidade dramática situado em uma continuidade dos acontecimentos que ele sintetiza e simboliza, ao passo que o segundo é um *hapax*, isto é, uma ocorrência única, não renovável, uma coincidência singular e imprevisível..."[1]. A noção de instante desempenha um papel crucial na estética contemporânea.

NOTA
1. Jean-Pierre Montier, *Henri Cartier-Bresson: L'Art sans art*, Paris: Flammarion, 1995, p. 272.

Intensificação

Fr.: *intensification*; Ingl.: *heightening/intensification*; Al.: *Ubersteigerung*.

O termo inglês *heightening* (literalmente, elevação) expressa bem esta noção de intensidade e esse processo de intensificação que caracterizam a encenação e o jogo teatral contemporâneos, quando eles se afastam do realismo cotidiano, concentrando seus efeitos como em um cadinho ou um espelho côncavo, dando à forma uma densidade e uma intensidade excepcionais.

1. OBJETO DA INTENSIFICAÇÃO

Uma primeira e fundamental *intensificação dramatúrgica* se produz graças à concentração de um grupo reduzido de pessoas (uma família, um clã, um pessoal da casa) cujas ações são limitadas no tempo e no espaço, segundo a velha regra das três unidades.

A *intensificação* incide igualmente sobre todas as componentes da *mise en scène*. Esta última brilha então por suas escolhas sistemáticas e sensíveis ao longo de toda a representação, com as necessárias variações.

É na dança e no gesto coreográfico que o processo de intensificação se deixa melhor observar. A dança é, com efeito, o movimento percebido como retrabalhado, redesenhado, refeito em um quadro especificamente criado para tal efeito. O movimento cotidiano adquire uma dimensão estética e cinestésica, um refinamento e uma precisão que decuplicam seu valor e sua força. Os afetos• dos dançarinos ou dos atores tornam-se sensíveis ao espectador•, cuja afetividade se vê fortemente mobilizada.

O ator possui o poder de apresentar sua gestualidade e sua dicção com um efeito de estilização. Daí às vezes certo maneirismo, uma artificialidade, um modo de fazer sentir a "face palpável dos signos" (Roman Jakobson). Como o anota Denis Podalydès, o "prazer de dizer a língua", esse procedimento traz para os atores, especialmente franceses, a censura de artificialidade, uma vez que não apenas um procedimento de intensificação: "Diz-se que eles cantam, que eles se ouvem falar, que eles perdem seu natural. Censura-se o teatro francês de dar demasiado importância à linguagem, à dicção, de 'representar', como se diz, as palavras, de reificar a língua e de empastá-la, onde ela deve ser fluida, se dissolver, ser apenas um elemento da significação."[1] Semelhante intensificação é uma estilização estética•, rítmica e não psicológica. Ela conduz a uma exacerbação da forma, que pode chegar à pesantez, ao ridículo, à recusa pelo espectador. Mas esse dispositivo estilístico e essa estilização valorizam a forma e aprofundam a experiência estética.

O espectador torna, às vezes, ele também, a experiência da intensificação, experiência sentida como única, não repetível, mal verbalizada, intensa como uma quase iluminação (satori•). O movimento ajuda a intensificar os sentidos auditivo e visual, a perceber melhor sua identidade e sua relação com o outro.

2. PRINCÍPIO ESTÉTICO

A intensidade da experiência vivida opõe-se, na teoria e na prática do teatro contemporâneo, à significação do sentido recebido. Se a significação resulta de uma análise semiológica dos signos da representação, a intensidade, ela, não está ligada ao signo, porém à energia desdobrada. A energia ou a intensidade, noções por certo mais imprecisas, dão, no entanto, melhor conta das experiências teatrais recentes. Elas se manifestam no fluxo, na vetorização dos afetos• e das impressões, e não na elaboração de uma significação oculta ou simbólica. A intensidade de uma iluminação de Robert Wilson, a "intensidade quase sobrenatural" da luz na encenação por Claude Régy em *4.48 Psychose* ou *Ode maritime*, as associações de imagens e de sons do Théâtre du Radeau de François Tanguy, a montagem de imagens fílmicas e de fragmentos de jogo dramático *live* nas produções do Wooster Group, são outros tantos exemplos desses vetores de intensidade, que não visam à construção de um sentido objetivável, mas a uma intensificação das sensações no espectador.

Um tal teatro de intensidades, um "teatro energético" (Lyotard, 1973), "produziria *eventos* efetivamente descontínuos", como as ações de John Cage. Ele "não tem de sugerir que isto quer dizer aquilo; ele não tem de dizê-lo, como desejaria Brecht. Ele tem de produzir a mais alta intensidade (por excesso ou por falta) daquilo que está aí, sem intenção"[2]. A teoria contemporânea não cessa de procurar esse possível teatro das intensidades, como que para melhor avaliar a experiência estética para além do seu sentido primeiro.

NOTAS
1   *Le Monde*, 14 mai 2010.
2   Jean-François Lyotard, *Des Dispositifs pulsionnels*, Paris: UGE, 1973, p. 102, 104; idem, The Tooth, the Palm, *Substance*, v. 5, n. 15, 1976, p. 105-110.

Interartístico

Fr.: *interartistique*; Ingl.: *interartistic*.

A noção de interartístico, cada vez mais utilizada desde os anos 1960, recobre realidades muito diversas:

A reunião das artes: é a ideia banal de que o teatro, o espetáculo e a arte performática são feitos de todas as outras artes. Com uma dosagem diferente, conforme as épocas e de acordo com a ideia essencialista de que cada arte possui propriedades específicas e imutáveis. De há muito se definiu o espetáculo como o produto da utilização pelo encenador de outras artes postas em relação na *mise en scène*. A lista das artes ou das técnicas é infinita. Daí a impossibilidade de se dar uma definição "compreensiva" da arte teatral e das práticas contemporâneas.

O sistema das artes: cada época (menos a presente) tenta defini-lo, hierarquizando os sistemas e os materiais. O sistema é sem cessar reposto em questão: uma nova mídia, uma nova prática artística recalca as outras, as engloba (remidiação•, intermidialidade°). Estamos bem distantes da ideia de que as artes estabeleceram suas propriedades e suas fronteiras•, como sustentava ainda Greenberg (*Art and Culture*, 1961) nos anos 1950. A descompartimentação das artes se generaliza.

Novas categorias aparecem incessantemente e elas tendem a repor em questão as precedentes. Assim, as *visual arts* considerarão que as *performing arts*, notadamente a performance, fazem parte de seu domínio, como uma das possibilidades.

A síntese das artes: ela é realizada em certas estéticas (*Gesamtkunstwerk°* de Wagner). Nesta síntese (essencialmente: música, texto, jogo teatral, dança), fala-se de *arts frères* (masculino em francês), "artes irmãs" em alemão, *Schwesterkünste*, pois a palavra arte (*Kunst*) é feminina. Outrora, dizia-se "artes reunidas". Em todo caso, quase não se insiste mais sobre a especificidade das artes, mesmo porque a realidade mostra diariamente que as artes se associam, em vez de se excluir e de se ignorar umas às outras.

O franjamento (*Verfranzung*) *das artes* é a ideia de Adorno, na sua *Teoria Estética*, segundo a qual os contornos, os limites das artes perdem sua nitidez, que se desfiam, daí sua aproximação, mas também sua perda de identidade.

Aplicação de uma arte a outra: trata-se de projetar princípios de uma arte em outra arte ou outras artes. Fala-se, por exemplo, da encenação de um quadro ou da dicção teatral em uma cena filmada, ou da influência da *mise en scène* na "fotografia posta em cena". Todas essas experiências de transferência vão contra a ideia essencialista de especificidade.

Às vezes, a arte reage: Robert Bresson pensava que "não havia nada de mais deselegante e de mais ineficaz do que uma arte concebida na forma de outra". Hoje, a arte performática e a instalação, mas também a encenação de textos, sentem prazer em citar, e até em adotar, técnicas e aspectos de outras artes, em particular do cinema, das artes plásticas, da arquitetura, da fotografia, do jogo "presentacional" da arte performática (o performer não representa uma personagem, porém se "apresenta" ele próprio).

As *componentes* de uma arte podem também constituir objeto de uma nova relação com sua arte de origem ou outra arte: assim, a cenografia assume às vezes certa autonomia, usando o termo de Adorno, e se opõe à encenação, teatral ou coreográfica, sugerindo que a considerem em sua relação com ela.

O interartístico liga-se à intermidialidade, visto que as artes concretas da cena se misturam e se opõem aos mundos virtuais que os computadores podem criar sobre a cena ou em suas margens. O caso mais frequente é o do jogo do ator ao vivo confrontado com imagens de si mesmo ou do mundo exterior projetadas sobre telas.

Interatividade

Fr.: *interactivité*; Ingl.: *interactivity*; Al.: *Interaktivität*.

Interação/Interatividade: convém distingui-los. A interação é uma ação entre duas pessoas. No teatro, há interação entre um ator e um espectador•, o que constituía até há pouco a maneira de definir a relação teatral. Fala-se mais especificamente de interação quando um dos dois termos da relação se dirige ao outro. O teatro sempre conheceu esse tipo de interação entre o ator dirigindo-se ao público ou atuando com um espectador na plateia. Às vezes, um pouco rapidamente, afirma-se que o teatro onde o público não está mais sentado, mas deve deslocar-se, é um teatro interativo, o que seria uma prova da renovação dramática e do desaparecimento do teatro à antiga com o seu público comedida e frontalmente sentado diante de um palco, da cena.

A interatividade é a relação entre um sistema informático e seu ambiente. A interatividade se faz com um agente humano ou não humano: uma máquina, mas também a natureza e o meio ambiente. As mídias, os videogames encorajam e controlam a interatividade. O teatro empresta deles cada vez mais.

As artes interativas instauram uma interação visual ou sonora entre a obra e o público. "A interatividade é um princípio dinâmico sem fim que impele a obter do computador respostas cada vez mais sutis e imediatas. Daí uma busca incessante para aperfeiçoar tecnicamente as reações da máquina, daí um retorno aos primeiros objetivos da cibernética: simular comportamentos, percepções, uma inteligência que se aproxima do homem."[1] Enquanto a primeira interatividade se interessava pelas interações entre o computador e o homem segundo o modelo estímulo-resposta ou ação-reação, a segunda interatividade se interessa mais pela ação na medida em que ela é guiada pela percepção ("enação"), pela corporeidade e pelos processos sensório-motores, pela autonomia... (p. 99).

Paradoxo das tecnologias digitais e do corpo no teatro: as tecnologias "visam assim restituir à comunicação todos os poderes da plurissensorialidade emocional, que a tecnologia do impresso e do papel haviam, desde a invenção de Gutenberg, tendido a reduzir a uma linguagem visual e abstrata"[2]. Um ator move-se e ativa sobre a tela um sujeito de síntese que reproduz exatamente seus movimentos. Pondo em contato seres humanos e simulações, as artes interativas ativam o corpo inteiro dos participantes e restituem ao corpo uma centralidade.

NOTAS
1 Edmond Couchot; Norbert Hillaire, *L'Art numérique: comment la technologie vient au monde de l'art*, Paris: Flammarion, 2003, p. 97-98.
2 Hervé Fischer, Les Techniques d'image, em Laurent Gervereau (éd.), *Dictionnaire mondial des images*, Paris: Noveau Monde, 2010, p. 1157.

Intercultural (Teatro)

Fr.: *interculturel (théâtre)*; Ingl.: *intercultural theatre*; Al.: *interkulturelles Theater*.

O teatro intercultural existe ainda? A questão parece paradoxal, e até provocadora, mesmo quando as trocas culturais de todas as ordens regulam nossa vida cotidiana e quando o menor projeto artístico invoca fontes e públicos dos mais variados. O fato é, entretanto, que o teatro se distanciou muito das experiências interculturais dos anos 1980, as de um Brook ou de uma Mnouchkine. Não se debate mais tampouco, como antes, sobre a legitimidade das experiências interculturais. O interculturalismo, noção recente (anos 1970) e outrora contestada, banalizou-se consideravelmente. Por isso vale a pena verificar o que ele recobre em nossos dias e se é ainda útil para descrever a produção atual do teatro e da arte performática, particularmente nesses tempos globalizados e mundializados. Deve-se falar do intercultural como coisa do passado?

1. CRISE OU NORMALIZAÇÃO?

a. Referências Históricas Recentes

A queda do muro de Berlim e o fim do comunismo em 1989 marcam uma virada decisiva para o pensamento intercultural. Esse pensamento significa o desaparecimento do princípio de universalidade, o do humanismo ocidental assim como o do internacionalismo proletário, florão fanado do socialismo.

Ele põe fim a uma ideologia que mantinha pela força os Estados da Europa do Leste e pretendia guardar as nacionalidades sob sua asa protetora (URSS, Iugoslávia). O teatro intercultural torna-se a fórmula melhor armada para um mundo sem conflito político aberto entre as nações ou entre as classes, a melhor adaptada e submetida às leis do mercado, a que está mais de acordo com o desaparecimento progressivo das fronteiras e dos Estados-nações[1]. Desde o início dos anos 1990, as fronteiras parecem escapar a todo controle: desde 1989, as fronteiras políticas e geográficas são movediças; após 2001, o terrorismo escapa à vigilância; desde 2008, o capitalismo parece, ele também, quase incontrolável. Numerosas migrações, mais ou menos organizadas pelos Estados-nações, mudam a identidade das cidades e das culturas no mundo inteiro.

Nos anos 1970 e 1980, o interculturalismo foi antes bem acolhido pelos poderes políticos de direita como de esquerda, pois ele parecia querer estabelecer uma ponte, um diálogo, entre culturas separadas ou grupos étnicos que se ignoravam[2]. Após o 11 de setembro de 2001, todavia, um temor em relação a culturas mal conhecidas pôde conduzir a certa desconfiança com respeito às performances interculturais. Talvez seja este o sinal de que a metáfora da troca entre uma cultura e outra, entre o presente e o passado, não funciona mais tão bem e que seria preciso ao menos rever a sua teoria. A teoria e a prática do teatro intercultural dos anos 1980 se veem como que superadas pela *mise en scène* e a performance atuais. Como se não se pudesse mais pensá-las em termos de identidade nacional ou cultural.

b. "O Teatro Estranho à Sociedade"

Segundo Robert Abirached, o teatro teria se tornado estranho à sociedade contemporânea: "Até cerca de 1970, o público tinha consciência de sua unidade. Ele era nacional. Um teatro nacional popular era o da nação, cujos objetivos, referências e símbolos coletivos eram comuns. Tal cultura era comum ao povo e à burguesia. Essa sociedade se fragmentou, por muitas razões: em uma diferenciação cada vez mais brutal entre os subúrbios e a cidade, entre populações vindas do exterior com sua própria cultura e a cultura francesa e europeia. Em lugar desse público coerente, multiplicaram-se microssociedades, micropúblicos, que engendraram seu próprio teatro."[3]

O interculturalismo funciona também (as pessoas se esquecem disso com frequência) no outro sentido: uma cultura extraeuropeia recorre a clássicos europeus utilizando suas próprias tradições cênicas (por exemplo, as encenações de Shakespeare pelo coreano Oh Tai-sok ou pelo japonês Ninagawa). Cumpriria também abrir o debate sobre a maneira como essas culturas/nações/teatros abordam os autores ou os temas europeus, com quais pressupostos, com que intenções, com quais prevenções e quais interditos. Não mais na Europa do que alhures, o teatro intercultural ocidental tornou-se um gênero que federa todos os outros: ele se reduziu a um teatro de pesquisa e de *mise en scène* e, paradoxalmente, ele se transformou ao mesmo tempo em um teatro globalizado.

c. Crise da Identidade Nacional

Esta mutação explica-se em grande parte por uma mudança tanto de identidades culturais como nacionais. Com o fim, após 1989, dos dois blocos políticos em competição, com o domínio de uma economia global, supranacional, as diferentes nações e identidades "despertam", nenhum poder central pode mais controlá-las. Mas, ao mesmo tempo, elas perdem seu poder econômico e simbólico, porquanto dependem doravante de uma economia global supranacional. A lenta, mas inexorável pulverização dos Estados-nações (no que tange ao verdadeiro poder, ao menos) confirma o desaparecimento de culturas separadas, ligadas a nações ou a estados, "enganchadas" em entidades distintas.

Desde então, o intercultural torna-se quase regra geral, não é mais controlável, ou pode ser gerado por Estados-nações e por intelectuais que afirmam (em vão) representá-los. Como na evolução da população mundial e das migrações segundo Appadurai, as culturas e os telespectadores são "desterritorializados"[4]. Em lugar de entidades separadas, encontramos daqui por diante diferentes "comunidades de sentimentos"[5].

Em face dessa perda identitária, desenham-se duas reações opostas: ou bem um endurecimento identitário, uma resistência crispada e crítica a toda mudança, uma atitude rapidamente reacionária, e até racista, procurando restabelecer a todo preço a identidade nacional; ou então, ao contrário, um *laisser-aller*, um deixar as coisas correr pós-moderno•, um *laisser-faire*, um deixar que se faça econômico neoliberal, uma aceitação de mudanças de tempo, uma recusa desabusada de toda resistência e de toda teoria explicativa e, finalmente, uma aceitação da mercantilização da cultura.

2. CRISE POLÍTICA E TEÓRICA

a. Crise da Political Correctness, do Politicamente Correto

Um pecado original pesa sobre o teatro intercultural e esse argumento é, sem cessar, retomado pelos autoproclamados defensores de culturas não europeias utilizadas pelos encenadores europeus: o interculturalismo explora desavergonhadamente as culturas estrangeiras, ele se comporta como colonizador[6]. Assim, na visão de Dan Rebellato, "nos anos recentes estudiosos de teatro tendiam a considerá-lo como uma instância do 'interculturalismo' teórico: a história contestada e controversa do teatro ocidental tenta cooptar (costumeiramente) formas do teatro asiático para revigorar sua própria cultura" (Rebellato, 2009, p. 3) e encontramos a mesma linguagem demagógica em Knowles (2010). Lembremos dos ataques de um Bharucha[7] contra o orientalismo de Brook ou contra os teóricos ocidentais desse movimento. Tratava-se, a cada vez, de acusações de colonialismo do Ocidente em relação a países indefesos; os encenadores "pilhariam" temas e estilos sem considerar sua identidade cultural de origem. O intercultural seria um esforço desesperado para revitalizar com formas estrangeiras uma cultura ocidental anemizada, e até moribunda. Tal é a intenção atribuída a Artaud, ou, segundo Knowles, desde o início do século XX, a Yeats, Craig ou Copeau, Meierhold ou Reinhardt[8].

Esses ataques puderam frear as pesquisas interculturais de artistas ou esfriar os ardores de teóricos, mas eles não brecaram um movimento irreprimível. Eles explicam em parte o malogro e a perda de velocidade dessa corrente da produção teatral. É preciso também confessar, com Dennis Kennedy[9], que o teatro intercultural nem sempre soube se posicionar entre as encenações tradicionais dos clássicos e as desconstruções.

A época também mudou: a *mise en scène* não tenta mais significar metaforicamente um país ou uma época através de outra cultura afastada no tempo e no espaço. Ela não sente mais a necessidade de confrontar o teatro doméstico com formas que ela julgaria exóticas, como outrora o teatro balinês que inspirou tanto Artaud. Não ousa mais afirmar demasiado que "o teatro é oriental" (Mnouchkine). A relação com a alteridade cultural se complicou de maneira considerável. Se os artistas têm uma relação natural e descomplexada com outras culturas, os políticos, certos intelectuais e os responsáveis pela *political correctness* ficam aterrorizados com a ideia de um passo em falso na representação do Outro e na apreciação da outra cultura.

b. A Crise da Teorização

A teoria das trocas culturais e do interculturalismo atravessa uma crise, pois o modelo de troca, de comunicação e de tradução, mas também a de dom e de comunhão, não funcionam mais tão bem, quando se trata de descrever essas obras híbridas, mesmo quando são globalizadas. Os textos e os espetáculos de nossa época globalizada não sofrem mais a necessidade de se definir como uma confluência de culturas, como se a coisa avançasse por si. E, de fato, que sentido teria a interculturalidade se as culturas já se encontram tão "misturadas"? A antiga distinção entre o intracultural e o intercultural não é mais hoje fácil de estabelecer. Aquela entre *cross-cultural* e *intercultural* (e *transcultural*) é útil, mas totalmente teórica: *cross* indicaria a mistura, a hibridez (como em *cross-breeding*), enquanto *inter* ou *trans* assinalariam a passagem e a similaridade universal[10], à maneira de um Grotowski, de um Barba ou de um Brook.

A esses três encenadores censurou-se, por exemplo, a busca abstrata de universais teatrais, quaisquer que sejam as culturas; fustigou-se sua falta de análise política ou histórica concreta. Brook teria uma visão essencialista do ser humano, reduzida a um liame e a uma essência perceptível quaisquer que fossem os contextos. Barba procuraria no pré-expressivo características supra- e até pré-culturais comuns a todas as formas existentes de jogo teatral e de dança. O reproche não é injustificado, mas ele se aplica bem menos às produções recentes de um Barba, de uma Mnouchkine ou de um Brook. A teoria permanece, por certo, majoritariamente ocidental (anglo-americana), mas o Ocidente não possui mais o monopólio da reflexão teórica, mesmo se os países onde se pratica o intercultural não tenham as mesmas expectativas que o intercultural dos anos 1970 no Ocidente, e pratiquem, eles próprios, empréstimos à cultura e literatura ocidentais sem temor de serem taxados de imperialismo ou de neocolonialismo (China, Coreia, Japão, notadamente).

O teatro intercultural conhece duas tentações: seja a de fornecer uma visão universal, e até universalista, do ser humano, e de atrair sobre si os raios dos chantres da diferença cultural; seja, ao contrário, a de insistir no particularismo de cada cultura, recusar toda aproximação e toda síntese, e escorregar para um particularismo extremo, que degenera depressa em um multiculturalismo, e até em um comunitarismo sectário. Como mostra Ernesto Laclau, a esquerda e a reflexão democrática durante muito tempo hesitaram entre essas duas posições: "O discurso democrático centrara-se na igualdade além da diferença. Isso é verdade no tocante à vontade geral de Rousseau como a do jacobinismo ou da classe emancipadora do marxismo. Hoje, ao contrário, a democracia está ligada ao reconhecimento do pluralismo e das diferenças."[11] O teatro intercultural não mais escapa desse debate. Ele não poderia doravante nem eludir a questão de sua ancoragem socioeconômica, nem se desinteressar de uma análise política e econômica das mutações engendradas pela globalização•.

c. *Mutações das Experiências Espetaculares Interculturais*

Fica-se hoje em dia impressionado pela grande diversidade do teatro intercultural e dos gêneros que lhe são aparentados. A denominação de "teatro intercultural" é cada vez menos usada. O teatro intercultural se distingue dos gêneros seguintes, dos quais ele constitui amiúde variações ou especializações:

O *teatro multilíngue*•, em regiões multilíngues como a Catalunha ou Luxemburgo, que se baseiam no bi- ou multilinguismo do público para mudar constantemente de língua, efetuando uma alusão e um piscar de olho para uma parte do público. Um humorista argelino, como Fellag, passa seus *sketches* do francês ao árabe ou ao berbere conforme as alusões culturais ou as expressões idiomáticas intraduzíveis.

O *teatro "em vo"* (em Versão Original – expressão da tevê) é com frequência legendado, o que permite uma recepção original e adaptada, mas deixa entender o texto original, com a possibilidade, sem dúvida constrangedora, da leitura das legendas intercaladas.

O *teatro sincrético*• utiliza materiais textuais, musicais, plásticos emprestados de muitas culturas, especialmente das culturas indígenas que se veem assim misturadas às formas europeias, tratando inúmeras vezes de problemas do colonialismo ou do neocolonialismo.

O *teatro pós-colonial*• inscreve a escritura dramática, a de um Derek Walcott ou de um Wole Soyinka, por exemplo, na língua e na cultura do colonizador, ao mesmo tempo enriquecendo essa língua e essa cultura. A encenação se inspira em técnicas do jogo teatral da cultura de origem, confrontando-as com práticas mais europeias do antigo colonizador.

O *teatro* e, mais frequentemente, *a poesia crioulizada* buscam o recontro, a diferença, a relação da escritura "em presença de todas as línguas do mundo" (Edouard Glissant), para melhor lutar contra a mundialização e sua uniformização. Eles designam antes de tudo a língua enriquecida em um "Todo mundo", por certo caótico e imprevisível, mas afastado do multiculturalismo. (Hibridez•)

O *teatro multicultural*• é um teatro que combina várias culturas, linguagens, tradições dentro da mesma peça ou da mesma performance. No sentido estrito e político do termo, o teatro multicultural não existe, na medida em que negaria o contato e as trocas salutares entre culturas diferentes. Do mesmo modo, um teatro comunitarista que se encerrasse em uma só cultura, religião ou comunidade fechada, teria visibilidade apenas interna, apenas para sua comunidade.

O *community theatre* (teatro de proximidade) por contraste é criado pela comunidade• local ou regional no sentido amplo, e não por uma comunidade recolhida em si mesma.

O *teatro das minorias*• não é necessariamente intercultural. Ele se dirige a minorias étnicas ou linguísticas, sem poder nem vontade de se isolar da sociedade amiúde multicultural em que se desenvolve. Certos dramaturgos saídos de minorias negras ou asiáticas na Grã-Bretanha (é o caso de Roy Williams com sua peça *Joe Guy* (2007) ou nos Estados Unidos (é o caso de Sung Rno com *w(A)ve*).

O *teatro para turistas*•, por certo não anunciado como tal, mas muito presente em países que vivem do turismo e desejam proporcionar de sua cultura, aos turistas ocidentais, uma imagem acessível, exótica e "apresentável"[12].

O *teatro para festival* dirige-se a um público amiúde internacional, às vezes muito entendido. Ele procura adaptar-se às modas e às expectativas do momento, esforça-se em tornar sua cultura acessível ao público por todas as espécies de compromisso (Festivalização•).

O *teatro cosmopolita*•, assim chamado em consequência dos trabalhos de Appadurai, de Reinelt[13] ou de Rebellato, pretende se diferenciar do teatro mais globalizado do que intercultural. O cosmopolita, com efeito, "se distingue da ética que governa a globalização"[14]. Resta saber no que exatamente!

Essas categorias que dependem pouco ou muito do movimento intercultural se entrecortam frequentemente e sua lista não está fechada. Todas se ressentem do impacto da globalização. O teatro intercultural se reduziria progressivamente a um "teatro globalizado"?

Apostemos que, para se prolongar ou mesmo para existir, o teatro intercultural deverá reencontrar, ou antes, encontrar, o sentido do humor: não se levar demais a sério, saber troçar de si mesmo, de seus limites, de seu futuro e de suas origens, por mais sagradas que elas sejam, e sobretudo lembrar-se de que não se trata finalmente senão de arte teatral.

 <http://www.revuedumauss.com.fr/media/GDI.pdf>.

NOTAS

1. Cf. Arjun Appadurai, *Modernity at Large: Cultural Dimensions of Globalization*, Minneapolis: University of Minnesota Press, 1996. (Trad. fran.: *Après le colonialisme: Les Conséquences culturelles de la globalization*, Paris: Petite Bibliothèque Payot, 2005.)
2. É, aliás, ainda dessa forma que se apresentam certos pesquisadores que se propõem a efetuar a síntese do teatro intercultural hoje em dia. Assim, Ric Knowles, em sua síntese *Theatre and Interculturalism* (Basingstoke: Palgrave Macmillan, 2010), retoma as mesmas banalidades sobre as vantagens e os perigos do intercultural (por exemplo, p. 1).
3. Robert Abirached, Le Théâtre étranger à notre société, *Fórum du théâtre européen*, 2008, Nice, *Du Théâtre*, n. 17, jun. 2009, p. 241.
4. A. Appadurai, op. cit., p. 4.
5. Ibidem, p. 8. "Des communautés affectives", tradução francesa, p. 37.
6. É assim, por exemplo, que, segundo Dan Rebellato, *Theatre and Globalization*, os "pesquisadores em teatro têm tido a tendência a considerar como instância do interculturalismo teatral os seguintes pontos: a história contestada e convertida do teatro ocidental de cooptar formas (habitualmente) asiáticas para revigorar sua própria cultura" (p. 3). O mesmo discurso demagógico em R. Knowles, op. cit.
7. Cf. Restom Barucha, *The Politics of Cultural Practice: Thinking through Theatre in an Age of Globalization*, London: Athlone, 2000.
8. R. Knowles, op. cit., p. 11-12.
9. Cf. Dennis Kennedy, *The Spectator and the Spectacle: Audiences in Modernity and Postmodernity*, Cambridge: Cambridge University Press, 2009. Em particular, o capítulo 6, "Interculturalism and the Global Spectator".
10. Segundo Jacqueline Lo e Helen Gilbert, Toward a Topography of Cross-Cultural Theater Praxis, TDR/ *The Drama Review*, v. 46, n. 3, Fall 2002, p. 31-53.
11. Ernesto Laclau, La Guerre des identités, Prefácio à edição francesa de *Emancipations* (1996), *Revue du Mauss*, p. 8.
12. Ver, a esse respeito, o livro de Dennis Kennedy, op. cit., em particular o capítulo 5, "The Spectator as a Tourist". Ver igualmente: Cristopher B. Balme, *Pacific Performances: Theatricality and Cross-Cultural Encounters in the South Seas*, Basingstoke: Palgrave Macmillan, 2007. Em particular o capítulo 7: "As You Always Imagined It: The Pacific as Tourist Spectacle".
13. Helen Gilbert; Jacqueline Lo, *Performance and Cosmopolitics: Cross-Scultural Transactions in Australasia*, Basingstoke: Palgrave Macmillan, 2007,
14. Cf. Dan Rebellato, op. cit., p. 71.

Interpelação

Fr.: *interpellation*; Ingl.: *interpellation*; Al.: *Interpellation*.

Por esse termo, Louis Althusser[1] remete ao mecanismo pelo qual a ideologia transforma os indivíduos em sujeitos obedientes, intimados a pensar e agir de maneira social e politicamente correta, ao menos com respeito à ideologia dominante do momento. Essa teoria correspondia ao momento dramatúrgico e político brechtiano dos anos 1950 e 1960 e à renovação da teorização marxista dos anos 1960.

Aplicada ao teatro (como fez o próprio Althusser a propósito de B. Brecht e do encenador Giorgio Strehler), a noção de interpelação é útil para observar como, por um conjunto de convenções e ordens (mesmo implícitas), o espectador• recebe o espetáculo "como se deve". (Em francês, o termo interpelação tem dupla significação: o de saudar e deter.) Esse espectador dos anos 1970 e 1980 era sensível às contradições sociais de textos, especialmente clássicos. Ele podia assim exigir que as encenações reproduzissem e denunciassem os mecanismos de alienação social e mental. O que acontece nesse começo de um novo milênio?

Os sujeitos espectadores estão, por certo, submetidos aos mesmos controles ideológicos quase policiais, mas os aparelhos ideológicos de Estado não são mais tão poderosos, pois eles mesmos estão submetidos a mecanismo supranacionais, econômicos e financeiros. Não se sabe mais muito bem quem interpela quem e com que fins. Como os sujeitos dispõem de identidades numerosas, esfumadas e parciais, eles hesitam antes de responder às interpelações, ou, antes, às incitações mercantis ou publicitárias. Tornou-se difícil, para eles, posicionar-se diante de um fluxo de solicitações de proveniência diversa. Assim, o teatro dito pós-dramático• tem muita dificuldade para responder às instâncias de outrora: sujeitos, pessoas, ações, mensagens e imitações se ausentaram ou são irreconhecíveis. Em seu lugar, o espectador deve empenhar-se em realizar leituras aleatórias, possíveis, mais ou menos produtivas e coerentes. Desde os anos 1990 (desde a queda do Muro de Berlim?), não há mais necessidade de interpelação ou de detenção policial dos transeuntes, mesmo se estiverem disfarçados de manifestantes. Ninguém mais se dirige a você na qualidade de sujeito responsável ou diretamente político. A interpelação se fez mais discreta, mas também mais matreira. A política mudou de sentido, e até de objetos. Ela pretende ser, por exemplo, uma "política de afetos"; ela procura "reconstruir laço e sentido: a política [...] não mantém sua validade [...] senão das operações que reúnem invisivelmente aqueles que querem construir sentido"[2]. Esta busca da comunidade• perdida (maneira de escapar talvez ao comunitarismo?) substitui quase a interpelação, ou então esta não tem mais outra finalidade do que a de atrair os espectadores em função de uma identidade de grupo, de uma comunidade de interesses, e até de um autoteatro•, no melhor dos casos de uma comunidade decidida a reunir-se como grupo político: "Sem teatro, falta o sítio fundador de regulação de afetos cuja partilha emocional e esteticamente divertida coloca os cidadãos em situação de vizinhança e de agrupamento político." (p. 6)

Assim, o interpelado não pertence somente a uma ideologia, a um tipo de discurso, mas a uma série de comunidades em construção, ou em reconstrução, comunidades muitas vezes imaginárias, que teriam muita dificuldade em responder a interpelações normativas e autoritárias. O instrumento concebido por Althusser reencontrará sua eficácia se for utilizado no novo contexto da globalização• e de tudo aquilo que esta implica em termos de controle frenético, mas também de reavaliação dos mecanismos socioeconômicos e dos meios de controlá-los pela comunidade.

NOTAS
1 *Pour Marx*, Paris: Maspero, 1970.
2 Marie-José Mondzain, *L'Hospitalité*, mimeografado, p. 4.

Intersubjetividade

Fr.: *intersubjectivité*; Ingl.: *intersubjectivity*; Al.: *Intersubjektivität*.

1. EM FILOSOFIA

O conceito de intersubjetividade é emprestado da fenomenologia (Husserl, 1913) e da hermenêutica (Heidegger e seu "ser no mundo através da linguagem"). Ele designa as relações entre sujeitos: trocas, comunidades de modos de ver, sentimentos, mas também debates e conflitos. Ultrapassando seu individualismo, e até seu solipsismo, os indivíduos procuram compreender-se, interpretar e construir o mundo em conjunto. Nós vivemos em uma comunidade•, nos situamos em "uma realidade objetiva de ordem espaçotemporal que forma assim, para nós todos, o ambiente das existências"[1].

A intersubjetividade eleva o face a face entre duas pessoas ao nível de um face a face original de linguagem: "O sentido é o semblante de outrem e todo recurso à palavra já se coloca no interior do face a face original da linguagem."[2] O face a face de Lévinas ou a oposição de Sartre entre "objeto subjetivo" e "sujeito objetivo" são outros tantos encontros intersubjetivos. A intersubjetividade da língua e a da compreensão devem ser incessantemente construídas, e não somente desconstruídas, como desejaria Derrida.

Em linguística, a intersubjetividade é a do locutor, o qual se dirige sempre a outra pessoa, explícita e implicitamente.

O gosto também é intersubjetivo; o julgamento não é nem objetivo nem totalmente subjetivo: "como se sabe ao menos desde a época de Kant, os juízos estéticos não são objetivos, não são, pois, mecanicamente dedutíveis das propriedades materiais das obras; mas não são, no entanto, subjetivos, isto é, deixados à livre escolha do indivíduo. O gosto é intersubjetivo, dito de outro modo, presta-se ao debate argumentado que pode terminar no consenso"[3].

A intersubjetividade permite aos indivíduos comunicar, partilhar conceitos e valores, constituir uma comunidade ou uma identidade cultural, compreender mais ou menos as mesmas conotações na obra percebida.

2. NO TEATRO

Tudo, no teatro, é questão de interação, de troca, de diálogo (verbal ou não), de relação com outrem: entre os atores, entre as personagens, entre os elementos da cena, entre a cena e a sala, e finalmente entre os espectadores. O autor, o encenador, os atores e os intérpretes, todos se esforçam em responder as questões (não formuladas) de sua época. Eles estão em diálogo com qualquer outro, no interior da esfera pública de que fala Habermas, essa "intersubjetividade quebrada" que deve ser sem cessar "remendada" pelo "agir comunicacional" de sujeitos em diálogo ou em conflito. Isso, entretanto, vale sobretudo para o teatro "dramático", baseado na troca. Esse tipo de teatro é tal que os espectadores partilham certo número de convenções e realçam as mesmas conotações na obra recebida em comum. O pós-dramático•, ao contrário, abandona a ideia de sujeitos em conflito, e mesmo em diálogo, de sujeitos que seriam ainda capazes de se entender.

Na dinâmica dos diálogos, cada um deve, em todo caso, por seu turno, colocar-se na perspectiva do outro, utilizar a linguagem como moeda de troca e instrumento de comunicação. O espectador• deve manifestar duplamente sua faculdade intersubjetiva, tentando compreender como os diálogos (ou os textos) foram arranjados. Essa faculdade se manifesta na empatia• por uma personagem ou uma situação, na identificação• com outra pessoa. Segundo a teoria do "agir comunicacional" de Habermas, nossos gostos, nossas percepções, nossas dissensões podem travar debate; os pontos de vista subjetivos podem ser censurados, e até discutidos, argumentados e substituídos nas diferentes comunidades argumentativas[4]. A subjetividade das pessoas pode ser, por assim dizer, *demonstrada* por um discurso argumentativo e pela referência a uma comunidade interpretativa ou cultural. Em compensação, segundo Derrida, a obra literária ou o texto filosófico não podem ser senão *desconstruídos*, assim como os sujeitos nas múltiplas identidades, os quais podem ser igualmente o ser. Esses sujeitos desconstruídos são então considerados em sua relatividade e suas diferenças, e não em sua faculdade de encontrar um terreno de entendimento por um acordo intersubjetivo.

No teatro intercultural•, a intersubjetividade torna possível o diálogo entre o eu e o outro: o conhecimento de si e a compreensão do outro, o próximo e o longínquo. Não se trata de ver outra cultura como alguma coisa somente diferente de mim, mas de perceber também o que me aproxima dela.

A noção de intersubjetividade, ainda mal explorada para as análises do teatro, constitui uma indispensável primeira avaliação do fenômeno e da maneira pela qual os espectadores fazem circular a palavra entre a obra e eles, entre a obra exterior e a intimidade• do indivíduo.

NOTAS
1 Edmund Husserl [1913], *Idées directrices pour une phénoménologie*, Paris: Gallimard, 1950, p. 94.
2 Emmanuel Lévinas, *Totalité et infini: Essay sur l'extériorité*, La Haye: Martinus Nijhoff, 1968, p. 181.
3 Tzvetan Todorov, *La Peur des barbares*, Paris: Robert Laffont, 2008, p. 67-68.
4 Jürgen Habermas [1981], *Théorie de l'agir communicationnel*, Paris: Fayard, 1987.

Intertextualidade

Fr.: *intertextualité*; Ingl.: *intertextuality*; Al.: *Intertextualität*.

É a ideia de que não se compreende um texto, escrito ou oral, senão através dos outros, que ele está na junção de todos os outros. O intertexto, diz Barthes, é "a impossibilidade de viver fora do texto infinito – quer esse texto seja Proust, ou o jornal diário, ou a tela televisiva: o livro faz sentido, o sentido faz a vida"[1]. Convém estabelecer a diferença entre intertextualidade° e o estudo das fontes ou das influências de um texto. A intertextualidade concerne a todas as relações que o leitor pode estabelecer entre os textos, ao mesmo tempo cronológica e diacronicamente. Não se compreende nenhum texto a não ser que se leve em conta sua relação com todos os outros textos, e ele não poderia ser inteiramente original ou completo ou independente das leituras do locutor, do autor ou do receptor (leitor ou espectador•). Nunca se pode estar seguro de retraçar sua origem (Derrida). Outros elementos artísticos ou sociais podem estar, eles também, textualizados e, portanto, presos em uma rede intertextual de alusões, de reelaborações, de reescrituras. A intertextualidade estuda a maneira pela qual um texto é adaptado, citado, parodiado, pastichado e imitado (no sentido clássico de uma reescritura). Ela é particularmente útil para uma literatura, moderna ou pós-moderna, que se nutre de todos os textos para se constituir, em que o texto é uma pluralidade irredutível de sentidos (Barthes) que tende a escapar a toda *autor-idade*, a do autor dramático, do dramaturgo ou do encenador.

A noção de intertextualidade, criada por Mikhail Bakhtin[2], sob o nome de dialogismo, e popularizada por Julia Kristeva[3], apareceu nos anos 1960 (na Europa Ocidental) para se distinguir da de intersubjetividade•, julgada por demais psicológica, ligada às trocas emocionais, às alusões, reais ou supostas, às influências e às fontes. A intertextualidade concerne aos aportes e às trocas entre enunciados, de significantes textuais. Ela chega depressa a designar as relações entre os textos literários, entre as referências culturais. Ela se estende igualmente às mídias (intermidialidade°), às artes (interartístico•), às culturas (intercultural•). Essas novas "inter-relações" não têm unidades comparáveis às palavras, aos discursos, aos ideologemas segundo a teoria de Bakhtin e Jameson[4], porém fornecem um quadro para pensar melhor suas evoluções.

No teatro, todo elemento utilizado em cena é tomado em inumeráveis relações intertextuais, interculturais ou intermediais. Assim, a intertextualidade universalizou-se, com o risco de perder seu rigor e sua pertinência, se esses termos possuem ainda um sentido em um mundo globalizado e interconectado. As formas pós-modernas• e pós-dramáticas• não existem senão nesse embaralhamento de textos, de estilos e de práticas artísticas (hibridez•).

NOTAS
1. *Le Plaisir du texte*, Paris: Seuil, 1973, p. 59.
2. Cf. *La Poétique de Dostoïevski*, Paris: Seuil, 1970.
3. Cf. *Recherches pour une semanalyse*, Paris: Seuil, 1969. (Trad. bras.: *Introdução à Semanálise*. São Paulo: Perspectiva, 2012.)
4. Cf. Fredric Jameson, *The Political Unconscious*, London: Methuen, 1981.

Intervenção

Fr.: *intervention*; Ingl.: *intervention*; Al.: *Intervention*.

O teatro de intervenção já possui uma longa história. Ele tem seguimento no *agit-prop* dos anos 1920 e conhece uma renovação nos anos 1960[1]. Ele tem por missão intervir, à margem do teatro oficial, nos lugares públicos: ruas, fábricas ocupadas, centros comerciais, todos lugares cujo público não tem em geral acesso ao teatro institucional.

Desde os anos 2000 desenvolve-se outro tipo de intervenção como teatro, que é denominado amiúde "teatro de intervenção urbana" ou "intervenção artística no espaço urbano"[2]. Essa nova forma tenta se distinguir do antigo teatro de intervenção ou do teatro de rua. Suas metas e seus efeitos são diferentes. A intervenção tem lugar em grande escala em uma cidade, um bairro, um centro comercial, nos espaços neutralizados, esses não lugares de que fala Marc Augé, esses lugares tocados pelo comércio internacional e pela globalização•. Encontramos esse tipo de intervenção global em numerosos países, especialmente na Alemanha e na América Latina: no Brasil, tornou-se uma experiência muito popular com o Teatro da Vertigem de Antônio Araujo em São Paulo (USP) ou com o grupo de André Carreira da Universidade do Estado de Santa Catarina (Udesc) em Florianópolis. Na Argentina, a intervenção é com frequência "um projeto global contra a globalização"[3].

Situado no cruzamento da performance, das artes plásticas, da instalação, do ativismo, do *meeting* político, essa nova intervenção é ao mesmo tempo política e artística. Todas as posturas são encaráveis, conforme os casos, mas observa-se certa contenção na formulação de conclusões políticas: não há nenhum ponto de vista exterior dominante, sugerindo soluções, e mesmo propondo uma análise e uma ação ulterior. Em lugar disso, os transeuntes-espectadores assistem a ações urbanas espetaculares, não ligadas a um texto, a uma fábula, a personagens, como no tradicional *flash mob*•. Trata-se antes de apreender a cidade na sua realidade global e globalizada, sugerindo suas contradições, mas sempre de maneira quase imperceptível, quase implícita e subversiva: nenhuma intervenção de tipo militar, policial ou cirúrgico.

NOTAS
1 *Le Théâtre d'intervention depuis 1968*, Lausanne: L'Âge d'Homme, 1983.
2 Kati Röttger, Stadt als Bühne: urbane Interventionen und die Raum-Zeit der Globalisierung, em D. Hartmann; I. Emke; J. Nitzche (Hrsg.), *Interventionen*, München: Fink, 2012, p. 127.
3 Segundo o encenador Emilio Garcia Wehbi, citado por K. Röttger, op. cit., p. 136.

Intimidade

Fr.: *intimité*; Ingl.: *intimacy*; Al.: *Intimität*.

O teatro intimista dos anos 1920, notadamente o de Henri-René Lenormand ou de Jean-Jacques Bernard, voltado para a vida interior das personagens, desapareceu sob sua forma psicológica, sua busca dos subentendidos e do subtexto do diálogo. Mas a questão da intimidade no teatro sobrevive e vem à tona sob formas e denominações diversas:

A *dramaturgia do íntimo* continua a inscrever-se, por contraste como teatro político, como uma escritura centrada nas preocupações do indivíduo ou do casal (*Clôture de l'amour* [Clausura do Amor], de Pascal Rambert) ou nos tormentos da doença mental (*4.48. Psychosis*, de Sarah Kane) ou qualquer outro distúrbio da relação com o outro. Essa escritura do eu se exprime muitas vezes em um monólogo, em um diálogo ou num relato autobiográfico. Ela não se limita mais, como no Teatro do Íntimo fundado outrora (1907) por August Strindberg, no "Teatro Íntimo", considerado como o lugar de encontro entre o eu do autor e o mundo[1]. Ela interroga, antes, o eu tenso a ponto de romper-se entre a vontade de tudo revelar e as deformações inevitáveis da escritura (autoficção•).

"*As epopeias* do íntimo": esta bela fórmula do autor Roland Fichet, que Philippe Minyana retoma com frequência, explica bem o desarranjo na representação do íntimo hoje em dia. Com efeito, muitos autores, de Fichet a Minyana, de Noëlle Renaude a Patrick Kermann, descrevem a alma humana, como se descrevia um campo de batalha no século XIX, com a mesma minúcia e distância: não mais com um cuidado de exatidão e de exaustividade, mas com a faculdade de observar, isolar e transformar em palavras as pequenas coisas da vida e, finalmente, criar uma epopeia dos humanos. Este pôr à distância da intimidade se explica provavelmente pela suspeita em relação a uma psicologia do eu autêntico e da intersubjetividade•.

Na performance ou na autoperformance, o performer é frequentemente levado a falar de si mesmo, rejeitando a máscara da representação teatral para a "apresentação do eu na vida cotidiana"[2]. Esta vontade de autenticidade• da performance exige uma relação de intimidade com o espectador, mesmo quando ele não está preparado para tais confidências sobre a vida pessoal. Nesta relação, o espectador deve ao menos dar prova de compreensão para com o outro. Cumpre-lhe entrar assim em uma relação de participação emocional positiva em face do performer. Enfim, ele deve admitir que esta intimidade oferecida pelo outro não lhe permanece estranha e que ela lhe revela lados ocultos de sua própria personalidade. A presença física "direta" do performer induz a um sentimento de intimidade no espectador, se este aceitar a proximidade emocional. A identificação se faz, entretanto, somente com a personagem, com aquilo que se imagina de suas emoções, ela se realiza através do ator que simula a personagem e não do performer que se dá por uma pessoa real e não um portador de personagem, de rosto, uma máscara revestida durante o tempo da representação. A presença fílmica do corpo do ator de cinema na tela causará outro tipo de sentimento, ligado à pulsação escópica, induzirá a um voyeurismo mais possante do que o do teatro, ainda que seja apenas por que não existe o perigo de ser tocado "realmente" pelo ator do filme e, portanto, de entrar em uma relação de intimidade induzida como no teatro e na arte performática. É a razão pela qual o teatro de imersão• ou o teatro de participação• alcançam hoje tanto sucesso, pois eles exigem a faculdade de aceitar, se não a de partilhar, certa intimidade emocional, em vez de se contentar, "como outrora", com a identificação consciente ou inconsciente com a personagem lá embaixo em uma cena. Em um mundo em que os "espectadores" desejam imergir, a intimidade dos "atores-performers" invade a vida pessoal do espectador, a menos que sejam os espectadores que invadam a intimidade do ator transformado em terapeuta *malgré lui*, a despeito dele mesmo.

NOTAS

1 Estudado por Jean-Pierre Sarrazac em *Théâtres intimes: Essai* (Arles: Actes Sud, 1989) ou em *Théâtre du moi, théâtre du monde* (Rouen: Médianes, 1995).

2 Para retomar o título do livro de Ervin Goffman, *The Presentation of Self in Everyday Life*, New York: Doubleday Anchor Books, 1959.

Kairós

Termo grego que designa o momento oportuno, a ocasião propícia, o momento privilegiado da ação. É a ocasião propícia em que cumpre agir para o bem e o êxito de um empreendimento, quando o mundo e o sujeito da ação têm uma chance de mudar, ao menos momentaneamente.

Esse momento favorável que todos os artistas buscam, em particular os atores e os encenadores, no instante de intervir e se lançar em uma réplica, em um monólogo, ou em um jogo de cena e num encadeamento entre duas ações cênicas. O instante, também para o espectador•, de se lançar em tal ou tal sensação, explicação, ocasião oportuna de melhor compreender nosso mundo.

L

Legendagem

Fr.: *surtitrage*; Ingl.: *surtitles*; Al.: *Obertitel*.

Os espetáculos em língua estrangeira (óperas, textos dramáticos em todos os idiomas) são cada vez mais frequentemente legendados (e não sublegendados como nos filmes). O anúncio da legendagem é um argumento para melhor convencer o público de ir ao encontro de trupes estrangeiras que poderiam intimidá-lo. Mas a legendagem não está apenas a serviço da tradução, ela afixa o título dos atos, das cenas ou das ações, ela reproduz as didascálias, inventa os intertítulos que ajudam a seguir melhor a fábula.

1. A TECNOLOGIA

A técnica está no devido ponto, assim como a arte de lançar as legendas no momento oportuno e segundo um ritmo correto. Os autores das legendas, salvo exceção, pela necessidade de concentrá-lo aprenderam a adaptar o texto original, a não apresentá-lo numa tradução livresca, porém ao mesmo tempo legível, cênica e dinâmica. Eles sabem muito bem, ou deveriam saber, que o espectador-leitor não tem tempo de ler um texto muito longo, que ele deve também olhar o que se passa na cena. A tradução legendada opera escolhas dramatúrgicas. Queira ou não, ela faz doravante parte da encenação e de sua interpretação. Mas isso não é, no fundo, senão um filtro e uma mediação a mais entre a suposta obra original e seus diversos públicos.

2. AS INTERVENÇÕES DRAMATÚRGICAS E CENOGRÁFICAS

As sublegendas são, em geral, colocadas onde são visíveis com menos desconforto: nem muito alto nem muito lateralmente para evitar o torcicolo dos leitores... O encenador, que continua sendo o comandante a bordo, tem direito de manifestar-se a respeito dessa fixação das legendas. Ele escolhe às vezes projetá-las sobre um elemento do cenário (Castorf, Pollesch), sobre o corpo desnudo de um ator, fundi-las na cenografia ou fazê-las ressaltar como um elemento exterior à ficção cênica. Ele joga com diferentes tipografias, para indicar o tipo de texto citado: diálogos, didascálias, comentários etc. A tipografia torna a dar um aspecto decorativo e plástico à intervenção diretamente textual.

Deve-se então falar de legenda quando a encenação inscreve partes do texto original ou dublado, repetindo-os oralmente ou "saltando-os" com alegria? Em *Par les routes*, de Noëlle Renaude, dirigido por Frédéric Maragnani, o texto projetado não o é por motivos linguísticos, mas como dispositivo irônico, como uma piscadela para a textualidade e a artificialidade da viagem de carro no palco.

3. INTERMIDIALIDADE• E MUDANÇA DE PERCEPÇÃO

A legenda se banalizou a ponto de tornar-se uma ocasião divertida de jogar com o texto original, de adicionar um nível de sentido, às vezes inclusive de reencontrar a língua original quando a peça foi traduzida da língua do público para outros idiomas, o que confere aos espectadores leitores um controle a mais sobre a encenação. Ao modificá-la, ao variar a percepção, ao passar de uma mídia a outra, a legenda se presta a uma reflexão em ação sobre a intermidialidade, ela torna a dar ao teatro uma dimensão literária após os excessos da *mise en scène*, ela ajuda o espectador• a tomar consciência de todas as faculdades de atenção e de percepção de que dispõe, sem que esteja sempre consciente delas.

Liminaridade

Fr.: *liminalité*; Ingl.: *liminality*; Al.: *Liminalität*.

1. O MECANISMO DA LIMINARIDADE

A noção de liminaridade (soleira, limiar) está ligada à de rito de passagem, definida pelo antropólogo Van Gennep em 1909.

"As práticas pelas quais a sociedade tradicional se mantinha e se reproduzia eram caracterizadas por um 'entre dois' ou um entre dois estados liminares (ou: limiares), do latim *limen*, palavra que é raiz de limiar."[1] Assim, por exemplo, "o transe é um estado liminar, entre consciência e inconsciência ou entre a vida cotidiana e a vida dos deuses" (p. 110). Fala-se também de ritos de passagem da adolescência à vida adulta.

Todas as sociedades conhecem ritos de passagem, por exemplo entre grupos muito diferentes, ou então, para facilitar a passagem de uma fase à outra. Distinguem-se três fases nesse processo: preliminar, liminar, pós-liminar, que correspondem a: 1. Separação da sociedade (separação de um lugar ou de um estado); 2. Estado marginal, fase intermediária, um tempo de suspensão entre dois mundos; 3. Reintegração em uma nova realidade. O antropólogo Victor Turner (1982) retomou o esquema de Van Gennep[2]. Seu *social drama*• comporta as mesmas três fases: ruptura de normas sociais; fase liminar ou crise no curso da qual a ruptura tende a se ampliar; ação de retificação seguida de reintegração do grupo social perturbado ou reconhecimento social ou ainda legitimação de um inevitável cisma.

2. APLICAÇÃO AO TEATRO

A *estrutura narrativa* de numerosas peças encontra essa liminaridade em três fases: situação bloqueada, ruptura, reintegração.

O ator: situa-se no limiar, entre o privado e o público[3]. Em Barba, o "corpo decidido" é o corpo do ator no momento exato antes de começar a atuar. Segundo Merleau-Ponty, "a relação entre minha decisão e meu corpo são, no movimento das coisas, mágicas". (*Phénoménologie de la perception*).

Na tradição do teatro psicológico, o ator passa por uma sequência de decisões. Há uma liminaridade do ator, pois ele não é mais completamente ele próprio sem ser ainda outra pessoa.

O *espectador•* deve entrar no universo imaginário, depois sair dele. Ele realiza um frequente ir e vir entre os dois. Ele hesita em permanecer fora da representação ou, ao contrário, absorver-se nela. A performance joga com sua hesitação em intervir se o performer lhe parece correr um perigo, ou estar a ponto de ferir-se. Ele está desestabilizado, não está nem no real, nem na ficção; esse estado de incerteza, esse ser em suspensão, esse estado de limiar é liminar. Ao fim do espetáculo, o espectador reencontra a realidade exterior, mas conserva por um instante alguns traços, algumas impressões do espetáculo (estado liminar). Esse espectador foi, portanto, objeto de uma transformação, como, segundo Turner, no ritual e no teatro.

NOTAS
1 Apud Simon Shepherd; Mick Wallis, *Drama/Theatre/Performance*, London/New York: Routledge, 2004, p. 110.
2 Cf. Victor Turner, *From Ritual to Theatre: The Human Seriousness of Play*, New York: PAJ, 1982.
3 Kenneth Pickering, Liminality, *Key Concepts in Drama and Performance*, Basingstoke: Palgrave Macmillan, 2010, p. 235.

Live Art

Esse termo inglês utilizado na Grã-Bretanha desde o início dos anos 1980, e mais recentemente nos Estados Unidos (onde se fala de preferência a *performance art*[1]), é dificilmente traduzível, ao menos em francês. Às vezes, é vertido erroneamente por espetáculo vivo•. Ele é amiúde empregado no sentido de *performance art* ("a performance") se bem que pareça ter sido criado justamente para distinguir-se[2].

O *live art* não é um gênero novo, ele acolhe, ao contrário, práticas conhecidas, mas excluídas pelo teatro literário ou visual. Uma lista não exaustiva dessas práticas incluiria:

* *A arte performática*, tal qual inventada nos anos 1960, nos museus e nos locais alternativos não teatrais.
* *A arte corporal* (*body art*): o performer utiliza seu próprio corpo para experiências reais, a fim de testar seus limites e os nossos (Stellarc, Orlan, Franko B, Gómez-Peña).
* *As artes plásticas* (*Visual Arts*), as instalações•, o teatro visual (Laurie Anderson).
* *A dança, o "Physical Theatre"* (Teatro do Gesto), o mimo segundo Decroux.
* Arte autobiográfica•.
* O *site-specific* performance.
* *Ações políticas*, o ativismo• teatralizado, a *Action Art* ou o atuacionismo pós-vienense.
* *Live art*: um termo geral, guarda-chuva e, mais do que isso, um "para-raios".

NOTAS
1 Cf. Paul Allain; Jen Harvie, *The Routledge Companion to Theatre and Performance*, London: Routledge, 2006.
2 Cf. Robert Ayers; David Butler, *Live Art*, Sunderland: AN, 1991.

M

Ma

Termo japonês proveniente do ideograma chinês que representa um sol entre duas portas. O *Ma* é o espaço-tempo entre duas pessoas, duas coisas ou dois eventos espaciais ou temporais. No pensamento japonês, o espaço e o tempo não estão nitidamente separados, eles são interdependentes: não se pode perceber o espaço sem levar em conta o escoamento do tempo e, inversamente, o tempo não existe senão em relação com um movimento no espaço. O *Ma* é também uma categoria da experiência, da tomada de consciência, uma maneira global e intuitiva de perceber a qualidade do espaço entre os indivíduos.

Esta noção é amiúde empregada pelos encenadores contemporâneos (Barba, Bogart, Wilson) para fazer os atores compreenderem e, por extensão, os espectadores•, que lhes convém estar atentos ao fato de que suas posições são "reversíveis" no espaço-tempo. "Achar seu *Ma*", diz o mestre de dança Butô a seu discípulo, sugerindo-lhe procurar a maneira justa de se mover no espaço segundo o ritmo apropriado (Barba; Savarese; A *Arte Secreta do Ator*, p. 18). O encenador ocidental não diz outra coisa ao procurar com seus atores e seus colaboradores o intervalo, a passarela, a regulagem, o liame entre espaço e tempo. Ele também pode muito bem referir-se à noção de cronotopo, teorizada por Bakhtin. Mas mais ainda que o cronotopo, o *Ma* é concebido por intuição, e não por uma reflexão consciente e mensurável.

O *Ma* é para a criação contemporânea o espaço intermediário, isso que Derrida chama, em outro contexto, de espaçamento•, a diferença: a remessa para mais tarde ou mais longe do sentido esperado.

Artistas visuais como Robert Wilson e Robert Lepage ou coreógrafos como Jiri Kylian são sensíveis ao *Ma* como base do movimento e da imobilidade, como liame íntimo do espaço e do tempo, como é o caso deste último, em *Kaguyahime*, na composição musical de Maki Ishii (1936-2003).

Magia (Nova)

Fr.: *magie (nouvelle)*; Ingl.: *magic*; Al.: *Zauberkunst*.

A arte da prestidigitação ou da magia tem uma longa tradição que nada deve ao teatro, mesmo se, segundo um de seus criadores no século XIX, Robert Houdin (1805-1871), "o mágico é um ator que desempenha o papel de mágico". Com a "nova magia", o teatro e a performance acolheram, desde os anos 1990, um novo gênero que não cessa de se desenvolver.

A magia é pouco utilizada no teatro: seu sentido de ilusão se combina mal com a ilusão cênica, ela persegue objetivos diferentes e inconciliáveis. A ilusão da magia nunca é total, pois o espectador sabe muito bem que o mágico utiliza hábeis "truques" para impressionar seu público, enquanto o ator tenta criar um mundo novo no qual o espectador deve crer, ao menos por um tempo. A magia está ligada às trucagens, o teatro ao enigma e ao rébus, à poesia e ao inconsciente.

Quando a magia era utilizada em uma cena no interior de um espetáculo, era apenas para um efeito pontual, como trucagem, e jamais como um fim em si. Quando os encenadores apelavam para um mágico era tão somente para efeitos especiais, a fim de resolver uma dificuldade ou demonstrar seu virtuosismo. A magia não mostrava o máximo de suas possibilidades por causa de seu papel ancilar e menosprezado dentro do espetáculo.

Com a "nova magia" as coisas mudam de duas maneiras. De um lado, a antiga magia se teatraliza, ela recorre a elementos da dramaturgia, ela conta uma história, inventa situações dramáticas. De outro, o teatro, por sua vez, se inspira em procedimentos de magia, para renovar seus efeitos, para inventar outra maneira de representar, de encenar, de produzir ilusão.

A nova magia conserva as principais propriedades de sua estética de origem. Como indica Raphael Navarro (um dos principais mágicos e encenadores dessa tendência), a nova magia "se empenha em desviar o real no real perturbando a percepção do mundo, a do espaço e do tempo. Por meio de ilusões ópticas e sonoras, ela joga com os limites de nossos cinco sentidos, em torno de grandes motivos como aparecer e desaparecer, voar e planar". Com a ajuda das novas tecnologias (projeções, hologramas), a nova magia traz proveito ao teatro, à dança e à instalação•. A magia é o exagero, o aumento e a intensificação da encenação.

A exemplo do novo circo, a nova magia não visa mais a performances puramente técnicas. Ela não está mais a serviço de outra arte, tornou-se uma arte de pleno direito, uma escritura inteiramente à parte. Só na França, conta-se com uma trintena de trupes: artistas ao mesmo tempo mágicos e encenadores como Raphael Navarro e Clément Debailleul (*Vibrations* [Vibrações]), Etienne Sanglio (*Le Soir des monstres* [A Noite dos Monstros]), Adrien Monfort (*cinématique* [cinemática]), Thierry Collet e Jean Lambert-Wild (*La Mort d'Adam* [A Morte de Adão]) deram um impulso a esse teatro da magia.

NOTA
1   *Le Magazine du Monde*, 22 dez. 2012.

Mainstream

A cultura *mainstream* é a "corrente dominante" que se dirige ao grande público. O termo anglo-americano "se emprega para uma mídia, um programa de televisão ou um produto cultural que visa a uma ampla audiência"[1]. A noção se aplica sobretudo ao cinema (o *blockbuster*, filme que é concebido para realizar o maior número possível de exibições no mundo inteiro), à edição (o *bestseller* mundial), à canção (o *hit*) e à música (a *pop music*, o *K-pop*). Fala-se de modo bem mais raro do teatro *mainstream*, salvo recentemente em referência aos *musicals* fabricados em Londres, Nova York e Los Angeles, e depois exportados em franquia para outros países e outros teatros que retomam o espetáculo com a mesma encenação e a mesma tecnologia, mudando apenas os intérpretes. Utiliza-se o termo "grande público", expressão que insiste tanto na amplitude da recepção quanto na dos dispositivos estéticos utilizados para se dirigir ao público.

O *mainstream* se opõe sempre a uma arte de elite, de pesquisa e experimentação. Em termos militares é *blockbuster* (bomba arrasa-quarteirão ou um *blockhaus*) contra a vanguarda• (destacamento de soldados de elite que segue à frente e guia o grosso do exército). Esta vanguarda não é necessariamente elitista, ela se constitui também em reação, como uma contracultura (que não teme e até procura o confronto com a cultura dominante) ou uma subcultura marginal. Muitas vezes a subcultura, depois de haver resistido à cultura dominante, acaba por ser recuperada por ela. Ou então, ela se define não tanto como resistência quanto como comunidade de gostos e de práticas (*taste culture*). Assim, por exemplo, para o teatro e a performance, formas marginais, como o *hip-hop* ou *rap*, são integradas por coreógrafos ou encenadores reconhecidos em produções ao mesmo tempo para o grande público e de alto nível artístico. Torna-se difícil dizer se o *mainstream* se nutre da subcultura dos jovens ou se esta última é absorvida e legitimada na cultura dominante do *mainstream*, o que lhe oferece um verniz de respeitabilidade dando-lhe por isso mesmo o beijo da morte.

Seja como for, o *mainstream* é também o lugar onde a corrente é mais forte, lá onde, em seu meio, os artistas nadadores têm mais probabilidade de serem arrastados ou de se afogarem. Mas isso também pode ser a tendência maior do pensamento, de um movimento, de uma mídia, a soma de pequenas correntes que utilizam a força do *mainstream* para se definir por contraste e progredir por desafio. Se os pequenos riachos fazem os grandes rios, as pequenas vanguardas e as subculturas temem ser absorvidas pela arte majoritária e dominante. O teatro preexiste às mídias de massa, à cultura *mainstream* que tende a tudo simplificar e homogeneizar. Nesse caso, ele permaneceu nas oposições culturais tradicionais: entre a elite dos criadores e a massa dos consumidores, entre a autenticidade da presença cênica dos atores e a alienação das e pelas mídias, entre a educação artística, estética, moral e o *entretenimento*.

Outra tendência, todavia, se desenha desde os inícios da arte da performance (americana, em boa parte) nos anos 1960, desde a chegada dos *cultural* e dos *performance studies*•, alguns anos mais tarde. Ela consiste em não mais opor ontológica e definitivamente produções de alta e baixa cultura, em não mais distinguir de modo absoluto a *mise en scène* e a arte performática, a literatura e as artes visuais, a estética e o cotidiano. Tais divisões foram, com efeito, repostas em questão pela cultura pós-moderna ou pelo teatro pós-dramático•. Por isso vemos as velhas barreiras entre as atividades culturais como o teatro, a literatura, as artes plásticas, o cinema, o vídeo, a arquitetura e o urbanismo cair, os estilos se misturar, a fronteira entre arte e divertimento se esfumar.

NOTA
1   Frédéric Martel, *Mainstream: Enquête sur la guerre globale de la culture et des médias*, Paris: Flammarion, 2012, p. 19. (Champs actuel.)

Materialidade

Fr.: *matérialité*; Ingl.: *materiality*; Al.: *Materialität*.

A matéria do teatro não é aquilo que existe no palco, no corpo dos atores, no espaço público onde se inscreve a representação? Tudo o que parece existir independentemente do espírito, tanto do artista como do espectador•, pertence à matéria. Mas isso está cheio de todos *os materiais*, visíveis ou sensíveis, convocados à cena do teatro ou ao espaço em que ocorre a performance. A lista desses materiais é infinita e, às vezes, inesperada: o corpo de um dançarino de Butô se assemelha a um material de construção (gesso, cimento, argila) mais do que a uma carne humana; é uma matéria que se apresenta como inumana.

A materialidade da cena, do corpo e da voz do ator, do som ou do espaço não representa nem significa nada em si, ela é um material bruto à disposição daquilo que o encenador, ou outro carniceiro, vai fazer do ator, a menos que ele decida deixar os materiais no estado em que se encontram. Para o espectador, essa massa de matéria poderá, igualmente, permanecer em estado de material, de significante com falta de significado. Os artistas plásticos, visuais e, cada vez mais, os performers, os escritores de palco• procuram a materialidade como base de partida e como reserva para o seu percurso artístico. Kantor fala de *Ur*-matéria, de "matéria fluida e viva", "carregada de energia"[1], sem intencionalidade e escapando ao artista. Deleuze e Guattari sugerem que se deva "proceder por 'blocos de matéria trabalhada'. Não se trata mais de impor uma forma a uma matéria, porém de elaborar um material cada vez mais rico, cada vez mais consistente, apto, por conseguinte, a captar forças cada vez mais intensas"[2].

A materialidade do texto é, em primeiro lugar, sua matéria sonora, sua musicalidade, sua retórica, tudo o que é reunido sob o nome de textualidade[3], e até de textura•. São igualmente suas microestruturas, sua fatura verbal concreta, seu modo de enunciação. Como esses "blocos de matéria", as palavras, os ritmos, as vibrações sonoras são uma matéria bruta a ser ainda trabalhada, são uma música, uma experiência estética inapreensível pelo intelecto e pelo conceito. Assim, a materialidade vai contra o conceito no sentido de um discurso, de um significado conhecido logo de início, de um esforço para tudo explicar e traduzir. A materialidade do texto é, por exemplo, esta música das palavras ou esta poesia, que resistem ao conceito e que a *mise en scène* não deve em nenhum caso explicar aos espectadores. Princípio que Peter Brook sempre aplicou a seu trabalho, notadamente sobre Shakespeare: "A música das palavras é a expressão daquilo que remanesce inapreensível em um discurso conceitual. A experiência humana, que não se pode reduzir a conceitos, se exprime pela música. Daí nasce a poesia, pois na poesia existe uma relação extremamente sutil entre o ritmo, o tom, a vibração e a energia, que confere a cada palavra, no momento em que ela é pronunciada, o sentido, a imagem e ao mesmo tempo esta outra dimensão extremamente possante que vem do som, da música do verbo."[4]

A história cultural material (*material cultural history*) não deve ser confundida com o uso descrito acima de uma materialidade cênica ou textual que desafia e inspira o artista em sua produção e o espectador em sua recepção. Ela junta, todavia, a mesma preocupação de partir de restos materiais para reconstituir uma época e uma obra, pois a obra passada, assim como esse bloco de matéria cênica ou verbal que subjuga o contemporâneo, é um bloco em primeiro lugar ilegível, um meteoro vindo de outros tempos, uma massa material que nos interroga. Ora, a hipótese do Materialismo Cultural, do Novo Historicismo[5] de Stephen Greenblatt é que esse meteoro estranho é uma história que devemos imaginar e que está "subordinada historicamente ao presente sobre o qual ela está construída"[6]. Tal é a tese central de Stephen Greenblatt, de sua história cultural material e de seu Novo Historicismo (*New Historicism*): a interpretação dos textos culturais nos ajuda a melhor compreender a história (e não apenas o inverso): "A análise cultural tem muito a apreender da análise formal escrupulosa dos textos literários porque esses textos não são simplesmente culturais em virtude da referência ao mundo para além deles mesmos; eles são culturais em virtude dos valores sociais e dos contextos que eles mesmos absorveram com sucesso."[7] Não se pode garantir, pensa Greenblatt, "uma distinção segura entre 'o primeiro plano literário' e 'o segundo plano político' ou, mais geralmente, entre a produção artística e outras espécies de produção social. Tais distinções existem sim, de fato, mas elas não são intrínsecas aos textos; elas são, antes, fabricadas e constantemente redesenhadas pelos artistas, pelos públicos e pelos leitores"[8].

Os traços materiais dessas obras do passado nos ajudam a reconstituir a história deste meteorito, a abrir os arquivos, a fazer falar esta matéria que parecia muda.

NOTAS

1 *Le Théâtre de la mort*, Lausanne: L'Âge d'Homme, p. 131. (Trad. bras.: *O Teatro da Morte*, São Paulo: Perspectiva/ Sesc-SP, 2008, p. 105-106.
2 *Mille Plateaux*, Paris: Minuit, 1980, p. 406.
3 Patrice Pavis, *Le Théâtre contemporain*, Paris: Armand Colin, 2002, p. 6-10.
4 Peter Brook, *Avec Shakespeare*, Paris: Actes Sud-Papiers, p. 28.
5 Respectivamente, Material Cultural History e New Historicism.
6 *The Greenblatt Reader*, London: Blackwell, 2015, p. 1-3.
7 Stephen Greenblatt, Culture, em Frank Lentricchia e Thomas McLaughlin (eds.), *Critical Terms For Literary Studies*, Chicago: The University of Chicago Press, 1995, p. 227.
8 Stephen Greenblatt, Introduction, *The Power of Forms in the English Renaissance*, 1982. Texto retomado em Vincent B. Leitch (ed.), *The Norton Anthology of Theory and Criticism*, New York: W.W. Norton, 2010, p. 2254.

Mediação

Fr.: *médiation*; Ingl.: *mediation*; Al.: *Vermittlung*.

Entre o grande público e a obra de arte há às vezes tal abismo e tal incompreensão que uma mediação, sob a forma de uma preparação, de uma introdução, de uma facilitação, parece indispensável. Esteja ou não consciente disso, o espectador• sempre se beneficiou de mediações no seu encontro com as obras.

1. LUGARES E MÉTODOS

Tornar acessível uma obra artística como uma peça, uma encenação ou uma *cultural performance*•, não é explicá-la, demonstrá-la e remontá-la – este é o trabalho ingrato da universidade –, é torná-la acessível, desvelando algumas regras de seu funcionamento, adaptando-a ao nível cultural do receptor. O mediador procura um equilíbrio entre a exigência estética (autônoma) da obra e a educação artística (cidadã) do público.

Mas onde e como ensinar a ler, a olhar, a ver, a escutar e a avaliar? Não há lugar milagroso, mesmo se a escola, do maternal à universidade, devesse ser o lugar natural dessa aprendizagem com brandura, dessa "educação estética" (Schiller). Uma coisa, em todo caso, é certa: o acesso a uma obra artística, a uma prática cultural, não é nem fácil, nem natural, nem automático, nem universal.

Não há escola da mediação e, no entanto, toda escola digna desse nome contribui para estabelecer o elo entre o indivíduo pouco instruído ou pouco sensível à arte e as obras nas diversas instituições culturais. As organizações de educação popular desempenharam, durante muito tempo, esse papel no trabalho de sensibilização cultural e artística; elas o desempenham ainda, porém seu impacto é menos patente, por motivos que mereceriam longos desenvolvimentos. Outros mediadores, não homologados, mas onipresentes, como a internet e as redes sociais, os fóruns, os blogs ou os grupos de discussão, assumem atualmente, esta função mediadora, sem combinação, sem método, sem preocupação pedagógica. Vale dizer que os indivíduos em busca cultural ou artística, teórica ou prática, estão quase sempre entregues a si próprios, uma vez que nem a instituição clássica, nem a família (clássica) lhes prestam mão forte. Como se cada um devesse se tornar seu próprio mediador em um *self-service*, em um *fast-food* cada vez mais rápido e cada vez menos nutritivo. Os animadores, chamados às vezes de *facilitadores*, se limitam a balizar o terreno, a dar acesso às novas tecnologias voltadas para uma autoaprendizagem.

Na falta de lugares e de momentos necessários para iniciar esse trabalho de fundo de todo instante, convém repensar os objetivos e as prioridades da animação cultural. Se nos limitarmos à sensibilização com respeito à arte contemporânea da cena, não para praticá-la de imediato, mas para introduzir à sua descoberta, é de proveito interrogar as resistências dos espectadores às obras experimentais. Elas são de várias ordens:

Resistências culturais: o espectador está desorientado não tanto pelas obras provenientes de tradições que lhe são estranhas, mas pelas formas e pelos tipos de performances desconhecidas. É preciso que ele aceite inserir-se em um contexto no qual é intimado a realizar a nova experiência, sem nenhuma referência cultural. A mediação consiste então em relativizar os pressupostos culturais, comparando-os com os dele próprio, a fazê-lo aceitar essas formas desconhecidas, descrevê-las tecnicamente e, portanto, dessacralizar a obra, aproximando-a de uma fabricação "doméstica". Ela ensina o espectador a fazer a diferença entre juízo afetivo e juízo de valor.

Resistências metodológicas: diante de um espetáculo cultural e artisticamente diferente, o espectador arrisca-se a não se atrever a efetuar o esforço de adaptação. Provavelmente, com efeito, não há nenhuma ferramenta de seu conhecimento (às vezes, nem mesmo dos especialistas) para substituir essa obra pioneira no sistema das expectativas e de esboçar uma descrição dela, seguida de uma análise e de uma interpretação. A tentativa de diversos métodos é uma mediação primordial que não exige, necessariamente, um conhecimento universitário de métodos: o mediador indica simplesmente o que cada abordagem metodológica permite entrever; ele dá um exemplo, habitua o noviço a propor questões simples à obra; ele lhe explica aquilo que é de direito esperar de tal ou qual tipo de análise – explicação semiológica dos signos? Relação da obra com a sociedade? Impacto físico sobre o observador? Afloramento de seu próprio inconsciente?

Resistências inconscientes: são incontestavelmente as mais difíceis de superar ou, para ser exato, de aceitar por si mesmo, na posição inconfortável do observador sacudido por assuntos provocantes, por temas tabus, por situações humanas que geram nele angústia ou desespero e o obrigam a interrogar sua própria situação consciente e inconsciente. Há sempre um momento em que o indivíduo deve assumir suas próprias responsabilidades e em que ele não pode mais refugiar-se em uma explicação exterior, em uma moral tradicional e em uma pedagogia.

O acompanhamento[1] do mediador revela-se delicado, pois a resistência do espectador exposto é tanto física (e, portanto, agressiva) quanto inconsciente (e, portanto, dolorosa). O espectador hesita sempre um pouco em julgar o espetáculo com seu corpo e seu inconsciente. E, no entanto, como observa Christian Ruby, "de cada obra, o espectador, se ele é acolhedor, recebe no fim de contas a proposição de uma regra para o seu corpo, sua sensibilidade... de leitor, de ouvinte etc. No ápice, por conseguinte, este espectador se encontra então incluído em uma sucessão de lances em que ele põe a si próprio em jogo teatral"[2]. Deveria o mediador fazer o papel de psicanalista para acompanhar seu "paciente"? Sem ir a esse extremo, o mediador está em condições de preparar o terreno da autoanálise do espectador, ele o ajuda a aceitar e a referenciar esses momentos, sem negá-los, sem recalcá-los. Mas seu papel é este?

O mediador conhece aqui seus limites: na maior parte do tempo, ele persiste em "proteger" seu aluno, ajuda-o a ignorar a transgressão•, a provocação, o excesso• e a violência que a obra veicula, ele se recusa a acompanhá-lo nos dolorosos processos de desvelamento que esta experiência estética lhe oferece. Mas ganharia o espectador tal proteção?

2. A ESTREITA VIA DA MEDIAÇÃO

Hoje em dia, o mediador caminha especialmente pelas obras experimentais contemporâneas numa via estreita. Diante da obra clássica, ele concebia claramente sua tarefa como uma ajuda ao espectador para tomar consciência de suas diferentes alienações, fornecendo-lhe os instrumentos necessários à sua emancipação, facilitando sua recepção do espetáculo. Este auxílio degenerava depressa em uma maneira um pouco paternalista de ministrar a lição aos alunos para nivelá-los. No confronto com a obra de vanguarda, não é tão fácil explicar como ler as obras: o mediador se encontra quase na mesma situação que seu aluno. A isso se junta que a transgressão, o excesso e a violência de muitos espetáculos constituem parte de sua força e que não haveria quase sentido atenuá-los sem fazê-los perder toda a vitalidade. Se ele tentasse, não obstante, arranjar as coisas, por medo de deixar o espectador entregue a esta violência gratuita e obrigado a fazer intervir seu inconsciente, de baixar a guarda de suas defesas, o mediador privaria seu aluno do tratamento de choque da obra e, no mesmo lance, de sua experiência estética e catártica.

A mediação torna-se assim uma arma de duplo corte: ou bem ela degenera em pedagogismo, a escola tornando-se o túmulo da obra de arte pouco apresentável e incorreta; ou então ela perde o seu papel protetor, expõe seus aprendizes a todos os perigos, ao risco de feri-los pela falta de experiência. Nos dois casos, a mediação tem muita dificuldade em gerir as obras contemporâneas e problemáticas. O que, no fundo, nada tem de espantoso.

 Pierre Gaudibert. *Action culturelle: Intégration et/ou subversio*. Paris: Casterman, 1977.

Serge Saada. *Et si on partageait la culture? Essai sur la médiation culturelle et le potentiel du spectateur*. Toulouse: Éditions de l'Attribut, 2011.

NOTAS
1 No sentido da atividade crítica como mostra Michel Vaiss, em *L'Accompagnateur: Parcours d'un critique de théâtre*, Montréal: Varia, 2006.
2 Christian Ruby, *Les Resistances à l'art contemporain*, Bruxelles: Labor, 2002, p. 66.

Midialidade e Intermidialidade

Fr.: *medialité et intermédialité*; Ingl.: *mediality and intermediality*; Al.: *Medialität und Intermedialität*.

A midialidade se interessa pelos sistemas dos diferentes tipos de mídias, sem entrar nos detalhes técnicos de seu funcionamento, mas refletindo-os em sua constituição, em suas possibilidades e em sua evolução. Quais são os instrumentos e os componentes da midialidade?

1. MÉDIUM E MÍDIA

Uma distinção, que tende por certo a desaparecer, entre *médium*, meio, e *média*, mídia, revela-se esclarecedora:

O *médium* é um conjunto de técnicas artísticas ou de materiais próprios a uma arte, um meio de expressão. É ao mesmo tempo o domínio e a técnica típicos de uma arte. Assim, fala-se de *médium* da pintura. O "médium" teatral (expressão pouco usada, é verdade) seria a maneira de utilizar a cena, o ator e, eventualmente, o texto dramático.

A *média*, a mídia, por contraste, é um sistema de comunicação e de transmissão de informações. Esta oposição mostra por cotejo a diferença que o inglês faz entre *semiotic media* (o *médium*, o meio, por exemplo a linguagem, o som, a imagem) e *transmissive media*[1], a *média*, a mídia, que serve para transmitir mensagens (a mídia, por exemplo a televisão, o rádio, a internet).

Um *médium* pode evoluir e mudar de suporte, permanecendo um *médium*. Assim, o *médium* cinematográfico "durante muito tempo foi o filme; hoje ele é mais abstrato, com o desenvolvimento e rápida hegemonia da filmagem digital"[2].

2. AS MÍDIAS

a. Definição Geral de Mídias

Com Frédéric Barbier e Catherine Lavenir, define-se como mídia: "Todo sistema de comunicação que permite a uma sociedade preencher tudo ou uma parte das três funções essenciais da conservação, da comunicação à distância de mensagens e de saberes, e da reatualização das práticas culturais e políticas."[3] O teatro e a maioria dos espetáculos respondem a esses três critérios: a escritura dramática permite conservar por escrito e transmitir mensagens; a encenação concentra e conserva por um certo tempo as escolhas e as relações entre os sistemas; quando reprisada ou recriada por uma outra equipe, ela reatualiza as práticas culturais e políticas, adaptando-as a um contexto e a um público novos.

b. Mídia, Sistema de Signos, Material, Gênero

Pode-se, pois, ver o teatro como uma mídia, mas não como uma *mass media*, se se faz abstração do *McTheatre* e do *Megamusical* que invadem pouco a pouco nossas capitais. Essa mídia é, ela própria, composta de diversas mídias em número e natureza variáveis. Cumpre, pois, estudá-la como uma configuração móvel de mídias em suas diferentes manifestações históricas. A dificuldade é a de distinguir bem as mídias dos sistemas de signos, dos materiais e dos gêneros.

Os *sistemas de signos* se definem pela natureza de seus significantes: espaço, som, materiais diversos; esses significantes já estão formatados; associamos-lhes significados possíveis.

Os *materiais* pertencem a todas as ordens do sensível: visual, auditivo, olfativo, cinestésico, tátil etc.

Os *gêneros* se definem como conjuntos de convenções mais ou menos estáveis segundo as épocas: convenções literárias, mas também teatrais, plásticas, musicais etc. Falar-se-á, por exemplo, do gênero Western ou do gênero da comédia musical.

Por oposição a essas três categorias, a mídia se define como um conjunto de restrições técnicas, de virtualidades, e não como um corpo de regras a seguir.

Não se poderia definir o teatro ou os espetáculos pela presença obrigatória de certos sistemas de signos, de materiais ou de gêneros. A mídia teatral nada tem de específica. Constata-se no máximo que cada época parece focalizar-se numa maneira específica de entrever seu objeto: representação em face do texto nos anos 1950 e 1960, na França; pesquisa da especificidade do teatro, do signo teatral e da teatralidade, nos anos 1960 e 1970; encenação como sistema estrutural ou semiológico nos anos 1980; performance e performatividade nos anos 1990 e 2000.

c. Mídias Audiovisuais, Mass-Mídia, Novas Mídias

Tem-se sempre um pouco de dificuldade em recolocar o teatro no interior de uma teoria das mídias, pois por esse termo entende-se, sobretudo, *mídias audiovisuais* ou até *mass media* ou "novas mídias" (que entrementes não são mais tão novas). Esta é a razão pela qual o espectador sente às vezes ainda como uma invasão a presença das mídias e da tecnologia no palco. A pertença do teatro ao nosso mundo atual e às mídias, obriga-o, queiramos ou não, a levar em conta o domínio das mídias sobre o mundo. Se o teatro quiser existir para além de sua situação momentânea e de sua suposta imediatidade, ele deve situar-se no jogo interativo das mídias.

3. A INTERMIDIALIDADE

a. Uma Nova Teoria?

Com o risco de ser tautológico e pleonástico, fala-se de intermidialidade, como se, por definição, a mídia já não fosse algo conectado e conector. A intermidialidade estuda as trocas entre as mídias, seja na história cultural e artística, seja no interior de uma obra. Assim, por exemplo, levantar-se-á a influência da montagem cinematográfica sobre a escritura dramática ou romanesca nos anos 1920 ou 1930; ou, mais concretamente, analisando um momento de mimo, verificar-se-á se a gestualidade empresta a outras artes como a pintura, o cinema, para figurar o movimento.

No sentido estrito, a intermidialidade é aquilo que liga as mídias. Na prática, não é sempre fácil fazer a distinção entre mídias, gêneros e materiais, ou sistemas de signos. Uma teoria da adaptação tentou em vão repertoriar todas as trocas possíveis e imagináveis, ela se choca com as mesmas imprecisões metodológicas. A definição muito ampla da intermidialidade por Chapple e Kattenbelt tem, entretanto, o mérito de esboçar este espaço intermediário em que se trocam os pensamentos e os processos: "A intermidialidade é um espaço onde as fronteiras se esfumam – e nós nos situamos entre e no interior de uma mistura de espaços, de mídias e de realidades. Assim, a intermidialidade torna-se um processo de transformação de pensamentos e de processos em que alguma coisa de diferente é formada por meio da performance."[4]

Esse processo de transformação não é outro senão a performatividade, esta fusão de materiais ou esta assemblagem• dinâmica de materiais justapostos. Nos dois casos, trata-se de fato de *mise en scène* de elementos do espetáculo.

b. Adaptação e Mudança de Médium

Seria judicioso distinguir a intermidialidade da adaptação de uma mídia (ou de um gênero) a outra, a *Medienwechsel* como dizem os alemães (mudança ou troca de médium): não a substituição de uma midialidade por outra, mas a passagem, isto é, a adaptação de uma obra de uma mídia numa outra – de um livro em um filme, ou de uma peça teatral em uma peça radiofônica, por exemplo.

c. "Remidiação•" ou Remídia?

Não se poderia estabelecer uma teoria geral das mídias, em particular de suas trocas. Em compensação, é possível desenvolver estudos de caso em que se observaria a passagem de uma mídia a outra, sua retomada e transformação. Jay e Grusin propuseram uma teoria da remidiação indo a ponto de definir toda mídia já como uma remidiação, uma reelaboração de uma mídia a partir das precedentes, um pouco como se lê um texto intertextualmente, como reescritura de textos precedentes: "Um médium é aquilo que remidia. É aquilo que apropria as técnicas, as formas e a significação social de outras mídias, e aquilo que tenta rivalizar com elas ou remoldá-las em nome do real."[5]

d. Questões de Análise

Limitar-nos-emos a algumas questões relativas à análise dessas mídias embaralhadas: 1. Como identificar as mídias? Elas nos são dadas a ver ou se apresentam mascaradas?; 2. São produzidas ao vivo ou preparadas de antemão?; 3. Veem-se e ouvem-se seres humanos? São filmados? Ao vivo?; 4. Como cooperam nisso as mídias? Quais traços são de remidiação?; 5; Elas nos ajudam a perceber o mundo de modo diferente?

4. AS MÍDIAS, A SOCIEDADE E A POLÍTICA

a. Reavaliação das Mídias

O exemplo do teatro é apenas o de um caso particular que, no entanto, nos faz tomar consciência do papel da midialidade em nossa vida. Estima-se que passamos quinze anos de nossa vida despertos, um terço de nossa existência confrontados com as mídias audiovisuais, a música e a navegação na internet. Nossa atenção, nosso imaginário, nossas convicções e nossa experiência do mundo são profundamente impregnados disso. A realidade virtual, em que nós nos refugiamos cada vez mais, nos faz duvidar de toda identidade estável, de toda autenticidade. E, no entanto, nossa relação com as mídias é menos apurada que outrora. A Escola de Frankfurt (Benjamin, Adorno, Horkheimer, Fromm, Marcuse), estabelecida em 1923, exilada nos Estados Unidos em 1933, reinstalada na Alemanha em 1953, não perdeu, para os pesquisadores contemporâneos (como Habermas ou os herdeiros da *critical theory*, bem como dos *cultural studies*), sua radicalidade, mas estes últimos têm consciência de que as teses do embrutecimento pelas mídias devem ser matizadas. No presente a questão não é tanto: o que fazem as mídias conosco, mas o que fazemos com elas?

b. Extensão das Performances

No caso do teatro aceitamos, e mesmo apreciamos, experiências em que as mídias conquistam um lugar cada vez maior. Aparentemente, tomamos nota da maneira pela qual os *mass media* preparam o terreno e influem em nosso cérebro, em nossa expectativa e em nossa experiência física, cinestésica e sensual do espetacular. Poder-se-ia considerar as mídias como uma extensão dos diferentes tipos de *cultural performances•*, da qual a encenação de teatro não é senão um caso particular. Essas mídias, em geral, não são substituídas pelo evento *live*; elas abrem o texto dramático ou a prática cultural a uma pluralidade de performances com identidades e rendimentos variáveis.

Falta-nos uma história das mentalidades escrita à luz não somente das técnicas (o que foi feito muitas vezes), mas das mídias. Seu exame indicaria, talvez, a evolução da percepção dos espectadores• no curso dos séculos, em função das mídias disponíveis.

NOTAS
1 Marie-Laure Ryan, Media and Narrative, em D. Herman et al. (eds.), *Routledge Encyclopedia of Narrative Theory*, p. 289.
2 Jacques Aumont; Michel Marie, *Dictionnaire théorique et critique du cinéma*, Paris: Armand Colin, 2008, p. 148.
3 *Histoire des médias*, Paris: Armand Colin, 1996, p. 5.
4 Freda Chapple; Chiel Kattenbelt, *Intermediality in Theatre and Performance*, Amsterdam/New York: Rodopi, 2006, p. 12.
5 Jay Bolter; Richard Grusin, *Remediation: Understanding New Media*, Cambridge: MIT Press, 2000, p. 65.

Minorias (Teatro das)

Fr.: *minorités (théâtre des)*; Ingl.: *minority*; Al.: *Minorität*.

Em certos países (Estados Unidos, Canadá) em que as minorias possuem um estatuto claramente definido por uma política multicultural, o teatro desses diferentes grupos beneficia-se de um suporte oficial, o que encoraja autores dramáticos desses diferentes grupos a trabalhar, se não em sua língua, ao menos em sua cultura. Em outras nações, como a França, onde não se fala oficialmente de minorias étnicas, onde a noção de literatura pós-colonial• é pouco empregada e até rejeitada por aqueles mesmos que poderiam invocá-la, a situação é mais ambígua. Sem apoio oficial, sem a vontade dos artistas de se distinguir de uma produção demasiado *mainstream*•, ou demasiado majoritária, esses grupos étnicos dificilmente encontram uma identidade específica. Na França, por exemplo, autores dramáticos de origem étnica africana (Marie NDiaye, José Pliya ou Koffi Kwahulé) não invocam sua pertinência a uma minoria particular[1].

Se na França o teatro não é endereçado muitas vezes diretamente a esses grupos minoritários, o cinema, em compensação, está muito mais preocupado com o passado colonial e com a sorte dos grupos "provenientes da imigração": assim, os filmes de Abdellatif Kechiche (*L'Esquive*), de Rachid Bouchareb (*Indigènes*, 2006), de Nabil Ben Yadir (*La Marche*, 2013). Os *one(wo)manshow* (*stand up comedy*) se prestam melhor que o teatro *stricto sensu* às questões de integração, discriminação, racismo e minorias. Se as minorias são cada vez mais visíveis, elas nem sempre são mais audíveis, isto é, na medida da entrada na arena política e artística.

Entre os comediantes e os cômicos cabe assinalar Maimonna Gueye (*Bambi, elle est noir mais elle est belle*), Jamel Debouzze, Booder, Smain, Sourai Adèle ou Dieudonné (*Émeutes en banlieue*).

NOTA
[1] Ver as entrevistas e análises de Edward Baron Turk, *French Theatre Today: The View From New York, Paris, Avignon*, Iowa City: University of Iowa Press, 2011, p. 38-60, 220-237.

Modernização

Fr.: *modernisation*; Ingl.: *modernization*; Al.: *Modernisierung*.

Do ponto de vista ocidental, a modernização é a melhoria, a renovação de uma coisa, de uma tecnologia, de uma instituição: moderniza-se uma coisa que não era mais ou não era ainda. Compreende-se facilmente a necessidade da modernização técnica, a da modernização ou modernidade artística é menos evidente. A modernização de uma obra teatral em sua encenação, termo que se encontra com mais frequência em lugar daquele, mais justo, de atualização, consiste em ajustar ao gosto do dia um texto, clássico na maioria das vezes, conferindo-lhe um aspecto contemporâneo, seja modificando ou simplificando sua aparência (mudança de cenários, de costumes, de comportamentos), seja adaptando-o a um novo público, melhorando-o e tornando-o mais atraente. A releitura dos clássicos, nos anos 1950 a 1970, propôs muitas mudanças na concepção da obra interpretada e encenada, mas a modernização não é senão um termo muito geral e pouco técnico.

Do ponto de vista asiático, notadamente japonês, a modernização (amiúde sob o nome de "ocidentalização") consistiu, desde a abertura para o Ocidente, em tornar-se moderno, retomando todas as componentes das obras ocidentais (de Shakespeare a Ibsen), imitando-as e transformando assim as formas japonesas existentes. Tudo é, portanto, efetuado do ponto de vista do artista e do espectador japonês, como para assimilar ao máximo as técnicas ocidentais em função das necessidades locais. Como observa Mitsuya Mori[1], essa modernização difere conforme as componentes, pois a assimilação é mais ou menos possível: o espaço cenográfico, os costumes e o sistema da encenação serão facilmente modernizados; em compensação, a escritura da peça, seu sistema dramatúrgico e, mais ainda, seus conteúdos e seus temas serão mais dificilmente transponíveis.

Deve-se tomar cuidado de não confundir a modernização com o teatro intercultural. Este último combina e retrabalha elementos culturais de proveniência diversa e confronta ou assimila tradições culturais diferentes. A modernização se faz a partir de um único ponto de vista, o do "importador"; ela não visa à produção de uma "inter-cultura" nova – híbrida ou universal –, mas a um aperfeiçoamento (esperado) do sistema existente, graças às técnicas ocidentais.

NOTA
1 Mitsuya Mori, The Structure of Theatre: A Japanese View on Theatricality, *SubStance*, issue 98-99, v. 31, n. 2-3, 2002, p. 73-93.

Movimento

Fr.: *mouvement*; Ingl.: *movement*; Al.: *Bewegung*.

Na galeria das diferentes culturas e das artes, o estudo do movimento corporal continua no centro das preocupações dos pesquisadores oriundos de diversos horizontes. O que, todavia, mudou desde os anos 1980 e do aparecimento da dança pós-moderna• ou do teatro pós-dramático• é a orientação dessa pesquisa. Esta última não está mais obsedada pela vontade de educar pelo movimento (Delsarte, Jacques-Dalcroze, Copeau, Decroux, por exemplo) ou de avaliar sua qualidade (peso, espaço, tempo, fluxo em Laban). Ela aborda o movimento no quadro mais geral de um espetáculo ou da utilização do corpo na vida cotidiana e dos esportes, ou então, ainda, em uma teoria geral da ação e da performance – em todos os sentidos do termo.

1. ESTADO ATUAL DA TEORIA DO MOVIMENTO

Segundo a recente hipótese da psicologia cognitiva, a atividade motora (*motion*, em inglês) ocorre ao mesmo tempo no ambiente e na representação mental daquele que percebe o movimento. Segundo a teoria ainda um tanto fluida dos neurônios-espelho e da empatia• cinestésica, a representação do movimento recorreria às mesmas estruturas neurológicas que as ativadas pelo movimento efetivo. Por outro lado, sabemos que a percepção do movimento é tanto visual (conforme uma gravação dos pontos de passagem e das figuras) quanto cinestésico (percebidos pelos sentidos musculares e pelo ouvido interno).

a. Motion

O movimento – ou, mais precisamente, o *motion* no sentido inglês de passagem do corpo de um lugar a outro, a ação de mover o corpo ou uma de suas partes – tornou-se objeto de todas as atenções: falta-nos definir todo o resto e, especialmente, a passagem do tempo. Para os cognitivistas, "o movimento parece ser primário e o tempo é conceituado metaforicamente em termos de movimento"[1].

b. Movimento e Pré-Movimento, Movimento Sombreado

Para executar um movimento ou para analisá-lo, devemos ser sensíveis ao pré-movimento, "esta atitude para com o peso, a gravidade, que existe já antes de nos mexermos, pelo único fato de estarmos de pé, e que vai produzir a carga expressiva do movimento que iremos executar"[2]. Esse pré-movimento invisível determina a realização e a qualidade emocional e estética do movimento.

É preciso distinguir esse pré-movimento do "movimento sombreado" (*shadow movement*) de Laban, movimento que para ele consiste de "ínfimos movimentos musculares como um alçar de sobrancelhas, um tremor da mão ou o bater de um pé"[3]. Esses movimentos sombreados "são executados inconscientemente e, qual uma sombra – daí o termo –, são acompanhados muitas vezes de movimentos de ação deliberada" (p. 33). Se é difícil para o dançarino controlar o pré-movimento, amplamente inconsciente, é ainda muito mais árduo para o observador lê-lo e senti-lo. Ora, como nota Hubert Godard, "a significação do movimento executa-se tanto no corpo do dançarino quanto no do espectador" (p. 239).

c. Movimento e Gesto

Godard estabelece uma clara distinção entre movimento e gesto: "não se pode, por conseguinte, distinguir o movimento, compreendido como fenômeno que consigna os estritos deslocamentos de diferentes segmentos do corpo no espaço – ao mesmo título que uma máquina produz um movimento – e o gesto, que se inscreve no desvio entre esse movimento e a tela de fundo tônica e gravitária do sujeito: quer dizer, o pré-movimento em todas as suas dimensões afetivas e projetivas. É aí que reside a expressividade do gesto humano, que não é municiado pela máquina" (p. 237). O teatro e a dança se ocupam de gestos, mas a dança pós-moderna pode escolher, como por desafio, tratar o corpo como uma máquina que produz movimentos, isto é, preferir assim os frios movimentos geométricos (cf. a *break dance*) aos gestos carregados de afetividade. Desde que o movimento se faça expressivo, desde que se intensifique, ele se torna um gesto estético.

2. O MOVIMENTO NA PRÁTICA CÊNICA (ANOS 1990 A 2010)

O estudo do movimento tem menos o caráter de uma teoria homogênea do que o de um projeto ainda em execução. Ele obriga a regular certo número de problemas, dos quais enumeramos alguns:

Encontrar a personagem por meio do movimento: centrando seu trabalho na execução dos movimentos segundo uma partitura precisa, o ator ou o dançarino aborda sua personagem conforme seus deslocamentos e sua postura corporal. De acordo com M. Chekhov, o ator deve testar vários tipos de gestos aliados a certa emoção, a fim de encontrar o *gesto psicológico* que lhe pareça caracterizar melhor sua personagem. Essa personagem pode, entretanto, ser apenas uma figura abstrata, perfeitamente desenhada, que prefira a geometria do movimento à expressividade do gesto.

Ultrapassar a clivagem entre teatro do texto dramático e teatro do gesto: opor um teatro do texto, em que o movimento estaria ausente, a um teatro físico sem fábula nem relato, tem pouco sentido. A prática não cessa, aliás, de no-lo lembrar dia após dia ao misturar alegremente os dois "gêneros". Vale mais, pois, sob um ângulo teórico, misturar os dois pontos de vista. Analisar-se-á assim o movimento rítmico do texto, sua gestualidade, o modo como a voz o manipula, o afasta ou o aproxima. E, inversamente, procurar-se-á no teatro físico as etapas e as convenções de uma história, os esboços de uma caracterização.

Descentrar o espaço: em lugar de definir o espaço e o movimento a partir do ator ou do dançarino e como seu prolongamento, como faz, por exemplo, Laban, o coreógrafo e o dançarino o concebem do exterior como uma projeção geométrica, para o interior da qual os performers podem se inscrever. É o que o Bauhaus de Schlemmer havia imaginado e esboçado e foi muitas vezes realizado pela pós-modernidade radical de um Cunningham ou pela abstração sincrética de um Forsythe.

Coreografar o movimento: as figuras de objetos moventes (atores, elementos de cenário, ritmos verbais ou musicais) são repetidas, retrabalhadas, fixadas graças ao olhar do encenador/coreógrafo. Este se coloca de fora para imaginar, visualizar e, depois, plasmar os movimentos; ele aplica aos corpos em movimento uma série de diretivas e direções. Aquilo que outrora fazia o mestre de balé no *ballet de cour* regrado a partir de um ponto de vista exterior, geométrico e disciplinar, aquilo que Schlemmer impunha aos bailarinos ocultos de seu Balé Triádico, o ator a serviço de Bob Wilson ou o dançarino de *break dance* realizam hoje em dia sobre o seu próprio corpo e em suas evoluções no espaço.

Musicalizar o movimento: desde Meierhold ou Dóris Humphrey (sua sequência de *fall/recovery*, queda/amortecimento), sabemos dar ao movimento a estrutura rítmica da música. Assegurar a musicalidade do movimento e, de um modo mais geral, da encenação é a tarefa principal de artistas como François Tanguy ou Josef Nadj. O tempo e o espaço do movimento são uma matéria maleável que podemos compor musicalmente.

Desacelerar ou brecar o movimento: certas formas como a dança Butô ou as célebres desacelerações de Robert Wilson vão a ponto de neutralizar todo movimento visível. O Butô busca um estado fetal que produz, tanto no intérprete como no espectador•, um mal-estar que não se atenua senão com o acolhimento de outro corpo, desacelerado ou inerte, que teria sido desertado pelo movimento, e talvez pela vida. Quanto a Wilson, ele procura um tempo "natural", lento mais do que desacelerado, em que o espectador tem a impressão de flutuar.

Ultrapassar os dualismos: a performance e muitos espetáculos criados nos primeiros anos do século XXI, em dança como no teatro, não estão a serviço de um texto a ser montado, de uma paixão a ser expressa em uma atitude, de um sentido a ser transmitido. O movimento não remete necessariamente a uma motivação psicológica identificável. Assim, portanto, a performance ultrapassa o dualismo interior/exterior; o vertical não é mais preferido ao horizontal como na dança clássica; o alto não é mais declarado superior ao baixo. A metafísica das paixões ou seus avatares modernos (os quatro elementos – ar, terra, fogo e água – de um M. Chekhov, de uma M. Wigmann ou de uma M. Graham, por exemplo) deu lugar a uma teoria do movimento puro, a um *Limb's Theorem* (teoria do membro) em Forsythe. Longe de toda interioridade, "o movimento é expressivo além de toda intenção" (Cunningham).

Retrabalhar o movimento graças às mídias: a câmera registra, ao vivo ou em tomada indireta, o corpo em todas as suas evoluções, o movimento sob todas as suas formas. Ela os retrabalha instantaneamente e os reinjeta na performance *live*. Os performers *live* tendem a desaparecer atrás das imagens ampliadas ou embelezadas pelas mídias.

Dissociar o movimento e a voz: o performer e o encenador/coreógrafo podem dissociar o ritmo verbal e o ritmo gestual, ou então montar um novo texto sobre a gestualidade prevista para outra coisa. O efeito de descontinuidade entre texto e movimento é um elemento distanciador, que nos torna atentos às duas lógicas e nos afasta tanto da peça bem-feita quanto da encenação bem-feita, a saber, demasiado bem coordenada a ponto de parecer redundante. Lá onde os dançarinos pós-modernos, os do *Tanztheater* de Pina Bausch por exemplo, conseguem dissociar dicção e gestualidade, os atores estão, por seu turno, muitas vezes em dificuldade: "essa distorção entre a expressividade vocal e a do gesto seria muito difícil de ser obtida por atores, cuja mestria busca, ao contrário, a transparência entre a palavra falada (texto) e a atitude corporal" (Godard, p. 238).

A reflexão sobre o movimento tornou-se central para compreender as relações da dança e do teatro. O movimento está no coração da produção e da análise do novo teatro e de todas as suas experiências. O estudo do movimento tem muito a esperar da psicologia cognitiva. Inversamente, é justo dizer que a experimentação, amiúde anárquica e antiteórica, da cena contemporânea, faz, em troca, avançar de maneira considerável nossa compreensão do movimento e do corpo em situação de representação.

NOTAS
1 George Lakoff; Mark Johnson, *Philosophy in the Flesh the Embodied Mind and Its Challenge to Western Thought*, New York: Basic Books, 1999, p. 140.
2 Hubert Godard, Le Geste et sa perception, *La Danse au xxe siècle*, Paris: Larousse, 2002, p. 236.
3 Rudolph von Laban, *La Maîtrise du movement*, Arles: Actes Sud, 1994, p. 30.

Multicultural

Fr.: *multiculturel*; Ingl.: *multicultural*; Al.: *Multikulturell*.

Deve-se tomar o cuidado de não confundir o multiculturalismo e a obra multicultural. O primeiro é uma doutrina política, a segunda uma obra constituída de elementos emprestados de diversas culturas. O multicultural não é multiétnico (comunidade de língua, de costumes, de práticas culturais), nem multirracial (características físicas).

O multiculturalismo prega a igualdade entre os cidadãos pertencentes a diferentes grupos étnicos no interior de um estado que assegura a cada um os mesmos direitos. Desde 1971, o Canadá inscreve o multiculturalismo em sua constituição. Outros países ocidentais, como os Estados Unidos, a Austrália, a Grã-Bretanha invocam, entre os seus princípios, o multiculturalismo, ainda que essa política seja hoje em dia posta de novo em questão, por causa do risco de explosão que apresenta aos Estados-nações, das dificuldades de assimilação de populações imigradas, de derivas comunitárias ou de fundamentalismo religioso. Cada país regula à sua maneira o delicado equilíbrio entre o universalismo republicano e o comunitarismo reivindicado às vezes pelas minorias ou identidades culturais, religiosas e étnicas. O domínio crescente da globalização• obriga a reconsiderar as reivindicações étnicas e culturais à luz de considerações econômicas supranacionais. Desde os primeiros anos do novo milênio, o multiculturalismo é criticado, e até reposto em questão pelos governos no poder (Inglaterra, Alemanha e França, entre outras), pois ele favorece a guetização da sociedade em grupos mal integrados na nação ou em comunidades religiosas que não reconhecem mais a autoridade do Estado. Muitos intelectuais críticos veem também no multiculturalismo uma maneira de desviar as atenções para as identidades sem levar em conta as lutas políticas e as lutas de classe. Essa rejeição da solução multicultural explica provavelmente o pouco interesse da gente de teatro pelos espetáculos em que culturas e identidades separadas e fechadas coexistiriam em um espetáculo.

Não se poderia falar de teatro multicultural como resultado de uma política multicultural que reuniria diversas comunidades com vistas a um trabalho em comum: isso seria, no fundo, contrário ao espírito do desenvolvimento cultural separado. Os únicos encontros entre as comunidades ocorrem por ocasião de festivais multiculturais no curso dos quais se compara as cozinhas do outro, se assiste às danças folclóricas ou às representações teatrais que giram em torno da beleza e do exotismo dos costumes, aos desfiles em roupas folclóricas e, ao fim da jornada, se adquire alguns produtos artesanais locais...

É sob a forma do intercultural•, mais do que do multicultural, que o teatro e as artes apelam para diferentes culturas. Provavelmente, porque tanto a dramaturgia como a cena transformam as culturas em qualquer outra coisa, ficcional, estética, sem se preocupar com a exatidão étnica nem a correção política. Com a globalização, a mescla das culturas, sua transformação em mercadorias adaptadas ao mercado tornam-se a regra. É doravante a lei do mercado que reina e, muito menos, a das relações de força entre cultura dominante e cultura dominada.

O teatro parece superado por essas subversões culturais e essas novas relações de força. Ele tem dificuldade em encontrar a resposta: não apenas devido à dificuldade intrínseca de colocar os problemas em termos culturais e étnicos, e não mais, como de seu hábito, em termos estéticos e artísticos. Ele desconfia das culturas fechadas em si próprias, da etnização das minorias, dos signos de religiosidade ou de pertença. A tal ponto que ele preconiza, às vezes, estabelecer uma distribuição *colour-blind*, sem levar em conta a cor da pele, da origem étnica dos atores: Hamlet, em Brook, será um ator "negro britânico" (Adrian Lester), proveniente das melhores escolas de atores londrinos. Esse gênero de distribuição não será sempre aceito pelos teóricos do multiculturalismo como J. Lo e H. Gilbert, os quais o recriminarão pelo fato de isso ser muitas vezes "uma prática politicamente conservadora que dá a aparência da diversidade sem atacar verdadeiramente a hegemonia da cultura dominante"[1].

O teatro multicultural situa-se no coração de nossa época mundializada, porém desorientada. Ele se manifesta em outros domínios e sob diversas formas e com outros nomes: teatro de comunidade•, teatro étnico•, teatro da fronteira• (Gómez-Peña), teatro intercultural, nos dias hoje cada vez mais substituído pelo teatro globalizado.

NOTA
1 J. Lo; H. Gilbert, Toward a Topography of Cross-Cultural Theatre Práxis, TDR/*The Drama Review*, v. 46, n. 3, Fall 2002, p. 33.

Multimídia

Fr.: *multimédia*; Ingl.: *multimedia*; Al.: *Multimedia*.

O termo e a noção aparecem nos anos 1960, em referência a espetáculos de técnicas mistas (*mixed media*) que utilizam uma ou várias mídias eletrônicas (cinema, vídeo, computadores, projeções). Mais recentemente, a multimídia apela para os videogames e para os CD-ROM.

A multimídia esforça-se em integrar a imagem, o som, o texto, a tecnologia informática em um mesmo projeto (intermidialidade°). O teatro e a performance reencontram a velha ideia de fusão, síntese ou coexistência das artes na representação, combinadas segundo as necessidades da encenação.

Musicalização

Fr.: *musicalisation*; Ingl.: *musicalisation*; Al.: *Musikalisierung*.

Universalidade da música: a música era considerada, desde Aristóteles, como um dos seis elementos do drama e, de fato, ela está presente desde sempre em todos os contextos culturais, em todos os tipos de performances e sob as formas as mais diversas. No teatro ou em outras formas de espetáculos e de arte performática, a música tende a penetrar todas as outras matérias cênicas, impondo-se como "naturalmente". Para retomar os termos de Richard Wagner que Adolphe Appia relata em *Music and the Art of Theater* (Miami Press, 1962), "lá onde as outras artes dizem: *isto significa*, a música diz: *isto é*".

O que a musicalização não é: não se trata de ilustração musical, de enfeite de um texto ou de uma encenação por quaisquer entreatos musicais, e ainda menos de uma ambiência sonora como em um *shopping mall*. A musicalização consiste, e isso desde os inícios da encenação "autônoma", notadamente em Meierhold, em fazer da música ou do ritmo aquilo que "constitui sempre o esboço dos movimentos, quer ela esteja realmente presente no teatro, ou imaginada, como que trauteada pelo ator que age em cena"[1].

A musicalização contemporânea, da qual cada vez mais pessoas tratam, desde Heiner Goebbels ou Christoph Marthaler, está marcada por "uma mudança de insistência na maneira pela qual é criado (e velado) o sentido e como é alargado o espectro da criação e da recepção teatral"[2]. Esse tipo de musicalização introduz uma espacialização, um espaçamento• do texto, uma ritmização, uma transferência para a cena de dispositivos e de mecanismos emprestados da música. Não há então a preocupação de se produzir ou não diretamente um sentido textual ou logocêntrico. Valéry dava aos atores o conselho de não sublinhar as palavras, de não traduzir tudo em significação. Tratava-se aí de um caso de musicalização do texto por oposição a uma leitura psicológica: "Proibi-vos de sublinhar as palavras: não há ainda palavras, há apenas ritmos. Permanecei nesse puro estado musical até o momento em que o sentido superveniente pouco a pouco não possa mais prejudicar a forma da música."[3]

Musicalização do teatro e teatralização da música: as duas tendências se aproximam e até se confundem. Os sons e as imagens são tratados segundo os mesmos parâmetros. Examina-se, por exemplo, a densidade, o espaçamento, o ritmo e a ritmização dos sons na representação cênica. Avalia-se sua estrutura no espaço-tempo, sua textura•: a maneira como eles formam um conjunto de regularidades, de microestruturas homogêneas. Vê-se assim encorajado um novo tipo de percepção, percepção ligada ao lugar, à cena e ao desenrolar do espetáculo. A relação do ver e do ouvir é experimentada diferentemente pelo espectador•, o *espectauditor*, dever-se-ia dizer. Trata-se o teatro (o palco) como se fosse música; trata-se a música (o som) como se fosse possível expô-la à vista, em cena, como se fosse possível pô-la e dispô-la em cena. O espaço dessas operações (dessas "óperas") não é mais somente o espaço frontal, é o espaço social e público, mas também o espaço virtual.

Música, língua, coreografia e arquitetura estão ligadas diferentemente; se elas estão mais em oposição, ou até mesmo em cooperação, encontram-se de preferência em uma relação de homologia, cria-se e lê-se uma com as propriedades da outra. "O mundo é uma máquina de ressonâncias", lembra-nos oportunamente o encenador Richard Foreman que pratica, ele mesmo, esses desencontros de disciplinas artísticas. Esse mundo é também uma fábrica de ritmos, de sonoridades, de deslocamentos e de metaforizações.

A música eletroacústica é capaz de transformar as sonoridades e seu agenciamento•, de reorganizá-las segundo outras arquiteturas, de recompor o conjunto.

A musicalização é muitas vezes a obra de artistas oriundos da música, que dominam, pois, a técnica de sua arte: é o caso de Heiner Goebbels ou Christoph Marthaler. Nas encenações deste último, por exemplo, o grupo de figurantes se metamorfoseia de súbito em um coro ou em um coral que produz um efeito quase acadêmico, depois paródico, dadas as circunstâncias e a aparência trivial dos cantores. A musicalização é, ao mesmo tempo, uma teatralização, uma espacialização do texto e do jogo de atuação por meio do coro aplicado e melancólico, muitas vezes mudo e amorfo, do grupo coral.

NOTAS
1   Vsevolod Meyerhold, *Écrits sur le théâtre*, Lausanne: La Cité, 1973, t. 1, p. 244.
2   Lynne Kendrick; David Roesner, Introduction, em Lynne Kendrick, David Roesner (eds.), *Theatre Noise: The Sound of Performance*, Newcastle: Cambridge Scholars Publishing, 2011, p. xxv.
3   Cf. Paul Valéry, *Discours de la diction des vers*, Paris: É. Chamontin, 1926.

N

Narractor

Fr.: *narracteur*; Ingl.: *narractor*; Al.: *Narraktor*.

Os *narr-attori italianos* são os narractores, os contadores° (narradores°) que são também atores. Nesse gênero novo dos anos 1990, atores italianos, nas pegadas de Dario Fo, retornaram à tradição ancestral do contador popular, mas eles escrevem e atuam doravante nos mais diversos lugares, inclusive nas mídias, textos políticos, engajados, críticos e cômicos. Seu *teatro di narrazione* (teatro da narração; *du récit*, do relato) transtorna a tradição que tende a separar o teatro e o conto, o ator e o contador de histórias. Sobretudo, ele ultrapassa um teatro popular, quase folclórico, satírico ou crítico, mas quase nada político. Ele inventa uma escritura e uma maneira de contradizer que seja política, e até militante, a serviço dos cidadãos e dos ativistas para lutar por causas que parecem perdidas de antemão.

Segundo *a concepção ocidental*, aristotélica, mimética, convém opor mimese e diegese, imitação e relato, personagem e narrador. O narrador é excluído, ele é reduzido ao coro, ao mestre de cerimônia, ao recitante. Foi apenas muito recentemente, após os anos 1990, que a escritura dramática contemporânea não só introduziu o narrador (com estatutos por certo muito diversos) como também o colocou em tensão ou em competição com o ator e suas personagens. Em certos textos dramáticos, não há mais hierarquia entre narrar e encarnar, narração e ação cênica. O mesmo performer passa sem qualquer advertência do papel de narrador-comentador ao de personagem (assim é no teatro de Joël Pommerat ou de Mike Kenny (*Walking the Tightrope*). Essa mudança de papel não necessita de justificação dramatúrgica, afora a de surpreender o leitor ou o espectador•, por não o deixar jamais instalar-se em um sistema. O narrador era considerado aquele actante que reorganiza e baliza o relato, mas doravante ele é também capaz de baralhar as pistas. Trata-se, enfim, de uma maneira de pôr em questão a oposição, tida durante muito tempo como algo que vai por si, entre o *logos* do narrador, que supostamente deveria nomear e explicar, e a *mímesis*, que estaria em condições de mostrar sem comentar. Na evolução do teatro, o narractor é chamado a desempenhar um papel chave.

Neodramático

Fr.: *néodramatique*; Ingl.: *neo-dramatic*; Al.: *neodramatisch*.

Termo utilizado por Hans-Thies Lehmann (a propósito do autor Falk Richter) e por alguns críticos, para dar sequência ao que foi denominado de pós-dramático•, a fim de distinguir um do outro e indicar uma nova tendência, desde o início do século XXI, da escritura dramática internacional. Anne Monfort vê no neodramático uma "teatralidade em que um texto, personagens e uma ficção permanecem na base do trabalho cênico, e isso mesmo se o texto for desestruturado, as personagens deslocadas e a ficção posta em dúvida"[1]. Falk Richter, Anje Hilling, Joël Pommerat ou Mike Kenny seriam os exemplos desse tipo de escritura que recorre muitas vezes à forma do teatro de relato•.

NOTA
1   *Trajectoires*, n. 3, 2009.

Nova Dramaturgia

Fr.: *dramaturgie nouvelle*; Ingl.: *new dramaturgy*; Al.: *neue Dramaturgie*.

Assistimos ao mesmo tempo ao triunfo e ao estilhaçamento da dramaturgia, não somente da dramaturgia no sentido da escritura dramática, mas ainda da análise dramatúrgica, ou seja, a leitura e a preparação efetuadas pelo conselheiro literário ou artístico do encenador, chamado de Dramaturg na Alemanha, ou dramaturge na França. Um sobrevoo do estado e dos métodos da dramaturgia atuais, assim como de suas recentes mutações em inúmeras dramaturgias específicas, deixa entrever uma paisagem tão rica e variada quanto confusa e atormentada.

1. A ANÁLISE DRAMATÚRGICA CLÁSSICA: REPRISE E APROFUNDAMENTO

A grade de análise: Desde a era brechtiana e, sobretudo, pós-brechtiana, nos anos 1950 na Europa, a análise dramatúrgica ajustou um método de leitura e de interpretação das peças bastante aperfeiçoado; ela se beneficiou das ferramentas eficazes das ciências humanas. Fazer a dramaturgia de uma peça consiste em preparar as escolhas de uma futura encenação, quer ela seja concretizada ou não. É – ou é preciso dizer: era? – recorrer às disciplinas da história, da sociologia, da psicanálise, da linguística ou da semiologia. Mas é também impor às vezes ao encenador uma grade de leitura que poderá lhe parecer demasiado limitativa. Daí a crise da dramaturgia, justamente quando ela se institucionaliza um pouco por toda a parte e está em busca de novos caminhos.

As tarefas da dramaturgia: Seria preciso ainda entender-se sobre as tarefas da atividade dramatúrgica, pois essas tarefas variam consideravelmente de um país a outro ou de uma instituição a outra, a tal ponto que se tem o direito de se perguntar se elas participam da mesma atividade. Na Alemanha e na França, o dramaturgo vela, ao lado do encenador, pela interpretação histórica e política da peça; no Reino Unido, ele ajuda amiúde à promoção da escritura dramática ou participa da elaboração coletiva do espetáculo (*devised Theatre*); na Bélgica ou nos Países Baixos, ele se ocupa com frequência de dança ou de formas performativas ligadas às artes plásticas etc. Uma diferença de denominação indica também um afastamento muito grande na prática: enquanto o dramaturgo é muitas vezes ligado à prática em colaboração com o encenador, o conselheiro literário ou artístico é um arroteador de textos ou um experto em arte contemporânea. O animador (*facilitator*, em inglês) auxilia os amadores ou os participantes a se organizarem.

De preferência a enumerar as tarefas do dramaturgo, o que leva rapidamente a uma lista normativa de atividades, mesmo sob a aparência da infinita diversidade, valeria mais interrogar a função dramatúrgica no curso da história, interessar-se pela *mise en scène* mais do que pelo encenador, pela função espectadora (perceptiva, intelectual, participativa etc.) mais do que pelo espectador•.

Para melhor demarcar a expressão "análise dramatúrgica", não é inútil salientar a diferença com a "simples" leitura de peças, uma leitura individual, efetuada sem a finalidade de uma futura encenação. Precisemos que a expressão "análise dramatúrgica" refere-se ao mesmo tempo à leitura de um texto e à maneira pela qual o espectador e, *a fortiori*, o analista, recebe, interpreta e descreve, em palavras a maior parte do tempo, o espetáculo, reconstituindo os princípios de sua composição.

2. AS NOVAS DRAMATURGIAS

A enquete dramatúrgica nasceu de uma reflexão sobre a eficácia da representação teatral: evidente desde sempre, com autores-homens de teatro como Shakespeare ou Molière, ela encontra a sua formulação teórica apenas na segunda metade do século XVIII com Diderot e Lessing. Essa eficácia da análise dramatúrgica confirma-se no fim do século XIX com a invenção da *mise en scène* e a releitura dos clássicos; ela se prolonga e se estabelece em numerosos países além da Alemanha após a Segunda Guerra Mundial, para culminar nos anos 1960, sob a influência do método brechtiano. Com a chegada das ideias relativistas pós-modernas• e pós-dramáticas• dos anos 1970, a dramaturgia está em recuo ou em mutação. Ela se afasta cada vez mais de suas origens críticas e políticas, de sua obediência brechtiana. Ela não desaparece, no entanto: inúmeras são suas maneiras de renovar-se, de aniquilar-se ou de camuflar-se para melhor renascer. Limitar-nos-emos a alguns exemplos dessas novas dramaturgias.

O *devised theatre* é um teatro não tanto de criação coletiva quanto de colaboração. O dramaturgo não tem (teoricamente) uma posição diferente da de seus camaradas: todas as funções da criação para a cena estão abertas a cada um, como também notada e estrategicamente a intervenção dramatúrgica.

A *educational dramaturgy* (dramaturgia pedagógica) é uma iniciação à leitura e ao jogo da atuação para as crianças, os adolescentes e os amadores. Ela constrói uma ponte entre o mundo da educação e o da criação teatral.

A *dramaturgia do ator*: esta expressão criada por e a propósito de Eugenio Barba convém a um modo de trabalho em que o ator, ou a atriz com mais frequência, escolhe seus próprios materiais vocais, gestuais, textuais e vestimentários etc., para reuni-los pouco a pouco no curso de improvisações individuais, o mais das vezes, durante longos meses[1]. A dramaturgia do ator é, no fundo, um modo comum de trabalho teatral em que o ator é requisitado a propor materiais que ele já enformou, aceitando em seguida, mais ou menos de bom grado, ser desapossado deles em proveito de escolhas dramatúrgicas ou de aplicações cênicas. Mais vale, entretanto, reservar essa denominação aos espetáculos fabricados a partir de improvisações vocais ou rítmicas antes de serem "preenchidos" de textos e de narração, e de serem finalmente montados por um encenador que não se sente ligado por um contrato narrativo claro, nem por uma exigência de narração resumível em uma fábula.

A *dramaturgia pós-narrativa* (*ou pós-clássica*), à qual o exemplo e a obra de Barba ou de Beckett pertencem de pleno direito, é outra categoria que engloba os textos e os espetáculos privados (ou liberados?) de toda fábula, de toda narração e que, portanto, se distanciam da dramaturgia clássica, não somente a da forma dramática, mas também a da épica, brechtiana ou pós-brechtiana.

Essa categoria do pós-narrativo, por certo um pouco "quarto de despejo", tão vaga quanto a do pós-dramático, porém muito melhor estudada de um ponto de vista teórico, remete à narratologia pós-clássica, sem de resto situar-se cronologicamente "após" a narratologia, mas antes em sua continuação e sua contestação. A *postclassical narratology* "reagrupa os diferentes esforços para transcender a narratologia estrutural 'clássica', à qual se censura sua cientificidade, seu antropomorfismo, seu pouco interesse pelo contexto e sua cegueira em face da questão do gênero"[2].

A teoria da dramaturgia não cessa de ratificar essa fase pós-narrativa da dramaturgia, não sem pressentir, aliás, um retorno da narração[3]. Ela não se abebera, entretanto, quase nunca nas teorias pós-clássicas da narratologia, deixando, infelizmente, na sombra essa disciplina em plena renovação. Joseph Danan[4], por exemplo, no seu excelente *Qu'est-ce que la dramaturgie?*, nunca se refere à narratologia, seja ela clássica ou contemporânea. Para explicar as reviravoltas do teatro pós-dramático ou da performance, ele se contenta em citar a não ação (p. 46), como em Beckett, o enfraquecimento da mimese (p. 47), a ausência de relação causal entre os diferentes incidentes no seio de um evento (p. 47). Ele não vai daí diretamente a uma reflexão sobre a narratividade[5].

A *visual dramaturgy* (dramaturgia visual): essa expressão, forjada no início dos anos 1990 por Arntzen[6], é mais usada hoje em dia para designar um espetáculo sem texto e baseado em uma sequência de imagens. Pode tratar-se do "teatro de imagens" como em Robert Wilson nos seus inícios, ou então da dança-teatro, do teatro musical, do teatro do gesto (*physical theatre*), da arte da performance ou de toda ação performativa.

O critério da dramaturgia visual não é a ausência de texto na cena, mas uma forma cênica cujo aspecto visual (*visuality*) é dominante a ponto de se impor como aquilo que constitui a principal característica da experiência estética. A *visuality*, a experiência visual, possui suas próprias leis, ela não está submetida às da fábula, do relato, mas parece opor-se a estas como por contraste. A dramaturgia e a encenação visuais apresentam-se como um bloco visual, "posto" em cena sem comentário, seja ele um bloco autônomo ou posto em cena em relação a um texto mais ou menos audível.

A dramaturgia visual faz uso dominante da vista e do visível lá onde dominava outrora o texto e a audição. Da dramaturgia clássica, ela guarda a ideia de que o princípio de composição permanece válido para analisar uma cena puramente visual e que esta cena visual possui suas próprias leis e regras de composição, de impacto sobre o público, de organização do sensível. O dramaturgo visual procede como um artista plástico: a partir de movimentos, imagens, e também de sons ligados ao espaço, às imagens, mas igualmente ao desenrolar do tempo. Quando um texto foi conservado e permanece audível, ele é trabalhado de modo diferente; é posto em jogo em um espaço e em função de imagens, é tratado como matéria fônica, rítmica, musical e não simplesmente como sentido a ser consumido. O que mudou é o estatuto do visual: o visual não acompanha mais a audição do texto, não se limita a ilustrá-lo, a explicitá-lo ou a clarificá-lo. Por vezes, tratar-se-ia apenas de torná-lo ambíguo, torná-lo complexo. O espaço e o visual são, no caso, uma matéria significante, um suporte de relações espaciais abstratas e formais, um dispositivo, e não significado a serviço do texto ou do sentido. O *Dramaturg* deve não apenas reconhecer essas estruturas formais, mas dar-lhes um sentido cultural, ideológico e, portanto, reatá-los à história.

Esta dramaturgia visual busca sua teoria. Ela está à procura de um *Dramaturg* e de um tipo de análise dramatúrgica que sejam capazes de dar conta desse modo de visualidade, de organização de imagem e, sobretudo, de uma semiótica visual da qual Mieke Bal nos proporcionou as bases e o modo de funcionamento para a pintura.

A noção de *visualidade* permite a Maaike Bleeker considerar uma teoria da dramaturgia visual: "as diferentes manifestações da experiência visual" lhe oferecem uma preciosa ferramenta para compreender esse "pensamento visual". Trata-se de melhor associar aquele que vê àquilo que vê. Ora, isso vem a propósito, pois é justamente a tarefa do dramaturgo, confrontado sempre por natureza com um mundo a perceber e a ser dado a perceber ao futuro espectador•. O objetivo de Bleeker é o de "mostrar como a 'visualidade' consiste em uma estreita interdependência daquele que vê e daquilo que é visto. Ademais, aquele que vê é necessariamente um corpo"[7]. Com a força dessa base teórica, a dramaturgia visual espera elaborar um sistema comparável em precisão à dramaturgia textual clássica. Ela norteia seu procedimento, de um lado, por uma semiótica visual e pós-narratológica e, de outro, por uma fenomenologia do corpo, do olhar encarnado e da empatia• sinestésica. Tal é precisamente o programa da *natural narratology* de Monika Fludernik[8]: uma nova maneira de relatar e uma experiência física da interpretação. A narratologia visual, notadamente a noção de focalização, fornecerá aos dramaturgos utensílios preciosos e precisos para descrever a dramaturgia visual. A dramaturgia visual nos conduz em linha reta a uma dramaturgia da dança, a qual se desenvolveu consideravelmente desde Pina Bausch até constituir um painel inteiro de espetáculos contemporâneos: o teatro do gesto e do movimento, o *physical theatre*.

A *dramaturgia da dança* constitui o mais sério desafio à dramaturgia teatral clássica, à sua leitura, depois à sua encarnação em textos. Desde os inícios do *Tanztheater* (teatro-dança) com *Der grüne Tisch* (A Mesa Verde) de Kurt Joss em 1932, a possibilidade, e até a necessidade, de um dramaturgo de dança se faz sentir. Ainda que fosse apenas para sistematizar, esclarecer a mensagem política da obra e, sobretudo, para julgar a coreografia, para descrever o movimento segundo suas próprias leis, à maneira da dramaturgia visual. Resta diferenciar as questões e os modos de ver o teatro e a dança.

Qual é a tarefa principal do dramaturgo na dança? Seu olhar dirige-se principalmente ao não verbal e ao movimento e não às ações dramáticas e às personagens. O dramaturgo empenha-se em ler o movimento, em fazê-lo ver e levá-lo a narrar uma história. O legível, o visível e o narrável não são, pois, nem garantidos nem indispensáveis. Quando a dramaturgia os coloca em evidência, eles proporcionam ao futuro público um sentimento de segurança. Quando o movimento é dado de maneira mais legível para o espectador, a coreografia torna-se mais eficaz, mais memorizável, e até memorável. Quando o visível se destaca nitidamente, o espectador toma melhor consciência de sua posição física no espaço e de seu corpo em face das ideias encarnadas, pois uma ideia na cena só tem sentido se ela se encarna nos corpos em movimento, nas vozes cantadas, numa dicção fisicamente situada. Enfim, quando o narrável é acessível, na medida em que é maneira de "narrativizar" a coreografia, ele assume uma força inesperada e transmissível. Nos três casos – legível, visível e narrável –, o dramaturgo traduz ideias ou hipóteses em formas sensíveis que o encenador (ou o coreógrafo) testa no curso dos ensaios.

Mas não para aí o trabalho dramatúrgico. Os espectadores deverão traduzir a obra segundo sua interpretação e a partir de seu próprio universo. Essa tradução, essa transladação de ações e decisões é o objetivo de toda atividade dramatúrgica. O dramaturgo de palco, o que trabalha ao lado do encenador, explora o material trabalhado pelo coreógrafo para tirar daí as estruturas conscientes e inconscientes.

Como se organiza a composição coreográfica e a análise? A coreografia trabalha a partir de movimentos, e não de ações miméticas dos atores que representam personagens. A dramaturgia consiste em produzir, e mais tarde para os espectadores, em ressaltar a composição dos ritmos, das tensões, das mudanças de posições e de atitudes. Essa dramaturgia não está em busca de significados, ela estabelece princípios formais, uma "lógica da sensação" (Deleuze), uma estrutura da composição.

Dramaturgia do espectador: para voltar à dramaturgia ou à encenação, poderemos dizer que elas consistem tanto no que "eles" (os artistas) fizeram e fazem por nós quanto no que nós espectadores fazemos do espetáculo pelo modo como nos envolvemos nele.

Seria necessário do mesmo modo precisar duas coisas, duas diferenças: 1. A diferença entre aquilo que os artistas pareciam querer fazer e aquilo que eles efetivamente fizeram; 2. A diferença entre aquilo que vemos no resultado produzido e aquilo que teríamos vontade de ver.

Quanto mais nos afastamos da dramaturgia escrita por um autor (segundo as regras clássicas) ou da dramaturgia pensada e realizada pelo *Dramaturg* (na época moderna, a saber, de Lessing a Brecht), deveremos tanto mais, no fim de contas, fazer nossa própria dramaturgia (pós-moderna• ou pós-dramática•) a partir de um resultado amiúde ilegível, e estaremos tanto mais numa dramaturgia do espectador. Quando mais a dramaturgia da produção, por exemplo a do ator à maneira das atrizes de Barba, for ilegível, tanto mais deveremos "reescrevê-la" nós próprios e, portanto, tanto mais deveremos agir como espectadores-dramaturgos.

Performative dramaturgy (dramaturgia performativa): a performatividade é em toda a parte chamada em socorro para mostrar como os numerosos fatos sociais são objeto de uma construção, de uma ação por convenção, de modo a levar a cabo uma ação sobre o mundo.

Aquilo que Peter Stamer denomina *performative dramaturgy* nos leva à ideia de uma neodramaturgia reativada pela vontade de não colar na peça ou na representação um esquema preconcebido, de propor, ao contrário, essa análise dramatúrgica através de um ato criador do dramaturgo, que não o cede, pois, em nada à criatividade do encenador. A tal ponto que se torna difícil, e até impossível, distinguir a função do dramaturgo e a do encenador (ou do coreógrafo).

As "Dez Notas Sobre a Dramaturgia", de Peter Stamer, promovem de maneira convincente essa ideia de *performative dramaturgy*. Trata-se de criar a dramaturgia em lugar de aceitá-la ou de impô-la do exterior, "pois a dramaturgia não estrutura um sentido dado de antemão que se deva aplicar à obra, mas ela cria, de preferência, um sentido que não havia sido revelado até aqui"[9]. A dramaturgia performativa, quer seja visual, gestual ou musical, retoma esta ideia de uma intervenção criativa que vai se desprendendo progressivamente, um pouco como no *devised theatre*, e não como um programa a realizar. Ela se emancipou da teoria descritiva e prescritiva; ela se apresenta decididamente como uma atividade artística: "O trabalho da dramaturgia é uma prática da teoria por oposição à teoria analítica como escritura de críticas ou análise de espetáculos." (p. 257) "A dramaturgia performativa não administra a partir do exterior do processo artístico o sentido que se trataria de aplicar, ela é criativa realizando a forma a partir do interior." (p. 258)

Devemos tomar nota da *revolução coperniciana* da dramaturgia e da encenação. Reviravolta e descentramento que situaremos nos anos 1960 para a teoria literária e, para o teatro, nos anos 1970. Essa revolução corresponde à morte anunciada do autor, seja por Foucault, Derrida ou Barthes. Se o autor desaparece, o dramaturgo o segue de perto. Mas sua ressurreição e sua metamorfose não são mais espetaculares. Muitos outros tipos de dramaturgia são, com efeito, concebíveis, dependendo essencialmente da abordagem criativa dos atores, dos encenadores e dos espectadores. O dramaturgo perde aí sua aura científica, mas ganha o prazer de produzir realmente sentido: artista entre artistas, o dramaturgo de produção não é mais um documentarista angustiado e deprimido. Mesmo o espectador, espécie de dramaturgo da recepção, não lhe fica a dever, porquanto lhe compete dar termo à produção do sentido. Todo mundo é uma cena dramatúrgica.

NOTAS

1 Patrice Pavis (éd.), *Degrés*, n. 97-99, 1999. (La Dramaturgie de l'actrice.)
2 Luc Herman; Bart Vervaeck, Postclassical Dramaturgy, D. Herman et al. (eds.), *Routledge Encyclopedia of Narrative Theory*, p. 450.
3 Patrice Pavis, L'Écriture à Avignon (2010): Vers um retour de la narration?, em Arielle Meyer MacLeod; Michèle Pralong (éds.), *Raconter des histoires: Quelle narration au théâtre aujourd'hui?*, Genéve: Métis, 2012, p. 113-133.
4 Joseph Danan, *Qu'est-ce que la dramaturgie?*, Arles: Actes Sud, 2011.
5 Cf. Monika Fludernik, *Towards a "Natural" Narratology*, London: Routledge, 1996.
6 Knut Ove Arntzen, A Visual Kind of Dramaturgy, *Theaterschrift*, 1994, n. 5-6, p. 274-276.
7 Em *Visuality in the Theatre: De Locus of Looking*, Basingstoke: Palgrave Macmillan, 2008, p. 7.
8 Cf. Monika Fludernik, op. cit.
9 Peter Stamer, Ten Notes on Dramaturgy, em Nicole Haitzinger; Karin Fenböck (Hrsg.), *Denkfiguren: Performatives zwischen Bewegen, Schreiben und Erfinden*, München: E-podium, 2010, p. 257.

Novos Lugares

Fr.: *nouveaux lieux*; Ingl.: *new sites*; Al.: *neue Orte*.

De um mundo ocidental outrora industrializado e militarizado restam hoje em dia fábricas, entrepostos, casernas desativadas, que são às vezes colocadas à disposição de artistas das artes visuais e espetaculares. Robert Wilson tem sua Watermill em Long Island; Robert Lepage, sua caserna *Ex Machina* em Québec; Ariane Mnouchkine e outros encenadores, sua Cartoucherie de Vincennes; o prestigioso Odéon, seus Ateliers Berthier; François Tanguy, sua Fonderie em Mans etc.

Muitos artistas apreciam o espaço e a calma de seus navios fantasmas, eles os preferem às salas clássicas, pois desejam remanejá-los, reconstruir os lugares de ensaio e de representação, criar uma atmosfera que remeta mais ao mundo industrial do que aos códigos da teatralidade burguesa. Sem necessariamente utilizar tais espaços encontrados para realizar uma encenação específica nesse lugar, eles têm uma grande liberdade para recuperar, à sua maneira, esses espaços encontrados, no sentido de objetos *trouvés* (encontrados), que se trata de reanimar e reinvestir. Muitas das tendências da produção espetacular contemporânea realizaram nesses terrenos baldios um primeiro esboço de seu trabalho experimental.

Obra de Arte

Fr.: *oeuvre d'art*; Ingl.: *work of art*; Al.: *Kunstwerk*.

1. LIMITES E IDENTIDADE

Não é tão fácil definir a obra teatral ou performativa, nem mesmo precisar seus limites ou fixar sua identidade, pois o objeto varia consideravelmente: texto dramático, simples *script*, representação, série de obras de um mesmo artista, encenação, acontecimento, atividade socioartística, campo midiático. Quando muito constatar-se-á que a obra é sempre o resultado de um trabalho coletivo, de uma fabricação mais artística que artesanal que traz um valor agregado, uma problematização, o que aliás permaneceria uma simples produção e que é transformada em uma produção estética.

2. ACABAMENTO

A obra contemporânea raramente é acabada, mas amiúde ela é desconstruída, por vezes antes mesmo de ter sido construída; ela se reduz a um evento único não repetível. Sob a forma de uma performance, ela tende a dissolver-se na vida social, política, sociocultural. Não encontramos mais a presença da obra de arte total como no tempo de Wagner (*Gesamtkunstwerk*°) ou como na época da encenação "clássica" (1880 a 1920, aproximadamente).

3. PERFORMATIVIDADE

Sabe-se bem, ao menos desde a semiologia• e a estética da recepção°, que a significação da obra depende também do contexto cambiante de sua recepção, da perspectiva do leitor e do espectador•. Sua concretização varia assim como varia a série histórica ou individual das interpretações. A teoria da performatividade vai, no entanto, ainda um passo adiante: é, com efeito, em sua performance, em seu processo•, isto é, na maneira como o receptor a coloca em movimento, que a obra ganha seu sentido: "O sentido não reside na obra de arte mas em sua performance, em sua disseminação/dispersão através de numerosos contextos, o que reativa continuamente a obra."[1] Assim, a obra teatral contemporânea• não se prestaria tanto a decifrar como a colocar em movimento. Ela daria a pensar, a provocar o pensamento sem necessariamente pensar ela mesma.

4. CONCRETIZAÇÃO OU RECRIAÇÃO?

Essa reativação constante, outrora foi denominada "concretização": um processo de produção do sentido textual ou cênico que depende tanto da produção quanto da recepção. Mas hoje, notadamente à luz dos trabalhos dos fenomenólogos, dos pós-dramáticos•, dos esteticistas do performativo[2], o pêndulo parece ter ido mais longe, no outro sentido: em direção à total relatividade da obra. Esta última só existirá como acontecimento performativo e no olhar do espectador, único responsável pelo sentido do texto ou da encenação. De nada mais servirá analisar, descrever ou interpretar a obra "em si".

Entre a concepção de uma total e arbitrária recepção e a de uma produção fixada para se decodificar objetivamente, melhor seria não ter que escolher. Melhor seria observar o constante movimento pendular entre produção e recepção.

5. ENTRE CRIADOR E DESCONSTRUTOR

Descobrimos uma outra versão dessa ausência de dialética entre produção e recepção da obra. A obra é então concebida segundo duas visões opostas: ora a produção individual de um sujeito criador soberano, espécie de gênio demiurgo controlando tudo; ora a recepção de um sujeito desconstrutor, espécie de intérprete tão genial quanto versátil, único habilitado para desconstruir, e portanto constituir, a obra de arte. Dessa forma, por que não observar o jogo que se estabelece entre o artista-criador e o espectador-desconstrutor?

NOTAS
1. Ric Alsopp, Dissémination, *Performance research*, v. 11, n. 3, 2006, p. 45. ("*Lexikon*").
2. Por exemplo e respectivamente: Jens Roselt, *Phänomenologie des Theaters*, München: Fink, 2008; Hans-Thies Lehmann, *Posdramatische Theater*, Frankfurt: Verlag der Autoren, 1999 (trad. bras.: *Teatro Pós-Dramático*, São Paulo: Cosac Naify, 2007); Erika Fischer-Lichte, *Aesthetik des Performativen*, Frankfurt: Suhrkamp, 2004.

Olfato

Fr.: *odorat*; Ingl.: *sense of smell*; Al.: *Geruch*.

O olfato não está excluído do teatro ou da arte da performance, mas é pouco utilizado e ainda menos teorizado[1], como se o temessem ou o menosprezassem. De um ponto de vista antropológico, sempre se deve perguntar como cada cultura valoriza o olfato (mas também o gosto• ou o tato•) na vida cotidiana ou em suas manifestações espetaculares. Esses três sentidos extremamente "físicos" devem, no entanto, desafiar um teatro contemporâneo que em geral é audacioso na sua dimensão performativa, participativa•, imersiva•, pós-dramática•. Na realidade, é somente depois dos anos 1980 que um teatro olfativo faz de tímidas aparições, graças a alguns autores previdentes – ou deveríamos dizer "prescientes" –, o papel e a potência evocadora do olfato nos espetáculos.

De maneira menos insistente e mais pontual, as performances não hesitam em cozinhar em cena, preparando, por vezes, um prato servido ao público depois do espetáculo (*Risotto*, de Amedeo Fago e Fabrizio Beggiato). Pela provocação, pela busca de efeitos cômicos, os atores comem e bebem em cena, igual a ações reais que quebram a ilusão teatral e fantasmática do fingimento. *O Misantropo*, de Ivo von Howe (2007), se cobre e se empanturra de comida para protestar contra uma sociedade extremamente engomada nas conveniências e na mentira. Assim ligado ao táctil, o olfato obriga o espectador a se esfregar nas realidades da cozinha teatral. É raro, entretanto, que os práticos, e, em seguida a estes, os teóricos, se aventurem a analisar os efeitos produzidos nos espectadores pelo "corpo-que-cheira" dos atores. É o caso do encenador Barry Kosky, cujo *Rei Lear* (1998) Rachel Fensham analisa. Fensham esboça uma análise do *smell-body* (corpo que cheira, que cheira mal, um corpo abjeto). "Teorizar o corpo-que-cheira em uma representação [...] sugere que reagimos aos corpos em representação ao considerá-los imagens tácteis em vez de imagens visíveis [...] A comunicação do corpo-que-cheira no teatro leva o público a uma comunicação proxêmica mais intensa, a qual experimentamos com o sentido do olfato, uma sensação que tem lugar quando se intensifica o caráter carnal do outro²".

As pesquisas acerca dos efeitos produzidos e a respeito dos afetos no teatro contribuíram sem nenhuma dúvida para instalar o olfato, mas também o tocar e o gosto, no centro de nossa experiência e reflexão. Disso depende um melhor conhecimento das culturas no interior das quais a performance olfativa e gustativa está, por assim dizer, ensanduichada.

NOTAS
1 Uma exceção notável: o livro de Dominique Paquet, *La Dimension olfactive dans le théâtre contemporain*, Paris: L'Harmattan, 2005.
2 Rachel Fensham, *To Watch Theatre: Essays on Genre and Corporeality*, Bern: Peter Lang, 2009, p. 101.

Orientalismo

Fr.: *Orientalisme*; Ingl.: *Orientalism*; Al.: *Orientalismus*.

No século XIX, o orientalismo é a ciência do Oriente, de suas línguas, de sua literatura e de sua cultura. Seu domínio é o mundo árabe e islâmico, a Turquia, o Oriente Médio, mas também a China, o Japão e os outros países do Extremo Oriente. Desde aquela época, o orientalismo é igualmente o que imita a ou é influenciado pela cultura e civilização "orientais". A história dessas relações fascinadas, mas problemáticas entre o Oriente mítico ou exótico e o Ocidente expansionista é bem conhecida. Foi preciso, todavia, aguardar o livro de Edward Said, publicado em 1978, para dispormos de um estudo extremamente profundo e para compreendermos essa noção chave dos estudos pós-coloniais*. Said definiu o orientalismo como "um modo de regular a relação com o Oriente que é fundado no lugar especial do Oriente na experiência ocidental europeia"[1]. O orientalismo é um discurso gerido pelo Ocidente sobre o Oriente tal como o Ocidente o imagina, em uma mescla de fascinação e de sentimento de superioridade, o que contribui ao mesmo tempo para afirmar sua identidade e justificar suas visões imperialistas e coloniais.

1. O ORIENTALISMO DO TEATRO INTERCULTURAL?

O orientalismo se aplica a toda cultura e a toda literatura daqueles países "reduzidos" ao substantivo Oriente. Limitando-nos ao teatro, poderíamos remontar à maneira com a qual Racine imagina o Oriente em *Berenice* ("No Oriente deserto, qual tornou-se meu tédio!", I, 4) ou à imagem que Voltaire faz da China ou do país de Maomé: outras tantas visões orientalistas *avant la lettre*. Restringindo-nos à encenação e à sua representação de regiões longínquas e exóticas, entramos no universo frágil do teatro intercultural, um teatro que floresceu no decorrer do último quarto do século XX. A maior parte dos encenadores que experimentaram o interculturalismo (notadamente Peter Brook, Ariane Mnouchkine), os próprios críticos não ocidentais (ou ocidentais por acidente: pela sua educação, seus estudos, seus ensinamentos nos Estados Unidos) são vivamente censurados por sustentar um olhar deformado sobre uma cultura que não é a deles e que eles "orientalizam", sem respeito pelos textos sagrados, sem conhecimento de sua espiritualidade. Quanto aos teóricos (ocidentais) do intercultural, eles não têm sido mais poupados que os outros: são acusados de arranjar a cultura fonte conforme as necessidades da cultura alvo do público ocidental. A adaptação de uma cultura a uma outra seria, segundo Ric Knowles, uma simplificação, uma distorção, uma prova do imperialismo de um "Ocidente sem dúvida monocultural". Semelhante crítica das obras, tal barreira antiteórica, denega toda justificação do teatro intercultural, condenado de saída por causa do orientalismo agravado. Infelizmente, críticos como Rustom Bharucha, Una Chaudhuri, Gautam Dasgupta, Ric Knowles, Lo e Helen Gilbert, não fazem nenhuma contraposição teórica; eles se contentam em condenar o princípio mesmo do intercultural no teatro. Assim, Ric Knowles não nos explica de modo algum o que ele coloca sob as categorias de *culturalism* (culturalismo), *critical studies* (estudos críticos), *critical race theory* (teoria crítica da raça), *critical cosmopolitisms* (cosmopolitismo crítico), os *whiteness studies* (estudos da branquidade) ou os *diaspora studies* (estudos da diáspora)[2]. À parte o fato de que seriam doravante críticas, não aprendemos nada dos métodos dessas novas disciplinas cujas etiquetas substituem o programa teórico.

Isso é ainda mais lamentável quando esses críticos solicitam à razão uma aproximação mais política, econômica de trocas culturais, e isso em um momento em que, desde os anos 1990, a globalização• embaralha novamente as cartas interculturais e exige um modelo sociopolítico-econômico de intercâmbio. Não sem ironia ou cinismo, os argumentos de um Bharucha, que via na encenação do *Mahabharata* de Brook "um trabalho especificamente destinado ao mercado internacional", tornam-se os critérios reivindicados pela exploração dos espetáculos "globalizados". Do ponto de vista chinês ou coreano, uma tal situação seria justamente ideal e conforme as intenções da empresa teatral. Doravante, não nos situamos mais então no orientalismo, aliás, não mais que em seu simétrico, um ocidentalismo do ponto de vista da China ou do Japão. Estamos em uma mundialização que apaga os traços culturais específicos, que obriga a inverter a perspectiva orientalista de outrora, que reequilibra as trocas com todos os países outrora colonizados ou explorados que se reúnem agora na política, na economia, e na cultura globalizadas, quando isso não se trata de colonialismo – China na África (p. 328). Certamente, o colonialismo ainda existe no mundo, mas ele é, de algum modo, deslocalizado: não tem mais necessidade da política da força armamentista para se impor; ele se exerce à distância sobre populações deslocalizadas ou bem as explora a domicílio. Assim a deslocalização do trabalho e das culturas permite repensar e reforçar a colonização do outro.

A globalização tende a esfumar a distinção entre orientalismo e ocidentalismo. Na conclusão do seu livro de 1978, Said adverte o leitor de que "a resposta ao orientalismo não é o ocidentalismo. Nenhum 'ex-oriental' se consolará com a ideia de que, tendo sido ele próprio um oriental, pode agora estudar novos 'orientais' – ou 'ocidentais' – de sua própria autoria" (p. 328). Não entrando na questão da globalização, em sua época menos visível que no presente, Said já nos sugeria que os Orientais não ganhariam nada ao fazer dos outros seus Orientais, ao repetir os mesmos estereótipos raciais, ideológicos e imperialistas. Talvez pudéssemos acrescentar hoje que a globalização, para o melhor e para o pior, transforma cada vez mais os Orientais em Ocidentais "globalizados", cuja origem geográfica e cultural não conta mais.

E a respeito disso o que dizer da prática do teatro? O teatro tornou-se tão globalizado que nele não distinguimos mais o Ocidente do Oriente, nele o Orientalismo tornou-se um Ocidentalismo e reciprocamente? Felizmente não chegamos nisso ainda!

2. O ORIENTALISMO E O PÓS-COLONIAL• HOJE

Certamente, a atitude orientalista, para com a sociedade ou nas artes, está sempre presente, mas menos sob a forma caricatural que ela conheceu até a metade do século xx. A descolonização e a globalização em voga desde os anos 1980 encorajou os artistas a mais nuance e menos condescendência para com o estrangeiro. O sucesso do teatro pós-colonial, sobretudo nas nações multiculturais•, forneceu ao público uma visão mais sutil das coisas, porém esse teatro não ultrapassou em nada o círculo restrito de conhecedores ou de comunidades referidas. Nos países europeus, o teatro da imigração permanece igualmente confidencial. Aliás, isso não ocorre por falta de auxílio dos poderes públicos, que encorajam de bom grado esse tipo de iniciativa valorizando o papel positivo da imigração e da integração. Todavia, segundo Gérard Noiriel, historiador da imigração na França, o teatro da imigração se contenta muitas vezes em atacar frontalmente os franceses de estirpe, os intelectuais, os professores e a classe média. "Em cinquenta anos, o teatro da imigração nunca conseguiu sucesso em obter o reconhecimento que merece porque seus partidários jamais refletiram sobre o problema da *legitimidade* de sua prática cultural."[3] A análise de Noiriel de um espetáculo de Mohamed Ruabhi (*Vive la France!*) demonstra que os espetáculos pós-coloniais são às vezes próprios para colocar os cidadãos uns contra os outros: "esse espetáculo foi apoiado pela Sociedade nacional da história da imigração e pelas instituições culturais regionais e nacionais em nome da política supostamente de 'integração', enquanto Mohamed Ruabhi advoga para uma arte que divide e que coloca uma parte dos franceses contra a outra" (p. 153). Essa experiência não é típica do teatro pós-colonial em geral, nem das experiências do teatro da imigração, mas é contraprodutiva. Ela também revela a insuficiência de um pensamento político e dos meios dramatúrgicos ao aplicá-la evitando os discursos diretos e incendiários que não ajudam em uma tomada de consciência do público e dos atores. Quando o teatro apenas produz um discurso e uma arte militante primária, ele se arrisca a perder toda a eficácia política e a afastar um público que espera também por uma maior ambição artística. A solução para esse tipo de teatro político não é mais, com certeza, a de encerrar-se em uma arte isolada, seja pós-moderna• ou pós-dramática•, mas a de encontrar um equilíbrio, uma tensão entre investigação artística e crítica política da sociedade pós-colonial.

NOTAS

1. Edward W. Said, *Orientalism*, New York: Vintage Books, 1978, p. 1. (Trad. bras.: *Orientalismo: O Oriente Como Invenção do Ocidente*. Tradução de Rosaura Eichenberg, São Paulo: Companhia das Letras, 2007.)
2. Ric Knowles, *Theatre and Interculturalism,* Basingstoke: Palgrave Macmillan, 2010.
3. Gérars Noiriel, *Histoire, Théâtre, Politique*, Marseille: Agone, 2009, p. 152.

P

Paisagem

Fr.: *paysage*; Ingl.: *landscape*; Al.: *Landschaft*.

A noção de paisagem, utilizada cada vez mais frequentemente nos estudos teatrais e "performativos" assim como nas ciências humanas em geral desde os anos 1980, não testemunha tanto uma "virada espacial" em todas essas disciplinas quanto uma metáfora cômoda para sobrevoar e considerar do alto e de longe um fenômeno que consiste em levar em conta o ponto de vista sobre a paisagem textual ou cênica. O passeante ora a contempla em ressalto, ora, ao contrário, evolui na obra, como imerso nela.

A metáfora ao mesmo tempo espacial, dinâmica e relativista da paisagem nos ajuda a tratar de objetos os mais diversos com a mesma ligeireza aérea. Um etnólogo especialista da economia globalizada e dos fluxos migratórios como Arjun Appadurai propõe, por exemplo, denominar as cinco dimensões das ondas culturais globais como: "a. Etnoscapes; b. Midiascapes; c. Tecnoscapes; d. Financescapes; e e. Ideoscapes."[1] Ele poderia, é certo, de maneira mais clássica, falar de fatores etnológicos, midiáticos, tecnológicos, financeiros e ideológicos. O fato, entretanto, de ele ter escolhido redefini-los como paisagens indica – além do efeito de moda – que não se poderia atualmente definir de maneira estática e fixa disciplinas em plena recomposição. A paisagem, com efeito, por sua natureza terrestre (ou lunar), se presta à relatividade do percurso e da trajetória do observador, a seu volume variável, talvez também à beleza inesperada dos pontos de vista de onde podemos admirá-la.

Ocorre o mesmo nos *performance studies*• desde os anos 1980. As paisagens são também o objeto de estudos, não unicamente o *land art*, mas a forma de abordar um texto, uma obra plástica e uma criação sonora.

Muito cedo, e como uma pioneira para os textos literários e os performers-cenógrafos, Gertrude Stein concebia suas peças como uma *landscape play* (peça-paisagem), ou como uma *audio landscape* (paisagem áudio), como textos em que o leitor é convidado a passear com toda liberdade, portanto fora das sendas batidas e longe da estrada real de uma interpretação universal.

Para o autor dramático Michel Vinaver, o "trabalho na escritura é ir para paisagens que ainda não existem [...] ir para paisagens mais do que fazer funcionar máquinas. Uma paisagem se constitui a partir do momento em que um tema, depois outro, depois um terceiro até dezenas de temas, venham se conjugar ou entrar em colisão, carreando elementos de histórias, elementos de personagens, elementos de situações. [...] A paisagem é um mundo em curso de constituição no qual o indivíduo participa, ele está aí e, ao mesmo tempo, ele pode aí se olhar"[2]. A paisagem, para um autor, pode ser, pois, aquilo que está em vias de se formar, de mudar na obra em construção, na medida em que ele aí passeia. Este passeio será mais tarde refeito, ainda que de maneira necessariamente diferente para o leitor, o encenador ou o ator e, por fim, para o leitor ou o espectador•.

Quando se fala de paisagem textual (*textscape*, *Textlandschaft*), sugere-se que o texto depende do ponto de vista, do olhar, do deslocamento na paisagem, do desdobramento dentro-fora produzido pela leitura (ou pela atividade do espectador que seria preciso chamar *espectatura*, ou *spectating*). Somente quando posto em perspectiva pela leitura ou pela encenação, tem-se acesso à paisagem textual.

A paisagem sonora (*soudscape*) é um espaço provido de diferentes fontes sonoras, um ambiente sonorizado para uma audiência, um público imerso em um banho sonoro de onde emergem sons organizados em uma composição musical. A tarefa do criador de som (*sound designer*) é a de inventar um dispositivo• que lembre uma paisagem por sua configuração. Graças às infinitas possibilidades do computador, as vozes dos atores podem ser modificadas, retrabalhadas em tempo real; a fita gravada proporciona aos ouvintes uma experiência auditiva e quase física, ainda aumentada pelos aspectos visuais da luz e de mudanças cenográficas. Bem longe dos efeitos sonoros ou da música de atmosfera anterior à tecnologia computacional, a paisagem sonora torna-se uma obra em si, um estado no estado, que atrai para si e colore o resto da representação. Ao risco, é verdade, de assumir uma autonomia demasiado grande e de não mais atuar no jogo com os outros elementos do espetáculo.

NOTAS
1. Arjun Appadurai, *Modernity at Large: Cultural Dimensions of Globalization*, Minneapolis: University of Minnesota Press, 1996, p. 33.
2. Michel Vinaver, *Écrits sur le théâtre*, Paris: L'Arche, 1998, v. 2, p. 95-96.

Participação

Fr.: *participation*; Ingl.: *participation*; Al.: *Teilnahme*.

A participação é aquela do espectador•, o qual, tomando parte na elaboração do evento cênico ou social, abandona mesmo seu estatuto de espectador supostamente passivo. Com o teatro político ou o *happening*° dos anos 1960, a participação é assimilada a uma intervenção política. O teatro brilha por sua obsessão em libertar o espectador de sua prisão e de sua atitude obediente e servil. Desde os anos 1960, a arte torna-se cada vez mais participativa, em sua produção e em sua recepção, as quais exigem uma intervenção ativa dos participantes e até uma "cocriação". A ameaça é apenas velada: "participe, se não..."

As categoriais tradicionais da identificação, da admiração ou da comunicação são rejeitadas em favor de uma ação direta dos participantes, como se se tratasse de uma festa, de uma cerimônia ou de um ritual. Na festa, como notava outrora Jean-Jacques Rousseau, ou atualmente no teatro de rua, os espectadores tornaram-se participantes. Eles participam do evento e, portanto, não dispõem mais do recuo necessário em face de uma performance[1]. Em compensação, deambulando em um lugar em parte definido pela escolha do percurso, os participantes fazem do movimento e do uso acentuado do corpo fatores que constituem o sentido e o novo centro de gravidade do espetáculo. Em uma versão mais contemporânea, ligada ao uso da internet, o teatro de participação torna-se teatro interativo, com a possibilidade de o espectador intervir por e-mail comentando o desenrolar do espetáculo. A participação não implica sempre que o espectador esteja em interação física com os outros. Ela se reduz então a uma experiência individual, isolada, interior, que não depende mais de uma comunidade e não é mais acompanhada então de um sentimento de pertença. Uma comparação intercultural seria aqui esclarecedora: na Europa, a participação é muitas vezes interiorizada, integrada na construção do sentido, reduzida a uma estética relacional; em compensação, na Coreia, a participação dos espectadores assume mui frequentemente a forma de um endereçamento dos atores ao público, de uma improvisação com ele, de uma troca fácil, reatando com os antigos espetáculos de aldeia. É uma questão de convenções, mas também de hábitos culturais, de capacidade de tomar a palavra em público, de distinção entre a esfera privada e pública.

NOTA
1 Cf. Sally Jane Norman, Nouvelles scénographies du regard ou scénographies du nouveau regard, *Les Cahiers de médiologie*, n. 1, 1998, p. 97. "Mas, então, ainda se trata de teatro? Quando a multidão de espectadores se funde na ação transformada em celebração, e até autocelebração, no que se transformam os atores, no que se transforma o espetáculo? Pode-se contemplar uma cena da qual se faz parte?" Citado em Anne Gonom, *In Vivo: Les Figures du spectateur des arts de la rue*, Montpellier: L'Entretemps, 2011, p. 151.

Patético/Pático

Fr.: *pathétique/pathique*; Ingl.: *pathetic/pathic*; Al.: *pathetisch/patisch*.

O *páthos*, palavra grega para uma perturbação, uma agitação interior, aplicada a tudo aquilo que o leitor, o ouvinte ou o espectador• sofrem, os efeitos que o patos produz sobre ele. "Pathé, paté" – precisa Roland Barthes – "são os afetos• daquele que escuta (e não mais do orador), ao menos tais como ele os imagina"[1].

O patos é o poder e a qualidade de emoção de uma obra literária ou artística, particularmente aquilo que suscita nossa pena, nossa piedade, nossa compaixão (empatia•). A produção do patos, antes de atingir o espectador, passa pelo jogo do ator: jogo puramente oratório (raro na prática atual, salvo em alguns encenadores como Stanislas Nordey e seus intérpretes) ou simples jogo que valoriza a feitura literária da obra, sua textura retórica ou rítmica. Esse jogo patético, enfático, é, aliás, mais uma decisão de *mise en scène* do que a consequência desagradável de um resto da declamação dos atores no estilo da Comédie Française antes dos anos 1960. É sob essa forma degenerada do patético que esse modo de atuar, de se exprimir e de sentir se transformou em uma categoria um pouco desprezada, no sentido de um sentimentalismo melodramático piegas. Em uma língua como o inglês, o termo *pathetic* veio a significar lastimável, miserável. O termo patos ou patético procura às vezes reencontrar uma virgindade perdida, convertendo-se em "pático".

Do patos ao pático: esse último termo, um neologismo, que devemos a Gilles Deleuze[2] e a Marie-José Mondzain, é cada vez mais empregado para associá-lo à noção de partilha de um grupo de pessoas que, graças ao teatro, reencontra o sentimento de uma comunidade humana e de uma pertença à política. Ora, e tal é a tese de Mondzain e de sua releitura de Aristóteles; a seu ver, para construir o político, é preciso não apenas partilhar uma palavra, mas também "experimentá-la", isto é, há necessidade de afetos e paixões. "Do patos, é preciso, e é a mesma questão. É a questão da economia significante desta dimensão pática, quer dizer, daquilo que é experimentado carnalmente no dito."[3] O pático "é uma defesa do afeto na transmissão do sentido a partir do momento em que se está na cena das pulsões, do desejo e da partilha política" (p. 67). Essa partilha política deve ser pática, mas – e tal é o paradoxo sempre, segundo Mondzain – ela não exige uma partilha da visão, "pois jamais uma pessoa verá o que a outra vê. Não se partilha senão aquilo que não se vê"[4]. Ver em conjunto um espetáculo, ou considerar uma questão em conjunto é, portanto, estar sempre pronto a discuti-los, debatê-los de maneira crítica, quer se trate de política ou da avaliação de um espetáculo.

Tal é o destino do *páthos*: esperar a opinião do público, perguntar-se segundo quais códigos esse público vai decodificar as paixões emitidas em sua atenção para convencê-lo, seduzi-lo ou diverti-lo. Mas "o esboroamento da partilha do comum"[5], de que falam Myriam Revault d'Allonnes e Marie-José Mondzain, essa "frágil humanidade", se trai e reflete sobre a perda do páthos, faculdade de influenciar o outro tanto quanto de ser influenciado por ele, portanto sobre o isolamento dos seres humanos. Daí os esforços do teatro e do jogo do ator para atingir e reconquistar o outro, mesmo que tenha de parodiá-lo, de zombar de seus excessos, de super-atuar e de super-significar, que são outras tantas maneiras de tecer de novo laços entre os membros desta "frágil humanidade"[6].

NOTAS

1. Roland Barthes, L'Ancienne rhétorique: Aide-mémoire, *Communications*, dez. 1970, retomado em *Oeuvres complètes*, t. 2, Paris: Seuil, 1994, p. 946.
2. Gilles Deleuze, *Francis Bacon: Logique de la sensation*, Paris: De la Différence, 1994, p. 31.
3. Marie-José Mondzain em Luc Boltanski et al., *L'Assemblée théâtrale*, p. 67.
4. Idem, *Le Commerce des regards*, Paris: Seuil, 2003, p. 140.
5. Myriam Revault d'Allonnes em Luc Boltanski et al., *La Représentation* (Travaux de l'association Sans cible 2), Paris: L'Amandier, 2004, p. 94.
6. Idem, *Fragile humanité*, Paris: Aubier, 2002.

Pele, Carne, Osso

Fr.: *peau, chair, os*; Ingl.: *skin, flesh, bone*; Al.: *Haut, Fleisch, Knochen*.

1. A PROTEÇÃO DA PELE

A pele nos protege do mundo exterior, marca a fronteira entre o indivíduo e o mundo, deixa passar as influências externas e nos conta as identidades do sexo, da idade, da origem étnica e social. Ela é a porta aberta para as nossas emoções, daí sua importância no teatro.

Se é verdade que "o que há de mais profundo no homem é a pele" (segundo Valéry em *L'Idée fixe*, 1933), esta pele não é somente a dos atores, a qual nos é como que dada a ver e a sentir, é em geral mais a pele do espetáculo, sua superfície, sua aparência, sua textura•, seu estilo e sua arte da carícia•. Esse primeiro contato com a *mise en scène* é fundante e fundamental: ele constitui sua experiência sensível. Esse contato tem, todavia, necessidade, para durar e se afirmar, de uma estrutura sólida, de uma ossatura dramatúrgica. A carne torna-se, então, a mediação necessária entre os ossos e a pele, aquilo que dá vida, consistência e volume ao espetáculo.

2. PELE, CARNE, OSSO

Sem forçar demais a metáfora, poder-se-ia dizer que o ator deve, no seu jogo, escolher uma atuação que seja "representar pele", "representar osso" ou "representar carne": cuidar das nuances psicológicas e epidérmicas, ser claro e esquemático como um esqueleto ou encontrar a boa distância carnal entre figuração e abstração. Essa escolha de um nível repercute sobre o corpo do espectador•, solicitado com prioridade na sua epiderme, na sua reflexão intelectual ou na síntese e na aliança dos dois por meio da encarnação.

Esse modelo ternário corresponde *mutatis mutandis* aos três estilos fundamentais do jogo do ator ocidental: naturalista para a pele e o humano; realista para a carne e o animal; abstrato para o osso e a máquina.

3. A DISTINÇÃO DE ZEAMI

A distinção entre pele, carne e osso emprestada de Zeami, ator, autor e teórico japonês do nô, mostra-se igualmente útil para compreender a tradição ocidental, desde que procuremos distinguir vários níveis no corpo do teatro e aprofundar a maneira pela qual percebemos a representação. Segundo Zeami, é preciso localizar, na prática de nossa arte, os elementos *pele, carne* e *osso*: "chamarei de *osso* a existência de um *fundo* inato e a manifestação da potência inspirada que dá nascimento espontâneo à *habilidade*. Chamarei de *carne* o aparecimento do *estilo acabado* que bebe sua força no estudo da dança e do canto. Chamarei de *pele* uma interpretação que, desenvolvendo ainda esses elementos, atinge os ápices do desembaraço e da beleza"[1].

Se reportarmos esses três elementos às três faculdades da percepção, a saber, à vista, ao ouvido e ao *espírito*, a vista corresponderia à *pele*, o ouvido à *carne* e o espírito ao *osso*. O osso representa a força artística, a habilidade nata; a carne corresponde à mestria da recitação e da dança; a pele simboliza o desembaraço e a beleza da performance, quando reúne as duas qualidades precedentes. Além de uma progressão para a perfeição, passando pelas três etapas, osso, carne e pele, deparamo-nos com uma teoria da percepção do espetáculo que se revela, ainda hoje, uma preciosa fonte de inspiração para os criadores e os espectadores.

4. DE UM MODELO AO OUTRO

Não se deveria, contudo, confundir a distinção japonesa e o modelo ocidental. A oposição da pele e ossos não é idêntica à do corpo e da alma, da matéria e do espírito, da forma e da substância, do significante e do significado, do visível e do invisível, da superfície e da profundidade. Ela é, sobretudo, a distinção daquilo que me toca ou me fala, da sensação ou do conceito, da pele suave ou dos ossos rígidos. Com Zeami, essa oposição torna-se ternária, mesmo quando se inclui aí a carne, que faz o liame entre os ossos e a pele.

É este modelo ternário e progressivo, não dualista e dialético, que as análises e os espetáculos ocidentais adotaram com tanta dificuldade, pois eles não escolheram, muitas vezes, senão uma dimensão – a pele ou os ossos –, fechando-se assim à mediação da carne, esquecendo a escuta sensível da carne, da voz e da fala. Mais delicado ainda, mas, no entanto, indispensável, é a sugestão feita ao espectador-leitor para que aborde o objeto teatral com sua pele, sua carne, seus ossos. A experiência estética desse reencontro entre a obra e o espectador é comparável a um confronto de sua pele, de sua carne e de seus ossos. É uma questão de contato, de tato, de experiência sensível.

5. DOIS TIPOS DE PERCEPÇÃO

Tratar-se-á, pois, não de analisar em si o objeto textual ou cênico – sempre isolado, e até inapreensível –, mas de pôr em contato duas peles, a do objeto estético que se fecha e se cobre de uma pele sensível, e a do espectador que se abre e se expõe ao perigo no seu modo de percepção.

Há no teatro duas percepções inseparáveis: uma percepção visual, isto é, óssea, distanciada e geométrica, e uma percepção tátil, e até háptica•, ligada à apreensão pela mão e, em primeiro lugar, pela pele, esse posto avançado do corpo. Assim, aberto ao outro, osso contra osso na pior das hipóteses, ou pele contra pele na melhor das hipóteses, a obra e seu receptor se situariam e se viveriam em um *continuum*. Haveria aí igualmente uma continuidade, um contato ininterrupto entre autor, encenador, ator e espectador.

A formação desta tríade pele-carne-osso pode vir a ser o fantasma criador de todos os participantes do espetáculo e dos espectadores: dar a ver, a ouvir, a apreender uma ação humana em todas as suas dimensões, desde sua concepção até suas últimas sequências; chegar ao espetáculo através dessas camadas sucessivas de nosso corpo e segundo nossos diferentes modos de percepção. Quem não alimentou o fantasma ou a nostalgia de uma ação catártica, física e/ou mental, experimentada e concebida pelo autor, reenquadrada pelo encenador, levada a cabo e revestida (mais do que revivida) pelo ator e, finalmente, acolhida tal qual por um espectador para si mesmo? O puro movimento se transmitiria assim de um polo ao outro sem perda de energia. O espectador remontaria através de suas diferentes percepções até a fonte da encenação.

Poder-se-ia analisar o trabalho do ator (e associados) e do espectador (e assimilados) como a constante renegociação desta tríade de Zeami e de tudo o que ela representa. O resultado dessas trocas pele/carne/osso é, talvez, o que foi sentido e que se encarna no tato: não somente o que vemos pelos olhos, ouvimos em nós e fora, apreendemos pelo espírito, mas também o que nos toca, nos fala, nos prende. Isso implica, entretanto, rever a maneira pela qual os criadores procedem e pela qual os espectadores organizam sua percepção: não mais como uma série de motivos ou de signos, de materiais e estruturas, mas como uma bricolagem de experiências sensíveis, que é igualmente tão delicado associar quanto dissociar.

NOTA
1 Zeami, *La Tradition secrète du Nô*, Paris: Gallimard, 1960, p. 147.

Percurso

Fr.: *parcours*; Ingl.: *promenade performance*; Al.: *parcours*.

Fala-se em inglês de *promenade performance*. Em francês, dir-se-ia antes *parcours théâtral*. Nesse tipo de espetáculo, o público é convidado a deambular por diferentes lugares, no interior e no exterior do teatro, convidam-no a assistir cenas em locais diferentes, em pequenos grupos ou em sua totalidade, guiado geralmente pelos atores, pelo pessoal do teatro ou por atores do espetáculo.

Esta forma existe em numerosas variantes desde a Idade Média. Ela se renovou de um modo considerável nos anos 1970, notadamente com o Bread and Puppet, o Odin Teatret e o Welfare State. A análise deve cada vez avaliar a função estética e poética deste *passeio*.

Esse percurso-passeio difere do teatro de rua, do teatro de intervenção• urbana e do teatro criado em um lugar específico• (*Site specific performance*). Quanto à *land art*, ela se aproxima da ideia de passeio e de caminhada/marcha•: caminha-se na natureza, individualmente ou em grupo, tendo sido o objeto natural moldado por artistas paisagistas sensíveis à originalidade e à beleza das formas. Livre está então o encenador para reintroduzir uma fábula, textos ou uma montagem sonora. O teatro não fica longe: logo ali, no fim da aleia.

Performance

Se o termo inglês *performance* se aplica a toda ação, atividade, operação, a tudo aquilo que se pode executar, o termo francês, além de seu sentido atual de rendimento, de façanha esportiva ou de proeza comercial e econômica, limita-se àquilo que se denomina em francês (e em português) "a performance" (em inglês: *performance art*). Há aqui, pois, uma diferença radical que torna a comparação, entre o uso da palavra nas duas (três) línguas, extremamente problemática, mas também estimulante, se quisermos de fato refletir a seu respeito. Partamos do inglês, porquanto a noção francesa de "la performance" vem dessa palavra francesa. (Pavis, *La Mise en scène contemporaine*)

Aplicada ao teatro, a *performance* é o fato de que uma ação é realizada pelo ator ou, de um modo mais geral, por todos os meios da cena. É ao mesmo tempo o processo de fabricação e o resultado final. Lá onde o francês vê uma imitação, uma re-presentação, o inglês insiste na realização de uma ação, e não apenas em uma cena, mas no mundo.

Esta ideia se reencontra na noção de *performance art* (arte da perfomance): nesse gênero, surgido por volta dos anos 1960, o *performeur*, o "performador", não desempenha um papel, ele não imita nada, mas realiza ações e é muitas vezes o próprio objeto de sua presentação•, verbal ou gestual.

Para maior clareza, distinguiremos três sentidos da noção inglesa de *performance*, muito mais ampla que o termo francês e do qual se vê muito bem a correspondência em francês e em outras línguas: 1. A ação realizada, especialmente sobre a cena; 2. A arte da performance a partir dos anos 1960; 3. A noção, em linguística e em filosofia, de performance/performatividade.

1. A PERFORMANCE:

É a realização de uma ação ou de um texto, é o acontecimento que daí resulta. A performance ocorre *live*: ao mesmo tempo ao vivo e encarnada por seres vivos. Podemos, com certeza, imaginar um teatro de marionetes ou de objetos, mas sabemos que a "performance" foi preparada por seres humanos e não – em princípio! – por animais ou máquinas que teriam, eles próprios, decidido a encenação! A esse título, ela merece a denominação de performance. Com efeito, é indispensável que o espectador• a quem se endereça o evento reconheça aí certa intencionalidade e compreenda sua organização. A arte performática não se limita ao teatro, ela existe desde que o acontecimento se dirija a um espectador ou seja recebido por um observador. Tal é a definição, muito ampla, que Erwin Goffman dá em seu livro *Frame Analysis*: "Uma performance […] é um arranjo que transforma um indivíduo em um performer para a cena, sendo esta última, por sua vez, um objeto que pode ser olhado devido ao seu comportamento interessante por pessoas que desempenham o papel de 'público.'"[1]

2. A ARTE DA PERFORMANCE

No sentido estrito do termo, a arte performática é uma prática que aparece nos Estados Unidos nos anos 1960, à margem muitas vezes da "alta cultura", em reação a um teatro de texto e de repertório que é sentido como estando pouco em harmonia com os novos tempos.

Certos pesquisadores americanos distinguem *art performance* e *performance art*[2].

A *art performance* vem do meio das artes plásticas. Certos pintores e escultores sentiam-se constrangidos nas galerias e nos museus. Seu movimento estava em revolta contra uma abordagem essencialista da arte, a de um Clement Greenberg, por exemplo: a pintura não é para eles uma essência, um sistema puro e formal, mas, ao contrário, uma ação física, um traço•, uma pegada cuja origem é uma ação (como a *action painting*, por exemplo), um acontecimento e o resultado de um fluxo (é assim para o gênero do *happening*• ou para a corrente Fluxus). Daí a recusa da especificidade de um *médium*, de um meio, e o desejo de sair do quadro do gênero, de deixar entrar outras práticas artísticas. Essa tendência das artes plásticas se reconhece na *body art*•, no teatro místico ontológico de Richard Foreman, nos concertos de rock e de poesia de Laurie Anderson, nas performances punk, em performances feministas muito provocantes.

A *Performance Art* revolta-se principalmente contra o teatro de texto ou a encenação pouco inovadora. Este ramo é muito mais conhecido na Europa e veio representar o que se chamou na França, desde os anos 1960, "a performance".

3. TEATRO/PERFORMANCE:
   AS GRANDES OPOSIÇÕES

A esse respeito, vale consultar as seguintes entradas:

Estudos teatrais	Perfomance Studies
Estética	Antropologia
Produto	Processo
Representação	Presentação
Mimese	Intensificação
Ausência	Presença
Discurso e texto	Corpo
Ator	Performer
Personagem	Persona
Simulador	Estimulador
Encenação	Produção
Modernismo	Pós-modernismo

 Marvin Carlson, *Performance: A Critical Introduction*, London, Routledge, 2004.

NOTAS
1 Erwin Goffman, *Frame Analysis: An Essay on the Organization of Experience*, New York: Harper and Row, 1974, p. 124. (Trad. fran.: *Les Cadres de l'expérience*, Paris: Minuit, 1991.)
2 Noël Carrol, citado por Shepherd e Wallis, *Drama/Theatre Performance*, London: Routledge, 2004, p. 83.

Performance Fílmica

Fr.: *performance filmique*; Ingl.: *film performance*; Al.: *Filmperformance*.

Quando em uma cena ou em qualquer outro lugar os atores são filmados ao vivo e sua imagem é retransmitida ao público, sem que eles sejam necessariamente visíveis "em carne e osso", fala-se de "performance fílmica": trata-se de fato de um filme que é mostrado, mas a ação é produzida e retransmitida ao vivo. Sob sua forma extrema, nunca se vê os atores, salvo na saudação final!

Esse gênero existe sob diversas formas desde os anos 1990. Frank Castorf o praticou na Volksbühne. Muitas vezes a ideia é a de completar o trabalho dos atores filmando-os de muito perto, quando não são visíveis diretamente ou quando tentam escapar aos olhares indiscretos. Em *Nobody*, a partir dos textos de Falk Richter, Cyril Teste filma seus atores, que desempenham o papel de indivíduos despersonalizados de uma empresa contemporânea. A forma junta-se então ao propósito da peça. É isso o que tentam muitos encenadores, utilizando todas as mídias em função de seu projeto estético e político.

Segundo as diretivas de Teste, a performance fílmica é uma "forma teatral, performativa, cinematográfica", "montada em tempo real, sob os olhos do público"; "música e som devem ser mixados em tempo real"; ela "deve ser extraída de um texto teatral ou de uma adaptação livre de um texto teatral".

Performance Studies

É impossível traduzir esta expressão anglo-americana! "Estudos do espetáculo" deixa escapar o essencial: a performance não se limita aos espetáculos de palco, às obras estéticas, ela se estende a todos os objetos da vida social que possuem a menor relação com a ideia de fazer, de realizar uma ação sob os olhos de um público, quer este a olhe de perto ou de longe ou então que a comunidade participe de tal ou tal acontecimento distraidamente.

Há alguma coisa de tautológico na nova maneira de caracterizar uma disciplina ou um campo opondo-lhe o termo muito vago de *studies* (estudos), como se a gente se contentasse em constatar que as performances são aquilo que pode ser estudado sob esse nome. E quando Richard Schechner afirma que os *performance studies* são "uma resposta a um mundo cada vez mais performativo", este truísmo não roça a tautologia?

1. O OBJETO DOS *PERFORMANCE STUDIES*

Por problemática que seja, esta etiqueta *Performance Studies* guarda, no entanto, todo seu interesse, pois reagrupa fenômenos sociais que têm relação com ações destinadas a serem mostradas, ou antes "performadas", isto é, efetuadas por indivíduos ou grupos com o propósito de realizar ações visíveis, espetaculares, na acepção original e neutra da palavra. Nesse conjunto aberto de performances, reagrupam-se uma infinidade de coisas: atividades artísticas, comportamentos e práticas sociais da vida cotidiana ou festiva, jogos (*plays* e *games*), rituais, cerimônias, esportes, divertimentos populares, feiras, exposições, folclore, circo, music-hall etc. Há uma única condição: essas performances devem ser realizadas por pessoas para outras pessoas, alguém deve mostrar alguma coisa a alguém.

2. O MÉTODO

Diferença do objeto: Se os estudos teatrais têm uma longa tradição de rigor metodológico assegurado pelas diversas ciências humanas às quais eles recorrem, nem sempre acontece o mesmo no tocante aos *performance studies*. Não que essas ciências percam ao seu contato sua precisão, mas simplesmente porque a diversidade e a complexidade das performances obrigam a cada vez multiplicar e adaptar as ferramentas necessárias. Ora, poucos analistas dominam os instrumentos da pesquisa em terrenos que lhes permanecem estranhos. Ademais, ao passar de uma obra estética a uma prática antropológica, a perspectiva do observador muda radicalmente. A performance estética apela para o nosso senso da beleza, de invenção ficcional, da construção artística. Em compensação, a "performance cultural" (*cultural performance•*), social ou antropológica, deve ser analisada segundo critério totalmente outro: função social, eficácia simbólica, integração na vida cotidiana ou espiritual.

Perigo das misturas? Entre o estético e o antropológico, por exemplo entre o teatro e o ritual, tende-se a erigir um compartimento estanque. Com efeito, as coisas parecem nitidamente marcadas: como poderia alguém não se interessar por um ritual senão por motivos estéticos, sem participar nele ou ao menos crer nisso? Haveria aí um sentido em observar esse ritual preocupando-se apenas com as luzes ou com a cor das roupagens? Assiste-se à missa por motivos estéticos?

3. A GLOBALIZAÇÃO• METODOLÓGICA

Outro fenômeno, o da globalização da pesquisa, embaralha as pistas. A estandardização internacional das formas de teatro, tanto quanto dos temas e das disciplinas, acarreta um nivelamento de pesquisas e de metodologias. As tradições teatrais, especialmente extraeuropeias ou extra-americanas, tendem a se apagar sob o rolo compressor da pesquisa ocidental (essencialmente anglo-americana): isso vai assim também tanto para as formas de jogo de atuação quanto para as maneiras de abordá-las teoricamente. Convertida na *língua franca* dos *performance studies* anglo-americanos, a metodologia ocidental se dá ao luxo de adotar uma atitude pós-moderna• e pós-dramática• antiteórica, de renunciar às explicações globais de antanho, de calar suas reflexões políticas. Ela não é, aliás, a única culpada desse derrotismo teórico generalizado, pois as tradições não europeias, notadamente japonesa, chinesa e coreana (portanto, dos países asiáticos mais desenvolvidos economicamente), se inspiram cada vez mais na dramaturgia europeia-americana ocidental, na sua maneira de escrever e de encenar. Produziu-se, no curso dos dois últimos terços do século XX, uma curiosa contradança: de um lado, os ocidentais não juravam mais, desde Artaud ou Brecht, Mnouchkine, Grotowski ou Barba, senão pelo teatro oriental, utilizando os principais conceitos estéticos desses países asiáticos, como o distanciamento, o *koan* ou o *satori*; de outro, em ritmos por certo diferentes, os países asiáticos não se interessavam mais de fato por seus conceitos clássicos e importavam sem complexo uma dramaturgia ocidental e um estilo de jogo teatral imitando o realismo europeu e, depois, desde os anos 1970, retomavam por sua conta as ideias interculturais. Longe de todo sentimento de culpa, como outrora os ocidentais, eles se põem a retrabalhar e a exportar, eles mesmo, suas joias culturais. Com muita frequência, entretanto, essa exportação não avançava sem uma renúncia a uma teorização própria a esses diversos contextos culturais. Ela se acompanhava de uma renúncia às teorias "locais", e de uma fascinação• pelos métodos, pelas inovações e pelas teorias ocidentais julgadas mais científicas e universais. A teoria se submete facilmente aos valores anglo-americanos, pós-modernos e agora às simplificações estandardizadas dos *performance studies*. Na hora da globalização econômica e cultural, escapa-se ainda de uma mundialização da pesquisa, de uma inevitável homogeneização? Não seria preciso rever e passar em revista, visitar ou revisitar as produções artísticas, mas também as teorias locais, quando estas ainda não desapareceram por completo? Mesmo se esse olhar sobre as riquezas locais se presta facilmente a uma acusação de neocolonialismo e de paternalismo?

4. REEXAME DA QUESTÃO OU CORRETIVO?

O *império dos performance studies* corre o risco de todos os impérios: estendendo-se a perder de vista, ele perde o controle de sua política. Este império muito poderoso e performante é desde já transbordado por todos os lados: a performatividade tornou-se o modelo teórico universal que engloba todos os funcionamentos humanos, tornando a explicação e a análise individual dos espetáculos também um pouco mais difícil. Os *performance studies* reivindicam sua interdisciplinaridade, proclamando ao mesmo tempo (Schechner, por exemplo) que não são uma disciplina. Ao se institucionalizar (na universidade, com os postos e o poder acadêmico ao fim), ao organizar-se (PSi: *Performance Studies international*), eles se solidificam em uma ou várias disciplinas, como antes do tempo de seu reagrupamento estratégico. Cada estudo de caso recupera sua liberdade de associação, sua preferência pragmática por tal ou tal acompanhamento teórico. Os *performance studies* não poderiam, portanto, ser substituídos por outra disciplina ou contrapostos com sucesso por uma nova metodologia, mas podem a todo momento mudar em outro conjunto, em outro *cluster* de disciplinas e de direções metodológicas, sem, aliás, engendrar para tanto teorias explicativas mais confiáveis.

Uma mutação já concretizada em uma abordagem teórica e prática seria a experiência de *practice as research* (a prática como pesquisa•).

Os pesquisadores-artistas refletem e teorizam sua obra quando muito concebida e convertida em um objeto modificável tanto pelos ensaios da prática quanto pelas hipérboles de leitura. Encontra-se assim verificada e prolongada a vontade dos *performance studies* de englobar teoria e prática graças à ferramenta performativa.

Os *rehearsal studies* (estudos dos ensaios) tornaram-se, sob o impulso notadamente de Gay McAuley e Sophie Proust[2], um ramo importante dos estudos teatrais, do qual se espera agora as consequências teóricas para a antropologia e as *cultural theories*. Uma coisa já é clara: a atenção ao trabalho preparatório obriga a comparar o projeto e a realização, a observar paralelamente, nas duas extremidades da cadeia, a análise dos processos criativos e dos mecanismos de recepção. Para a maioria das *cultural performances*, como as cerimônias ou os rituais, o observador não poderia estar presente, no curso dos ensaios, pois eles não existem como tais, mas como uma longa tradição de *savoir-faire*, de um saber fazer transmitido de uma geração a outra. O antropólogo não é um espectador, porém, no melhor dos casos, um observador, e até um testemunho engajado. Ao incluí-lo no processo criativo e receptivo, a teatrologia de inspiração antropológica nada faz senão ratificar a hipótese de um circuito entre produção e recepção. Os etnólogos são convidados a estabelecer laços com informantes; eles correm o risco, tornando-se participantes mais do que observadores, de perder o seu estatuto objetivo e científico, de fundir-se com o objeto que eles se propõe perscrutar. Semelhante desventura pode acontecer aos teóricos absorvidos por seu objeto, infectados pelo vírus da criação teatral, e perdidos para os estudos... Essa desventura, que é também a prova última de seu engajamento, é, entretanto, mais rara e, sobretudo, menos angustiante, visto que o trânsfuga pode tornar-se um criador de pleno direito e não um etnólogo que não é convidado, salvo exceção, a residir permanentemente na tribo analisada.

O estudo dos ensaios, durante longo tempo negligenciado, não é por certo senão o ponto de partida da análise teatral ou etnológica. Os teóricos sabem muito bem que, tal como Gay McAuley, completam esta primeira etapa pela análise do espetáculo e pelo estudo dos públicos e dos espectadores. Implicitamente, McAuley parece sugerir que se trata aí de um ciclo, de um anel que liga as três principais etapas: ensaios, análise do espetáculo e estudo do espectador[3].

A "virada performativa" dos anos 1960, se quiser continuar seu caminho (linear), deverá contar com outra virada, mais recente e inesgotável, uma "virada social" que nos faça revisar nossa concepção de performances à luz da análise social e política. Com demasiada frequência, os *performance studies*, por exemplo os de Schechner, brilharam por seu apoliticismo, sua recusa constrangida em propor uma análise socioeconômica às performances culturais consideradas.

Esse positivismo, falsamente científico e neutro, não se sustenta mais diante de um mundo social que se tornou doido e mortífero para uma grande parte da humanidade.

A questão é, pois, ver se os *performance studies* serão capazes de se abrir a uma prática social: não simplesmente descobrindo e analisando sem cessar as novas as *cultural performances*, mas propondo uma análise política e histórica dos objetos estudados, análise que concerne também ao público ao qual elas se dirigem.

NOTAS

1. Richard Schechner, *Performance Studies*, London: Routledge, 2002, p. 4.
2. Por Gay McGaulay: Performance Studies, *Semiotics Encyclopedia on Line*. Disponível em: <http://semioticon.com/seo/P/performance.html>. Por Sophie Proust: *La Direction d'acteurs dans la mise en scène théâtrale contemporaine*, Vic la Gardiole: L'Entretemps, 2006.
3. Performance Studies, *Semiotics Encyclopedia on Line*, disponível em: <https://semioticon.com/seo/P/performance.html>. Acesso em: 3 jul. 2017.

Performatividade

Fr.: *performativité*; Ingl.: *performativity*; Al.: *Performativität*.

1. ORIGENS DA NOÇÃO

a. Em Linguística

A performatividade se inscreve na teoria dos performativos de John Langshaw Austin e de seu livro fundador *How to Do Things With Words?*[1] A teoria dos atos de fala distingue os enunciados *constativos*, que descrevem e relacionam proposições, e os enunciados *performativos*, que efetuam uma ação pelo próprio fato de serem enunciados: ao empregar um performativo, ao pronunciar uma palavra ou frase, faz-se o que eles dizem ("Isso, eu juro…", "Eu tomo você por testemunho…" etc.). Desde os anos 1970, o conceito de performatividade irrigou todas as práticas culturais e as ciências humanas.

b. Em Sociologia e em Antropologia

Na mesma época e paralelamente, o sociólogo Erwin Goffman (*The Presentation of the Self in Everyday Life* [1959], *Stigma* [1963], *Interaction Ritual* [1967]), se interessa pela maneira como cada indivíduo se apresenta e se caracteriza através de seu comportamento e de suas ações. O antropólogo Milton Singer forja o conceito de *Cultural Performance*• em seu estudo *Traditional India: Structure and Change* (Filadélfia, 1959), um conceito destinado a uma prodigiosa fortuna nos *Performance Studies*• a partir do fim dos anos 1980.

c. Nos Estudos Culturais dos Espetáculos

Sob a influência de antropólogos como Milton Singer ou Victor Turner, o objeto "teatro", desde o momento que é observado em outras culturas além da cultura europeia, muda consideravelmente de identidade depois dos anos 1970. O interesse não se dirige mais unicamente aos espetáculos, ou ao teatro de texto com sua representação, mas a todas as espécies de ações espetaculares, de encenações, de *happenings*•, de performances no sentido inglês de "performance art". Aos quais se acrescem as cerimônias, as festas, os rituais, tudo o que uma cultura pode produzir como manifestação, como exteriorização, em suma, como "performatividade". Esta "performatividade" é sempre uma produção (também no sentido inglês de *mise en scène*), uma produtividade: a de uma experiência, de uma situação de enunciação aqui e agora, de uma significação. Não se poderia estudar peças de teatro, nem também textos literários escritos, sem levar em conta sua possível performance cênica ou sua leitura, sua adaptação, sua intertextualidade.

2. A VIRADA PERFORMATIVA E OS DOMÍNIOS DA PERFORMATIVIDADE

Tanto as ciências humanas quanto as novas experiências teatrais, com o aparecimento, especialmente, nos 1960 e 1970, de "a Performance" (*Performance Art*), indicam uma mudança de paradigma, uma "virada performativa". A teoria dos atos de linguagem de Austin ou de Searle[2] é então estendida e aplicada a outras ações humanas, realizadas pelo fato de se dizer ou de se repetir gestos que se tornam uma segunda natureza. Os domínios da performatividade têm extensão infinita, pois a performatividade torna-se quase sinônima de "pôr em prática".

Enumeremos alguns domínios das humanidades e da vida social em que reinam agora a teoria da performatividade. Como a lista é potencialmente ilimitada, restringir-nos-emos aos domínios próximos das artes performativas e das *cultural performances*.

a. A Identidade do Gênero Sexuado (Gender, "Relações Sociais do Sexo"[3])

Para as teorias feministas, a noção de performatividade é crucial, tanto mais, aliás, quanto esta noção deve muito às reflexões que elas fazem sobre a representação teatral e social e sobre a formação da identidade sexual pelas repetições dos mesmos comportamentos. A performatividade permite ir além da questão das identidades e da política da identidade sexual.

Judith Butler – mais antropóloga do que teatróloga – concebe o *gender* como a repetição de ações performativas estilizadas e visíveis à superfície do corpo, o que não é, entretanto, senão um efeito enganador de uma substância interior estável: "Os atos, os gestos e o desejo produzem o efeito de um núcleo interno ou de uma substância, mas produzem isso na superfície do corpo, por meio do jogo de ausências significativas que sugerem, mas não revelam jamais, o princípio organizador enquanto causa. Tais atos, gestos, jogadas, geralmente construídos, são performativos, no sentido de que a essência ou a identidade que eles visam, sobretudo, exprimir são fabricações manufaturadas e sustentadas por signos corporais e outros meios discursivos. O fato de que o corpo sexuado é performativo sugere que ele não tem estatuto ontológico distinto dos diferentes atos que constituem a sua realidade."[4]

Assim "fabricado", o *gender* seria, pois, o resultado de repetições de gestos e de comportamentos, de discursos justificativos e, portanto, de atos performativos, que acabam por deixar traços na "superfície" do corpo, no sentido de comportamentos que se apresentam como fundados sobre uma essência interior, portanto invisível, secreta e inalterável. O *gender* é definido, determinado e reconhecido pela performatividade, como a regulagem pelo sujeito de seus feitos e gestos, regulagem que lhe permite viver em sociedade como esta exige dele e lhe impõe. Nosso comportamento "performa" (realiza e atualiza) diferentes convenções sociais. Para J. Butler, "o gênero é um processo, um devir perpétuo [...] Nós somos sempre profundamente formados, construídos pelas normas do gênero. Essas últimas não são imóveis, fixadas; para serem eficazes, devem ser repetidas, reproduzidas. Podem elas sê-lo diferentemente? A performatividade é o processo que leva a reproduzir essas normas de um modo subversivo"[5]. O teatro, e singularmente o jogo do ator e da encenação, retrabalha sem cessar suas normas, congelando-as pouco a pouco, antes de modificá-las e variá-las. Por subversão, ele modifica as normas, muda as identidades, converte-se em um terreno de ensaios para uma peça sempre a ser encenada, a ser modificada; ele se inspira nas normas da identidade do gênero, oferecendo-lhe ao mesmo tempo um modelo de ensaio, de jogo e de experimentação mais ou menos subversiva.

b. O Jogo do Ator e a Encenação

Graças ao modelo da fabricação do *gender* por meios definitivamente "teatrais", estamos, em troca, em melhores condições de compreender as convenções ocultas e explícitas do jogo do ator e da *mise en scène*. Tais convenções são mais ou menos conscientes e reguladas. A encenação, regulagem de todas as regulagens, é o resultado nunca definitivo do trabalho de todas as performances dos artistas do espetáculo, quer estejam repertoriados ou estejam implicitamente na origem das ações e dos projetos. Todos e, portanto, não apenas o encenador, põem em prática, testam uma proposição, uma ideia, a fim de regular e desregular a representação, o que constitui precisamente a arte da encenação. Estendendo a noção de performatividade considerada como encenação a outros domínios da vida social, compreende-se melhor, em compensação, o funcionamento da encenação teatral e espetacular. Os políticos, os empresários tornaram-se às vezes os expertos da *mise en scène* aplicada à valorização, à enganação e à persuasão dos mais diversos e crédulos públicos.

c. A Antropologia do Corpo e da Corporeidade•

Graças aos aportes de *gender* e de *cultural studies*, o corpo humano e, especialmente, o corpo do ator (do performer, dever-se-ia dizer!), é substituído no seu contexto cultural e intercultural, segundo sua identidade sexual, étnica, política, nacional, profissional etc. A performatividade fornece um quadro teórico para seguir a maneira como o ator "performa", isto é, encarna (*embodiment*), mostra, reconstitui seus papéis, seja na realidade social ou no palco. A teoria performativa aplicada à corporeidade permite ultrapassar a concepção semiológica ou sociopolítica (*Gestus°*) do corpo dos atores sociais e cênicos, concepção que tendia a reduzir o corpo a signos estáticos ou a estereótipos sociais. A performatividade encoraja uma abordagem antropológica do corpo, interessa-se por sua vetorização, sua energia, sua estilização e sua intensificação. Ela facilita a avaliação dos afetos sensíveis sobre o corpo do ator, e depois do espectador•. A cultura se presenta ou se representa pelos meios lúdicos ou miméticos da performance como um pôr à vista e em carne.

d. O Ritual

Qualquer que ele seja: religioso, cerimonial ou cotidiano (trabalhos domésticos, preparo de um curso, técnica corporal para tomar uma ducha ou para cumprimentar uma pessoa), o ritual exige nosso conhecimento das regras da performatividade. Observa-se as ações repetitivas e deduz-se daí o modo de emprego para compreender o sentido; a gente se interessa mais pelo processo do que pelo produto final, pela forma como se fazem as coisas do que pelas coisas em si. Esta ritualização da vida social e do comportamento une-se àquela do processo de aquisição da identidade sexual segundo Butler. A *mise en scène* torna-se, ou volta a tornar-se, após seu aparecimento na época barroca, a metáfora para descrever como se organiza nossa vida em função de nossas origens, o que não deixa de conduzir a certo determinismo e fatalismo.

e. A Arte de Contar Histórias

O *storytelling* está em toda parte: do conto para crianças à política, da explicação a um passante a fim de indicar-lhe o caminho à maneira de apresentar os resultados de um problema de matemática. É uma maneira de produzir e veicular conhecimentos. Não é uma simples técnica narrativa para embelezar as explicações, é uma técnica para produzir sentidos, para ser convincente e bem compreendido. Saber contar uma história e mesmo a partir de um texto abstrato ou enfadonho, não é tarefa do dramaturgo e do encenador, dos atores em todo momento do jogo teatral?

f. A Retórica dos Discursos e o Controle dos Ouvintes-Espectadores

A retórica é a arte de influenciar outrem, de persuadir um auditório ou de comover um público. O performer (ator, orador, político, professor) estabelece uma relação de colaboração ou de persuasão. Ele recorre às vezes a procedimentos de distensão cômica ou então suscita descargas de afetos•. A performatividade retórica consiste em avaliar os efeitos do discurso e das ações, de modo a melhor dominar a sua produção. Tudo, no texto como no espetáculo, é concebido e fabricado na perspectiva das ações performativas que eles não deixarão de suscitar.

g. A Economia

Os expertos se referem sem cessar aos resultados mensuráveis, facilmente quantificáveis e amoedáveis. Trata-se, segundo a palavra e o livro de Jon McKenzie, "to perform or else"[6], de "ser performante, senão…" A ameaça de represálias mal é velada. Os indivíduos, mas também os países e suas economias são avaliados, notados, sancionados: o resultado e o impacto sobre a bolsa e a vida socioeconômica são imediatos. Desde *La Condition postmoderne*, Jean-François Lyotard sublinhou o sentido econômico e técnico da performance, quer se tratasse da bolsa ou de um automóvel. A performance está ligada, segundo ele, à eficácia[7].

h. A Universidade

A universidade, interessada na performatividade, e até na performance, avalia segundo o modelo anglo-americano a performance de um professor, de um pesquisador ou de um estudante. Ela quantifica suas pesquisas e renuncia assim ao trabalho de apreciar sua qualidade. Imitando os métodos da indústria, sucumbindo à cultura dos resultados, ela desconhece as regras da pesquisa em ciências humanas. A performatividade, é verdade, torna-se de bom grado quantitativa por comodidade, mas a tarefa dos intelectuais é a de opor-se a esta tendência propondo critérios de avaliação qualitativa.

i. A Vida Cotidiana e Profissional

A vida cotidiana é cada vez mais submetida às normas amiúde implícitas, mas implacáveis, das "regras da vida em sociedade". Essas regras cotidianas reagrupam o conjunto das performatividades próprias a todos os domínios enumerados acima. Elas tornam-se uma segunda natureza, um pouco como o *gender* segundo Judith Butler ou o *performance principle* de que falava outrora Herbert Marcuse (em *Eros e Civilização*) ou a interpelação segundo Louis Althusser.

A vida profissional tira proveito, ela também, de uma clarificação das interações entre as pessoas. A relação médico-doente ou professor-estudante ou patrão-empregado ganha com o fato de ser mais bem formalizada pelas ferramentas das teorias performativas aplicadas às relações de trabalho.

3. OS LIMITES DA PERFORMATIVIDADE

Felizmente, a performance pode malograr e nem tudo se reduz a uma performance econômica ou a uma performatividade universal. A performance se converte às vezes em contraperformance: no esporte, na bolsa, na escola, em nossa vida cotidiana. Nisso pode estar a dificuldade, de parte do leitor, do espectador ou do usuário de mídias, em decifrar correta e produtivamente o objeto cultural com o qual são confrontados, de reconhecer o gesto performativo do autor, do encenador ou do jornalista, de não apreender em que processo eles estão engajados e nos engajam.

É cedo demais para julgar se a performatividade constitui o remate e o cimo dos *Performance Studies*, ou então se ela assinala o começo do fim deles, ao propor ela mesma uma epistemologia radicalmente nova. Pode-se, entretanto, temer que se estendendo, de maneira com frequência metafórica, a todos os domínios da vida social e simbólica, ela corra o risco de perder sua coerência metodológica, assim como os *performance studies* e os *cultural studies* perderam rapidamente sua força teórica e analítica em favor de uma universalização de seu objeto.

4. PERFORMATIVIDADE E MIDIALIDADE: UM NOVO PONTO DE PARTIDA?

A performatividade parece ter invadido o espaço de nossas vidas, sem que sequer nos tenhamos dado conta disso. Pouco importa o que façamos, no que trabalhemos ou quando descansamos, nós "performamos" sempre alguma coisa. Significa que, como se diz, nós agimos: realizamos ações pelo próprio fato de dizer algumas palavras, de dar ordens, de pôr em movimento mecanismos, de organizar projetos que comprometem nossa responsabilidade e a dos outros. O que vale para a vida psíquica e social vale mais ainda para as ações performativas em um espetáculo: os atores, os que desempenham um papel ou os que se apresentam eles próprios como performers, realizam ações simbólicas, atos reais ou simulados, rituais que se dirigem a um público e que valem não só por aquilo que representam e significam, mas também pela eficácia simbólica que revelam e pelo impacto que exercem sobre o público. Os atores conhecem bem esse fenômeno de encarnação de suas ações e de suas palavras no palco. Eles sabem que o importante não reside apenas na sua presença corporal que "performa" e executa uma ação concreta, porém na maneira como exprimem e encarnam as palavras que atingem o público.

Essa performatividade é acompanhada de outro fenômeno que parece não ter relação, mas que também transformou nossas vidas: a midiatização das relações humanas, o uso generalizado de todas as espécies de mídias, não somente da escritura e da imprensa, porém, cada vez mais, das mídias audiovisuais e do computador em todas as suas formas. Todas essas mídias não são simples ferramentas, elas contribuem para uma renovação de nosso modo de pensar e de nossa sensibilidade. Esta exposição às mídias pode causar medo, ela faz às vezes com que os atores, os artistas e os espectadores tenham receio de ser eliminados do jogo dos signos e dos corpos na cena. Mas a midialidade pode igualmente enriquecer a presente situação espaçotemporal do teatro. Ela adiciona então à relação teatral – o encontro entre um ator e um espectador – toda uma paleta de percepções novas, de experiências inéditas, de extensões infinitas. Graças a essa nova relação com o mundo, a essa informatização de nossas vidas, nossas existências concretas, que julgávamos isoladas, pessoais, inatingíveis, assumem uma dimensão inesperada.

Para o teatro, não chegou ainda o momento de se interrogar sobre suas potencialidades e sobre o seu futuro, de sair de sua torre de marfim, estreitamente psicológica, e de se engajar, sem medo, mas sem ilusão, no mundo da midiação performante que se tornou nosso horizonte cotidiano?

É sobre isso que deveríamos refletir confrontando as noções de performatividade e de midialidade, tentando repensar as ligações do teatro com a ação e as mídias, a fim de melhor compreender o mundo em que vivemos e o universo artístico que se cria diante de nós e conosco. Performatividade e midialidade nos acompanham cotidianamente.

Resumamos. Quando falo, realizo milagres, porque agi sobre os outros e o mundo sem que eles se dessem conta: é a performatividade. E como o mundo coloca entre ele e nós todos os tipos de máquinas e de mídias destinadas a acelerar a sua marcha, os milagres se aceleram: trata-se da midialidade.

NOTAS

1. Cambridge: Harvard University Press, 1962.
2. Cf. John Searle, *Speech Acts: An Essay in the Philosophy of Language*, Cambridge: Cambridge University Press, 1969.
3. Tal é a tradução de *gender* por Martine Delvaux e Michel Fournier, artigo "Rapports sociaux du sexe", em Paul Aron; Denis Saint-Jacques; Alain Viala (éds.), *Le Dictionnaire du littéraire*, Paris: PUF, 2002, p. 489.
4. Cf. Judith Butler, *Gender Trouble: Feminism and the Subversion of Identity*, London: Routledge, 1990.
5. Idem, Entretien: Le Féminisme français m'a beaucoup inspirée; propos recueillis par Juliette Cerf, *Télérama*, n. 3339, 11 jan. 2014, p. 8. Disponível em: <http://www.telerama.fr/>. Acesso em: 3 jul. 2017.
6. Cf. Jon McKenzie, *To Perform or Else: From Discipline to Performance*, London: Routledge, 2001.
7. Cf. Jean-François Lyotard, *La Condition postmoderne*, Paris: Minuit, 1979.

Performativo (Teatro)

Fr.: *performatif (théâtre)*; Ingl.: *performance*; Al.: *performatives Theater*.

A expressão "teatro performativo" é às vezes (raramente) empregada em francês no sentido de performance. Ela se presta à confusão e valeria mais distinguir e opor teatro e performance. Essas duas noções referem-se a duas práticas distintas: a encenação, resultante da tradição ocidental do teatro, remete à ideia de representação cênica sob a direção de um encenador; a performance é um pôr em ação que assume todas as formas imagináveis, nos espetáculos como na vida social. Josette Féral, constatando a justo título, "uma performatividade que se tornou hoje frequente na maior parte das cenas teatrais ocidentais (Estados Unidos, Países Baixos, Bélgica, Alemanha, Itália, Reino Unido, em particular)", propõe o termo "teatro performativo". Poder-se-ia dizer também: *performise* ou *mise en perf*, isto é, pôr em performance (Pavis, *La Mise en scène contemporaine*). O importante é avaliar a cada vez este oximoro que reagrupa teatro e performance.

Poesia e Teatro

Fr.: *poésie et théâtre*; Ingl.: *poetry and theatre*; Al.: *Dichtung und Theater*.

Difícil estada, a da poesia no palco. Queremos fazer ouvir um poema? A sala do teatro não é um bom lugar: melhor seria uma sala de concerto, como para um recital. Mas é sempre estimulante enfrentar a poesia no teatro. Do teatro, espera-se o drama, a ação, e não uma parada durante a qual se ouve textos, lidos ou recitados, mas não dramatizados, não representados e não integrados em ações; ou então, ao contrário, textos muito carregados semanticamente e amortalhados sob ações cênicas miméticas sem maior interesse.

É preciso distinguir cuidadosamente entre o "teatro poético" (a poesia como ornamentação do diálogo, que não põe em causa a forma dramática) e o "teatro-poesia" (a poesia como fator que coloca em questão o diálogo e em crise o dramático). Concentrar-nos-emos nesse último aspecto.

1. A POESIA, O POÉTICO

a. Origem do Termo

Poético/*Poiésis*: *poesia* vem de *poeien*: fabricar, produzir. *Poiesis* é a fabricação artesanal de um objeto, depois de um texto literário. "A poética, na origem, é a maneira como é preciso compor as histórias, se quisermos que a poesia seja perfeita." (Aristóteles, *Poética*, 1447a, 10-13) Trata-se, pois, da composição e do funcionamento das obras segundo diversos sistemas, gêneros etc. A poética é, desde a distinção de Paul Valéry, o estudo do processo da produção das obras.

b. A Poesia em Nossas Vidas

No sentido cotidiano da palavra, a poesia ou o poético é "o sentimento que proporciona uma percepção incomum e tocante do mundo"[1]. Essa percepção do mundo, além das formas literárias, esse sentimento de pertencimento ao mundo, a poesia nos torna receptivos a isso, ela nos convida a refletir a esse respeito. A poesia veio a significar não mais tanto uma forma ou um gênero literário quanto a força lírica, o poético, "o registro da atenção ao inesperado do mundo" (p. 447). Se conciliarmos a definição literária e a intuição existencial da poesia, reencontraremos o lado inesperado, necessário, da emoção poética. É bem, com efeito, "a unidade indissociável e quase sempre misteriosa, em um discurso dado, da música, do sentido e do verdadeiro, donde nasce a emoção"[2]. A poesia é aquilo que de súbito faz sentido e constitui beleza para um sujeito, sem que ele possa separá-los, nele e fora dele.

2. A FUNÇÃO POÉTICA

a. Projeção

De um ponto de vista técnico é útil retornar à "função poética" de Jakobson. No texto poético (ou na obra de arte), a função referencial é secundária, o texto fala de um mundo imaginário e não se preocupa senão com sua própria forma, de maneira autorreflexiva. Para Jakobson, a função poética é uma das seis funções da linguagem, é uma projeção do princípio das equivalências a partir do eixo vertical paradigmático da seleção sobre o eixo horizontal sintagmático da combinatória. "A função poética projeta o princípio de equivalência do eixo da seleção sobre o eixo da combinação."[3]

b. Hipótese Sobre a Projeção

Coloquemos a hipótese de que esta projeção, que está na origem da função poética, seja comparável à maneira pela qual a poesia se encontra, ela também, projetada no mundo linear e cronológico da estrutura dramática. Com efeito, as figuras (metafóricas) equivalentes, oriundas da intuição poética, são projetadas sobre a estrutura linear (metonímica) do dramático. Dois princípios coexistem, pois, no "teatro-poesia": a equivalência paradigmática metafórica e a contiguidade sintagmática metonímica.

c. Irrupção ou Intrusão do Poético?

Aquilo que designamos como irrupção do poético é, antes, uma irrupção da função poética, da artificialidade. Esta chegada da poesia no teatro é, muitas vezes, sentida como uma intrusão, como se ela fosse contrária às leis do drama, ou como se o drama tivesse prioridade, ou não existisse senão como teatro "dramático". De outra parte, desde o século XX, tem-se a tendência de pensar que a poesia não deve ser narrativa, e menos ainda dramática. Mas esta é apenas uma concepção recente, é o signo do triunfo, no século XIX, da poesia como lirismo.

d. Razões da Intrusão

A chegada da poesia traz uma mudança de ritmo, no mais das vezes desacelera, às vezes acelera, quando a formulação resume ou anuncia longos desenvolvimentos ou explicações complicadas, amiúde uma concentração dos sentidos, uma mudança do estatuto ficcional, uma mudança na percepção, portanto um efeito de estranheza, de distanciamento (a *Verfremdung* de Brecht), ou de pôr em evidência (*foregrounding*).

e. Lírica

A lírica é uma subcategoria do poético, visto que a poesia é dramática, épica ou lírica. Só foi no século XIX, na Europa, que o lírico se tornou sinônimo de poesia. O lírico não é senão um dos aspectos da poesia. No caso do poema lírico, estamos, é verdade, nas antípodas ao mesmo tempo do relato e do drama. O lirismo provém da expressão musical: a lira de Orfeu. Esta origem do lirismo se conservou na expressão "teatro lírico", ou ópera: teatro da música, da palavra e da cena. Na poesia lírica, o poeta fala em seu nome pessoal, exprime suas próprias emoções.

3. A IRRUPÇÃO DA POESIA NO TEATRO CONTEMPORÂNEO

Deve-se tomar cuidado para não se confundir o drama poético – cujo estilo, ou seja, cuja escritura é inteiramente poética – e a poesia (os "efeitos de poesia") no teatro e nos textos dramáticos. Na França, não se escreve mais muitos dramas ou peças poéticas, julgadas tediosas, pois pouco dramáticas, porém o poético está de volta nas peças e na dramaturgia contemporânea. Por que esse princípio perturbador?

a. Razões Objetivas?

Há numerosas razões para esse reforço, e até essa pressão da poesia. Trata-se, em primeiro lugar, de uma reação à estandardização da língua sob efeito das mídias, da *newspeak* (novilíngua), essa linguagem simplificada imaginada por Orwell em *1984* para impedir todo pensamento crítico e subversivo. A poesia luta contra a linguagem dramática, a novilíngua teatral. Trata-se também do fim da escritura absurda ou metafísica/concreta (de Beckett, por exemplo). Isso se explica ainda pela fadiga do realismo televisual. Talvez o público se canse, além disso, dos diálogos embaralhados à maneira da dramaturgia de Vinaver. Uma nova estética, muito "pós", faz com que coexistam estilos e gêneros. O texto pós-moderno• ou pós-dramático• é *ipso facto* poético, autorreferencial, híbrido, ele se faz notar por um uso livre de materiais. Não há mais unidade sujeito-voz-personagem. As vozes se embaralham, os sujeitos ultrapassam a consciência unificada de uma única personagem. Atrás da máscara: vozes e identidades mescladas.

O teatro acusa desde sempre certa defasagem teórica: no teatro se experimentou, sobretudo, o relato, o *storytelling*, a estrutura neo- ou pós-dramática. Em compensação, testou-se pouco o efeito da poesia no teatro e estudou-se pouco a narratividade da poesia, como se ela tivesse sido excluída, por essência e por princípio, da dramaturgia.

b. A Poesia e Seu Duplo

A poesia aparece sempre em conflito com diversos adversários: 1. A prosa transparente, a linguagem utilitária, transitiva, utilizada mecanicamente como veículo utilitário; 2. A tensão dramática; 3. O texto-argumento, considerado como não publicável, "descartável", uma vez que serviria apenas para fabricar o espetáculo.

Na dramaturgia, desde Koltès ou Lagarce até Jon Fosse, Schimmelpfennig ou Danan, a poesia que aflora de tempos em tempos é como um dissolvente das estruturas dramáticas rígidas. Ela apaga as estruturas dramáticas demasiado solidificadas, passa a outro tipo de discurso, inventa às vezes uma nova estética.

Pode acontecer também que, no caso de estruturas dramáticas fracas, ainda não congeladas, a poesia introduzida no texto "gere estrutura": não somente se estenda, mas forme e imponha uma estrutura específica e, portanto, que ela destrone a forma dramática. Se, ao contrário, a estrutura dramática (precedente à entrada da poesia) já é uma armadura sólida, a poesia não tomará seu sentido senão nas "circunstâncias dadas" da situação dramática, as das personagens, as do autor dramático ou do encenador. Nesse sentido, no teatro, toda poesia torna-se uma "poesia de circunstância" (*Gelegenheitsdichtung*, dizia Goethe).

c. O Retorno da Poesia

É preciso sempre se perguntar em que momento histórico isso se situa, qual concepção cada época faz da poesia. A virada entre poesia como gênero e a poesia como experiência individual lírica é o romantismo europeu (Baudelaire, Musset, Mickiewicz, Byron, Rimbaud): o indivíduo reivindica, por exemplo, em Baudelaire, o transitório e o fugaz da modernidade ("a modernidade é o transitório, o fugaz, o contingente, a metade da arte, cuja outra metade é eterna e imutável"[4]).

Esta modernidade se exprime na invenção da *mise en scène* como sistema, notadamente no simbolismo e no naturalismo, no fim do século XIX. Como o poema dramático e o drama para ser lido transformaram-se em uma obra cênica homogênea, eles não suportam ser perturbados pela irrupção do poético que irá desarranjar a homogeneidade da encenação.

Mas com o pós-moderno, desde os anos 1960, e o pós-dramático, a partir dos anos 1970, a irrupção do poético no teatro torna-se a norma. O teatro recusa o edifício demasiado liso da encenação moderna, "autorizada". A poesia torna-se sinônimo de instantaneidade, desconstrução, subjetivação, ruptura. Deixamos de lado a concepção modernista, romântica ou neorromântica, segundo a qual a poesia seria uma antilinguagem, ultrapassamos a ideia de que a poesia "pretende ser uma antilinguagem" e de que "a poesia moderna se afirma sempre como um assassinato da linguagem"[5]. Nós nos despedimos da concepção metafísica do poeta inspirado e da palavra como aquilo que vem de outros lugares. Não afirmamos mais que a poesia deve fazer a linguagem com silêncio, ou dar a ouvir "uma outra voz" (Octavio Paz). Nem, aliás, o inverso, que "é preciso fazer silêncio com linguagem" (Beckett). Tomamos distância da concepção ainda moderna, mas não ainda pós-moderna, segundo a qual a poesia poderia ainda abrir a voz ao diálogo inter-humano de que fala Peter Szondi a propósito do dramático. Estamos bem longe da épica brechtiana: nós estamos no pós-dramático. Estamos doravante com o pós-moderno e o pós-dramático na ideia de que o teatro faz explodir a poesia tanto quanto a poesia faz explodir o teatro ao penetrar em seu seio. Esta visita recíproca e explosiva é sobretudo divertida!

Assistimos a um retorno, graças à força e à forma poéticas. Esse retorno se manifesta na condensação do texto, no gosto pelo enigma, na concentração nas qualidades formais, na insistência e no jogo sobre o significante e a textura•.

Retorno também da literatura que, como outras artes, se oferece em outro gênero. A literatura não se sente mais constrangida a se introduzir no molde do dramático ou a se eclipsar ante a invasão das imagens cênicas (como nos anos 1980 com o Teatro de Imagem). Na escritura para o drama ou para a cena, com suas regras estritas e coercitivas, estouram em certos momentos um desejo e uma explosão de poesia, como para se deter por um instante, ou então para acelerar de um só golpe. Poesia inesperada, momento de fulgor. A mudança de regime, de discursividade, atrai a atenção, põe as máquinas de novo em funcionamento. Assim, em Koltès, sucede que uma imagem poética surpreende, rompe o efeito do real em vias de fixar-se. Excesso• de estilo, acesso de cólera ou de ternura, ataques de poesia: há, então, sempre poesia em relação à prosa do mundo. A intervenção poética é um momento de resistência à norma do verossímil e do realismo.

d. O Retorno das Paixões?

Esses momentos de poesia não sentem mais necessidade de se justificar, de se integrar em uma história; eles se fazem notar por convenção tácita. A poesia aparece sem justificação dramatúrgica, como um sopro de ar, de prazer, de desejo, de sexo. Com a poesia é o inconsciente que retorna, mas também o imprevisível, o irracional, a paixão, tudo o que os filósofos, Platão foi o primeiro, se queixam de não poder controlar.

4. A POESIA NA ENCENAÇÃO

a. A Encenação Poética

Quando podemos dizer de uma *mise en scène* que ela é poética? Nossa hipótese é que os mesmos dispositivos estilísticos valem para a escritura• (dramática ou literária) poética e para a encenação poética, notadamente a focalização, os efeitos de estranhamento, os jogos sobre o significante.

O que seria uma encenação poética? Sem dúvida uma proposição de jogo de atuação e de interpretação que desloca, provoca, desafia a seriedade do texto ou da estrutura dramática "habitual"; certamente uma metáfora que à primeira vista sai do quadro considerado, mas que cristaliza coisas não ditas do texto ou não mostradas diretamente na representação.

Toda encenação não é por natureza "poética"? Transfigurando o material, seja ele textual, visual ou sonoro, a encenação o metaforiza e se aplica a retrabalhá-lo segundo suas urgências, intensificando necessariamente a percepção da linguagem, das figuras, dos procedimentos estilísticos. Poética, e mesmo, no sentido etimológico, "paródica", situada à margem do texto, forçada a comentá-lo, tentada a parodiá-lo. Esta intensificação• é uma maneira de estilizar, de estetizar, de sublinhar com os meios da cena.

b. O Choque do Poético

Que se passa quando o texto poético afronta a cena e o teatro? Como todo texto "entrando em cena", ele muda de estatuto, mas quando já está adensado, musicalizado, intensificado, seu impacto é totalmente outro. Ele corre o risco de perder aí sua força e sua identidade, como se com a cena ele se chocasse com algo mais forte do que ele. E isso, mesmo se a cena não tenta rivalizar com ele, e até dominá-lo.

Como a poesia, desde o fim do século XIX, é pouco narrativa e épica, ela intervém sob a forma compacta do poema lírico, da imagem fulgurante e de outros tantos efeitos muito intensos, porém localizados.

Constatou-se muitas vezes a impossibilidade de definir a poesia em si e segundo critérios puramente estilísticos. Pôde-se estabelecer somente os dispositivos do poético, a partir de um estudo de suas figuras de estilo. Portanto, os critérios não são pura e simplesmente textuais, mas ligados ao uso pragmático, retórico da linguagem. As antigas poéticas normativas (como "épico/dramático/lírico") não têm mais sentido na performance e no teatro pós-dramático, que acolhem todas as espécies de formas.

Esta nova situação, o fato de que os textos dramáticos não podem muitas vezes ser "extraídos" das encenações (e, portanto, ser publicados), tudo isso nos encoraja a observar como a prática provoca um efeito poético no texto, a redefinir o poético como intervenção exterior sobre o texto, como uma *mise en scène* de um efeito de estilo. O poético é sempre um pouco o perturbante, o defasado, o efeito de estranhamento. É uma questão de enunciação; somente a enunciação, enquanto pragmática cênica, determina o impacto do poético sobre o conjunto do texto ou da representação. A encenação invade os textos (é a sua tarefa), a ponto de constituí-los e reconstituí-los, de fazer e desfazer o texto dramático. O simples fato de focalizar esta ou aquela parte do texto, de trazer à luz tal aspecto é comparável a uma "injeção" de poético, de valorização, de estilização. A intervenção de toda encenação relativiza a pretensão a uma ordem, a uma identidade, a uma tipologia de gêneros literários. A poética passou a um nível superior: a de uma tipologia de práticas artísticas[6].

c. Da Linguagem Dramática à Irrupção Pós-Dramática

Nós, "Ocidentais", continuamos a ver a poesia como aquilo que invade a dramaturgia, como aquilo que corre o risco de freiá-la e até de sufocá-la. É claro que vivemos sob o regime da teoria ocidental (hegeliana tanto quanto goethiana) da separação de gêneros. Provavelmente isso se deve à estrutura linear, conflituosa, causal, inter-humana e dialógica, lógica e cronológica do texto dramático, cujo modelo permanece largamente dramático ou, a rigor, épico, mas nunca poético.

Em um teatro pós-moderno e pós-dramático (pós-Szondi) que tem necessidade da performance para existir, a intrusão de qualquer material que seja não coloca nenhum problema. Pouco importa a natureza desse aporte: poético, romanesco, pictórico, ou inclusive político. O poético faz sua entrada sobre os escombros da poética. A situação de enunciação, lugar híbrido do cruzamento de materiais, é a única categoria, ao mesmo tempo linguística e teatral, que ainda funciona sobre as ruínas dos gêneros literários e mesmo artísticos. A hibridez• é um fenômeno pós-moderno ligado à globalização•, não é mais a questão da mistura dos gêneros, da poética, mas é o resultado do surgimento do poético como categoria existencial, ligada não mais à significação, porém à sensação, categoria que não se realiza senão na prática teatral, em seu modo de enunciação, em sua realização cênica.

O interesse dessas mesclas de gêneros (poético e dramático-teatral) é o de jogar ao menos sobre dois tabuleiros, sobre estruturas diferentes e que não coincidem: de uma parte, uma lógica de imagens, poéticas ou visuais, uma emergência do figural e do poético; de outra, uma lógica actancial e dramatúrgica, uma estrutura mimética, dramática, actancial[7].

Restaria relativizar nosso cenário-catástrofe ocidental da invasão da dramaturgia pelo poético substituindo o debate no campo intercultural, comparando a maneira pela qual outras culturas não somente evoluem e amiúde valorizam o aparecimento poético, mas também apreciam e conservam suas tradições literárias e poéticas (Pavis, *O Teatro no Cruzamento de Culturas*).

NOTAS
1. Jean-Pierre Bertrand, Poésie, em P. Aron; D. Saint-Jacques, A. Viala (éds.), *Le Dictionnaire du littéraire*, Paris: PUF, 2002, p. 445.
2. André Comte-Sponville, *Dictionnaire philosophique*, Paris: PUF, 2001, p. 447.
3. Cf. Roman Jakobson, *Essais de linguistique générale*, Paris: Seuil, 1963.
4. Charles Baudelaire, La Modernité, *Le Peintre de la vie moderne, oeuvres complètes*, texto estabelecido e anotado por Y.-G. Le Dantec, Paris: Gallimard, 1951, p. 884. (Col. Bibliothèque de la Pléiade.)
5. Roland Barthes, *Mythologies*, Paris: Seuil, 1957, p. 207.
6. Cf. Gérard Genette, *L'Oeuvre de l'art*, Paris: Seuil, 1994.
7. Às vezes, por exemplo, a diferença e a defasagem são muito grandes, de modo que se tem a impressão de dois sistemas incompatíveis. É o caso das fábulas de La Fontaine, encenadas por Robert Wilson: observa-se aí uma lógica impecável das metáforas visuais, porém uma desconexão do texto arcaico de La Fontaine, texto que parece embaraçoso e supérfluo na sua figuração cênica.

Política e Teatro

Fr.: *politique et théâtre*; Ingl.: *politics and theatre*; Al.: *Politik und Theater*.

Avaliar o teatro político nos primeiros decênios do século XXI não é algo que vai por si, pois esse gênero se renovou consideravelmente desde os anos 1960 e ele não existe mais sob sua forma militante e direta. Em compensação, desde a crise bancária mundial de 2008, apareceram novas maneiras de se fazer política, formas das quais o teatro e as artes tentam dar conta.

1. NAS ORIGENS DO TEATRO POLÍTICO

a. Conflitos

A política está nas origens do teatro: encontram-se aí personagens em conflito em todos os tipos de situações, públicas ou privadas; cada uma procura aí convencer ou vencer seus congêneres. A vida da pólis, a cidade, é ritmada pelas conversações, pelas guerras ou pelos compromissos. O teatro político denuncia o estado de coisas, tenta convencer o público a observar a política e a vida social com um olhar crítico.

b. Crítica da Situação Política

É, no entanto, relativamente tarde – na segunda metade do século XVIII europeu – que o teatro vai assumir uma dimensão explicitamente política: quando os autores tratam de um modo mais central dos problemas sociais, econômicos, históricos, políticos de sua época. Com Diderot, Lessing, Schiller ou Beaumarchais, o teatro torna-se um instrumento da investigação sociológica e do combate político. Será, entretanto, necessário esperar ainda os anos vinte do século XX na Alemanha, com Piscator (*O Teatro Político*, 1929) e Brecht, para que o teatro descubra sua força ideológica e utilize resolutamente a cena como arma política completa a fim de evocar uma situação ou travar um combate. O teatro convida então implicitamente o público a reconsiderar sua situação sociopolítica no mundo e a tirar daí as devidas consequências: tomada de consciência, revolta e até revolução. Sem o que estamos condenados a permanecer nas "águas geladas do cálculo egoísta" (Marx).

c. O Segredo Desvelado

Em toda peça ou em todo espetáculo político, detecta-se uma intenção oculta. Trata-se de ajudar o público a alcançar uma consciência política mais clara, para em seguida agir por consequência na vida real. O teatro tornou-se, por volta da metade do século XVIII, um espaço público, uma *Offentlichkeit* (Habermas): uma opinião pública, que se manifesta pela primeira vez na sociedade civil, à imagem da revista inglesa fundada em 1710, *The Spectator*, que foi "um lugar onde se revela ou se desempacota, diante de todos, os segredos dos poderosos"[1].

d. Política e Ficção

Esse desvelamento não é, todavia, um fim em si, e a mensagem política não constitui um corpo de doutrinas diretamente legíveis e aplicáveis. O espectador•, e antes dele o autor dramático ou o encenador, interpretam, discutem, completam o que eles compreendem da política. Eles são capazes de distinguir a parte do discurso político coerente e a parte da ficção e da fábula que lhes cumpre recriar ou confirmar. Uma boa dose de ficção, de invenção, de imaginação e de convenção é indispensável se o discurso político deve "passar" corretamente.

e. Status Quo ou Crítica Radical

Qualquer que seja a proporção de ficção e de discurso político, o problema é de saber se o teatro está a serviço do *status quo* político, se ele o justifica e o idealiza, ou ainda se põe em questão os valores políticos sobre os quais repousa a peça e, portanto, se ele propõe uma alternativa política. Desde o fim do século XVIII passou-se gradualmente do teatro como *moralische Anstalt* (instituição moral), após Schiller, ao teatro como fortaleza política, como base de retaguarda para todas as espécies de polêmicas ou de ataques mais ou menos violentos e eficazes. O autor emite hipóteses filosóficas, psicológicas ou ideológicas que a peça tem precisamente por tarefa ilustrar, defender, mas também, graças à ficção dramática ou cênica, testar em um laboratório teatral em que os conflitos são artificialmente reproduzidos.

2. DESCONFIANÇA E ABANDONOS

Diante dos excessos e das ingenuidades do teatro político no século XX – quer seja o *agit-prop* russo ou alemão dos anos 1920 e 1930 ou o teatro documentário dos anos 1960 e 1970 na Europa – o público dá provas hoje em dia de certa desconfiança. Ele rejeita o teatro demasiado abertamente militante e prefere obras que apresentem uma nova maneira de fazer política, tanto na sociedade como no teatro.

a. Razões Desta Desconfiança

Nós nos afastamos um pouco por toda a parte do teatro histórico ou político de outrora. Ninguém mais pretender mudar, nem sequer representar o mundo com os meios da arte ou do teatro. A noção de representação tornou-se quase tão problemática quanto a de verdade histórica ou de mensagem. Mesmo Brecht parece suspeito aos que o associam a um ministrador de lições e que não compreendem seu procedimento dialético e irônico.

b. Teorias do Caos e das Catástrofes

A alternativa mais frequente para essa rejeição da explicação política tornou-se o diagnóstico da catástrofe universal ou do caos global[2]. Ela se refere reiteradamente à filosofia de Foucault, Virilio, Debord, Thom ou Baudrillard. Essa constatação pessimista recusa toda inquirição política, como se a catástrofe fosse programada logo de entrada, sem mesmo um herói grego para tentar se lhe opor.

c. O Abandono dos Grandes Gêneros

Esse abandono é uma consequência desta desconfiança. O teatro da identificação, o dos grandes afrescos históricos, das tribunas em que se trocam grandes ideias, não se reergueu da crítica brechtiana ou então se refugiou nos dramas históricos da televisão. O realismo socialista não sobreviveu ao fim do "socialismo": essa curiosidade, involuntariamente cômica, só se encontra nas produções muito subvencionadas da China popular ou da Coreia do Norte. O naturalismo, de há muito, não satisfaz mais os dramaturgos ou os encenadores, pois ele se contenta (já dizia Lukács[3]) em descrever em vez de comentar e de explicar.

d. Presentismo

Outras razões explicam este quase desaparecimento das formas clássicas do teatro político. Elas se devem à nossa concepção renovada da história e da política. Poucos autores dramáticos esforçam-se nos dias de hoje em dramatizar um acontecimento político ou histórico reconstituindo seu embasamento ideológico e socioeconômico. Isso se explica pelo sentimento de que todo afresco histórico, todo balanço e toda explicação tornam-se mui rapidamente prescritos. Sofremos a tirania do "presentismo": visto que as coisas só possuem importância no presente, é vão referir-se ao passado e antecipar o futuro. A história e, *a fortiori*, a atualidade têm doravante a memória demasiado curta: "Com a generalização da *info* de fluxo e a montante das mídias de *info* contínua – televisão, rádio, internet, twitter – a duração da vida da atualidade é cada vez mais curta, algumas horas, talvez alguns dias. É o reino do 'instantaneísmo.'"[4] O teatro em geral, o teatro político em particular, tem dificuldade em reagir com rapidez a uma informação, ao passo que outras mídias (televisão, rádio, imprensa via internet) ou outros gêneros (*slam*, *chansonniers* – compositores e cantores de música popular – *rap*) podem fazê-lo instantaneamente. O teatro passa ainda por todo um circuito da escritura, da leitura pública, da publicação, da encenação e da crítica dramática.

e. Enfraquecimento do Político

Consequência desta memória curta, a vida política, desde os anos 1970, conhece, segundo os sociólogos, um "enfraquecimento do político sob a democracia cultural"[5]. Segundo Alain Brossat, "se tudo é suscetível de tornar-se político, nada mais o é. A política e a cultura não são mais do que subcategorias de noções vagas como a vida, o vivenciado, a sensação". Ou ainda: "A política terá balançado no ar o regime geral da vida..." (p. 54). A referência ininterrupta à cultura e ao intercultural revela no fundo uma recusa de colocar os problemas em termos sociopolíticos e uma série de recalques: a teoria das identidades e das diferenças, um dos mais belos florões do pós-moderno• e do pensamento globalizado, recalca a análise política. O cultural recalca o artístico. O humanitário e as ONGs recalcam a política. Percebe-se mal sobre quais mecanismos de poder ou de exploração repousam as responsabilidades da política. A política politiqueira•[6] (para retomar uma de suas expressões favoritas na França), muito desacreditada, não ousa mais denunciar os mecanismos da alienação e da luta de classes. Os estudos pós-coloniais• explicam o presente pelo que foi a colonização e não encaram o futuro senão pelo termo muito vago de "pós". Os estudos sobre a globalização• se refugiam em considerações econômicas e propõem raramente análises socioculturais. Eles querem muitas vezes fazer crer que tudo é globalmente idêntico e que toda resistência à globalização seria tão ingênua quanto inútil.

f. Reconstrução do Liame Social

A tendência da época é mais para uma "pipolização" (do inglês, *people*, povo), uma exposição à luz do dia da vida privada dos *stars*, dos astros, e dos políticos, do que para uma politização e uma análise da vida pública. Esse enfraquecimento do político não significa, todavia, seu desaparecimento. Constata-se mesmo, desde o início do milênio e das crises financeiras mundiais, uma volta da questão social ao debate público, o que por certo não restitui ao teatro sua força política dos anos 1960, mas reaviva o desejo de reconstruir para o seu público um liame social e um senso da comunidade. Talvez também se esteja sentindo as primícias de uma vontade das pessoas de tomar em mãos seu destino, de não mais suportar tudo ou de esperar tudo da coletividade e do Estado, de moldar o Estado em função de suas novas necessidades. Assim, os laços sociais ou hierárquicos não entravarão mais as iniciativas e as necessidades pessoais, não impedirão mais a tomada de consciência política. Esta consciência é solicitada por experiências de minipúblicos reunidos em um lugar ou um *squat* (terra grilada), por ocasião de uma visita coletiva e noturna a uma empresa etc. A experiência é tão política quanto revela os mecanismos de poder, de exclusão e de transgressão, lá onde, por exemplo, o capitalismo deixou uma brecha na qual os excluídos podem por um instante se engolfar.

g. Objeto da Política

Tanto na vida social como no teatro, o objeto da política mudou muito. Desde os anos 1960, no mundo ocidental, admite-se que a política não pertence unicamente ao domínio público, mas também ao domínio privado, na medida em que as identidades individuais são influenciadas, e até constituídas, por todas as espécies de identidades coletivas[7]. Durante muito tempo consideradas como negativas, especialmente no modelo dominante da identificação, na Europa pré-fascista e fascista dos anos 1920 e 1930, as emoções não são mais criticadas de maneira sistemática e por princípio como sendo necessariamente negativas, e até reacionárias. Elas têm de novo direito de cidadania em nossos palcos, mas se tornam doravante objeto de uma análise de efeitos produzidos sobre os espectadores, de uma "política" de afetos• e de paixões, de "um tratamento de paixões intratáveis, tratamento de afetos indefinidamente renovado, indefinidamente retomado"[8].

h. A Política na Maneira de Fazer Teatro

A política não é somente um tema que o teatro trata sugerindo uma alternativa à realidade presente, convidando o público a mudar seu ponto de vista sobre o mundo, e até a mudar esse mundo. Ela se exprime igualmente na maneira de criar e produzir o teatro em um mundo globalizado e desregulamentado.

O trabalho artístico não escapa às mutações de uma economia neoliberal globalizada. Para produções de certa amplitude, uma cooperação internacional se mostra indispensável. Mesmo o teatro público, fortemente subvencionado, tende a sucumbir às leis do mercado. Deve-se, pois, procurar a forma de rede, esta "forma intermediária, que não é a do estado todo-poderoso, nem a do mercado todo-poderoso, na qual o teatro está preso"[9]. A maneira de trabalhar a organização de competências e de poderes muda, ela também. Benoit Lambert vê no encenador contemporâneo um empreendedor descentrado ou deslocalizado, o equivalente do *couch*, do treinador, "da nova empresa capitalista"[10]. Até o sistema da intermitência, que indeniza os profissionais do espetáculo durante os momentos de preparação, torna-se um modo de resistir à desregulação generalizada e, neste sentido, a intermitência se revela "uma forma de organização social realmente inovadora, que corresponde por inteiro às novas exigências do capitalismo, como a mobilidade, a flexibilidade etc., mas que impõe aos empresários pagar o preço disso" (p. 12).

Todas essas mudanças sociopolíticas explicam o aparecimento de formas novas do teatro político.

3. ALGUMAS FORMAS NOVAS

Essas novas formas evitam frequentemente o termo "política", como se ele tivesse se tornado pejorativo, e até sinônimo de teatro de propaganda. Baz Kershaw prefere o de "radical", mas ele duvida, no entanto, dos poderes políticos do teatro contemporâneo[11]. Lehmann vai ainda mais longe, porquanto ele não vê o futuro do teatro político senão no abandono da significação e na destituição das categorias tradicionais do político, em favor de uma "política da percepção" (*Politik der Wahrnehmung*) aliada a uma "estética da respons-abilidade" (*Aesthetik der Ver-antwortung*)[12]. Segundo Lehmann, é somente nessa condição que o teatro poderá continuar a ser político[13].

Destituir as categorias do político não pode estar, entretanto, ao alcance de todos os artistas. Constata-se, aliás, que muitas formas de espetáculos políticos, e até neopolíticos, prolongam e às vezes renovam os gêneros tradicionais do teatro político.

Limitar-nos-emos a enumerar alguns, sem prejudicar outros menos conhecidos ou ainda a serem inventados:

O teatro popular•, pós-brechtiano ou (na França) pós-vilariano, não existe mais sob a forma militante e otimista dos anos 1950, mas sobrevive nas encenações dos clássicos: estas possuem, com efeito, a possibilidade de aclarar, com a ajuda de alguns signos legíveis, posições ideológicas de grupos ou de indivíduos, de transpor situações dramáticas em um contexto equivalente e melhor conhecido do público não especialista. Esse modo de interpretação continua sendo a fórmula mais frequente do teatro crítico e político. A politização seria rapidamente percebida pelo público contemporâneo como simplificadora, e até simplista. Daí por que a encenação ou a escritura dramática tomam o cuidado de não martelar demasiado suas teses, de deixar o espectador procurar ou encontrar sozinho uma possível solução, de mascarar as conclusões nas formas complexas e estéticas que o espectador terá prazer em descobrir.

O *verbatim theatre* é a forma mais recente, na Grã-Bretanha e no mundo anglófono, do teatro documentário dos anos 1950 (conhecido também, ali, sob a forma do *theatre of fact*) e dos anos 1960, notadamente na Alemanha. Ele utiliza as histórias e as palavras de pessoas reais, citando-as ou colocando-se na boca dos atores a fim de evocar uma situação histórica real. Não se trata, entretanto, de reconstituir esta situação como uma peça histórica o faria, mas de recorrer a um material real e bruto, de "desviá-lo" de maneira irônica ou teatralizada, de reconstruir um universo dramático e político por meio de citações autênticas. A montagem textual é, pois, sempre confrontada e contrastada com o jogo teatral e com a encenação. Os ingleses falam de *faction*, mistura de *facts* e de *fiction*, confirmando que a exposição objetiva e documentária de fatos requer sempre uma história, uma ficção, uma dramaturgia. É evidente por si que esse gênero não é necessariamente político, e ainda menos crítico ou artístico. Como para todo documentário, tudo depende da apresentação, do discurso implícito do autor e depois do encenador.

Entre as numerosas criações do *verbatim theatre* citemos: *The Permanent Way*, de David Hare; *Talking to Terrorists*, de Robin Soans; *Fires in the River*, de Anna Deweare Smith; *Le 11 Septembre 2001*, de Michel Vinaver.

Ação política militante: esta forma vai além do *Verbatim* ou do documentário, pois ela se propõe a uma verdadeira intervenção• urbana, a uma ação política. Trata-se de uma mistura de arte performática, de *happening*•, de ação de rua e de ficção teatral. A ação quer ser militante, ativista, às vezes sindicalista, politizada e não simples representação teatral ou performance. Da ação poética sobre o cotidiano (Emilio Garcia Wehbi[14]) a um ativismo que só utiliza o teatro para melhor fazer passar sua mensagem, todas as nuances são consideradas. A ação política militante é ambígua: semiteatral, ela está baseada na ficção; semiperformativa, ela repousa na resolução de ações reais. Ela se presta bem às intervenções político-midiáticas dos anos 2000. Foi lançada, na Alemanha, pelas ações de Christoph Schlingensief (1960-2010): *Passion Impossible: 7 Tage Notruf für Deutschland*[15] (1997); *Bitte liebt Österreich* (2000). Sob formas mais classicamente teatrais contidas nos edifícios teatrais, as encenações de Rimini Protokoll (*Deutschland 2; Karl Marx: Band Eins; Call Cutta*) operam a mesma confrontação de situações reais e de teatralização irônica. Os monólogos e diálogos "furiosos" de René Polesch pertencem antes ao gênero autobiográfico e à performance, indo mais até o excesso e à derrisão do que a uma crítica social ou política, julgada provavelmente muito sumária. Essas ações políticas podem se efetuar a partir da adaptação de obras clássicas: assim Oliver Frljic se refere às *Bacantes* de Eurípides para protestar contra a tortura dos prisioneiros políticos sérvios e muçulmanos no campo de Lora em Split. Elas podem igualmente emanar de grupos marginais, os dos corais de amadores, e até de grupos políticos.

O teatro militante e o retorno do coletivo: sob a forma de uma crítica radical, ligada a grupos políticos ou sindicais, o teatro militante praticamente desapareceu da paisagem, ao menos europeia ou norte-americana. E, no entanto, grupos, muitas vezes de amadores, se apoderam dessa forma, como antes na América Latina o Teatro de Arena de Boal, não mais no espírito do *agit-prop*, mas como uma nova escritura e uma encenação aberta que confronta a experiência pessoal dos indivíduos e do jogo cênico. Isso se manifesta amiúde no retorno do coletivo. Não mais no modelo da criação coletiva dos anos 1960, ou do coletivo dramatúrgico alemão, como na Schaubühne dos anos 1970, porém, mais modestamente, a partir dos grupos de reflexão de alguns atores ou artistas sobre as novas condições de sua atividade. Assim, na França, o coletivo L'Avantage du doute, refletiu sobre a herança de 1968 e seus ecos longínquos (em *Tout ce qui reste de la révolution, c'est Simon*). Eles se interessam pela política por meio de enquetes, leituras, relatórios de expertos, às vezes chamados para testemunhar ao vivo, e de discussões com o público: outras tantas tarefas outrora reservadas ao dramaturgo ou ao conselheiro literário ou artístico. Na Grã-Bretanha, o método de trabalho do *devised theatre* preenche essa função eminentemente política, uma vez que o conjunto dos artistas participa de todas as etapas do projeto. Os atores-autores desse grupo misturam documento e autobiografia para falar de sua vida cotidiana do modo mais concreto e direto possível, o que constitui uma outra e nova categoria de teatro íntimo e pessoal.

Esse coletivo é amiúde cindido, deslocado: a totalidade do grupo não trabalha necessariamente ao mesmo tempo, eles intervêm em momentos distintos, são submetidos a novas obrigações do trabalho flexível, intermitente, globalizado e "exteriorizado". Essa equipe não se torna um coletivo artístico ou um coletivo de enunciação a não ser que todos – artífices, artistas, técnicos, intérpretes, performers – trabalhem no interesse da obra em constante evolução.

Uma nova utilização da dramaturgia: graças a esse trabalho de equipe cria-se um novo tipo de dramaturgia•: não mais a de um dramaturgo individual encarregado de ajudar na leitura e na encenação de um texto ou na elaboração de uma performance a ser realizada, mas a de um novo contexto político em que o dramaturgo se torna logo um trabalhador social, um ativista, um diretor de projeto, um *facilitator* (animador, catalisador) quando não um curador, um comissário de exposição.

A autobiografia• mesclada a considerações gerais da *vida social* renova tanto a performance autobiográfica dos anos 1960 quanto a análise mais objetiva de uma situação social por meio do documento ou da ficção. Guillermo Gómez-Peña é o representante mais conhecido e incisivo desse gênero misto. Seus esquetes partem muitas vezes de sua situação de *fronterizo*, de cidadão da fronteira• entre México e Estados Unidos, de *messager* infatigável entre duas culturas e dois estilos de vida. Uma tendência se desenha na Europa e cada vez mais no mundo inteiro (América Latina, Coreia do Sul, Taiwan) que vê artistas contar o mundo de seu ponto de vista, levar continuamente a situação individual a um estado do mundo, e inversamente. Um exemplo recente, que confrontava três atores e seus verdadeiros pais: *Das Testament*, pelo grupo alemão She She Pot.

Coralidade: a volta do coro na escritura e na encenação contemporâneas é um fenômeno internacional que não deixa de espantar. Como se explica isso? A função do coro não é mais simplesmente, como na tragédia grega, a de comentar e de apoiar uma conclusão, segundo uma voz autorizada, a do autor, ou do coreuta encarregado de sublinhar uma mensagem moral ou política. O que se tem aí é, sobretudo, o signo de uma "utopia da comunidade" (segundo o encenador Heinar Schleef). A palavra individual é marcada pelo conjunto dos protagonistas, mas também pela visualização, a instalação virtual, na cena, da comunidade dos espectadores, de seu olhar coletivo, de seu desejo de se reencontrar como grupo por meio das personagens e das forças éticas ou morais que elas representam. Através de soluções técnicas e dramatúrgicas, o trabalho com o coro testa "as diferentes maneiras teatrais de partilhar uma palavra e, transitivamente, de questionar o estar em conjunto"[16]. Nesse sentido, a coralidade estabelece a relação do indivíduo com o grupo, ou do poder de um sobre o outro, e ela inscreve as relações de força na imagem de uma comunidade a ser instalada politicamente na cena do teatro e do mundo. Às vezes o encenador, como é o caso de Volker Lösch, trabalha com grupos de cidadãos ou de desempregados, dirigindo-se diretamente ao público: a intervenção política assume então lugar da ficção teatral.

O teatro aplicado: alguns outros exemplos, tomados de empréstimo sobretudo do modelo anglo-americano, situam-se na órbita do *applied theater*: um teatro aplicado a mil atividades, quase sempre atividades sociais, um teatro que é o veículo de uma intervenção crítica, social e política. Para retomar o jogo de palavras de Prenkti e Preston: esse teatro está "ligado a outras atividades como um curativo poderia estar aplicado sobre um ferimento"[17].

O teatro aplicado se distingue do teatro profissional, comercial ou experimental, pois ele se dirige ao "não público" dos que não vão ao teatro, reencontrando-os nos lugares não previstos pelo teatro, como uma escola, um centro cultural, um local de encontro para a comunidade, uma prisão, uma aldeia afastada das cidades. Três domínios conheceram, desde os anos 1950, um crescimento considerável: o teatro da comunidade• (*community theater*); o teatro para a educação (*Theater in Education*); o teatro de participação• (*Participatory Theater*); mais recentemente, o teatro para o desenvolvimento (*Theater for Development*). Este último ramo tomou grande amplitude sob a ação das organizações não governamentais, com o fito de sensibilizar, pelo jogo dramático e pelo teatro, uma população muitas vezes analfabeta sobre questões de saúde pública (luta contra AIDS, controle de natalidade, nutrição). É evidente por si que esta intervenção nunca é neutra, que ela se situa sempre em um contexto público e político, contexto que os governos, as ONGs, os artistas ou os animadores se esforçam por controlar, ao ajudar os amadores no processo da escritura, do relato e do jogo de atuação. A tarefa desses animadores é muito delicada em um contexto cultural e político que não é, muitas vezes, o seu, e que conduz, às vezes, a fracassos, e até a excessos trágicos.

Travessia das fronteiras: no caso do Teatro para o Desenvolvimento (*Theatre for Development*), imagina-se com facilidade que o animador, mas também os atores e, depois, seus espectadores são obrigados incessantemente a passar todos os tipos de fronteiras: entre sua cultura e a dos outros, entre as fronteiras psicológicas, sociais, sexuais, profissionais, entre as identidades de todas as espécies. Um gênero novo, do qual G. Gómez-Peña é o melhor representante, consiste em situar uma peça ou estilo de jogo a cavalo sobre tais fronteiras, em conformidade com a tendência da globalização em passar as fronteiras a fim de melhor comerciar livremente e fazer trabalhar os migrantes de um lugar a outro, à mercê das necessidades e das deslocalizações.

4. O FUTURO DO TEATRO POLÍTICO

Poderíamos citar muitos outros exemplos e alongar ao infinito a lista de tipos de teatro político contemporâneo. Esse gênero inventa sem cessar novas fórmulas e novos disfarces, como se a multiplicação e a diversificação das formas fossem necessárias a sua sobrevivência. Na realidade, trata-se menos de uma multiplicação de formas do que de uma invenção permanente de maneiras de fazer política. Esta invenção está em busca de novas formas de intervenção*.

Com a crise econômica e financeira mundial, o teatro político reencontra um lugar de relevo. Segundo o encenador Thomas Ostermeier, saímos da fase do pós-dramático e retornamos ao terreno dos conflitos políticos: "O pós-dramático, esta estética dispersa, fragmentada, era um eco do período dominado pelo fim da História, do esgotamento do sonho revolucionário. Com a crise, os campos políticos tornam-se mais marcados. Há um retorno de lutas e de contradições sociais." (*Le Monde*, 20 jul. 2012). A volta do político ao teatro acarreta uma restauração da representação, da mimese, mas também do relato e das personagens: é o que se pode observar depois do pós-dramático, como em *Chapitres de la chute: Saga des Lehman brothers*, de Stefano Massine (2013).

O cidadão não renunciou ao pensamento político, como se afirma muitas vezes. Ele simplesmente se tornou mais cético, mais exigente, mas também mais ambivalente em relação ao papel da política: de um lado, ele não crê na eficácia da crítica política na arte; de outro, exige que o teatro faça uma crítica radical, clara e nítida das situações. No entanto, como assinala Myriam Revault d'Alonnes, "a ideia da transparência é o contrário daquilo que constitui o próprio do político, isto é, de sua fenomenalidade: o fato de que o político se desdobra e se desenrola no aparecer"[18]. De um modo claro: não poderia haver aí um teatro que diga tudo, sem deformação, de maneira indiscutível, evidente e transparente. E, de fato, no teatro, a política nunca é dada ou acessível como uma mensagem transparente e unívoca. Ela se mescla ao material dramático e cênico. Ela joga com a ficção do teatro. Ela não se reduz, exceto no *agit-prop* ou no teatro de propaganda besta, a uma mensagem direta. Os afetos dos artistas como os dos espectadores deformam, mas também revivificam e retrabalham a mensagem, tornando-a contraditória, porém mais rica[19]. Por definição, a política está ligada ao conflito, à luta, às relações de força e não ao consenso, ao qual a ideologia neoliberal e globalizada gostaria de reduzi-la. É procurando novas formas políticas paradoxais, sem fugir ao conflito e aos problemas a resolver, que o teatro político conserva sua força de convicção, seu interesse, sua contradição, preserva seu futuro, e o nosso.

NOTAS

1 Luc Boltanski em Luc Boltanski et al., *L'Assemblée théâtrale*, p. 13.
2 Patrice Pavis, Staging Calamity: Mise-en-scène and Performance at Avignon 2005, em Linda Ben-Zvi; Tracy C. Davis (eds.), *Considering Calamity: Methods of Performance Research*, Tel Aviv University: Assaph Books, 2007, p. 13-38.
3 Georg Lukács, Realism in Balance, em Ernst Bloch et al., *Aesthetics and Politics*, London/New York: Verso, 2010.
4 Denis Muzet, *Le Monde*, 11 mai 2010, p. 20.
5 Alain Brossat, *Démocratie culturelle: Le Grand dégôut culturel*, Paris: Seuil, 2008, p. 208.
6 No original, *politicienne*; na ausência de um termo vernacular perfeitamente compatível, optou-se pelo termo pejorativo, acepção também presente no vocábulo francês. (N. da T.)
7 Cf. Eric Fassin, *Outre Scène*, n. 11, p. 9.
8 Myriam Revault d'Allones, op. cit., p. 78.
9 Luc Boltanski, op. cit., p. 12.
10 Benoît Lambert em Luc Boltanski et al., *L'Assemblée théâtrale*, p. 11.
11 Cf. Baz Kershaw, *The Radical in Performance*, London: Routledge, 1999.
12 Hans-Thies Lehmann, *Postdramatisches Theater*, p. 471.
13 Ibidem, p. 179. "Enquanto abertura do modo operatório logocêntrico, no qual predomina a identificação, em proveito de uma prática que não teme o abandono da função de significação, sua interrupção

e sua suspensão, o teatro pode ser político. Esta tese contém o paradoxo, que não é senão aparente, de que o teatro é político, na medida em que interrompe e destitui, ele próprio, também, as categorias do político, em vez de apostar em novas leis, por melhor intencionadas que elas sejam."

14 Em *Buenos Aires*, geração teatro independente. Entrevistas com Judith Martin e Jean-Louis Perrier, *Les Solitaires intempestifs*, 2010, p. 69. "Eu creio que um sociodrama teria a ver com um trabalho pedagógico, sociológico e didático. [...] Prefiro defini-lo como uma ação poética que espera pela normalidade da vida cotidiana."

15 Ver a análise de Jorg von Brincken; Andreas Englhart, *Einführung in die moderne Theaterwissenschaft*, Darmstadt: Wissenschaftliche Buchgesellschaft, 2008, p. 132-140.

16 Jean-Loup Rivière, *Comment est la nuit?*, Paris: L'Arche, 2002, p. 40.

17 Tim Prentki; Sheila Preston (eds.), *The Applied Theater Reader*, London: Routledge, 2009, p. 10.

18 *L'Assemblée théâtrale*, p. 19.

19 Ver também: Janelle Reinelt, *What Is Political Theater Today?* The Glynn Wickham Lecture, 6 may 2008.

Popular

Fr.: *populaire*; Ingl.: *popular*; Al.: *volks-/populär*.

Tanto como o substantivo "povo", o adjetivo "popular" assumiu tão numerosas significações que é quase impossível distingui-los. Considerando a frequência de seu emprego na linguagem corrente ou no discurso crítico, tentaremos desembaraçar a meada.

A *cultura popular* é a cultura que provém do povo, no artesanato, nas artes e nas técnicas. A antropologia• se interessa, ao menos desde Herder e sua *Kultur des Volkes* (a cultura do povo), por certas culturas e tradições populares que tendem a desaparecer nas sociedades industriais e pós-industriais, e que sobrevivem penosamente em países com fortes tradições populares. Trata-se de uma cultura feita pelo povo e para o povo. As festas, as cerimônias, as danças folclóricas, as dramatizações pertencem a esse teatro popular, chamado às vezes de teatro antropológico, um teatro amiúde dirigido ou redirigido por intelectuais ou artistas desses países (México, Peru, por exemplo).

O *teatro popular* dos anos 1950 e 1960, na Europa e, especialmente, na França, é o herdeiro, e até o modelo um pouco fantasmático, dessa cultura popular. Com efeito, seus artistas e animadores dirigem-se a uma população recrutada nas classes menos favorecidas, um público cuja educação dramática, estética e política é o objetivo último da atividade teatral. Esta forma de escritura, de jogo de atuação ou de encenação e de política cultural praticamente desapareceu na Europa, com a concorrência, depois ultrapassada, desde os anos 1970, por todo um discurso quase populista contra as formas, por assim dizer, elitistas do teatro. As formas populares que visam substituí-lo valem-se de empréstimos dos jogos televisivos, das variedades, do teatro de *boulevard* e dos cômicos populares.

Essas *formas populares*, poder-se-ia dizer essas *cultural performances*, são inumeráveis, em perpétua renovação e em constante extensão. Elas são estudadas pelos *performance studies*•: esportes, programas e folhetins televisivos (novelas de tevê) etc. Por "popular" entende-se então no sentido de "grande público": nada difícil de compreender, fácil de apreciar e rápido de se esquecer. Essas formas participam de um teatro de massa: uma representação teatral que não é, ou é muito raramente, destinada a um público massificado no exterior para recebê-lo, mas uma produção que será imediatamente popular (acessível) junto à massa dos consumidores. O teatro de *boulevard*, o teatro de rua, o folhetim televisivo são casos de uma produção de massa, para a massa, e não apenas, como se diria nos anos 1970, para as massas populares (*Mainstream*•).

Mais recentemente, sob o impacto de uma globalização• que se intensifica desde os anos 1990, a cultura e o espetáculo popular assumiram novas formas e aparências.

O *espetáculo globalizado* é o produto da cultura de massa industrializada e exportado em todo o globo. Ele não é em nada uma cultura popular, mas se nutre dela, inclusive das tradições e dos teatros populares tradicionais. Ele retrabalha e mescla diferentes linguagens, diversos níveis culturais, do mais vulgar e comum ao mais refinado e elitista. Ele os submete à comercialização mais rentável e melhor adaptada aos novos clientes globalizados. Mais do que nunca se percebe o antagonismo irredutível entre uma arte ou um artesanato popular, oriunda do povo (de outrora), e um consumo de massa, globalmente endereçado às massas populares.

A relação entre a indústria cultural (ou criativa) e a cultura popular, ainda ligada à nação ou ao corpo de indivíduos, é evidentemente desequilibrada. Todavia, como mostra Fiske, "A indústria tenta sempre incorporar a cultura do povo e o povo tenta sempre excorporar os produtos da indústria."[1] Com uma globalização generalizada e clientes consumidores que jamais conheceram nada de diferente, não é espantoso, entretanto, que o corpo, em sua dimensão cultural, e a indústria dos corpos estejam cada vez mais imbricados, e até indissociáveis. Que se pense no K-pop coreano: o corpo das dançarinas-cantoras, seus movimentos, as menores alusões à sociedade coreana foram apagadas, incorporadas pela indústria do *showbiz*, eles perderam toda individualidade "em proveito" de um mecanismo coreográfico e comercial inteiramente sob controle. Ao mesmo tempo, cada um dos artistas aspira a uma certa individualidade, ainda que seja apenas para sobreviver e guardar o domínio de sua arte. Mas esta arte individual é de tal modo submetida às normas físicas, comerciais, eróticas do *entertainment* internacional que ela se vê despersonalizada, visto não ter mais direito ao erro, nem ao menor desvio[2].

A cultura popular é o corpo do povo: esse corpo se oferece e se incorpora, mais ou menos voluntariamente, à significação, depois aos *mass medias* e à indústria cultural globalizada, e por fim, em um processo último de abstração, a uma economia desmaterializada, a uma fluidez de capitais, a uma evanescência dos corpos tangíveis de outrora.

NOTAS
1 John Fiske, Popular Culture, em Frank Lentricchia; Thomas McLaughlin (eds.), *Critical Terms for Literary Study*, Chicago: The University of Chicago Press, 1995, p. 331.
2 Patrice Pavis, La Parodie dans le K-pop, *Critical Stages*, n. 6, 2012. Disponível em: <http://www.critical-stages.org/>. Retomado em P. Pavis, *Performing Korea*, London: Palgrave Macmillan, 2016.

Pós-Colonial

Fr.: *postcolonial*; Ingl.: *postcolonial*; Al.: *postkolonial*.

O pós-colonial não é simplesmente aquilo que, na literatura, nas artes ou na cultura, vem após a colonização, depois que os colonos se retiraram do país após a independência; ele é em primeiro lugar e acima de tudo um movimento cultural, artístico, literário ou teatral, um conjunto de ações e de obras que se inscrevem em oposição, em resistência ou em desafio em relação ao sistema colonial em todas as suas facetas. "Longe de ser uma sequência teleológica ingênua que substitui o colonialismo, o pós-colonialismo é, antes, uma abordagem e uma contestação dos discursos do colonialismo, de suas estruturas de poder e de hierarquias sociais."[1] Imagina-se a dificuldade de uma teoria geral com essas situações extremamente diversas do colonialismo no mundo. Ao que se acrescenta a diversidade da criação nos diferentes países da diáspora.

1. ATITUDES, FORMAS E OBRAS PÓS-COLONIAIS

Sempre existiram, e existem ainda, numerosas formas de colonialismo na história e no mundo, mas o teatro ou a literatura pós-colonial se referem o mais das vezes ao imperialismo ocidental, inglês, norte-americano ou francês notadamente, o qual estendera seu império sobre o mundo inteiro, em especial o africano, o asiático e o australiano. A expressão e a noção de literatura ou de teatro pós-colonial são empregadas sobretudo para o estudo dessas literaturas cujos autores ou artistas são inspirados pela cultura colonial tanto quanto por sua própria. Isso não deveria nos dispensar de considerar muitas outras situações pós- ou neocoloniais, que a globalização• propicia ou camufla.

A atitude pós-colonial: para os artistas vindos das antigas colônias, a ideia é simultaneamente escapar aos valores e estilo próprios da antiga colônia, não recair nas influências ocidentais, euro- ou anglocêntricas, e ao mesmo tempo escrever sobre essas questões (a antiga colônia e a metrópole dos antigos colonizadores), inspirando-se não menos nos sabores, nos temas de sua cultura de origem, da qual eles não podem e não querem se separar inteiramente. Trata-se, portanto, de criar com os materiais, os meios e os métodos de sua antiga cultura, inventando ao mesmo tempo seu próprio estilo, sua escritura pessoal. Homi Bhabha fala a esse respeito de *colonial mimicry* (mimetismo colonial), a vontade ou a compulsão de imitar técnicas ou maneiras de ser coloniais, embora se distanciando e até zombando delas ("Almost but not quite"; "Not quite, not white": "Quase, mas não inteiramente"; "Não de todo, não branco", segundo as fórmulas de Bhabha)[2]. Vontade também de assumir uma identidade híbrida, incompleta, contraditória. De se situar ao mesmo tempo no pré-colonial, no pré-moderno e no pós-moderno•, no multicultural• e no pós-vanguarda. E sempre também em uma língua do entremeio, como "um inglês esquisito, um inglês um pouco bizarro, o fruto de duas histórias", como disse Hanif Kureishi, o paquistanês escrevendo em inglês as palavras que ele atribui a Karin Amir em *The Buddha of Suburbia*.

Os estudos pós-coloniais: eles se generalizam e se estabelecem desde o fim da descolonização nos anos 1960. Foram, todavia, preparados pelos trabalhos pioneiros de Fanon, Césaire e Albert Memmi[3]. Eles coincidem assim – e isso não é evidentemente um acaso – com o surto dos *Performance Studies*• e do pensamento intercultural. Entre o teatro pós-colonial e o teatro intercultural, há uma suspeita mútua: o teatro intercultural é visto por muitos pesquisadores como sendo a primeira etapa (orientalista) antes da fase colonial ativa e da crítica pós-colonial. O teatro intercultural, que aparece no momento da reflexão de Said[4] e, muito antes dele, de Franz Fanon[5] e Aimé Césaire[6], é acusado de lançar um olhar colonialista, ou pós-colonialista, sobre as tradições "orientais" e "africanas". Este "mau encontro" entre cultura pós-colonial e teatro intercultural coincide igualmente com a crise do estruturalismo e da semiologia, desde 1966, e com um profundo mal-estar político (fim das derradeiras ilusões sobre o socialismo soviético ou chinês para os intelectuais do Ocidente, por volta de 1968). Sob o efeito da globalização, a cultura se revela cada vez mais como alguma coisa de não homogênea, não ligada a uma nação, a uma cultura ou a um povo, não autenticada por um passado e uma origem estáveis[7].

O colonialismo puro e duro por certo desapareceu em sua forma imperialista conquistadora, mas a influência, o poder e os capitais são ainda, com frequência, ocidentais. O outro – o Oriental, o selvagem, o colonizado, o subalterno[8] – é ainda construído como o desejo e a força de trabalho do Ocidente? O pós-colonizado situa-se entre o olhar euro- ou americanocentrista e a cultura da ex-colônia. É um ser híbrido, que fala uma língua "criolizada" e raciocina com um pensamento sincrético. É nesse espaço desconfortável que a criação pós-colonial tenta emergir e que ela reivindica sua hibridez e suas contradições. Raramente, ela se apoia em uma sólida análise das condições socioeconômicas da cultura pós-colonial ou subalterna e em um estudo aprofundado das obras. As relações de poder, evidentes na situação colonial, assumem um aspecto mais discreto, mas não menos efetivo em uma situação intercultural, multicultural ou pós-colonial. Segundo Susan Hayward, "a teoria pós-colonial procura, em um processo de diálogo (proveniente de numerosos pontos de vista), pôr em evidência o laço 'natural' do saber ocidental com a opressão (o imperialismo/colonialismo) e repensar a maneira exata pela qual o saber foi construído"[9].

As obras pós-coloniais: quer se tratasse de peças (estudadas, por exemplo, por Gilbert e Tomkins [1996)] ou Balme [1999]) ou de performances descritas por testemunhas sem verdadeira metodologia de análise adaptada a esse tipo de criação sincrética e híbrida[10], as obras e as tradições de antes da colonização são confrontadas às dramaturgias e aos modos de interpretação e de jogo de atuação próprios à tradição ocidental. Os romancistas, assim como os dramaturgos pós-coloniais, são tidos como incumbidos de "responder", contra-atacar (*to write back*[11]: responder, devolver os golpes e vingar-se pela escritura). Eles devem, pois, desconstruir, parodiar, desmontar o discurso colonial dominante inventando sua própria escritura. Trata-se de uma reciclagem• pós-moderna•? O termo teria qualquer coisa de ofensivo: mas isso não é tampouco uma adaptação (uma *Bearbeitung*, um "retrabralho" brechtiano). No domínio francófono como no anglófono, a literatura pós-colonial é muito mais prolixa para o romance, para a poesia ou para o ensaio do que para o teatro. Os autores muitas vezes não se reconhecem como escritores pós-coloniais, repugna-lhes serem etiquetados como africanos. É o caso de Dieudonnée Niangouna: "Como ser um autor africano? [...] Por que então devo eu ser o produto de um Ocidente repudiado ou de uma África atrasada?"[12]

Além do estudo de peças nos livros de Gilbert e Tompkins, ou de Balme, há poucas pesquisas sobre as encenações de textos e de espetáculos. Sem dúvida porque o teatro ou a performance devem ser examinados *in loco* e com instrumentos adaptados a essas produções. A categoria do pós-colonial não é sempre a melhor para avaliar essas produções originais.

Em certos contextos (como a França), os dramaturgos têm dificuldade de criar um "teatro da imigração", que abandona todas as outras questões. Os artistas vindos das ex-colônias, sobretudo os dançarinos, cantores e atores, se vêm muitas vezes obrigados, para atrair a atenção dos ocidentais em posição dominante no circuito das *tournées* e para o reconhecimento internacional e global, a fornecer a imagem, o corpo e a temática que o Oeste espera deles, mesmo que tenham de reproduzir e acentuar estereótipos exóticos, e até racistas, que eles desejariam denunciar. É certo que a ironia permite passar por cima dessas barreiras, mas o público de consumidores apressados nem sempre a nota.

O teatro pós-colonial se mistura, e até é absorvido, ao teatro globalizado, em que se torna algumas vezes problemático distinguir os colonizadores e os colonizados. Esse modo de escritura cada vez mais globalizado aplaina todas as asperezas de diversas culturas, sobretudo pré-coloniais muitas vezes esquecidas e mais imaginadas do que reconstituídas pelos etnólogos.

2. A CRÍTICA DO TEATRO INTERCULTURAL PELOS ESTUDOS PÓS-COLONIAIS

Do teatro intercultural ao teatro globalizado: se a noção de cultura está em constante reelaboração, perdendo seu caráter sistemático em proveito de uma interculturalidade difusa, como não estaria o teatro intercultural, ele também, em constante mutação? Cada vez mais frequentemente, as obras interculturais são criadas e percebidas através do prisma de uma visão pós-colonial da cultura. Ora, a categoria do teatro intercultural é muito recente: dos anos 1970, e ela se constitui ao mesmo tempo que a teoria pós-colonial. Seria preciso, todavia, esperar os últimos anos do século XX para que a teoria do intercultural e do pós-colonial levasse em conta as forças políticas e econômicas da globalização.

A nova situação no jogo da globalização: desde os anos que se seguiram ao fim do comunismo na Europa, ao começo dos anos 1990, há a tendência de atribuir à globalização todos os males do mundo. Ela seria responsável pela uniformização das práticas culturais, seria uma nova forma de colonialismo a controlar o trabalho e a produção do trabalho deslocalizado. Muito mais preocupante parece ser a consequência desta deriva do pós-colonial para uma globalização. Pois a cultura deriva então depressa seja para uma concepção multicultural ou comunitarista, seja para uma visão congelada essencialista. No primeiro caso, um grupo, religioso amiúde, se arroga o direito de decidir qual é a boa cultura e a boa religião, o direito também de enquadrar os cidadãos nas regras opressoras que matam toda liberdade individual; no segundo caso, a cultura, como nos mais belos dias do colonialismo, tende a se fixar com dogmatismo em um modelo pretensamente universal, mas que na realidade só favorece a mesma classe esclarecida e já fixada no lugar: os colonizadores de outrora, os deslocalizadores do presente.

Crítica do essencialismo: censurou-se muitas vezes a primeira onda da prática e da teoria intercultural (a de Brook, por exemplo) de sucumbir a uma tendência autossatisfeita, a um idealismo e até a um angelismo das relações humanas, a uma tendência essencialista. Acusam-na de negligenciar no mesmo lance a análise socioeconômica dos espetáculos em favor de sua exclusiva dimensão estética e humanista. A dificuldade é de fato, a bem dizer, a de lançar um olhar de historiador e de economista sobre a obra intercultural e sobre a situação colonial. Pois se não nos faltam excelentes economistas e sociólogos, a dificuldade é a de aplicar seu saber ao objeto estético, em vez de permanecer a esse respeito em generalizações pós-coloniais ou de recriar, a cada vez, o mesmo capítulo da história do colonialismo.

As novas identidades pós-coloniais: a cada nova época, novas questões. As objeções à teoria se veem com frequência levantadas graças a uma prática renovada e política do interculturalismo. O teatro intercultural, ou bem simplesmente as práticas globalizadas da cultura e da arte, tornaram-se mais atentos ao olhar do analista estético e político. O interculturalismo está doravante mais preocupado com as implicações econômicas da troca e da globalização, mais atento aos perigos de um neocolonialismo sob a cobertura de um simples e neutro pós-colonialismo. Partindo de novas bases, o pós-colonialismo se fundamenta em um estudo apurado das diferentes afinidades em jogo em um espetáculo que recorre a ações, a atores, a espaços pertencentes a diversas culturas e diferentes tradições de jogo de atuação. A multiplicação das identidades é infinita em espetáculos multiculturais e multimídias. Além das identidades sexuais, étnicas, históricas, religiosas etc., pode-se imaginar comunidades que multiplicam as marcas de pertinência e, portanto, de exclusão. A consequência não é anódina: "o confinamento identitário parteja a recusa do outro"[13]. Mas o que é pior: o confinamento pela identidade comunitária ou pela multiplicação ao infinito e ao absurdo das identidades, que levam à decomposição do ser humano? Não é isso, no fundo, a mesma coisa?

Novas tarefas se apresentam à encenação intercultural e à teoria pós-colonial. Devemos retornar de modo incessante às fronteiras entre as culturas, entre o passado colonial e a pós-modernidade globalizada, entre as diferentes identidades. Os artistas, assim como os espectadores, redefinem constantemente essas fronteiras, eles as franqueiam, as transpõem de modo fraudulento e as reconectam. Na França, autores dramáticos como Marie NDiade, José Pliya ou Koffi Kwahulé se consideram mais como "dramaturgos da errância"[14] ou escritores da literatura-mundo[15] do que representantes da minoria negra.

O pós-colonialismo é necessariamente crítico, anticolonialista e intercultural?

Nem mais nem menos do que as outras formas do teatro contemporâneo, as quais se inscrevem no choque de culturas e de discursos. Os estudos pós-coloniais são, por certo, injustamente negligenciados em certos países como a França ou a Europa continental, mas eles existem, no entanto, sob outras denominações, desde que passou a haver interesse pelas formas extraeuropeias de espetáculos.

Em face dos colonizados de outrora, diante da dificuldade para os artistas pós-colonizados de encontrar sua própria voz sem renegar o passado, nem se excluir da (pós) modernidade, os descendentes dos colonizadores têm amiúde muito má consciência, eles se sentem culpados pelas ações de seus ancestrais, e estão prontos a fazer todas as penitências. Tanto quanto os indivíduos ou os regimes políticos, seria necessário poder mudar as mentalidades: "Descolonizar o pensamento, não consiste em dar razão ao colonizado de hoje contra o colonizador de ontem, mas instaurar um diálogo, ou de modo mais preciso conceber o pensamento como intrinsecamente dialógico, isto é, interconectado."[16] Este pensamento dialógico, o teatro, mais do que toda outra arte, está em condições de mantê-lo vivo.

NOTAS

1 Helen Gilbert; Joanne Tompkins, *Post-colonial Drama: Theory, Practice, Politics*, London: Routledge, 1996, p. 2.
2 Cf. Homi Bhabha, *The Location of Culture*, London: Routledge, 1994.
3 Cf. Albert Memmi, *Portrait du colonisé, précédé de Portrait du colonisateur*, Paris: Buchet/Chastel, 1957.
4 Cf. Edward Said, *Orientalism*, New York: Pantheon, 1978.
5 Cf. Franz Fanon, *Peau noire, masques blancs*, Paris: Seuil, 1952; idem, *Les Damnés de la terre*, Paris: Maspero, 1961.
6 Cf. Aimé Césaire, *Discours du colonialisme*, Paris: Presence Africaine, 1955.
7 H. Bhabha, op. cit., p. 37.
8 Termo forjado por Gramsci e retomado pelos teóricos dos "Subaltern Studies", Gayatri Spivak, em *Other Worlds, Essays in Cultural Politics*, New York: Methuen, 1987.
9 Susan Hayward, *Cinema Studies: The Key Concepts*, London: Routledge, 2006, p. 295.
10 Cf. Bill Ashcroft; Gareth Griffiths; Helen Tiffin, *Key Concepts in Post-Colonial Studies*, London: Routledge, 1998.
11 Para retomar o título do trabalho clássico de B. Ashcroft; G. Grifiths; H. Tiffin, *The Empire Writes Back: Theory and Practice in Postcolonial Literatures*, London: Routledge, 1989.
12 "É o corpo que escreve, o espírito tinge", *Le Journal du théâtre Nanterre-Amandiers*, n. 11, sept. 2009.
13 Franck Michel, Métissage, em Michela Marzano (éd.), op. cit., p. 585.
14 Cf. Sylvie Chalaye, *Afrique Noire et dramaturgies contemporaines: Le Syndrome Frankenstein*, Paris: Éditions Théâtrales, 2004. Ver igualmente: idem, *Nouvelles dramaturgies d'Afrique Noire francophone*, Rennes: PUR, 2004.
15 Cf. Michel Le Bris; Jean Rouaud (éds.), *Pour une littérature-monde*, Paris: Gallimard, 2007.
16 Jean-Loup Amselle, *Branchements*, Paris: Flammarion, 2001, p. 206.

Pós-Dramático

Fr.: *postdramatique*; Ingl.: *postdramatic*; Al.: *postdramatisch*.

Mais de dez anos após seu aparecimento em 1999, o livro de Hans-Thies Lehmann, *Postdramatisches Theater* (publicado pela Autoren) continua a animar os debates sobre o teatro contemporâneo. Nenhum outro termo havia sido proposto desde o Teatro do Absurdo nos anos 1950 para englobar grande parte da emergente produção teatral experimental, ou "de pesquisa".

1. ORIGENS DA NOÇÃO E DO TERMO

Se Lehmann não forjou o termo de teatro pós-dramático (TPD), cabe-lhe o mérito de tê-lo sistematizado e fundamentado sobre um conjunto de observações e de hipóteses, todo ele em um estilo brilhante comparável ao de Adorno. O termo PD parece calcado sobre o de pós-moderno• (PM), e isso num momento em que a teoria tem dificuldade em se renovar, em dar conta de novas experiências e em que ela escolhe, portanto, a solução de facilidade do "pós", daquilo que vem "depois", um pouco no sentido da expressão francesa *après moi le déluge*, "depois de mim o dilúvio". "Tática", aliás, que depois se generalizou com noções cumulativas como "pós-estruturalismo" (após 1968), *pós-história* (após 1989), *pós-humano* (após 1999, com Catherine Hayles)[1]. Esse princípio do "pós" conduz logo a uma acumulação de práticas que Lehmann reagrupa, às vezes rapidamente, amiúde pelo desvio de uma frase ou em intermináveis e ecléticos inventários.

É relativamente fácil identificar as ovelhas negras de Lehmann: o teatro literário e logocêntrico cuja *mise en scène* não é mais do que uma formalidade decorativa; o teatro político que sublinha suas teses e que não é senão "um ritual de confirmação daqueles que já estão convencidos"[2]; o teatro intercultural, pois não se deveria "esperar encontrar na interculturalidade um novo espaço de substituição para a opinião pública política" (p. 453).

Essas exclusões, no livro de Lehmann, raras e tanto mais radicais e notáveis, não avançam, todavia, sem certa ironia, que reaparece na marca registrada: Teatro Pós-Dramático. Um humor involuntário caracteriza esta estranha trindade:

1. O "pós" não diz jamais se a rejeição do que precede é temporal ou se ela é puramente teórica, tal como uma licença dada ao estruturalismo e à semiologia. Lehmann a converte em um princípio de não contradição: "a afirmação de que o teatro pós-dramático, por assim dizer, sempre existiu e a afirmação de que ele define um momento específico do teatro após/além do teatro não se excluem mutuamente, mas coexistem"[3].

2. Sendo o "dramático" justamente o que é abandonado, e até rejeitado, é dado espantar-se que Lehmann o retome, inclusive na sua negação, o que leva a pensar que nenhuma outra categoria – o épico, o lírico, o filosófico etc. – poderia lhe suceder, mesmo sob diversas formas.

3. A origem grega do termo "teatro" e seu emprego exclusivo no mundo ocidental ou ocidentalizado o tornam suspeito e pouco operatório quando a gente se interessa pelas práticas culturais não europeias e, sobretudo, pelas manifestações culturais não estéticas e não ficcionais. O de performance, e até de *cultural performance*•, conviria melhor.

2. SENTIDO E OBJETO DA NOÇÃO DE TPD

O objeto do TPD parece infinito, em extensão como em compreensão. Lehmann promete definir os critérios do PD, mas se olvida rapidamente de sua promessa no entusiasmo da descoberta de formas sempre novas (*Postdramatisches Theater*, p. 19). Constata-se que suas escolhas ultrapassam muito as fronteiras da cultura acadêmica e literária, que elas o conduzem para uma cultura popular ou midiática, para as artes visuais e os espetáculos de todo gênero. A dança, o novo circo, a videoarte, as artes plásticas, as instalações e o teatro musical aí encontram refúgio[4]. O TPD privilegia o princípio performativo, sem por isso aplicá-lo aos *Cultural Performance*. De fato, esses, para a teoria do TPD, continuam sendo ações simbólicas exteriores à esfera estética do teatro.

Conquanto Lehmann distinga do TPD as experiências dos anos 1950 e 1960 como o *happening•*, a arte performática, o *environmental theater*, o teatro ambiental, a *body art•*, ou o *aktionism* vienense, essas formas procuraram bem cedo esgueirar-se através das largas malhas da rede PD. Aí ainda não haveria motivo para censurar em Lehmann a ausência de definição limitativa, dada a imensidade do campo e a hibridez dos objetos. Constata-se simplesmente que os critérios se definem de início como aquilo contra o que o TPD se insurge, o que dá em seguida algumas perspectivas sobre os novos valores e os domínios estimados pelo PD.

O inimigo principal é a representação, a saber, a antiga vontade do teatro dito dramático de representar pelo texto ou pelo jogo de ator uma ação ficcional, um conflito entre duas personagens, um lugar e um tempo distintos dos do acontecimento cênico em sua singularidade. Em vez de figurar aquilo de que fala o texto, o TPD prefere exibir, expor os mecanismos da linguagem, tratar o texto como um objeto sonoro, não se preocupar com a referência das palavras.

Daí resulta uma nítida preferência do TPD por *um teatro jogado* (teatro do jogo do ator, *performed*), um teatro que se emancipou do texto dramático e que exalta uma ausência de hierarquia entre os sistemas cênicos, os materiais utilizados, entre a cena e os textos. Esses textos serão não *cênicos* (serão considerados como facilmente performados e falados), mas, ao contrário, refratários à cena, e até escritos contra ela. E, com efeito, os autores amiúde citados pelo PD, como Müller, Jelinek, Goetz, Poletsch, Kane, Krimp, Duras, Barnhard, Vinaver, Fosse, Lagarce etc., são tidos como autores que não escrevem *para* a cena, mas *contra* ou, melhor, *apesar* dela: a cena, de fato, não tem de ilustrar e explicitar o texto, ela deve propor um dispositivo que abra aos textos perspectivas novas: não uma situação sociopsicológica, mas um dispositivo• de jogo de atuação, de impulsos gestuais e visuais, que nos ajudará a descobrir o texto ao mesmo tempo que a cena e incitará ao confronto de um com o outro. Certos encenadores ou autores são conhecidos por seu fascínio pelas estruturas rítmicas: Wilson, Régy, Kriegenburg, Thalheimer, Etchells, Lauwers, Fabre, Castellucci, Lepage para os encenadores; Koltès, Lagarce, Gabilly, Handke, Foreman, entre os autores.

O objeto inencontrável do TPD é mais certa prática cênica do que um tipo de escritura. É, entretanto, muitas vezes difícil saber se o TPD designa um tipo de escritura ou então uma prática do jogo do ator e da encenação. Talvez seja essa, aliás, a razão pela qual Lehmann raramente fale de "encenação", por certo julgando essa noção muito ligada à antiga escritura dramática e à maneira "clássica" de pôr em cena, ao modo de Coupeau, por exemplo. Esta encenação "clássica" examina a passagem do texto, tido como estável, para a cena, tida como instável e imprevisível. Ela tem a pretensão de ser a obra de um encenador ao mesmo tempo criador e fiel ao texto. Segundo Lehmann, todavia, a encenação do teatro moderno "não é senão, em geral, declamação e ilustração do drama escrito", uma posição que parece, e não sem razão, muito injusta e simplificadora para Jean-Pierre Sarrazac[5]. A radicalidade de Lehmann explica-se em parte pela lassitude com respeito ao *Regietheater* alemão dos anos 1960 a 1970, um estilo amiúde julgado por demais centrado no *ego* do artista como encenador (Zadek, Stein). Em outros países, como na França e na Itália dos anos 1970, a encenação já era concebida como o melhor meio de desconstruir uma peça ou um espetáculo: Vitez, em uma série de exercícios, após espetáculos sobre os clássicos (Molière, Racine); Carmelo Bene, a partir de suas reescrituras radicais de Shakespeare em seu estilo de jogo histriônico, bem antes da hora do PD, soube desconstruir o texto, pôr em cena antes/acima do texto, propor um dispositivo• simples, mas radicalmente desestabilizador tanto para os atores como para a recepção dos espectadores.

O ator e seu duplo PM e PD, o performer, nos ajudam melhor a cercar as diferenças entre o dramático e o PD. Talvez compreendamos melhor o TPD examinando, através do performer, a nova identidade do ator: o performer não tenta construir e imitar uma personagem, ele se situa no cruzamento de forças, em uma coralidade, em um dispositivo que reagrupa o conjunto de suas ações e de suas performances físicas. Ele vale como simples presença da persona que se desfez da personagem, ou como competição de resistência vocal ou física (Pollesch, Castorf). Ele não precisa mais entrar nas emoções do espectador• por meio da imitação ou da sugestão de suas próprias emoções (*Einfühlung*), porém, segundo a feliz fórmula de Roselt, ele deve sair da identificação (*Ausfühlung*), deixar o pântano das emoções simuladas, para reencontrar as suas próprias, como um esportista, um intérprete musical, um corista, um técnico a serviço não de uma imitação humana e de uma ilusão teatral, mas de um coletivo de enunciação[6].

3. MOMENTO HISTÓRICO DO APARECIMENTO DO TPD

Nada é menos fácil do que distinguir o PD como princípio teórico e o TPD como objeto concreto (texto ou prática cênica). A mudança deste objeto teatral se explica por razões históricas, a teoria PD não é mais do que uma reação a tais mudanças. E, no entanto, para percebê-las é necessário precisamente ajustar um aparelho conceitual tão preciso quanto possível.

Mudança do objeto teatral: a mudança, Lehmann pôde observá-la nos espetáculos e nas performances que ele viu, nos anos 1970 e 1980, especialmente em Frankfurt (*Theater am Turm*) na Alemanha, nos Países Baixos e na Bélgica. Esses espetáculos formaram corpos, porque foram criados em reação à literatura do absurdo, essencialmente ligada a uma filosofia e uma literatura que não induz a uma nova prática da cena. Beckett constitui uma espécie de transição entre literatura dramática e prática abstrata e não simbólica da cena. Quanto às estéticas puramente visuais (Wilson, Kantor, mais tarde Tanguy, Gentil etc.), elas se estruturam tanto em reação contra o teatro de arte ou teatro de encenação, quanto contra a literatura dramática.

No entanto, essa literatura dramática conserva, em outros países como a França, certa autonomia com a renovação de escrituras e de edição teatral desde os anos 1980 (Vinaver, Koltès, Novarina) ou 1990 (Gabilly, Lagarce). Teóricos do drama, como Vinaver (e suas grades de análise do teatro universal) ou Sarrazac (com sua concepção do teatro rapsódico) não se inscrevem minimamente em uma reação anti- ou pós-dramática. Eles consideram ainda a encenação como uma alavanca para desconstruir, deslocar, desviar os textos canônicos clássicos. Por conseguinte, esses teóricos deixam ao TPD o campo livre para efetuar alianças com as mídias, as artes plásticas, os espetáculos populares e as variedades. Eles preservam sua confiança nos poderes da encenação, no prolongamento dos anos 1960 e 1970. A única coisa que eles partilham com o TPD é uma certa cegueira, e até uma indiferença ostensiva, em relação às experiências interculturais e à ampliação dos estudos teatrais nos *Performance Studies*• e no estudo de todas as *Cultural Performances*.

Mudança de métodos: essa evolução histórica coincide com as mudanças de métodos, e até de epistemologia, de 1968 a 1980: fim das análises dramatúrgicas de inspiração brechtianas, fim do imperialismo semiológico, inícios da era pós-estruturalista. A obra de Adorno, sua *Teoria Estética*, ou seu "Ensaio Para Compreender *Endgame*", constituem referências essenciais para quem quiser seguir o desenvolvimento desse TPD[7].

Mudança de instituições: ela é ainda uma última e fundamental razão para esse surto sem precedente do teatro PD na Alemanha, e depois, sob outros nomes, na França e em outros lugares: esse teatro de pesquisas fortemente subvencionado pelas cidades e pelo Estado, sustentado artificialmente, não sobreviveria sem essa ajuda. Na Alemanha, os *Stadtstheater* (teatros municipais), muito poderosos e ricos, logo o adotaram, reforçaram e institucionalizaram. Daí, com a retração do Estado e das instituições, o risco, e até a probabilidade, de que o TPD desapareça ou se transforme em um produto mais comercializável, que se volte a um teatro "mais acessível", a uma peça "bem-feita", uma performance "elegante e distinta" ou uma peça de *boulevard* inteligente (Cf. Yasmina Reza e Eric-Emmanuel Schmitt). Essa restauração se desenha, aliás, em um bom número de espetáculos novos.

4. RUMO A UMA ENCENAÇÃO PD E DESCONSTRUÍDA?

Ecletismo filosófico: Não se encontrará um *conjunto conceitual* adaptado às novas experiências cênicas e extracênicas após 1970: nem no estruturalismo, nem na semiologia•, nem na estética da recepção. A obra, sendo ela própria fragmentada, desconstruída, inacabada, o espectador ou o teórico não dispõe mais de conceitos ou de ferramentas ao mesmo tempo amplas e pertinentes. A única coisa que o PD de Lehmann pode fazer é recorrer de maneira pontual e eclética a noções emprestadas de filósofos franceses como Derrida, Lyotard, Deleuze, Baudrillard ou Rancière. O PD procede amiúde por oposições de conceitos: acontecimento/situação, parataxe/hierarquia, espaço/superfície, representação/presença etc. Esses conceitos em oposição o ajudam a organizar a massa de observações, a verificar a grande dicotomia dramático/PD. Esta partição binária é, entretanto, redutora para explicar fenômenos que escapam a uma dicotomia terminante.

A desconstrução•: Lehmann faz muitas vezes referência à desconstrução segundo Derrida, sem, todavia, diferenciá-la claramente de sua própria concepção do PD. Ora, parece, no entanto, necessário distingui-los, muito embora o PD e a desconstrução, tanto em Lehmann como em Derrida, se distingam explícita e contrariamente do pensamento pós-moderno• (PM).

Poder-se-ia definir a desconstrução como a maneira pela qual uma encenação se elabora e se desfaz alternadamente diante de nós. Ela referencia e induz sua própria fragmentação, põem em evidência suas dissonâncias, suas contradições e seu descentramento•. Um pormenor da representação pode desconstruir a estrutura narrativa global, arruinar toda pretensão da encenação a representar o mundo ou a construir uma personagem. Trata-se aí de operações sobre o sentido e não simplesmente de dispositivos estilísticos superficiais. Aqui reside, aliás, toda a diferença com o PM, o qual se reconhece por seu gosto pela mistura dos registros, dos gêneros, dos níveis de estilo, pela hibridez• das formas e de uma intertextualidade• muito carregada[8].

Princípios da desconstrução:

1. Descentramento da encenação: não se tem mais discurso global, discurso da encenação, ao menos explícito e claro. O encenador não é mais o autor, o sujeito central controlando tudo. O ator, o grupo inteiro, a tecnologia e as mídias não obedecem mais a um artista demiurgo.

2. O esfacelamento da encenação clássica de outrora, devido à fragmentação do sujeito, explica-se por um novo método de trabalho: *collaborative production* e *collaborative reception*, conforme os termos de Puchner[9].

3. O expor à vista um processo•, a presentação performativa de um evento substitui toda representação, figuração e, às vezes, até mesmo a significação.

4. Toda encenação, *a fortiori*, toda encenação desconstruída, é uma "Poética da *perturbação*" (*Poetik der Störung*, diz Lehmann,

Postdramatisches Theater, p. 264), o que não exclui, ao contrário, a ideia de regulação.

5. O RETORNO DA ENCENAÇÃO?

Se a desconstrução de Derrida fornece ao TPD sua armadura conceitual, ela encoraja também as generalidades filosóficas e abandona com frequência o solo das análises concretas dos espetáculos. O livro de Lehmann e as reflexões de seus antigos alunos ou de artistas que se remetem ao PD ganhariam muito se voltassem a fazer descrições mais precisas e técnicas dos espetáculos, a centrar-se de novo em uma noção antiga, mas já prestes a ser esquecida ou negligenciada: a *mise en scène*. Pois a encenação é ainda o único lugar concreto em que teoria e prática se defrontam. É também o que permite escolher, afinar e corrigir os exemplos da TPD.

Ao lado da encenação, no sentido *continental*, deve-se, entretanto, tomar em consideração a noção e a prática da arte performática, pôr em confronto a oposição entre os dois modelos no jogo da atuação[10].

Ao aproximar e associar a estética geral do PD e a história recente da encenação, não se está firmando os fundamentos de uma teoria da encenação desconstruída (ou pós-dramática)? Com a condição, todavia, de velar pelas seguintes tarefas:

1. Historicizar as práticas cênicas, contextualizá-las, relativizá-las, inscrevê-las mais claramente nos grandes conjuntos, como uma teoria das mídias ou das práticas culturais.

2. Analisar sua estratégia, sua combinatória, seu valor polêmico, sua dimensão cultural. É preciso lembrar-se de que, em cada contexto cultural e linguístico, a identificação dos exemplos de PD e a avaliação do TPD são diferentes. A relação com o texto clássico é, por exemplo, muito diferente na Holanda, na França ou na Inglaterra.

3. Atualizar os exemplos que datam de trinta e até de quarenta anos atrás, e que Lehmann analisou pela primeira vez há mais de vinte ou trinta anos. A prática evoluiu, as experiências se diversificaram, mesmo se certos artistas como os do Rimini Protokoll se atribuem a etiqueta de PD, enquanto outros, como Östermeier, se distanciam: "O teatro pós-moderno corresponde a uma época decadente e saciada, que hoje terminou. O espectador que eu era no início dos anos 1990, em Berlim, não aguentava mais o cinismo desse teatro que se fazia, por exemplo, na Volksbühne, que a crítica definia como 'desconstrutivista' e que considerava que os 'grandes relatos' não tinham mais nada a nos dizer."[11]

Ultrapassar o dualismo do dramático e do PD? Estamos longe da oposição frontal entre dramático e épico, tal como Brecht ainda podia teorizá-la nos anos 1920, na tradição da oposição platônica entre *mimesis* e *diegesis*. O PD pode conter elementos ora dramáticos ora épicos, naturalistas ou teatralizados. A oposição entre a recusa moderna da teatralidade e a aceitação PM dessa teatralidade não subsiste mais: uma mesma *mise en scène* não hesitará em passar de uma a outra, em virtude do princípio PM da heterogeneidade.

Um dualismo comparável, e não menos "ultrapassável", é o de um estilo realista (ocultando as marcas da representação) e de um estilo teatralizado (acentuando-as). Um encenador como Chéreau sabe/faz, por exemplo, alternar momentos psicológicos e momentos teatralizados, estilizados e intensificados.

6. CONCLUSÕES GERAIS:
O CASO DA ESCRITURA DRAMÁTICA

Com o fim de uma época marcada pelo desaparecimento de artistas insubstituíveis, como Cunningham, Grüber, Zadek, Gosch, Schliengsief ou Pina Bausch, entramos em uma nova era, pós-PD? Podemos sair do PD? Não é isso tão difícil quanto saltar por baixo de sua sombra? Sairemos do PD para voltar ao dramático? É pouco provável! É bom em todo caso voltar *in fine* à questão de que o termo PD subentende quando é tomado ao pé da letra: qual escritura, qual dramaturgia após o dramático?

Não há provavelmente muito sentido, ou, em todo caso, muita pertinência, em falar de escritura contemporânea PD, na medida em que a maioria dos autores integrou e absorveu as grandes tendências antitextuais do TPD, embora permanecendo legíveis, não só no sentido de "decifráveis", mas de publicáveis como pode ser a literatura dramática. Assim, Koltès integrou em parte em sua escritura a estética cênica, a mescla de autenticidade mimética e de artificialidade teatral de seu encenador, Chéreau. Este último, aliás, soube detectar na escritura de Koltès esta dicotomia, que os outros encenadores dos anos 1980 a 2000 nem sempre haviam percebido, fazendo de suas peças documentos naturalistas sobre a juventude marginal.

Semelhante circulação dura tanto tempo quanto permitem as condições de produção e a paciência dos artistas; ela reafirma a imbricação prática e teórica do texto e do jogo de atuação, ela nos remete à reflexão sobre os mecanismos da *mise en scène*; ela nos lembra acessoriamente que o texto, que era chamado, há trinta ou quarenta anos, "texto teatral que não é mais dramático" (título do livro de Gerda Poschmann[12]) volta a ser o texto "de novo dramático", para não dizer pós-pós-dramático. Após a fase de "retirada da representação" (Lehmann, *Postdramatisches Theater*), os textos tornaram a ser de novo peças bem-feitas, novamente contam histórias, representam elementos do real, prestam-se a efeitos de personagem. Esse retorno nada tem de uma restauração reacionária, é simplesmente uma tomada de consciência de que toda obra e todo discurso humano relatam sempre alguma coisa. O teatro, especialmente o contemporâneo, é sempre, segundo Sarrazac, "rapsódico". A noção de rapsódia está "ligada ao domínio épico: o dos cantos e da narração homéricos, ao mesmo tempo que a dispositivos de escritura, tais como a montagem, a hibridação, a remendagem, a coralidade"[13]. Podemos aplicar esta noção ao conjunto da encenação e nos situar então no plano do PD?

A diferença, contudo, é que a teoria dos textos contemporânea e, sobretudo, seu modo de analisar precisam ainda ser estabelecidos. Esta teoria analítica se vê obrigada a integrar parâmetros do dramático e do PD. As ferramentas como a ação, a dramaturgia, a intriga, a fábula e a ideologia permanecem pertinentes, ainda que seja para constatar sua ausência ou sua mutação[14].

O TPD bloqueia atualmente a evolução da dramaturgia, da escritura, por causa de suas novas normas, de sua nova *doxa*? Segundo Sarrazac, o bloqueio é real, pois o PD desconhece a escritura dramática e sua evolução intrínseca, não submetida às eventualidades da cena. Sarrazac manifesta o desejo de que haja uma reação contra o PD, ele lhe opõe uma "retomada": "esse momento – que é o contrário de uma restauração – em que o drama se reconstitui, se revivifica sob a influência de um teatro que se tornou seu próprio Estranho"[15]. Há realmente, com efeito, um risco real: a inversão completa da relação texto-cena. Outrora dominada pelo texto e pelo logocentrismo, esta relação, sob o "cenocentrismo" do PD, vê-se inteiramente submetida ao palco e à prática cênica, não deixando ao texto nenhuma chance de ser lido, nem sequer, aliás, de ser redigido por um autor dramático. O novo senhor não é mais o encenador, julgado ainda como demasiado logocêntrico, mas o "escritor de palco"•, que é tido como sendo tanto e ao mesmo tempo encenador e criador do conjunto texto e cena, portanto um ser híbrido, um atleta completo dos tablados e das páginas, (re)escrevendo seus textos à luz dos projetores do palco.

Esta *escritura do palco* (segundo o termo de Bruno Tackels) que tende a tornar-se frequente, se não dominante, no teatro de pesquisa, parece como duas gotas d'água no TPD.

A ideia é que toda criação parta da cena, a partir do trabalho concreto com os atores no espaço e no tempo da cena. Nesse sentido, esta "escritura do palco" (nome infelizmente pouco feliz, visto que não se trata nem de escritura nem de cena tradicional!) reúne-se à tradição britânica do *devised theatre*, que também tem a lamentável tendência de fagocitar as outras formas do teatro de pesquisa, notadamente a escritura dramática e o *director's theatre*, o teatro da *mise en scène* inspirado pela tradição continental.

No fundo, os três tipos de experiência – TPD, *devised theatre* ou escritura de palco – se reúnem para evitar, se isso não é liquidar, a tradição da encenação de arte, baseada na releitura das peças, o mais das vezes clássicas. Como os *Stadtstheater* alemães não podem também renunciar facilmente ao repertório clássico exigido por um público sobretudo tradicional e pequeno burguês, eles integram as pesquisas do PD, fazendo com que os encenadores convidados ou vinculados ao teatro os apliquem um pouco mecanicamente. Isso aconteceu há um tempo com Robert Wilson e agora com os antigos vanguardistas do PD, como Jan Lauwers, Jan Fabre, Luk Perceval ou Michael Thalheimer. Essas mesmas estruturas potentes e firmadas, na Alemanha e alhures, que encorajaram nos anos 1970 e 1980 os primórdios do PD, estão talvez, atualmente, prestes a recuperá-las, adaptá-las, comercializá-las e rematá-las, em todos os sentidos do termo. O futuro do teatro reside, provavelmente, mais no sistema de subvenções do que na elaboração de novas formas, sejam elas dramáticas ou PD.

Graças à reflexão de Lehmann, de seus alunos e, agora, de numerosos artistas que se declaram seus seguidores no mundo inteiro, o TPD teve o imenso mérito de formalizar toda uma corrente viva e regeneradora do teatro mundial, por certo com as contradições e as imprecisões de nosso tempo, com ceticismo tão cínico quanto desesperado para com os dogmas do passado e as fáceis promessas do futuro. O TPD está longe de ter entregue seu segredo: nem estilo, nem teoria, nem método, ele é um ardil para deslocar as contradições bloqueadas. Sua sobrevida ou seu desaparecimento não dependem de modo nenhum do dramático e de uma dramaturgia neoclássica, mas, antes, do reforço de uma escritura que não cortou completamente as amarras com a arte e a literatura dramática. Na sua batalha contra o PD não foi dito que o dramático tenha dito sua última palavra.

NOTAS

1. Cf. Catherine Hayles, *How We Became Posthuman: Virtual Bodies in Cybernetics, Literature, and Informatics*, Chicago: University of Chicago Press, 1999.
2. Hans-Thies Lehmann, *Postdramatisches Theater*, p. 453-459.
3. Idem, *Contemporary Drama in English*, v. 14, *Drama and/after Postmodernism*, Trier: Wissenschaftlicher, 2007, p. 44. "The affirmation that postdramatic theater existed, so to speak, form the beginning and the affirmation that it defines a specific moment of theater after/beyond drama do not exclude each other but coexist."
4. Segundo Jerzy Limon, o teatro pós-dramático teria um ancestral longínquo, mas certo na representação de máscara (Stuart Masque) no início do século XVII. Cf. Performativity of the Court: Stuart Masque as Postdramatic Theater, em Paul Cefalu; Bryan Reinhold (eds.), *The Return of Theory in Early Modern English Studies*, Basingstoke: Palgrave Macmillan, 2011.
5. *Études théâtrales*, n. 38-39, 2007, p. 9.
6. Cf. Jens Roselt, *Phänomenologie des Theaters*.
7. Cf. Theodore W. Adorno, *Aesthetische Theorie*, Frankfurt: Suhrkamp, 1970 (trad. fran.: *Théorie esthétique*, Paris: Klincksieck, 1974); idem, Versuch das Enspiel zu verstehen, *Noten zur Literatur*, Frankfurt: Suhrkamp, 1974.
8. Patrice Pavis, *La Mise en scène contemporaine*, Paris: Armand Colin, 2007, p. 159-160. (Trad. bras.: *A Encenação Contemporânea: Origens, Tendências, Perspectivas*, São Paulo: Perspectiva, 2013, p. 203-205.)
9. Martin Puchner, *Stage Fright, Modernism, Anti-Theatricality and Drama*, Baltimore/London: The Johns Hopkins University Press, 2002, p. 176.
10. P. Pavis, op. cit., p. 43-71. (Trad. bras.: p. 43-83.)
11. *Thomas Ostermeier*, Introduction et entretien par Sylvie Chalaye, Arles: Actes Sud-Papiers, 2006, p. 53.
12. Cf. Gerda Poschmann, *Der nicht mehr dramatische Theatertext: Aktuelle Bühnenstücke und ihre dramaturgische Analyse*, Tübingen: Niemeyer, 1997.
13. Jean-Pierre Sarrazac, *Lexique du drame moderne et contemporain*, Belval: Circé, 2005, p. 183-184.
14. Cf. Patrice Pavis, *Le Théâtre contemporain*, Paris: Nathan, 2002.
15. J.-P. Sarrazac, *Études théâtrales*, n. 38-39, 2007, p. 1.

Pós-Moderno (Teatro)

Fr.: *posmoderne (théâtre)*; Ingl.: *postmodern Theatre*; Al.: *postmodernes Theater*.

A expressão de teatro pós-moderno é extremamente vaga, ela se aplica indistintamente às práticas textuais e cênicas as mais variadas, sem que seja sempre possível verificar sua pertinência, pois estas são muitas vezes indistintamente denominadas pós-dramáticas•, interculturais•, globalizadas, intermidiais, desconstrucionistas, "supermodernas" (Marc Augé), quando não são, por uma espécie de retorno ao remetente, modernistas.

1. OS INÍCIOS DA MODERNIDADE

É muito delicado situar historicamente os inícios da modernidade nas artes e na literatura. Para Giorgio Agamben, "a chave do moderno está escondida no imemorial e no pré-histórico". Sem remontar tão longe, seguiremos o parecer de Jürgen Habermas que, em seu *Discurso Filosófico da Modernidade*, a faz remontar ao século XVIII e ao *Aufklärung* (Iluminismo). Habermas poderia, de resto, citar Diderot e seu projeto, ele também inacabado, de um teatro concebido como útil ao conhecimento e à mudança da sociedade; ou então ainda, como uma das fontes da modernidade um século mais tarde, poder-se-ia nomear Baudelaire e sua vontade de "destacar da moda o que ela pode conter de poético no histórico, tirar o eterno do transitório" (*La Peintre de la vie moderne*, 1859).

No que diz respeito ao teatro, a modernidade e a *mise en scène* parecem convergir na segunda metade do século XIX. A prática da cena se faz então cada vez mais racional no que concerne à organização e à propriedade dos espetáculos; ela exige expressamente, após 1880, a assinatura de um encenador, depois se sistematiza em numerosas estéticas até os anos 1950. Mesmo as estéticas das vanguardas históricas mais radicais, as dos anos 1910 a 1940 (expressionismo, futurismo, dadaísmo, surrealismo) requerem a presença de um encenador e de seu talento de conjugador, coordenador e centralizador. Mas a crise do drama é contemporânea do advento da modernidade, por volta dos anos 1880, e ela irá durar até os anos cinquenta do século seguinte. É, aliás, nessa época (os anos 1960) que aparece o termo pós-modernismo. Trata-se aí de uma maneira de despedir-se, e até de efetuar o enterro, da modernidade e das vanguardas históricas, de fazer do pós-moderno uma "pós-vanguarda"[1].

Se a chegada do encenador coincide com a do modernismo, com a passagem do *actor-manager* (ator-empresário) ao *director*[2], com a "tendência modernista da interpretação e aos descentramentos teatrais da performance" (p. 30), ela se produz também no momento em que a dramaturgia de origem clássica entra em crise, precisamente, como o demonstra Peter Szondi (1956), nos anos 1880. Fazendo do encenador o novo demiurgo da cena, o modernismo põe na cabeça o propósito de controlar tudo, mas antecipa, ainda que seria apenas nas suas meditações autorreflexivas, os riscos de um novo imperialismo do sujeito criador, em um momento quando as ciências humanas, a psicanálise ou a filosofia irão em breve demonstrar a fragmentação, o descentramento• e a multiplicação pós-moderna do sujeito e de seu desejo.

2. A ULTRAPASSAGEM PÓS-MODERNA

a. Na Sociedade, na Filosofia e nas Artes

O pós-moderno é uma lâmina de fundo, um movimento que rejeita toda autoridade central, toda homogeneidade, que reconhece todas as espécies de comunidades consideradas com os mesmos direitos, que se interessa pelas minorias• de toda ordem.

A chegada do pós-moderno marca uma mudança de época. O pós-moderno designa, de saída, a arquitetura "não internacional", capaz de integrar os estilos históricos mais diversos (sem que o edifício venha a desmoronar imediatamente). A arquitetura pós-moderna queria ultrapassar a Bauhaus e seus herdeiros (Le Corbusier, Gropius, Moholy-Nagy), considerada como por demais austera, purista e até puritana. O "teatro de arte", criação puramente modernista, se esforça por imitar tal purismo, um esteticismo elegante ou aristocrático, ele confia à encenação a escolha ponderada de uma leitura aprofundada. Em compensação, a estética pós-moderna prega a abertura e se preocupa pouco com a originalidade. Sua estética "pop" aprova o ecletismo, a arte comercial e o kitsch.

A pós-modernidade se estabelece filosoficamente com Lyotard e sua incredulidade em relação aos grandes relatos: "Uma longa série de oposições modernas perdem seu gume: novo/antigo, presente/passado, esquerda/direita, progresso/reação, abstração/figuração, modernismo/realismo, vanguarda/kitsch."[3]

O discurso pós-moderno alimenta a confusão entre literatura, arte, filosofia, teoria, ficção, realidade social, *business* (negócios): ele gosta de confrontar práticas habitualmente separadas que a cena pode testar e nos fazer saborear sua arte de acomodar os restos.

A modernidade – isso foi muitas vezes notado – é sintomática de uma crise aguda na cultura, de um "Mal-estar na civilização" (Freud). A pós-modernidade conhece, ela também, uma crise, porém difusa e inapreensível. "A pós-modernidade não é um movimento, nem uma corrente artística. É bem mais a expressão momentânea de uma crise da modernidade que aflige a sociedade ocidental e, em particular, os países mais industrializados do planeta."[4]

b. No Teatro

Na Europa Ocidental emprega-se pouco o termo *teatro pós-moderno*, talvez porque faz repetição inútil com o de *mise en scène*, seja ela moderna (cerca 1880) ou pós-moderna (após 1950). Outras áreas culturais, em compensação – Europa Central e Oriental ex-comunista, mas também países pós-coloniais (tais como a Coreia, a África, a América Latina) –, o utilizam muito mais, porém de uma maneira um pouco anárquica, mais como estilo, atitude, marca de fábrica ou etiqueta do que como noção teórica e analítica. Segundo dramaturgos da "periferia" – como a Argentina ou o Chile –, a oposição entre modernidade e pós-modernidade é expressamente sentida como artificial. Tal é o testemunho do autor Rafael Spregelburd: "A distinção é, para nós (argentinos), uma categoria europeia. Os países periféricos, pós-coloniais, aqueles que não participam do concerto das nações, são países que, na realidade, não conheceram modernidade."[5]

Certos princípios do pós-moderno não parecem se aplicar diretamente ao teatro. Assim, a mistura pós-moderna de arte elitista e de entretenimento popular tem dificuldade de se impor: a encenação é intimada a escolher entre pesquisa intelectual e entretenimento popular, ao menos na Europa, pois o corte não é tão nítido em outras regiões, como a China ou a Coreia.

Muitos outros princípios da estética pós-moderna se aplicam, entretanto, aos espetáculos de teatro, além da dança e de seus grandes coreógrafos (Lucinda Child, Simone Forti, Steve Paxton, Merce Cunningham, Yvonne Rainer, William Forsythe, Trisha Brown).

3. Alguns princípios estéticos do teatro pós-moderno

Não se encontra quase mais releitura radical de clássicos ou interpretação original e inédita de obras: todas as leituras parecem possíveis ou indecidíveis, de acordo com a célebre fórmula de Paul Feyrabend (*anything goes!*; tudo serve!). A encenação não tem mais por objetivo liberar, emancipar, achar soluções codificadas em sutis análises dramatúrgicas ou em escolhas cênicas. Essa noção de *mise en scène*, como pesquisa de um sentido oculto ou novo, é posta em dúvida; a preferência recai sobre a performance•, a instalação, a exposição de palavras (expor à vista e no som a linguagem, sem se preocupar com o sentido). A pesquisa brechtiana da historicidade ou da historicização de uma peça ou de uma representação é recalcada em proveito de um historicismo que pretende reconstituir as condições históricas do jogo de atuação dos clássicos. Interpretar Racine em declamação barroca como no século XVII é também um meio de nada dizer da peça que seja útil à nossa época. Atitude essencialista que vê a declamação, o signo teatral, a teatralidade ou a encenação como categorias intemporais congeladas, ao passo que a construção do sentido é histórica, variável, ancorada na modernidade.

Nenhum centro, nenhuma identidade estável controla mais o texto ou a representação. A relação com a tradição do jogo teatral ou de interpretação se esfumou, quase se apagou: amiúde os artistas rejeitam a tradição, e o público não a conhece mais. Todos se veem tomados de um "presentismo", no culto do instante e do presente que não autoriza nenhuma tomada de distância crítica, prisioneiros daquilo que é agradável e imediatamente consumível. Não se procura mais, portanto, uma mensagem para decifrar, contradições para deslindar, uma assinatura original de um encenador ou de um artista, como no tempo da modernidade.

A escritura dramática como a encenação pós-moderna privilegiam os elementos contraditórios, as formas híbridas em seu estilo, seu gênero, sua temática. A crise da representação, a dificuldade de representar o real e, mais ainda, de sair da representação para não estar mais do que no presente e na presentação, se traduz muitas vezes por uma recusa de representar o que quer que seja, de exprimir qualquer coisa, de manifestar uma intencionalidade, sentindo-se ao mesmo tempo culpado de não exprimir qualquer coisa para outrem: "Nada a exprimir, nada com que exprimir, nenhum poder de exprimir, nenhum desejo de exprimir, tudo isso com a obrigação de exprimir."[6]

O fim dos "grandes relatos" emancipadores (marxismo, freudismo etc.), anunciado por Lyotard desde 1979, repercute na ausência de conclusão narrativa, de releitura dramatúrgica sistemática, mas ela não significa por isso o fim do relato, do *storytelling*. As formas são somente diferentes, muito "simplesmente complicadas", como diria Thomas Bernhard, a saber, refundidas em modos narrativos menos espetaculares ou grandiosos, porém mais próximos da vida cotidiana das pessoas e de suas anedotas memoráveis.

A relação com a tradição mudou: esta não é mais negada ou violentamente contradita, como nos textos modernos que se insurgiam contra as práticas ou os textos clássicos estratificados. Ela é antes sub-repticiamente desviada por efeitos de ironia ou de paródia, e não mais de pastiche. O pastiche imita um gênero precedente e lhe rende assim homenagem reproduzindo seus dispositivos estilísticos. Uma paródia como do argumento e do filme de Duras e Resnais, *Hiroshima, mon amour*, por Burnier e Rambaud (*Parodies*, 1977), fornece um exemplo pós-moderno de paródia (bastante rara no teatro). O célebre *leitmotiv, tu n'as rien vu à Hiroshima*, "você não viu nada em Hiroshima", torna-se, por exemplo: *Tu n'as rien vu, Mirot chinois*, "Você não viu nada, Mirot chinois." Paródica na intenção geral e na sátira do filme literário e exaltado, a reescritura burniero-rambaldiana reata ao mesmo tempo com o gosto do pastiche do lirismo durassiano. Ela retoma seus dispositivos e tiques de linguagem, sugerindo, também, maliciosamente, que o filme não pode ser visto, pois que o espectador• é míope... Esse tipo de desvio• é fundamentalmente pós-moderno, na medida em que nada faz senão retomar elementos de textos originais, subvertendo-os, sem pretender mudar a relação com a realidade, mas retrabalhando o estilo.

Daí resulta um maneirismo muito pronunciado que o jogo do ator e a encenação sabem muito bem como levar em conta. A artificialidade, a intensificação• e o engrossamento dos efeitos estilísticos dão às vezes a impressão de um exagero, de um excesso•, de uma paródia, como se os artistas não soubessem imitar as personagens e suas situações. Mesguich na França, Kriegenburg ou Thalheimer na Alemanha são especialistas nesse jogo não psicológico, sentido como literário e artificial por um público habituado ao realismo, um jogo que se associa amiúde também ao pastiche pós-moderno: distância irônica, mas não necessariamente cômica, amor muitas vezes elitista da forma e da construção dramática ou visual, sem nenhum desejo de aí veicular ataque, mas para um público de iniciados que está de posse dos códigos de funcionamento e das regras do jogo teatral.

Esta insistência na teatralidade encontra sua explicação no gosto do pós-moderno pelo ludismo, pela artificialidade, pela exibição de palavras e de figuras de estilo, todos esses traços que o jogo de atuação sabe perfeitamente produzir e que sempre se associou à mentira teatral, tão odiada pelo naturalismo.

Outros critérios do teatro pós-moderno.

Os quatro critérios do cinema pós-moderno, segundo Hayward[7], encontram-se de novo, *mutatis mutandis*, no teatro pós-moderno:

1. *Simulação*, nos dois sentidos do termo: a. No sentido de uma simulação como em uma experiência científica (simula-se uma catástrofe atômica e o que será preciso fazer para remediá-la): aqui simula-se o reencontro não tanto dos grupos sociais ou das classes quanto o dos estilos e das corporalidades; b. No sentido em que, para Baudrillard, nossas vidas são "simulações da realidade"[8]. Esse universo é o de um reencontro imaginário e, no fundo, inteiramente artificial; trata-se de uma pura invenção do espírito, que se faz passar por realidade.

2. *Pré-fabricação*: a encenação fabrica e adapta para a cena materiais já formados: citações de coisas existentes, cuja fabricação artesanal em função das necessidades da cena salta aos olhos, empréstimos de materiais pertencentes a gêneros ou a horizontes culturais diferentes, por exemplo.

3. *Intertextualidade*: ou, mais exatamente, intermidialidade•, pois os textos citados ou retrabalhados provêm de diversos sistemas semióticos: visuais, gestuais, rítmicos, sonoros, midiáticos.

4. *Bricolagem*: consequência e modo de trabalho dos três critérios precedentes, a bricolagem, quando se torna sistemática e coerente, une-se à (bem chamada) desconstrução•. Ela assegura o vaivém entre uma teoria explicativa e uma prática espontânea e anárquica. A prática anárquica necessita da teoria para ser interrogada de maneira coerente e original.

Esses quatro critérios confirmam uma homogeneização do teatro pós-moderno naquilo que ele pode ter de rolo compressor. Mas, paralelamente, nota-se uma diversificação de experiências, uma extrema individualização de práticas teatrais e performativas, assim como do consumo cultural. O teatro pena para permanecer uma mídia generalista, coordenadora; ele tende a fragmentar-se em gêneros individualizados, consumíveis à la carte por minipúblicos de *aficionados*, amigos, família ou colegas dos artistas.

4. PÓS-MODERNO, PÓS-DRAMÁTICO•, DESCONSTRUÇÃO, INTERCULTURALIDADE, INTERMIDIALIDADE, *ET ALII*

Na linguagem corrente, assim como nas obras históricas ou teóricas, não é raro que todas essas noções sejam empregadas umas pelas outras. É comparando o modo de recepção do espectador que se poderá diferenciar esses termos e essas práticas concorrentes.

O pós-moderno é um movimento estético geral que reúne algumas grandes tendências do pensamento e da cultura de sua época (após 1950 mais ou menos). Todas as outras categorias são atingidas pelo pós-moderno, como por impregnação. Elas possuem em comum o fato de aceitar critérios os mais contraditórios, como se fosse necessário, enfim, encontrar uma solução conciliadora e democrática para o radicalismo e para o autismo das vanguardas da modernidade. Após a melancolia do modernismo, ligada à impossibilidade de dar adeus a uma solução radical, o pós-moderno cederia, assim, a um cinismo democrático: tudo é possível, pois nada nos satisfaz, a democracia das artes e dos compromissos é a última coisa que nos resta. Atitude semelhante tem todas as chances de encontrar um eco favorável no teatro, porque essa arte ama acumular os materiais e os signos, sempre sem decidir sua hierarquia e, ainda menos, suas interações. E o que salva, todavia, a encenação pós-moderna é a atenção que ela dedica à relação da teoria e da prática no estabelecimento do sentido por parte do encenador tanto quanto do espectador. A contribuição deste último é incessantemente utilizada e ele deve implicar-se na gênese do sentido. Ele faz sempre o liame entre sua experiência prática e sua hipótese teórica para interpretar o texto ou o espetáculo. Em última análise, ele tem toda liberdade para interpretar e avaliar a obra cênica ou textual.

A desconstrução, por pouco que se queira entendê-la segundo a filosofia de Jacques Derrida, é uma disciplina de ferro para o encenador aprendiz ou o crítico estreante. Ela o obriga, de fato, a renunciar ao intento de encontrar um sentido definitivo, sem por isso renunciar ao de procurá-lo. Ela prepara para o imprevisível, instala-se na instabilidade de significações, faz com que se renuncie à busca das origens do sentido. O espectador é implicitamente intimado a situar-se em uma atitude de ironia e, às vezes, também de desespero em face das contradições insolúveis da obra.

A intermidialidade e a remidiação• (passagem de uma mídia a outra conforme a evolução tecnológica) estão na origem de um gênero novo: não o espetáculo multi-performance, mas o gênero de espetáculo que foi elaborado ao termo de uma sequência de remidiações, de empréstimos de possibilidades de uma mídia. A força dessas tecnologias, quando bem empregadas, é a de fazer retornar à arte do relato, de saber contar uma história por todos os meios (as mídias), sem perturbar o espectador pelo uso visível e pesado de uma tecnologia que bloqueia o fluxo do relato. Basta pensar na maneira como Robert Lepage reencontra a força de um relato sem indispor o espectador, mas encontrando a cada momento a mídia apropriada ao tipo de relato ou ao efeito previsto sobre o receptor.

O teatro intercultural• não pertence ao pós-moderno: o espectador se coloca muitas vezes questões mais antropológicas e sociológicas do que dramatúrgicas e estéticas; por exemplo, sobre as identidades e as pertinências de todas as ordens. Sua faculdade de mudar incessantemente de código (*code-switching*) é capital. O espectador desconfia, pronto a rir ou a sorrir da outra cultura, porém pouco à vontade por não ter mais o direito de o fazer abertamente, temendo o menor mal-entendido cultural (*political corectness* obriga). Se ele está pronto a transformar a cultura do outro segundo sua própria cultura, acha-se muito menos inclinado a adaptar-se aos códigos culturais estrangeiros, ainda que seja pelo tempo de um espetáculo. (Ver modernização•)

Com *o teatro "globalizado"*, espécie de pós-moderno hibridizado ao extremo e submetido às normas internacionais, as questões de ética e de correção intercultural se propõem felizmente muito menos, o que libera novas perspectivas criadoras, dando mesmo a esperança, muitas vezes ilusória, de que o teatro acabará por tocar todos os públicos do mundo e que é suficiente saber como exportá-lo.

"*Teatro da Supermodernidade*": deste modo, poder-se-ia, com referência a Marc Augé[9], chamar esse teatro de global-pós-moderno-pós-dramático-desconstrucionista. Augé define a supermodernidade por meio de três fatores: superabundância de acontecimentos, superabundância espacial, individualização de referências. O teatro não escapa a esta supermodernidade. O acontecimento cênico está nucleado na massa de acontecimentos, *live* ou midiáticos. O espectador é convidado a ler e a decifrar o que lhe apraz, a escolher as alusões e as referências que lhe convêm. (Ver contemporâneo•)

5. E APÓS O PÓS-MODERNO?

Supondo-se que se possa sair da crise pós-moderna tão forte e confortavelmente ancorada em nossa época, nota-se – talvez na sua própria lógica? – certo sufoco desta filosofia e desta estética, ao menos como maneira de designar nossa época. O pós-moderno estaria quase a perder o fôlego, segundo os seus próprios teóricos: "Há vinte anos, o conceito 'pós-moderno' dava oxigênio, sugeria o novo, uma bifurcação maior. Ele se torna agora vagamente obsoleto."[10] Com efeito, passou-se "do pós ao hiper: a pós-modernidade não terá sido senão um estádio de transição, um momento de curta duração. Já não é mais o nosso" (p. 80).

Assistimos, em todo caso, a certo contra-ataque após o sucesso do pós-moderno como explicação universal. O presentismo contraria nossa necessidade de sair da crise (p. 92). A comunicação ultrarrápida da internet ou das mídias nada faz muitas vezes senão confirmar o que já se sabia e que nos impede de reencontrar o Outro, de reafirmar o laço social, de reforçar a comunidade, de tirar proveito de uma catarse coletiva.

O teatro pós-moderno tem, sem a menor dúvida, uma tendência extremista, elitista, isolacionista. Como poderia o teatro lutar contra este isolamento sem cair na facilidade, no populismo, na boa consciência? A ausência de projeto coletivo, o ceticismo para com a política, o refúgio na ética e no compassível induzem a certo fatalismo: tudo vem tarde demais, não resta alternativa senão associar a arte e a cultura ao negócio gerenciado, se ainda se deseja salvá-las. O pós-moderno gabava as virtudes do intercultural, o pós-dramático, com Lehmann[11], é muito mais cético acerca da possibilidade de uma mudança política e vê no "todo-cultural" um signo de despolitização[12]. Esta tibieza pós-moderna é um sintoma de nossa predileção pelo compassível, pela religiosidade, pela referência constante aos direitos do homem, o que Alain Badiou chama de "moralismo tolo com tintura religiosa"[13].

Talvez o pós-dramático seja o chofer de um bólido pós-moderno lançado a toda velocidade e indo direto contra a parede: a paisagem em volta é magnífica e alguns raros passageiros têm de escolha entre saltar em movimento ou esperar que isso acabe[14].

NOTAS

1 Ver as atas da conferência organizada por Meewon Lee na Korea National University of Arts, em Seul, out., 2012, Where Do We Go After the Post-Avant-Garde?

2 Andy Lavender, *Hamlet in Pieces': Shakespeare Reworked by Peter Brook, Robert Lepage, Robert Wilson*, London: Nick Haern, 2001, p. 30.

3 Cf. Jean-François Lyotard, *La Condition postmoderne*, Paris: Minuit, 1979.

4 Marc Jimenez, *Qu-est ce que l'esthétique*? Paris: Gallimard, 1997, p. 418.

5 Rafael Spregelburd, em Judith Martin; Jean-Louis Perrier (éds.), *Buenos Aires, génération théâtre indépendant*, Besançon: Les Solitaires Intempestifs, 2010, p. 86.

6 Samuel Beckett, *Disjecta: Miscellaneous Writings and a Dramatic Fragment*, ed. Rubi Cohn, London: John Calder, 1983, p. 139.

7   Susan Hayward, *Cinema Studies: The Key Concepts*, London: Routledge, 2006, p. 299-310.
8   Philip Auslander, *Theory for Performance Studies: A Student's Guide*, London: Routledge, 2008, p. 57.
9   Cf. *Introduction à une anthropologie de la surmodernité*, Paris: Seuil, 1992.
10 Gilles Lipovetski, *Les Temps hypermodernes: Nouveau Collège de Philosophie*, Paris: Grasset, 2004, p. 71.
11 Cf. Hans-Thies Lehmann, *Postdramatisches Theater*.
12 Cf. Alain Brossat, *Le Grand dégoût culturel*, Paris: Seuil, 2008.
13 Alain Badiou, *Second Manifeste pour la philosophie*, Paris: Flammarion, 2010, p. 110.
14 Cf. Elinor Fuchs, *The Death of Character: Perspectives on Theater after Modernism*, Bloomington: Indiana University Press, 1996.

arbitrária do corpo. Um dos métodos consiste em partir de um trabalho preciso sobre as posturas e o corpo, para, em seguida, aceder às emoções e às nuances psicológicas. Michel Liard nos lembrava: "Mais vale às vezes fazer como se a gente não soubesse mais nada e colocar o corpo em uma postura de trabalho: a inspiração virá."[2]

NOTAS
1   Jean-Claude Martin, *Communiquer: Mode d'emploi*, Paris: Marabout, 2002, p. 36.
2   Michel Liard, *Parole écrite, parole scénique: Du texte à la scène*, Nantes: Joca Seria, 2006, p. 71.

Postura

Fr.: *posture*; Ingl.: *stance*; Al.: *Körperhaltung*.

Termo médico aplicado ao ator; a postura é a posição do corpo, sua manutenção, sua atitude, muitas vezes desconfortável, e até pouco "correta", em todos os sentidos desse termo. A postura é corporal, cinestésica, ao passo que a atitude° é psicológica, da ordem do sentir.

A teoria da comunicação esforça-se por ler as diferentes posturas de um indivíduo para interpretar sua atitude interior. Ela distingue notadamente uma postura em contração (submissão), em extensão (dominação), em aproximação (partilha), em rejeição (recusa)[1]. Ela descreve as mudanças de posturas efetuadas graças aos marcadores cinestésicos. Observa os trajetos cinestésicos de uma pessoa em uma mesma situação.

É lícito aplicar esta teoria das posturas à análise do ator se o seu jogo segue a tradição psicológica e mimética. Visto que o trabalho da encenação ou da coreografia retrabalha o corpo conforme suas próprias leis não psicológicas, convém inventar outro modo de descrição e de estar atento à plástica amiúde

Practice as Research (Prática Como Pesquisa)

Fr.: *Pratique comme recherche*; Al.: *Praxis als Forschung*.

A expressão *practice as research* (PAR) é empregada desde o início dos anos 1990, em particular no Reino Unido, para descrever uma maneira de fazer os estudantes de artes trabalhar. Considera-se que estes devem criar uma obra original antes de propor uma reflexão, o mais das vezes escrita, sobre a sua criação, o que lhes permite conquistar um diploma de mestrado ou doutorado. A ideia é, portanto, que sua prática constitua o objeto de sua própria pesquisa, à maneira dos estudos puramente teóricos ou históricos que versam sobre as obras dos "outros". Este método da "prática considerada como o objeto de sua própria pesquisa" pode ser estendido ao ensino das artes em geral: a prática de uma arte e a produção de obras tornam-se o objeto da investigação e da reflexão e elas nutrem então a pesquisa. Para o teatro, a representação ou a performance realizada serão o objeto de um estudo segundo os mais diversos métodos. Esse estudo é às vezes o ponto de partida de um novo modo de pôr em prática que leva em conta as observações teóricas. E assim sucessivamente, ao infinito...

1. ALÉM DO DEBATE SOBRE A TEORIA E A PRÁTICA

A *Practice as Research,* a prática considerada como pesquisa, é em primeiro lugar e antes de tudo a prática constituindo o objeto de uma pesquisa. Não se tem aí nada de muito novo no campo dos estudos teatrais obsedados desde sempre pela possibilidade de encontrar a teoria mais apropriada para descrever e interpretar a representação ou o texto dramático. Trata-se a seguir, e de maneira mais recente e indireta, da ideia de que a criação pode elaborar-se por meio e ao termo de uma pesquisa, a qual não é separada de seu objeto artístico ou posterior a ele, mas é parte ativa e simultânea desse objeto.

O ensino do teatro é uma coisa completamente diferente da PAR (*practice as research*): é a iniciação geral ao processo de criação, porque esta última versa sobre o estudo dos textos e das formas teatrais, sobre a encenação como arte, sobre o jogo do ator ou sobre as profissões das artes do espetáculo.

Uma nova norma institucional: é o que não se pode deixar de observar no contexto britânico ou, de um modo mais geral, europeu. Com a transformação do ensino em um mercado em que supostamente reina a livre concorrência, as universidades entram em competição para oferecer aos estudantes aquilo com que sempre sonharam: as práticas de uma arte sancionada e recompensada por um diploma universitário. Para as universidades, a busca de clientes prontos a pagar o alto preço torna-se uma necessidade, depois rapidamente uma questão de sobrevivência, ainda que seja para se beneficiar das subvenções do Estado e de organismos que se arrogam o direito de legislar sobre o que deve ser o ensino da arte e, portanto, a própria arte. Todas essas razões explicam o surto dessa nova maneira de praticar a pesquisa.

2. RAZÕES E PROBLEMAS DO SURTO DA PAR (PCR)

a. As Novas Condições do Mercado

Se a questão da PAR, às vezes denominada Parip (*Practice as Research in Performance*), se coloca com tanta insistência, é porque ela é sintomática das mudanças do mercado universitário. Além da demanda estudantil, o desafio é integrar o trabalho artístico e os profissionais na universidade, de incitá-los a provar sua utilidade e a justificar seu lugar. 90% da discussão sobre a Parip versam sobre a legitimidade e o lugar quantitativo e qualitativo da prática, seja para os estudantes seja para os docentes. Por toda parte, a arte e os artistas têm sempre suscitado certa desconfiança da universidade. É sobretudo no mundo anglo-americano, mais aberto e mais pragmático, que a universidade integrou resolutamente a formação para os atores e os diversos ofícios do espetáculo.

b. Os Perigos e as Ciladas da Institucionalização da PAR

Apesar dos debates salutares que suscita, a institucionalização da prática na universidade ou nas escolas, acarreta numerosos mal-entendidos. As diretivas oficiais dos organismos destinadas a candidatos aos mestrados e doutorados "práticos" são muito gerais, e até ingênuas. Conviria, segundo elas, demonstrar uma "alta qualidade artística no trabalho criador, [...] apresentar concepções novas ao conhecimento e substanciais, [...] trazer uma contribuição ao conhecimento"[1]. Infelizmente, esses votos piedosos (e vazios) são tão subjetivos quanto arbitrários e ingênuos, pois quem irá verificar o conhecimento e a qualidade? A preocupação dos organismos de controle de qualidade e de subvenção é que a atividade artística possa ser considerada legitimamente como uma pesquisa "séria". Segundo o *Research Assessment Exercice* (RAE) para as universidades britânicas de 2001, o trabalho de pesquisa dos docentes deve responder a critérios bem precisos, mas dificilmente verificáveis: "Para ser considerado como pesquisa, o trabalho deve mostrar que ele poderia: a. interrogar-se de maneira crítica; b. situar-se em seu contexto de pesquisa; c. contribuir para um saber ou para uma compreensão originais; e d. dar nascimento a outras formas de discurso que permitam sua disseminação." (Whitton, 2009, p. 81)

c. Forma da Pesquisa Teórica

As diretivas oficiais e a maior parte dos docentes tendem a considerar, um pouco rapidamente, que a pesquisa deve efetuar-se sobretudo após a fabricação da obra, tomando a forma de um ensaio, de uma dissertação ou, ao menos, de uma discussão oral. Qualquer que seja a forma adotada, trata-se sempre de falar de arte em termos cognitivos e provando sua originalidade e a inovação da obra: "A ambiguidade do fato de saber se a prática como pesquisa é obrigada a demonstrar uma inovação artística ou uma originalidade em termos cognitivos é algo que ainda é preciso resolver."[2] Serão as palavras, com efeito, sempre as mais adequadas para avaliar uma obra visual, uma melodia ou uma voz poética? Quanto à originalidade, cumpriria ainda dizer em relação a qual norma e se lembrar que essa suposta qualidade universal nem sempre foi a regra obrigatória. A pesquisa, tal como a concebe a universidade ou os organismos de "controle de qualidade", implica uma grande simplificação, uma ingenuidade burocrática, e até uma técnica de adestramento para amansar o monstro cênico e performativo. Esses pressupostos muito discutíveis não somente não ajudam a pesquisa, mas a empobrecem e põem em perigo a arte, se os artistas aceitam a eles submeter-se, dedicando muitas vezes mais tempo a compreender as diretivas ou a documentar sua obra do que a criar!

d. Inverter a Situação?

O desenvolvimento, no início dos anos 1990, do pós-estruturalismo, da *Critical Theory*, do feminismo e dos *Performance Studies* coincidiu com a vontade de introduzir a prática nos cursos universitários e aceitar a ideia de que a arte pode ser analisada e teorizada. Infelizmente, a privatização e o gerenciamento universitário com frequência simplificaram e comercializaram a pesquisa. Contudo, o fenômeno não é irreversível, como faz notar Fiona Candlin: "A reforma conservadora da educação permitiu talvez a instalação de doutorados baseados na prática, mas, paradoxalmente, criou talvez um lugar para repensar de maneira crítica a prática universitária."[3]

Trata-se, portanto, agora, de retomar esta ideia da Parip (cujo valor em si não suscita dúvida) para propor e testar práticas experimentais que induzam novas teorias e reciprocamente.

Entretanto, resta tudo a fazer, pois a PAR é apenas um quadro vazio, e não um conjunto de teorias existentes, que bastaria aplicar. Tudo depende, pois, de observações empíricas e de métodos julgados os mais aptos para explicitar a prática. E, em última análise, tudo depende da política adotada pela universidade, política em face da mercantilização e da comercialização da educação e das universidades.

e. Entre Sabotagem e Subversão?

Antes de passar às proposições concretas e positivas, algumas reflexões sobre essa reforma educacional conservadora, dos anos 1990 e 2010, não serão talvez inúteis. Não se trata de recusar em bloco essa reforma institucional, mas de questionar e até sabotar seus fundamentos, de organizar a resistência e até a subversão, antes de assumir finalmente o risco de propor exercícios concretos.

Assim, a diretiva do UKCGE (United Kingdom Council for Graduate Education) segundo a qual "os trabalhos de doutorado baseados na prática devem incluir uma contextualização substancial do trabalho de criação"[4]. Os trabalhos de doutorado podem ser, com efeito, contextualizados: remontar-se-á, portanto, até os pressupostos ideológicos das diretivas gerenciais. É fácil compreender que elas não visam senão preservar o *statu quo* ideológico, institucional e político, que elas são, na realidade, perigosas para a pesquisa como para a arte, sob aparências de abertura e liberalismo. Insistindo nos comentários escritos da pesquisa, limitando-os ao contexto puramente artístico, elas "conservam a relação de oposição entre a arte como algo sobretudo anti-intelectual e o trabalho escrito como propriamente acadêmico" (Candlin, 2000, p. 101). Essa oposição ideologicamente muito carregada, confirma um *market-oriented management*, que pouco se preocupa com a aprendizagem crítica dos estudantes.

Mas é tempo de ser mais positivo e reconhecer o enorme aporte potencial da PAR no domínio dos estudos teatrais e coreográficos, examinando suas proposições e as perspectivas que elas entreabrem. Aporte enorme no que elas poderiam significar para os estudantes, os docentes e os pesquisadores; aporte potencial, pois a riqueza do aporte institucional depende de decisões políticas globais.

3. PROPOSIÇÕES METODOLÓGICAS E PRÁTICAS PARA A PAR

Essas proposições valem tanto para os estudantes da PAR quanto para o ensino propriamente dito nos departamentos de teatro, de dança ou de *Performance Studies*, na Europa e no mundo inteiro, com os ajustes culturais indispensáveis.

A. *Seminário-ateliê*: a ideia principal é a de propor seminários-ateliês centrados em uma questão teórica a regular tudo, a ser escolhida em função de um resultado concreto a ser obtido: assim, por exemplo, representar um fragmento, comparar as diversas "soluções" para a leitura ou o jogo de ator, encontrar um tipo de espaço, decidir a gestão do ritmo e do tempo, encarnar os atores de diversas maneiras, decidir a trajetória de uma personagem/performer no espaço, antecipar a produção artística e a experiência estética que decorrem da PAR. A principal exigência é certamente a de saber identificar as questões candentes do momento, ao mesmo tempo para o estado da pesquisa em geral e para obra em curso de elaboração.

B. O *trabalho sobre o texto* coloca as questões mais complexas, mas também as mais estimulantes para a pesquisa. Fazendo-se trabalhar o autor de um curto fragmento com os aprendizes de encenadores, de coreógrafos, de atores, de dramaturgos e de cenógrafos etc., sem distinguir de início a repartição de papéis, começa-se por subverter a divisão habitual do trabalho artístico. Se o fragmento escolhido é curto e se o grupo não ultrapassa uma dezena de pessoas, tem-se a possibilidade de examinar uma dezena de versões mui rapidamente esboçadas, de discutir seus méritos e seus achados, antes de fazer uma possível montagem, sem temer a heterogeneidade das proposições, mas observando como sua combinatória desemboca às vezes em resultados imprevistos, mesmo para o autor.

Duvidando que o texto a ser interpretado ou a cena a ser construída com os atores tenham um centro, um sentido centrado e estável, efetuando, com Peter Brook, a hipótese de um *pré-shape*, ou intuição de saída, tornando-se pouco a pouco uma *shape*, a forma para qual tende a *mise en scène*, abre-se o trabalho prático tanto quanto a teoria em vias de construção para toda sorte de experiências e de encarnações possíveis.

Do texto à cena, crê-se geralmente que há uma diferença radical, que é preciso, seja estudar o texto com a perquirição de sábio (*en savant*), seja interpretá-lo com o escorregadio do sabão (*en savon*), a saber, como uma coisa que desliza e sempre nos escapa. Na realidade, a oposição é, ainda aí, artificial e forçada. Um simples exercício o demonstra, que consiste em passar, por uma série de etapas imperceptivelmente diferentes e distintas, de uma leitura "de mesa" a uma interpretação cênica em que o texto parece de tal modo encarnado no ator que não se pode mais separar um do outro e no qual se nota mais a textualidade. Entre leitura silenciosa e jogo cênico sem palavras, haveria, pois, uma continuidade: prova suplementar do absurdo de uma separação absoluta da prática e da pesquisa, do intelecto e da sensibilidade. Isso nos lembra oportunamente que a teorização implica o mais das vezes uma verbalização. Ora, essa verbalização não é jamais neutra, ela deve ser levada em conta como uma maneira de abordar a realidade pela linguagem e suas figuras retóricas, seus impasses e suas leis próprias, as quais dependem de uma escritura e não de uma descrição científica transparente. É de fato muito raro que a linguagem que teoriza e verbaliza uma experiência estética, como a do teatro, leve em conta sua própria prática linguageira. Ora, essa prática é, ela também, um sistema estético, uma performance, uma *performative writing* (escritura performativa•), quer dizer, uma maneira de escrever ativa e subjetiva. Daí o ceticismo sobre a possibilidade de explicar tudo pela linguagem, sobretudo se esta não reflete sobre seus próprios procedimentos. Constatação que faz Candlin em sua análise dos pressupostos ideológicos das diretivas aos candidatos pesquisadores artistas: "A escritura universitária é um modo de prática que é em certa medida determinada pela forma. Se a escritura não é um simples meio de comunicação, mas transporta todas as espécies de suposições e de códigos em sua estrutura e terminologia, então ela não pode explicar ou clarificar diretamente a prática artística." (Candlin, 2000, p. 100)

C. *Experiência encarnada, conceituação, historicização*: qualquer que seja o exemplo escolhido, a dificuldade principal continua sendo a de verbalizar e conceituar o trabalho percebido pelo espectador• ou executado pelo ator-estudante. Com efeito, como faz notar Frances Barbe, "certos estudantes poderiam compreender a experiência encarnada que eles tiveram, mas eles seriam incapazes de falar dela ou de conceituá-la"[5]. Esta experiência encarnada (*embodied experience*) está, de fato, no coração do dispositivo dos exercícios. Testa-se, por exemplo, uma dança, um momento, um deslocamento do dançarino ou do ator graças a uma *kinesthetic empathy*, uma identificação ao movimento. Um exercício consiste em mandar representar dez a vinte segundos conforme um material textual, vocal, gestual, escolhendo-se uma figura simples que será incessantemente repetida segundo certas "chaves", no sentido musical: representada pelo jogo da atuação como forma geométrica, como máquina, como animal, como ser humano. Tenta-se, em seguida, conceituar essas diferentes chaves, tomar consciência não tanto de uma personagem e de uma psicologia quanto dos diversos graus de figuração ou de abstração da sequência interpretada. A conceituação consiste às vezes em apor palavras, e até etiquetas, sobre práticas corporais, espaciais e rítmicas diferentes, em ser capaz, a seguir, de mudar a chave no curso da figura interpretada, de procurar ou de situar tal momento entre abstração maximal e realismo concreto e individualizado. Com alguns conhecimentos da história dos estilos e das escolas históricas, torna-se possível associar essas experiências encarnadas a estéticas e a maneiras de significar o real. Esse processo de historicização ajuda à contextualização reclamada pela instituição, mas também à descoberta de outras maneiras de representar e interpretar o mundo, e não somente no sentido de o ator encarnando e imitando pessoas. O corpo aparece então em sua dimensão histórica, como uma aposta estética e política, como uma forma de descobrir e figurar o mundo. Tal exercício sobre os modos de encarnação (*embodiment*) conduz a outro uso da prática, mas também da pesquisa quando ela não receia testar e provocar a prática. Ele questiona as diretivas oficiais, nos modos de pensamento, o binarismo desta oposição entre pesquisa teórica e experimentação prática, cognitiva e emotiva, espírito e corpo, pensamentos e afetos.

D. *O processo e o produto*: o criador-pesquisador deve resistir às injunções de refletir incessantemente sobre o que ele faz. Ele precisa tomar o cuidado de não se observar a todo momento (qual uma centopeia intimada a justificar à PAR sua maneira de andar!). Para fazer isso, o criador-pesquisador trabalhará de preferência sobre blocos prático-teóricos, unidades nas quais não se poderia dissociar a reflexão teórica e a experimentação intuitiva. Ele se valerá da hipótese teórica para continuar sua prática e recorrer à prática para verificar um esboço de teoria.

Isso obriga mui oportunamente o criador-pesquisador a experimentar e a refletir antes tanto sobre o resultado quanto sobre o processo•, a não cindir o processo do produto. Trata-se para ele, como mais tarde para o espectador, de saber perceber o processo no produto, portanto de imaginar como os artistas trabalharam e como a obra traz em parte o traço desse processo. Trata-se do mesmo modo, para o artista, de saber transpor o processo e o método de trabalho na obra finalmente proposta.

E. *Uma outra maneira de estudar a criação*: ao lado dos ensaios (que constituem agora o objeto de pesquisas aprofundadas[6]), de entrevistas antes, no decorrer e depois do espetáculo, de notas de intenção do encenador (às vezes redigidas um ano antes do início do trabalho!), do diário de criação (caderno de direção) que a pesquisa aconselha, se não impõe, ao candidato encenador, há talvez outra maneira de proceder: o de progredir por meio de balanços parciais após cada grande etapa da criação, interrogando o criador uma vez terminado o projeto e sem obrigá-lo a tudo justificar, a dizer aquilo que ele não tem vontade de dizer.

4. O FUTURO DA PAR: CONCLUSÕES PROVISÓRIAS

A PAR está apenas em seus inícios, inícios promissores, pois obrigam o teórico assim como o prático a repensar suas categorias e suas certezas.

Mas a PAR é – ou seria preciso ainda dizer: deveria ser? – também uma RAP, uma *recherche par la pratique* (pesquisa pela prática): a pesquisa, por sua vez, tem, de fato, necessidade de uma prática experimental, de uma possibilidade de testar sobre um material (texto, ator, espaço etc.) algumas hipóteses teóricas. Por exemplo, a fim de verificar os cinco pontos de todo movimento, segundo Bara e Guitet (pontos de impulso, de decisão, de crítica, de conclusão, de amortecimento)[7], há todo interesse em confirmar com todas as espécies de movimento: arremesso de bola, deslocamento de uma pessoa no espaço, golpe desferido em alguém, ação mínima ou sequência inteira, ao que se poderia acrescentar: a dicção de um alexandrino, de uma tirada clássica, a interpelação de outra pessoa etc. Trata-se então de afinar, precisar, diferenciar esses tipos de movimento, antes de constatar se o esquema de cinco fases corresponde a uma realidade universal, como um esquema narrativo aplicável a todo relato de base. É mesmo permitido pensar que proposições abstratas, teóricas, filosóficas podem encarnar-se e explicitar-se no jogo dos atores no espaço-tempo da cena. É assim que, para compreender a filosofia de Lévinas, sua concepção do semblante humano, o recurso a atores mostra ser o melhor método: estes poderão improvisar o encontro com o outro, compreender o rosto do outro como uma interdição de matar – "o rosto está exposto, ameaçado, como que nos convidando a um ato de violência. Ao mesmo tempo, o rosto é o que nos proíbe de matar"[8]. Somente a experiência dramática e teatral, graças aos atores, nos ajudará a compreender e aprovar essa filosofia do encontro humano.

A PAR como a RAP são pistas doravante indispensáveis à educação tanto de pesquisadores como de artistas. Com a condição, todavia, de que a formação e a enquete respeitem a arte, que deve permanecer a matéria-prima insubstituível. Se se faz entrar e praticar a arte na universidade, deve-se também velar para não a controlar pelas normas de uma universidade que se converteu em empresa unicamente preocupada com sua produtividade; deve-se, pois, contornar, subverter, e até sabotar as *managerial decisions* (decisões gerenciais), mantendo ao mesmo tempo o sorriso indefinível dessa arte posta em questão. Prática e pesquisa possuem, todas as duas, direito de cidadania tanto na cena como na escola. Em lugar de opô-las, ou de jogá-las uma contra a outra, não valeria mais fazê-las jogar uma com a outra?

NOTAS
1 David Whitton, The Practical Turn in Theater Research, *Forum Modernes Theater*, v. 24, n. 1, jan. 2009, p. 83-84.
2 Anna Pakes, Original Embodied Knowledge: The Epistemology of the New in Dance Practice as Research, *Research in Dance Education*, v. 4, n. 2, dec. 2003, p. 132.
3 Fiona Candlin, A Dual Inheritance: The Politics of Educational Reform and PhDs in Art and Design, *Journal of Art and Design Education*, v. 20, n. 3, oct. 2001, p. 302.
4 Idem, Practice-based Doctorates and Questions of Academic Legitimacy, *Journal of Art and Design Education*, v. 19, n. 1, Feb. 2000, p. 98.
5 Paul Allain; Frances Barbe, On the Shoulders of Tradition from East and West: A Conversation, *Studies in Theater and Performance*, v. 29, n. 2, 2009, p. 155.
6 Sophie Proust, *La Direction d'acteurs dans la mise en scène contemporaine*, Vic la Gardiole: L'Entretemps, 2008.
7 Christophe Bara; Bernard Guittet, *L'Art de l'acteur dans la tragédie classique*, Lectoure: Bouffonneries, 1996, p. 59.
8 Emmanuel Lévinas, *Ethique et infini*, Paris: Livre de Poche, 1981, p. 80.

Prega, Dobra

Fr.: *pli*; Ingl.: *fold*; Al.: *Falte*.

Segundo Gilles Deleuze, relendo Leibniz, "a matéria não cessa de se redobrar (*replier*) sobre ela mesma, mais geralmente o mundo é dobrado (*plié*) [...] Desdobrar (*deplier*) o que está dobrado (*plié*) é possível, mas é uma operação de abstração. O que está dobrado não existe senão como envolto em alguma coisa"[1]. Esses aforismos se deixam facilmente traduzir para a língua da prática teatral, fazendo da dobra uma imagem-conceito que desdobra muitas questões embrulhadas da dramaturgia e da encenação.

Um texto, sobretudo literário e dramático, foi dobrado por seu autor em uma caixa denominada obra. Palavras, frases, tiradas, discursos – mas também todas as espécies de materiais cênicos – foram aí reunidos, comprimidos em unidades denominadas ora cenas e atos, ora ações faladas etc. Eles foram, portanto, submetidos a uma série de dobras, mais ou menos visíveis, dobras que será preciso, agora, pelas necessidades da leitura ou da performance, desdobrar e estender a fim de decidir sobre sua apresentação no palco. Para marcar as linhas de força ou de ruptura, as dobras são úteis, porém insuficientes, de um lado porque nunca estamos seguros de encontrar as boas dobras, de outro e sobretudo porque devemos de novo redobrar essas sequências mal desdobradas em outra caixa, desta vez cênica, e porque iremos necessariamente (isto é certo!) imprimir novas dobras, em função daquilo que nossa leitura e nosso olhar irão imprimir no texto por um instante desdobrado em nossas cabeças. Não seria isso tão somente para decidir onde a voz se detém por um instante, onde o autor se coloca e sobre o que ele apoia seu corpo e seu fraseado. A encenação – e pouco importa se ela parte de um texto ou de imagens ou de ações cênicas inventadas – se constrói sobre essa linha de falhas e de dobras. Em última instância, é o ator que, por sua maneira de se situar no espaço e gerir o tempo, ora deixando-se levar por ele, ora dominando-o por um instante, é responsável pelo desdobramento da encenação. Denomine-se o resultado com o termo partição, encenação, despregamento, dispositivo•, espaçamento ou desdobramento, pouco importa. O que conta é compreender e dar a compreender qual pulsação, qual rítmica organiza doravante a sequência das dobras, como esta pulsação será recebida ou rejeitada, negociada ou repelida pelos espectadores•, quais afetos• eles aí perceberão e em que esses afetos reencontrarão as dobras de seu corpo e de seu imaginário.

NOTA
1   Curso ministrado em 16 dez. 1986 na Universidade de Paris 8; ver seu livro: *Le Pli: Leibniz et le baroque*, Paris: Minuit, 1988.

O estilo *presentational* da encenação pesquisa efeitos de teatralidade, longe de toda imitação exata da realidade. A realidade é distorcida, abstrata, tratada com exagero, e até com excesso•. O jogo de atuação quebra a ilusão dirigindo-se diretamente ao público. O espetáculo (cenários, costumes, música, luz) caminha nessa mesma direção de artificialidade, de intensificação• dos signos. É também a presentação de si, no sentido de Goffman[1]: uma referência à sua própria identidade. O indivíduo, assim como o ator, não busca sempre, um pouco, tornar-se interessante?

O estilo *representational*, ao contrário, imita mimeticamente a realidade na cena (objetos, mas também comportamentos, emoções autênticas). É o estilo da estética realista ou naturalista, a qual desejaria fazer esquecer a fabricação artística e artificial da obra. Ela produz aquilo a que chegamos mais tarde, com Roland Barthes, a denominar de efeitos de realidade e de autenticidade. O ator se esconde atrás de sua personagem, como que para melhor representá-la: mostrá-la e fazer de si seu representante.

NOTA
1   Erwin Goffman, *The Presentation of Self in Everyday Life*, Edinburgh: University of Edinburgh, 1956. (New York: Doubleday Anchor Books, 1959.)

Presentação/ Representação

Fr.: *présentation/représentation*; Ingl.: *presentation/representation*; Al.: *Vorstellung/Darstellung*.

A oposição presentação/representação pode ser útil para diferenciar estilos de jogo de atuação e de encenação. É sobretudo no uso inglês dos adjetivos *presentational/representational* que os dois paradigmas são frequentemente utilizados e abrem perspectivas críticas relevantes.

Processo

Fr.: *processus*; Ingl.: *process*; Al.: *Prozess*.

O elogio da fabricação: como a performance, a encenação pós-moderna• ou pós-dramática• insiste no processo de fabricação, nas regras e nos modos de produção, muito mais do que no resultado final, às vezes julgado secundário, provisório e, muitas vezes, pouco convincente. Mais do que a obra acabada, o que conta é então a fabricação do sentido, sua construção e sua desconstrução•.

Razões desta insistência no processo: durante muito tempo, a estética e a análise concentram-se quase exclusivamente na avaliação da obra, fazendo abstração de seu modo de fabricação, negligenciado por ser assimilado à cozinha da criação. A isso se adiciona uma mudança conjectural inegável: a aceleração da tecnologia e a necessidade, para manter-se na corrida, de se adaptar aos progressos técnicos, se possível antecipando-os. Tal era o sentido da questão proposta a Jacques Derrida por Bernard Stiegler, por ocasião de suas Échographies de la *télévision*: "O senhor não acha que a esta processualidade está ligada a questão de uma velocidade de desenvolvimento do sistema técnico em relação ao qual as estruturas em que temos vivido durante séculos, e até milênios, se revelariam estruturalmente em atraso?"[1]

Aceleração de processos: a resposta a esta questão da aceleração dos processos só poderia ser positiva. Semelhante aceleração é tanto teletécnica e informacional quanto econômica e sociopolítica: ela está ligada às mutações tecnológicas e à globalização• daí decorrente. Derrida, entretanto, matiza esse entusiasmo para com os processos informáticos: "É preciso ficar atento aos processos sem negligenciar, por isso, as descontinuidades, as estases, as suspensões, as estruturas, as heterogeneidades entre os modelos, os lugares, as leis." (p. 82) Esse conselho vale para avaliar a obra contemporânea, no domínio das artes plásticas, assim como no do teatro. De tanto se fixar no processo e na produção, corre-se o risco de se perder de vista a qualidade estética das obras e, pura e simplesmente, sua organização formal, bem como os conteúdos veiculados.

Tal é, com efeito, o risco que se corre com as "obras processuais", segundo o termo de Clyde Chabot: "o processo de criação torna-se a matéria mesma dos espetáculos: as etapas de sua concepção e de sua realização [...] são explicitadas ou dadas a ver, ou então a representação é constituída pela introdução no jogo cênico de suas ferramentas"[2]. Certos autores ou encenadores (P. Rambert, T. Kantor, R. Lepage) ou grupos (L'Avantage du doute, She She Pop) fazem às vezes o relato de sua gênese, das dificuldades de tratar um material difícil ou de se livrar de uma autoficção•, que não nos poupa das dificuldades de sua criação. Trata-se sempre, nas obras, de estabelecer ou dar a compreender fenômenos cuja sucessão e sistema acabam por fazer sentido.

NOTAS
1 Jacques Derrida; Bernard Stiegler, *Échographies de la télévision*, Paris: Galilée, 1996, p. 80.
2 Clyde Chabot, Des oeuvres processuelles, *Théâtre/Public*, n. 184 jan. 2007, p. 27. (Número especial: Théâtre contemporain: écriture textuelle, écriture scénique; dossiê concebido e realizado por Clyde Chabot.)

Programação

Fr.: *programmation*; Ingl.: *programming*; Al.: *Programierung*.

A programação de uma temporada teatral ou de um festival incumbe cada vez mais a uma nova, porém crucial, figura da empresa teatral: o programador.

1. O PROGRAMADOR, O NOVO ORGANIZADOR DO JOGO?

Os espetáculos são cada vez mais onerosos, os espectadores• cada vez mais cortejados, a programação não poderia permitir-se o menor erro. Antes mesmo que o espetáculo exista, ela deve efetuar suas escolhas, quer se trate de uma criação da casa ou de um espetáculo convidado para algumas noites. Ante o acréscimo da oferta teatral, o programador ajusta suas seleções às leis da oferta do artista e da demanda do público. Nos grandes teatros públicos, o programador – estrategico tanto quanto gestor – parece impor-se lentamente na paisagem atormentada da produção teatral. Corre ele o risco de curto-circuitar a figura dos artistas e do encenador?

2. QUEM PROGRAMA O PROGRAMADOR?

A finalidade da programação é sempre um pouco ambígua. Ela não é necessariamente (como outrora nos países "socialistas") a de exercer uma censura ou um controle político sobre os teatros. Seria mais a de manter assim um equilíbrio entre os gostos e os custos, entre as exigências artísticas e as necessidades econômicas, de adequar o gosto, amiúde eclético, do público e o valor suposto das obras.

De onde o programador tira a sua legitimidade? A administração de seu teatro e, portanto, as autoridades de tutela lhe confiam o papel de organizar a temporada para satisfazer e conservar o público, sem provocar ao mesmo tempo a perda de muito dinheiro para a coletividade. Sua escolha artística é teoricamente livre, mas o programador não pode ignorar o gosto de seu público e as chances de atraí-lo e, por conseguinte, de manter a liquidez da empresa teatral, pública ou privada. Ele trabalha mais para a instituição do que para os artistas. A instituição econômica ou política lhe delegaram o poder de selecionar os espetáculos a serem criados, de convidar, de realizar *tournées*. Fica a seu cargo imaginar as montagens financeiras, as coproduções, a espécie de espetáculos e, indiretamente, o tipo de sociedade que ele pretende promover: toda programação é imaginável.

3. QUAIS CRITÉRIOS DE SELEÇÃO?

Se quisermos de fato admitir que os critérios de escolha não são nem totalmente econômicos (como para o teatro privado) nem totalmente políticos e ideológicos (como sob as ditaduras) e que esses critérios não poderiam, pois, ser nem puramente estéticos, nem inteiramente desinteressados, percebe-se a dificuldade, para o programador, em determiná-los e, para o analista cultural, em interpretá-los.

Uma velha ideia brechtiana pretende que as obras sejam programadas em função da necessidade e da atualidade do combate político e, se for preciso, adaptando-as e até "traficando" com as peças por meio de sua encenação. Mas quem acredita ainda na possibilidade de mudar a sociedade pela arte? Quando muito, conservou-se a ideia, nos *Stadttheater* (teatros municipais) alemães, por exemplo, de que se pode atribuir a uma temporada um tema geral, como o dos estrangeiros, por exemplo, no Kammerspiele de Munique em 2008-2009. Tais tentativas atraem muitas vezes a crítica desabusada dos próprios artistas, pois estes se sentem instrumentalizados, e até infantilizados, por uma pedagogia teatral simplista.

Na maior parte do tempo, a programação não tenta justificar *a posteriori* escolhas mais pragmáticas do que filosóficas. Ela se considera equilibrada, completa, pronta ao compromisso, ela oferece sua oportunidade a todos os gêneros e a todos os segmentos de público; ela sugere uma coerência que não está, no entanto, na linha de um partido ou de uma estética normativa.

4. DERIVA DA PROGRAMAÇÃO?

Correm os programadores o risco de ficar fora de controle? Estão eles em vias de tomar o lugar dos encenadores, dos dramaturgos (na Alemanha), e até dos produtores de teatro? As condições econômicas impelem, de fato, nessa direção: cada vez mais os teatros são geridos como empresas que precisam ser rentáveis, segundo uma estratégia de conjunto e como as empresas comerciais. O programador é um dramaturgo dotado de um cartão de crédito. Ele dá crédito aos outros esperando cobrir seus custos: retorno sobre o investimento.

Essas condições de estratégia, de moda e de rentabilidade comercial têm impacto sobre a estética e a política dos espetáculos:

os artistas sentem-se, de fato, coagidos a propor produtos apetitosos, no espírito do tempo, evitando assumir qualquer risco. Torna-se quase impossível, no teatro público, contornar as exigências da moda e do gosto, de contrariar as prescrições e os *diktats* dos programadores institucionais e influir, portanto, a longo prazo, sobre o público.

Deve-se temer que o reino da programação signifique o fim da liberdade artística e da experimentação. Os programadores não são senão um elo na cadeia teatral, que somente as pequenas produções independentes, mas confidenciais, estão em condições de contornar. Compete à instituição e, pois, em última instância, aos políticos, decidir acerca do que eles esperam dos artistas, inclusive assumindo o risco de serem criticados e desaprovados por eles.

Proposta Artística

Fr.: *proposition artistique*; Ingl.: *artistic proposal*; Al.: *künstlerischer Vorschlag*.

Termo na moda desde meados dos anos 2000 para indicar que o artista (encenador, performer, plástico) escolheu determinada tese ou ideia estética, fez implicitamente uma proposta artística, por mais obscura ou fútil que seja, que o espectador• é solicitado a aceitar, se ele deseja compreender e apreciar a obra de arte. Sem o que esse espectador permaneceria fora daquilo que o artista quis realizar, ele não compreenderia a originalidade e as intenções da obra, e não deveria então atribuir a culpa disso senão a si próprio.

A noção de proposta distingue-se da mais antiga e datada, a de discurso da encenação, ou da mais recente, a de dispositivo•. Todas essas noções designam a estrutura e a coerência da *mise en scène*.

Os diretores e uma parte da imprensa do tão controvertido festival de Avignon de 2005 explicavam a rejeição de um espetáculo pela hipótese de que certos espectadores não tenham querido ou não souberam aceitar a proposta artística, que, no entanto, segundo eles, estava longe de ser uma proposta desonesta...

Propriocepção

Fr.: *proprioception*; Ingl.: *proprioception*; Al.: *Propriozeption*.

A propriocepção é a *integração* no sistema nervoso central das mensagens oriundas dos proprioceptores, os quais são responsáveis pela sensibilidade dos músculos, tendões, articulações, ossos, ouvido interior, por ocasião dos movimentos•. É também a sensibilidade na posição da cabeça e do corpo em relação à gravidade. Ela é, portanto, a consciência de nossos membros no espaço, sem ter de vê-los. A interocepção designa a sensação das vísceras, enquanto a exterocepção concerne aos cinco sentidos abertos ao mundo exterior.

A empatia• cinestésica é uma forma de propriocepção: o sentimento de estar se movendo enquanto se olha outra pessoa em movimento, sem que o sujeito tenha por isso de mover-se, ele mesmo. O ator e o dançarino manipulam nossa propriocepção, seja nos corpos reais ou nas imagens projetadas ou nos desenhos desses corpos. É também a percepção da textura• de uma imagem ou de um corpo, de uma figura e de seu fundo. As projeções de imagens, frequentes nas cenas desde os anos 1920, mas de qualidade técnica perfeita somente após os anos 2000, contribuem para provocar a propriocepção e a cinestesia. Para o ator como para o espectador•, a aposta é sempre a de saber ler e experienciar o corpo do outro, suas emoções, seus movimentos potenciais, sua agitação e sua dinâmica.

Proximidade (Teatro de)

Fr.: *Proximité (théâtre de)*; Ingl.: *community theatre*; Al.: *Theater der Gemeinschaft*.

O teatro de proximidade é um teatro que representa uma comunidade• por meio da escolha de seus temas, da participação dos cidadãos em um projeto que concerne a seu ambiente. A mescla de atores amadores e profissionais é aí frequente. Esse teatro *de* e *para* a comunidade se esforça para atar laços estreitos com seu público, na escolha dos temas, nos métodos de trabalho e na maneira de refletir coletivamente sobre o presente e o futuro.

Proximização

Fr.: *proximisation*; Ingl.: *proximation*; Al.: *Annäherung*.

Termo da narratologia empregado por Gérard Genette (*Palimpsestes*, 1982, p. 351)[1]. Esse dispositivo narrativo (na reescritura de um texto) ou cênico (na encenação de uma peça) consiste em aproximar o texto e a cultura fonte da situação concreta do público-alvo, transpondo e adaptando a época, o lugar da ação, o meio social e o universo cultural. Esse processo de adaptação é tido como facilitador da tarefa do leitor e do espectador•. A encenação recorre a esse dispositivo desde que ela concebe seu papel como o da pesquisa de um quadro possível para a ação e de uma interpretação que possa falar ao público contemporâneo.

NOTAS
1 Gérard Genette, *Palimpsestes: La Littérature au second degré*, Paris: Seuil, 1982, p. 351.

R

Reciclagem

Fr.: *recyclage*; Ingl.: *recycling*; Al.: *recycling* (*Wiederverwendung*).

No sentido geral do termo, a reciclagem é a reutilização de materiais existentes, já empregados ou destruídos, para fabricar um novo objeto com novas funções e efeitos inesperados sobre os novos usuários.

Tudo é reciclável, como sabem muito bem os *bricoleurs* (biscateiros, faz-tudo), os antropólogos e os visitantes de museu de arte contemporânea. Essa refuncionalização dos objetos se estende aos textos e às ideias. Pode-se reciclar tudo: quanto mais os objetos são inesperados, mais eles nos surpreendem sob sua forma reciclada, mais a reciclagem será notada, admirada e, finalmente, elevada ao nível de princípio artístico ou de molinete universal.

O teatro não escapa a esta lei, muito ao contrário. Ele vive, em seus textos e mais ainda em suas encenações, desse procedimento da reutilização, como se se tratasse de fazer economias e de provar que a arte se serve de todos os pedaços imagináveis da realidade, que ela não cria no fundo nada novo.

Reciclagem e intertextualidade•: em um sentido um pouco negativo ou ao menos autoderrisório, a reciclagem é a intertextualidade do pobre. Todo texto, sabe-se muito bem disso, faz alusão, remete a outros textos, se inspira neles, ao infinito. A intertextualidade, enquanto teoria, remonta no máximo à reflexão de um Saussure, no começo do século XX, mas a reciclagem é velha como o mundo. Que se pense na reciclagem da matéria, dos restos, dos materiais artesanais ou industriais. Tudo se recicla: a natureza vegetal, o lixo doméstico, as águas utilizadas, mas também as palavras usadas, os textos variados, citados, explicitados. Assim, são cotidianamente recicladas palavras, expressões, maneiras de falar, estilos, retóricas: são outros tantos significantes da linguagem e do discurso. E, além das palavras, dos materiais verbais, são os temas, os motivos, os relatos, as ideias que são o objeto dessa reciclagem intertextual.

Uma triagem mais séria e mais precisa nos obrigaria a distinguir a reciclagem de outras noções como a adaptação, a reescritura, a intermidialidade°, a intertextualidade, a interculturalidade, o interartístico, em suma tudo o que é suscetível de ser prolongado, reelaborado, reestruturado, re-formado, observado em sua dinâmica de recriação permanente.

O teatro, e singularmente o teatro da *mise en scène* contemporânea e pós-moderna•, presta-se a todos os empréstimos e a todos os roubos, tanto por seu espaço, suas matérias, quanto pelos corpos humanos que ele solicita. Todos esses materiais são ora emprestados às artes existentes – eles são combinados, justapostos, adicionados – ora "aglomerados", tais como uma colagem, uma compressão de materiais plásticos na arte bruta• de um Dubuffet.

O teatro: reciclagem da reciclagem? A encenação não se contenta em examinar de onde vêm os temas, como as matérias se combinam e com qual efeito. Ele confronta, comprime, reutiliza os temas dos textos e as matérias audiovisuais, ele põe em confronto, em tensão, esses elementos heterogêneos e finda por reciclar igualmente os velhos hábitos que presidiam a relação entre texto e cena. Encontramo-nos assim em plena reciclagem de elementos já conhecidos ou experimentados. Daí resulta uma arte da hibridez•, um gosto da impureza, um elogio do heteróclito. A própria noção de material se vê assim repensada e reciclada: tudo sobre uma cena com vocação de ser ou vir a ser material: os objetos, os espaços, mas também os textos e seus temas, sua textura• e sua textualidade e, finalmente, os corpos a envelhecer dos atores que sempre nos lembram alguma coisa, nos reconduzem ao presente e nos projetam para o futuro.

 Marvin Carlson. *The Haunted Stage: The Theatre as Memory Machine.* Ann Arbor: The University of Michigan Press, 2001.

Reconstituição

Fr.: *reconstitution*; Ingl.: *reconstruction*; Al.: *Rekonstruktion.*

Reconstituir um espetáculo passado é restabelecê-lo na sua forma de origem o mais perto possível da maneira pela qual ele foi montado na sua criação. Fala-se de reconstituição histórica de uma representação conforme o que é transmitido ou o que podemos imaginar a seu respeito, ou de uma reconstituição de um espetáculo concreto, inteiramente refeito segundo o modelo original, pelo mesmo encenador ou outra pessoa, com novos intérpretes.

Convém distinguir a reconstituição da reprise: esta última é a continuação de uma encenação após uma interrupção mais ou menos longa, com intérpretes idênticos ou diferentes. No meio teatral, a reprise é frequente, ao passo que a reconstituição de uma representação é excepcional, dada sua dificuldade. A reconstituição obedece a motivações muito fortes: aniversário ou celebração, vontade de dar a conhecer às novas gerações uma obra que marcou sua época, cuja estética fez escola ou, ao contrário, que jamais foi superada. É o caso de *Einstein on the Beach*, performance-espetáculo de Robert Wilson, criado para o festival de Avignon em 1976 e "remontado" identicamente em 2013, pelo mesmo artista, porém com novos atores-performers.

Quem pode ter a pretensão de reconstituir o passado ou um objeto artístico pertencente ao passado? Somos capazes de reconstituir um crime (para os juízes) ou um acidente (para a polícia), mimetizando e explicando o que se passou, sem ter necessidade de cometer o crime de novo. Para a representação teatral e, mais ainda, para a performance, a explicação pormenorizada ou a descrição épica não bastam: é preciso reproduzir as ações cênicas, proporcionar a ilusão de que o objeto criado é idêntico ao objeto do passado, que é sempre, por definição, um objeto ultrapassado. Esta exigência mimética é a do espectador• que demanda ao mesmo tempo a ilusão de um universo cênico e a ilusão que o tempo abole a si mesmo graças à recriação artística.

Se, em compensação, aceitamos a ideia de que uma reconstituição é uma operação sempre artificial, fabricada, que necessita de um comentário épico, aproximamo-nos da ideia de que a reconstituição não difere, por natureza, de uma criação original para a cena, pois esta última é, de início, progressivamente fabricada no curso dos ensaios e, depois, segundo a expressão de Brecht, "entregue" ao público. Esse público é intimado a reconstituir um mundo ficcional, ações dramáticas, uma história, a partir de materiais que são postos à sua disposição. O trabalho de reconstituição pelo espectador será, pois, a regra e não a exceção. O espectador está sempre ativo, receptivo a ponto de precisar incessantemente construir e desconstruir o espetáculo, se ele quiser compreender sua dinâmica e seu sentido.

Registro

Fr.: *Captation*; Ingl.: *recording*; Al.: *Aufnahme*.

O registro de um espetáculo teatral conheceu um desenvolvimento espetacular e uma evolução não menos digna de nota a partir dos anos 1990. Ele consiste em registrar a verdade fugidia de um espetáculo: captar o que seria dificilmente visível; apreender para um futuro público de amadores ou de pesquisadores o que a representação live possuía de "cativante".

Limitado anteriormente a um documento de arquivo, útil para os artistas (durante uma reprise de um espetáculo, por exemplo) ou para os pesquisadores (trabalhando sobre a obra de um encenador), o registro tinha uma ambição modesta e raramente estética. Sozinha, uma única câmera testemunha registrava continuamente a representação teatral; com duas ou três câmeras, uma montagem ulterior alterna, o máximo possível, *close--ups* e planos de conjunto.

Com as técnicas digitais, o registro se beneficia de uma maior flexibilidade e precisão, o que o aproxima de uma filmagem para o cinema ou para a televisão. O risco é, portanto, que os atores da representação teatral desempenhem para as câmeras, as quais se introduzem facilmente por toda parte do espaço cênico. O resultado é um filme que perdeu o sentido da relação dos atores com seu público teatral. A filmagem, no teatro do Bouffes du Nord, da encenação de *Hamlet* por Peter Brook (2001), é um bom exemplo disso: encontram-se aí todos os ingredientes da representação teatral, notadamente sua concentração em um espaço teatral, mas o enquadramento da câmera, depois a montagem, têm a qualidade de um filme com normas internacionais.

O registro propriamente dito permanece fiel a suas origens, assim como os dramas retransmitidos ao vivo a partir dos estúdios de Buttes Chaumont, ou ainda, desde 1966, as transmissões para a televisão francesa de "Au Théâtre ce soir". Ele tem por norma fazer constantes referências à apresentação teatral pública da obra. Hoje em dia, esse registro é conhecido mais comumente como "filme de teatro". Numerosos teatros propõem DVDs de seus espetáculos antigos. O registro é realizado durante uma apresentação pública com os meios técnicos sofisticados da televisão. Mas o dispositivo• do registro foi cuidadosamente pensado, ele é o fruto de uma reflexão e de uma decupagem dramatúrgica, de uma negociação entre o encenador da peça e o realizador do filme.

Com o aprimoramento do tipo de registro e a onipresença das mídias em nossas vidas, nossa relação com instrumentos de controle e de registro mudou. Este último perde sua função ancilar relacionada ao teatro e ganha ao cooperar com todas as mídias, inclusive o teatro ao vivo. Ele não tem mais medo da intermidialidade•.

Essa é uma das razões do sucesso, ao mesmo tempo comercial e público, das retransmissões ao vivo• nos cinemas, a partir das maiores casas de ópera do mundo: Metropolitan Opera em Nova York, Scala de Milão, Royal Opera de Londres etc. O público de cinema assiste às maiores encenações de ópera com os melhores elencos e preços acessíveis; ele se beneficia de uma tecnologia perfeita e tem a impressão de estar verdadeiramente "nos primeiros lugares". Um outro tipo de público, menos afortunado, mas geralmente melhor municiado, reencontra as joias da transmissão ao vivo, mesmo à distância; alcança detalhes com os quais não poderia senão sonhar. A impressão, bem diferente daquela proporcionada pela retransmissão televisual, é a de reencontrar uma certa aura• do teatro.

Remidiação

Fr.: *remédiation*; Ingl.: *remediation*; Al.: *Remediation*.

Esse termo de Bolter e Grusin permite pensar a maneira pela qual as mídias evoluem no curso da história, se encadeiam, se amalgamam ou se substituem. Segundo os criadores do termo, "uma mídia é aquela que remidia. É aquela que se apropria das técnicas, das formas e da importância social de outras mídias e que tenta rivalizar com elas ou as remodelar em nome do real"[1].

A ideia de remidiação ou simplesmente de midiação entre as mídias não é tão nova, visto que, já em 1964, Marshall McLuhan descrevia a reorganização e o reposicionamento das mídias: "Uma nova mídia nunca é uma adição a uma mídia antiga, e ela tampouco deixa a antiga em paz. Ela não cessa jamais de oprimir as antigas mídias antes de encontrar para elas novas formas e novas posições."[2]

É muito mais difícil explicar a evolução dos gêneros e das formas teatrais no curso do tempo do que determinar o uso de tecnologias e a invenção de formas verdadeiramente novas.

NOTAS
1 Jay Bolter; Richard Grusin, *Remediation: Understanding New Media*, Cambridge: MIT Press, 2000, p. 65.
2 M. Mcluhan, *Understanding Media*, London: Routdlege, 1964, p. 158.

Retórica

Fr.: *rhétorique*; Ingl.: *rhetorics*; Al.: *Rhetorik*.

No jogo do ator como na escritura dramática, a retórica continua a oferecer um quadro e um estilo para uma estética antirrealista. Resta interrogar os mecanismos desta neorretórica em vários domínios:

1. O ATOR

O comediante é um retórico, pois ele organiza (*dispositio*) seu argumento (*inventio*), procurando uma maneira adequada de falar (*elocutio*) depois de ter memorizado seu texto (*memoria*). A retórica está sempre implícita no jogo de atuação codificado da tradição ocidental, a que é anterior à invenção e à reforma da *mise en scène*: o ator permaneceu durante muito tempo um orador a dirigir-se frontalmente ao público, como para um recital, em vez de falar a seus parceiros. Retórica não queria dizer que os gestos deviam imitar as coisas de que se fala, porém eles remetiam aos pensamentos mais do que às palavras reais (para retomar a formulação de Quintiliano). A retórica visa codificar paixões, afetos•, atitudes, posturas, de modo a concentrar os efeitos e a atrair a atenção dos espectadores• para o essencial.

2. A ENCENAÇÃO

O jogo retórico transborda sobre toda a encenação, e isso não somente nas formas históricas do início do século XX, mas nas experiências mais recentes, em toda a parte em que uma estilização, uma convenção e uma concentração entram em jogo. A tradição francesa, que conservou muito desses procedimentos da retórica clássica, se redesdobra em cada estética ligada a um encenador: não só em Vitez ou Mesguich nos anos 1970 e 1980, mas também em encenadores como Chéreau. Em sua leitura dramatizada de *Memórias do Subsolo*, de Dostoiévski, Chéreau não hesita em aliar uma leitura em voz embargada a um jogo de atuação enfático, emocional e hipercodificado. Na encenação de *Emilia Galotti* por Thalheimer (2001), os atores deambulam sobre uma longa passarela como se o fizessem isso para um desfile de moda e dizem o seu texto em um ritmo totalmente artificial e afetado.

3. A ESCRITURA

Comparando diferentes autores na Europa ou no mundo, constata-se a mesma partilha entre, por um lado, uma escritura que pretende colar-se ao real na sua maneira de fazer com que se exprimam personagens dotadas de uma psicologia facilmente legível e, por outro lado, uma escritura que se processa por meio de grandes temas, segundo figuras de estilo muito eloquentes, com força de argumento como em um tribunal ou em um parlamento, sem medo de afugentar o leitor ou de adormecer o ouvinte... Semelhante escritura retórica não é necessariamente falsa ou paródica. Ela é a marca de uma apresentação em uniforme de gala, de uma confiança no poder hipnótico da dicção e da declamação. B.-M. Koltès, J.L. Lagarce, O. Py, na França; Peter Handke, Falk Richter, na Alemanha; Sarah Kane (em *4.48.Psychosis*), na Inglaterra, seriam exemplos desse poder do verbo.

Ator, encenador e escritor estão, talvez, em busca de um teatro retórico que, numa mesma dinâmica, integraria movimento coreografado, expressão de afetos, figuras estilísticas e sentidos da narração. "Retórica" seria então outra palavra para a gestão concertada e figurada de meios cênicos e dramáticos, para a encenação por excelência.

Retransmissão ao Vivo de um Espetáculo

Fr.: *retransmission en direct d'un spectacle*; Ingl.: *live Broadcasting of Performance*; Al.: *Live-Übertragung*.

Uma nova partida? Desde o início da radiodifusão, as representações teatrais foram retransmitidas a um público ávido e desejoso de seguir ao vivo seus atores nos palcos parisienses. A ideia e as possibilidades técnicas de retransmitir ao vivo a imagem em alta definição e sobre a grande tela de um cinema são, todavia, apenas muito recentes. A iniciativa cabe ao Metropolitan Opera de Nova York, que retransmite ao vivo e em alta definição suas óperas para a distribuição sempre muito prestigiosa. Outras grandes casas de ópera seguiram o exemplo: Royal Opera de Londres, Bolshoi de Moscou, Scala de Milão etc. A ópera encontra assim um meio de tornar rentável espetáculos de custos exorbitantes que as subvenções não conseguem mais manter sem prejuízo.

Democratização ou estandardização? A ópera sempre foi um produto de luxo, dada *a fortiori* em casas prestigiosas. Com a explosão dos custos, ela não é mais acessível senão a uma clientela de ricos turistas ou de empresários para quem uma visita à Ópera é um prolongamento do *business* com os meios do teatro[1]. A possibilidade para um público modesto de participar dessa representação, embora à distância, proporciona-lhe um quinhão de consolo, na medida em que consegue uma retransmissão de boa qualidade. O espectador• desfruta de uma imagem quase cinematográfica, com uma montagem fílmica precisa e sofisticada. A representação, as vozes guardam a fragilidade do teatro graças à transmissão ao vivo.

Uma extensão no teatro das retransmissões da ópera? Parece pouco provável, salvo exceção (National Theatre em Londres). Pode-se lamentar o fato, pois o teatro encontraria não só um público potencialmente infinito, mas prosseguiria em sua aproximação com as mídias, combinando a transmissão ao vivo, a gravação e a performance física.

NOTA
1 Ver sobre a questão das subvenções: Mark Ravenhill, Funding, *Contemporary Theatre Review*, v. 23, n. 1, mar. 2013, p. 23-25. (Número especial: Alphabet: A Lexicon of Theatre and Performance.)

Rir e Sorrir

Fr.: rire et sourire; Ingl.: laugh and smile; Al.: lachen und lächeln.

Desde a Antiguidade, os filósofos, os retóricos, os escritores debruçaram-se sobre os mecanismos do rir e do cômico. A concepção de Aristóteles (o rir como uma deformidade que faz rir sem maldade) reencontra-se na teoria clássica de Bergson (*Le Rire*, 1900). Segundo Aristóteles, "o cômico consiste em um defeito ou em uma fealdade que não causa nem dor nem destruição" (*La Poétique*, p. 49). Ao que Bergson parece fazer eco ao insistir que a deformidade é imitada, e não real: "pode tornar-se cômica toda deformidade que uma pessoa bem conformada chegaria a contrafazer" (p. 17). Essas duas definições são preciosas para o teatro em que julgamos cômica a menor deformação ou desvio da norma. Do ponto de vista de quem ri, isso implica súbita distensão após uma tensão psíquica em face de uma situação que parecia bloqueada. É o que Kant resume na sua bela formulação, ela também fundamental: "O rir é um afeto que resulta do súbito aniquilamento da tensão de uma espera."[1]

Essas três definições clássicas dos mecanismos do rir podem ainda hoje nos servir de base para uma discussão sobre o uso do rir na prática da performance e do teatro contemporâneos.

1. NO TEATRO CONTEMPORÂNEO

O riso em retração: com o risco de generalizar demais, diremos que não se ri muito nas obras dramáticas contemporâneas ou, se rimos, é muitas vezes ironicamente, com um sorriso amarelo e sem convicção, em segundo grau, como se temêssemos demais nos abrir ao mundo e nos expor aos golpes. Os autores, de Beckett a Adamov, ou de Koltès a Lagarce, não se preocupam mais em corrigir nem em exercer a menor influência. Derrisão, superioridade ou desprezo não são mais agora os efeitos procurados. Os autores não dão mais nenhuma lição, não fazem nenhuma sugestão. Nenhuma grande coisa, é verdade, é considerada como ridícula ou sagrada. Os ataques diretos e radicais parecem ter-se deslocado para o gênero dos quadrinhos e dos humoristas que não se constrangem então em zombar dos defeitos, inclusive físicos, dos políticos ou dos astros e estrelas. A grande comédia de um Molière ou de um Sheridan desapareceu faz muito tempo: o cômico não incide mais sobre a estrutura dramática em seu todo, sobre um vício ou um defeito que a fábula se empenharia em denunciar. Ele se mantém em algumas palavras aguçadas ou em ações isoladas, em efeitos destinados a "despertar" o público. O riso parece haver se refugiado nos monólogos dos humoristas ou nos quadrinhos, nas facilidades do teatro de *boulevard* ou nas proezas de circo e de seus clowns. Os autores dramáticos "literários" desconfiam dos monólogos ou dos efeitos cômicos dos humoristas; eles querem a todo custo evitar tais facilidades.

A temática da escritura dramática contemporânea é com frequência mais séria e sinistra do que cômica e bem-humorada. O isolamento existencial do ser humano não se presta quase ao estouro de gargalhadas. A ironia ou o humor de um Koltès ou de um Vinaver passam muitas vezes despercebidos. O humor negro ou rangente de um Beckett tende a recalcar o corpo e o riso franco que o acompanha. Pois quanto mais a gente ri com gosto, mais se ri com o corpo.

A performance, ou o que dela resta, não tem mais o humor de seus inícios ou as facécias do *happening*•. A arte de longa duração (*durational art*) cansa depressa seus espectadores•, mesmo os mais condescendentes. A *body art*• amedronta mais do que acalma, principalmente quando a contribuição do corpo do performer é duramente exigida. Os diferentes rostos de Orlan, após suas numerosas operações de cirurgia plástica visando multiplicar suas aparências e suas pertinências raciais não fazem rir tanto, em todo caso não mais do que as aparições de Frankenstein.

2. RIR COM GOSTO?

O medo da caçoada: não é tão fácil nem tão frequente rir com gosto e sem entrave. Molière não se enganou nisso: "É um grande ataque aos vícios expô-los à risada de todo mundo. Suporta-se facilmente repreensões; mas não se suporta em absoluto a zombaria. Aceita-se de bom grado ser malvado, mas não se aceita de modo algum ser ridículo." (Prefácio de *Tartufo*) *A fortiori*, nesses tempos do politicamente correto (PC) ou em vias de "Pacificação", não se trata mais de zombar e de ridicularizar qualquer um por causa dos excessos de sua religião, de seus comportamentos estranhos ou estrangeiros, de sua identidade sexual, social ou étnica. Uma autocensura pesa sobre os dramaturgos e, desde os anos 1990, sobre os *chansonniers*, cantores de cabaré, e os humoristas. Situação esquizofrênica para os cômicos: os limites da transgressão• política ou ética são incessantemente recuados, mas o rir é cada vez mais controlado, avaliado e, às vezes, sancionado.

A sátira "incorreta" é fortemente desaconselhada, e até proibida. A sociedade ocidental tornou-se mais intelectual e cerebral. Ao cabo de um "processo de civilização" (Norbert Elias, 1939) iniciado no século XVIII e visando controlar as funções corporais, ela perdeu sua vitalidade popular. Ela está, pois, menos inclinada a rir dos efeitos farsescos ou de se divertir francamente com os procedimentos grosseiros de um cômico físico e "natural". Esse déficit de corporeidade, esse desaparecimento do cômico físico e burlesco e esse esgotamento de um riso maciço expliquem talvez o aparecimento de diferentes terapias para o rir ou a eclosão de clubes da risada.

Os clubes da risada são uma resposta inesperada, porém oportuna, ante a carência de riso orgânico. Se o rir é de fato qualquer coisa corporal, um espasmo que afeta o tórax, o rosto, uma reação tão incontrolável como um reflexo, deve-se poder agir diretamente sobre a sua fisiologia. Ora, o rir não é unicamente físico, mas é também psicológico: é um coração que é preciso atingir e tocar. Segundo Clémentine Dunne, responsável por um desses ateliês da risada, trata-se de encontrar, "em cada um de nós, esse lugar inalterável, esse Coração da Risada que pulsa a vida". O trabalho do terapeuta assim como o do artista ou de cada pessoa consistiria "em encontrar o acesso e, em seguida, como a assiduidade meditativa, residir o mais possível nesse Coração da Risada" (C. Dunne).

3. DESLOCAMENTO DA RISADA?

a. Da Literatura às Variedades

Haveria aí, pois, um deslocamento da risada, uma transferência para outros territórios. A farsa se torna rara, ela é relegada ao café-teatro ou aos esquetes dos cômicos na televisão. A risada desertou o teatro literário, a literatura e a prática cênica experimental. Ela refaz superficialmente nos espetáculos de variedade os *one-(wo)man shows* e, sobretudo, nas mídias audiovisuais, como o rádio e a televisão. O cômico se apega tanto ao jogo de atuação quanto à invenção textual. Os intérpretes (seja o cômico, o ator que representa uma personagem inventada por ele, ou o humorista, aquele que critica a sociedade e seus defeitos a partir de sua própria perspectiva) produzem o riso pelo jogo de atuação, aliam escritura pessoal e interpretação. O *stand-up comedian*, que grassa sobretudo nos países de tradição inglesa, conta uma história mais ou menos inventada com base em seu ponto de vista "pessoal", improvisando a partir de eventuais respostas do público do *pub*. Humoristas e comediantes fazem rir de si mesmos, eles inventam uma personagem engraçada, cujos dissabores eles contam e representam. Com uma bela "polidez do desespero", eles zombam de si próprios. É o caso de Pierre Desproges, escritor tanto quanto ator cômico, já muito afetado pela doença, provocava assim seu público: "Câncer? Eu poderia morrer de rir!" Na tradição do humor tcheco (Hasek, Hrabal e, em língua alemã, Kafka), os cômicos manejam com brio a ironia, a autoderrisão e a zombaria. Tantas características que se perdem na tradução ou quando são transpostas em outros contextos culturais.

b. Salvando o Burlesco

Além dos esquetes televisuais, sempre muito populares, de receitas comprovadas, o burlesco se mantém graças ao talento de atores formados no teatro físico e no mimo (é o caso de Raymond Devos, Jérôme Deschamps e seus Deschiens, Simon McBurney). O burlesco gestual distingue-se do cômico: ele evita a troça, e até o menosprezo, seu rir não é um riso de exclusão desdenhosa, mas de simpatia humana. O burlesco, diferentemente do cômico, contribui ao riso, mas sem jamais suscitar o desprezo. Pensa-se nos Deschiens, essas personagens de Deschamp e Makaieff, que nos fizeram rir tanto, nesses imbecis felizes, comuns e simples, mas simpáticos e humanos, todos aqueles que, como o Pícaro, sobrevivem a todas as mudanças de chefe e às novas regras introduzidas pela mundialização. O público francês, por um efeito de simpatia natural, de bom humor e de benevolência, acaba sempre por identificar-se com eles.

4. AS NOVAS FONTES E FORMAS DO RIR

O que faz rir nossos contemporâneos, de Seul a Pequim, de Avignon a Edinburgo? Os temas, os tipos de discursos, os gêneros, as atitudes, os alvos da moda variam consideravelmente, porém o desejo e o prazer de caçoar de um ridículo animam ainda e sempre os provocadores do riso.

Quais ridículos puderam de fato se manter a despeito das mudanças de sociedade, de regimes políticos, de épocas, de estilos de vida? A sátira é de todas as épocas, ela é inesgotável, porquanto, como dizia Horácio, ela "arranca o envoltório brilhante em que cada um, exibindo-se sob os olhares, recobria sua feiura interior". Os meios desse desvelamento são ilimitados. A sátira chega às vezes até o ataque *ad hominem* e "às fácies" quando zomba de uma pertinência étnica ou de um defeito físico.

Nos dias de hoje, quase não encontramos mais a grande comédia que se dê por missão fazer a sátira de um vício ou dos ridículos de uma sociedade. Não mais, porém por razões opostas, uma farsa ou um espetáculo fazendo apelo a um rir universal, unanimista, tonitruante, em que toda a sociedade se reencontraria em um grande estouro de uma calorosa risada reconciliadora.

Seria isso o *fim do riso unanimista*? Em uma sociedade que se fragmenta em classes herméticas, em grupos de interesse, em clãs e em identidades múltiplas, não se poderia esperar alvo reconhecível e comum. Antigamente, até os últimos belos dias do teatro e da encenação populares (na França, nos anos 1950), o público podia ainda explodir em gargalhadas no mesmo instante, "como um só homem", e pelas mesmas razões. Bastava rever as fotos que Pic tirou do público popular francês dos anos 1950 para a gente se convencer disso. Agora, quando o riso instaura certa igualdade democrática, é apenas por alguns segundos. A maior parte do tempo ele se tornou um riso de classe (é o caso do *boulevard* francês ou da comédia britânica), ou então constitui o riso de grupos que marcam sua identidade a partir daquilo que, segundo se considera, faz rir ou chorar ou deixa indiferente. Essa especialização de risadas discrimina ou exclui em vez de congregar e unir.

5. PÚBLICOS ENDURECIDOS E FRAGILIZADOS

A correção mudou de sentido. Não se trata mais da correção de vícios e de indivíduos faltosos, mas da correção política de que os artistas são incumbidos de dar prova, a fim de não ferir nenhum grupo.

O público é o único juiz não apenas daquilo que é divertido, mas daquilo que é lícito dizer. Se é verdade que "se pode rir de tudo, mas não com não importa quem" (segundo a célebre fórmula de Desproges), o autor e o artista cômicos devem levar em conta o público. O rir, muitas vezes "despachado" pelas *mass medias*, é cada vez mais controlado, portanto desarmado, autocensurado. Ele perde sua força, e até seu sentido.

Essa insistência no polo da recepção exerce um efeito inibidor na escritura do cômico, notadamente aquela destinada aos teatros públicos. Ela obriga os autores e os intérpretes a se adaptarem aos contextos nacionais e culturais. Não se ri completamente da mesma maneira, há expectativas diferentes para um texto escrito em francês, mas lido ou representado na França, na Bélgica, na Suíça, em Québec ou no Marrocos. Sem falar de contextos com tradições diferentes: um tipo de cômico como da *stand-up comedy* passa mal as fronteiras da Grã-Bretanha...

6. AS FORMAS E AS NUANCES DO RIR

Essa nova situação explica a predileção do cômico por certo número de maneiras de falar. Tais maneiras têm em comum uma vitória do espírito sobre o corpo, do satírico espiritual sobre o burlesco físico.

A paródia é a forma cômica mais frequente na escritura dramática contemporânea e entre os cômicos ou os humoristas, sem dúvida porque ela permite aparecer com o rosto mascarado. É paródica ora a dramaturgia no seu conjunto, ora tal ou tal achado na expressão. A paródia dispensa às vezes apresentar ou explicar o objeto parodiado para procurar apenas ridicularizá-lo, e até destruí-lo.

O humor e o espírito caminham juntos, mas diferem. O humor, esta "arte de fazer sorrir com"[2], trai uma cumplicidade entre o zombeteiro e sua vítima; o humor "reside no sentimento de coexistência do ridente e do risível, seu sorriso é o de um espectador envolvido, distante e solidário ao mesmo tempo daquilo que o diverte"[3]. O espírito mostra a superioridade do ridente sobre a sua presa, pois o gracejo não deixa a esta presa folga para se defender ou ripostar. "O humor e o espírito [...] se distinguem não ao nível dos procedimentos verbais empregados, mas em função das circunstâncias nas quais a pilhéria é emitida. Há humor se o estado de tensão precede o gracejo, espírito se ele daí decorre."[4] O teatro pena para valorizar o espírito de seus gracejos ou as palavras espirituosas das personagens, pois ele não suporta (geralmente) um narrador a encadear os gracejos (como outrora Sacha Guitry nos seus filmes). Em compensação, o humor convém à encenação desde logo porque ela sugere, pelo jogo da atuação, o que o texto ou a situação querem ou podem verdadeiramente dizer.

A caçoada, a troça, a zombaria, a chacota e o sarcasmo constituem um grau suplementar na escala dos procedimentos cômicos dirigidos para a sátira e crítica de um indivíduo e de uma sociedade. Constata-se na sequência desses cinco termos uma progressão para sempre mais maldade: a caçoada, a troça, a de um Molière para com suas personagens ridículas, por exemplo, é a situação clássica de superioridade, ainda suportável, do dramaturgo ou do narrador para com sua personagem. *Le persiflage*, a chacota, termo aparecido na França por volta de 1735, traz um matiz suplementar de impertinência do ridente, no presente caso uma crítica mais cínica e acerba de um comportamento. O sarcasmo é uma caçoada mordente, desabusada, ofensiva, dirigida muitas vezes contra alguém mais fraco que não pode defender-se. Ele participa de um rir sádico, que nada perdoa e que visa aniquilar o adversário tornando-o irremediavelmente ridículo. O teatro do absurdo praticava o sarcasmo sugerindo que o ser humano é uma nulidade que nada pode resgatar (Ionesco) ou um silêncio que o riso selvagem entrega à nossa imaginação (Beckett).

A questão é de saber como o riso de cada espectador exprime essas nuances, todas teóricas, e como o crítico ou o teórico do riso as percebe e as interpreta em sua recepção global da obra inteira. Mas todos os dois não escapam a essa análise global, lá onde o riso e sua expressão não constituem senão uma indicação, por certo crucial, da maneira de compreender a representação.

Além do sarcasmo e do cinismo, reencontraremos as virtudes clássicas do riso físico e popular, um riso libertador que afugenta a angústia, restituindo à comunidade dos espectadores uma vitalidade e uma coesão? Não seria preciso, antes de tudo, reencontrar o sorriso?

7. PARA ACABAR COM O SORRISO

Cumpriria ainda distinguir o sorriso do riso, extraí-lo do corpo, regenerar seus poderes.

Sourire et sous-rire (sorriso e sub-riso): se rir é amiúde rir *contra* alguém, a ponto de querer quase eliminá-lo espiritual, e até fisicamente, sorrir é, antes, sorrir *com* alguém ou *graças* a alguém, um outro espectador, um outro ser humano ao nosso lado: esse ser que nos diverte e nos comove. Sorrir não é evidentemente não mais rir com um riso barato, não é "sub-rir". Sorrir é rir sob riso, rir sem rir, rir debaixo, rir por baixo.

Entreabrir o corpo: no sorriso o corpo se entreabre, mas não a ponto de estourar em risada. Mexendo-se apenas, ele se parte em um ligeiro sorriso. O sorriso faz o corpo entrar em si mesmo, enquanto o riso o exterioriza. No sorriso benevolente, os lábios se afastam ligeiramente, eles deixam o mundo penetrar em nós, eles o aceitam com suas fraquezas e suas alegrias. Esta discrição do sorriso não garante, todavia, que a atitude do sorridente seja necessariamente positiva e benevolente (como na maior parte do tempo): podemos sorrir apenas com um sorriso amarelo, com um trejeito subentendido. A boca então cospe seu veneno no sarcasmo.

Fisionomia do(sub) riso: é tentador recorrer a teorias um pouco duvidosas da fisionomia para observar quais partes do corpo são mobilizadas no riso, no sorriso e em todas as nuances intermediárias. Parece que para cada forma de cômico, depois da reação do espectador, uma parte do corpo, do semblante é particularmente afetada. Os cantos da boca se elevam no sorriso (daí a bela expressão francesa *sourire en coin*). As sobrancelhas se erguem e a fronte se pregueia na ironia. A boca e os lábios avançam na *persiflage* (zombaria) (daí a associação desse termo à ação de *siffler* [assobiar], que não constitui, no entanto, a origem dessa palavra). Somente o riso se comunica ao rosto inteiro, ao tronco e, logo, a todo corpo. É sempre bom sacudir esse corpo como um tronco de árvore, mesmo com o risco de desenraizá-lo.

O sorriso como repressão do riso: O riso é visível, porém ruidoso e pouco controlável. O sorriso é sutil, a ponto de passar despercebido muitas vezes. Somente o ator, em um plano cinematográfico, está em condições de transmitir um sorriso, mas a cena teatral o tornará pouco perceptível. Seja na sala ou no palco, rir e sorrir caminham sempre juntos: o espectador passa constantemente de um estado, de um extremo a outro. A arte da dramaturgia ou da encenação é a de fazer o espectador navegar entre esses afetos• parentes, mas opostos, de levá-lo a exteriorizar suas emoções no riso, ou interiorizá-los no sorriso.

Todo estudo desses mecanismos nos obriga a nos situar no contexto histórico e a determinar o momento do processo de civilização no qual nos encontramos.

Poderemos ainda rir no teatro do século XXI? Talvez: não se deve desesperar! Quanto ao riso com gosto, não devemos mais contar muito com ele. A derrisão e o sarcasmo nos arrastaram a um declive ensaboado e o sorriso benevolente se torna cada vez mais raro.

Se o riso é um mecanismo de sobrevivência, o sorriso é um signo de aceitação dessa via que nos espera. Comecemos, pois, por sorrir, a sequência virá por si mesma.

 Aristoteles. *La Poétique*. Paris: Seuil, 1980.

Henri Bergson. *Le Rire: Essai sur la signification du comique*. Paris: Félix Alcan, 1900.

Norbert Elias. *Über den Prozess der Zivilisation*. Basel: Haus zun Falken, 1939.

NOTAS
1 Immanuel Kant, *Critique de la faculté de juger*, Paris: Gallimard, 1985, p. 292.
2 Jean-Marc Moura, Quelle politique du rire?, *Le Monde*, 31 mai 2010, p. 16.
3 Ibidem.
4 Jonathan Pollock, Le Rire, em Michela Marzano (éd.), op, cit., p. 820.

8. MAIS VALE RIR

Nossa época não se coloca realmente a questão da aceitabilidade do riso ou da correção do sorriso. Ela tende, sobretudo nas representações midiáticas, a uma derrisão generalizada. O absurdo havia aberto o caminho, com frequência a marteladas, desse teatro da derrisão. Beckett retificou o tiro e subsumiu essas contradições em um humor e em uma ironia apenas perceptíveis. A escritura do após-Koltès retorna a posturas do "derrisório", esse termo desperdiçado da língua cotidiana que diz muito bem da ambiguidade do riso e do ilusório.

Risco

Fr.: *risque*; Ingl.: *risk*; Al.: *Risiko*.

O teatro é o lugar de todos os riscos. Sobretudo aqueles que não supomos, aqueles que o espectador• corre ao assistir uma representação na qual está submetido à violência de uma ação, exposto à violência de um tabu, mas também está confrontado com sua própria interioridade à vista de um acontecimento exterior.

O primeiro risco, o mais visível, é o corrido pelo ator, cujo aparecimento público nunca é neutro: perigo de expor-se à vista de um público desconhecido; medo de enganar-se, de não dominar suas emoções; perigo físico de ferir-se, para o dançarino ou o performer. Quanto mais o performer corre o risco de um incidente, um ferimento, uma queda, uma decepção, maior é o seu mérito de superá-los, mais seu orgulho será intenso e comunicativo. O acidente ou o malogro não são, por definição, ficcionais, mas reais, eles recordam ao público que o teatro continua sendo um jogo perigoso que expõe os artistas a um risco autêntico, e que provoca nos espectadores um mal-estar quando eles são testemunhas de uma ação dolorosa ou humilhante para o outro.

Ao que se acrescenta para esse mesmo espectador o risco de enganar-se na interpretação, o temor também de não estar à altura da obra oferecida ao público. Toda interpretação de uma obra de arte está sujeita a riscos hermenêuticos, a hipóteses que não desembocam sempre na compreensão da obra, no prazer de sentir-se convencido ou mesmo emocionado com o espetáculo. Nós ficamos às vezes decepcionados no teatro e, no entanto, no mais das vezes, permanecemos dispostos a correr o risco de sermos desapontados. Somos, aliás, cada vez mais demandantes de riscos: não simplesmente o risco que fazemos correr os artistas de circo dos quais se exige cada vez mais, porém o risco que nos impomos a nós mesmos, quando entramos no jogo de uma imersão• que vai nos desestabilizar, uma vez que ela anula o contrato de distância e de denegação que tínhamos costume de assinar ao assistir, de longe e no conforto de nossa cadeira, uma ação que pensávamos ser puramente ficcional.

Mas não podemos escapar aos riscos. O teatro e, sobretudo, a arte performática, os acumulam. Sua variedade é extrema, como se a arte performática e os *performance studies*• quisessem testar o espectador contemporâneo. A arte performática (ou o *live art*•) expõe os performers a todas as espécies de provas e perigos. É grande o risco de que a personagem se fira fisicamente ou de que o espectador não lhe preste socorro. Gómez-Peña relatou o caso de numerosas performances que quase acabaram mal e que com frequência deixaram os espectadores frios, seja porque estes imaginam "que há aí um truque", seja porque pensam que o performer é responsável por sua própria desgraça e que merece uma boa lição[1]. Essa ausência de compaixão, esse cinismo são os de nossa época endurecida pelo mal graças ao intenso contato que se pode ter com ele ao observá-lo nas telas da televisão, ou porque cada vez mais pessoas pensam apenas em seus próprios problemas. A precariedade tornou-se o cotidiano de muitos: trabalho impossível de encontrar, instável e embrutecedor. As pessoas deslocadas, os imigrados clandestinos ou legais sofrem dessa mesma precariedade, a qual recentemente constitui o objeto de numerosos estudos dedicados a descrever e a compreender como os precários reagem. Estes recorrem às vezes ao teatro para dar a conhecer sua situação e para eles próprios tomarem consciência dela e responderem a isso por meio de performances de protesto e de resistência, de ações coordenadas por ativistas, descritas às vezes com as noções de desterritorialização e reterritorialização[2].

O risco é inerente à vida e ao teatro, essa vida acelerada, o reencontro a cada passo. Nas últimas páginas de seu livro, Hans-Thies Lehmann faz do risco um dos raros lugares onde os tabus podem ainda ser quebrados. Com efeito, em um mundo racionalizado, desmistificado, desencantado, ninguém mais quase acredita em tabus, e os teme ainda menos. Ora, nesse mundo privado de reações afetivas, o teatro está em condições de produzir uma afetividade que faz falta ao homem moderno: "Na época da racionalização, do ideal do cálculo, da racionalidade generalizada do mercado, o teatro tem como papel, por meio de uma *estética do risco*, saber trabalhar com os extremos do afeto, os quais contêm sempre também a possibilidade da quebra ofensiva do tabu."[3] Ao organizar essa quebra do tabu, essa transgressão•, esse desencadeamento de paixões e de afetos•, o espectador encontra em si emoções que são inconscientes e que seu temor do tabu ou do escândalo o fizeram recalcar. Deparamos aqui com a célebre análise de Freud sobre "as personagens psicopatológicas em cena"[4]: o espectador percebe na cena do inconsciente pensamentos recalcados, o que lhe proporciona ao mesmo tempo um prazer proibido e o libera de conflitos que o faziam sofrer. Assim, arriscando-se a ter no teatro maus encontros com os aspectos inconscientes e desagradáveis de sua própria vida, o espectador corre um risco calculado e benéfico para ele e para o seu círculo.

 L'Art du théâtre, n. 7, outono de 1987.

NOTAS

1 Guillermo Gómez-Peña, *Dangerous Border Crossers*, London: Routledge, 2000, p. 210.
2 Noções emprestadas de Deleuze e Guattari em *Mille Plateaux*, Paris: Minuit, 1980. Ver igualmente: Arjun Appadurai, *Modernity at Large: Cultural Dimensions of Globalization*, Minneapolis: University of Minnesota Press, 1996.
3 Hans-Thies Lehmann, *Postdramatisches Theater*, p. 473.
4 Sigmund Freud, Personnages psychopathiques sur la scène [1905], *Revue française de psychanalyse*, v. 44, n. 1, 1980.

5

Satori

Termo japonês do Budismo Zen: a iluminação, a experiência individual de uma revelação na sequência de uma meditação e de um estado assumido de vazio interior, a compreensão intuitiva que abre de repente perspectivas inesperadas e uma nova percepção do mundo. No Satori, o indivíduo sente-se subitamente capaz e tomado de energia criativa, ele ultrapassa as limitações do dualismo do corpo e do espírito.

Semelhante iluminação revela-se particularmente útil ao artista, em especial ao ator e ao encenador que a utilizam aqui e agora para encontrar a chave de uma personagem ou de uma cena. A prática do teatro ocidental dispõe de numerosas noções equivalentes às de Satori. Os gregos falam de *Kairós•*, de momento oportuno, ocasião propícia, oportunidade de agir e de fazer o bem. Para Lessing, com o "instante pregnante", o espaço, o tempo e a ação encontram-se na obra de arte a fim de tornar o sentido claro e intenso. Walter Benjamin refere-se ao *Jetztzeit*, ao "agora", quando "a suspensão messiânica do passado" (da história) desvela o "teor de verdade" do passado[1]. Barthes distingue o "punctum" da foto: "este acaso que, em si, *me aponta*, mas também me machuca, me agarra"[2]. Peter Brook está em busca "desse momento de verdade quando o performer encontra o público, desse fluxo entre ator e público". A fenomenologia fixa-se na *Plötzlichkeit* (subitaneidade), no momento da experiência individual (*experiential moment*), no *Augenblick* (no instante).

O Sartori está no coração de toda experiência humana e teatral bem-sucedida.

NOTAS
1. Walter Benjamin, Teses Sobre a Filosofia da História, o *Jetztzeit*, é um tempo destacado do *continuum* da história.
2. Roland Barthes, *Oeuvres complètes*, Paris: Seuil, t. 3, 1994, p. 1126.
3. Peter Brook, Directing, em Colin Chambers (ed.), *The Continuum Companion to Twentieth Century Theater*, London/New York: Continuum, 2002, p. 210.
4. Cf. Karl-Heinz Bohrer, *Plötzlichkeit*, Frankfurt: Suhrkamp, 1981.
5. Stan Garner, *Bodied Spaces: Phenomenology and Performance in Contemporary Drama*, Ithaca/New York: Cornell University Press, 1994, p. 41.
6. Jens Roselt, *Phänomenologie des Theaters*, München: Fink, 2008, p. 123.

Semiologia (Após a Semiologia)

Fr.: *sémiologie (Après la Sémiologie)*; Ingl.: *semiology*; Al.: *Semiotik*.

É banal constatar que a semiologia quase desapareceu dos radares da pesquisa teatral, que ela não é mais citada como a disciplina piloto das ciências humanas. Mas seria ingênuo crer que ela foi simplesmente substituída por outro método, melhor, mais moderno ou mais performativo: performatividade, fenomenologia, desconstrução•, cognitivismo etc. Talvez tenha chegado o tempo, dez anos depois do pós-escrito[1] de Keir Elam para a reedição, em 2002, de seu livro, *The Semiotics of Theater and Drama* (1980), de proceder a um novo balanço da semiologia teatral. Se constitui presunção predizer quais disciplinas darão prosseguimento nos dez anos vindouros ao caminho percorrido desde a eclosão de diversas semiologias no curso dos anos 1960, espera-se ao menos ter tomado suficiente recuo histórico e crítico para avaliar serenamente o que permanece da semiologia teatral. O que resta "de nossos amores, o que resta de nossos belos dias"[2]? Por que a semiologia é "uma lembrança que (nos) persegue sem cessar"? Não é agora o momento de lembrar qual foi outrora a perspectiva da semiologia e como, apesar das oportunidades perdidas com numerosas disciplinas antigas e emergentes, ela nos ajuda, mesmo assim, a enfrentar ainda alguns dos desafios dos estudos teatrais e "performativos"?

1. A SEMIOLOGIA NOS CONTEXTOS DOS ANOS 1960 A 1980

a. Razões de Seu Aparecimento

Emergência: a semiologia deve muito às *Mithologies* de Roland Barthes (1957), notadamente as diferentes semiologias aplicadas às artes e às práticas culturais. Essas semiologias pretenderam, ao mesmo tempo, descrever melhor seu objeto, de modo objetivo e autônomo, e apresentar a seu respeito uma crítica ideológica. Para o teatro, a universidade dos anos 1960 consentiu finalmente em tomar como objeto a representação (e não mais apenas o texto dramático), em se interessar pela encenação e pelos meios de anotá-la, de analisá-la e interpretá-la (embora sem fazer sempre bem a diferença entre esses três procedimentos). Sabemos, pelo menos desde a segunda metade do século XIX, que a encenação é o objeto estético e político que convém levar em consideração, porém na universidade anterior a 1968, ainda adormecida, a teoria, semelhante à Bela Adormecida no Bosque, e a crítica dramática, ainda muito impressionista, consideravam que a efêmera representação não podia ser objeto de uma descrição e, menos ainda, de uma teorização. A análise dos espetáculos tornou-se então uma disciplina central dos estudos teatrais. A semiologia apareceu na época como um agitador de conceitos, um meio de abordar sem complexo o objeto teatral ou espetacular.

A linguagem teatral tornou-se assim a metáfora principal da semiologia, metáfora discutível segundo o nosso ponto de vista atual, mas então necessária para incitar os analistas a abordar um espetáculo de maneira sistemática como uma estrutura organizada, um sistema semiótico. A ambiguidade do termo reside na confusão com o conceito de *mise en scène*. "Linguagem teatral" remete a uma ideia, e até a uma idealização do teatro, a uma compreensão, por assim dizer, universal de signos teatrais, a uma suposta essência do teatro: tal é realmente, com efeito, a concepção de um Grotowski ou de um Brook, nesses anos 1960 e 1970. A encenação, na teoria semiológica, se diferencia da representação. Uma vez que a representação é um objeto empírico, neutro, ainda não analisado, um reservatório de formas, de significantes, a encenação, por sua vez, pressupõe um pensamento organizacional, um sistema coerente, uma hipótese explicativa.

Um *questionário* resultou dessas observações, fundamentado na ideia estruturalista de um funcionamento do conjunto de sistemas de signos. As categorias e as questões são bem numerosas, nem todas são a cada vez pertinentes a um espetáculo³. O questionário° se aplicava com prioridade a encenações do tipo "clássico", centradas num encenador com opções claramente explícitas, cuja fábula se consegue reconstituir. Dever-se-ia, pois, adaptá-lo consideravelmente, e até evitá-lo, para espetáculos pós-dramáticos•. Mas quais questões se ousará colocar para a arte contemporânea sem medo de se cair em um discurso pedagógico, e até demagógico? (Pavis, *L'Analyse des spectacles*).

b. Razões de Sua Manutenção

A semiologia se mantém como um conjunto coerente de ferramentas de análise. E isso por muitas razões:

A identificação dos signos: quando assistimos a um espetáculo, podemos decerto, por escolha, nos deixar levar pelas emoções, pelos ritmos, pelas formas e pela materialidade• da representação. Mas, em um ou outro momento, não poderíamos evitar de distinguir alguns signos pertinentes da representação. Quer se esteja procurando traduzir significantes, matérias em significados, em conceitos, quer se esteja pesquisando, a partir de um significado do qual se tem a intuição, índices, significantes do espetáculo que correspondam a esse significado.

A interdependência do significante e do significado é, segundo Saussure, a principal característica do signo linguístico. Saussure compara o signo a uma folha de papel: de um lado o significante, do outro o significado. Não se poderia segmentar um lado sem segmentar o outro. Mas a segmentação de um não corresponde à segmentação do outro, visto que o signo é arbitrário: não há nenhuma relação de motivação entre o som (a imagem sonora) e a ideia (o significado que lhe é associado). A língua não é uma nomenclatura que segmentaria o mundo segundo suas próprias unidades. Acontece o mesmo com o espetáculo: os significantes que o espectador• reconhece aí e segmenta não correspondem termo a termo a ideias e referências precisas ao mundo. A maneira como percebemos a cena, eis o que dá seu sentido ao espetáculo. Mas quem nos ajudará na segmentação e na leitura dos signos?

A leitura dos significantes e dos significados não depende unicamente do espectador, ela é guiada pela organização do espetáculo, em outras palavras, pela encenação, a qual se exprime e se constitui mais claramente na dramaturgia do espetáculo, na sua composição, na sua estrutura interna e na sua referência à realidade. Esta dramaturgia é mais ou menos legível, ela nos ajuda a segmentar os significantes e significados de modo mais ou menos fácil e pertinente. Em uma dramaturgia "clássica", lá onde espaço, tempo, ações e discurso nos ajudam a recortar o espetáculo segundo seus significantes ou seus significados sem ambiguidade, o espetáculo nos parecerá legível, nós esqueceremos a decifração dos signos. Haverá, entretanto, o risco de que o pôr em cena (*mise en scène*) seja um "pôr em signo" (*mise en signe*) demasiado legível, porque demasiado demonstrativo, redundante e enfadonho. Ao contrário, em uma dramaturgia pós-clássica ou pós-dramática, a segmentação não terá nada de claro, parecerá arbitrária: a lógica do significante não desembocará automaticamente em uma legibilidade do significado e, portanto, do sistema dramatúrgico. Nenhum grande bloco espaço-temporal ou actancial nos ajudará a interpretar a *mise en scène*, a encenação, esse encontro entre significante e significado, entre som e sentido. Teremos muita dificuldade em seguir o que nos é contado, no eixo sintagmático, narrativo e temporal, mas também muita dificuldade em associar, no eixo vertical paradigmático, motivos a outros motivos, imagináveis, porém ausentes.

Graças ao *modelo actancial*, a massa de signos, bem como de percepções e de hipóteses de leitura, não permanece muito tempo caótica, ela se organiza, desde que estejamos em condições de estruturar as principais forças actanciais da fábula em geral e dos relatos de todos os sistemas semiológicos em ação na *mise en scène*, o que constitui a primeira tarefa do dramaturgo. O apogeu da abordagem semiológica coincidiu com o acerto de um modelo actancial, sistema que reagrupa as forças em presença em qualquer relato, verbal ou visual. Graças a essa fotocópia, graças a essa estrutura dramatúrgica, a encenação poderia instalar-se de maneira segura, tornando-se o encenador *autor-idade*, o controlador dos signos. Este domínio, no entanto, significava quase simultaneamente a crise de um modelo fechado e centralizado, ele não podia senão levar a repor em discussão a natureza do espetáculo e de seu feitio por demais diretivo e fechado devido às escolhas dramatúrgicas e cênicas de uma instância central. A partir dos anos 1970, a crise da semiologia juntou-se a várias outras crises: a crise da dramaturgia clássica (escritura dramática e análise dramatúrgica), a crise da encenação *autor-itária*, da teoria estrutural, da teorização separada das novas práticas cênicas.

Talvez se haja esperado demasiado de uma semiologia concebida como explicação do mundo, mesmo quando essa disciplina se separava de muitas outras disciplinas, de teorias ou de antiteorias, de modos de pensar mais radicais, quando a época mudava e quando os "grandes narrativas" (Lyotard), as grandes explicações, as esperanças de uma teoria crítica da alienação se desvaneciam como uma miragem no horizonte.

2. AS OPORTUNIDADES PERDIDAS

Uma série de mal-entendidos, de oportunidades perdidas no curso dos trinta ou quarenta últimos anos: tal é a explicação que se poderia dar a essa miragem, a esse distanciamento, e até a essa rejeição da semiologia.

a. As Razões da Mudança

O teatro "estético", teatro de arte ou teatro experimental, tornou-se minoritário no seio do campo novamente redefinido das *cultural performances*• e dos *performance studies*•. Essas manifestações culturais de toda ordem são mais enumeradas e repertoriadas do que descritas ou teorizadas. Sua descrição antropológica é empírica e raramente estrutural como na antropologia cultural de Lévi-Strauss e sua retirada da semiologia. O teatro e sua semiologia se recolhem em si mesmos, se isolam dessas novas práticas, tornam-se uma estética minoritária, não tentam tirar proveito deste aporte de experiências etnológicas ou sociológicas. A semiologia não percebe bem a mudança de paradigma que se operou: passamos, de fato, da encenação, instância mimética e literária, controlada por um artista único, à performance, instância cultural, performativa, ligada ao fazer, descentrada, coletiva, que recusa a *autor-idade* de um encenador.

O teatro pós-moderno• ou pós-dramático, que aparece no próprio momento – e isso não é evidentemente um acaso – em que a semiologia dá sinais de sufocar, modifica a relação com o espectador. A questão não é mais "o que isso significa?", mas "que efeito isso produz em mim?" Passou-se do sentido à sensação, da significação ao efeito produzido. Não se pergunta mais: "Onde estão os signos?", porém "Como eles atuam?" O espectador não tem mais que interpretar a obra e seus signos, mas fruí-la como uma obra plástica exposta em uma instalação ao redor da qual ele está convidado a caminhar sem objetivo e no seu próprio ritmo.

Deslizamos assim para uma estética• relacional, uma "teoria estética que consiste em julgar as obras de arte em função das relações inter-humanas que elas configuram, produzem ou suscitam"[4].

As teorias explicativas não são mais muito exigidas, ainda que, paradoxalmente, os críticos não cessem de se referir a filósofos contemporâneos, de Heidegger a Derrida, de Ricoeur a Lévinas, de Zizek a Badiou, o que, aliás, aborrece os "verdadeiros" filósofos, encabeçados por este último. A "Filo-Performance" (*Performance philosophy*) propõe timidamente, nos dias de hoje, encarnar e dramatizar a reflexão filosófica, notadamente na perspectiva anglo-americana da performatividade•.

A dramaturgia perde sua posição de domínio e de controle do sentido, seu posto de observação da semiologia. Passamos de uma dramaturgia do significado a uma dramaturgia do significante. O espectador é encorajado a imaginar a dramaturgia percebida no espetáculo. Depois da semiologia e da análise dramatúrgica clássicas, fala-se, algumas vezes, de pós-dramaturgia.

b. Os Encontros Apenas Esboçados

Em relação a essas oportunidades perdidas ou simplesmente esboçadas, os artistas de teatro são tão responsáveis quanto os teóricos. Com raras exceções, Antoine Vitez na França, Giuliano Scabbia na Itália e Rex Cramphore na Austrália, ao fim dos anos 1970, semiologia e arte teatral nunca se deram muito bem. Uma falta de confiança e, às vezes, de respeito, é a causa desse desamor.

Mas os outros encontros falhados têm causas mais profundas. Eles se explicam por uma incompatibilidade metodológica que nenhuma síntese ou negociação poderia apagar. Assinalemos, sem insistir demais nelas, algumas dessas contrapropostas.

O teatro energético, que Lyotard apresenta em um curto artigo ("La Dente, la paume")[5] [O Dente, a Palma]), faz uma crítica radical ao empreendimento semiológico, no caso da semiologia aplicada ao teatro. Lyotard imagina um teatro que não representa nada, que "se consome" em uma intensidade, uma intensificação•. Poucas vezes o conceito de signo e a representação pelos signos foram tão radicalmente criticados quanto nesta concepção da intensidade. É nisso que a semiologia devia refletir em sua pretensão de pôr tudo em signos. Mas como conciliar o modelo energético e a exigência de uma explicação por signos? A teoria dos vetores fornece uma resposta apenas parcial, um compromisso que precisa ser testado por análises de espetáculos contemporâneos pós--dramáticos, espetáculos que se situam além de toda dramaturgia explicativa.

A teoria dos vetores é uma dessas respostas possíveis, ou melhor, um desses compromissos teóricos. Ela visa substituir o signo isolado e estático por uma vetorização de elementos da encenação, que o espectador--analista pensa decifrar, ao modo de uma análise do "trabalho do sonho" segundo Freud, Lacan, Jakobson e Lyotard[6].

Os *Cultural Studies*, mais ainda do que os *Performance Studies*, são os grandes olvidados da semiologia e de suas tentativas de se pôr em dia. Surgidos desde os anos 1960 na Inglaterra e nos Estados Unidos, eles se desenvolvem nos anos 1990, depois da fase do pós-estruturalismo e da desconstrução•, marcando certo retorno a preocupações sociológicas e políticas, uma tomada de consciência do ambiente, das mídias e da mundialização e, bem recentemente, da crise sistêmica da economia mundial.

Mas as coisas evoluem: a semiologia não pode mais negligenciar os *cultural studies* sem se condenar a girar em círculos. Ela deve não somente se aproximar deles, mas recorrer a eles, para julgar novas formas de espetáculos que, de Rimini Protokoll a She She Pop, do grupo L'Avantage du Doute a Das Plateau, introduzem na cena pedaços do real, por exemplo pessoas que interpretam a si próprias diante de um público teatral. Para dar conta da globalização do teatro, a teoria tem necessidade de um modelo que ultrapasse o da troca cultural no teatro intercultural dos anos 1970 e 1980. O modelo desta análise intercultural hesitava demais entre uma semiologia da comunicação e uma abordagem decididamente antropológica e sociológica. Ele acreditava ainda com certo angelismo na troca cultural recíproca, na comunicação, na semiologia, portanto. Talvez resida aí uma última tentativa de salvamento do antigo mundo crítico, elitista, comunitário, artístico, de uma estética já arcaica do funcionamento, da estrutura e da causalidade explicativa.

A extensão do teatro europeu de texto em todas as formas potenciais globalizadas será certamente uma oportunidade para a semiologia e seu *aggionarmento*. Ela obrigará a reavaliar a atividade teatral, a confrontá-la com outros tipos de performances e a raciocinar no quadro dos mecanismos da globalização cultural.

A fenomenologia é muitas vezes citada como a alternativa da semiologia. Somente Bert States, a partir de seu livro de 1985, *Greate Reckonings in Little Rooms: On the Phenomenology of Theater*, mostrou de fato a complementaridade da semiologia e da fenomenologia. Seu argumento é clássico entre as censuras mais frequentes feitas à análise semiológica: representação demasiado retalhada e sem levar suficientemente em conta a impressão global, por definição indivisível. States, entretanto, toma o cuidado de explicar que o espectador deve perceber a materialidade do signo, velar para não reduzi-lo a uma ideia, apreciar a sua fenomenalidade e se entregar a uma experiência vívida do mundo.

A performatividade é aquilo que veio mais eficazmente a perturbar a abordagem semiológica. Esse desafio não é novo, pois o *performative turn* já estava anunciado pela linguística dos performativos (J.L. Austin) desde os anos 1950. Os *performance studies*, que apareceram nos anos 1970, tornaram-se, sobretudo após os anos 1990, a nova maneira de situar os estudos teatrais em um quadro com limites extensíveis, e até infinitos.

Resta estabelecer se essa teoria – alguns dirão: esse imperialismo teórico – da performance ajudará a esclarecer melhor ao mesmo tempo o estudo do teatro (o teatro "estético" ocidental) e o estudo de todas as outras *cultural performances*. Já é uma boa coisa olhar o teatro da *mise en scène* (o teatro de arte) não mais apenas do ponto de vista estrutural semio-analítico, porém na perspectiva ampliada das *cultural performances* e da performatividade.

3. SALVAR A SEMIOLOGIA?

a. (Se) Salvar?

Essas oportunidades perdidas, esses encontros furtivos apenas esboçados entre a semiologia e a longa série de *turns* (giros) desde o *linguistic* e *semiotic turn* dos anos 1950 e 1960 reciprocamente, até os *cultural* e os *performative turns* mais recentes, não terão sido tão negativos. Eles constituem a prova de que a semiologia se comporta bem contanto que a salvem.

Salvar do teatro a semiologia? Isso seria a pior das soluções! A semiologia deve, ao contrário, enfrentar o teatro em plena renovação, ela não deve ter medo de estar em atraso em relação a ele: é da natureza da teoria chegar sempre com atraso, quando tudo está terminado. A semiologia é apenas perigosa se ela não se abre para o mundo, se ela exige um único tipo de teatro ou se ela trata todos os tipos de teatro e de performance empregando os mesmos remédios.

Tratar-se-á então de *salvar o teatro/da semiologia*, de poupar o teatro da abordagem semiológica? É isso que o pós-dramático pretende ter feito: evitad as grades de leitura e as questões que não tocam mais o objeto analisado, por ele ser justamente não analisável, não narrativo, não mimético e não significante.

Para *se salvar* (no sentido de salvamento, mas também no de fuga), a semiologia deverá se prolongar (o que é o contrário de sobreviver) nessas novas ou antigas disciplinas que ela negligenciou por um tempo demasiado longo. E, inversamente, essas disciplinas pós-estruturalistas terão de fato necessidade da coerência da semiologia, sem o que todos esses *turns* as afastariam do caminho reto!

b. Desaparecer?

A semiologia, portanto, não está prestes a desaparecer. O que desaparece é antes o teatro tal como ela o conheceu em seus inícios, em Praga, por volta de 1930, depois no mundo inteiro a partir de 1970, e ainda por volta de 1989. Em sua versão extrema, o ator e o espectador desapareceram: eles não se encontram mais, salvo nas extremidades das mídias, um diante de uma câmera que transmite suas imagens à outra, no fim do mundo. Impossível então decodificar signos produzidos ao vivo e comuns ao espectador e ao ator.

A esta desaparição-reaparição do objeto teatral junta-se o desaparecimento frequente das fronteiras da obra, a qual é como que diluída no espaço público: assim é no exemplo do teatro da intermidialidade[6]. Às vezes é a obra que rebate seus limites, como essas obras em estado gasoso de que fala Yves Michaud (2003), em que contam apenas a experiência estética e a sensação do receptor: às vezes, é o espaço social, o espaço público. Öffentlichkeit, o mundo da política, do ativismo, das manifestações políticas, da esfera pública ou da esfera privada que absorvem a obra performada. Poder-se-ia então temer que a semiologia não conseguisse mais se ativar, na falta de objeto para analisar. Mas a obra acaba sempre por se reconstituir, por voltar ao estado sólido ou, pelo menos, líquido. A semiologia não se evaporou por um instante senão para melhor se reconstituir alhures, melhor adaptada ao seu novo objeto.

c. Abandonar?

Esse processo quase mágico de aparecimento-desaparecimento da obra e da semiologia acaba por intrigar e atrair o pensamento pós-estruturalista. A semiologia lhe parece perseguir a obra como uma rede de borboletas da qual se teria esquecido a rede.

Como pois – pergunta-se o pós-estruturalismo – a semiologia seria às vezes, quando a impelem a seus redutos, um pensamento móvel como a desconstrução (Derrida), a cooperação textual (Eco), ou "a intensificação energética do dispositivo teatral"[7]?

"O que resta de nossos amores? O que resta desses belos dias?" O que resta da semiologia que Saussure imaginou? Nada e tudo. Nada, se nos referimos a uma grade de análise, a um questionário, a um tipo de análise, a uma rede de segurança. Tudo, se ela abandona o sonho saussuriano de tornar-se uma ciência piloto, pela tarefa mais humilde de ser, para todas essas disciplinas, tão numerosas a ponto de dar vertigem, uma simples chave de desvio de ferrovia. A tarefa e o futuro da semiologia após a semiologia é, pois, imaginar um lugar de troca, uma plataforma giratória, onde transitem todas essas teorias e essas hipóteses. Uma disciplina que prevê, aceita, mas sempre rebate seu próprio fim: sua finalidade como seu acabamento.

Não será, portanto, necessário abandoná-la.

NOTAS

1. Cf. Post-script: Postsemiotics, Posthumous Semiotics, Closet Semiotics, *The Semiotics of Theatre and Drama*, London: Routledge, 2002.
2. Como diz a letra da canção "Que reste-t-ill de nos amours" (1942) de Charles Trenet e de Léo Chauliac.
3. P. Pavis, Questionnaire, *Dictionnaire du théâtre*, Paris: Armand Colin, 1996, p. 278-280. (Trad. bras.: Questionário, *Dicionário de Teatro*, São Paulo: Perspectiva, 2015, p. 316-318.)
4. Nicola Bourriaud, *Esthétique relationelle*, Dijon: Les Presses du Réel, 1998, p. 117.
5. Cf. *Des Dispositifs pulsionnels*, Paris: UGE, 1973.
6. Em *Discours, Figure*, Paris: Klincksieck, 1970.
7. Jean-François Lyotard, *Des Dispositifs pulsionnels*, p. 99.

Sensação

Fr.: *sensation*; Ingl.: *sensation*; Al.: *Empfindung*.

Esse termo sensação, que retorna ao longo das páginas na crítica jornalística como nas obras acadêmicas sobre o teatro, está amiúde associado ao de percepção°. No sentido filosófico, "há sensação quando uma modificação fisiológica, de origem no mais das vezes externa, excita qualquer um de nossos sentidos"[1]. O teatro é certamente a arte que mais mobiliza as sensações de todas as espécies. Ora, como distinguir e triar essas sensações na consciência e na percepção dos artistas ou dos espectadores•?

1. SENSAÇÕES E PERCEPÇÕES NO TEATRO

As sensações estão na origem de nossa percepção da realidade, *a fortiori* as sensações de uma obra dramática, teatral ou performativa: elas são produzidas, intencionalmente ou não, elas são transmitidas em todos os níveis e em todos os momentos do acontecimento, elas serão recebidas e captadas, analisadas e experimentadas pelos observadores e pelos participantes. Os atores, os dançarinos, os "performadores" apelam para suas capacidades sensoriais, seja no *training*, na coreografia ou na encenação. Em primeiro lugar e antes de tudo, estão as sensações de peso, de espaço, de ritmo e de fluxo, como bem mostrou Laban. Os bailarinos e os coreógrafos sabem de fato que sensação e movimento estão reunidos, coincidem, completam-se, apoiam-se e até fundem-se. Por um fenômeno de empatia• cinestésica, os espectadores os recebem e os retrabalham. Com certeza, e à primeira vista, a massa das sensações produzidas não coincide com o coletivo das sensações recebidas.

2. LÓGICA DA SENSAÇÃO

A tentação é grande, por conseguinte, de elucidar a lógica da sensação nas obras de arte. É a isso que se dedica Gilles Deleuze em seu estudo sobre a pintura de Francis Bacon. Não se trata de pesquisar nas suas obras sentimentos ambivalentes: "não há sentimentos em Bacon: não há nada, senão afetos, isto é, 'sensações' e 'instintos', segundo a fórmula do naturalismo. E a sensação é aquilo que determina o instinto em um dado momento, assim como o instinto é a passagem de uma sensação a outra..."[2] Encontramos nesta pintura aquilo que muitas vezes é salientado pela cena: as sensações são 1. Sintéticas, 2. Motrizes, 3. Fenomenológicas. Nos termos de Deleuze: 1. "Toda sensação e toda Figura já são sensação 'acumulada', 'coagulada' [...]. Daí o caráter irredutivelmente sintético pelo qual cada sensação material possui vários níveis, várias ordens ou domínios." (p. 29); 2. Daí "a hipótese motriz": "Os níveis de sensação seriam como pausas ou instantâneos de movimento, que recomporiam sinteticamente o movimento na sua continuidade, na sua velocidade e na sua violência." (p. 30); Daí a última "hipótese, mais fenomenológica": "Os níveis de sensação seriam realmente domínios sensíveis que remeteriam aos diferentes órgãos dos sentidos; mas, justamente, cada nível e cada domínio teriam uma maneira de remeter aos outros, independentemente do objeto comum representado." (p. 31)

3. SENSAÇÕES TÁTEIS, ÓPTICAS, HÁPTICAS

Esse carrossel de sensações apreendidas por Deleuze nos quadros de Bacon vale também, *mutatis mutantis*, para o teatro. Todas as artes se apoiam no modelo mais geral da percepção humana, a qual se baseia em uma lógica dos sentidos, especialmente na oposição entre o tocar e a visão, isto é, entre o tátil e o óptico. Nós apreendemos o mundo por meio de todos os sentidos, mas notadamente pelo tato e pela vista, coordenando nossas sensações que se tornam percepções. Na terminologia de Deleuze e dos psicólogos, este necessário encontro do tátil e do óptico se resolve e se ultrapassa no háptico, que é uma maneira de "ver com as mãos". Do ponto de vista do dançarino ou do ator, trata-se de transmitir fisicamente a sensação do movimento ou da cena; do ponto de vista do encenador, a arte é a de atrair o olho do espectador, a fim de fazê-lo passear, de deixá-lo brincar, no espetáculo.

4. A BUSCA DE NOVAS SENSAÇÕES

Movimento/sensação: se o háptico está no centro das pesquisas atuais, práticas e teóricas, é porque concentra sentidos e sensações há muito tempo disjuntos. Sua importância para a dança, para o teatro do gesto, assim como para toda outra forma de teatro, é óbvia. A junção do visível e do sensível-háptico sempre ocorre aí. Para a dança, e não apenas para a dança *Contact Improvisation•* de um Steve Paxton, ela se tornou o ponto de partida de toda criação. Assim, para Odile Duboc ou para Trisha Brown, é o movimento que provoca a sensação, mas é também a sensação que induz o movimento. Segundo esses dois coreógrafos, o dançarino deve fazer emergir de suas sensações corporais (visuais, auditivas, mas sobretudo ponderais, táteis e, às vezes, olfativas), estados de corpo que induzem movimentos. O espectador (ou, na improvisação, o parceiro) é receptivo a essas sensações-movimentos, sensações movimentadas tanto quanto movimentos sentidos. Todos são sensíveis a uma mesma convergência do movimento e da sensação. A fronteira entre movimento e sensação, interioridade e percepção exterior, estímulo e resposta não cessa de se esfumar. Tal era a posição claramente enunciada por Henri Bergson: "Meu presente é, pois, ao mesmo tempo, sensação e movimento; e, uma vez que o meu presente forma um todo indivisível, esse movimento deve prender-se a esta sensação, prolongá-la na ação. Donde concluo que o meu presente consiste em um sistema combinado de sensações e de movimentos. Meu presente é, por essência, sensório-motor."[3]

A trajetória e a queda: as sensações do movimento podem ser, segundo Deleuze, "pausas ou instantâneos de movimento, que recomporiam sinteticamente o movimento, na sua continuidade, na sua velocidade e na sua violência" (p. 30). Tais sensações se constituem em trajetórias•, lá onde o peso, o espaço, o tempo e o fluxo determinam o movimento: ora lutando contra o peso e a gravidade, tendendo para a manutenção da vertical, ora, ao contrário, deixando-se ir e cair em direção ao solo, aceitando e executando a queda[4]. O mesmo ocorre com o espectador da dança, do movimento ou da dramaturgia: ele pode resistir a isso e reconstruir a todo custo uma lógica de ações e de significações, abandonando-se a uma experiência puramente sensorial que não seja espartilhada pelos sentidos e por tudo aquilo que, segundo se considera, deve "ficar em pé".

Compartilhando sensações e sentidos: os espectadores, qualquer que seja a atitude encorajada por eles ou escolhida por eles próprios, estão aí para partilhar sensações, muitas vezes desconhecidas, emoções fortes e afetos• poderosos. Na maior parte do tempo, essas sensações amalgamadas são "desmaranhadas" pelo olhar discriminador ou pela palavra partilhada e circulante na comunidade••. Tal é, pois, segundo Marie-José Mondzain, o papel do teatro: "Se não houvesse o teatro, neste caso de um modo fundador antes de qualquer outro lugar, a palavra não poderia dar conta da intimidade pulsional e, portanto, da separação irredutível que afasta os homens uns dos outros."[5] Na tradição ocidental grega, as sensações do e no teatro terminam em uma experiência não somente estética, mas política. – E, nos diz Mondzain, é "o lugar da justiça, o lugar do debate político e o lugar da partilha pática (passional)" (p. 57).

A imersão nas sensações: ora, essa procura das sensações puras, dos significantes flutuantes e das experiências emocionais tornou-se, às vezes, a busca de um teatro pós-dramático• ou de uma performance pós-moderna• que oferecem aos espectadores eventos, ações, experiências reais, em vez de representações simbólicas do teatro dramático e ligado à significação. O espectador quer então ir ao ato, e assim abandonar a representação teatral a fim de passar à arte performática, ao *happening*•, às ações reais. Ele quer, em suma, permanecer no pático•, na sensação e até no sensacional, nas experiências de imersão• na obra, sobre os joelhos do artista, no pré-simbólico, exatamente antes do estado de espelho e do efeito de reconhecimento (*anagnorisis*).

NOTAS
1 André Comte-Sponville, *Dictionnaire philosophique*, Paris: PUF, 2013, p. 915.
2 Gilles Deleuze, *Francis Bacon: Logique de la sensation*, Paris: De la Différence, 1994, p. 30.
3 Henri Bergson, *Matière et mémoire*, Paris: PUF, 1939, p. 148. (Trad. bras.: *Matéria e Memória: Ensaio Sobre a Relação do Corpo Com o Espírito*, 2. ed., São Paulo: Martins Fontes, 1999, p. 161-162).
4 Sobre essas questões da queda, ver P. Pavis, A Fall, *Performance Research*, v. 18, n. 4, Aug. 2013, p. 98-106. (On Falling.)
5 Marie-José Mondzain, *Produire la création*, Paris: Association Sans Cible/L'Amandier, 2007, p. 57.

Sessão

Fr.: *séance*; Ingl.: *session*; Al.: *Sitzung*.

A priori, a noção de sessão não parece aplicar-se ao teatro: o parlamento está em sessão, mas se o teatro estivesse, não estaríamos em vias de nos entediar ouvindo uma série de discursos? Uma *top model* se presta a uma sessão de fotos, mas os atores, cabe perguntar, se detêm para apresentar algumas poses espetaculares? A acupuntura nos propõe sessões de tratamento de meia hora, porém uma sessão teatral de três horas proporciona ela também uma trégua eficaz para nossas dores?

A despeito dessas incompatibilidades entre as sessões e o teatro, a sessão de teatro – uma noção introduzida por Christian Biet – ajuda a chegar ao cerne de um fenômeno próprio a toda experiência teatral e performativa. Para Biet, a sessão compreende, de fato, as condições de produção do espetáculo e as circunstâncias concretas de sua recepção pelo público: "A sessão de teatro (que) substitui a performance teatral no interior do tempo e do lugar da interação com o público visto que há o fenômeno da assembleia teatral durante um dado tempo."[1] A sessão nos incita a considerar a representação de maneira holística como um conjunto que só toma o seu sentido em relação com um público. Esta relação deve ser incessantemente interrogada e reconstruída.

No mesmo espírito, Guy Spielmann propõe uma teoria do "acontecimento espetáculo" (*Spectacle Event*) que recorra à intersubjetividade entre o performer e o espectador. Ele cria mesmo o neologismo francês *spectation* para expressar o processo do *spectating*, em contraste com o processo do *performing*, o fato de atuar/representar/realizar que a palavra franco-inglesa de performance exprime de maneira deliciosamente imprecisa. Ligando como oximoros as ideias de *performing/spectating* (para a relação teatral) ou de acontecimento/espetáculo (para a coexistência de um acontecimento e de sua mostração (*mostration*) a um espectador•), Spielmann propõe uma definição do "acontecimento/espetáculo": "Sequência de ações de natureza comunicativa, executadas em um tempo e um lugar dados, segundo modalidades fixadas de antemão (performance), e intersubjetivamente percebida como dotada de uma unidade para ao menos um indivíduo que as realiza (o performer) e pelo menos um outro que assiste a isso (o espectador), estando cada qual consciente de seu papel nesse processo."[2]

A partir da sessão, leva-se em conta o conjunto do fato teatral concreto, quaisquer que sejam as modificações do objeto-teatro e as condições de recepção pelos públicos os mais diversos no curso da história e nos diferentes contextos culturais. Este acerto teórico é preciso se quisermos tratar as diferentes *cultural performances*• de maneira um pouco coerente, em vez de multiplicar teorias adaptadas a um único objeto e de cair em um ecletismo metodológico e teórico ao qual o pós-modernismo e o pós-dramático nos habituaram muito.

NOTAS
1 Christian Biet; Christophe Triau, *Qu'est-ce que le théâtre?* Paris: Gallimard, 2006, p. 68.
2 Guy Spielmann, L'"Événement-spectacle": Pertinence du concept et de la théorie de la performance, *Communications*, n. 92, 2013/1, p. 199.

Social Drama (Drama Social)

O *social drama* (o drama social) é, para o antropólogo Victor Turner (1982), inventor desta noção, um drama que pode ocorrer em pequena escala em uma aldeia ou, em grande escala, entre as nações. Qualquer que seja a escala em que ele se produz, há sempre ruptura de uma norma, formação de partes em conflito, reintegração final do grupo ou reconhecimento de uma ruptura definitiva e de uma separação final.

Victor Turner. *From Ritual to Theater.* New York: PAJ, 1982.

Sociodrama

Fr.: *sociodrame*; Ingl.: *sociodrama*; Al.: *Soziodrama*.

O sociodrama é uma técnica psicoterapêutica. Um grupo é convidado a improvisar sobre um tema que lhe diz respeito particularmente, uma cena destinada a revelar as relações entre as pessoas, suas pulsões, seu sofrimento e os meios de remediá-lo. Se se trata de fato de um psicodrama coletivo, no sentido de J.L. Moreno, nada é dito, neste último, sobre a natureza sociológica do grupo e sobre a sua ideologia. A ação se baseia em uma hipótese sobre a virtude catártica purificadora do jogo de improvisação e do teatro. Segundo Moreno, cada jogador possui um leque de papéis que determinam seu comportamento. Cada sociedade e cada cultura dispõem igualmente de certo número de valores que elas inculcam nos indivíduos.

Soft Power

Por oposição ao poder imposto ao mundo pelas armas (*hard power*), o *soft power* (um poder suave ou um poder de veludo) é uma arte diplomática que financia as obras e os artistas em suas *tournées* pelo exterior para dar uma imagem cultural e culta, pacífica e positiva do país de origem no estrangeiro. Esse termo inventado por Joseph S. Nye Jr.[1] descreve uma política exterior não agressiva, que sustenta sua cultura em diversos países julgados receptivos a essa doçura da arte.

NOTAS
1 Cf. *Bound to Lead: The Changing Nature of American Power*, New York: Basic Books, 1990.

Som no Teatro

Fr.: *son au théâtre*; Ingl.: *sound in the theatre*; Al.: *Ton in Theater*.

Durante muito tempo negligenciado pelos teóricos e, às vezes, também pelos praticantes da cena, o som no teatro torna-se enfim objeto de estudos sérios[1] e de realizações bem-sucedidas. Estaremos talvez em vias de descobrir o som e aquilo que distingue o ruído, a música, a palavra e o silêncio?

1. O OBJETO DO ESTUDO

Não basta estudar a função da música ou da sonoplastia em um espetáculo, nem muito mais as técnicas de produção do som ou da sonorização da voz ao vivo ou, ainda, a fabricação da trilha sonora. Convém, agora, como sugere Daniel Deshays[2], cruzar campos diversos como a música, o cinema, o teatro ou novos domínios como a programação por computador, os videogames etc. É, pois, a escritura sonora• que deve nos ocupar: não tanto o som que acompanha o teatro quanto o som que constitui o teatro e se constitui em uma dramaturgia sonora. Mas como criar uma performance que cruza as diferentes matérias (textual, visual, gestual, musical, vocal e sonora) para produzir um gênero ainda inédito?

2. ALGUMAS EXPERIÊNCIAS

Trata-se aqui de pensar, através do som, a obra em seu conjunto. Alguns pioneiros procedentes de outros domínios além do som propriamente dito, em especial do cinema, contribuíram para essa nova dramaturgia do som: os cineastas Jacques Tati ou Jean--Luc Godard, os performers Carmelo Bene ou Laurie Anderson, os artistas do teatro musical (*Muziktheater*) na Alemanha (Heiner Goebbels), todos tomaram como eixo de seu trabalho a produção e a dramaturgia do som. Como sublinhou o teórico Daniel Deshays, a reflexão acerca do som está ligada a uma época, a uma série de momentos: o jazz e a música contemporânea dos anos 1950, o cinema (Godard), o teatro ou a performance (Chéreau, Sellars, Wilson) nos anos 1970, a multimídia de hoje. Se os artistas visuais têm às vezes dificuldade para seguir e utilizar um pouco o som e a matéria sonora, a maior parte dos encenadores contemporâneos, em compensação, compreendeu que "a concepção sonora de um espetáculo depende de uma verdadeira escritura apta a dar profundidade ao conjunto de sua dramaturgia, que tem o seu eixo, por outro lado, totalmente no visual" (Deshays). Alguns desses encenadores permanecem, entretanto, desconfiados em relação ao criador de som (*sound designer*). Eles têm medo da materialidade• significante do som ou do "grão da voz" (Barthes). A isso se acrescenta, para o teatro intercultural•, a dificuldade, e até a indisposição, de ouvir as vozes de outra cultura. Aos amantes incondicionais da ópera clássica ocidental, a voz de uma cantora de Pansori coreano parecerá rouca, mal trabalhada, popular.

3. QUAL OBJETO ESTUDAR?

Não basta ou não basta mais estudar a trilha sonora do espetáculo, explicar como o som é atualmente produzido nos teatros, quais máquinas de ruído e quais programas informáticos são utilizados. Trata-se de compreender e de avaliar a escritura sonora, o *sound design*. Observar-se-á, por exemplo, como máquinas de tratamento do som (*samplers*, *expanders* etc.) são utilizadas diretamente no curso do espetáculo, e músicos, engenheiros do som, compositores voltaram a ser outra vez improvisadores capazes de manipular ao vivo o som como uma matéria:

"Sendo reprodutível e tão fácil de manipular quanto se possa desejar, o som tornou-se uma matéria autônoma com sua própria dramaturgia: toda mudança no som, que o ritmo, a intensidade e a localização podem causar ou desencadear, participa de toda dramaturgia do espetáculo de *maneira sonora e sã* (o que quer dizer: não somente como uma extensão ou um prolongamento de todo outro elemento)."[3] O som não é simplesmente um acompanhamento do texto ou da *mise en scène*, uma difusão, mas é uma criação de pleno direito que os espectadores recebem e experimentam como obra de arte. Mladen Ovadija propõe "a tese da centralidade do som como um elemento constituinte ao mesmo tempo performativo e arquitetural do teatro contemporâneo"[4].

4. ALGUMAS HIPÓTESES PARA UMA PESQUISA QUE DESLANCHA

Uma noção se impõe nos estudos sobre o som: a de *aural* e de *aurality*: a "auralidade" é a maneira de ouvir, de compreender os sons, a qual depende do modo pelo qual o ouvido é em parte determinado pelo ambiente cultural do ouvinte, isto é, pela "fenomenologia subjetiva da escuta"[5].

A arte de ouvir (*entendre*) e escutar é a arte de aprender a excluir de nossa percepção os ruídos de que não temos necessidade. Ao mesmo tempo, o ruído, isto é, o som cuja função ainda não conhecemos, é indispensável. Há sempre ruído no teatro, a despeito dos protestos dos espectadores que não querem ser perturbados e que, no fundo, prefeririam ser leitores na calma de sua sala de leitura. O teatro e sua encenação revelam e transformam em jogo todas as interações entre ruído, silêncio e ações físicas dos atores.

No teatro, o som não é o simples veículo do texto ou da imagem onipresente, é sempre uma performance ligada ao corpo dos artistas que o produzem (voz e grão da voz [Barthes], corpo e corporalidade•, ritmo e abstração da forma) e dos espectadores que o escutam e o ouvem à sua moda. O som está, da mesma maneira, preso à estrutura e ao dispositivo da encenação, integrado a uma dramaturgia[6].

Resta estabelecer o estatuto do som. Segundo a hipótese de Ross Brown[7], o som, na prática contemporânea, tornou-se diegético: ele narra qualquer coisa e não, necessariamente, aquilo que o texto parece dizer. Ele não se reduz, portanto, a uma ideia, a uma fábula, a um elemento puro, idealizado e imaterial. Trata-se de uma matéria que vale como significante, que não poderíamos reduzir a uma única significação. Assim sendo, coloca em questão a dramaturgia puramente textual e nos convida a ultrapassar a dramaturgia clássica por uma pós-dramaturgia do som, da música, da auralidade. Desse modo, o criador de som (*sound designer*), que é um artista por inteiro, e não um simples técnico ou engenheiro de som, vê sua posição reforçada; e ele é convidado a enfrentar o encenador (sobretudo se este último permaneceu adstrito a seu papel na interpretação do texto e na direção dos atores). A dramaturgia do som faz explodir o modelo hierarquizado e texto- ou ceno-centrado da *mise en scène* clássica. Daí uma nova maneira de ver – e principalmente de escutar – o teatro e, portanto, para o teórico, de analisá-lo. O espectador concebe doravante o som como uma matéria sonora, do qual é preciso experimentar o fluxo, o processo e a dramaturgia. O som e a música não são mais um fundo sonoro do texto, eles constituem a estrutura do espetáculo. Poder-se-ia falar de musicalização• do teatro (e, inversamente, de teatralização da música).

5. UMA NOVA FILOSOFIA DO SOM E DA IMAGEM?

Desenhar o som? Perceber seus desenhos ocultos? Não é esta a tarefa do *sound designer*, do criador de som? Mas esse desenho do som consiste justamente em não o conceber como um desenho a mais, como um traço unicamente visual. Trata-se, de fato, de ultrapassar ou, ao menos, de completar nossa visão do teatro como encenação visual por meio de uma concepção sonora, auditiva, musical, rítmica do espetáculo: a auralidade (*aurality*) torna-se o par e o complemento da "visualidade" (*visuality*). Pode-se de bom grado jogar em inglês com a oposição *orality/aurality* (oralidade/auralidade), que corresponde à dualidade voz/audição.

Em face das imagens: as imagens se erguem em nosso caminho, elas nos guiam e nos absorvem. Porém, vivemos imersos na esfera sonora: essa nos sorri e sobretudo nos nutre com o som, com o sentido e – poderíamos dizer – com o seio, pois jamais escapamos da voz materna. Graças a essa voz, graças aos ruídos e aos sons, nós nos localizamos em um mundo estendido ao infinito e associamos esses referenciais sonoros às coisas, aos lugares, às imagens que se apresentam a nós todos ao longo da vida. Ora, esse universo sonoro construído com paciência, a arte pode expressá-lo mimeticamente, mas pode também se divertir em desconstruí-lo, em dissociar a imagem e a sonoridade: um copo que se quebra miando; lábios que dão um beijo que provoca um estalo de trovão (e de raio); uma pessoa cuja voz familiar range como uma porta, tudo é doravante possível em nossas cenas! Ficamos então mais perturbados agora do que diante de uma imagem surrealista.

Essas possibilidades do som no teatro constituem uma descoberta inaudita, inesperada, visto que era até então entendido que o teatro é visual como a encenação, considerada o remate da teatralidade ocidental. Por que então, na virada deste novo milênio, o som ergue-se de súbito até a orelha, qual um cavalo em repouso prestes a partir a galope? Além da esperança de uma orientação semiológica do espetáculo, de uma apreensão encarnada do corpo em movimento do ator diante de nós e em nós, além da visualidade do mundo, que outra coisa poderemos encontrar e sonhar? Ficamos sabendo como a encenação reagrupa, associa e hierarquiza os signos visuais e os materiais ao construir um mundo organizado. Se a dimensão sonora tinha seu lugar, este estava sempre a serviço de um dispositivo visual e narrativo. Mas era sem levar em conta a inesperada e necessária resistência do mundo do som e com uma fenomenologia da escuta. Ora, este mundo sonoro, redesenhado e recomposto pelos artistas da cena, desborda e submerge não apenas o dispositivo visual, mas também a música de concerto, quando ela é somente tocada sem nenhum efeito de jogo de desempenho. Quando, ao contrário, o mundo sonoro se vê confrontado com o mundo visual, o som e a música jogam com esta visualidade, como se a subjetividade não tivesse mais limites.

No teatro, o som não é *jamais o da música pura*. Ele seria antes, e para sua maior glória, música impura e ruído informe. No teatro, o som está sempre impregnado daquilo que sua manifestação pública procura justamente escamotear: a corporalidade dos intérpretes, as circunstâncias imprevisíveis da performance, a atenção mais ou menos ruidosa e física dos ouvintes. A esse dispositivo• sonoro se acrescenta todo o dispositivo visual: o jogo dos atores, o bailado de seus corpos em movimento. Essa coreografia dos corpos, das formas, das cores confere ao som sua cor e sua identidade. Ela acolhe todas as sonoridades, todos os ruídos. Ela lhes dá um feitio, um ar que não eram previstos, que os nutrem e os fazem penetrar como por efração no universo privado de cada espectador.

Desmaterialização: a presença cada vez mais sensível do som e das paisagens sonoras na representação teatral coincide com outro fenômeno recente da encenação: sua relativa desmaterialização espacial e visual. Muitas vezes, com efeito, a cena contemporânea não é mais a ilustração realista de um lugar ou de um texto, mas quando muito sua evocação por convenção. Ela não tem mais nada de uma linguagem cênica autônoma com muitas metáforas visuais como nos anos 1970 e 1980. De resto, os atores, durante longo tempo considerados como a condição *sine qua non* do teatro, não são mais, às vezes, visíveis; não estão fisicamente presentes na cena, são apenas contactáveis por telefone, por câmara de vídeo, ou por vídeo pré-gravado. A linguagem quase imaterial do som tem, desse modo, tanto mais facilidade de se integrar na parte visual da representação. Essa desmaterialização, miniaturização, virtualização dos elementos visuais ou gestuais facilita as núpcias dos sons e das imagens: "união livre", dever-se-ia dizer, sem contrato definitivo, sem hierarquia absoluta, porquanto cada um dos parceiros ameaça a todo momento fazer-se ao largo.

Os sons de todas as espécies – dos ruídos mais desagradáveis às melodias mais refinadas – constituem nossos referenciais cotidianos. Eles nos permitem circular pelo mundo e apreciar suas belezas, seus perigos e seus consolos. Penetram nossa vida interior, marcam nossa existência social. Desaparecem sem deixar traço ou então, ao contrário, nos conduzem a outros sons, nos introduzem em outros mundos imaginários. Nós não cessamos de lhes associar imagens, atitudes corporais, gestos. *A fortiori*, a arte da cena ou o teatro musical poderão combinar visualidade e auralidade, não como uma acumulação e uma integração de signos em um volume espacial ou sonoro comum, porém como uma confrontação de duas instâncias, um encorajamento pelo som ou pela imagem para ver ou ouvir o outro diferentemente. Tudo depende então das interações midiáticas e artísticas que a encenação previu ou "pré-ouviu". A arte do *sound design* é a de não separar os sons de sua situação espacial, de não os dissociar do gestual dos atores.

Dramaturgia sonora: dando a oportunidade ao som e às mil formas de exprimi-lo, a dramaturgia sonora proporciona ao teatro (e não somente à ópera ou ao teatro musical) uma nova saída. Concedendo seu lugar ao ruído, como o outro do som organizado, da música e da palavra, ela rompe as fronteiras tradicionais entre as diferentes artes cênicas e performativas. Ela outorga ao espetáculo uma profundeza sonora e rítmica que a escritura cênica reservava outrora à visualidade.

Se a música permanece em mim, o som associado à visualidade e à gestualidade cênica entra em mim, para melhor tornar a sair em seguida e circular naquilo que eu percebo na cena e no mundo, para me fazer viajar nesses espaços musicais, nesses lugares ao mesmo tempo imaginários e concretos. Cabe a mim compreender o que contam essa viagem, essa matéria e essa dramaturgia sonora, muito além da dramaturgia clássica textual tradicional. Essa nova dramaturgia do som nos ajuda a melhor repensar a organização do espetáculo em seu conjunto, a apreender a maneira como nós o sentimos e o experimentamos: escutando, vendo, encarnando o espetáculo, sem estar sempre em condições de fazer a diferença entre essas percepções. Milagre dessa dramaturgia do som: a escritura sonora não cessa de se desenvolver; as sonoridades, as palavras, os ruídos, as imagens e os gestos se reúnem, se associam, como que para nos dar a sentir e a realizar a experiência das obras em devir e de nosso mundo em marcha.

NOTAS
1. Cf. Lynne Kendrick e David Roesner (eds.), *Theatre Noise: The Sound of Performance*, Newcastle upon Tyne: Cambridge Scholars Publishing, 2011.
2. Cf. *Pour une écriture du son*, Paris: Klincksieck, 2006.
3. Eric Vautrin, Hear and Now: How Technologies Have Changed Sound Practices, em L. Kendrick; D. Roesner (eds.), op. cit., p. 141. "In a sound manner", diz o inglês: isto é, ao mesmo tempo como som e de maneira estável, segura (*sound* como adjetivo).
4. *Dramaturgy of Sound in the Avant-Garde and Postdramatic Theatre*, Montreal/Kingston: McGill-Queen's University Press, 2013, p. 5.

5 L. Kendrick; D. Roesner, op. cit., p. 4.
6 Cf. M. Ovadija, op. cit.
7 Em L. Kendrick; D. Roesner, op. cit., p. 1-13.

Superfície

Fr.: *surface*; Ingl.: *surface*; Al.: *Oberfläche*.

Em narratologia, distingue-se, segundo o modelo da linguística gerativa, a estrutura profunda e a estrutura superficial.
A primeira é constituída por esquemas narrativos gerais; a segunda é produzida por uma sequência de transformações a partir da matriz profunda, traduz-se por gêneros, por formas e por discursos. Um texto pode ser abordado por suas manifestações de superfície ou por suas estruturas profundas. Interessar-nos-emos, pois: 1. Em estrutura profunda, pelos modelos actanciais e narrativos; 2. Em estrutura superficial, pelas figuras textuais, pelos pormenores da textualidade, aquilo que foi chamado por contraste com o texto de "superfície textual". Com respeito ao texto dramático, essa textualidade constituirá o objeto de um estudo estilístico da musicalidade e da matéria das palavras, dos tipos de falas, do léxico e das marcas de literalidade.

Aplicado ao teatro, a análise do texto dramático ou da representação pode igualmente escolher entre permanecer na superfície ou então interrogar as estruturas profundas. A análise estilística e a análise dramatúrgica se completam.

No teatro, quer se trate do texto ou da representação, procura-se amiúde, ao menos para a estética realista ou naturalista, ver e entender *para além da superfície do texto*. O subtexto, noção introduzida por Stanislávski para suas encenações de Tchékhov, deve, supõe-se, revelar o sentido profundo da peça, além das palavras banais. Como para a conversação da vida cotidiana, pergunta-se sempre o que oculta a superfície das palavras. Eis por que se considera às vezes a encenação como a explicitação do subtexto.

Em reação a essa concepção mimética e psicologizante, a escritura e a encenação ou performance contemporâneas insistem, ao contrário, na *superfície do texto* (ou da representação), rejeitando a ideia de profundeza, de sentido oculto ou de mensagem implícita. Um jogo de atuação em superfície não será mais sinônimo de amadorismo. O ator não fará mais cara de que está encarnando sua personagem com todos os truques da interioridade e da identificação, ele se esforçará, ao invés, em sublinhar as nervuras do texto, sua materialidade•, excluindo muitas vezes as pausas ou os efeitos de real e de personagem. Assim, por exemplo, o Wooster Group fará o elogio da superfície, recusando-se a entrar na profundeza da interpretação ou do jogo de atuação, buscando efeitos de superfície: "Nós não estudamos, nós não imitamos. Nada fazemos senão imitar a superfície. Como não temos a intenção de nos tornar artistas orientais, jamais irei estudar, portanto, em profundidade as artes do Oriente, mas presto atenção a isso para imitar a sua superfície."[1] Jogar em superfície não é mais, por conseguinte, jogar com superficialidade sem crer na personagem, mas é, na estética pós-moderna•, imitar ciente e voluntariamente as formas emprestadas.

O elogio da superfície se generaliza na estética pós-moderna, precisamente para recusar a ideia de um centro, de um enigma e de um sentido oculto a descobrir. Durante muito tempo, com o logocentrismo, considerou-se que o texto dramático era a parte profunda e essencial do teatro, enquanto a representação era superficial, quase inútil. Atualmente, com a reversão pós-moderna, texto e espetáculo são tratados com uma distância idêntica, como se eles não fossem senão uma construção vazia, uma superfície neutra. Elfride Jelinek fala, a propósito de sua dramaturgia, não mais de diálogos em conflitos, mas de *Textflächen*, de superfícies textuais em contato.

A superfície tornou-se a pele do texto ou do espetáculo, de materiais sem profundidade, e até sem significação, que os atores, enquanto portadores de discursos, manipulam e friccionam, na esperança de produzir algumas faíscas. (Carícia•).

NOTAS
1   Elisabeth LeCompte em Josette Féral (éd.), *Mise en scène et jeu de l'acteur, entretiens. Tome 2: Le Corps en scène*, Montréal: Jeu/Lansman, 2001, p. 157-158.

T

Tatilidade

Fr.: *tactilité*; Ingl.: *tactility*; Al.: *Tastsinn*.

No teatro, assim como na realidade, também vemos com as mãos: o sentido do toque, a tatilidade são indispensáveis para apreciar a realidade: não somente sua forma, sua distância ou seu movimento, mas também sua textura•, sua materialidade•, sua corporalidade•. "Ver é tocar", nos diz similarmente a psicologia cognitiva – "tal é a experiência primária: uma correlação entre a exploração visual e tátil dos objetos"[1].

O teatro sempre foi consciente de suas possibilidades táteis, mas a cada dia ele era tributário dos códigos do toque na sociedade em que evoluía. A cena, esse lugar, escreveu Racine, cuja "principal regra é agradar e tocar", pôde experimentar com o toque no sentido físico, mas não é senão recentemente, nos anos 1960, nos Estados Unidos e na Europa, que o teatro, a dança e a performance de vanguarda ousam desafiar as convenções táteis, ao mesmo tempo nos espetáculos propostos e no modo de recepção pelos espectadores•.

Efeitos de tatilidade: a cena apresenta materiais suscetíveis para ativar a sensorialidade do observador – a areia, o fogo, a água em certas encenações de Peter Brook (*Carmen*, *O Mahabharata*), a terra para modelar a lama no *Woyzeck* de Nadj. O trabalho do ator-encenador-plástico consiste, neste último caso e na maior parte dos outros, em fornecer ao espectador uma espécie de massa imaginária que ele pode manipular e pela qual ele se deixa manipular. Bachelard nos lembrava, em *La Terre et les rêveries de la volonté* (A Terra e os Devaneios da Vontade): "Na imaginação de cada um de nós existe a imagem material de uma *massa ideal*, uma perfeita síntese de resistência e de maleabilidade, um maravilhoso equilíbrio das forças que aceitam e das forças que recusam."[2]

O ator e o espectador trabalham essa pasta imaginária. Todas as experiências cênicas não conseguem, entretanto, tocar de maneira tão profunda os observadores. Paradoxalmente, essas são tentativas para invadir o espaço ficcional e privado dos atores, a vontade de fazer participar, de "imergir" os espectadores que têm a maior dificuldade em convencer sobre a possibilidade de aproximar todos os participantes como se a passagem ao ato (que assinala o fim da representação teatral ocidental) acentuasse no fundo a distância entre os seres. Na cultura ocidental, o toque foi como que neutralizado: a gente não se toca mais a não ser com os olhos. Somente a arte, a pintura, a escultura e o teatro ousam ainda quebrar o tabu do toque. A pintura, após um período abstrato ou conceitual, faz a apologia da sensação, do toque, da carícia ou da pele. A dança põe à vista os corpos os mais inesperados. A performance, aliada à escultura, no trabalho de Miquel Barcelo e Josef Nadj (em *Paso Doble*) implica fisicamente os artistas na fabricação de seus corpos como estátua viva. O *body art*• expõe o corpo do performer ao olhar e ao voyeurismo. O teatro, mais distante, trabalha a textura de seus materiais provocando entre os espectadores uma visão háptica• e encarnada. A tatilidade generalizou-se, mesmo se o toque permanece submetido a regras estritas e interditos persistentes[3].

NOTAS
1 George Lakoff; Mark Johnson, *Philosophy in the Flesh: The Embodied Mind and Its Challenge to West Thought*, New York: Basic Books, 1999, p. 54.
2 Paris: Corti, 1948, p. 79.
3 Cf. *The Book of Touch*, editado por Constance Classen, Oxford: Berg, 2005; Eve Kosofsky Sedgwick, *Touching Feeling*, Durham: Duke University Press, 2003; Claudia Benthien, *Haut: Literaturgeschichte, Körperbilder, Grenzdiskurse*, Hamburg: Rowohlt, 1999.

Teatro Aplicado

Fr.: *théâtre appliqué*; Ingl.: *applied theatre*; Al.: *angewandtes Theater*.

A expressão inglesa é muito mais corrente do que sua tradução francesa. Pode-se aplicar o teatro em numerosos contextos: na escola, em comunidades, em prisões, hospitais, em países "em desenvolvimento" (daí o nome de *Theater for Development*).

O teatro aplicado é nômade, ele se situa quase sempre à margem do teatro oficial ou dominante (*mainstream*•). Ele persegue um objetivo utilitário, pedagógico, político no sentido amplo. Ele reagrupa um grande leque de práticas teatrais. Trata-se sempre, observam Prentki e Preston, de um teatro "para uma comunidade, com uma comunidade, por uma comunidade"[1]. É muitas vezes um teatro de intervenção•, de enquete e de investigação. Essa prática do teatro com fins não essencialmente artísticos encontra-se sobretudo difundida no Reino Unido e nos países anglófonos e de tradição pragmática. Na França, ela é ainda considerada como um projeto do futuro. François Florent vê aí uma tarefa do "teatro de investigação": "Um dos possíveis futuros do ator é o de vir a ser ao mesmo tempo jornalista, o de ir para ver *in loco*, no terreno, o que se passa, tornar a transcrevê-lo e apresentá-lo ao público."[2] Tudo o que resta é aplicar: vamos aplicá-lo!

NOTAS
1 Tim Prentki; Sheila Preston, *The Applied Theater Reader*, London: Routledge, 2009, p. 10.
2 François Florent, *Cette obscure clarté*, Paris: Gallimard, 2008, p. 165.

Teatro Cosmopolita

Fr.: *théâtre cosmopolite*; Ingl.: *cosmopolitan theatre*; Al.: *kosmopolitisches Theater*.

O teatro cosmopolita, assim chamado em decorrência dos trabalhos de Appadurai[1], de Reinelt[2] ou Rebellato, pretende se diferenciar do teatro mais globalizado• que intercultural•. O cosmopolita, com efeito, "se distingue da ética governante da globalização"[3]. Resta saber no que exatamente!

NOTAS
1 Cf. Arjun Appadurai, *Modernity at Large: Cultural Dimensions of Globalization*, Minneapolis: University of Minnesota Press, 1996.

2   Cf. Helen Gilbert; Jaqueline Lo; Janelle Reinelt; Brian Singleton, *Cosmopolitics: Transcultural Transactions in Australasia*, Basingstoke: Palgrave Macmillan, 2007.
3   Cf. Dan Rebellato, *Theater and Globalization*, Basingstoke: Palgrave Macmillan, 2009, p. 71.

Teatro Criado em um Lugar Específico

Fr.: *théâtre créé dans un lieu spécifique*; Ingl.: *site-specific performance*; Al.: *ortsgebundene Aufführung*.

Quando o teatro está "fora de si": saiu de seu lugar tradicional, fechado e institucional, quando transborda para a rua ou não importa para qual quadro° não especificamente criado a fim de abrigá-lo, ele se torna *site-specific*, isto é, *in situ*. Ele é então concebido não como um lugar a preencher, uma tarefa a cumprir, mas como uma experiência que parte das condições concretas do lugar. Esse lugar não é apenas o quadro e a base de partida da encenação, mas a matéria e o fim de sua arte. Não se trata simplesmente da ideia de que é preciso adaptar a encenação ao lugar em que ela se realiza, mas que o espetáculo deve ser criado a partir das condições específicas de sua produção.

Uma performance *in situ* não é transponível, ela renuncia a toda universalidade, se concentra nas condições locais, utiliza os talentos locais, o gênio do lugar, as expectativas do público. O sítio, seu contexto preciso, confere à situação, aos textos eventuais, uma força íntima, imediata e sensível que passaria desapercebida em um espaço banalizado. Às vezes, mas não necessariamente, o público é convidado a deslocar-se segundo um percurso° mais ou menos traçado, a seguir os caminhos de um "passeio performance", ele é levado a seguir os artistas pelas ruas e pelos lugares os mais insólitos. Caminhando, o espectador *flâneur*, passeante, dá uma resposta emocional ao seu ambiente, diferente da do espectador sentado e imobilizado da tradição ocidental. Se ele verbaliza livremente suas impressões, se ele comenta seu percurso, sua experiência interior se transformará bem como sua relação com o espetáculo. A caminhada/marcha•, a atividade física, segundo a teoria do "espírito encarnado" (*embodied mind*) de George Lakoff e Mark Johnson, em *Philosophy in the Flesh: The Embodied Mind and Its Challenge to Western Thought*, tende a fazer desaparecer a fronteira entre recepção cognitiva e a recepção proprioceptiva, visível e invisível, ficção e realidade.

A promoção da arte *in situ* (*site-specific*) se explica pela vontade de partir das realidades concretas como deve fazer a etnologia, em vez de projetar ideias preconcebidas e de impor teorias universais. Assim, todavia, é grande o perigo de não se raciocinar mais senão a partir de exemplos específicos, de não se jurar mais senão por um *local knowledge*[1], um conhecimento local e empírico e, portanto, de se recusar toda generalização, toda simbolização e toda teoria• sob o pretexto falacioso de que a arte não oferece senão casos particulares.

NOTA
1   Cf. Clifford Geertz [1983], *Local Knowledge: Further Essays in Interpretative Anthropology*, New York: Basic Books, 2000.

Teatro-Dança

Fr.: *théâtre-danse*; Ingl.: *Dance-theatre*; Al.: *Tanztheater*.

Muitos espetáculos de teatro-dança continuam a ocupar a frente da cena, mesmo que o termo pareça já um pouco datado e muito ligado ao contexto dos anos 1970 e singularmente à obra de Pina

Bausch (1940-2009), cujo Tanztheater (termo que mais valeria traduzir por "teatro dançado" do que por "teatro-dança") conheceu um sucesso mundial, inspirando numerosas pessoas do teatro e da dança. O termo Tanztheater remonta a Laban e a Jooss nos anos 1920, antes de sua utilização a respeito de Pina Bausch. A expansão fenomenal da dança, a hibridação constante das artes, as experiências interartísticas e multiculturais• explicam o êxito da dança-teatro e sua manutenção sob outras formas e denominações, como a de teatro do gesto ou de *physical theatre*.

1. CONVERGÊNCIA DO TEATRO E DA DANÇA

Mais do que nunca, evitar-se-á opor dança e teatro como duas essências ou duas especificidades irreconciliáveis, mesmo se, intuitivamente, se tenha a impressão de que a dança-teatro provém antes da dança e do movimento• do que do teatro e do drama, de que ela é, em suma, dança produzindo o efeito de teatro e o teatro sendo implicitamente sinônimo de ação mimética, de personagem e de narrativa. Deve-se lembrar sempre que aquilo que se anuncia como uma dualidade teatro/dança não o é, de modo algum, na maioria das culturas não ocidentais, em que dança, teatro, mas também canto, poesia, artes plásticas, festas, cerimônias ou rituais são concebidos e vivenciados como manifestações estreitamente ligadas, e até inseparáveis.

Após os anos 1970, a tendência da dança e do teatro para convergir em novas práticas se confirmou. O teatro "se mexe" cada vez mais, renuncia muitas vezes à palavra, ele não impele as personagens a se encarnarem em uma ação mimética ou em personagens. A dança, por sua vez, relata e fala, em vez de propor um balé de figuras coreográficas ou mesmo de se mexer (é o caso de Jérôme Bel ou Maguy Marin na *Description d'un combat*, Avignon, 2009).

Essa convergência de duas práticas resulta numa troca de bons procedimentos: o teatro como a dança solicitam do espectador• uma percepção sinestésica de corpos em movimento, sem renunciar por isso ao prazer de contar uma história. Assim acontece nas criações de Jan Lauwers (*La Chambre d'Isabelle*, 2004), de Win Vandekeybus (*Blush*), de Alain Platel (*Tous des Indiens*, 2000; *Wolf*, 2005) e de Jan Fabre (*Orgie de la tolérance*, 2009). Que ela seja dançada ou representada, a apresentação exige cada vez mais uma percepção física, ou até háptica• do espectador. Quanto à palavra, não a entendemos mais como a fonte de todo o restante, ela se insere em diversos momentos e por diversas razões em todo o espetáculo, ela é percebida em eco com o conjunto da *mise en scène*.

2. PARA ALÉM DA DANÇA-TEATRO

A dança-teatro tem o seu futuro atrás de si? Sob a forma de obras-faróis de Pina Bausch, Johan Kresnik, Maguy Marin ou Jean-Claude Gallota, seguramente! Mas com o novo alento que lhe trouxeram novas alianças, de modo algum! Com efeito, o teatro como a dança se associam para o bem de outras práticas artísticas e sociais, o que lhes dá uma nova juventude:

O circo, para o qual coreógrafos (Phillipe Decouflé, Josef Nadj, Kitsou Dubois) são cada vez mais levados a trabalhar a fim de realizar um espetáculo completo, traz o feérico, o maravilhoso, o virtuosismo e a ligeireza de que o teatro dramático e a dança acadêmica são às vezes desprovidos. O corpo é aí utilizado com um outro virtuosismo, uma outra tensão do que a dos dançarinos, sem os refinamentos psicológicos e linguísticos do teatro falado. A cordagem, o trapézio e as cordas dão ao corpo uma facilidade feérica com a qual o teatro só pode sonhar. A arte acrobática no espaço• (*aerial art*) faz esquecer a gravidade, o que não acontece com a dança senão em algumas frações de segundo em uma sequência gestual.

A literatura, seja ela poesia ou relato, retoma seus direitos: ela volta a ser audível, compreensível; resiste à tendência da encenação para reduzir tudo, mesmo a literatura, a materiais visuais ou fônicos. A escuta do texto, e não mais apenas o texto como música ou como argumento narrativo da fábula, torna-se de novo relevante, como se acabassem de descobrir as virtudes da poesia e da literatura. Em *Fleurs de cimetière*, coreografia de Myriam Hervé-Gil, o texto de Dominique Wittorski é dito por uma narradora no proscênio, enquanto no palco evoluem os dançarinos que confirmam ou comentam à sua maneira o relato verbal. O espectador é assim levado a uma recepção "estereofônica", combinando texto e gesto.

No caso do grupo DV8, a reportagem ou o documentário são os de gravações transcritas depois representadas, ou então diretamente retransmitidas por alto-falante. Os dançarinos executam figuras correspondentes à temática (assim em *To Be Straight With You*, 2008), que trata da homofobia no mundo.

O *devised theatre* (teatro elaborado coletivamente), que cria o texto e a fábula no curso de pesquisas no decorrer dos ensaios, presta-se bem a esse modo de produção da nova dança-teatro. *Tous des Indiens*, ou *Wolf*, de Alain Platel, partem assim não de improvisações dançadas e verbais, que produzem os materiais em incessante evolução, sendo a única coisa fixa e intangível, no segundo caso, a música de Mozart.

As novas mídias tendem a desmaterializar a dança, a afastá-la da realidade, a decompor o movimento. Assim desmaterializado, o corpo adquire um novo estatuto. De maneira análoga, a intermidialidade° não estuda mais as pretensas trocas entre as mídias, ela se interessa pela transformação de mídias, sua remidiação•, ela contribui para modificar nossa percepção da dança. A oposição não é mais entre dança e teatro, mas entre corpo gravado (seja ele transmitido *live* ou de modo indireto) e corpo vivo.

As culturas urbanas, especialmente as de jovens, fornecem outra fonte a esse bloco teatro-dança-mídias. A prática do *hip-hop*, da *break dance* e da *capoeira*, bem como aquela das artes marciais, molda e reavalia a corporeidade dos intérpretes por ocasião de novas criações. A gestualidade fragmentada da *break dance*, automatizada como uma máquina, confere à gestualidade humana a funcionalidade amiúde rebelde e irônica de um movimento maquinal, que se diverte em disciplinar o corpo após tê-lo "liberado" nos anos 1960.

As ciências sociais e seus desenvolvimentos recentes no curso dos anos posteriores a 1980 exercem uma influência marcante sobre a dança-teatro. Nós nos damos conta disso ao comparar *May B.* (1982) de Maguy Marin, *Café Müller* (1978), *Keuscheitslegende* (1979) de Pina Bausch, com as produções recentes desse gênero (as de Lloyd Newson [DV8] ou de Myriam Hervé-Gil, por exemplo).

No *continuum* teatro-dança-mídias, formas e fórmulas novas e brilhantes não cessam de emergir, atestando assim a rica fertilidade e a espantosa posteridade da dança-teatro.

Teatro das Minorias

Fr.: *théâtre des minorités*; Ingl.: *theatre for minorities*; Al.: *Theater für Minderheiten*.

O teatro das minorias não é necessariamente intercultural•. Ele se dirige a minorias étnicas ou linguísticas, sem poder nem querer se isolar da sociedade muitas vezes multicultural• em que se desenvolve. Numerosos dramaturgos provieram das minorias negras ou asiáticas da Grã-Bretanha (é o caso de Roy Williams com sua peça *Joe Guy*, 2007) ou dos Estados Unidos (é o caso de Sung Rno com *w(A)ve*).

Teatro de Empresa

Fr.: *Théâtre d'entreprise*; Ingl.: *theatre performed in business meeting*; Al.: *Betriebstheater*.

Uma empresa emprega atores por ocasião de um colóquio, para tratar em modo cômico (clownanálise) os problemas e os bloqueios dessa instituição. O espetáculo semi-improvisado apresentado aos participantes deve, supõe-se, fortalecer a identidade da empresa, aproximando o pessoal pelo riso, notadamente o riso sobre si mesmo e a sátira aos superiores. A intervenção dos clowns-atores participa dos debates no seio da empresa, naquele mesmo momento e ulteriormente.

Françoise Leplâtre. *La Formation se met en scène ou les mille et une vertus du théâtre*. Paris: Centre Inffo, 1996.

Teatro do Mundo

Fr.: *théâtre du monde*; Ingl.: *world theatre*; Al.: *Welttheater*.

Se a noção de *world music* fez fortuna a partir dos anos 1980, a de *world theatre*, pouco utilizada, nunca se impôs por motivos que esclareçem bem a evolução dessas práticas artísticas, muitas vezes paralelas, mas também divergentes.

A *world music*: desde os anos 1960, fala-se na França de músicas do mundo, depois, nos anos 1980, após o sucesso do disco *Graceland* (1987) de Paul Simon e de seus músicos sul-africanos, de *world music*. Graças às técnicas computacionais, à composição, à gravação, à mixagem – tantas etapas que nem sempre se pode distinguir – a *world music* recorre às mais diferentes tradições musicais e correntes, ela as mixa e as modifica à vontade.

O *world theatre* não deve ser confundido com o teatro mundializado, globalizado, o qual é concebido e recebido em toda a parte da mesma maneira, fabricado ao menor custo. O teatro intercultural• seria o gênero mais próximo dessa tentativa de mundializar o teatro apelando para culturas e tradições do mundo inteiro. Ele conhece seu apogeu nos anos 1980, assim como a *world music*. Encontramos às vezes a expressão teatro do mundo para designar o caráter internacional do teatro, em sua temática e dramaturgia, quaisquer que sejam os países e as línguas. Da mesma maneira, certos escritores pós-coloniais• invocam seu laço com uma literatura mundial: "Não sei se sou um escritor do mundo, mas escrevo sobre o mundo [...] Sou, em primeiro lugar, um leitor do mundo"[1], declara Dany Laferrière, que nasceu no Haiti, vive em Montreal e é membro da Academia Francesa.

A diferença com a *world music* é sempre considerável: os diversos tipos de performances, de gêneros, de gestualidades, de dramaturgias não se deixam tão facilmente retrabalhar quanto à maneira musical, submetida, por sua vez, a todos os efeitos do digital, efeitos às vezes destruidores sobre as músicas do mundo. A noção de autenticidade parece bem arcaica nessa estética híbrida de uma música remixada.

Somente o teatro musical tira proveito de uma tecnologia que lhe permite abeberar-se em todos os repertórios e em todos os gêneros. Assim se explica sem nenhuma dúvida o sucesso mundial do *musical* e do teatro musical entre os públicos do mundo inteiro, quer se trate do *musical township* ou do *crossover theatre* na África do Sul, do musical ou do K-pop coreanos, da comédia musical nova-iorquina.

NOTA
1 *Le Monde*, 13 sept. 2013.

Teatro do Murro

Fr.: *théâtre coup de poing*; Ingl.: *in-yer-face theatre*; Al.: *in-yer-face theatre*.

Teatro do murro: tal é um dos equivalentes possíveis da expressão inglesa *In-yer-face theatre*. Esta locução, na origem uma exclamação de derrisão na gíria esportiva norte-americana dos anos 1970, veio bem depressa designar uma conduta agressiva, provocadora, insultante. Ela foi retomada pela crítica inglesa nos anos 1990 a propósito de autores como Sarah Kane ou Mark Ravenhill[1], os quais foram rapidamente traduzidos, sobretudo na Alemanha, em que esse teatro hiper-realista conheceu grande êxito[2].

Por mais ousadas e radicais que sejam essa dramaturgia e seu estilo de jogo de atuação, eles são precedidos de experiências que em seu tempo tiveram o mesmo efeito e suscitaram rejeição comparáveis. No século XIX, o "brutalismo" era uma escola que pregava um realismo muito cru. Outras experiências: o naturalismo e a *tranche de vie* (fatia de vida) de Zola ou de Antoine no fim do século XIX, o *Kitchen-Sink Drama* inglês dos anos 1950, a geração dos *Angry Young Men* (jovens enraivecidos) dos anos 1950, o neonaturalismo alemão (F.-X. Kroetz) e francês dos anos 1970, sem falar da tradição inglesa do filme documentário. Quanto à arquitetura "brutalista" dos anos 1950 na Inglaterra, ela rejeita todo esteticismo e reivindica a valorização dos materiais brutos como o concreto não retrabalhado (Le Corbusier) e procedimentos técnicos. Esta estética "bruta" ou brutalista está bastante próxima, em seu projeto, do teatro "in-your-face", o qual recusa todo arranjo e atira os fatos e os gestos na cabeça do espectador•. Compara-se muitas vezes crueldade e brutalidade[3]. Equivale dizer, Antonin Artaud e Sarah Kane.

Texto e jogo de atuação rivalizam na provocação, na transgressão•, no excesso•: são tantas atitudes às quais os espectadores se habituaram, por certo, através das *mass media*, mas que em cena os tocam muito de perto fisicamente, com o fito de tornar sua posição extremamente desconfortável, de romper todos os tabus imagináveis. Ao mostrar as coisas a uma luz crua, ao adicionar pormenores sórdidos, ao jogar tanto com uma linguagem obscena quanto com realidades abjetas, esse teatro do murro põe o público em estado de choque ou o repele para sempre, pois o espectador é sempre capaz de tomar distância e recusar o mau tratamento que se lhe inflige. Segundo Aleks Sierz, o melhor historiador dessa estética, "o ponto essencial é que este *In-yer-face theater* nos diz mais daquilo que somos de fato. Diferentemente do tipo de teatro que nos permite nos recolher em nossa poltrona para contemplar o que vemos com desprendimento, o melhor *In-yer-face theater* nos arrasta em uma viagem emocional, e penetra em nosso corpo. Em outros termos, ele é experiencial, e não especulativo"[4]. Resta, entretanto, avaliar esse tratamento: que efeitos produz ele sobre nós, além do choque e da aversão? Quais emoções extremas e viscerais• ele suscita? Atinge ele realmente o objetivo em geral consignado a esta técnica do horror, da violência e da abjeção?

Permanece muito difícil incluir essas experiências nas categorias genéricas ou estéticas existentes, mesmo a do teatro neonaturalista. Trata-se de um teatro político, de um teatro do real•? Nem sempre, pois a mensagem é amiúde inaudível. Um teatro psicodramático? Não no sentido em que o espectador se tornaria um atuante em um desempenho de papel. Valeria mais falar de teatro "psicopatológico", na acepção de Freud[5]: um teatro que mostra psicopatas em sua relação com a violência e a insânia (Sarah Kane). O elemento comum parece ser uma violência, física ou psicológica, sem mediação, quase como em um filme de horror, mas também o sofrimento, padecido ou infligido aos outros. Essas experimentações se definem mais pela experiência, pela sensação, pela transgressão, do que pelo reconhecimento de um desenlace ou de uma moral (a *anagnorisis* grega). É uma categoria da recepção, baseada na dor e na passividade do público. Essa dor não é, entretanto, catártica, pois não está ligada a um prazer que o espectador busca ativamente por meio de uma purgação de suas próprias paixões, em especial o terror e a piedade. Aí reside toda a diferença com a tragédia clássica ou neoclássica. As regras da tragédia grega clássica ou da dramaturgia europeia desde a Renascença impõem a determinação de não mostrar a violência e a morte diretamente no palco: não apenas por questões de decência, de respeito pelo sofrimento do outro, mas porque, a fim de beneficiar a catarse°, o espectador deve imaginar e identificar-se com os terríveis eventos, depois reconhecer-se e tomar distância segundo um processo de denegação°. Ora, no teatro do murro, nesta anticarícia, não temos o tempo de ver o golpe chegar, nós o recebemos de pronto, em plena face, em um tratamento de choque, apenas preparado pela disposição de uma fábula na qual poderemos compreender como a personagem se torna psicopata. Com efeito, nos lembra oportunamente François Regnault na sua análise do texto de Freud, "é preciso que o herói se torne psicopático diante de nós, que a situação abale o recalcamento, que o impulso recalcado ressalte, mas desviado, a fim de que não o reconheçamos. Ao passo que se o herói já é psicopático, não nos identificamos com ele (é um doente), e não nos preocupamos com sua doença"[6].

Tais são os limites do teatro do murro (e, de um modo mais amplo, de toda representação naturalista): a representação teatral, sua teatralidade, a consciência de assistir a uma ficção, a uma história fabricada, são necessárias para a identificação, para o retorno do recalcado, para o prazer ambivalente da catarse. Na falta disso, permaneceríamos no estado pré-simbólico de coisas reais, que não chegaram ainda à nossa consciência, dadas sem a distância, sem o processo dinâmico e a reelaboração artística da representação teatral. Se nos mostram diretamente a violência ou a neurose personagens analisada de modo preciso, a mediação da dramaturgia, da teatralidade não opera mais: temos, por certo, diante de nós casos psiquiátricos ou fatos brutos (econômicos ou psicológicos, pouco importa), porém não vemos mais como se chegou lá e a ficção teatral não opera mais como aquilo que deveria mostrar ao mesmo tempo o recalcamento do espectador e seu levantamento catártico graças à denegação.

NOTAS

1. Patrice Pavis, Ravenhill and Durringer or the "Entente Cordiale" Misunderstood, *Contemporary Theater Review*, v. 14, n. 2, p. 1-13.
2. Outros autores: Anthony Neilson, Martin McDonagh, Patrick Marber, Joe Penhall, Naomi Wallace, David Eldridge. Na França, os exemplos são menos numerosos: Xavier Durringer.
3. Cf. Arnaud Rykner, Cruauté-brutalité, *Les Mots du théâtre*, Toulouse: Presses Universitaires du Mirail, 2010, p. 27.
4. Aleks Sierz, *In-Yer-Face Theater: British Drama Today*, London: Faber and Faber, 2000, p. 4.
5. Cf. Sigmund Freud, Personnages psychopathiques sur la scène [1905], *Digraphe*, n. 3, 1974.
6. François Regnault, *Théâtre-Equinoxes: Écrits sur le théâtre-1*, Arles: Actes Sud, 2001, p. 108-109.

Teatro do Real

Fr.: *théâtre du réel*; Ingl.: *theatre of the real*; Al.: *Theater des Wirklichen*.

Em um livro sobre o teatro britânico, na Inglaterra e na Escócia dos anos 1950 até nossos dias, Danielle Merahi[1] forjou o termo Teatro do Real, uma noção que lhe permite redefinir o teatro documentário e político centrado em uma observação da realidade, associando-o a autores (Caryl Churchill, David Greig), encenadores do teatro político (Ewan MacCall), popular (John McGrath) ou comunitário (Peter

Cheeseman), praticantes do *devised theatre* (Simon McBurney), coreógrafos (Lloyd Newson e seu grupo DV8), ou ainda defensores do teatro documentário *Verbatim* (Alecky Blythe).

1. A IRRUPÇÃO DO TEATRO DO REAL

a. Rumo a um Teatro do Real?

Todas essas experiências muito diferentes nos ajudam a conhecer melhor o real. Não são mais os efeitos de real° e o realismo que qualificam esses teatros do real, mas a possibilidade de construir e explicar o real a partir de dispositivos artísticos de obras. Graças ao olhar distanciado do autor, uma nova face do teatro nos aparece, uma face oculta, mas apaixonante. O anverso do teatro, não é então a ilusão, a ficção, a teatralidade, mas é a vida social, a política, a luta de classes, a sobrevivência econômica e o cotidiano.

O teatro do real e o teatro do documento conhecem, não somente no Reino Unido, mas no mundo inteiro, uma renovação de interesse. Eles inventam um teatro que reata com o real e a política. Os artistas agora não têm medo de meter a mão na graxa dos mecanismos sociais, da economia globalizada, da miséria do mundo. Eles põem também o dedo lá onde isso faz mal: na engrenagem. Se eles criam um teatro pobre, não é no sentido estético ou antropológico de um Kantor ou de um Grotowski, mas no sentido de um teatro que trabalha em condições precárias, à imagem das pessoas cujas vidas cotidianas ele evoca.

Segundo a teoria clássica da *mímesis*, o teatro deve mostrar a realidade direta e exatamente. Essa *mímesis*, definida pela primeira vez por Aristóteles, designa muita coisa: a representação, a imitação, a semelhança, a verossimilhança. Por volta do fim do século XIX, justo antes do modernismo, o realismo pretende reconstruir o real, registrar o mundo tal como ele é, por mais feio e cru que seja. O teatro então não jura senão pelo verdadeiro e pelo verossímil. Com a chegada concomitante da *mise en scène* e do modernismo, ao contrário, o teatro, por exemplo o teatro simbolista, insiste na constituição formal da representação, ele se recolhe em si mesmo, sem remeter diretamente ao real. Da mesma maneira, o pós-modernismo dos anos 1950 e 1960 e depois o pós-dramático° dos anos 1970 desconfiam da referência à realidade. Desde os anos 1990, assiste-se, nas artes e no teatro, a um retorno do real, sem uma volta, nem por isso, à totalidade da representação, como podiam reclamar outrora Hegel, Marx ou Lukács. Esse retorno vigoroso da realidade nas artes plásticas não se produziu por acaso. É um pouco o retorno do recalcado. Um teatro virtuoso e brilhante, centrado nas invenções da *mise en scène*, reinou até os anos 1980, sem refletir muito sobre seu afastamento progressivo do mundo social. O advento do culturalismo e do "todo-cultural", a ascensão vigorosa dos *performance studies*° encarregados de abordar todas as espécies de *cultural performances*°, tudo isso precipitou o fim do político em proveito do cultural, do humanitário e do compassivo. Ora, nos dias de hoje, assiste-se à volta do referente social ou político, a qual tem a ver com o prazer de contar e de ouvir histórias, de apreciar o sentido dramático de uma fábula bem construída e de um relato expeditamente conduzido, de reconhecer um universo familiar. Prazer tanto mais manifesto quanto o público estava um pouco desconcertado e fatigado com os formalismos pós-modernos° ou o virtuosismo vazio pós-dramático. Assim, pois, com esse retorno da realidade sociopolítica, esse público podia se soltar a olhos vistos, porquanto os temas, as programações, as orientações da política cultural abriam o teatro à comunidade de amadores, de escolares e estudantes, de cidadãos comuns: e outros tantos grupos diretamente preocupados com questões socioculturais que eles desejavam ver tratados na cena, participando de perto ou de longe de sua elaboração.

b. O Teatro e o Mundo Social

Reencontrar o real: o teatro, desde o início do novo milênio, está de novo às voltas com o mundo. Esses reencontros com o real nos reconduzem à política por caminhos muito diferentes dos de outrora: não mais como *agit-prop* ou em grandes afrescos históricos, mas sob formas concretas (enquetes no próprio terreno, montagem de citações utilizadas *verbatim*, debates sociopolíticos no interior da representação). Assim se misturam discursos, investigações, aberturas para o mundo, que encontram, para cada caso particular, os meios teatrais ou performativos de exprimir sua parcela de realidade.

A impossibilidade do real: pode-se imaginar muitas outras formas possíveis de teatros do real, ainda que seja apenas combinando os parâmetros de diferentes experiências. Poder-se-ia quase crer, com um pouco de otimismo ou de ingenuidade, que o teatro realista nos abrirá as portas do real, nos explicará o funcionamento do mundo. No entanto, na teoria psicanalítica de Lacan, o real é aquilo que resiste sempre à representação. O real é o impossível, dizem... Mas o que há de conhecimento do real social com o emprego dos meios do teatro? O que podemos saber dos mecanismos da sociedade? Como ilustrar com a cena questões sobre a política ou a financeirização da economia, como esclarecer processos cada vez mais complexos que escapam em grande parte aos próprios expertos? A invenção formal de autores e encenadores, de performers e de ativistas, pode-se tornar uma ferramenta ou uma arma temível?

Investigando o real: paradoxalmente, uma forma original é muitas vezes tanto mais efetiva quanto ela se afasta de uma representação mimética realista. O realismo ou o naturalismo não são mais de todo uma garantia para representar ou explicar o real. Mostrar o modo de vida das pessoas, supondo-se que isso seja realizável em uma cena, não é nem inteiramente satisfatório nem suficiente para fazer compreender (e não somente figurar e sentir) a situação psicossocial das pessoas. Gravar suas palavras e suas imagens não é mais uma prova de veracidade. A noção de realidade social se afasta como uma miragem, ou ao menos se redefine, a partir do momento em que os espectadores se aproximam dela tão logo aparece em uma representação cênica ou dramática. O único critério de uma representação clara e justa da sociedade é o de saber se os espectadores se sentem representados politicamente como um grupo que lhe corresponde, se o teatro presta conta de sua situação e esboça solucioná-la com os procedimentos da ficção. A escritura, mesmo poética, é às vezes o melhor meio de chegar ao real. A ficção, a artificialidade do jogo de atuação e a intensidade são necessárias à descoberta de elementos do real e a sua elucidação. O trabalho artístico e formal (mas não formalista) é uma etapa indispensável, desde que as formas e a dramaturgia se esforcem para revelar conteúdos sociopolíticos ou psicológicos. A arte torna-se ou volta a tornar-se um dos melhores instrumentos para inquirir sobre a realidade e a política.

Aos exemplos ingleses e escoceses do livro de Merahi, o leitor poderá facilmente adicionar aqueles dos grupos alemães (Rimini Protokoll; She She Pop) ou franceses (L'Avantage du doute; Superama; Franchement, tu) que se especializam nas enquetes sociológicas ou antropológicas. Muitas vezes documentos são citados, "peritos" são chamados à cena para contribuir com sua análise. Eles falam então, de maneira mais ou menos improvisada, em seu próprio nome: é o caso de Marc Augé em *1973* de Massimo Furlan, Bernard Stiegler em *Idiot cherche village* de Thomas Ferrand, bem como de todos os expertos do *Karl Marx. Tome un.*, do grupo Rimini Protokoll. O espetáculo é um instante colocado entre parênteses para escutar o parecer desses especialistas. Mas, há sempre uma forma original irônica para engastar, mais ainda do que servir, essas migalhas de testemunhos autênticos e essas reflexões sobre a realidade social. A questão, todavia, permanece: o que se pretende que esses documentos venham a dizer, como é que sua apresentação, sempre orientada e até enviesada, contribui para influenciar os espectadores, para fazê-los mudar de opinião, ou de estilo de vida? Para o indivíduo, esta busca do real é também e, antes de tudo, uma maneira de reencontrar e reforçar a expectativa e a atenção em relação a si próprio e ao outro para não se tornar uma máquina e para manter o liame social.

2. A RENOVAÇÃO DO TEATRO DOCUMENTÁRIO

a. Mutações do Teatro Documentário

Um novo tipo de teatro documentário pouco a pouco vê a luz. Ou será que o antigo tipo está em vias de desaparecer, ao menos sob sua forma definida dos anos 1960 e 1970? Pois nossa época não está mais persuadida da oposição absoluta entre o real e o ficcional, ou entre o documento autêntico e a ficção mentirosa. Esta oposição entre o autêntico e o falso não convence mais realmente, pois o documento pode tornar-se ficcional e, ao invés disso, o ficcional afeta amiúde nossa vida real. A obsessão do documentário de mostrar apenas o verdadeiro tornou-se suspeita. O filme documentário durante muito tempo viveu da oposição metodológica entre a reportagem (pela contextualização) e a gravação (pela suposta objetividade do documento bruto). Entre o documentário-reportagem à maneira de uma Agnès Varda, que vai procurar nos documentos em função de sua hipótese de partida, e o documentário-gravação à maneira de Frederick Wiseman, que reúne uma massa de documentos e monta em seguida um material já gravado, os autores de filmes documentários contemporâneos não querem mais optar. Do mesmo modo, o teatro do documento não mais hesita em mesclar os gêneros: o *docu-drama* (chamado também de *docu-fiction*) mistura ficção e documento bruto, inclui o documento na situação ficcional. No fundo, a situação não difere radicalmente da do teatro em geral que inventa uma fábula, mas que introduz pedaços de coisas reais (corpos, objetos, situações conhecidas) no coração da ficção.

b. O Teatro Documentário, uma Forma do Futuro?

Não cabe duvidar, o teatro documentário está destinado a ter um belo futuro: com a condição, entretanto, de que se esteja ainda em condições de referenciá-lo e de distingui-lo em relação a outros gêneros, pois o teatro documentário se apresenta sob numerosas formas, iluminações e disfarces. Aliás, não se trata tanto de um gênero específico quanto de um método geral de investigação, um ingrediente de base para todo tipo de cozinha cênica.

Sendo o acesso à informação cada vez mais rápido, ou até imediato, o documento se torna ao mesmo tempo mais rapidamente obsoleto e mais facilmente acessível, depois transformável em material dramático. A desmaterialização informática de documentos obriga a encontrar meios cênicos ou dramáticos que restituam o lado espetacular, visual e concreto dos fatos relatados. A memória do arquivo materializa-se em outras formas. Essa memória esquece às vezes aquilo que é preciso rememorar e para quais fins.

O teatro documentário é provavelmente mais poderoso se misturado com outros meios, sobretudo o poder de atração de uma história bem contada com personagens às quais o espectador pode se identificar. Esta *faction*, mescla de *facts* e de *fiction*, segundo o termo inglês, permite legitimar, ao mesmo tempo, o prazer de inventar e a satisfação de colar-se ao real, decifrando sua complexidade. A condição para o sucesso, e até para a sobrevivência, do teatro documentário é, pois, a de ser combinado com uma pesquisa formal e estética, com um conceito dramatúrgico e uma encenação. Ao fim, o documento terá necessidade de ser reescrito por um autor, portanto conforme um certo ponto de vista, depois ser "traduzido" em uma linguagem cênica original, ela também orientada por escolhas artísticas claras e explícitas. É a esse preço que o teatro documentário terá um efeito ao mesmo tempo político, ético, mas também estético sobre seu público e que se tornará, talvez, um dos mais belos florões de teatros do real.

NOTA
1 Cf. Danielle Merahi, *Théâtre du Réel*, Montpellier: Entretemps, 2016.

Teatro Multilíngue

Fr.: *théâtre multilingue*; Ingl.: *multilingual theatre*; Al.: *mehrsprachiges Theater*.

Não se deve confundir: 1. O teatro multilíngue, que escreve e atua em várias línguas; 2. O teatro multicultural•, que confronta várias culturas na temática ou no estilo de atuação; 3. O teatro intercultural•, que relaciona ou unifica diferentes culturas.

O teatro multilíngue, em que os intérpretes falam cada qual na sua língua, é relativamente raro a despeito das numerosas coproduções internacionais presentes. A escolha das línguas é, evidentemente, guiada pelo público ao qual o espetáculo se dirige: ele é unilíngue, bilíngue, fala uma língua local e uma proveniente da colonização ou da hegemonia do inglês ou do espanhol? A distribuição segundo atores que falam línguas diferentes facilitará as *tournées* do espetáculo. Assim, *Jeu de cartes*, espetáculo de Robert Lepage (2013), é representado em francês, inglês e espanhol, conforme a lógica das cenas e de suas personagens. Quando os atores precisam representar, pelas mesmas razões de coprodução e de *tournée* internacional, mudando de idioma, começam as dificuldades sérias. Os atores da encenação de Derek Walcott, *The Odissey: A Stage Version*, passaram por essa dolorosa experiência, tendo de aprender seus papéis em quatro línguas diferentes[1].

Quando o público é bi- ou trilíngue, por exemplo no caso de espetáculos "pós-coloniais", por autores-atores-narradores de histórias escrevendo na língua do colonizador (inglês, francês etc.) ou em uma ou várias línguas "locais", o jogo do espetáculo se realiza em vários níveis, reservando ao público local alusões ou gracejos que o grosso do público não entende, o que provoca o riso redobrado dos espectadores• "indígenas"[2]. Um narrador franco-argelino como Fellag introduziu em seus monólogos em francês algumas palavras ou chistes em árabe ou em berbere, o que produziu o mesmo efeito.

O público monolíngue mostra-se muitas vezes reticente à ideia de receber um espetáculo em um ou diversos idiomas que ele não domina. Não somente por medo de perder as nuances e porque as legendas se tornam logo fastidiosas se forem malfeitas, porém, sobretudo, conquanto nem sempre o espectador seja consciente disso, porque a dramaturgia, a percepção da fábula e das sutilezas tendem a padecer com a multiplicação das línguas e as faltas que ela acarreta. A dificuldade para um público unilíngue é sentir o valor afetivo de outra língua além da sua, é não se ver ultrapassado e posto de lado. Se já é problemático compreender as conotações culturais e gestuais de uma língua traduzida, é ainda mais delicado, para o espectador de uma representação multicultural, captar as nuances, as diferenças de verbo-corpo• de línguas em contato, cuja semântica ele não apreende, embora sofra seus deslocamentos e suas defasagens.

NOTAS
1 Ver o estudo de Marguerita Laera e seu livro, *Reaching Athens: Community, Democracy and Other Mithologies in Adaptations of Greek Tragedy*, Berna: Peter Lang, 2003.
2 Ver os exemplos dados por Christopher Balme em *Decolonizing the Stage: Theatrical Syncretism and Post-Colonial Drama*, Oxford: Clarendon, 1999, p. 106-145.

Teatro Para Turistas

Fr.: *théâtre pour les touristes*; Ingl.: *Theatre for tourists*; Al.: *Touristentheater*.

O teatro para turistas, por certo não anunciado como tal, está muito presente nos países que vivem do turismo e desejam proporcionar, de sua cultura, aos turistas ocidentais, uma imagem acessível, exótica e "apresentável"[1].

NOTAS
1 Ver a respeito desse assunto o livro de Dennis Kennedy, *The Spectator and the Spectacle: Audiences in Modernity and Postmodernity*, Cambridge: Cambridge University Press, 2009; em particular, o capítulo 5, The Spectator as Tourist. Ver igualmente Christopher B. Balme, *Pacific Performances: Theatricality and Cross-Cultural Encounters in the South Seas*, Basingstoke: Palgrave Macmillan, 2007; em particular, o capítulo 7: "As You Always Imagined It": The Pacific as Tourist Spectacle".

Teatro Sincrético

Fr.: *Théâtre syncrétique*; Ingl.: *synchretic theatre*; Al.: *syncretisches Theater*.

Esta noção não é idêntica à de hibridez•, mas não é fácil distingui-las.

O termo "sincretismo" vem dos estudos religiosos e depois dos filosóficos. Ele reveste uma conotação bastante negativa, pois que descreve uma justaposição desordenada de temas ecléticos ou de teses heterogêneas e pouco compatíveis.

A palavra perde essa nuance negativa quando se aplica ao sincretismo cultural: a recepção, transformação de elementos provenientes de culturas diferentes, produção de um sistema novo que funciona segundo suas próprias leis. O sincretismo permite seguir o encontro de culturas diaspóricas, segundo uma *contact zone*[1] entre as culturas, o que insiste não mais na dominância única de uma cultura sobre as outras, mas sobre o *front* de contato entre sistemas que se influenciam uns aos outros. Um contato que o antropólogo U. Bitterli[2] designa como *Kulturbegegnung* (encontro cultural), o qual toma diversas formas: *Kulturberührung* (roçadura cultural), *Kulturkontact* (contato cultural), *Kulturzusammenstoss* (choque de culturas), *Kulturverflechtung* (interpenetração cultural) e *Akkulturation* (aculturação).

Um teatro sincrético não é uma forma fabricada globalmente para todos os públicos e todos os lugares do mundo inteiro, é um encontro ("uma mescla aculturada de materiais e de práticas de espetáculos que procedem de duas ou mais tradições culturais, que produzem formas qualitativamente novas")[3]. A maior parte do tempo, os exemplos do teatro sincrético são tomados de peças ou de representações no quadro de culturas diaspóricas em contato ou de situações coloniais ou neocoloniais. O sincretismo resulta da confrontação de práticas cênicas, de temas orais ou escritos, de formas literárias, dramáticas ou cênicas. No contexto colonial ou pós-colonial•, a mescla é a das formas indígenas tradicionais e de gêneros ou técnicas europeias, a problemática mais frequente é a da questão política do (neo)colonialismo. Se o texto ou o espetáculo não envolve uma confrontação e uma mistura de formas, não se poderá falar *stricto sensu* de teatro sincrético.

NOTAS
1 Mary-Louise Pratt, Arts of the Contact Zone, *Profession*, 1991, p. 33-40.

2   Cf. Urs Bitterli, *Alte Welt-Neue Welt: Formen des europäisch-überseeischen Kulturkontaktes vom 15. bis zum 18. Jahrhundert*, München: Beck, 1986.
3   David Coplan, *In Township Tonight! South Africa's City Music and Theater*, London: Longman, 1985, p. VII, citado por Christopher Balme, *Decolonizing the Stage: Theatrical Syncretism and Post-Colonial Drama*, Oxford: Clarendon, 1999, p. 13-14.

Técnicas do Corpo

Fr.: *techniques du corps*; Ingl.: *body technique*; Al.: *Körpertechnik*.

A antropologia de Marcel Mauss introduziu desde 1936 a noção de técnica do corpo: "as maneiras pelas quais os homens, sociedade por sociedade, de uma forma tradicional, sabem servir-se de seus corpos"[1]. Mauss descreveu essas técnicas. Como nota Claude Lévi-Strauss em sua introdução à obra de Mauss, recenseando essas técnicas do corpo e "levantando o inventário de todas as possibilidades do corpo humano e dos métodos de aprendizagem e de exercícios"[2], poder-se-ia "contrapor os preconceitos de raça, visto que, em face das concepções racistas que querem ver no homem um produto de seu corpo, mostrar-se-ia, ao contrário, que é o homem que, em toda parte, soube fazer de seu corpo um produto de suas técnicas e de suas representações" (XIV).

O alargamento do teatro a todas as espécies de *cultural performances*• no último terço do século XX abriu os olhos dos criadores e dos teóricos para as técnicas do corpo específicas em cada área cultural e para o laço das tradições teatrais com essas técnicas. A dificuldade é a de se estabelecer bem a diferença entre o corpo moldado pelas técnicas cotidianas de um grupo e as codificações estéticas de um gênero coreográfico ou performativo. É preciso também saber avaliar, e diferenciar, o impacto das técnicas e das codificações sobre os corpos dos performers.

Nos espetáculos contemporâneos, amiúde marcados pelo selo da globalização• e da internacionalização das produções, o traço de técnicas corporais tende a esfumar-se. É uma das razões do sucesso da noção de encarnação• (*embodiment*): o corpo aparece em todos os seus determinismos identitários, e não unicamente em suas técnicas do corpo no processo de trabalho e de lazeres. Daí também por que o conhecimento dessas técnicas não é mais suficiente para a análise dos espetáculos e das performances.

NOTAS
1   Marcel Mauss, *Sociologie et Anthropologie*, Paris: PUF, 1950, p. 365.
2   Claude Lévi-Strauss, Introduction à l'oeuvre de M. Mauss, em M. Mauss, op. cit., p. XIII.

Texto

Fr.: *texte*; Ingl.: *text*; Al.: *Text*.

Em vez de se perguntar o que é um texto dramático e quais são os tipos de textos dramáticos existentes (pergunta tão vã quanto desesperada), mais valeria observar aquilo que se faz com os textos, como a encenação ou a performance os tratam na prática teatral ou performativa•.

1. A DRAMATURGIA OU PÓS-DRAMATURGIA?

A análise dramatúrgica clássica continua sendo o método utilizado com mais frequência para ao mesmo tempo construir e compreender textos que funcionam ainda muitas vezes com as categorias da ação, das personagens, da fábula e dos diálogos.

Mesmo um texto pós-dramático• dispensa raramente uma referência mínima a ações, actantes ou comportamentos humanos. E o texto das peças clássicas, que Brecht considerava, no entanto, como simples material de construção (*Baumaterial*) utilizável para novas peças em contextos diferentes, não era malaxado a ponto de ser irreconhecível, mas – e isso é talvez o essencial – seu sentido e sua interpretação política eram completamente transformados em função das necessidades. Esta fórmula do desvio pela dramaturgia radical não é mais quase aplicada agora, pois o tratamento dos textos se tornou, por exemplo para o pós-dramático, amiúde mais pragmático, menos preocupado com a pertinência ideológica e mais adepto da reciclagem• formal. Reciclando os temas, os estilos, os materiais e as mídias, o teatro transforma a natureza e a composição dos textos, os quais tendem então a reduzir-se a um cenário sonoro ou a uma paisagem• textual.

2. UMA TIPOLOGIA DE TEXTOS?

Uma tipologia torna-se cada vez mais problemática à medida que nos distanciamos para sempre de toda teoria dos gêneros e que entramos na era do pós-(dramático, épico, moderno). Toda tipologia não poderia ser senão parcial ou provisória.

Até os anos 1980, podia-se ainda distinguir três grandes tipos de textos dramáticos: 1. Os textos à antiga, isto é, as peças° bem-feitas; 2. O teatro épico; 3. Os textos em estilhaços, dispersos, fragmentários. Desde os anos 1990, o teatro épico (brechtiano) se tornou raro. Somente as peças à antiga se mantêm, e não unicamente no setor comercial. Quanto aos textos em estilhaços, fragmentários, eles se converteram, vinte anos mais tarde, na outra norma, ao lado da norma das peças "bem-postas" (bem preparadas para a cena). Esta terceira categoria assume muitas vezes o nome de pós-dramática. A única categoria nova, além do pós-dramático, seria, portanto, o que recentemente se anunciou como a escritura neodramática•, sem que se possa dizer com facilidade se esta última constitui um retorno à peça bem-feita do século XIX, ou se é uma saída real do movimento "pós".

Alguns anos mais tarde, uma problemática "síntese prematura ou fechamento provisório por causa do inventário de fim de século"[1] devia limitar-se a distinguir, a partir de uma dezena de autores franceses contemporâneos, alguns princípios muito gerais de sua escritura. Essa síntese levantava assim "uma escritura poeticamente literal", "uma visão do mundo sem ilusão", "a criação de uma superfície discursiva original", "uma entrada em jogo de atuação e uma nova relação da cena com o texto"[2]. Confirmava-se assim, além de uma impossível tipologia ou de uma síntese temática, a importância de uma perspectiva pragmática, "performativa", sobre a escritura, a partir daquilo que a prática cênica pode concretamente realizar com diversos textos ou outros materiais.

Em 2007, Clyde Chabot propôs um "panorama das escrituras teatrais contemporâneas" em que ela distinguia "escritura textual e escritura cênica"[3]. Ela mostrava, todavia, que a escritura cênica (uma expressão e um oximoro um tanto desorientadores) continuava a estender seu império sobre a criação teatral (ela não falava de performances, notadamente culturais, de todas as espécies, como teria feito um especialista dos *performance studies*•). No interior das "obras literárias", Clyde Chabot distinguia: 1. A escritura como enigma, a "aventura da língua" (p. 6); 2. As ficções poéticas (p. 17), nas quais "se pode seguir, no curso da peça, uma história, um caminho, uma evolução", ou "se entra também em uma língua singular que, embora forjando um relato definível, se inscreve em uma estrutura ao mesmo tempo fragmentária e progressiva, amiúde composta de quadros, cenas, estrofes". (p. 17); 3. As peças que, "longe de se apoiarem sobre ficções, assemelham-se a relatórios diretos do real" (p. 23). Assim, a prática dramático-teatro-performativa não cessa de abrir as peças a lanços do real. Ela se emancipa pouco a pouco da ficção e de uma fábula encarnada ou encerrada em um texto. Imagina-se, por conseguinte, a dificuldade de se encontrar os bons instrumentos para a análise desses textos e dessas experiências. (Pavis, *Le Théâtre contemporain: Analyse de textes, de Sarraute à Vinaver*).

3. O TEXTO E SUA ENUNCIAÇÃO CÊNICA

A enunciação cênica, em outras palavras, a encenação, dá sua iluminação, sua atmosfera e, finalmente, seu sentido ao texto enunciado (ao objeto estético fabricado pelos artistas). Assim, a cena não é a ilustração, a encarnação do texto que ela se contentaria em efetuar. A enunciação cênica (e, portanto, o corpo do ator ou do espectador) vem primeiro, ela confere ao texto seu sabor e seu sentido. O texto é "como um humor", "a secreção do corpo"[4].

Lamentar-se-á, talvez, ver o texto reduzido a um epifenômeno, a qualquer coisa de secundário. Cumpre distinguir seu valor literário intrínseco e sua força de expressão no palco. É isso que Pierre Voltz, ao avaliar a função do trabalho teatral, sublinhava claramente a propósito do texto no teatro: "não basta mostrar que a gente compreendeu sua significação e sua força; é preciso inventar-lhe uma consistência material que o livro não possui, apoiada na física do corpo e da voz, pois o texto é, sem dúvida, *literariamente* uma 'forma estética', mas *teatralmente* é apenas um material"[5].

Poucos encenadores tiram as consequências dessa revirada de perspectiva, ao menos na França, pois na Grã-Bretanha o *devised theater* tornou-se o modo de trabalho dos grupos experimentais. Joël Pommerat é um dos raros autores-encenadores que montam apenas seus próprios textos, mas que, sobretudo, não separam o processo da escritura e o da encenação: "Eu não escrevo peças, eu escrevo espetáculos, é assim. Eu não disse a mim mesmo: vou escrever teatro. Eu não penso 'texto'. O texto é o que vem depois, é o que resta depois do teatro."[6]

Na produção teatral desse início de milênio, o texto se marginalizou, se se considera que ele não é mais quase lido como obra literária autônoma, porém ao mesmo tempo ele se tornou mais amplo e mais complexo, se o examinarmos como ele se magnifica sob o domínio do jogo cênico e sob o olhar do espectador.

NOTAS
1 Patrice Pavis, *Études théâtrales*, n. 19, 2000, p. 11-23.
2 Ibidem.
3 *Théâtre/Public*, n. 184, jan. 2007, p. 4. (Théâtre contemporain: écriture textuelle, écriture scénique.)
4 Cf. Ariane Mnouchkine, em Josette Féral, *Trajectoires du Soleil autour d'Ariane Mnouchkine*, Paris: Éditions Théâtrales, 1998.
5 Pierre Voltz, Théâtre et éducation: L'Enjeu formateur, *Théâtre, education et société*, Arles: Actes Sud, 1991, p. 118.
6 Joël Pommerat; Joëlle Gayot, *Joël Pommerat, troubles*, Arles: Actes Sud, 2009, p. 19.

Textura

Fr.: *texture*; Ingl.: *texture*; Al.: *Textur*.

1. A TEXTURA COMO DISPOSITIVO•

Na origem, a textura era a "disposição de fios de uma coisa tecida" (*Grand Robert*). Poder-se-ia retomar diretamente os elementos do tecido e fazê-los corresponder de forma bastante exata aos elementos de um texto ou de uma performance: as componentes do texto, como do espetáculo, constituem, com efeito, engastes ou tecidos em um dispositivo, mas eles continuam ligados de modo permanente em um mesmo espaço e no interior de um quadro temporal. O trabalho dos artistas tem consistido em "tricotar" esse tecido, o dos espectadores• é o de destricotar fio a fio, não para destruí-lo, mas para apropriar-se dele "com tato" e, portanto, com tatilidade e destreza, aproximando-se dele, tocando sua *fabric*: seu tecido tanto quanto sua fabricação. De fato, a textura é uma expressão teatral: é a ligação das cenas, das réplicas e, poderíamos acrescentar, dos materiais convocados no espaço-tempo de uma representação/performance.

2. O TOQUE, A VISTA, A AUDIÇÃO

Percebemos a textura ao mesmo tempo pela vista e pelo toque: podemos ver uma coisa, mas será que a conhecemos realmente antes de tê-la tocado com nossas mãos ou com nossas faces? A vista e o toque nos desenham sua estrutura "absorvível": verificamos uma pela outra; nós não cremos na forma e na materialidade• do espetáculo ou do texto senão depois de ter verificado sua estrutura tátil e disposição espaço-temporal. Os sons de uma música, de um ruído ou de um texto nos ajudarão igualmente a conhecer este objeto tátil e visual. O aspecto fragmentado, granuloso ou compacto do objeto, o ruído que ele faz sob os dedos, o suporte que oferece à escuta da melodia textual, nós os perceberemos e os deixaremos agir sobre nós, contribuindo assim para a experiência estética e para a formação do sentido.

3. TEXTURA E TEXTUALIDADE TEATRAIS

No teatro, somos convidados a desfrutar da qualidade tátil•, cinestésica•, háptica•, visual, rítmica de um texto e de sua textura. A textualidade é a maneira como a matéria verbal, sonora, musical e rítmica é utilizada pelos autores e pelos atores, depois levantada pelos espectadores e pelos analistas, através dos dados mensuráveis ou observáveis como o comprimento e a retórica das frases. A textualidade não é somente o ritmo com o qual produzimos, proferimos e recebemos as palavras ou os sons no espaço. Nela se incluem também os espaços e as pausas que dispomos entre esses sons e entre essas palavras. O ator (ou o cantor) dirige a construção da frase, ele controla a abstração dos espaços e das linhas de fuga, ele assinala a sintaxe, a rede de imagens e de temas, ele domina o espaçamento• da linguagem (Derrida), vê e faz ver a linguagem (Barthes), ele dobra e desdobra, vinca e desvinca os parágrafos, as frases, as palavras (Deleuze). "Perceber a textura é sempre, imediatamente e *de facto*, ser imerso em um campo de hipóteses ativas quanto à narração, é testar e compreender de novo como propriedades físicas agem e são levadas a agir na duração."[1]

NOTAS
1 Eve Kosofsky Sedgwick, *Touching Feeling: Affect, Pedagogy, Performativity*, Durham: Duke University Press, p. 13.

Traço

Fr.: *trace*; Ingl.: *trace*; Al.: *Spur*.

No sentido de Derrida, o traço da escritura é o lugar onde a presença de um elemento é marcada por uma série de ausências. Para subsistir, o signo tem necessidade de um traço, de uma impressão. O traço traz a marca do sistema de diferenças da língua, segundo Saussure. Ao analisar uma representação teatral, poder-se-á, por analogia, observar como cada elemento, cada signo, cada matéria visível é no fundo apenas um traço. Este só assume seu sentido em um sistema. Esse sistema aparece pouco a pouco, mas nunca totalmente.

Walter Benjamin utiliza o termo traço (*Spur*) em contraste com o de aura•. O traço é aquilo que resta da passagem ou da presença de uma coisa, por mais afastada que esta coisa esteja no presente. O traço aparece como próximo, enquanto a aura faz aparecer uma distância. Com o traço, tomamos posse da coisa, ao passo que com a aura, é ela que toma posse de nós[1].

Confrontado com a cena, o espectador• parece um caçador, espécie de semiólogo arcaico, em busca de traços na areia: "O traço é um signo intermediário, ou *inaccompli* (incompleto) ou *suraccompli* (supercompleto), um índice transitório de não se sabe o quê. O fotógrafo é aqui semelhante a um caçador ou a um arqueólogo que rastreia qualquer coisa pelo traço."[2]

Toda encenação porta o traço de numerosas intervenções, voluntárias ou involuntárias, de artistas e técnicos implicados em sua construção. Esse traço é comparável ao do ancinho no jardim Zen: "Nenhuma flor, nenhum passo /onde está o homem? / No transporte de rochas, /no traço do ancinho, /no trabalho da escritura."[3] Este traço do homem na escritura nada tem de um sistema fechado, de um metatexto legível de entrada. É uma impressão do trabalho de escritura, da composição artesanal e jardineira que pode a todo momento se apagar e se reescrever na areia. Os traços são marcas de enunciação, mas também índices para os arqueólogos[4] que tratam o espetáculo como uma arquitetura desaparecida ou uma cidade submersa.

Os traços são índices que o artista e mais tarde o espectador se esforçam por levantar, sabendo muito bem, ao mesmo tempo, que seu levantamento será sempre incompleto, subjetivo e modificável. O analista recolhe signos que ele integra em um esquema hipotético em constante evolução.

O traço é, enfim, aquele rastro do evento estético na realidade psíquica e social de cada espectador, a marca que o espetáculo deixa em nós. Esses efeitos exercidos sobre os artistas e os observadores constituem a finalidade da arte, mas podemos e devemos segui-los pelos traços?

NOTAS
1. *Das Passagen-Werk*, Frankfurt: Suhrkamp, 1982. (Trad. fran.: *Paris, capitale du XIXe siècle: Le Livre des passages*, Paris: Cerf, 1989).
2. Roland Barthes, Sur un albun de photographies de Lucien Clergue [1980], *Oeuvres complètes*, t. 3, Paris: Seuil, 1995, p. 1204.
3. Idem, L'Empire des signes [1970], *Oeuvres complètes*, t. 2, p. 800.
4. Cf. Mike Pearson; Michael Shanks, *Theater/Archeologie*, London: Routledge, 2001.

Tradição

Fr.: *tradition*; Ingl.: *tradition*; Al.: *Tradition*.

Se a tradição se define como um saber, uma maneira de pensar, uma técnica, um gênero ou um estilo, herdados do passado e transmitidos de uma geração a outra, é evidente por si que o teatro, clássico ou moderno, depende no mais alto grau de tradições seculares. Mas o que dizer da performance e do teatro do "extremo contemporâneo"? Recusam eles toda herança?

1. RECUSA DA TRADIÇÃO?

Desde as vanguardas históricas do primeiro terço do século XX até as performances pós-dramáticas• do início do século XXI, tudo parece ter sido dito e feito para rejeitar a menor herança de uma tradição qualquer. Estamos ainda mais afastados da tradição no sentido clássico de um jogo de cena inventado por um ator, observado pelo produtor ou pelo editor e retomado pelas novas encenações como é o caso de certos achados do ator da Comédie Française. A vanguarda desconfia e rejeita o peso das tradições, ao menos em seus manifestos e em suas proclamações.

No entanto, na prática, tudo ocorre de outro modo, pois mesmo em suas recusas, suas citações irônicas, as piscadas de olhos dirigidas a seus especialistas, o teatro situa-se necessariamente em uma história, ele mobiliza uma memória, ele cria sua própria tradição, que nunca está completamente divorciada das tradições históricas ou culturais.

2. AQUILO QUE TENTA SUBSTITUÍ-LA

Ao que se opõe, aberta ou implicitamente, o teatro que pretende ignorar a tradição? Antes de tudo às regras e às limitações dramatúrgicas ou estilísticas do teatro clássico. Assim, por exemplo, a escritura dramática contemporânea na França toma distância do drama, do dramático e do diálogo, mas também do épico, em suma, de tudo o que já foi experimentado em certo momento, em todas as formas e experiências antes do pós-dramático•. Quanto à encenação contemporânea, ela tenta distinguir-se a todo custo da tradição, menos a dos grandes ancestrais (de Coupeau a Vitez) do que a dos encenadores da geração precedente (de Chéreau a Françon, de Stein a Zadek). O mais difícil parece ser a tentativa de se distinguir de uma vanguarda, ela própria habituada à transgressão sistemática, ou de um método radical de encenação como se conheceu por volta de 1968. A esse respeito, a nova tradição pós-moderna• ou pós-dramática, que não receia mixar técnicas e estilos variados e contraditórios, parece ser a mais difícil de ultrapassar, tanto ela se tornou, ela mesma, uma tradição antitradicional que se acomoda a todos os arranjos. As experiências as mais provocadoras, como o Acionismo Vienense ou as performances radicais de uma Marina Abramovic ou de um Chris Burden, são, por sua vez, atualmente, referências quase clássicas, a ponto de parecer às gerações atuais como o semblante tradicional da arte corporal dos anos sessenta ou setenta do século XX.

3. ESCOLHER SUA TRADIÇÃO

Talvez não escapemos de certa tradição. Mais do que negá-la ou suportá-la, determinados encenadores decidem escolhê-la. Segundo Eugenio Barba, "não são as tradições que nos escolhem; somos nós que escolhemos as tradições [...]. As tradições salvaguardam e legam uma forma e não o sentido que a anima. Esse sentido, cada qual deve defini-lo e reinventá-lo por si. E é através dessa reinvenção que se forja a identidade pessoal, cultural e profissional [...]. Somos nós que decidimos, profissionalmente, a qual história pertencemos, quem são nossos ancestrais cujos valores reconhecemos como nossos"[1].

A tradição continua a interrogar o presente. A produção, bem como a análise das formas contemporâneas ganham ao conhecer a linhagem na qual as obras se inscrevem, voluntária ou involuntariamente.

NOTA
1 Eugenio Barba, *Théâtre: Solitude, métier, revolte*, Montpellier: L'Entretemps, 1999, p. 282-283.

Trajetória

Fr.: *trajectoire*; Ingl.: *trajectory*; Al.: *Laufbahn*.

A trajetória é o *desenho dos deslocamentos* do ator e, de um modo mais geral, o traço• visível ou imaginável deixado por um ou vários elementos da representação, traço perceptível pelo espectador•. Todo elemento cênico tem sua trajetória, inclusive as palavras do ator, como bem notou Brecht: "O comediante deve igualmente saber que a impressão produzida por seu jogo de atuação se manifesta em um lugar totalmente outro e em outro momento diferente daquele em que ele representa. Quando as palavras que ele pronuncia franqueiam seus lábios, elas percorrem uma distância sensível. Elas descrevem uma trajetória antes de cair no ouvido do espectador"[1] Para a produção assim como para a recepção da *mise en scène*, a trajetória é uma linha tão visível quanto legível, tão imaginária quanto tangível, tão abstrata quanto concreta.

No entanto, a trajetória permanece sempre *uma transcrição*; é preciso avaliar suas vantagens, e também seus limites. Segundo Michel de Certeau, "a 'trajetória' evoca um movimento, mas ela resulta ainda de uma projeção sobre um plano, de um aplanamento. É uma transcrição. Um grafo (que o olho pode dominar) é substituído em uma operação; uma linha reversível (legível nos dois sentidos) em uma série temporalmente irreversível; um traço em atos"[2]. Transcrevendo o movimento e a temporalidade, observando o movimento temporal através do espaço, reduz-se o evento cênico a um gráfico e a um diagrama aos quais faltam a qualidade e a força da ação. Todavia, tanto para o ator quanto para o espectador, esse rápido referenciamento das deslocações e das linhas de fuga permite uma primeira orientação, mais em superfície do que em volume. Se a gente está em condições de imaginar a intensidade, a qualidade e a totalidade dessa trajetória, reconstituiu-se então a sua figura•.

A trajetória se esforçará, portanto, em ser sensível *tanto como força quanto como forma*. Quando as formas em ação se apresentam em termos concretos e dinâmicos, as figuras são traçadas e percorridas por séries de vetores. Essa vetorização torna-se a chave da representação teatral ou da performance: estas não são concebidas e recebidas como sistemas estáticos de signos, como uma partição congelada do espetáculo em preparação ou em curso, mas como um corpo vivo em constante pulsação, que vale tanto pela precisão de seu traçado quanto pela intensidade de seu movimento e de suas sensações.

Numerosas trajetórias se interceptam na encenação, cada uma com seu traçado e sua matéria próprias. Assim, a análise dramatúrgica, notadamente as diferentes etapas da fábula, será legível no desenrolar da representação. A partição de cada ator ou do conjunto do espetáculo fornecerá um suporte aos trajetos dos atores tanto quanto dos quadros e das cenas. A retórica da frase será audível, não somente nas partes declamadas ou musicais, mas também no fraseado das trocas verbais. A escritura dramática, tão logo ela se afasta do naturalismo, se inscreve no espaço, procura aí seus apoios, utiliza o espaço e a duração como suportes cuja sequência fornece trajetórias mais ou menos sólidas, móveis e combináveis. Considerado do exterior, o ator nos aparece como uma figura, um valor plástico, uma silhueta, e não como um caráter psicológico. Os criadores, assim como os espectadores, avaliam seus contornos, sua evolução e sua dinâmica.

Para certos encenadores, essas trajetórias permitem figurar (mais ou menos claramente) o que Vitez chama de "trajetos do inconsciente". Esses trajetos sugerem o percurso de uma personagem, o itinerário de um ator, a criação de um encenador, a evolução de um elemento cênico. No entanto, o espectador não recebe jamais a chave definitiva, mas, no melhor dos casos, um *dess(e)in*, um desenho-designío: um esboço e uma intenção.

Com Deleuze e Guattari, poder-se-á evocar a trajetória dos afetos•, a dinâmica entre um estado e outro, a passagem do repouso ao movimento[3].

A noção de trajetória é uma ferramenta preciosa para descrever os espetáculos dos últimos decênios. Na maior parte das encenações dos textos clássicos ou contemporâneos, o trabalho consiste, com efeito, em fabricar (ou em descobrir) essas trajetórias, em seguir a maneira pela qual os deslocamentos e os trajetos inconscientes fornecem uma imagem exterior, figural, do espetáculo. Os espetáculos provenientes da arte da performance escondem muitas vezes a trajetória, pois recusam a ideia de um guiamento muito estreito dos espectadores. Eles encorajam os espectadores a traçar seu próprio caminho no interior de uma obra considerada como compacta e até impenetrável. Mesmo o crítico mais determinado teria dificuldade para seguir esses intrépidos espectadores! E, no entanto: ele sozinho, descido com eles no labirinto, se reencontraria com eles ou se perderia!

NOTAS
1 Bertolt Brecht, *Écrits sur le théâtre I*, Paris: L'Arche, 1972, p. 393.
2 Michel de Certeau, *L'Invention du quotidien: L'Art de faire*, Paris: Gallimard, 1990, v. I, p. XLV-XLVI.
3 Gilles Deleuze; Félix Guattari, Percept, affect et concept, *Qu'est-ce que la philosophie?*, Paris: Minuit, 1991-2005, p. 163-200.

Transgressão

Fr.: *transgression*; Ingl.: *transgression*; Al.: *Überschreitung*.

"Quando se ultrapassa os limites, não há mais limites", julgava Alphonse Allais. A fórmula espirituosa se aplica ao teatro deste início do século XXI, pois não se vê muito bem onde se situam os limites da atividade teatral, embora se pressinta que o jogo do teatro faz pouco de todos os limites e de todas as transgressões.

1. ALÉM DA TRANSGRESSÃO?

Mas o que resta para transgredir? O artista romântico maldito, acima das leis, venceu. A transgressão extrema dos anos 1970 – como a *body art*•, o Acionismo Vienense ou as performances• realmente perigosas ou provocantes de um Chris Burden ou de uma Marina Abramovic – parece pertencer a um mundo desaparecido e a uma época finda. Ninguém se empenha doravante tão radicalmente contra o corpo posto em perigo: mesmo Stellarc toma o cuidado de prender seu corpo suspenso em numerosos ganchos; Orlan parece ter terminado com suas operações cirúrgicas fazendo mudar o seu rosto de identidade racial; Marina Abramovic apresenta retrospectivas bem-comportadas para o grande público de festivais. A vaga pós-moderna• parece ter aplainado as mais vistosas transgressões, ter restaurado uma ordem após as provocações e as desordens da contracultura. Quanto ao teatro pós-dramático•, ele radicaliza mais as formas do que renova os temas de transgressão e os temas tabus.

As transgressões, ao menos aquelas do mundo euro-americano dito democrático, raramente versam sobre temas políticos: o Leste Europeu perdeu o monopólio das alusões políticas contra a ditadura. Ditadura do dinheiro e controle do poder são muito mais difíceis de tomar como objeto de transgressão. Da mesma maneira, a culpa se faz rara. Segundo Freud, "nós conhecemos duas origens do sentimento de culpa, a que é tirada da angústia diante da autoridade e a ulterior, tirada da angústia diante do supereu"[1]. Os artistas de teatro não reconhecem atualmente nem a autoridade do autor, nem a do encenador, nem mesmo a do espectador•, pois o espetáculo se diz aberto e além do bem e do mal, sob a legislação exclusiva da estética, a qual abdicou de toda norma universal. Quanto à autoridade do supereu, ela não angustia mais os artistas que utilizam substitutos ficcionais para contorná-la.

2. QUAIS TRANSGRESSÕES HOJE EM DIA?

Se a culpa não encontra mais emprego na produção teatral de hoje, é também porque, a montante, uma autocensura freia naturalmente a transgressão de artistas em todas as etapas: estes se sentem obrigados a acariciar o estilo no sentido do pelo, a cena no sentido do declive e o público no sentido do *frisson*, do calafrio e da sensação.

O teatro conhece bem menos interditos do que outrora: interpretar uma pessoa de outro sexo não coloca mais problemas, porém representar outra identidade racial ou étnica será com frequência mal interpretado como uma transgressão racista inaceitável. Representar em lugares não teatrais tornou-se banal, mas deslocar o lugar da ação para outro terreno como a realidade social ou a arena do político parecerá ousado. Assim, as ações militantes de um Schlingensief ou as intervenções• de rua preocupadas em alertar o público sobre os perigos políticos ou ecológicos embaraçarão as autoridades políticas, sindicais, associativas. A nudez total em cena tornou-se quase um *must* de toda vanguarda que se respeita, mas a nudez de crianças ou de velhos não será admitida pela censura, nem mesmo pela autocensura.

A transgressão reflete evidentemente os códigos sociais do momento, ela varia de forma considerável de uma área cultural ou religiosa a outra. Mesmo o teatro de rua respeita certos hábitos e convenções de jogo de atuação. Ele está sempre sob alta vigilância. Afora quaisquer ações extremas, bastante raras e pouco recomendáveis (por exemplo, aquela do performer chinês Zhu Yu que em 2000 comeu, parece, fetos assados de crianças), pode-se observar transgressões muito mais doces, quase imperceptíveis, tanto mais efetivas. Os tabus não são mais o que eram e os escândalos não dão medo senão por causa dos processos que arriscam• acarretar.

3. ONDE SE ANINHA A SUBVERSÃO?

Por definição, esta subversão é oculta; ela não afronta diretamente a sociedade em seus fundamentos e em seus interditos, ela avança na contracorrente das provocações visíveis, mas às vezes infantis, dos performers ou dos organizadores de *happenings*° dos anos sessenta e oito do século XX. A transgressão *soft* versa sobre interditos que não teriam parecido tais nos anos 1960 ou 1970.

Além da mistura de gêneros, certos artistas desafiam as fronteiras• entre as disciplinas. Uma obra de Heiner Goebbels como *Eraritjaritjaka* confronta, por exemplo, concerto de música de câmera, vídeo *live* e gravado, jogo cênico e leitura de textos literários. A separação dos *savoir-faire*, das habilidades, das expectativas do público, dos comentários feitos com propósito de uma pequena provocação. Tudo como a mistura de estéticas destinadas a públicos muito diferentes. Os grupos de espectadores se consideram amiúde munidos de valores sagrados que não se trata de questionar, nem, muito menos, de ridicularizar. Talvez haja mais coragem e transgressão ao propor aos *aficionados* da desconstrução• ou do pós-dramático uma história bem amarrada com personagens atuantes, do que épater le bourgeois (embasbacar o burguês) da Ópera de Paris com uma encenação iconoclasta e "atualizada" de Verdi ou Mozart!

A mescla de culturas, sem complexo, sem medo de ser acusado de imperialismo cultural ocidental, a ironia mordaz (de um Gómez-Peña, por exemplo) sobre os defeitos étnicos de uns e de outros, a alegre mistura das expectativas e das pretensões culturais, tudo isso aparece como uma conquista de um interculturalismo crítico decidido a passar além das críticas e reparos dos puristas e dos censores.

Tudo o que pode perturbar a ordem do "politicamente correto" – o temor de chocar as sensibilidades culturais ou religiosas, de passar por homofóbico, racista, machista, islamófobo etc. – torna-se o objeto dessa subversão de artistas, de cômicos ou de performers. Mas com sérios limites quer a seus riscos•, quer a seus perigos!

Experiências mais provocadoras, como as de Romeo Castellucci, de Pippo Delbono ou do Théâtre du Cristal, consistem em recorrer a pessoas deficientes, doentes ou em dificuldade social, para misturá-las com atores profissionais, desafiando assim o interdito sobre a manipulação de pessoas em posição de fraqueza.

A transgressão, como a nostalgia, não é mais o que era, mas ela tem mesmo assim belos dias ainda à sua frente, principalmente se não a limitam à promoção da violência ou do mau gosto.

NOTA
1 Sigmund Freud, *Le Malaise dans la culture* [1929], citado por Simon-Daniel Kipman, Transgression, em Alain de Mijolla (éd.), *Dictionnaire international de la psychanalyse*, Paris: Calmann-Lévy, 2002, p. 1765.

Transmissão

Fr.: *transmission*; Ingl.: *transmission*; Al.: *Übertragung*.

1. POR QUE TRANSMITIR?

Hoje em dia se fala com mais frequência de transmissão do que de herança, a qual refere a um patrimônio inalienável ou a tradições imemoriais. Cabe distinguir também a transmissão do ensinamento do teatro, que depende da escola, da formação e da pedagogia.

Não se trata mais de transmissão de mensagens no sentido da cibernética ou da primeira semiologia, mas da passagem de técnicas, de conhecimentos e de experiências a partir dos artistas para os espectadores ou de uma geração a outra. Essa transmissão não se processa sem determinado grau de ambivalência. De um lado, artistas como consumidores nutrem certo ceticismo para com a possibilidade de transferir ou de receber uma experiência tão difusa e imaterial; de outro, eles ainda têm fé nos benefícios de uma educação artística, de uma partilha do conhecimento sensível, qualquer que seja a incerteza sobre a maneira de transmiti-los. Trata-se de uma passagem, de uma transferência de poderes artísticos? De um "passe", no sentido de Lacan: uma transmissão quase impossível? De uma passagem como essas galerias cobertas, tão caras a Benjamin? Ou pura e simplesmente de um passador, um coador, filtrando um delgado fio d'água, mas assegurando a fertilidade do território irrigado?

2. QUEM TRANSMITE O QUE, E A QUEM?

Em numerosas tradições teatrais e culturais do Oriente, o mestre transmite seu *savoir-faire* artístico e profissional aos membros de sua linhagem. Se há uma transmissão, nem sempre é no sentido místico de um segredo, porém no de uma técnica corporal. Mesmo Zeami, o inventor e o protetor do Nô japonês que nos chegou de geração em geração desde o século XIV, nada faz, segundo seu tradutor e exegeta francês, René Siffert, senão transmitir os truques do ofício. Nenhum segredo de família, pois, como assegura o próprio Zeami, "não é pelos laços de parentesco, mas pela sucessão nas tradições que se constitui uma linhagem"[1].

No século XX, com os grandes reformadores do teatro (como Stanislávski, Meierhold, Copeau, Jouvet ou Vilar), a transmissão deve, em primeiro lugar, passar por uma reforma radical da empresa teatral. Mas com aquilo que Hannah Arendt chamou de crise da autoridade, tradição e transmissão estão ameaçadas: "A crise da autoridade na educação está estreitamente ligada à crise da tradição, quer dizer, à crise de nossa atitude em relação a tudo o que toca ao passado."[2]

No século XXI, as autoridades aparentemente recuaram muito, salvo se se considerar a autoridade como autor-idade, a saber, como a série em cadeia dos diversos autores que intervêm em cada etapa do processo criador e em todos os níveis da encenação.

O que é doravante transmitido, ainda que de maneira insuficiente segundo muitos jovens criadores, seria mais a arte da *mise en scène*, o conhecimento das leis da dramaturgia, do porquê do teatro e da preocupação político-estética dos antigos (de Brecht ou Artaud a Vitez ou Chéreau). Mas, apesar dos grandes mestres da encenação, ao menos aqueles que se costuma apresentar como tais, por exemplo, na escola russa, essa arte não é fácil de se transmitir, o que não é necessariamente uma coisa ruim.

3. O INTRANSMISSÍVEL

Na medida em que um encenador não deixa mais hoje em dia uma obra completa, um repertório homogêneo marcado por uma assinatura ou um estilo reconhecível, mas em que ele trabalha cada vez mais caso a caso e em insegurança permanente, a encenação como sistema e totalidade não pode mais quase ser transmitida em seu conjunto. Existe, aliás, uma desconfiança em face da ideia de mensagem a passar e *a fortiori* a preservar para as futuras gerações. O teatro privilegia mais e mais a experiência individual de cada espectador, ele não conta mais com um público geral que representaria uma força política de mudança, o que torna caduca toda vontade de transmitir um método ou uma conclusão. Muitos artistas rejeitam a própria ideia de transmissão e de comunicação da arte como "noções exóticas": "o vocábulo 'transmissão' é talvez" – estima Boris Charmatz – "o sésamo demasiado fácil de todo debate sobre a pedagogia"[3]. Mais ainda do que todas as outras artes, o teatro e a arte da performance• remetem o espectador a uma experiência individual do tempo e do evento, o que torna a conservação, a teorização e a transmissão quase inúteis. Assim, se passou sem transição do arcaico ao pós-moderno• ou ao pós-dramático•.

"Como ensinar aquilo que não se aprende?", pergunta-se com razão Daniel Mesguich, antigo diretor do Conservatoire National Supérieur d'Art Dramatique em Paris. O conservatório e com ele toda tentativa de fundamentar uma transmissão do saber teatral em uma escola ou em uma técnica repetível chocam-se com uma impossibilidade de transmitir um corpo de doutrinas ou de experiências: "O Conservatório é bem mais do que uma escola, é uma fábrica de auroras, uma máquina de fazer nascer os sóis" (placa do Conservatoire National Supérieur d'Art Dramatique).

NOTAS
1. Zeami, *La Tradition secrète du Nô*, Paris: Gallimard, 1960, p. 54 e p. 112.
2. Hannah Arendt, *La Crise de la culture*, Paris: Gallimard, 1972, p. 247. (Trad. bras. do artigo em: H. Arendt, *Entre o Passado e o Futuro*, 7. ed., São Paulo: Perspectiva, 2014, p. 244.)
3. Boris Charmatz, Une Adresse incertaine, *Mouvement. net*, 2009. Disponível em: <http://www.mouvement.net>. Acesso em: 3 jul. 2017. Ver também: idem, *Je Suis une école: expérimentation, art, pédagogie*, Paris: Les Prairies Ordinaires, 2009, p. 130.

V

Vanguarda

Fr.: *avant-garde*; Ingl.: *avant-garde*; Al.: *Avantgarde*.

A vanguarda teatral deveria ser estudada em relação com a *mise en scène* e sua emergência progressiva no curso da segunda metade do século XIX. A noção de vanguarda concerne à arte em geral, e não somente à literatura dramática ou à encenação. Nem sempre é claro se esta noção é empregada de um ponto de vista histórico ou então como uma categoria estética.

1. ORIGENS DO TERMO E LIMITES DA NOÇÃO

Esse termo militar designa um grupo que precede o grosso do exército, pronto a sacrificar-se por ele e que lhe mostra o caminho a seguir na batalha. Ele é empregado desde cerca de 1820 no sentido de vanguarda artística. Em 1850, Baudelaire, em *Mon coeur mis à nu* (Meu Coração Posto a Nu), qualifica "a imprensa militante", "a literatura militante" de "literatos de vanguarda". É por volta de 1850, segundo Roland Barthes (em *Le Degré zéro de l'écriture*, de 1953), que a escritura moderna toma o lugar da escritura clássica. Os diferentes movimentos artísticos do século XIX utilizam esse termo muito combativo de vanguarda: o romantismo (1820-1830), o realismo (1840-1850), o impressionismo (1860-1870), o simbolismo e o naturalismo (1880-1890). Depois, com a sistematização da *mise en scène*, por volta do fim dos anos 1880 e até o fascismo dos anos 1930, o termo é cada vez mais aplicado às vanguardas históricas: construtivismo, *agit-prop*, formalismo, dadaísmo, futurismo, surrealismo, expressionismo. De militar, o termo torna-se militante, associado a um projeto político subversivo e até revolucionário.

No que diz respeito ao teatro, a vanguarda tem ligação com o movimento de reforma teatral do fim do século XIX até os anos 1920 (Stanislávski, Meierhold, Antoine, Gordon Craig, Copeau notadamente, entre outros). Esse movimento promoveu o encenador à condição de responsável estético e político da *mise en scène*, redefinindo suas tarefas. Essa nova maneira de ler e montar o teatro permanece, todavia, confidencial, como sucede com uma vanguarda confinada, qual um autoteatro•, a uma elite de especialistas e amadores esclarecidos.

Convém distinguir as vanguardas históricas (ou modernistas) até os anos 1930 e as vanguardas após 1945, ligadas ao pós-modernismo (nos Estados Unidos, com a pintura, a arquitetura, a dança, a arte da performance•) ou vinculadas ao movimento do Absurdo, "toda uma renascença das atitudes da vanguarda, muito consciente de sua imagem, nos anos 1960 e 1970, e que de novo tiraram proveito da tradição"[1]. Após o fim dos anos 1970 (por exemplo, depois da experiência na França das revistas *Tel Quel* ou *Change*), o termo e a noção de vanguarda tendem a desaparecer. No caso do teatro francês, não se fala mais quase de vanguarda após o Nouveau Théâtre dos anos 1950-1960. Entramos numa época que funciona menos por escolas, manifestos e movimentos estruturados. Com o recuo histórico, circunscrevem-se melhor as questões ligadas à vanguarda.

2. UMA DEFINIÇÃO?

Como se vê a vanguarda? Antes de tudo, em ruptura com a sociedade e o academicismo, em transgressão com as normas e os códigos éticos, estéticos e sociais. Ela se imagina em conflito permanente na forma e no conteúdo com as obras existentes e com a sociedade que as produz. Ela parte do princípio de que suas próprias ideias transtornadoras serão, um dia, adotadas e aceitas, a ponto de virem a ser, por sua vez, a nova norma. Coloca de forma implícita que o combate estético é ao mesmo tempo um combate político, que os artistas de vanguarda estão necessariamente na primeira linha de um movimento político, pregando a mudança através de uma arte experimental e não comercial.

Como se renova a vanguarda? A mudança é permanente. Não se poderia reduzi-la a conteúdos ou a temas. "Pois a vanguarda é mais uma estrutura do que um objeto, uma disposição antes de ser uma posição: é uma forma de trabalho de criação, cujo conteúdo muda forçosamente conforme a situação histórica."[2] Daí a dificuldade de se prever as próximas etapas da vanguarda. A única coisa que se pode observar é uma tendência do teatro à autonomia (em relação à literatura), uma teatralização ou reteatralização da representação, uma despersonalização do ator, um gosto pela montagem de sequências e sua presentação simultânea, o todo culminando no *Regietheater*[3] (teatro do encenador) dos anos 1960 e 1970.

Como se define a vanguarda? Ela é, precisa Roland Barthes em um artigo de 1961, "uma noção essencialmente relativa, ambígua: toda obra de ruptura pôde ser em seu tempo uma obra de vanguarda, mesmo se ela nos parece hoje fora de moda"[4]. A vanguarda torna-se rapidamente acadêmica, sua modernidade do momento não é uma garantia para o futuro.

3. DIFICULDADES DE UMA TEORIA DA VANGUARDA

Dois pontos de vista coincidem nessa busca de uma ou mais teorias de diferentes vanguardas. De um ponto de vista filosófico, dir-se-á, com Derrida, que a vanguarda não é decifrável e, portanto, definível, a não ser quando ela está a ponto de desaparecer: "O efeito da vanguarda é, pois, se houver, o inapresentável."[5] Assim como o contemporâneo• não é apreensível a não ser que esteja a ponto de eclipsar-se, a vanguarda, portanto, julga-se, faz a teoria do já desaparecido. O outro ponto de vista, mais pragmático, consiste em historicizar os diferentes momentos da experimentação, em dar à noção de vanguarda uma grande plasticidade e relatividade histórica, geográfica e cultural. Contrariamente ao que afirmavam Harding e House, os estudos sobre as inumeráveis vanguardas europeias examinaram o objeto performativo (a representação cênica ou social das obras) e os dois autores não inventaram, pois, "a abordagem da vanguarda fundada na representação"⁶. Os artistas e os teóricos colocaram justamente em questão o caráter literário do teatro, tomando como eixos a *mise en scène* e a performance•⁷ para a sua perspectiva. "Nosso objetivo, pretendem os dois autores, é o de passar de uma concepção eurocêntrica a uma concepção transnacional de vanguarda, uma concepção que reconheça que os lugares de inovação artística associados à vanguarda tendem a uma hibridez cultural e a uma negociação."⁸ Ora, não é a mudança de uma concepção eurocêntrica para uma concepção transnacional que vai relançar e historicizar os estudos da vanguarda transnacional (revista, aliás, pelo filtro americano dos *performance studies*•). A hibridez• e a "negociação" estiveram sempre, aliás, no coração das vanguardas históricas e de suas teorizações. Essa querela descabida se explica por uma percepção muito marcada por vieses dos estudos europeus de vanguarda. Essa pretendida nova teorização dos dois autores não é nova: "a teorização cultural da vanguarda no sentido amplo" (p. 2) já ocorrera na Europa, e isso desde o aparecimento das diferentes vanguardas e de seus estudos pelos pesquisadores europeus.

4. DESAPARECIMENTO DA VANGUARDA?

Se a ideia e o termo vanguarda não desapareceram totalmente do discurso crítico dos anos 2000, eles estão muito menos em uso. Deve-se dizer então que a vanguarda desapareceu por completo? Em parte somente: ela assume novas formas de organização. Como explicar, por conseguinte, a desafeição pela vanguarda na vida teatral?

A arte e o teatro não têm mais necessidade de chocar o público, de épater le bourgeois (embasbacar o burguês): não só o público pode engolir tudo, mas a burguesia não tem mais medo do escândalo, ela precisa dele por questões de estratégia comercial. Nós estamos, segundo Boltanski, em uma "fase de quase desaparecimento do espaço público, não porque formas autoritárias do secreto, do selado, prevaleceriam, mas porque a fronteira entre o interior das instituições e seu exterior tende a apagar-se, de modo que a operação de revelação perde, ela própria, sua contundência ou torna-se impossível"⁹.

Essa atenuação da fronteira• entre público e privado explica que a forma de um grupo homogêneo e combativo perde seus contornos. A vanguarda não tem mais necessidade de provocar, mostrar o caminho, construir uma identidade de grupo. A ideia de espetáculos participativos ou imersivos é antes de propor a cada qual uma experiência pessoal: o hedonismo e o individualismo substituem em doçura, e sem barulho, a combatividade guerreira da arte em revolta.

A classe dos intelectuais e dos amadores afortunados, que compunha as vanguardas e as sustentava no fim do século XIX na Europa, não existe mais sob essa forma. Ela se tornou uma classe de trabalhadores precários, que não dispõe mais de tempo para se consagrar à arte; ou então ela se juntou à classe superior que não se interessa mais pelas artes plásticas, a não ser sob forma de investimento, ou pelos espetáculos sob a forma luxuosa da ópera ou dos concertos prestigiosos, que esta mesma classe patrocina: e outras tantas manifestações que não têm nada a ver com o teatro pobre ou experimental. Os artistas ficam, pois, diante da escolha entre o comércio artístico de luxo, mas sem envergadura estética, e a proletarização de sua profissão, qualquer que seja a qualidade artística de sua obra.

Essa polarização da antiga vanguarda – luxo ou precarização – lhe fez perder substância e pugnacidade. Ela se encontra a reboque da nova moda, tornou-se um *post it*, um adesivo colado ao moderno, ao dramático, ao humano etc. Ela se baseia no pós-moderno• ou no pós-dramático• que a acolhe como um acessório a mais em um magazine estético mundializado, sem fronteiras. A relatividade dessas categorias do *pós* terá sido fatal à vanguarda. A obsessão participativa e a exigência hedonista dos espectadores contemporâneos conduziram a vanguarda para bem longe da máquina de guerra que ela fora outrora.

 Peter Bürger. *Theorie der Avantgarde*. Frankfurt: Suhrkamp, 1974.

"Avant-Garde". In: Jacques Demougin (éd). *Dictionnaire des literatures*. Paris: Larousse, 1985.

Bert Cardullo; Robert Knopf. *Theatre of the Avant-Garde (1890-1950): A Critical Anthology*. New Haven: Yale University Press, 2001

NOTAS
1. Dennis Kennedy, *The Spectator and the Spectacle: Audiences in Modernity and Postmodernity*, Cambridge: Cambridge University Press, 2009, p. 136.
2. Nathalie Heinich, Avant-Garde, *Encyclopédie thématique*, Paris: Universalis/Le Figaro, 2004, p. 508.
3. Cf. Hans-Thies Lehmann, *Postdramatisches Theater*, p. 80-93.
4. Cf. Roland Barthes, Le Théâtre français d'avant-garde, *Le Français dans le monde*, jun.-jul. 1961. Reimpresso nas *Oeuvres complètes*, t. 1, Paris: Seuil, 1993, p. 915.
5. Cf. Jacques Derrida, *Digraph*, n. 7, 1976.
6. James Harding; John Rouse (eds.), *Not the Other Avant-garde: The Transnational Foundations of Avant-garde Performance*, Ann Arbor: The University of Michigan Press, 2006, p. 2.
7. Basta ler Lehmann (op. cit.) e outros, inclusive historiadores, para se convencer disso.
8. J. Harding; J. Rouse (eds.), op. cit., p. 2.
9. Em Luc Boltanski et al., *L'Assemblée théâtrale*, p. 13.

no corpo, no sentido de uma relação entre o som das palavras e sua inscrição no corpo do locutor, revela-se útil por examinar como as palavras são levadas, coloridas, constituídas pelos corpos.

Essa relação do verbo e do corpo não é, naturalmente, fixa. Ela depende da enunciação, dos afetos• e do sentido que o locutor faz passar em sua mensagem, voluntária ou involuntária. Para o ator, "encontrar sua personagem", como diria um Stanislávski, é sempre imaginar como "trans-portar" ou (trance-portar? [transe-portar?]) seu texto em uma enunciação vocal, física e cênica. Para o tradutor, sobretudo de textos dramáticos destinados à cena, o verbo-corpo pode revelar-se útil "para efetuar a tradução do texto dramático, ao se fazer uma imagem visual e gestual desse *verbo-corpo* da língua-fonte e da *cultura-fonte* para tentar apropriar-se dela a partir do *verbo-corpo* da língua-alvo e *cultura-alvo*…"[1]

Traduzir teatro é sempre imaginar essa metáfora linguística (semântica), mas também gestual e cultural, de um texto e de uma cultura na outra. Resta, entretanto, estabelecer como a representação cênica e a tradução podem transitar nesse intercâmbio verbo-corpo: tarefa eterna do ator, do intérprete e do tradutor…

NOTA
1. Patrice Pavis, *Le Théâtre au croisement des cultures*, Paris: Corti, 1990, p. 151. A respeito do verbo-corpo, p. 135-170. (Trad. bras.: por Nanci Fernandes, *O Teatro no Cruzamento de Culturas*, São Paulo: Perspectiva, 2015, p. 140. Acerca do verbo-corpo, p. 123-154.)

Verbo-Corpo

Fr.: *verbo-corps*; Ingl.: *language-body*; Al.: *Wortkörper*.

Poder-se-ia lançar a hipótese de uma relação específica entre uma língua e a maneira com a qual ela é pronunciada vocalmente, portanto fisicamente, pelo locutor. O verbo

Visceral

Fr.: *viscéral*; Ingl.: *visceral*; Al.: *tiefsitzend*.

Esse adjetivo aplicado com frequência ao jogo do ator, mas também a um tipo de dramaturgia, a uma estética, é amiúde empregado por contraste, e até em oposição, a intelectual ou cerebral. Essa expressão bastante aberta remete à maneira com a qual o espectador• recebe a representação: com uma distância crítica e cerebral ou como "em plena face", "in-yer-face", como dizem os ingleses, como um soco, como uma experiência extremamente física que "pega as entranhas".

Essa designação, pouco científica e pouco precisa, não implica necessariamente uma ostentação física (nudez, gritos, excessos•, histeria na expressão das emoções). A voz do ator será sentida como visceral se nela sente-se a materialidade, o "grão" (Barthes), o poder encantatório. A escritura será descrita como visceral se temos a intuição de que o autor não censurou seu primeiro impulso, de que deixou falar suas pulsões e seu inconsciente, de que o resultado parece bruto, descontrolado, não censurado. Se é problemático fazer do visceral uma categoria estética, pressente-se, no entanto, que ele corresponde a toda uma vertente do teatro contemporâneo•, de Sarah Kane a Mark Ravenhill ou Xavier Durringer.

Visual Studies

Os *visual studies* (estudos do visual) não são um domínio novo, um aspecto da representação que a semiologia tenha esquecido. É um novo modo de ver. É o que constata Maaike Bleeker, que, ao acompanhar os trabalhos de Mieke Bal e de outros pesquisadores, introduziu os *visual studies* nos estudos teatrais: "Estamos sempre implicados no que vemos, mesmo ver parece ser 'somente' olhar."[1] Os *visual studies* descobrem a corporeidade do espectador•, levam em conta a maneira com a qual ele olha, viu e reviu o teatro. Os *visual studies* se interrogam a respeito dos modos de ver, aqueles que o espectador já mobilizou e aqueles que a encenação fez-lhe descobrir. O espectador deve, com efeito, "se colocar no corpo" do outro, ao perceber cinestesicamente o movimento, pôr à prova os corpos em sua relatividade cultural, em sua identidade, em seu condicionamento sociocultural.

NOTA

1 Maaike Bleeker, *Visuality in the Theater: The Locus of Looking*, Basingstoke: Palgrave Macmillan, 2008, p. 162.

Visual Theatre, Teatro Visual

Fr.: *théâtre visuel*; Al.: *visuelles Theater*.

Visual Theatre (não se encontra com frequência o termo francês *théâtre visuel* [teatro visual]) se opõe a teatro textual ou literário. É o teatro em que a parte visual, a cenografia e a encenação predominam, a ponto de por vezes rechaçar o texto, conservando, e até mesmo reforçando, a parte sonora e musical do espetáculo. Até o início dos anos 1990, o teatro visual domina a cena internacional, ele não se dá mais pela missão de ilustrar nem de explicitar um texto prévio, ambiciona criar um universo autônomo no qual poderá eventualmente introduzir-se uma colagem textual ou musical.

O teatro visual se manifesta sob diversas formas, em função de sua concepção do visual e do visível:

Quando a encenação está centrada *na visualidade*, ela produz um "teatro de imagens" (Bonnie Marranca et al., 1977), do qual Robert Wilson é, desde os anos 1970, o mestre incontestável. "Teatro de imagens" é cada vez menos empregado, como se esse critério tivesse perdido sua pertinência, considerando que a encenação tem necessariamente recorrido às imagens.

Com um encenador dono da *arte da narrativa*, do "Story-telling", como Robert Lepage, a cena conta uma história, a palavra e a imagem se unem para visualizar a palavra tanto quanto para verbalizar a imagem.

Enquanto *a cenografia* torna-se, como no livro de Giovanni Lista, a categoria central da representação, ela se faz sucessivamente "militante", "engajada", "integrada", "ilustrada", "exaltada" etc.[1], ela reata com a escritura cênica• dos mestres da cena dos anos 1970 e 1980, ela se situa no centro de todo espetáculo, como nos espetáculos da Societas Rafaello Sanzio de Romeo Castellucci.

Quando o teatro visual se fixa em uma entidade cenografia-encenação-fábula, ele se transforma rapidamente em um produto normatizado, um tipo de McTheatre, liberado para pronto uso, exportável e monetizável, um teatro em que a visualidade espetacular sufoca o invisível[2].

Bonnie Marranca et al. *Theatre of Images*. New York: Drama Book Specialists, 1977.

NOTAS
1 Cf. Giovanni Lista, *La Scène moderne: Encyclopédie mondiale des arts du spectacle dans la seconde moitié du XXe siècle*, Arles: Actes Sud, 1997.
2 Ver os exemplos no livro de Polly Irvin, *Directing for the Stage*, Mies: RotoVision, 2003.

Vocalidade

Fr.: *vocalité*; Ingl.: *vocality*; Al.: *Stimmlichkeit*.

A vocalidade é a voz considerada em sua dimensão material, física, pulsional, afetiva. Para o teatro, está aí o seu valor estético. Não se trata, portanto, da voz enquanto portadora de sentido da linguagem articulada, mas, sim, da voz enquanto material musical e físico que os artistas podem utilizar para o canto, para a dicção, para a expressividade afetiva, em suma, para tudo o que pode servir à representação cênica.

Se concebermos de bom grado que a voz seja o prolongamento do corpo, há exagero em imaginarmos que "o corpo é a parte visível da voz"[1]. E, no entanto, o belo aforismo de Barba ilustra bem dois fenômenos: 1. O corpo e a voz são inseparáveis; 2. A voz tem um valor plástico, maleável, em seu uso cotidiano e, *a fortiori*, na voz cantada e teatralizada[2]. O "gesto vocal", ele é a "voz, apanhada em seu movimento corporal, como gesto vocal"[3]. Ele toma, tanto no cotidiano como nas artes do espetáculo, as formas do grito, da melodia, da entonação, da tessitura corporal, em resumo, desse "grão da voz", dessa "escritura em voz alta•" da qual fala Barthes.

Essa concepção de um gesto corporal, de uma vocalidade, de uma corporalidade vocal permite fazer, com Pierre Voltz, a distinção entre a *voz falada*, "expressão passiva, designando o produto", e o *corpo falante*, "realidade ativa" (p. 74) da voz em sua dimensão física e em sua vocalidade. Se a voz falada é uma fala•, uma produção de sons e de sentidos, o corpo falante se caracteriza por sua qualidade vibratória, sua "física", seu espaçamento•, seus apoios físicos e rítmicos.

NOTAS
1 Eugenio Barba, *L'Archipel du théâtre*, Carcassone: Buffonnories, 1982, p. 26.
2 Helga Finter, Die Theatralisierung der Stimme im Experimentaltheater, em Klaus Oelher (Hrsg.), *Zeichen und Realität*, Tübingen: Stauffenburg, 1984, p. 1007-1021.
3 Pierre Voltz, La Voix parlée, *Théâtre/Public*, n. 142-143, jui. 1998, p. 73.

Z

Zapping

1. DA TELEVISÃO COMO MODO DE ATENÇÃO

O poder de zapear, de mudar de canal de televisão a todo momento graças ao controle remoto, aplica-se a outros domínios, como o teatro e a arte performática? O espectador• de teatro não tem esse poder, salvo em formas fragmentadas em que se passa à vontade de um lugar a outro, de uma ação a outra, no espaço e no tempo. Salvo também se considere esse procedimento como a faculdade do observador de se desembaraçar mentalmente de um elemento do espetáculo para se concentrar em outros aspectos durante tão longo tempo ou tão pouco quanto necessário. Esta noção de *zapping* é uma metáfora que descreve bem o modo de percepção do espectador e, além dele, dos criadores do espetáculo, desde o autor, o encenador até o ator e os artistas associados à produção da obra.

2. PILHAR OU BORBOLETEAR?

A arte de zapear torna-se uma maneira não apenas de mudar de assunto, mas de passá-lo em silêncio, de esquecê-lo. Daí por que esta arte não é simplesmente a arte da distração, em todas as acepções do termo, mas a arte de esquecer, de se desinteressar daquilo que deveria, de um ponto de vista estético ou político, reter nossa atenção. Processo que, segundo Marie-José Mondzain, é típico de nossa época, de nossa relação com a obra de arte e com a vida social: "O *zapping* não é somente um gesto que nos faz ir de uma cadeia a outra, é um borboleteamento sistemático de espíritos, a incapacidade organizada de manter durante muito tempo a atenção voltada para uma questão e a convicção de tal modo instalada de que, quando as coisas não são mais vistas, elas não existem mais, não se pode, pois, esquecê-las."[1] O espectador, à imagem do cidadão, teria se tornado instável: ele não pilharia mais as obras ou as coisas observadas para fazer delas seu mel. Ele se sentiria ao mesmo tempo forçado e extasiado por borboletear saltando de um objeto a outro sem verdadeiro desejo.

3. O ESPECTADOR-ZAPEADOR

Esse borboletear, termo por certo mais simpático que o de *zapping* (ou de *pitonnage* [cravação]), tornou-se um modo compulsivo de consumo de imagens, de ideias, de raciocínios. Ele é ao mesmo tempo a causa e o efeito de um déficit de atenção provocado pelo uso excessivo de mídias, de seu ritmo e dos hábitos motrizes que eles induzem, como no uso frenético e contínuo do SMS. O espectador de teatro tem a possibilidade (que o telespectador não tem) de efetuar sua escolha na massa de signos, de conjuntos de sistemas significantes, de ações simultâneas ou, eventualmente, de estações de percursos. O *zapping* é então uma necessidade, o resultado de uma escolha de leitura, de uma preferência por uma maneira de ver ou de contar. Esta liberdade é, entretanto, entravada pelos *zapping* da produção.

4. UMA ESTÉTICA DO ZAPPING?

A fabricação do espetáculo pelo encenador e todos os seus colaboradores• é ela própria submetida a uma estética que leva em conta tanto hábitos de recepção do público futuro como escolhas artísticas pessoais. O *zapping* é uma antimontagem: na montagem, fílmica por exemplo, a decisão da interpretação obedece a escolhas dramatúrgicas e estéticas, por cuidado de contraste e de não conclusão, por exemplo; no *zapping*, a interrupção se faz em função de manifestações de impaciência para "virar a página" o mais depressa possível. Corta-se, sem razão fundamentada, "por *feeling*", ao acaso. A dramaturgia é mais do que retalhada, ela é pulverizada, como um videoclipe, lacerada como em um *cut-up*•. A poesia na escritura automática surrealista, mais raramente a dramaturgia contemporânea, recorreram a esta técnica recortando e rearranjando textos ao acaso. As noções de fábula, de relato, de personagem, de continuidade espaço-temporal são definitivamente postas fora de jogo, em proveito de uma colagem espontânea e sem lógica perceptível. Podemos então falar de uma estética do *zapping*? Mas o que resta para zapear?

NOTA
1   M.-J. Mondzain, *Area*, n. 14, 2007, p. 22.

Este livro foi impresso na cidade de Cotia,
nas oficinas da Meta Brasil, para a Editora Perspectiva.